Reinhard Schweizer
Steuerlehre

Zusätzliche digitale Inhalte für Sie!

Zu diesem Buch stehen Ihnen kostenlos folgende digitale Inhalte zur Verfügung:

Online-Buch

Die digitale Version dieses Buches finden Sie mit vielen hilfreichen Verlinkungen zur komfortablen Recherche in mein**kiehl**.

Schalten Sie sich das Buch inklusive Mehrwert direkt frei.

Scannen Sie den QR-Code **oder** rufen Sie die Seite mein**kiehl** auf.
Geben Sie den Freischaltcode ein und folgen Sie dem Anmeldedialog. Fertig!

Ihr Freischaltcode

TKSS-SDJZ-MAKK-PCNX-KGGD-H

Steuerlehre

Infoband

Von
RA Dipl.-Finanzwirt Reinhard Schweizer

25., aktualisierte Auflage

kiehl

Bildnachweis U1: © tomertu – stock.adobe.com

Bildnachweis U4: © Worawut – stock.adobe.com

Feedbackhinweis

Kein Produkt ist so gut, dass es nicht noch verbessert werden könnte. Ihre Meinung ist uns wichtig. Was gefällt Ihnen gut? Was können wir in Ihren Augen verbessern? Bitte schreiben Sie einfach eine E-Mail an: **feedback@kiehl.de**

ISBN 978-3-470-**10505**-5 · 25., aktualisierte Auflage 2023

Kiehl ist eine Marke des NWB Verlags

Satz: Ansichtssachen, Egelsbach
Druck: Beltz Grafische Betriebe GmbH, Bad Langensalza

Klimaneutral
Druckprodukt
ClimatePartner.com/16605-2106-1001

Scannen Sie den QR-Code oder besuchen Sie **Climate-Partner.com/16605-2106-1001** und erfahren Sie mehr zu unseren klimaneutralen Druckprodukten.

Vorwort

Grundlage für das vorliegende Lehr- und Arbeitsbuch ist der aktuelle Rahmenlehrplan für den Ausbildungsberuf „Steuerfachangestellte/r".

Steuerlehre wird neben der Buchführung als das zentrale Prüfungsfach bei der Steuerfachangestelltenprüfung angesehen. Die Inhalte sind besonders anspruchsvoll, weil sie einem ständigen Wechsel der Steuergesetze unterworfen sind. Dem trägt dieses Lehrbuch Rechnung. Der Leser soll beim Studium dieses Buches in die grundlegenden Probleme des Steuerrechts eingeführt werden. Die vorliegende 25. Auflage umfasst nach dem geltenden Rechtsstand für den **Veranlagungszeitraum 2023** die Bereiche

- Allgemeines Steuerrecht/Abgabenordnung
- Einkommensteuer
- Körperschaftsteuer
- Gewerbesteuer
- Umsatzsteuer
- Erbschaft- und Schenkungsteuer.

Berücksichtigt sind insbesondere nach dem Stand von Januar 2023:

- Gesetz zur Umsetzung der Richtlinie (EU) 2021/514 des Rates vom 22.03.2021 zur Änderung der Richtlinie 2011/16/EU über die Zusammenarbeit der Verwaltungsbehörden im Bereich der Besteuerung und zur Modernisierung des Steuerverfahrensrechts vom 20.12.2022 (BGBl 2022 I S. 2730)
- Jahressteuergesetz 2022 (JStG 2022) vom 16.12.2022 (BGBl 2022 I S. 2294)
- Gesetz zum Ausgleich der Inflation durch einen fairen Einkommensteuertarif sowie zur Anpassung weiterer steuerlicher Regelungen (Inflationsausgleichsgesetz – InflAusG) vom 08.12.2022 (BGBl 2022 I S. 2230)
- Verordnung über maßgebende Rechengrößen der Sozialversicherung für 2023 (Sozialversicherungsrechengrößen-Verordnung 2023) vom 28.11.2022 (BGBl 2022 I S. 2128)
- Bekanntmachung der Beitragssätze in der allgemeinen Rentenversicherung und der knappschaftlichen Rentenversicherung für das Jahr 2023 vom 15. 11.2022 (BGBl 2022 I S. 2058)
- Achtes Gesetz zur Änderung von Verbrauchsteuergesetzen vom 24.10.2022 (BGBl 2022 I S. 1838)
- Zweites Gesetz zur Änderung der Abgabenordnung und des Einführungsgesetzes zur Abgabenordnung vom 12.07.2022 (BGBl 2022 I S. 1142)
- Gesetz zur Erhöhung des Schutzes durch den gesetzlichen Mindestlohn und zu Änderungen im Bereich der geringfügigen Beschäftigung vom 28.06.2022 (BGBl 2022 I S. 969)
- Viertes Gesetz zur Umsetzung steuerlicher Hilfsmaßnahmen zur Bewältigung der Corona-Krise (Viertes Corona-Steuerhilfegesetz) vom 19.06.2022 (BGBl 2022 I S. 911)
- Steuerentlastungsgesetz 2022 vom 23.05.2022 (BGBl 2022 I S. 749).

Die inhaltliche Darstellung ist wesentlich geprägt durch die jahrelangen Erfahrungen aus der Lehr- und der Prüfertätigkeit u. a. auch bei der Steuerberaterkammer Düsseldorf.

Die anspruchsvollen **„Fälle zur Sicherung des Lernerfolgs"** am Schluss der einzelnen Themenbereiche dienen sowohl als Selbstkontrolle zur Festigung des Wissens als auch der Vorbereitung auf Klassenarbeiten, Zwischen- und Abschlussprüfung.

Das Buch kann sowohl unterrichtsbegleitend als auch zum Selbststudium zu Hause eingesetzt werden. Das ausführliche Inhalts- und Stichwortverzeichnis erleichtert die Arbeit.

Zusätzlich zu dem Lehrbuch ist ein **Arbeitsheft (978-3-470-10594-9)** erhältlich. Dieses Arbeitsheft dient der „ersten Übungsphase" bei der Erarbeitung neuer Themen. Es ist so konzipiert, dass die Aufgaben mit einer vorangestellten Themenübersicht mithilfe der zugehörigen Informationen des Lehrbuchs zu dem jeweiligen Themengebiet problemlos zu lösen sind. Dabei können die Lösungen überwiegend direkt in dem vorliegenden Arbeitsheft eingetragen werden.

Ein **Lösungsheft (978-3-470-10515-4)** für die Vielzahl der Übungsfälle und Aufgaben ist ergänzend erhältlich.

Ich hoffe, dass dieses Lehrbuch, wie schon die Vorauflagen, zu einer qualifizierten Berufsausbildung und zu einem erfolgreichen Bestehen der Prüfung beiträgt. Verlag und Verfasser sind im Hinblick auf die zukünftige Bearbeitung dieses Buches für konstruktive Kritik und Verbesserungsvorschläge stets dankbar.

Leverkusen, im April 2023
Reinhard Schweizer

Benutzungshinweise

Diese Symbole erleichtern Ihnen die Arbeit mit diesem Buch:

TIPP

Hier finden Sie nützliche Hinweise zum Thema.

MERKE

Das X macht auf wichtige Merksätze oder Definitionen aufmerksam.

ACHTUNG

Das Ausrufezeichen steht für Beachtenswertes, wie z. B. Fehler, die immer wieder vorkommen, typische Stolpersteine oder wichtige Ausnahmen.

INFO

Hier erhalten Sie nützliche Zusatz- und Hintergrundinformationen zum Thema.

RECHTSGRUNDLAGEN

Das Paragrafenzeichen verweist auf rechtliche Grundlagen, wie z. B. Gesetzestexte.

MEDIEN

Das Maus-Symbol weist Sie auf andere Medien hin. Sie finden hier Hinweise z. B. auf Download-Möglichkeiten von Zusatzmaterialien, auf Audio-Medien oder auf die Website von Kiehl.

Hinweis

Aus Gründen der besseren Lesbarkeit verzichten wir auf die gleichzeitige Verwendung der Sprachformen männlich, weiblich und divers (m/w/d). Sämtliche Personenbezeichnungen gelten gleichermaßen für alle Geschlechter.

Lernfeldübersicht

A. Allgemeines Steuerrecht/Abgabenordnung

Lernfeld 11

1. Erteilung von Rat und Hilfe in Steuersachen

Zur Hilfeleistung in Steuersachen gehören gem. § 1 StBerG:

- alle Angelegenheiten, die Bundes-, Länder- oder Gemeindesteuern betreffen (auch Zölle und Monopolsachen)
- die Hilfeleistung bei der Führung von Büchern und Aufzeichnungen sowie bei der Aufstellung von Abschlüssen, die für die Besteuerung von Bedeutung sind
- die Hilfeleistung in Steuerstrafsachen und in Bußgeldsachen wegen einer Steuerordnungswidrigkeit
- die Hilfeleistung bei der Einziehung von Steuererstattungs- oder Vergütungsansprüchen.

Darüber hinaus sind Steuerberater, Steuerbevollmächtigte und Steuerberatungsgesellschaften gem. § 12 StBerG auch zur geschäftsmäßigen Hilfeleistung in Angelegenheiten, die das **Abgabenrecht fremder Staaten** betreffen, befugt.

Die Hilfeleistung in Steuersachen darf **geschäftsmäßig** nur von Personen und Vereinigungen ausgeübt werden, die hierzu befugt sind.

Das gilt ohne Unterschied für hauptberufliche, nebenberufliche, entgeltliche oder unentgeltliche Tätigkeit.

1.1 Befugnisse

Die Befugnis zur geschäftsmäßigen Hilfeleistung wird dabei unterteilt in

- **Unbeschränkte Befugnis**
- **Beschränkte Befugnis.**

Zur **unbeschränkten Hilfeleistung** in Steuersachen sind gem. **§ 3 StBerG** befugt:

- **Steuerberater, Steuerbevollmächtigte, Rechtsanwälte, niedergelassene europäische Rechtsanwälte, Wirtschaftsprüfer und vereidigte Buchprüfer**
- **Partnerschaftsgesellschaften, deren Partner ausschließlich die in Nr. 1 genannten Personen sind**
- **Steuerberatungsgesellschaften, Rechtsanwaltsgesellschaften, Wirtschaftsprüfungsgesellschaften und Buchprüfungsgesellschaften**.

Zur **beschränkten Hilfeleistung** in Steuersachen sind gem. **§ 4 StBerG** z. B. befugt:

- **Notare und Patentanwälte**
- **Unternehmer, die ein Handelsgewerbe betreiben,** soweit sie in unmittelbarem Zusammenhang mit einem Geschäft, das zu ihrem Handelsgewerbe gehört, ihren Kunden Hilfe in Steuersachen leisten
- **Verbände oder Gewerkschaften**
- **Arbeitgeber**, soweit sie für ihre Arbeitnehmer Hilfe bei lohnsteuerlichen Sachverhalten oder bei Sachverhalten des Familienleistungsausgleichs i. S. des EStG leisten
- **Lohnsteuerhilfevereine**, soweit sie für ihre Mitglieder Hilfe in Steuersachen leisten, wenn diese
  - Einkünfte aus nicht selbstständiger Arbeit, sonstige Einkünfte aus wiederkehrenden Bezügen oder Einkünfte aus Unterhaltsleistungen erzielen,
  - keine Gewinneinkünfte i. S. der §§ 13, 15, 18 EStG erzielen oder umsatzsteuerpflichtige Umsätze ausführen, es sei denn, die diesen Einkünften zugrunde liegenden Einnahmen sind nach § 3 Nr. 12, 26 oder 72 EStG steuerfrei, und
  - Einnahmen aus anderen Einkunftsarten haben, die insgesamt die Höhe von 18.000 €, im Fall der Zusammenveranlagung von 36.000 €, nicht übersteigen.

Die Befugnis erstreckt sich nur auf die Hilfeleistung bei der **Einkommensteuer** und ihren Zuschlagsteuern. Soweit zulässig, berechtigt sie auch zur Hilfeleistung bei der **Eigenheimzulage** und der **Investitionszulage** nach §§ 3, 4 InvZulG sowie zur Hilfe bei Sachverhalten des **Familienleistungsausgleichs** i. S. des EStG und **haushaltsnaher Beschäftigungsverhältnisse** i. S. des § 35a Abs. 1 EStG. Mitglieder, die arbeitslos geworden sind, dürfen weiterhin beraten werden.

Andere als die in §§ 3 und 4 StBerG bezeichneten Personen und Vereinigungen dürfen nicht geschäftsmäßig Hilfe in Steuersachen leisten, insbesondere nicht geschäftsmäßig Rat in Steuersachen erteilen.

Von diesem Verbot der unbefugten Hilfeleistung in Steuersachen gelten folgende **Ausnahmen:**

- Erstattung **wissenschaftlich begründeter Gutachten**
- Unentgeltliche Hilfeleistung in Steuersachen für Angehörige i. S. des § 15 AO
- Durchführung **mechanischer Arbeitsgänge** bei der Führung von Büchern und Aufzeichnungen, die für die Besteuerung von Bedeutung sind.
- **Buchung laufender Geschäftsvorfälle, laufende Lohnabrechnungen, Fertigung der Lohnsteuer-Anmeldung durch sog. Buchführungshelfer** (Kontierer), **nicht** aber die Fertigung der **Umsatzsteuer-Voranmeldung**.

1.2 Allgemeine Berufspflichten

Steuerberater und Steuerbevollmächtigte haben ihren Beruf gem. § 57 Abs. 1 StBerG wie folgt auszuüben:

- **unabhängig** gegenüber Auftraggebern, Finanzverwaltung und Mitarbeitern und sonstigen Personen. Eine unabhängige Berufsausübung ist nur möglich, wenn keine Bindungen bestehen, die die berufliche Entscheidungsfreiheit gefährden. Unabhängigkeit heißt aber nicht zugleich auch Unparteilichkeit.
- **eigenverantwortlich**. Sie erfordert, dass sich der Berufsangehörige sein Urteil selbst bildet, seine Entscheidungen selbst trifft und zu verantworten hat.
- **gewissenhaft**. Die Personen müssen für eine sachgerechte Organisation und Führung ihrer beruflichen Niederlassung Sorge tragen, ebenso für die Weiterführung der Praxis im Falle der Verhinderung. Auch bei der Auswahl und Überwachung der Mitarbeiter haben sie besonders sorgfältig zu verfahren: Gleiches gilt für die Verwaltung fremden Vermögens (Anderkonto, Anderdepot). Zur gewissenhaften Berufsausübung gehört auch die ausdrückliche und rechtzeitige Ablehnung eines Auftrages, der nicht übernommen werden kann bzw. soll. Als Ausfluss der Pflicht zur gewissenhaften Berufsausübung ist u. a. das Erfordernis des Abschlusses einer angemessenen Berufshaftpflichtversicherung zu sehen.
- **verschwiegen**. Die Pflicht zur Verschwiegenheit erstreckt sich auf alles, was dem Steuerberater in Ausübung des Berufs oder bei der Gelegenheit der Berufstätigkeit anvertraut oder bekannt geworden ist. Sie besteht auch nach Beendigung des Auftragsverhältnisses fort.
- **Verbot berufswidriger Werbung**. Werbung ist nur erlaubt, soweit sie über die berufliche Tätigkeit in Form und Inhalt sachlich unterrichtet und nicht auf die Erteilung eines Auftrags im Einzelfall gerichtet ist (§ 57a StBerG). Zulässig ist danach die Information über die berufliche Tätigkeit in Praxisbroschüren, Faltblättern oder auch in elektronischen Medien, nicht jedoch im Rundfunk und Fernsehen. Auch darf sich der Steuerberater beispielsweise in einen Suchservice mit Hinweisen auf Tätigkeitsschwerpunkte (z. B. internationales Steuerrecht) oder Fremdsprachenkenntnisse aufnehmen lassen. Schließlich sind auch (Information-)Anzeigen zur sachlichen Unterrichtung über die berufliche Tätigkeit in Tageszeitungen möglich.

Die Steuerberater haben sich jeder Tätigkeit zu enthalten, die mit dem Beruf oder mit dem Ansehen des Berufs nicht vereinbar ist.

Sie haben sich auch außerhalb der Berufstätigkeit des Vertrauens und der Achtung würdig zu erweisen, die ihr Beruf erfordert (§ 57 Abs. 2 StBerG).

Mit dem Beruf eines Steuerberaters sind gem. § 57 Abs. 3 StBerG insbesondere **vereinbar:**

- **Tätigkeit als Wirtschaftsprüfer, Rechtsanwalt, niedergelassener europäischer Rechtsanwalt oder vereidigter Buchprüfer**
- **freiberufliche Tätigkeit zur Wahrung fremder Interessen** (z. B. Rechtsberatung)

- **wirtschaftsberatende, gutachtliche oder treuhänderische Tätigkeit**
- **Tätigkeit als Lehrer an Hochschulen und wissenschaftlichen Instituten**
- **freie schriftstellerische Tätigkeit sowie freie Vortrags- und Lehrtätigkeit**
- die Durchführung von **Lehr- und Vertragsveranstaltungen zur Vorbereitung auf die Steuerberaterprüfung sowie die Prüfung als Wirtschaftsprüfer und vereidigten Buchprüfer** und **zur Fortbildung** der Mitglieder der Steuerberaterkammern und deren Mitarbeiter.

Als Tätigkeiten, die mit dem Beruf des Steuerberaters **nicht vereinbar** sind, gelten nach § 57 Abs. 4 StBerG insbesondere:

- **gewerbliche Tätigkeit**
- **Tätigkeit als Arbeitnehmer** (ausgenommen die Angestelltentätigkeit, z. B. bei einem Steuerberater oder Rechtsanwalt).

1.3 Zusammenfassung

Befugnis zur geschäftsmäßigen Hilfeleistung in Steuersachen gem. §§ 3 und 4 StBerG

Umfang

unbeschränkt	**beschränkt**
► Steuerberater (StB) Steuerbevollmächtigte Steuerberatungsgesellschaften ► Rechtsanwälte Wirtschaftsprüfer (WP) Wirtschaftsprüfungsgesellschaften vereidigte Buchprüfer Buchprüfungsgesellschaften	► Notare, Patentanwälte u. a. in bestimmtem Umfang ► LSt-Hilfevereine, soweit sie für ihre Mitglieder Hilfe bei Einkünften aus nichtselbstständiger Arbeit und sonstigen LSt-Sachen leisten.

Ausnahmen vom Verbot der unbefugten Hilfeleistung in Steuersachen bei

1. Erstattung wissenschaftlich begründeter Gutachten
2. unentgeltlicher Hilfeleistung in Steuersachen für Angehörige (§ 15 AO)
3. Durchführung mechanischer Arbeitsgänge bei der Führung von Büchern und Aufzeichnungen, die für die Besteuerung von Bedeutung sind
4. Buchung lfd. Geschäftsvorfälle, lfd. Lohnabrechnungen, Fertigen der LSt-Anmeldungen durch sog. Buchführungshelfer (Kontierer) – § 6 Nr. 4 StBerG.

Vereinbare bzw. unvereinbare Tätigkeiten gem. § 57 Abs. 3 und 4 StBerG

mit der Berufsausübung

vereinbare Tätigkeiten	unvereinbare Tätigkeiten
► Tätigkeit als WP oder vereidigter Buchprüfer ► freiberufliche Tätigkeit zur Wahrnehmung fremder Interessen (z. B. Rechtsberatung) ► wirtschaftsberatende, gutachterliche, treuhänderische Tätigkeit ► Tätigkeit eines Lehrers an wissenschaftlichen Hochschulen oder Instituten ► freie schriftstellerische Tätigkeit sowie Vortragstätigkeit	► eine gewerbliche Tätigkeit ► eine Tätigkeit als Arbeitnehmer

Allgemeine Berufspflichten §§ 57 ff. StBerG

Die Berufsausübung hat

- **unabhängig** (freiberuflich)
- **eigenverantwortlich**, d. h.
  - als selbstständiger Steuerberater oder
  - als zeichnungsberechtigter Vertreter eines Steuerberaters oder
  - als Angestellter eines Steuerberaters u. Ä. mit Zeichnungsbefugnis
- **gewissenhaft**
- **verschwiegen**
- unter **Verzicht** auf **berufswidrige Werbung**

zu erfolgen.

1.4 Fälle zur Sicherung des Lernerfolgs

Fall 1:

Entscheiden Sie bei den folgenden Personen bzw. Vereinigungen, welche Befugnis zur Hilfeleistung in Steuersachen in Betracht kommt. Kreuzen Sie die richtige Antwort an!

	Unbeschränkte Befugnis	**Beschränkte Befugnis**	**Keine Befugnis**
Notar			
Wirtschaftsprüfer			
Steuerfachangestellte/r			
Lohnsteuerhilfeverein			
Vereidigter Buchprüfer			
Rechtsanwalt			
Steuerberater			
Rechtsanwalt und Steuerberater schließen sich zu einer Partnerschaftsgesellschaft zusammen			
Steuerfachwirt			
Unternehmensberater			
Arbeitgeber			

Fall 2:

Entscheiden Sie, ob die folgenden Tätigkeiten mit dem Beruf eines Steuerberaters vereinbar bzw. nicht vereinbar sind. Kreuzen Sie die richtige Antwort an!

	vereinbar	**nicht vereinbar**
Steuerberater A. übernimmt die Aufgabe eines Insolvenzverwalters		
Steuerberater B. beteiligt sich als Gesellschafter an einer OHG		
Steuerberater C. ist Manager eines Handballbundesligavereins		
Steuerberater D. vertritt einen Mandanten in einem Steuerstrafverfahren		
Steuerberater E. berät einen Mandanten bei der Umstellung seiner betrieblichen Organisation auf EDV		
Steuerberater F. ist Herausgeber eines Steuerfachlehrbuchs		
Steuerberater G. möchte ein Immobilienbüro betreiben, das er von einem Bekannten übernehmen kann		

Fall 3:

Beurteilen Sie die folgenden Hilfeleistungen in Steuersachen und begründen Sie Ihre Entscheidungen!

a) Der Steuerfachangestellte S. hilft seinen Eltern gegen Entgelt bei deren ESt-Erklärung. Ferner fertigt er seiner Verlobten unentgeltlich den Einspruch gegen den ESt-Bescheid, und einem guten Freund erstellt er unentgeltlich die USt-Voranmeldungen.

b) Ein Versicherungsvertreter berät einen Kunden über die einkommensteuerlichen Folgen beim Abschluss einer Lebensversicherung.

c) Der Berufsschullehrer B., der in erster Linie angehende Steuerfachangestellte unterrichtet, erstellt für 300 € die ESt-Erklärung eines Kollegen.

d) Der ledige Arbeitnehmer Manni Schluckspecht bezieht neben seinem Arbeitslohn aus seinem Festgeldkonto Zinseinnahmen i. H. v. 19.000 €. Könnte er die Hilfe eines Lohnsteuerhilfevereins in Anspruch nehmen?

2. Steuern

2.1 Begriff der Steuer

Der Begriff der Steuer ist in **§ 3 Abs. 1 Satz 1 AO** definiert und hat folgende **Voraussetzungen:**

- Es muss sich um eine **Geldleistung** handeln.

  Unerheblich ist, ob diese einmalig oder jährlich gezahlt wird. Sach- und Dienstleistungen sind keine Steuern, da es sich insoweit nicht um eine Geldleistung handelt.

- Diese Geldleistung darf **keine Gegenleistung für eine besondere Leistung** darstellen.

  Gebühren sind Gegenleistungen für bestimmte, tatsächlich in Anspruch genommene Leistungen der Verwaltung.

  Beispiele

  Erteilung von Bescheinigungen, Genehmigungen, Erlaubnissen, Bauabnahmen, Benutzung von Krankenhäusern, Büchereien, Parks, Häfen, Wasser, Strom.

  Beiträge sind Gegenleistungen für eine angebotene hoheitliche Leistung und zwar unabhängig davon, ob sie in Anspruch genommen wird oder nicht.

Beispiele

Straßenanliegerbeiträge, Kurtaxe, Sozialversicherungsbeiträge, Fernseh„gebühr", Müllabfuhr.

- Die Geldleistung muss von einem **öffentlich rechtlichen Gemeinwesen** erhoben werden (Bund, Länder, Gemeinden, Religionsgemeinschaften).
- Die Geldleistungen müssen zur **Erzielung von Einnahmen** erhoben werden.

  Die Erzielung von Einnahmen kann dabei Hauptzweck (Deckung des Finanzbedarfs, Konjunkturlenkung, Förderung des Wohnungsbaus) als auch Nebenzweck (z. B. Konsumlenkung durch Tabaksteuer und Alkoholsteuer) sein.

  Nicht der Einnahmeerzielung dienen die steuerlichen Nebenleistungen, da der Steuerpflichtige insoweit für sein Verhalten mit einem Druckmittel belegt werden soll. Steuerliche Nebenleistungen haben daher in erster Linie einen **Strafcharakter**.

  Steuerliche Nebenleistungen sind gem. **§ 3 Abs. 4 AO:**

  - **Verzögerungsgeld** (§ 146 Abs. 2c AO)
  - **Verspätungszuschläge** (§ 152 AO)
  - **Zuschläge** gem. § 162 Abs. 4 und 4a AO
  - **Mitwirkungsverzögerungsgelder** nach § 200a Abs. 2 AO und Zuschläge zum Mitwirkungsverzögerungsgeld nach § 200a Abs. 3 AO
  - **Zinsen** (§§ 233 bis 237 AO)
  - **Zinsen**, die über die §§ 233 - 237 und die Steuergesetze hinaus nach dem Recht der Europäischen Union auf zu erwartende Steuern zu leisten sind
  - **Säumniszuschläge** (§ 240 AO)
  - **Zwangsgelder** (§ 329 AO)
  - **Kosten** (§§ 89, 89a Abs. 7, 178, §§ 337 bis 345 AO)
  - **Verspätungsgelder** nach § 22a Abs. 5 EStG.
- Die Geldleistungen werden **allen auferlegt**, bei denen der **Tatbestand zutrifft**, an den das **Gesetz die Leistungspflicht knüpft**.

  Diese Voraussetzung beinhaltet den Grundsatz der Tatbestandsmäßigkeit und den Grundsatz der Gleichmäßigkeit.

  Steuern dürfen demnach nur dann erhoben werden, wenn der entsprechende steuerliche Tatbestand erfüllt ist (z. B. Erbschaft = Erbschaftsteuer; Umsatz = Umsatzsteuer; Einkommen = Einkommensteuer). Ist der entsprechende steuerliche Tatbestand erfüllt, müssen die entsprechenden Steuerbeträge immer erhoben werden.

2.2 Einteilung der Steuer

Die einzelnen Steuerarten können unter verschiedenen Gesichtspunkten zu Gruppen zusammengefasst werden.

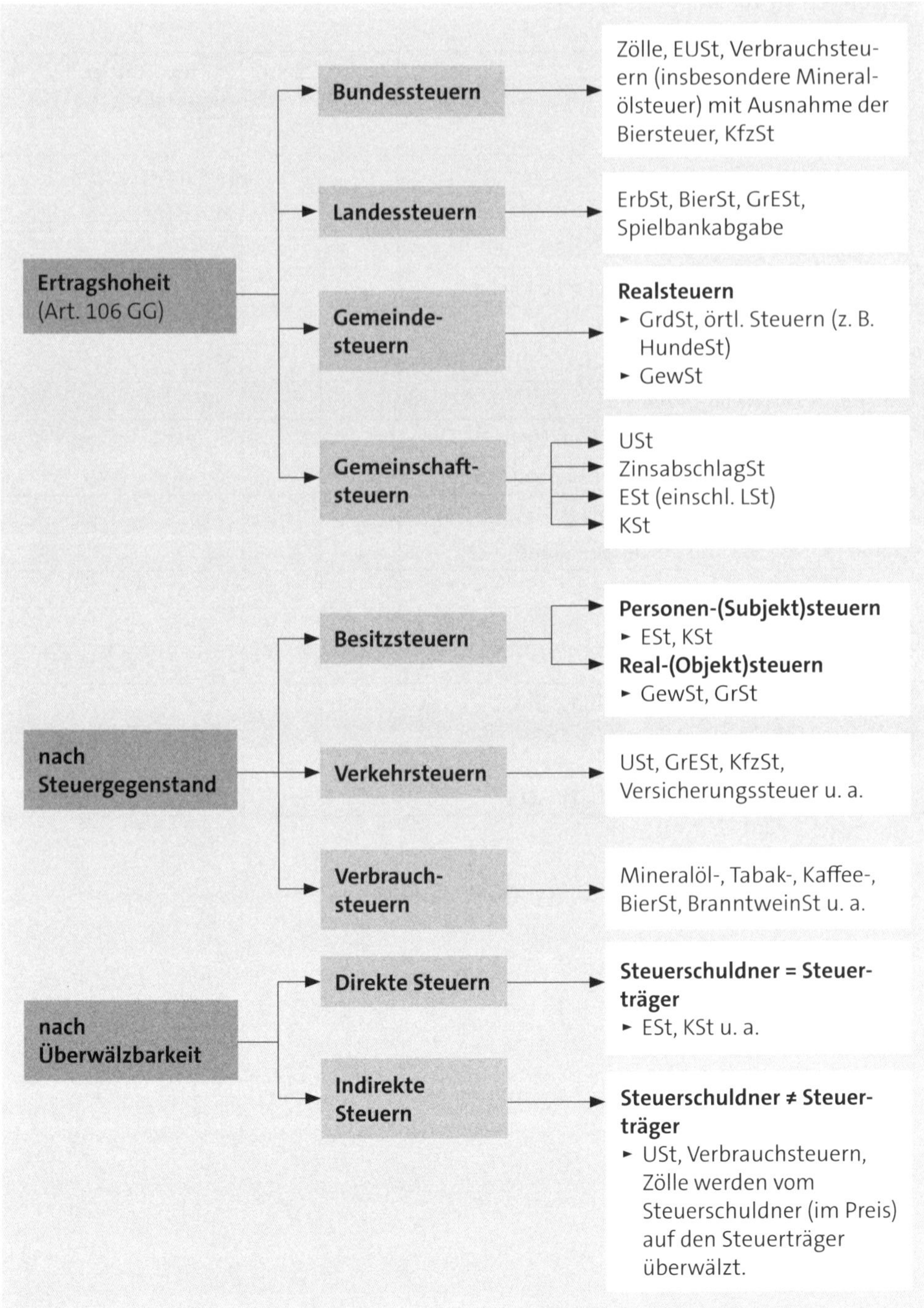

2.3 Fälle zur Sicherung des Lernerfolgs

Fall 1:

Prüfen und begründen Sie, ob es sich bei den folgenden Abgaben um Steuern handelt. Verwenden Sie die folgende Tabelle!

Tatbestand	Ja	Nein	Stichwortartige Begründung
Zahlung von Einfuhrzoll			
Vollstreckungskosten			
Umsatzsteuer-Vorauszahlung			
Zwangsgeld			
freiwillige Zahlung an die evangelische Kirche			
Geldstrafe wegen Steuerhinterziehung			
Zahlung einer Kurtaxe			
Leistung des Freiwilligendienstes			
Zahlung von Sozialversicherungsbeiträgen			
Zahlung für die Ausstellung einer Heiratsurkunde			
Zahlung eines Verspätungszuschlags			
Zahlung für Müllabfuhr an die Gemeinde			
Zahlung für Zulassung eines Pkw			
Zahlung für eine Eintrittskarte zu einer Badeanstalt			
Zahlung eines Säumniszuschlags			
Aufgrund eines Rechtsstreites mit der Stadt Leverkusen zahlen Sie an Ihren Anwalt ein Honorar i. H. v. 620 €.			
Verzögerungsgeld nach § 146 Abs. 2b AO			

Fall 2:

Ordnen Sie die folgenden Steuerarten den Begriffen aus der Tabelle zu.

Steuerart	Bund, Land, Gemeinde, Gemeinschaftsteuer	Personensteuer, Sachsteuer	Direkte Steuer, indirekte Steuer	Besitzsteuer, Verkehrsteuer, Verbrauchsteuer, Zoll	Realsteuer? (Ja oder Nein)
Umsatzsteuer					
Einkommensteuer					
Körperschaftsteuer					
EUSt					
Kfz-Steuer					
Gewerbesteuer					
Grunderwerbsteuer					
Mineralölsteuer					
Biersteuer					
Erbschaftsteuer					
Grundsteuer					
Stromsteuer					

3. Rechtsgrundlagen

3.1 Arten im Überblick

Rechtsnormen (§ 4 AO)

- **Arten**

Förmliche Gesetze → Rechtsnormen, die in einem förmlichen Gesetzgebungsverfahren zustande kommen, ordnungsgemäß ausgefertigt und in den dafür vorgesehenen amtlichen Blättern (BGBl, BAnz) veröffentlicht werden.

Grundgesetz

regelt u. a.
- Gesetzgebungskompetenz
- Steuerverwaltung
- Steuerverteilung
- Haushaltsfragen

Allgemeine Steuergesetze

- **Abgabenordnung (AO)** (Rechte und Pflichten der Steuerzahler, Festsetzung und Erhebung von Steuern, Steuerstrafrecht usw.)
- **Bewertungsgesetz (BewG)** (Allgemeine und besondere Bewertungsvorschriften, Einheitsbewertung usw.)
- **Finanzgerichtsordnung** u. a.

Einzelsteuergesetze

EStG, KStG
UStG
GewStG
u. v. a.

Rechtsverordnungen → Rechtsnormen, die nicht in einem förmlichen Gesetzgebungsverfahren zustande kommen, sondern durch die **Exekutive** (Bundesregierung, BdF) aufgrund **gesetzlicher Ermächtigung** (Art. 80 GG) erlassen und ordnungsgemäß verkündet werden (BGBl, BAnz).

z. B. **Durchführungsverordnungen** (EStDV, LStDV, GewStDV, BewDV u. a.)

- **Bedeutung: bindende Wirkung für Finanzverwaltung, Steuerpflichtige, Finanzgerichtsbarkeit**

Entscheidungen der Gerichte

- **Urteile**
  - der **Finanzgerichte** der **Länder**
  - des **Bundesfinanzhofs (Sitz München)**
  - des **Bundesverfassungsgerichts**
- **Bedeutung:** Bindung der Finanzverwaltung an rechtskräftige höchstrichterliche Urteile im **entschiedenen Einzelfall** – Entscheidungshilfe für Steuerpflichtige bei Auslegung der Gesetze

Verwaltungsanordnungen

- **Arten**
  - **Richtlinien** (z. B. EStR, LStR)
  - **Erlasse** (z. B. des BdF)
  - **Verfügungen** (z. B. der OFD)
- **Bedeutung: bindend für Finanzverwaltung bei Anwendung von Gesetzen, Entscheidungshilfe für Steuerpflichtige**

3.2 Fälle zur Sicherung des Lernerfolgs

Fall 1:

a) Die Steuergesetze werden in verschiedene Arten unterteilt. Welche Arten sind das und nennen Sie je zwei Beispiele!

b) Welche Bedeutung hat die Rechtsprechung des Bundesfinanzhofs?

c) Nennen Sie allgemein fünf Rechtsvorschriften, die die Besteuerung regeln bzw. sich auf die Besteuerung auswirken!

d) Erläutern Sie den wesentlichen Unterschied zwischen dem Einkommensteuergesetz und den Einkommensteuer-Richtlinien!

Fall 2:

Handelt es sich bei den folgenden Rechtsquellen um

(a) ein förmliches Gesetz,

(b) eine Rechtsverordnung,

(c) eine Rechtsquelle, die für die Gerichte nicht bindend ist,

(d) ein Steuergesetz,

(e) ein allgemeines Steuergesetz,

(f) ein Einzelsteuergesetz oder um

(g) eine Verwaltungsvorschrift?

1. Umsatzsteuergesetz
2. Umsatzsteuer-Durchführungsverordnung
3. Einkommensteuergesetz
4. Einkommensteuer-Richtlinien
5. Bewertungsgesetz
6. Verfügung der Oberfinanzdirektion NRW
7. Erlass des Bundesministers der Finanzen
8. Abgabenordnung
9. Anwendungserlass zur Abgabenordnung
10. Lohnsteuer-Richtlinien
11. Umsatzsteuer-Anwendungserlass

4. Aufbau und Aufgaben der Finanzverwaltung

4.1 Aufbau der Finanzverwaltung

Der Aufbau der Finanzverwaltung ergibt sich aus **§ 6 AO** wie folgt:

	Bundesfinanzbehörde	**Landesfinanzbehörde**
Oberste Behörde	Bundesminister für Finanzen	Finanzminister der Länder
Oberbehörde	Bundeszentralamt für Steuern, Bundesmonopolverwaltung für Branntwein	Rechenzentren der Länder
Mittelbehörde	**Bundesfinanzdirektion, Oberfinanzdirektion (Mittelbehörde nur auf Landesebene), Zollkriminalamt**	
Örtliche Behörde	Hauptzollamt Zollfahndungsamt	**Finanzämter**

Die **Familienkassen**, **zentrale Stelle i. S. des § 81 EStG** und die **Knappschaft-Bahn-See** rechnen ebenfalls zu den Finanzbehörden (§ 6 Abs. 2 Nr. 6 - 8 AO).

4.2 Aufgaben der Finanzverwaltung

	Bundesfinanzbehörde	**Landesfinanzbehörde**
Oberste Behörde	Erlass von Richtlinien, Regeln des Verwaltungsablaufs	Verwaltung von Steuern
Mittelbehörde	Aufsichtsbehörde der örtlichen Behörden und Überwachung der Gesetzesanwendung	
Örtliche Behörde	Festsetzung und Verwaltung der Zölle und Verbrauchsteuern	Festsetzung und Verwaltung der Besitz- und Verkehrsteuern

4.3 Fälle zur Sicherung des Lernerfolgs

Fall 1:

a) Welche Stellung nimmt die Oberfinanzdirektion im Aufbau der Finanzbehörden ein?

b) Welche wesentlichen Aufgaben haben die Finanzämter und welche die Hauptzollämter wahrzunehmen?

c) Welche der folgenden Gebilde ist (sind) keine Finanzbehörden i. S. der AO?

- Gemeindesteueramt
- Finanzierungsbank
- Bundesmonopolverwaltung für Branntwein

- Zollfahndungsamt
- Familienkasse
- Knappschaft-Bahn-See.

Fall 2:

Entscheiden Sie, ob es sich bei den nachfolgend aufgeführten Behörden um eine

(1) Örtliche Landesbehörde
(2) Gemeindebehörde
(3) Oberste Bundesfinanzbehörde
(4) Obere Landesbehörde
(5) Mittelbehörde auf Landesebene
(6) Örtliche Bundesfinanzbehörde
(7) Oberste Landesfinanzbehörde
(8) Obere Bundesfinanzbehörde

handelt!

(a) Finanzamt Leverkusen
(b) Hauptzollamt Köln
(c) Finanzministerium Nordrhein-Westfalen
(d) Bundesministerium der Finanzen
(e) Bundeszentralamt für Steuern
(f) Steueramt der Stadt Leverkusen
(g) Rechenzentrum in Düsseldorf
(h) Oberfinanzdirektion Nordrhein-Westfalen

Fall 3:

Welche der folgenden Steuern verwaltet

(1) das Finanzamt
(2) das Hauptzollamt
(3) das Stadtsteueramt der Gemeinde?

(a) Einfuhrumsatzsteuer
(b) Vergnügungssteuer
(c) Mineralölsteuer

(d) Kfz-Steuer

(e) Hundesteuer

(f) Tabaksteuer

(g) Körperschaftsteuer

(h) Einkommensteuer

(i) Biersteuer

(j) Umsatzsteuer

5. Örtliche Zuständigkeit der Finanzämter (ohne gesonderte Feststellungen)

5.1 Einkommensteuer

Örtlich zuständig ist nach **§ 19 Abs. 1 Satz 1 AO** das FA, in dessen Bezirk der Stpfl. seinen **Wohnsitz** bzw. seinen **gewöhnlichen Aufenthalt** hat (sog. **Wohnsitzfinanzamt**).

Beispiel

Peter Müller bewohnt in Bergisch Gladbach ein eigenes Zweifamilienhaus. In Leverkusen betreibt er einen Computerhandel in gemieteten Räumen.

Für die ESt-Erklärung ist gem. § 19 Abs. 1 Satz 1 AO das Wohnsitz-FA in Bergisch Gladbach örtlich zuständig.

Hat der Stpfl. **mehrere Wohnsitze**, so ist der Wohnsitz maßgebend, an dem sich der Stpfl. **vorwiegend aufhält**. Bei Verheirateten oder in Lebenspartnerschaft, nicht dauernd getrennt lebenden Stpfl. ist bei mehrfachem Wohnsitz das FA des **Aufenthalts der Familie** für die Besteuerung zuständig (§ 19 Abs. 1 Satz 2 AO).

Beispiele

1. Der ledige Rudi Rüpel hat seinen Wohnsitz in Leverkusen. Da er öfters beruflich in Herne zu tun hat, mietete er sich dort ein Zimmer. Vorwiegend hält er sich jedoch in Leverkusen auf. Örtlich zuständig ist das Wohnsitz-FA in Leverkusen, da er sich dort vorwiegend aufhält (§ 19 Abs. 1 Satz 2 AO).
2. Der verheiratete Michael Lustlos wohnt seit Jahren wochentags in Düsseldorf, da er dort einen Elektrogroßhandel unterhält. Die Wochenenden verbringt er bei seiner Frau und seinen Kindern in Würzburg. Örtlich zuständig ist das Wohnsitz-FA in Würzburg, da sich dort die Familie vorwiegend aufhält (§ 19 Abs. 1 Satz 2 AO).

Befinden sich innerhalb einer **Wohnsitzgemeinde mehrere FA** und übt ein Stpfl. mit Einkünften aus

- Land- und Forstwirtschaft
- Gewerbebetrieb
- **Freiberufliche Tätigkeit i. S. des § 18 Abs. 1 Nr. 1 EStG**

diese Tätigkeit innerhalb der Wohnsitzgemeinde, aber im Bezirk eines anderen FA als dem des Wohnsitz-FA aus, so ist **nicht das Wohnsitz-FA** für die Besteuerung örtlich zuständig, **sondern** nach § 19 Abs. 3 Satz 1 AO das **FA, in dessen Bereich diese Tätigkeit ausgeübt wird**.

Bezieht der Stpfl. **Gewinnanteile** aus den Gewinneinkünften, so gilt § 19 Abs. 3 AO nur dann, wenn sie die **einzigen Einkünfte** i. S. der §§ 13 - 18 EStG sind (§ 19 Abs. 3 Satz 2 AO).

Beispiel

Der Kaufmann Willi Wutz bewohnt ein eigenes Einfamilienhaus im Bezirk des FA Köln-Ost. Sein Elektrogeschäft führt er im Bereich des FA Köln-Süd, und im Bezirk des FA Köln-West besitzt er ein Mietwohngrundstück. Außerdem ist er als Kommanditist an der Y-KG beteiligt, die den Sitz ihrer Geschäftsleitung im Bereich des FA Köln-Nord hat.

Nach § 19 Abs. 1 Satz 1 AO wäre für die ESt grundsätzlich das FA Köln-Ost zuständig. Gemäß § 19 Abs. 3 Satz 1 AO ist aber abweichend von diesem Grundsatz das FA örtlich zuständig, in dem der Stpfl. Gewinneinkünfte erzielt. Das ist hier in dem Bezirk des FA Köln-Süd der Fall, da er dort ein Elektrogeschäft hat. Die Tatsache, dass er in Köln-Nord noch an einer KG beteiligt ist, ist unerheblich, denn die Beteiligungseinkünfte sind nicht die einzigen Gewinneinkünfte.

§ 19 Abs. 4 AO stellt klar, dass bei **Ehegatten**, bei denen die Voraussetzungen der Ehegattenbesteuerung erfüllt sind, die bezogenen Einkünfte so zu behandeln sind, als seien sie von einem Stpfl. bezogen worden.

Beispiel

Jakob wohnt seit mehreren Jahren in einem eigenen Mehrfamilienhaus in Köln, in dem er zehn Wohnungen vermietet hat. Das Haus liegt im Bereich des FA Köln-Nord. Er hat Einkünfte aus Vermietung und Verpachtung und aus Kapitalvermögen. In 2023 heiratete er die Adele, die im Bereich des FA Köln-Ost eine Arztpraxis betreibt und in einer eigenen Eigentumswohnung im Bezirk des FA Köln-Süd wohnt. Nach der Hochzeit zieht Jakob zu Adele.

Über § 19 Abs. 4 AO werden die Einkünfte von Jakob und Adele so behandelt, als seien sie von einem Steuerpflichtigen bezogen worden. Abweichend von dem Grundsatz des § 19 Abs. 1 AO ist nach § 19 Abs. 3 Satz 1 AO das FA Köln-Ost zuständig, da dort Gewinneinkünfte, nämlich Einkünfte aus selbstständiger Arbeit (Arztpraxis) erzielt werden. Die Tatsache, dass in Köln-Nord noch Vermietungseinkünfte erzielt werden, ist unerheblich, denn dabei handelt es sich um Überschuss- und nicht um Gewinneinkünfte.

Wenn der Stpfl. außerhalb des Bezirks seines Wohnsitz-FA, aber in **Bezirken mehrerer FA** derselben Wohnsitzgemeinde **Gewinneinkünfte** erzielt, so können nach § 19 Abs. 3 AO **mehrere FA zuständig** sein. In diesem Fall ist nach **§ 25 AO** zu verfahren.

5.2 Andere Steuerarten

Steuerart	Zuständiges Finanzamt	Erläuterung
Umsatzsteuer für Gewerbetreibende	Betriebs-FA (§ 21 AO)	FA, in dessen Bezirk sich die Geschäftsleitung befindet
Umsatzsteuer für freiberufliche Tätigkeit	Tätigkeits-FA (§ 21 AO)	FA, in dessen Bezirk die Tätigkeit ausgeübt wird
Gewerbesteuermessbetrag	Betriebs-FA (§ 22 AO)	FA, in dessen Bezirk sich die Geschäftsleitung befindet
Grundsteuermessbetrag	Lage-FA (§ 22 AO)	FA, in dessen Bezirk das Grundstück liegt
Körperschaftsteuer	Geschäftsleitungs-FA (§ 20 AO)	FA, in dessen Bezirk sich die Geschäftsleitung befindet

5.3 Zuständigkeitswechsel

Ändern sich die die Zuständigkeit begründenden Umstände (z. B. infolge eines **Umzugs**), so tritt nach **§ 26 Satz 1 AO** ein **Wechsel** in der örtlichen Zuständigkeit **in dem Zeitpunkt ein, in dem eine der beiden FA hiervon erfährt**.

Beispiel

Der Handelsvertreter Brause hat seinen Wohnsitz von München nach Düsseldorf verlegt, weil er dort die meisten Kunden hat. Am 16. Januar 2023 bezog er seine neue Wohnung in Düsseldorf.

Die ESt-Erklärung 2022 kann entweder noch bei dem FA in München oder schon bei dem neu zuständig gewordenen FA in Düsseldorf eingereicht werden, denn geht durch einen Wohnsitzwechsel die Zuständigkeit auf ein anderes FA über, so tritt der Zuständigkeitswechsel nicht bereits im Zeitpunkt des Wohnsitzwechsels ein, sondern erst dann, wenn eines der beiden FÄ von diesem Wohnsitzwechsel tatsächlich erfährt.

Ein Zuständigkeitswechsel nach § 26 Satz 1 AO tritt jedoch solange nicht ein, wie

- über einen Indsolvenzantrag noch nicht entschieden wurde,
- ein eröffnetes Insolvenzverfahren noch nicht aufgehoben wurde oder
- sich eine Personengesellschaft oder eine juristische Person in Liquidation befindet.

5.4 Mehrfachzuständigkeit

Sind mehrere FA örtlich zuständig, so entscheidet nach **§ 25 Satz 1 AO** das **FA, das zuerst mit der Sache befasst worden ist**, es sei denn, die zuständigen Finanzämter einigen sich auf ein anderes zuständiges FA.

Beispiel

Seit seiner Niederlassung im Jahre 2022 betreibt der selbstständige Rechtsanwalt Dr. Juris seine Kanzlei in Düsseldorf, Berliner Allee (FA Düsseldorf-Mitte). Seine Ehefrau ist ab Februar 2023 in Düsseldorf-Oberkassel als Steuerberaterin selbstständig tätig (FA Düsseldorf-Altstadt). Die Eheleute bewohnen ein Einfamilienhaus in Düsseldorf-Gerresheim (FA Düsseldorf-Süd).

Für den VZ 2023 ist für die Einkommensteuer gem. § 19 Abs. 3 und 4 AO i. V. mit § 25 Satz 1 AO das Tätigkeits-FA Düsseldorf-Mitte örtlich zuständig, da es aufgrund der zeitlichen Vorgaben zuerst mit der Sache befasst worden ist.

5.5 Fälle zur Sicherung des Lernerfolgs

Fall 1:

Peter Müller bewohnt in Leverkusen ein eigenes Einfamilienhaus. In Bergisch Gladbach betreibt er ein Sonnenstudio in gemieteten Räumen.

Stellen Sie unter Angabe der üblichen Bezeichnung fest, welches FA jeweils örtlich zuständig ist für die

a) Einkommensteuer

b) Umsatzsteuer

c) Festsetzung des Gewerbesteuermessbetrages
d) Festsetzung des Grundsteuermessbetrages.

Fall 2:

Die Unternehmer A und B betreiben in Wuppertal eine Maschinenbau-GmbH, an der beide beteiligt sind. A wohnt in Düsseldorf und B in Solingen. Im November wird die Geschäftsleitung der GmbH nach Düsseldorf verlegt, während die Produktionsstätte in Wuppertal verbleibt.

Stellen Sie unter Angabe der üblichen Bezeichnung fest, welches FA jeweils örtlich zuständig ist für die

a) Körperschaftsteuererklärung der Maschinenbau-GmbH
b) Einkommensteuer der Gesellschafter A und B.

Fall 3:

Im Bereich der Gemeinde A-Dorf befinden sich die FÄ Nord, Ost, Süd und West.

Bestimmen Sie in den nachfolgenden Fällen die örtliche Zuständigkeit für die Einkommensteuer!

a) FA Ost: Einkünfte aus Gewerbebetrieb
FA West: Wohnsitz des ledigen Steuerpflichtigen

b) FA Nord: Wohnsitz des ledigen Steuerpflichtigen
FA Ost: Einkünfte aus Land- und Forstwirtschaft
FA Süd: Einkünfte aus selbstständiger Arbeit
FA West: Einkünfte aus Gewerbebetrieb

c) FA Nord: Einkünfte aus Gewerbebetrieb
FA Ost: Beteiligungseinkünfte aus selbstständiger Arbeit
FA West: Wohnsitz des ledigen Steuerpflichtigen

d) FA Nord: Wohnsitz des ledigen Steuerpflichtigen
FA Ost: Beteiligungseinkünfte aus Gewerbebetrieb
FA West: Einkünfte aus Vermietung und Verpachtung

e) FA Nord: Beteiligungseinkünfte aus Gewerbebetrieb
FA Ost: Beteiligungseinkünfte aus Land- und Forstwirtschaft
FA Süd: Beteiligungseinkünfte aus selbstständiger Arbeit
FA West: Wohnsitz des ledigen Steuerpflichtigen

f) FA Nord: Einkünfte aus Gewerbebetrieb
FA Ost: Beteiligungseinkünfte aus Gewerbebetrieb
FA West: Wohnsitz des ledigen Steuerpflichtigen und Beteiligungseinkünfte aus selbstständiger Arbeit

g) FA Nord: Einkünfte aus Gewerbebetrieb und aus selbstständiger Arbeit
FA Ost: Beteiligungseinkünfte aus selbstständiger Arbeit
FA Süd: Beteiligungseinkünfte aus Gewerbebetrieb
FA West: Wohnsitz des ledigen Steuerpflichtigen

h) FA Nord: Beteiligungseinkünfte aus Land- und Forstwirtschaft
FA Ost: Einkünfte aus Vermietung und Verpachtung und Beteiligungseinkünfte aus Gewerbebetrieb
FA Süd: Beteiligungseinkünfte aus Gewerbebetrieb
FA West: Wohnsitz des ledigen Steuerpflichtigen

i) FA Nord: gemeinsamer Wohnsitz der Ehegatten
FA Ost: Beteiligungseinkünfte aus Gewerbebetrieb der Ehefrau
FA Süd: Beteiligungseinkünfte aus selbstständiger Arbeit des Ehemannes
FA West: Einkünfte aus selbstständiger Arbeit der Ehefrau

j) FA Nord: gemeinsamer Wohnsitz der Ehegatten
FA Ost: Beteiligungseinkünfte aus Gewerbebetrieb der Ehefrau und Einkünfte aus Gewerbebetrieb des Ehemannes
FA Süd: Beteiligungseinkünfte aus selbstständiger Arbeit des Ehemannes
FA West: Einkünfte aus selbstständiger Arbeit der Ehefrau

k) FA Nord: Beteiligungseinkünfte der Ehefrau aus Gewerbebetrieb
FA Ost: gemeinsamer Wohnsitz der Ehegatten und Beteiligungseinkünfte aus Gewerbebetrieb der Ehefrau
FA Süd: zweiter Wohnsitz des Ehemannes und Beteiligungseinkünfte aus Gewerbebetrieb des Ehemannes sowie Einkünfte aus Vermietung und Verpachtung des Ehemannes
FA West: Beteiligungseinkünfte aus selbstständiger Arbeit der Ehefrau

l) FA Ost: Beteiligungseinkünfte aus Gewerbebetrieb der Ehefrau und Beteiligungseinkünfte aus selbstständiger Arbeit des Ehemannes
FA Süd: gemeinsamer Wohnsitz der Ehegatten und Beteiligungseinkünfte aus Gewerbebetrieb des Ehemannes
FA West: Beteiligungseinkünfte aus selbstständiger Arbeit der Ehefrau und Einkünfte aus Vermietung und Verpachtung des Ehemannes

m) FA Nord: Einkünfte aus selbstständiger Arbeit der Ehefrau
FA Ost: Beteiligungseinkünfte aus Gewerbebetrieb der Ehefrau und Beteiligungseinkünfte aus selbstständiger Arbeit des Ehemannes
FA Süd: gemeinsamer Wohnsitz der Ehegatten
FA West: Einkünfte aus Gewerbebetrieb des Ehemannes

n) FA Nord: Beteiligungseinkünfte aus Gewerbebetrieb
FA West: Wohnsitz des ledigen Steuerpflichtigen

Ferner erzielt der Stpfl. Einkünfte aus Gewerbebetrieb im Bereich des FA X-Dorf.

o) FA Nord: Beteiligungseinkünfte aus Gewerbebetrieb des Ehemannes
FA Ost: Beteiligungseinkünfte aus Vermietung und Verpachtung der Eheleute und zweiter Wohnsitz der Ehefrau
FA Süd: gemeinsamer Wohnsitz der Ehegatten
FA West: Beteiligungseinkünfte aus Gewerbebetrieb der Eheleute

Ferner erzielt der Ehemann Beteiligungseinkünfte aus Gewerbebetrieb im Bereich des FA X-Dorf.

Im Bereich des FA Y-Dorf unterhält er einen zweiten Wohnsitz.

p) FA Nord: Einkünfte aus Gewerbebetrieb des Ehemannes
FA Ost: Beteiligungseinkünfte aus Land- und Forstwirtschaft der Ehefrau
FA Süd: Beteiligungseinkünfte aus selbstständiger Arbeit des Ehemannes
FA West: gemeinsamer Wohnsitz der Eheleute

Ferner erzielt der Ehemann Einkünfte aus Gewerbebetrieb im Bereich des FA X-Dorf.

Im Bereich des FA Y-Dorf unterhält er einen zweiten Wohnsitz.

q) FA Nord: Einkünfte aus Gewerbebetrieb des Ehemannes
FA Süd: zweiter Wohnsitz des Ehemannes
FA West: Beteiligungseinkünfte des Ehemannes aus Gewerbebetrieb

Ferner erzielt der Ehemann Einkünfte aus Gewerbebetrieb im Bereich des FA Y-Dorf.

Im Bereich des FA X-Dorf haben die Eheleute ihren gemeinsamen Wohnsitz.

6. Lehre vom Verwaltungsakt (VA)

Hat das FA die eingereichte Steuererklärung überprüft, wird das Ergebnis dem Steuerpflichtigen mitgeteilt. Die Mitteilung ist eine Verwaltungsmaßnahme, ein sog. **Verwaltungsakt (VA)**.

6.1 Begriff des VA

Das Vorliegen eines Verwaltungsaktes ist nach **§ 118 Satz 1 AO** an folgende **Voraussetzungen** geknüpft:

- Es muss sich um eine Verfügung, Entscheidung oder eine andere **hoheitliche Maßnahme** handeln. Eine Maßnahme ist eine Willensäußerung eines befugten Amts-trägers.

  Beispiel

  Ein Auszubildender für den gehobenen Dienst in der Finanzverwaltung unterschreibt den Stundungsantrag des Stpfl. und schickt ihm die Stundungsverfügung zu.

  Es handelt sich nicht um einen Verwaltungsakt, da der Auszubildende insoweit nicht zeichnungsbefugt ist.

- Die Maßnahme muss eine **Behörde** treffen. Eine Behörde ist nach § 6 Abs. 1 AO jede Stelle, die Aufgaben der öffentlichen Verwaltung wahrnimmt. Dabei ist es für das Vorliegen eines Verwaltungsaktes gleichgültig, ob die Maßnahme von einer Landes- oder Bundesbehörde getroffen wird. Keine Behörden sind die Gerichte.

Beispiele

1. Wenn das Finanzgericht durch Urteil einen Steuerbescheid aufhebt oder das FA zu einer Stellungnahme auffordert, handelt es sich nicht um einen Verwaltungsakt, da das Finanzgericht keine Aufgaben der öffentlichen Verwaltung wahrnimmt, sondern rechtsprechend tätig wird.
2. Eine Steueranmeldung (Umsatzsteuervoranmeldung, Lohnsteueranmeldung), die der Unternehmer dem Finanzamt einreicht, stellt einen Verwaltungsakt dar. Zwar ergehen diese Verwaltungsakte von dem Unternehmer und nicht von der Behörde, jedoch werden die Steueranmeldungen den Steuerbescheiden gleichgestellt (§ 218 Abs. 1 Satz 2 AO).

- Die Maßnahme der Behörde muss einen **Einzelfall regeln**. Ein Einzelfall wird dann geregelt, wenn für einen bestimmten Beteiligten eine Rechtsfolge verbindlich geregelt wird. Keinen Einzelfall regeln daher z. B. Gesetze, Richtlinien, Erlasse, Verordnungen oder OFD-Verfügungen.

Beispiel

In einem Zeitungsschreiben wird die Aufforderung zur Abgabe der Steuererklärung bekannt gegeben. Grundsätzlich wird in dieser Aufforderung kein Einzelfall geregelt. Jedoch handelt es sich um eine Maßnahme, die sich an einen nach allgemeinen Merkmalen bestimmten oder bestimmbaren Personenkreis richtet. Eine solche **Allgemeinverfügung** gilt nach § 118 Satz 2 AO als Verwaltungsakt.

- Die Maßnahme muss auf dem **Gebiet des öffentlichen Rechts** ergehen. Eine Maßnahme ergeht dann auf dem Gebiet des öffentlichen Rechtes, wenn der Staat und der Bürger in einem Verhältnis der Über- und Unterordnung zueinander stehen. Das ist dann nicht der Fall, wenn der Staat auf dem Gebiet des Privatrechts tätig wird.

Beispiele

Zu Handlungen auf dem Gebiet des Privatrechts zählen beispielsweise:

- Der Vorsteher des Finanzamtes bestellt schriftlich neue Möbel.
- Der Vorsteher des Finanzamtes bestellt Heizöl für die Gebäudeheizung.

- Der Vorsteher des Finanzamtes schließt einen Wartungsvertrag für die Gebäudeheizung ab.
- Der Sachgebietsleiter fordert den Unternehmer auf, endlich die Kugelschreiber zu liefern.

- Die Maßnahme muss auf eine **unmittelbare Rechtswirkung nach außen** gerichtet sein. Eine unmittelbare Rechtswirkung nach außen liegt dann vor, wenn die Rechtsstellung des Steuerpflichtigen verändert wird, wenn also eine Rechtswirkung ausgelöst wird. Keine Außenwirkung haben daher z. B. interne Verwaltungsanweisungen.

Beispiele

1. Der Sachgebietsleiter der Außenprüfung gibt dem Außenprüfer die Anweisung, alle Architekten des Bezirks zu prüfen. Mangels Außenwirkung liegt kein VA vor.
2. Ein Finanzbeamter beantwortet die Frage des Stpfl. nach verschiedenen AfA-Möglichkeiten. Da sich die Rechtsstellung des Stpfl. nicht ändert, liegt kein VA vor.
3. Der Stpfl. wird wegen Überschreitens der Umsatzgrenzen des § 141 AO aufgefordert, zukünftig Jahresabschlüsse zu fertigen. Da sich die Rechtsstellung des Stpfl. ändert, liegt ein VA vor.
4. Der Stpfl. erhält einen Außenprüfungsbericht. Durch die Zusendung eines Außenprüfungsberichts ändert sich die Rechtsstellung noch nicht, sodass kein VA vorliegt. Die Rechtsstellung ändert sich erst, wenn die Ergebnisse des Außenprüfungsberichts in dem geänderten Steuerbescheid Eingang gefunden haben.
5. Die Oberfinanzdirektion weist die FÄ an, den Steuerberatern grundsätzlich keine Fristverlängerung mehr zu gewähren. Mangels Außenwirkung liegt kein VA vor.
6. Der Vorsteher des FA gibt dem Sachbearbeiter die Anweisung, einen Stundungsantrag abzulehnen. Mangels Außenwirkung liegt kein VA vor.

6.2 Arten von VA

Die Verwaltungsakte lassen sich nach **verschiedenen Gesichtspunkten** einteilen:

- **Begünstigende Verwaltungsakte** begründen einen **Vorteil** für den Steuerpflichtigen. Darunter fallen z. B. die Fristverlängerung, der Erlass und die Stundung.
- **Belastende Verwaltungsakte** begründen einen **Nachteil** für den Steuerpflichtigen. Darunter fallen z. B. die Steuerfestsetzung, Ablehnung der Stundung oder Fristverlängerung, Aufforderung zur Buchführungspflicht.

- Bei den **Ermessensentscheidungen** hat das FA einen **gewissen Handlungsspielraum**. Darunter fallen z. B. Verspätungszuschläge, Stundung, Erlass.
- Bei den **gebundenen Verwaltungsakten** hat das FA **keinen Handlungsspielraum**, es muss entsprechend der gesetzlichen Regelung handeln. Darunter fallen z. B. die Steuerfestsetzung oder die Aufforderung zur Abgabe der Steuererklärungen.

6.3 Form und Inhalt von VA

6.3.1 Form des VA

Der Verwaltungsakt ist grundsätzlich an **keine besondere Form** gebunden. Er kann also

- schriftlich,
- elektronisch,
- mündlich oder
- in anderer Weise

erlassen werden (§ 119 Abs. 2 Satz 1 AO). Aus Gründen der Rechtssicherheit werden Verwaltungsakte aber im Allgemeinen schriftlich erteilt.

Beispiel

Der Steuerberater beantragt für seinen Mandanten die Fristverlängerung für die Abgabe der Steuererklärung und verzichtet für den Fall der Genehmigung auf eine Benachrichtigung. Der Finanzbeamte heftet den Fristverlängerungsantrag kommentarlos zu den Akten.

Die Fristverlängerung ist durch konkludentes Handeln in „anderer Weise" bewilligt worden.

Ein mündlicher Verwaltungsakt ist aber nach § 119 Abs. 2 Satz 2 AO **schriftlich zu bestätigen**, wenn hieran ein berechtigtes Interesse besteht und die betroffene Person dies unverzüglich verlangt.

Die **Schriftform** ist zwingend, wenn das Gesetz sie ausdrücklich vorsieht. Das ist z. B. in den folgenden beiden Fällen der Fall:

- **Steuerbescheide** (§ 157 Abs. 1 Satz 1 AO)
- **Einspruchsentscheidungen** (§ 366 AO).

Ein **schriftlich** oder **elektronisch erlassener Verwaltungsakt** muss nach **§ 119 Abs. 3 AO**

- die **erlassende Behörde erkennen** lassen und
- **unterschrieben** sein.

Bei einem schriftlichen Verwaltungsakt, der **formularmäßig** oder mithilfe der **EDV erlassen** wird, ist die **Unterschrift entbehrlich** (§ 119 Abs. 3 Satz 2 2. Halbsatz AO).

Bei Versendung einer **De-Mail-Nachricht** muss die Bestätigung nach § 5 Abs. 5 des De-Mail-Gesetzes die erlassene Finanzbehörde als Nutzer des De-Mail-Kontos erkennen lassen.

6.3.2 Inhalt des VA

Der Verwaltungsakt muss **hinreichend bestimmt** sein (§ 119 Abs. 1 AO). Es muss also eindeutig sein, wer **Adressat** ist und **was die Behörde will**.

Für **Steuerbescheide** gilt **zusätzlich § 157 Abs. 1 Satz 2 AO**. Danach müssen Steuerbescheide bezeichnen und angeben (sog. **Muss-Inhalt**):

- Steuerart und Steuerbetrag
- Steuerschuldner
- bei periodischen Steuern auch die **Angabe des Jahres**, für das die Steuer festgesetzt wird
- die Beifügung einer **Rechtsbehelfsbelehrung** ist zwar in § 157 Abs. 1 Satz 3 AO vorgesehen, aber **nicht unbedingt erforderlich**. Fehlt sie, beträgt die Einspruchsfrist nicht ein Monat, sondern ein Jahr (§ 356 Abs. 2 AO).

Ferner sind schriftliche Verwaltungsakte nach § 121 Abs. 1 AO grundsätzlich zu **begründen**.

Wurde wegen der fehlenden Begründung die rechtzeitige Anfechtung des Verwaltungsakts versäumt, so ist auf Antrag **Wiedereinsetzung in den vorigen Stand** zu gewähren (§ 126 Abs. 3 i. V. mit § 110 AO).

6.4 Fehlerhafte VA

Ein Verwaltungsakt ist **fehlerhaft**, wenn er **ohne Rechtsgrundlage ergangen** ist oder **gegen bestehende Rechtsvorschriften verstößt**.

Ein **nichtiger Verwaltungsakt** ist **unwirksam** (§ 124 Abs. 3 AO).

Er entfaltet daher keine Rechtswirkungen; aus ihm darf auch nicht vollstreckt werden.

Nach der **Generalklausel** des **§ 125 Abs. 1 AO** ist der Verwaltungsakt nichtig, soweit er an einem besonders schwerwiegenden Fehler leidet und dies bei verständiger Würdigung aller in Betracht kommenden Umstände offenkundig ist.

Das ist der Fall, wenn die an eine ordnungsmäßige Verwaltung zu stellenden Anforderungen in einem so erheblichen Maße verletzt werden, dass von niemandem erwartet werden kann, ihn als verbindlich anzuerkennen.

Beispiele

- Steuerbescheid ergeht nicht schriftlich.
- Angabe der Steuer nach Art und Betrag fehlt.
- Angabe des Veranlagungszeitraums fehlt.
- Bezeichnung des Steuerschuldners fehlt.

Einen **Positivkatalog** enthält **§ 125 Abs. 2 AO**; einen **Negativkatalog enthält § 125 Abs. 3 AO**.

6.5 Bekanntgabe von VA

Außenwirkung erlangt der Verwaltungsakt erst mit der Bekanntgabe (§ 122 Abs. 1 Satz 1 AO).

Mit der Bekanntgabe wird der Verwaltungsakt dann wirksam (§ 124 Abs. 1 Satz 1 AO).

6.5.1 Begriff der Bekanntgabe

MERKE

Bekanntgabe ist der Zugang des Verwaltungsaktes mit Wissen und Wollen der Behörde durch behördlichen Akt in gehöriger materieller Form.

Eine wirksame Bekanntgabe setzt demnach voraus:

- den **Zugang beim Adressaten**
  Der Verwaltungsakt muss derart in seinen Machtbereich gelangt sein, dass unter normalen Umständen von ihm die Kenntnisnahme erwartet werden kann. Unerheblich ist, ob er ihn tatsächlich zur Kenntnis nimmt oder die fehlende Kenntnisnahme verschuldet hat.

  Beispiele

  1. Der Postbote wirft den Brief in den Briefschlitz an der Haustüre. Die 2-jährige Tochter Tanja des Steuerpflichtigen findet den Brief auf dem Flur und wirft ihn weg. Eine wirksame Bekanntgabe liegt vor, da der Steuerbescheid in den Machtbereich mit der Möglichkeit der Kenntnisnahme gelangt ist.

2. Der Postbote wirft den Brief in den Hausbriefkasten. Der Steuerpflichtige schickt ihn ungeöffnet an das FA zurück. Eine wirksame Bekanntgabe liegt vor, denn auf die tatsächliche Kenntnisnahme kommt es insoweit nicht an.
3. Der Brief wird vom Postboten im Briefkasten des Adressaten geworfen. Dieser ist für vier Wochen verreist und nimmt erst nach seiner Rückkehr Kenntnis. Eine wirksame Bekanntgabe liegt vor, da der Brief insoweit in den Machtbereich mit der Möglichkeit der Kenntnisnahme gelangt ist. Eine tatsächliche Kenntnisnahme ist insoweit nicht erforderlich.
4. Der Briefträger steckt den Brief versehentlich in den falschen Hausbriefkasten. Eine wirksame Bekanntgabe liegt nicht vor, da der Verwaltungsakt in den Machtbereich eines falschen Adressaten gelangt ist.

- ein für den Erlass des Verwaltungsaktes zuständiger Amtsträger muss die Bekanntgabe **wissen und wollen**.

Beispiele

1. Die Putzfrau sieht auf dem Schreibtisch des Sachgebietsleiters ein unterschriebenes Schriftstück, in dem dem Stpfl. ein Steuererlass gewährt wird. Sie nimmt es an sich, weil sie glaubt, dass die Absendung vergessen wurde. Eine wirksame Bekanntgabe liegt nicht vor, da sie ohne Wissen und Wollen des Finanzbeamten erfolgt ist.
2. Huber sieht bei einem Besuch in der Stundungs- und Erlassstelle, dass die von ihm beantragte Stundung bereits ausgesprochen ist. Er nimmt das entsprechende Schreiben heimlich an sich. Eine wirksame Bekanntgabe liegt nicht vor, da sie ohne Wissen und Wollen des Finanzbeamten erfolgt ist.
3. Der ESt-Bescheid wird dem Stpfl. bei einem Besuch im FA durch den zuständigen Sachbearbeiter übergeben. Eine wirksame Bekanntgabe liegt mit Wissen und Wollen des zuständigen Finanzbeamten vor. Eine Übersendung auf dem Postwege ist insoweit nicht erforderlich.

- einen **behördlichen Akt**
  Zwischen dem FA und dem Empfänger darf also – mit Ausnahme der Post – keine fremde Person zwischengeschaltet sein, da die Bekanntgabe eines Verwaltungsaktes eine hoheitliche Handlung ist. Ist ein fremder Dritter zwischengeschaltet, liegt ein sog. **fehlgeleiteter Verwaltungsakt** vor, der nicht zu einer wirksamen Bekanntgabe führt.

Beispiel

Der Postbote wirft den Brief versehentlich in den Briefkasten des Nachbarn. Der Nachbar übergibt den Brief dem Steuerpflichtigen auf der Straße. Eine wirksame Bekanntgabe liegt zunächst nicht vor. Es handelt sich um einen sog. fehlgeleiteten Verwaltungsakt. Durch die Übergabe an den richtigen Empfänger wurde der Bekanntgabemangel geheilt.

- die **gehörige materielle Form**
  Der VA hat daher schriftlich zu ergehen, soweit die Schriftform gesetzlich vorgeschrieben ist.

6.5.2 Formen der Bekanntgabe

Verfahrensrechtlich ist zu unterscheiden zwischen dem Begriff der Bekanntgabe als Wirksamkeitsvoraussetzung und den **Formen der Bekanntgabe**.

Als Formen der Bekanntgabe kommen in Betracht:

- **mündlich**, soweit nichts anders gesetzlich vorgeschrieben ist
- **konkludentes Handeln**, soweit nichts anderes gesetzlich vorgeschrieben ist
- **schriftlich** und **elektronisch**, soweit gesetzlich vorgeschrieben.

Beispiele

1. Der Steuerpflichtige S. beantragt beim FA die Stundung der fälligen ESt-Abschlusszahlung. Die Stundung wird schriftlich durch Vermerk in den Akten ausgesprochen. Bevor der VA ausgefertigt wird, sucht S. den Sachgebietsleiter persönlich auf und erkundigt sich nach der Entscheidung über seinen Stundungsantrag. Der Sachgebietsleiter teilt ihm mit, dass dem Stundungsantrag bereits entsprochen worden ist. Eine wirksame Bekanntgabe liegt vor, da eine Schriftform bei der Stundung nicht zwingend vorgeschrieben ist.
2. Wie 1., jedoch wurde dem Stundungsantrag nicht entsprochen. Als der Sachgebietsleiter dies dem S. mitteilt, hält sich dieser die Ohren zu. Eine wirksame Bekanntgabe liegt vor, denn auf die tatsächliche Kenntnisnahme kommt es insoweit nicht an.
3. Wie 1., als der S. den Sachgebietsleiter nach der Entscheidung über seinen Stundungsantrag befragt, nickt der Sachgebietsleiter zustimmend mit dem Kopf. Eine wirksame Bekanntgabe der Stundung durch konkludentes Handeln liegt vor.

6.5.3 Übermittlung durch die Post

Ein **schriftlicher Verwaltungsakt**, der durch die Post übermittelt wird und ein **elektronisch übermittelter Verwaltungsakt**, **gilt** als bekanntgegeben grundsätzlich **am dritten Tage nach der Aufgabe zur Post** (§ 122 Abs. 2 Nr. 1, Abs. 2a AO).

Im Zweifel hat das **Finanzamt** den **Zugang** zu **beweisen** (§ 122 Abs. 2, Abs. 2a AO).

Da das FA im Regelfall den Beweis nicht erbringen kann, dass der Briefzusteller den Bescheid in den Hausbriefkasten des Empfängers geworfen hat, wird es einen neuen Bescheid – jetzt aus Beweisgründen mit **Postzustellungsurkunde** – versenden müssen.

Bestreitet der Steuerpflichtige nicht den Zugang des Schriftstücks überhaupt, sondern behauptet er lediglich, es nicht innerhalb der Dreitagefrist erhalten zu haben, so hat er sein Vorbringen im Rahmen des Möglichen zu substantiieren, um Zweifel an der Dreitagesvermutung zu begründen.

Dazu muss er Tatsachen vortragen, die den Schluss zulassen, dass ein anderer Geschehensablauf als der Typische – Zugang binnen dreier Tage nach Aufgabe zur Post – ernstlich in Betracht zu ziehen ist.

Es genügt nicht schon einfaches Bestreiten, um die gesetzliche Vermutung über den Zeitpunkt des Zugangs zu entkräften.

Es müssen vielmehr Zweifel berechtigt sein, sei es nach den Umständen des Falles, sei es nach dem schlüssig oder jedenfalls vernünftig begründeten Vorbringen des Steuerpflichtigen.

Entsprechendes gilt, wenn der Empfänger die Richtigkeit des aus den Akten des FA ersichtlichen Datums der Aufgabe zur Post in Zweifel ziehen will.

Zwar ist es dem Steuerpflichtigen in der Regel nicht möglich, von sich aus konkrete Behauptungen über die Behandlung des Postausgangs innerhalb des FA aufzustellen.

Er kann jedoch substantiierte Zweifel an der Richtigkeit des in den Akten vermerkten Datums der Aufgabe zur Post wecken, wenn er den **Briefumschlag** der Entscheidung des FA **aufbewahrt**.

Beispiel

Macht der Mandant geltend, dass er umgezogen sei und der Verwaltungsakt ihm mittels Postnachsendeauftrags nachgesandt worden sei – was zu einer Verspätung geführt habe –, gilt die Zugangsvermutung als widerlegt.

Im Einzelnen gilt hinsichtlich der Bekanntgabe nach **§ 122 Abs. 2 AO** Folgendes:

	Übermittlung durch die Post mit einfachem Brief
Bekanntgabefrist	3. Tag nach Aufgabe zur Post; bei Auslandsübermittlung einen Monat nach Aufgabe zur Post
Bekanntgabefrist gilt auch	wenn der VA tatsächlich schon früher zugegangen ist.
Bekanntgabefrist gilt nicht	▸ wenn der VA überhaupt nicht zugegangen ist ▸ wenn der VA zu einem späteren Zeitpunkt zugegangen ist ▸ wenn der VA mit Postzustellungsurkunde zugestellt wurde ▸ wenn der VA im FA übergeben wurde ▸ wenn der VA durch Telefax übermittelt wurde.

ACHTUNG

Die **Dreitagefrist** zwischen der Aufgabe eines Verwaltungsaktes zur Post und seiner vermuteten Bekanntgabe **verlängert** sich, wenn das Fristende auf einen **Samstag**, **Sonntag** oder **gesetzlichen Feiertag** fällt, bis zum **nächstfolgenden Werktag** (BFH v. 14.10.2004, BStBl 2004 II S. 898).

Beispiele

1. Der Steuerpflichtige S. bekommt den Steuerbescheid am 18. Juni (Donnerstag) persönlich im FA überreicht. Die Bekanntgabe erfolgte am 18. Juni. Die Dreitagefrist findet keine Anwendung, da die Post nicht in Anspruch genommen worden ist.
2. Der Steuerpflichtige S. erhält den Steuerbescheid mit Poststempel vom 18. Juni (Donnerstag) am 19. Juni. Die Bekanntgabe erfolgte unter Anwendung der Dreitagefrist am 22. Juni (Montag), da das Fristende auf einen Sonntag (21. Juni) fällt. Unerheblich ist, dass der Bescheid tatsächlich schon früher zugegangen ist.
3. Der Steuerpflichtige S. erhält den Steuerbescheid vom 18. Juni (Donnerstag) per Postzustellungsurkunde (PZU) am 19. Juni zugestellt. Die Bekanntgabe erfolgte am 19. Juni. Die Dreitagefrist findet keine Anwendung, da der tatsächliche Zugang durch den Vermerk auf der PZU belegt ist.
4. Der Steuerpflichtige S. erhält den Steuerbescheid mit Poststempel vom 18. Juni (Donnerstag) nachweislich erst am 23. Juni. Die Bekanntgabe erfolgte am 23. Juni. Die Dreitagefrist findet keine Anwendung, da der Steuerbescheid nachweislich erst zu einem späteren Zeitpunkt zugegangen ist.

6.5.4 Zustellungen

Zugestellt wird, wenn es z. B. behördlich angeordnet ist (§ 122 Abs. 5 AO). Dies ist im Regelfall bei **Schätzungen** der Fall.

6.5.5 Bekanntgabe von Steuerbescheiden mittels Datenabruf (Download)

Die Vorschrift des **§ 122a AO** enthält Regelungen zur **elektronischen Bekanntgabe von Steuerverwaltungsakten**, also insbesondere von Steuerbescheiden, durch Bereitstellung zum Datenabruf.

Diese Form der Bekanntgabe setzt die vorherige Zustimmung des Steuerpflichtigen oder seines Vertreters voraus. Die Zustimmung kann jederzeit, allerdings nur mit Wirkung für die Zukunft, widerrufen werden. Der Widerruf wird der Finanzbehörde gegenüber erst wirksam, wenn er ihr zugeht.

Die zum Datenabruf befugte Person wird per E-Mail eine Benachrichtigung erhalten, sobald ein Verwaltungsakt zum Datenabruf bereitgestellt wurde.

Der Verwaltungsakt gilt dann **am dritten Tag nach Versand der Benachrichtigung** als bekannt gegeben (§ 122a Abs. 4 Satz 1 AO). Er wird damit zu diesem Zeitpunkt für alle Beteiligten rechtlich wirksam. Das bedeutet insbesondere, dass ab diesem Zeitpunkt die einmonatige Einspruchsfrist und ggf. die einmonatige Zahlungsfrist zu laufen beginnen.

Im Zweifel hat die Behörde den Zugang der Benachrichtigung nachzuweisen. Kann die Finanzbehörde den von der abrufberechtigten Person bestrittenen Zugang der Benachrichtigung nicht nachweisen, gilt der Verwaltungsakt an dem Tag als bekannt gegeben, an dem die abrufberechtigte Person den Datenabruf durchgeführt hat. Das Gleiche gilt, wenn die abrufberechtigte Person unwiderlegbar vorträgt, die Benachrichtigung nicht innerhalb von drei Tagen nach der Absendung erhalten zu haben (§ 122a Abs. 4 Sätze 2 ff. AO).

6.5.6 Bekanntgabe an Ehegatten oder Lebenspartner

Bei der Zusammenveranlagung von Ehegatten/Lebenspartnern reicht es für eine wirksame Bekanntgabe an beide Ehegatten/Lebenspartner aus, wenn ihnen **eine Ausfertigung** des Steuerbescheides **an die gemeinsame Anschrift** übermittelt wird (§ 122 Abs. 7 Satz 1 AO).

Es können aber auch **Einzelbescheide** ergehen.

Dabei handelt es sich formal um die Zusammenfassung zweier Bescheide zu einer – nur äußerlich gemeinsamen – Festsetzung, sodass beide Ehegatten/Lebenspartner Empfänger des Steuerbescheides und daher im Anschriftenfeld aufzuführen sind.

Eine **Einzelbekanntgabe** ist insbesondere dann erforderlich, wenn

- **keine gemeinsame Anschrift besteht und kein Einverständnis** zur Bekanntgabe nach § 122 Abs. 6 AO vorliegt.
- dies nach § 122 Abs. 7 Satz 2 AO **beantragt** wurde.
- der Finanzbehörde bekannt ist, dass zwischen den Ehegatten/Lebenspartnern **ernstliche Meinungsverschiedenheiten** bestehen (§ 122 Abs. 7 Satz 2 AO), z. B. bei offenbarer Interessenkollision der Eheleute/Lebenspartner oder bei getrennt lebenden oder geschiedenen Ehegatten/Lebenspartnern.

Im Falle der Einzelbekanntgabe ist dann für jeden Ehegatten/Lebenspartner **seine persönliche Anschrift** zu verwenden.

6.5.7 Bekanntgabe an gesetzlichen Vertreter

Ist der Steuerschuldner bei Bekanntgabe **geschäftsunfähig** (§ 104 BGB) oder **beschränkt geschäftsfähig** (§§ 106 ff. BGB), so ist der **Adressat der gesetzliche Vertreter, wobei das Vertretungsverhältnis aus dem Bescheid hervorgehen muss**.

Betreibt der Minderjährige dagegen selbstständig den **Betrieb eines Erwerbsgeschäfts** (§ 112 BGB) oder steht er in einem **Dienst- oder Arbeitsverhältnis** (§ 113 BGB), sind die Steuerbescheide, die ausschließlich den Geschäftsbetrieb betreffen bzw. der ESt-Bescheid nach § 46 EStG, **nur dem Minderjährigen bekannt zu geben**.

6.5.8 Bekanntgabe an Steuerberater

ACHTUNG

Der bei einem Angehörigen der steuerberatenden Berufe erteilte Auftrag zur Erstellung und Einreichung der Steuererklärungen schließt in der Regel seine Bestellung als Empfangsbevollmächtigten nicht ein!

Aus der Mitwirkung eines Steuerberaters bei der Steuererklärung folgt daher nicht, dass das FA einen Steuerbescheid dem Steuerberater zu übermitteln hat, wenn weder eine schriftliche oder eine nach amtlich vorgeschriebenem Datensatz elektronisch übermittelte Empfangsvollmacht (§ 122 Abs. 1 AO) zur Entgegennahme von Steuerbescheiden vorgelegen hat, noch der Stpfl. auf andere Weise zu erkennen gegeben hat, dass er eine Bekanntgabe an den Berater wünscht.

Ferner dürfen **Steuererstattungen** nur dann auf ein Konto des Steuerberaters überwiesen werden, wenn der Berater eindeutig und ausdrücklich durch eine **spezielle Inkassovollmacht** zum Empfang der Erstattungsbeträge ermächtigt worden ist.

6.6 Fälle zur Sicherung des Lernerfolgs

Fall 1:

Bestimmen Sie zu den nachfolgenden Aufgaben die richtige(n) Antwort(en)!

1. Zu dem sog. „Muss-Inhalt“ eines Steuerbescheides gehört
   - (a) die den Bescheid erlassende Behörde
   - (b) der Steuerbetrag
   - (c) die Besteuerungsgrundlagen
   - (d) das Leistungsgebot
2. Welche Form muss ein Steuerbescheid haben?
   - (a) notarielle Beurkundung
   - (b) mündlich
   - (c) schriftlich
   - (d) Übermittlung durch die Post
3. Welche der nachstehend genannten Maßnahmen sind mindestens nötig, aber auch ausreichend, um einen Steuerbescheid wirksam werden zu lassen?
   - (a) Übermittlung durch die Post mit einfachem Brief
   - (b) Übermittlung durch die Post mit Einschreibebrief
   - (c) Übermittlung durch reitenden Boten
   - (d) Übergabe des Steuerbescheides an den Schuldner im FA
4. Der ESt-Bescheid des Max Müller wird am Donnerstag, den 26. April, zur Post gegeben. Am 27. April wirft ihn der Postbote in den Hausbriefkasten der Nachbarin Lieschen Müller, die den Bescheid am 02. Mai in den Briefkasten des Max Müller wirft. Der ESt-Bescheid ist bekannt gegeben am
   - (a) Samstag, den 28.04.
   - (b) Sonntag, den 29.04.
   - (c) Montag, den 30.04.
   - (d) Mittwoch, den 02.05.

Fall 2:

Prüfen und begründen Sie, ob es sich bei den folgenden Vorgängen um Verwaltungsakte handelt!

1. USt-Voranmeldung
2. Leistungsgebot
3. Erteilung einer Steuer-Nr.
4. Erlass des FinMin.
5. Fristverlängerung

6. Zinsbescheid
7. Anrechnung der einbehaltenen Lohnsteuern
8. Bekanntgabe der Abgabetermine für die ESt-Erklärung in der Tageszeitung
9. Erläuterungshinweise zum ESt-Bescheid
10. FA gibt dem Stpfl. die Steuerfestsetzung unter dem Vorbehalt der Nachprüfung bekannt
11. FA erteilt dem Stpfl. eine steuerliche Auskunft in Abschreibungsfragen
12. Sachgebietsleiter spricht telefonisch eine Stundung aus
13. Schreiben an die örtliche Tageszeitung, dass das FA wegen Renovierungsarbeiten eine Woche für den Publikumsverkehr geschlossen ist.

Fall 3:

Die Ehegatten Birgit und Peter Müller, wohnhaft in 51373 Leverkusen, Karl-Ulitzka-Str. 9, haben gemeinsam eine ESt-Erklärung abgegeben und darin die Zusammenveranlagung beantragt. Der Ehemann hat Einkünfte aus nichtselbstständiger Arbeit und Beteiligungseinkünfte aus einer KG. Die Ehefrau hat Einkünfte aus Kapitalvermögen von 0 € (Zinseinnahmen = 350 €). Dem ESt-Bescheid liegt die gemeinsame Steuererklärung zugrunde.

Der Steuerbescheid ist gerichtet an

Herrn
Peter Müller
Karl-Ulitzka-Str. 9
51373 Leverkusen

Das Anschriftenfeld enthält keinen weiteren Zusatz, auch fehlt das Datum des Bescheides. Der Bescheid befand sich am 16. August im Hausbriefkasten der Eheleute.

a) Wie beurteilen Sie den fehlenden Datumsvermerk?

b) Ist der ESt-Bescheid wirksam bekannt gegeben?

Fall 4:

Prüfen Sie, zu welchem Zeitpunkt (Angabe des Datums!) der ESt-Bescheid 2022 der Steuerpflichtigen Stina Stipfel bekannt gegeben wurde und begründen Sie kurz Ihre Entscheidung.

Benutzen Sie für Ihre Lösung einen Kalender aus dem Jahr 2023.

Sachverhalte

1. Der ESt-Bescheid 2022 wurde am 08.09.2023 mit einfachem Brief zur Post gegeben. Der Postbote warf ihn am 09.09.2023 in den Briefkasten der Stina Stipfel.
2. Der ESt-Bescheid 2022 wurde am 10.08.2023 mit einfachem Brief zur Post gegeben und gelangte antragsgemäß am 27.08.2023 an die Ferienadresse der Stina Stipfel auf Fuerteventura (Kanarische Inseln), wo sie sich für längere Zeit in ihrem Ferienhaus aufhält.
3. Der ESt-Bescheid 2022 wurde am 08.09.2023 mit Postzustellungsurkunde zur Post gegeben und am 09.09.2023 der Stina Stipfel wirksam zugestellt.
4. Der ESt-Bescheid 2022 wurde am 04.09.2023 mit einfachem Brief zur Post gegeben. Nachweislich erhalten hat Stina Stipfel den ESt-Bescheid 2022 aber erst am 09.09.2023.

7. Fristen

7.1 Allgemeines

Unter einer **Frist** ist ein **abgegrenzter Zeitraum** zu verstehen, nach dessen Ablauf eine bestimmte Rechtsfolge eintritt (z. B. Verlust der Einspruchsmöglichkeit nach Ablauf der Einspruchsfrist, Dreitagefrist des § 122 AO).

Ein **Termin** ist demgegenüber ein **genau bestimmter Zeitpunkt**, an dem eine Handlung vorzunehmen ist oder eine Rechtsfolge eintritt (z. B. FA setzt den Zeitpunkt des Beginns einer Außenprüfung fest).

7.2 Fristarten

Es sind **zwei Fristarten** zu unterscheiden:

- gesetzliche Fristen
- behördliche Fristen.

Gesetzliche Fristen sind solche Fristen, deren Fristdauer sich aus dem **Gesetz** ergeben. Dazu gehören z. B. die

- Einspruchsfrist
- Dreitagefrist

- Steuererklärungsfrist
- Zahlungsfrist
- Festsetzungsfrist.

Die gesetzlichen Fristen sind **grundsätzlich nicht verlängerbar**, weshalb sie auch als **Ausschlussfristen** bezeichnet werden.

Bei Fristversäumnis kann allerdings unter den weiteren Voraussetzungen des § 110 AO **Wiedereinsetzung in den vorigen Stand** beantragt werden.

Ausnahmsweise kann eine gesetzliche Frist dann **verlängert** werden, wenn dies **gesetzlich bestimmt** ist (z. B. gem. § 109 Abs. 1 AO bei der **Steuererklärungsfrist**). Nach **§ 109 Abs. 4 AO** kann die Frist ausschließlich automationsgestützt verlängert werden, sofern zur Prüfung der Fristverlängerung ein automationsgestütztes Risikomanagementsystem nach § 88 Abs. 5 AO eingesetzt wird und kein Anlass dazu besteht, den Einzelfall durch einen Amtsträger zu bearbeiten.

Behördliche Fristen sind solche Fristen, deren Fristdauer von der **Behörde** festgesetzt werden.

Dazu rechnen z. B. die

- Stundungsfrist
- Frist zur Vorlage von Belegen
- Aussetzungsfrist
- Auskunftsfristen
- Fristverlängerung.

Sofern es sich nicht um eine gesonderte Fristsetzung im Rahmen des Einspruchsverfahrens handelt (§ 364b Abs. 2 AO), sind **behördliche Fristen** stets **verlängerbar** (§ 109 Abs. 1 AO).

7.3 Fristberechnung bei Ereignisfristen

Bei den **Ereignisfristen** wird der **Lauf der Frist durch ein Ereignis ausgelöst** (§ 187 Abs. 1 BGB).

Dazu gehören in erster Linie die

- Einspruchsfrist (§ 355 Abs. 1 AO)
- Zahlungsschonfrist von drei Tagen (§ 240 Abs. 3 AO)
- Festsetzungsfrist (§ 169 AO).

Die **Berechnung der Einspruchsfrist** erfolgt nach folgendem **Prüfungsschema:**

1. Frage	**Wann ist der Verwaltungsakt bekannt gegeben?** Zur Anwendung der Bekanntgabefiktion, vgl. >> **A.6.5.3**
2. Frage	**Wann beginnt die Einspruchsfrist?** Die Einspruchsfrist beginnt an dem Tag um 0:00 Uhr, der dem Tag der Bekanntgabe folgt (§ 108 Abs. 1 AO i. V. mit § 187 Abs. 1 BGB).
3. Frage	**Wie lange dauert die Einspruchsfrist?** Die Einspruchsfrist beträgt grundsätzlich einen Monat (§ 355 Abs. 1 AO). Fehlt einem VA die erforderliche Rechtsbehelfsbelehrung oder wird diese unrichtig erteilt, beträgt die Einspruchsfrist ein Jahr (§ 356 Abs. 2 AO).
4. Frage	**Wann endet die Einspruchsfrist?** Die Einspruchsfrist endet grundsätzlich an dem Tag um 24:00 Uhr, der die gleiche Zahl hat wie der Tag der Bekanntgabe (§ 108 Abs. 1 AO i. V. mit § 188 Abs. 2 BGB). Folgende **Besonderheiten** sind zu beachten: ► Fällt das Ende der Frist auf einen Samstag, Sonntag oder gesetzlichen Feiertag, so endet die Frist mit Ablauf des nächstfolgenden Werktages, der kein Samstag ist (§ 108 Abs. 3 AO, § 193 BGB). ► Fällt das Ende der Einspruchsfrist auf einen Tag, der in dem Ablaufmonat nicht vorgesehen ist (z. B. 30. Februar), so endet die Frist mit Ablauf des letzten Tages dieses Ablaufmonats (§ 108 Abs. 1 AO i. V. mit § 188 Abs. 3 BGB)

TIPP

Die volle Ausschöpfung der Einspruchsfrist ist zulässig, wenn der Einspruch am letzten Tag der Frist bis 24:00 Uhr beim FA eingeht. Es reicht daher nicht aus, wenn der Einspruch erst am letzten Tag der Frist in den Postbriefkasten geworfen wird.

Beispiele

1. Das Finanzamt schickt am 21. November (Mittwoch) den ESt-Bescheid mit ordnungsgemäßer Rechtsbehelfsbelehrung an den Steuerpflichtigen, der einen Tag später bei diesem eintrifft. Der Einspruch des Steuerpflichtigen geht am 27. Dezember (Donnerstag) beim Finanzamt ein. Ist der Einspruch fristgerecht eingelegt worden?

Tag der Bekanntgabe:	24. November (Samstag), also Verschiebung auf 26. November (Montag). Unerheblich ist, dass der tatsächliche Zugang früher erfolgt ist.
Beginn der Frist:	27. November, 0:00 Uhr
Dauer der Frist:	1 Monat
Ende der Frist:	26. Dezember, 24:00 Uhr (Weihnachten), also Verschiebung auf 27. Dezember, 24:00 Uhr

Der Einspruch ist daher (am letzten Tag der Einspruchsfrist) rechtzeitig eingegangen.

2. Der Einspruch (Fall 1) geht am 27. Dezember um 23:30 Uhr ein. Ist der Einspruch rechtzeitig eingegangen, wenn um 16:00 Uhr Dienstschluss beim Finanzamt ist?

   Der Einspruch ist rechtzeitig eingegangen, denn die volle Ausschöpfung der Einspruchsfrist ist zulässig, wenn der Einspruch am letzten Tag der Frist bis 24:00 Uhr beim Finanzamt eingeht. Auf den Zeitpunkt des Dienstschlusses beim FA kommt es insoweit nicht an.

3. Der ESt-Bescheid vom 02. September wird dem Steuerpflichtigen mit Postzustellungsurkunde (PZU) am 03. September zugestellt. Am 04. Oktober (Donnerstag) geht der Einspruch des Steuerpflichtigen beim Finanzamt ein. Ist der Einspruch fristgerecht eingereicht worden?

   Tag der Bekanntgabe: 03. September (Tag der tatsächlichen Zustellung)
   Die Dreitagefrist findet bei der Zustellung mit PZU keine Anwendung, weil der Bekanntgabetag in der PZU dokumentiert ist.
   Beginn der Frist: 04. September, 0:00 Uhr
   Dauer der Frist: 1 Monat
   Ende der Frist: 03. Oktober, 24:00 Uhr (Tag der Einheit), also Verschiebung auf 04. Oktober, 24:00 Uhr

4. Das Finanzamt schickt am 27. Januar den ESt-Bescheid mit ordnungsgemäßer Rechtsbehelfsbelehrung an den Steuerpflichtigen, der am 28. Januar (Samstag) bei diesem eintrifft. Wann endet die Einspruchsfrist?

   Tag der Bekanntgabe: 30. Januar
   Unerheblich ist, dass der tatsächliche Zugang früher erfolgt ist.
   Beginn der Frist: 31. Januar, 0:00 Uhr
   Dauer der Frist: 1 Monat
   Ende der Frist: 30. Februar, 24:00 Uhr (gibt es nicht)
   Da das Ende der Einspruchsfrist auf einen Tag fällt, der in dem Ablaufmonat nicht vorgesehen ist, endet die Frist mit Ablauf des letzten Tages dieses Ablaufmonats, also am 28. Februar, 24:00 Uhr (bzw. im Schaltjahr am 29. Februar, 24:00 Uhr).

7.4 Wiedereinsetzung in den vorigen Stand

War der Stpfl. **ohne Verschulden** verhindert, die Einspruchsfrist einzuhalten, so ist ihm auf Antrag **Wiedereinsetzung in den vorigen Stand** zu gewähren (§ 110 Abs. 1 Satz 1 AO).

RECHTSGRUNDLAGEN

Wiedereinsetzung in den vorigen Stand (§ 110 AO), Voraussetzungen:

- Versäumnis einer wiedereinsetzungsfähigen (gesetzlichen) Frist
- Fristversäumnis ohne Verschulden
- Glaubhaftmachung der Wiedereinsetzungsgründe **und** Nachholung der versäumten Rechtshandlung (z. B. des Einspruchs)
  - Wahrung der Wiedereinsetzungsfrist (innerhalb eines Monats **nach Wegfall des Hindernisses** zur Einhaltung der gesetzlichen Frist)
  - Begrenzung des Wiedereinsetzungsantrags auf ein Jahr vom Ende der versäumten Frist an (Verlängerung der 1-jährigen Nachholungsfrist nur bei höherer Gewalt).

Die Auslegung der Worte **„ohne Verschulden“** hängt weitgehend von den Verhältnissen des Einzelfalles ab (sog. **subjektiver Verschuldensbegriff**).

Das bedeutet, dass jeweils die **persönlichen Verhältnisse** des betroffenen Steuerpflichtigen zu berücksichtigen sind, so z. B. dessen **Vorbildung**, **geistige Beweglichkeit** oder **Erfahrung in geschäftlichen Angelegenheiten**. Allerdings kann gerade von einem **Unerfahrenen** verlangt werden, sich beim Finanzamt zu **erkundigen** oder von fachkundiger Seite **Rat einzuholen**.

Es ist jedoch ständige Rechtsprechung, dass eine **Fristversäumnis dann als entschuldigt anzusehen ist, wenn sie durch die äußerste, den Umständen des Falles angemessene und vernünftigerweise zu erwartende Sorgfalt nicht verhindert werden konnte**.

Beispiele

- Einen gesetzlich geregelten Fall enthält **§ 126 Abs. 3 AO**. Danach gilt die Versäumung der Einspruchsfrist als nicht verschuldet, wenn dem **Verwaltungsakt die erforderliche Begründung fehlt** oder die erforderliche Anhörung eines Beteiligten vor Erlass des Verwaltungsaktes unterblieben ist.
- **Arbeitsüberlastung** wird grundsätzlich nicht als Entschuldigungsgrund anerkannt.
- **Krankheit** kann nur dann Nachsicht rechtfertigen, wenn sie so stark war, dass er auch nicht in der Lage war, einen Vertreter zu bestellen (z. B. bei einem **Krankenhausaufenthalt**).

- **Abwesenheit wegen Geschäftsreise oder Urlaub**. Wer längere Zeit, d. h. länger als sechs Wochen, abwesend ist, muss Vorsorge dafür treffen (z. B. durch Postnachsendeantrag, Bestellung eines Vertreters), dass er an ihn gerichtete Schreiben rechtzeitig bekommt, ohne dass es darauf ankommt, ob der Empfänger mit einer Zusendung rechnen musste. Das trifft insbesondere für Personen zu, die sich oft oder länger auf Geschäfts- oder Dienstreise befinden und bei denen die Abwesenheit von der Wohnung zur Regel wird.
- **Sprachschwierigkeiten oder Unerfahrenheit** begründet keinen Wiedereinsetzungsgrund. Diese Personen müssen sich alsbald nach der Form und Frist eines Einspruchs erkundigen. Zudem können Ausländer ihren Einspruch auch in fremder Sprache einlegen, wenn sie nach Aufforderung unverzüglich eine Übersetzung vorlegen (§ 87 Abs. 2 AO).

Das **Verschulden des Vertreters** (z. B. Steuerberater) ist nach § 110 Abs. 1 Satz 2 AO dem **Steuerpflichtigen zuzurechnen**.

Beispiele

- Zieht ein Steuerberater zur Unterstützung der Fristberechnung **Hilfspersonen** hinzu, so ist ihm deren Verschulden grundsätzlich nicht zuzurechnen. Wiedereinsetzung ist in diesem Fall nur dann zu versagen, wenn dem Steuerberater bei der Auswahl und Überwachung der Hilfsperson ein ursächlicher Organisationsmangel unterlaufen ist.
- So kann z. B. das Verschulden eines ansonsten **zuverlässigen Boten**, der mit der Beförderung eines Schriftstücks beauftragt ist, dem Steuerberater nicht zugerechnet werden, wenn der Bote auf die Wichtigkeit und Eilbedürftigkeit hingewiesen worden ist. Der Steuerberater ist in diesem Fall nicht verpflichtet, die Durchführung seiner Anordnung zu überwachen oder sich am nächsten Tag durch Nachfragen beim Boten von der Einhaltung der Anweisung zu überzeugen.
- Zudem hat er seinen Bürobetrieb so zu organisieren, dass Fristversäumnisse ausgeschlossen sind. Dazu ist es unerlässlich, dass er ein **Fristenkontrollbuch bzw. Fristenkalender** oder eine vergleichbare Einrichtung zur Wahrung der Fristen führt. Der Steuerberater kann die Fristberechnung auch einem zuverlässigen Angestellten überlassen. Bei schwierigen Fristberechnungen muss er jedoch den Angestellten auf die Besonderheiten bei der Fristberechnung hinweisen. Ferner muss der Fristablauf für jede einzelne Sache vermerkt sein und die Einhaltung der laufenden Fristen durch tägliche Einsichtnahme in den Fristenkalender gesichert werden. Die notierte Frist darf dabei frühestens gelöscht werden, wenn das zur Fristwahrung bestimmte Schriftstück tatsächlich abgesandt oder zumindest postfertig gemacht worden ist und im Postausgangsbuch eingetragen wurde.

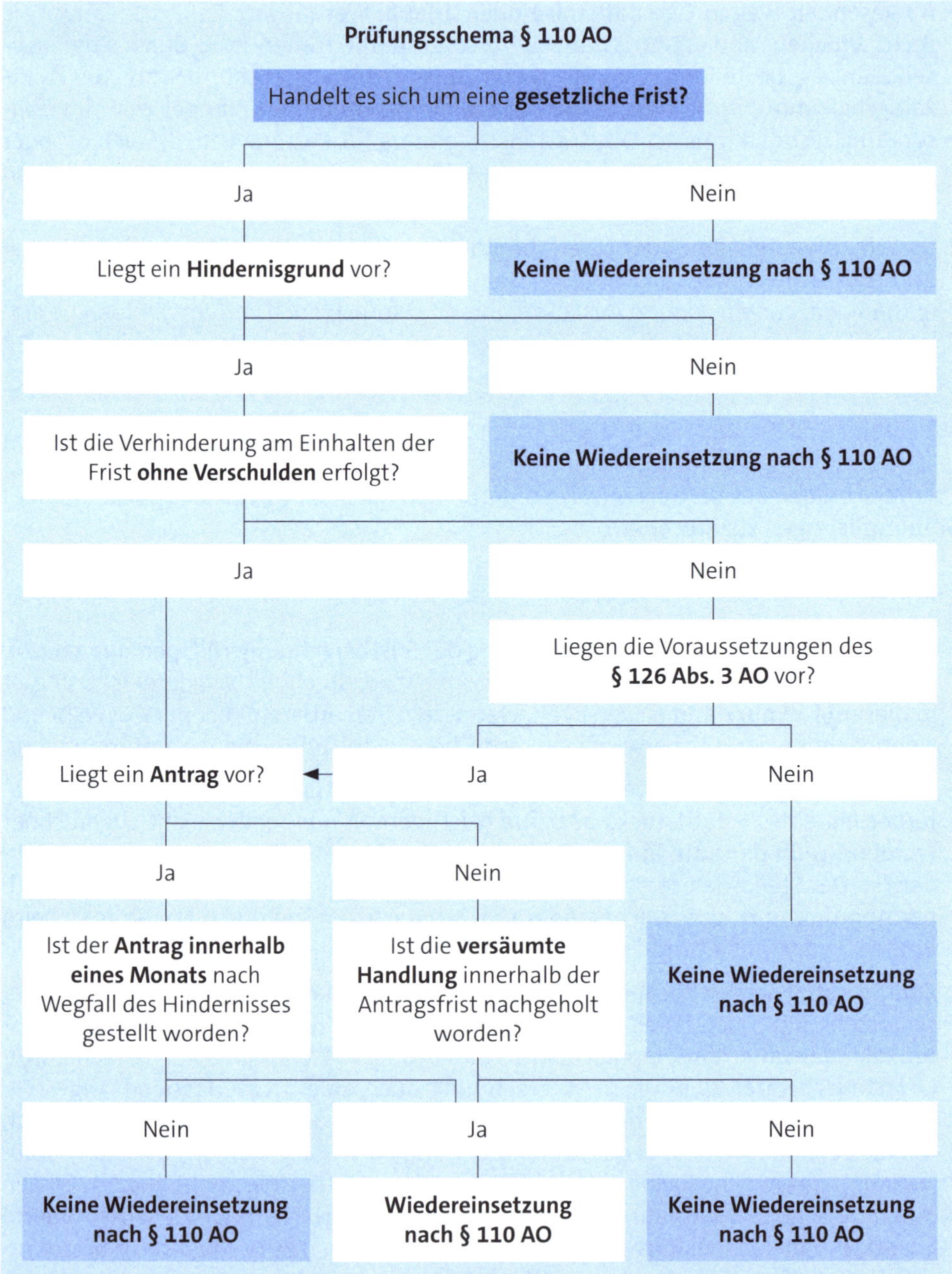
Prüfungsschema § 110 AO
Handelt es sich um eine gesetzliche Frist?
Ja
Nein
Liegt ein Hindernisgrund vor?
Keine Wiedereinsetzung nach § 110 AO
Ja
Nein
Ist die Verhinderung am Einhalten der Frist ohne Verschulden erfolgt?
Keine Wiedereinsetzung nach § 110 AO
Ja
Nein
Liegen die Voraussetzungen des § 126 Abs. 3 AO vor?
Liegt ein Antrag vor?
Ja
Nein
Ja
Nein
Ist der Antrag innerhalb eines Monats nach Wegfall des Hindernisses gestellt worden?
Ist die versäumte Handlung innerhalb der Antragsfrist nachgeholt worden?
Keine Wiedereinsetzung nach § 110 AO
Nein
Ja
Nein
Keine Wiedereinsetzung nach § 110 AO
Wiedereinsetzung nach § 110 AO
Keine Wiedereinsetzung nach § 110 AO

7.5 Fälle zur Sicherung des Lernerfolgs

Fall 1:

Entscheiden Sie, ob es sich in den nachfolgend aufgeführten Fällen um eine

- gesetzliche Frist
- behördliche Frist
- verlängerungsfähige Frist
- Ausschlussfrist handelt!

Kreuzen Sie die richtige(n) Antwort(en) an!

	gesetzliche Frist	behördliche Frist	verlängerungsfähige Frist	Ausschlussfrist
Frist zur Abgabe der ESt-Erklärung				
Aussetzung der Vollziehung während des Einspruchsverfahrens				
Zahlungsfrist für die ESt-Abschlusszahlung				
Stundung				
Frist zur Vorlage von Belegen im Rahmen des Veranlagungsverfahrens				
Frist zur Vorlage von Belegen im Rahmen des Einspruchsverfahrens (§ 364b Abs. 2 AO)				
Frist für den Antrag auf Wiedereinsetzung in den vorigen Stand bei Ablauf der Einspruchsfrist				

Fall 2:

Der Steuerpflichtige Werner Wagemut erhielt vom FA seine zum 29. Januar fällige ESt-Nachzahlung bis zum 28. März (Karfreitag) gestundet. Da der Steuerpflichtige an diesem Tag zu einem kurzen Osterurlaub gestartet ist, hatte er die fällige Steuerzahlung übersehen. Erst am Donnerstag nach Ostern (03. April) kehrte Wagemut aus dem Urlaub zurück und entdeckte wieder den Steuerbescheid. Daraufhin stellte er sofort einen Überweisungsauftrag in Höhe der Nachzahlung aus, die am 07. April (Montag) auf dem Konto des FA gutgeschrieben worden ist.

a) Mit welcher steuerlichen Nebenleistung wird Wagemut für den Fall einer verspäteten Zahlung belastet?

b) Stellen Sie unter Angabe der Fristberechnung fest, ob vom FA eine derartige Nebenleistung erhoben wird!

Fall 3:

Ein Stpfl. hat während eines Auslandsaufenthaltes einen Steuerbescheid erhalten. Nach seiner Rückkehr hält er es für sinnvoll, gegen den Steuerbescheid Einspruch einzulegen. Es ist ihm allerdings erst möglich, am letzten Tag der Frist gegen 23:00 Uhr ein entsprechendes Schreiben in den Briefkasten des FA zu werfen.

Prüfen und begründen Sie, ob es noch sinnvoll ist, den Einspruch abzugeben, wenn bereits um 16:00 Uhr Dienstschluss beim FA war.

Fall 4:

Ein Steuerbescheid wurde am 15. Juni (Montag) vom FA zur Post gegeben und vom Postboten am 16. Juni in den Hausbriefkasten des Stpfl. eingeworfen. Da die kleinen Kinder des Stpfl. am 16. Juni gerade Postbote spielen und sich im Briefkasten bereits viele alte Briefe befinden, wird das Schreiben des FA übersehen und erst bei Aufräumarbeiten am 30. Juni durch die Ehefrau des Stpfl. gefunden.

Prüfen Sie unter Angabe der Fristberechnung, wann die Einspruchsfrist abläuft!

Fall 5:

Ein Stpfl. erhält am 20. Mai den ESt-Bescheid mit Datum vom 18. Mai (Dienstag). Infolge beruflicher Überlastung kann er sich zurzeit nicht um seine Steuerangelegenheiten kümmern. Erst am 25. Juli rafft er sich dazu auf, den Steuerbescheid zu überprüfen. Dabei stellt er fest, dass er es versäumt hat, Werbungskosten i. H. v. 1.300 € zu beantragen.

Erläutern Sie unter Angabe der Fristberechnung, ob er den unterlassenen Einspruch nachholen kann, wenn der ESt-Bescheid aufgrund einer technischen Panne keine Rechtsbehelfsbelehrung enthält.

Fall 6:

Kniffel wohnt in Leverkusen. In Bonn hat er einen Gewerbebetrieb. Nach Lösung aller Rechtsprobleme und Durchführung der Veranlagung wurde der automatisierte ESt-Bescheid des Stpfl. Kniffel am 02. April zur Post gegeben. Der Postbote warf den an Herrn K. Kniffel adressierten Bescheid am 04. April in den gewohnten mit Namensschild versehenen verrosteten Briefkasten, der etwas windschief am Gartentor des Kniffel'schen Grundstücks hing.

Kniffel, der am 01. April an der Haustüre des von ihm und seiner Schwester Käthe Kniffel bewohnten Reihenhauses einen neuen Briefkasten hatte anbringen lassen, bekommt den ESt-Bescheid am 09. April von dem Klempner Zwick überreicht, der ihn bei der Demontage des alten Briefkastens dort gefunden hatte.

a) Welches FA war für den Erlass des ESt-Bescheides örtlich zuständig?

   Geben Sie deren übliche Bezeichnung mit an!

b) Prüfen und begründen Sie, ob der ESt-Bescheid wirksam zugegangen ist!

c) Prüfen und begründen Sie, ob der ESt-Bescheid nichtig ist, weil

   1. er nicht unterschrieben ist?
   2. der Vorname in der Anschrift abgekürzt ist, sodass K. Kniffel genauso gut Käthe Kniffel bedeuten könnte?

d) Wann begann und endete die Einspruchsfrist bei unterstellter wirksamer Bekanntgabe?

   (Hinweis: 04. April = Gründonnerstag; 08. April = Ostermontag; 08. Mai = Samstag)

Fall 7:

Der ESt-Bescheid des Peter Silie wurde vom FA Leverkusen mit einer ordnungsgemäßen Rechtsbehelfsbelehrung mit einfachem Brief am 07. Dezember zur Post gegeben. Am 22. Februar traf im FA Leverkusen folgendes Schreiben des Peter Silie ein:

> „Liebes Finanzamt!
>
> Da ich soeben dem Tod von der Schippe gesprungen bin, könnt ihr mich gar nicht schrecken! Wie Sie wissen, bin ich alleinstehend. Außerdem bin ich am 15. Mai lebensgefährlich erkrankt. Ich wurde in die Intensivstation des Pille-Hilf-Krankenhauses (PHK) eingeliefert und erhielt absolutes Besuchsverbot. Auch durfte ich keinerlei Post und dergleichen empfangen. Kurz: Ich war total von der Außenwelt abgeschnitten. Erst am 20. Januar wurde ich nach Hause entlassen. Die Isolierungsmaßnahmen wurden bis zu diesem Tag aufrechterhalten. Ich füge diesem Schreiben eine Bescheinigung des Dr. Pille vom PHK bei, der alle meine Angaben bestätigt. Sofort am 20. Januar habe ich den ESt-Bescheid in meinem Briefkasten entdeckt. Dabei habe ich festgestellt, dass Sie meine typische Berufskleidung nicht als Werbungskosten anerkannt haben. Ich lege deshalb gegen den ESt-Bescheid Einspruch ein."

Prüfen Sie, ob der Einspruch fristgerecht eingegangen ist, wenn der 10. Januar ein Sonntag, der 20. Januar ein Mittwoch und der 20. Februar ein Samstag ist!

Fall 8:

Die Eheleute Sebald und Schwanhilde Sauerwein haben trotz wiederholter Mahnungen seitens des FA keine ESt-Erklärung abgegeben. Daraufhin hat das FA die ESt auf 25.000 € geschätzt. Der Schätzungsbescheid wurde am 30. August (Freitag) mit Postzustellungsurkunde (PZU) an die Steuerpflichtigen versandt und ihnen am 03. September (Dienstag) vom Postboten übergeben. Die Übergabe wurde von dem Postboten ordnungsgemäß in der PZU vermerkt. Am 04. Oktober (Freitag) traf im FA folgendes Schreiben des in steuerlichen Dingen nicht sehr erfahrenen Rolf Leidi ein:

„Sehr geehrter Herr Präsident!

Dies ist ein Hilferuf, da ich keine Ahnung von Steuern habe. Die Eheleute Sauerwein sind am 17. September bei einem Verkehrsunfall in Leverkusen ums Leben gekommen. Ich bin aufgrund des gemeinschaftlichen Testaments der Eheleute der Alleinerbe. Ein Erbschein füge ich als Anlage bei. Ich habe in dem Nachlass der Eheleute den Schätzungsbescheid gefunden mit dem handschriftlichen Vermerk des Herrn Sauerwein: „Alles großer Quatsch. Die werden noch von mir hören." Ich bestehe natürlich auf meinem Recht und darf Sie daher bitten, vor allem in Anbetracht der hohen Nachzahlung, die mich hart trifft, das alles noch mal zu überprüfen und die notwendigen Berichtigungen vorzunehmen. Mir ist überhaupt jedes (natürlich erlaubte!) Mittel recht, wenn ich dadurch weniger Steuern zahlen muss."

a) Prüfen und begründen Sie, wann der Schätzungsbescheid wirksam wurde!
b) Wie ist die Eingabe des Rolf Leidi verfahrensrechtlich zu bewerten? (Kurze Begründung erforderlich!)
c) Ist Rolf Leidi überhaupt befugt, die Eingabe beim FA geltend zu machen?
d) Prüfen Sie unter Angabe der Fristberechnung, ob die Eingabe fristgerecht bei dem FA eingegangen ist!

Fall 9:

Das Finanzamt Dortmund-Süd gibt den ESt-Bescheid des Hugo Dümpel am 06. März (Donnerstag) mit einfachem Brief zur Post. Dümpel erkrankt am 08. April (Dienstag) an einer plötzlich auftretenden Blinddarmentzündung und begibt sich auf Anweisung seines Arztes unverzüglich ins Krankenhaus. Nach einer Operation wird er am 17. Mai (Samstag) geheilt entlassen. Nachdem er die in der Zwischenzeit eingegangene Post gesichtet hat, tritt er am folgenden Tag einen einwöchigen Erholungsurlaub an und nimmt am 27. Mai (Dienstag) seine Berufstätigkeit wieder auf. Nach einiger Zeit fällt ihm ein, dass er gegen den Steuerbescheid noch Einspruch einlegen wollte. Dümpel holt dies mit Schreiben vom 16. Juni nach und beantragt Wiedereinsetzung. Den erforderlichen Nachweis über seine Erkrankung fügt er dem Schreiben bei, das am 18. Juni (Mittwoch) beim Finanzamt eingeht.

Nehmen Sie zu den folgenden Fragen Stellung, und begründen Sie jeweils Ihre Entscheidung unter Angabe der Fristberechnung.

a) Wann wurde der Steuerbescheid wirksam?
b) Bis zu welchem Tag lief die ursprüngliche Einspruchsfrist?
c) Kann Wiedereinsetzung in den vorigen Stand gewährt werden?

Fall 10:

In seiner ESt-Erklärung 2021 hatte der Steuerpflichtige insgesamt 2.500 € als Werbungskosten aus nichtselbstständiger Arbeit geltend gemacht.

Der Finanzbeamte hat die Steuererklärung geprüft und dabei festgestellt, dass bei der Fachliteratur zweimal ein Betrag über 29 € aufgeführt war. Er hat dieses für ein Versehen des Steuerpflichtigen gehalten und deshalb einmal den Betrag von 29 € gestrichen, ohne dies im ESt-Bescheid 2021 näher zu begründen.

Der ESt-Bescheid ging mit einer ordnungsgemäßen Rechtsbehelfsbelehrung am 05.01.2023 mit einfachem Brief zur Post.

Der Steuerpflichtige legte gegen den ESt-Bescheid Einspruch ein. Zur Begründung führt er u. a. aus:

> „…
>
> den ESt-Bescheid 2021 habe ich am 07.01.2023 erhalten.
>
> Da Sie mir keine Abweichungen von meiner Steuererklärung mitgeteilt haben, bin ich davon ausgegangen, dass alles seine Ordnung hat und habe den Bescheid deshalb weggelegt.
>
> Am 03.02.2023 habe ich in einem Steuererklärungserstellungs- und -berechnungsprogramm die Zahlen meiner ESt-Erklärung eingegeben und dabei festgestellt, dass die Berechnung auf dem PC von Ihrem ESt-Bescheid abweicht.
>
> Ein Anruf bei Ihnen am 07.02.2023 hat ergeben, dass Sie mir die Aufwendungen für die Fachliteratur i. H. v. 29 € zu Unrecht gestrichen haben.
>
> Ich habe diesen Betrag tatsächlich zweimal bezahlt, nämlich einmal für das Lehrbuch und einmal für das Lösungsheft.
>
> Im Übrigen verweise ich rein vorsorglich auf § 126 Abs. 3 AO.
>
> …“

Das Einspruchsschreiben warf er am 08.03.2023 morgens um 05:00 Uhr in den Hausbriefkasten des Finanzamts persönlich ein.

Der Einspruch erhielt vom Finanzamt den Eingangsstempel vom 07.03.2023.

Prüfen und begründen Sie durch Angabe der übersichtlichen Fristenberechnungen, ob der Steuerpflichtige den Einspruch fristgerecht eingelegt hat.

Benutzen Sie für Ihre Lösung einen Kalender aus 2023.

8. Ermittlungsverfahren

Ziel des Ermittlungsverfahrens ist es, den für die Besteuerung maßgebenden **wahren Sachverhalt zutreffend und vollständig festzustellen**.

8.1 Allgemeine Besteuerungsgrundsätze

Untersuchungs-grundsatz	Die **Finanzbehörde** hat die Besteuerungsgrundlagen – auch **zugunsten des Steuerpflichtigen – von Amts wegen** zu ermitteln (§ 88 AO). Dabei bestimmt die Finanzbehörde Art und Umfang der Ermittlungen nach den Umständen des Einzelfalls sowie nach den Grundsätzen der Gleichmäßigkeit, Gesetzmäßigkeit und Verhältnismäßigkeit. Nach **§ 88 Abs. 2 Satz 2 AO** sind dabei neben allgemeinen Erfahrungen der Finanzbehörden auch **Wirtschaftlichkeit** und **Zweckmäßigkeit** zu berücksichtigen. Dabei soll auf das Verhältnis zwischen voraussichtlichem Arbeitsaufwand und steuerlichem Erfolg abgestellt werden. Die Beachtung von Wirtschaftlichkeit und Zweckmäßigkeit darf dabei aber nicht zu einem völligen Verzicht auf die Überprüfung der Einhaltung steuerrechtlicher Vorschriften führen. Zur Gewährleistung der Gleichmäßigkeit und Gesetzmäßigkeit der Besteuerung muss daher auch immer eine **hinreichende Anzahl zufällig ausgewählter Fälle durch Amtsträger der Finanzbehörden vertieft geprüft** werden. Zudem müssen Amtsträger der Finanzbehörden bei hinreichendem Anlass auch ungeachtet der Wirtschaftlichkeit oder Zweckmäßigkeit eine umfassende Prüfung des Einzelfalls vornehmen können. Es muss also ein sachgerechtes Verifikationssystem bestehen, das der Gefahr fehlerhafter Steuerfestsetzungen strukturell begegnet. Die Finanzbehörden dürfen zwar den Angaben der Steuerpflichtigen grundsätzlich vertrauen. Unzulängliche Erklärungen der Steuerpflichtigen müssen aber mit einem angemessenen Entdeckungsrisiko verbunden sein. Hinsichtlich des **Umfangs der Ermittlungen** bestimmt **§ 88 Abs. 3 AO**, dass die obersten Finanzbehörden der Länder zur Gewährleistung eines zeitnahen und gleichmäßigen Vollzugs der Steuergesetze Weisungen über Art und Umfang der Ermittlungen und der Verarbeitung von erhobenen oder erhaltenen Daten erteilen können, soweit gesetzlich nichts anderes bestimmt ist. Bei diesen Weisungen können allgemeine Erfahrungen der Finanzbehörden sowie Wirtschaftlichkeit und Zweckmäßigkeit berücksichtigt werden. Ausdrücklich regelt § 88 Abs. 3 Satz 3 AO, dass diese Weisungen nicht veröffentlicht werden dürfen, soweit dies die Gleichmäßigkeit und Gesetzmäßigkeit der Besteuerung gefährden könnte. Damit soll verhindert werden, dass Stpfl. ihr Erklärungsverhalten an solchen Anweisungen ausrichten.

Allgemeine Mitwirkungspflichten des Steuerpflichtigen	Der **Steuerpflichtige** ist zur Mitwirkung bei der Ermittlung des steuerlichen Sachverhalts verpflichtet (§ 90 AO).
Besondere Mitwirkungspflichten des Steuerpflichtigen	► **Buchführungs- und Aufzeichnungspflicht** (§§ 140 ff. AO) ► **Pflicht zur Kontenwahrheit** (§ 154 AO) - u. a. Verbot, auf falschem oder erdichtetem Namen ein Konto zu errichten oder Buchungen vornehmen zu lassen ► **Pflicht zur Abgabe von Steuererklärungen** (§§ 149 ff. AO) – auch auf maschinell verwertbaren Datenträgern
Auskunftspflichten des Steuerpflichtigen oder Dritter	► Steuerpflichtige oder Dritte haben der Finanzbehörde die für die Besteuerung erforderlichen Auskünfte zu erteilen (§ 93 AO) ► Auskunftsverweigerungsrecht **Dritter** - für Angehörige (§§ 15, 101 AO) - für bestimmte Berufsgruppen (z. B. Rechtsanwälte, Steuerberater und deren Mitarbeiter zum Schutze des Mandantenkreises) (§ 102 AO) - bei Gefahr eigener Verfolgung wegen Straftaten oder Ordnungswidrigkeiten (§ 103 AO) ► **Kein** Auskunftsverweigerungsrecht des Steuerpflichtigen

8.2 Einzelfragen

8.2.1 Abgabe von Steuererklärungen

Steuererklärungen und gesonderte Feststellungen (§ 181 Abs. 2 Satz 1 AO) sind nach **amtlich vorgeschriebenem Vordruck eigenhändig unterschrieben** abzugeben (§ 150 Abs. 1 Satz 1 AO) und zwar **grundsätzlich bis zum 31. Juli des Folgejahres** (§ 149 Abs. 2 AO).

In sog. **Beraterfällen** ist die Steuererklärung bis zum **28.02. des Zweitfolgejahres** abzugeben.

Wird die Steuererklärung **nicht oder nicht fristgerecht abgegeben**, hat das FA folgende Möglichkeiten:

- Festsetzung eines **Zwangsmittels nach vorheriger Androhung** nach Maßgabe der §§ 328 ff. AO
- Festsetzung eines **Verspätungszuschlages**

  Nach **§ 152 Abs. 2 Nr. 1 AO** ist ein Verspätungszuschlag festzusetzen, wenn eine Steuererklärung nicht **14 Monate nach Ablauf des VZ** eingereicht wird. Unerheblich ist dabei, ob der Stpfl. steuerlich vertreten wird oder nicht.

  Von einer verpflichtenden Festsetzung des Verspätungszuschlags wird nach **§ 152 Abs. 3 AO** abgesehen, wenn z. B. die Finanzbehörde die Frist für die Abgabe der

Steuererklärung verlängert hat oder rückwirkend verlängert oder die Steuer auf 0 € oder auf einen negativen Betrag festgesetzt wird.

Der Verspätungszuschlag beträgt für die verspätete Abgabe von Steuererklärungen, die sich auf ein Kalenderjahr beziehen (z. B. Einkommensteuer-, Körperschaftsteuer- oder Umsatzsteuererklärungen) gem. § 152 Abs. 5 Satz 2 AO für **jeden angefangenen Monat** der eingetretenen Verspätung **0,25 %**. Bemessungsgrundlage ist die um die festgesetzten Vorauszahlungen und die anzurechnenden Steuerabzugsbeträge verminderte **festgesetzte Steuer**. Der Verspätungszuschlag beträgt **mindestens jedoch 25 € für jeden angefangenen Monat** der eingetretenen Verspätung.

Der Verspätungszuschlag ist nach § 152 Abs. 10 AO auf **volle Euro abzurunden** und darf **höchstens 25.000 €** betragen.

- **Schätzung** der Besteuerungsgrundlagen nach § 162 AO. Die **Pflicht zur Abgabe** der Steuererklärung **bleibt aber auch nach der Schätzung noch bestehen** (§ 149 Abs. 1 Satz 4 AO).

8.2.2 Auskunftsverweigerungsrechte

Der **Stpfl.** selbst hat **kein Auskunftsverweigerungsrecht** (Umkehrschluss aus § 101 Abs. 1 AO).

Gegen den Stpfl. sind jedoch Zwangsmittel nach §§ 328 ff. AO unzulässig, wenn er dadurch gezwungen wäre, sich selbst wegen einer von ihm begangenen Steuerstraftat oder Steuerordnungswidrigkeit zu belasten. Dies gilt stets nach Eröffnung des Strafverfahrens (§ 393 Abs. 1 Sätze 2 und 3 AO).

Die Mitwirkung können nach **§§ 101 ff. AO** folgende Personen verweigern, soweit sie nicht darauf verzichtet haben:

- **Angehörige i. S. des § 15 AO**. Diese sind über ihr Auskunftsverweigerungsrecht zu belehren. Ist die Belehrung unterblieben, dürfen die auf der Aussage des Angehörigen beruhenden Kenntnisse nicht verwertet werden, es sei denn, der Angehörige stimmt nachträglich zu oder wiederholt nach Belehrung seine Aussage. Bei der Zusammenveranlagung hat ein Ehegatte ein Verweigerungsrecht, soweit die steuerlichen Verhältnisse des anderen Ehegatten in Betracht kommen.
- Bestimmte Berufsgruppen zum Schutz des Berufsgeheimnisses, z. B. **rechtsberatende, steuerberatende und wirtschaftsberatende Berufe**, **Ärzte, Zahnärzte, Apotheker und Hebammen sowie deren Angestellte** über das, was ihnen in dieser Eigenschaft anvertraut worden oder bekannt geworden ist (§§ 102 Abs. 1 Nr. 3b und c i. V. mit Abs. 2 AO).

8.2.3 Benennung von Gläubigern und Zahlungsempfängern

Nach **§ 160 AO** sind z. B.

- Betriebsausgaben und
- Werbungskosten

steuerlich regelmäßig **nicht zu berücksichtigen**, wenn der Stpfl. dem Verlangen des FA nicht nachkommt, die **Gläubiger oder Empfänger genau zu bezeichnen**.

Das **Auskunftsverweigerungsrecht** nach § 102 AO für **bestimmte Berufsgruppen** darf dabei jedoch **nicht eingeschränkt** werden (§ 160 Abs. 2 AO).

Die Bedeutung dieser Vorschrift liegt insbesondere in der steuerlichen Behandlung von **Schmiergeldern, Ohne-Rechnung-Geschäften und fingierten Geschäften**.

8.2.4 Fälle zur Sicherung des Lernerfolgs

Fall 1:

Dem FA Leverkusen ist nachweislich bekannt geworden, dass der Lehrer Überschuld nebenberuflich Nachhilfeunterricht erteilt und hierfür 40 €/Stunde erhalten hat. Überschuld war bisher noch nicht zur Einkommensteuer veranlagt worden.

a) Prüfen und begründen Sie, ob das FA Leverkusen dem Überschuld ESt- Erklärungsvordrucke zuschicken muss!

b) Könnte sich Überschuld auf ein Auskunftsverweigerungsrecht berufen? (Begründung erforderlich!)

c) Welche Möglichkeiten hat das FA, wenn Überschuld trotz Aufforderung keine ESt-Erklärung abgibt?

Fall 2:

Bei dem Steuerpflichtigen Ehrlich stellt der Außenprüfer im Rahmen einer Außenprüfung fest, dass der Steuerpflichtige einen hohen Veräußerungsverlust bisher nicht angesetzt hat. Der Außenprüfer will daraufhin die Außenprüfung, da sie zu keinem Mehrergebnis führt, abbrechen.

Muss er die Prüfung bis zum Ende durchführen?

Fall 3:

Die Eheleute Lang beantragen in ihrer ESt-Erklärung die Zusammenveranlagung und versichern durch ihre Unterschrift, nicht dauernd getrennt zu leben.

Hat das FA bei Zweifel weitere Ermittlungen anzustellen?

Fall 4:

Der Malermeister M. erklärt in seiner ESt-Erklärung erstmals Einkünfte aus Vermietung und Verpachtung aus einem erworbenen Mietwohngrundstück. Der Kaufpreis für das Grundstück betrug 360.000 €. Als Werbungskosten macht er u. a. Zinsen i. H. v. 40.000 € geltend. Das FA verlangt zwecks Ermittlung der Einkünfte aus Vermietung und Verpachtung vom Steuerpflichtigen Einsicht in den Kaufvertrag und die Unterlagen über die Finanzierung des Kaufpreises.

Ist das FA zur Einsicht in die Unterlagen berechtigt?

Fall 5:

Bei der Vorlage der Finanzierungsunterlagen (vgl. Fall 4) können geltend gemachte Zinsen i. H. v. 2.500 € für ein Darlehen von 25.000 € nicht nachgewiesen werden. Der Malermeister ist nicht bereit, Namen und Anschrift des Gläubigers bekannt zu geben.

Kann er trotzdem den Werbungskostenabzug i. H. v. 2.500 € verlangen?

Fall 6:

Das FA Leverkusen fordert den Verlobten V auf, Auskünfte über die Vermögensverhältnisse seiner Verlobte zu erteilen.

Muss er diesem Auskunftsverlangen nachkommen?

Fall 7:

Das FA Bergisch Gladbach erfährt durch einen anonymen Hinweis, dass der Steuerpflichtige Michael Reich ein geheimes Bankkonto in Luxemburg unterhält. Es wendet sich an dessen Steuerberater Klaus Pfiffig und ersucht um genaue Angaben über Errichtung, Kontenstand und Kontenumsätze des besagten Kontos.

Wie beurteilen Sie die Erfolgsaussichten des Auskunftsersuchens?

9. Festsetzungsverfahren

9.1 Steuerfestsetzung, Absehen von Steuerfestsetzung

Nach Abschluss des Ermittlungsverfahrens trifft das FA eine Entscheidung über die steuerlichen Folgen und zwar nach § 155 Abs. 1 Satz 1 AO regelmäßig durch **Steuerbescheid**.

Nach § 155 Abs. 1 Satz 2 AO ist ein **Steuerbescheid** der nach § 122 Abs. 1 AO **bekannt gegebene Verwaltungsakt**. Dieser bedarf zwingend der **Schriftform**.

Die **Bestandteile eines Steuerbescheides** sind (§ 157 Abs. 1 AO) folgende:

Muss-Bestandteile sind

- Steuerschuldner
- Steuerart
- Steuerbetrag
- Steuerzeitraum
- Schriftform
- erlassende Behörde.

Bei **Verstoß gegen diese Bestandteile** ist der **Steuerbescheid nichtig und unwirksam**.

Beispiel

Dem Steuerpflichtigen wird ein ESt-Bescheid bekannt gegeben. Der Drucker im Rechenzentrum hat den Betrag der Einkommensteuer so verdruckt, dass er unleserlich ist. Handelt es sich um einen wirksamen Steuerbescheid?

Nach § 157 Abs. 1 AO ist u. a. die festgesetzte Steuer nach Art und Betrag zu bezeichnen. Hierbei handelt es sich um einen „Muss-Bestandteil" des ESt-Bescheids. Da es daran mangelt, liegt ein nichtiger und unwirksamer Bescheid vor (§§ 125 Abs. 1, 124 Abs. 3 AO). Der Bescheid entfaltet keinerlei Rechtswirkung.

Soll-Bestandteile sind

- Rechtsbehelfsbelehrung
- Begründung.

Bei **Verstoß gegen die Rechtsbehelfsbelehrung** verlängert sich die Einspruchsfrist auf ein Jahr (§ 356 Abs. 2 AO).

9.2 Steueranmeldungen

Steueranmeldungen sind nach § 150 Abs. 1 Satz 3 AO **Steuererklärungen, in denen der Stpfl. die Steuer aufgrund gesetzlicher Vorschriften selbst zu berechnen hat**.

Eine **Selbstberechnung** ist z. B. gesetzlich vorgesehen für die

- **USt-Voranmeldungen** und **USt-Jahreserklärung**
- **Lohnsteuer-Anmeldung** durch den Arbeitgeber
- **Anmeldung der Kapitalertragsteuer**.

Nach § 218 Abs. 1 Satz 2 AO stehen die Steueranmeldungen den Steuerbescheiden gleich, weshalb sie nach § 347 Abs. 1 Nr. 1 AO auch mit dem **Einspruch** angefochten werden können.

Weicht das FA von der angemeldeten Steuer nicht ab, so hat der Eingang der Steueranmeldung mit einer Zahllast die Wirkung einer Steuerfestsetzung unter dem **Vorbehalt der Nachprüfung** (§ 168 Satz 1 AO). Eine **Steuerfestsetzung durch Steuerbescheid** ist dann **nicht durchzuführen** (§ 167 Satz 1 AO). Will das FA dagegen abweichen, so ist eine Steuerfestsetzung vorzunehmen und darüber ein Steuerbescheid zu erteilen. Die abweichende Festsetzung ist dann endgültig oder unter dem Vorbehalt der Nachprüfung vorzunehmen.

Eine Steueranmeldung, die zu einer **Steuervergütung** führt (z. B. Vorsteuerüberschuss), wirkt erst nach **Zustimmung** durch das FA als Steuerfestsetzung unter dem Vorbehalt der Nachprüfung (§ 168 Satz 2 AO).

Die **Zustimmung** bedarf **keiner besonderen Form** (§ 168 Satz 3 AO). Die Bekanntgabe erfolgt regelmäßig durch **Auszahlung oder Aufrechnung des entsprechenden Betrages**.

Falls das FA die Zustimmung nicht erteilt, erlässt es nach § 155 Abs. 1 Satz 3 AO einen **Ablehnungsbescheid**, der dann die Funktion eines Steuerbescheides übernimmt.

Zusammenfassung:

Steuerfestsetzung	► Grundsätzlich durch **Steuerbescheid** der Finanzbehörde (Steuerbescheid = bekannt gegebener Verwaltungsakt) ► Ausnahme bei Steueranmeldung (§ 167 AO) - Festsetzung durch Steuerbescheid nur dann, wenn Steuerfestsetzung zu abweichender Steuer führt oder keine Steueranmeldung abgegeben wird - keine Festsetzung durch Steuerbescheid bei Nichtabweichung von angemeldeter Steuer **(Steueranmeldung steht Steuerfestsetzung unter Vorbehalt der Nachprüfung gleich § 168 AO)**

9.3 Vorbehalt der Nachprüfung

Soweit Steuerfestsetzungen **kraft Gesetzes** unter dem Vorbehalt der Nachprüfung stehen, braucht dies nicht besonders in dem Verwaltungsakt vermerkt zu werden.

Kraft Gesetzes stehen z. B. unter dem Vorbehalt der Nachprüfung:

- **Vorauszahlungsbescheide** (§ 164 Abs. 1 Satz 2 AO)
- **Steueranmeldungen** (§ 168 Satz 1 AO)
- Bildung der **Lohnsteuerabzugsmerkmale** (§ 39 Abs. 1 Satz 4 EStG).

Ansonsten muss der Vorbehaltsvermerk **im Steuerbescheid klar erkennbar** sein (sog. **behördlicher Vorbehalt**).

Nach § 164 Abs. 1 Satz 1 AO kann das FA die **Steuern** (nicht: steuerliche Nebenleistungen!) unter dem **Vorbehalt der Nachprüfung** festsetzen, ohne dass dies einer Begründung bedarf, solange der **Steuerfall nicht abschließend geprüft** ist.

Der Vorbehalt der Nachprüfung kann nach § 164 Abs. 3 Satz 1 AO **jederzeit aufgehoben** werden. Der Vorbehalt entfällt, wenn er **ausdrücklich**, d. h. schriftlich und mit Rechtsbehelfsbelehrung, aufgehoben wird.

Nach einer **abschließenden Außenprüfung** ist er **aufzuheben**, wenn sich **keine Änderungen** ergeben haben (§ 164 Abs. 3 Satz 3 AO). Beschränkt sich die Außenprüfung dagegen nur auf bestimmte Sachverhalte, wie z. B. regelmäßig bei der USt-Sonderprüfung, braucht der Vorbehalt nicht aufgehoben zu werden.

Die **Aufhebung** steht dann einer **Steuerfestsetzung ohne Vorbehalt der Nachprüfung** gleich (§ 164 Abs. 3 Satz 2 AO).

Der Vorbehalt der Nachprüfung **entfällt automatisch mit Ablauf der Festsetzungsfrist** (§ 164 Abs. 4 Satz 1 AO).

Die Verlängerung der Festsetzungsfrist für hinterzogene oder leichtfertig verkürzte Steuern (§ 169 Abs. 2 Satz 2 AO) verlängert nicht die Wirksamkeit des Vorbehalts (§ 164 Abs. 4 Satz 2 AO), sodass der Vorbehalt der Nachprüfung bei den **Besitz- und Verkehrsteuern immer nach vier Jahren** entfällt.

9.4 Vorläufige Steuerfestsetzung

Nach § 165 Abs. 1 Satz 1 AO kann eine Steuer insoweit vorläufig festgesetzt werden, als **ungewiss ist, ob und inwieweit die Voraussetzungen für ihre Entstehung eingetreten sind**.

Beispiele

Beispiele für vorübergehende Ungewissheit:

- Beurteilung von Aufwendungen als Werbungskosten oder als **anschaffungsnahe Aufwendungen**.
- Vermutete **Liebhaberei wegen Verlusten** in der Anlaufphase.
- zu erwartende **DBA**, die sich zugunsten des Stpfl. auswirken (§ 165 Abs. 1 Nr. 1 AO).
- eine **künftige gesetzliche (Neu-) Regelung** (§ 165 Abs. 1 Nr. 2 AO). Das setzt aber voraus, dass die Entscheidung des BVerfG bereits ergangen ist und die gesetzliche Neuregelung noch aussteht.
- eine **unklare verfassungsrechtliche Lage**, die sich durch ein beim EUGH, dem BVerfG oder einem obersten Bundesgericht anhängigen Verfahren bereits konkretisiert hat (§ 165 Abs. 1 Nr. 3 AO).
- die **Auslegung eines Steuergesetzes** ist Gegenstand eines Verfahrens beim **Bundesfinanzhof** (§ 165 Abs. 1 Nr. 4 AO).

Soweit das FA eine Steuer **vorläufig** festgesetzt hat, kann es die Festsetzung **jederzeit aufheben oder ändern** (§ 165 Abs. 2 Satz 1 AO).

Im **Vergleich zum Vorbehalt der Nachprüfung** bestehen folgende **wesentliche Unterschiede**:

- Bei dem **Vorbehalt der Nachprüfung** ist der **gesamte Steuerfall** innerhalb der Festsetzungsfrist abänderbar.
- Der **Vorläufigkeitsvermerk** bezieht sich nur auf die in dem Steuerbescheid genannten Teile der Steuerfestsetzung. Nur diese **einzelnen Punkte** sind vorläufig und abänderbar. Die restliche Steuerfestsetzung ist endgültig und – nach Ablauf der Einspruchsfrist – grundsätzlich nicht mehr änderbar, soweit keine Berichtigungsvorschrift eingreift.

Wenn die **Ungewissheit beseitigt** ist, ist eine **vorläufige Steuerfestsetzung aufzuheben, zu ändern oder für endgültig zu erklären** (§ 165 Abs. 2 Satz 2 AO).

9.5 Zusammenfassung

Arten	**Vorbehaltsfestsetzung (§ 164 AO)**	**Vorläufige und ausgesetzte Steuerfestsetzung (§ 165 AO)**
Zweck	**Beschleunigung** der ersten **Steuerfestsetzung** **Folge**: frühere Steuernachzahlung/-erstattung	
Voraussetzungen	► **materiell** Steuerfall noch nicht abschließend geprüft, z. B. durch Außenprüfung oder Amtsprüfstelle (Ermessensentscheidung) ► **formell** - ausdrücklicher Vermerk im Steuerbescheid **oder** - kraft Gesetzes, z. B. bei Vorauszahlungsbescheiden, Steueranmeldungen (§ 168) u. a.	► **materiell** vorübergehende Ungewissheit, ob und inwieweit Steuer entstanden ist ► **formell** ausdrücklicher Vermerk im Steuerbescheid über - Umfang und - Grund der Vorläufigkeit/Aussetzung
Wirkung	Möglichkeit der **Berichtigung** der **Steuerfestsetzung**	
	► **jederzeit** von Amts wegen oder auf Antrag des Steuerpflichtigen höchstens bis Ablauf der **normalen** Festsetzungsfrist ► **in vollem Umfang** (auch bei Rechtsfehlern)	► **jederzeit** höchstens bis Ablauf der Festsetzungsfrist ► **soweit** die **Vorläufigkeit** reicht (d. h. punktuell)
Vertrauensschutz (§ 176 AO)	**Einschränkung der Berichtigung** Bei Änderung der Steuerfestsetzung bleibt die frühere für den **Steuerpflichtigen günstigere Gesetzgebung, Rechtsprechung** oder **Verwaltungsvorschrift** bestehen.	

Dauer des Vorbehalts bzw. der Vorläufigkeit	▸ **Aufhebung** (schriftlich) **kann** jederzeit erfolgen **muss** erfolgen nach umfassender Außenprüfung ohne abweichendes Ergebnis ▸ **Wegfall** automatisch nach Ablauf der Festsetzungsfrist von i. d. R. vier Jahren	▸ **Beseitigung** der Vorläufigkeit/Aussetzung bei Fortfall der Ungewissheit durch - Aufhebung der Steuerfestsetzung - Änderung der Steuerfestsetzung und deren Endgültigkeitserklärung - Endgültigkeitserklärung der unveränderten Steuerfestsetzung ▸ **Wegfall** nach Ablauf der Festsetzungsfrist, nicht vor Ablauf **eines** Jahres, nachdem die Ungewissheit beseitigt ist und die Finanzbehörde hiervon Kenntnis erhalten hat (Ablaufhemmung, § 171 Abs. 8 AO)

9.6 Festsetzungsverjährung

Ansprüche aus dem Steuerschuldverhältnis i. S. des § 37 AO erlöschen u. a. durch Verjährung (§ 47 AO).

Deshalb bestimmt **§ 169 Abs. 1 AO**, dass eine **Steuerfestsetzung sowie ihre Aufhebung und Änderung nicht mehr zulässig sind, wenn die Festsetzungsfrist abgelaufen ist**. Dies gilt auch für eine Berichtigung wegen offenbarer Unrichtigkeiten nach § 129 AO.

Eine Festsetzung, die erst nach Eintritt der Festsetzungsverjährung erfolgt, ist **nicht nichtig**, **sondern nur anfechtbar**; erwächst also in Bestandskraft. Der Bescheid ist auch vollstreckbar.

Zur **Fristwahrung** genügt es, dass die Steuerfestsetzung oder im Fall des § 122a AO die elektronische Benachrichtigung **vor Ablauf der Frist den Bereich des zuständigen FA verlassen** hat (§ 169 Abs. 1 Satz 3 Nr. 1 AO).

Die **Festsetzungsfrist beginnt grundsätzlich mit Ablauf des Kalenderjahres, in dem die Steuer entstanden ist** (§ 170 Abs. 1 AO). Das richtet sich über § 38 AO nach den jeweiligen Einzelsteuergesetzen.

Beispiel

Die Festsetzungsfrist für die Einkommensteuer 09 beginnt daher grundsätzlich am 31. Dezember 09 um 24:00 Uhr (bzw. 01. Januar 10 um 0:00 Uhr).

Davon abweichend beginnt die Festsetzungsfrist in den Fällen, in denen aufgrund gesetzlicher Vorschriften eine Steuererklärung oder Steueranmeldung abzugeben ist (z. B. ESt, KSt, USt, GewSt) gem. § 170 Abs. 2 Nr. 1 AO mit **Ablauf des Kalenderjahres, in dem die Steuererklärung beim FA eingereicht wurde, spätestens mit Ablauf des dritten Kalenderjahres, das auf das Kalenderjahr folgt, in dem die Steuer entstanden ist** (sog. **Anlaufhemmung**).

Beispiele

1. Die ESt-Erklärung 01 wurde am 31. Mai 03 beim FA eingereicht. Die Festsetzungsfrist beginnt gem. § 170 Abs. 2 Nr. 1 AO am 31. Dezember 03 um 24:00 Uhr (bzw. 01. Januar 04 um 0:00 Uhr).
2. Die ESt-Erklärung 01 wurde aufgrund einer gewährten Fristverlängerung erst am 25. September 05 beim FA eingereicht. Die Festsetzungsfrist begann spätestens mit Ablauf des dritten Kalenderjahres, das auf das Kalenderjahr folgt, in dem die Steuer entstanden ist, hier also spätestens am 31. Dezember 04 um 24:00 Uhr (bzw. 01. Januar 05 um 0:00 Uhr).
3. Die ESt-Erklärung 01 wurde gar nicht beim FA abgegeben. Die Festsetzungsfrist begann spätestens mit Ablauf des dritten Kalenderjahres, das auf das Kalenderjahr folgt, in dem die Steuer entstanden ist, hier also spätestens am 31. Dezember 04 um 24:00 Uhr (bzw. 01. Januar 05 um 0:00 Uhr).

Die **Festsetzungsfrist beträgt** gem. § 169 Abs. 2 AO:

- **1 Jahr** für Verbrauchsteuern und Verbrauchsteuervergütungen
- **4 Jahre** für Besitz- und Verkehrsteuern, gesonderte Feststellungen
- **5 Jahre** bei leichtfertiger Steuerverkürzung (§ 378 AO)
- **10 Jahre** bei Steuerhinterziehung (§ 370 AO).

Beispiel

Die ESt-Erklärung 01 wurde im Mai 03 abgegeben. Die Steuerfestsetzung erfolgt unter dem Vorbehalt der Nachprüfung, da eine Steuerhinterziehung vorliegt. Wann entfällt der Vorbehaltsvermerk?

Der Vorbehalt der Nachprüfung entfällt, wenn die Festsetzungsfrist abläuft (§ 164 Abs. 4 Satz 1 AO). Die Verlängerung der Festsetzungsfrist auf zehn Jahre für hinterzogene Steuern (§ 169 Abs. 2 Satz 2 AO) verlängert nicht die Wirksamkeit des Vorbehalts (§ 164 Abs. 4 Satz 2 AO), sodass der Vorbehalt der Nachprüfung bei der Einkommensteuer immer nach vier Jahren entfällt. Die Festsetzungsfrist begann am 31. Dezember 03, 24:00 Uhr und endet daher am 31. Dezember 07, 24:00 Uhr. Zu diesem Zeitpunkt entfällt auch der Vorbehaltsvermerk.Die **Ablaufhemmung** gem. **§ 171 AO** schiebt das Ende der Festsetzungsfrist hinaus.

Zusammenfassung:

Gegenstand	Verjährung der ▸ noch nicht festgesetzten Steuern ▸ noch nicht festgesetzten Steuermessbeträge ▸ noch nicht gesondert festgestellten Besteuerungsgrundlagen
Wirkung	Steuerfestsetzung (-feststellung), ihre Aufhebung oder Änderung ist nach Ablauf der Festsetzungsfrist nicht mehr zulässig
Dauer	▸ Zölle und Verbrauchsteuern: ein Jahr ▸ Besitz- und Verkehrsteuern: vier Jahre ▸ leichtfertig verkürzte Steuern: fünf Jahre ▸ hinterzogene Steuern: zehn Jahre
Beginn	▸ **Grundsätzlich:** mit Ablauf des Kalenderjahres, in dem die Steuer entstanden ist ▸ **Ausnahme:** bei der Steuererklärungs- oder -anmeldungspflicht (**Ablaufhemmung**) - mit Ablauf des Kalenderjahres, in dem die Erklärung/Anmeldung eingereicht wurde - spätestens mit Ablauf des dritten Kalenderjahres, das dem Entstehungsjahr der Steuer folgt
Ende	▸ **Grundsätzlich:** nach Ablauf der Festsetzungsfrist ▸ **Ausnahme: Hinausschiebung** des Fristendes durch **Ablaufhemmung** u. a. wegen - höherer Gewalt innerhalb der letzten sechs Monate vor Fristablauf - wegen Antrag des Steuerpflichtigen auf Steuerfestsetzung, Aufhebung oder Änderung der Steuerfestsetzung - offenbarer Unrichtigkeit des Steuerbescheids - Beginn einer Außenprüfung - vorläufiger Festsetzung der Steuer

9.7 Fälle zur Sicherung des Lernerfolgs

Fall 1:

Der Steuerpflichtige Gustav Bruns erkundigt sich telefonisch zwei Monate nach Abgabe seiner ESt-Erklärung am 08. Juli bei dem für ihn zuständigen Sachbearbeiter des Finanzamtes nach der Höhe der zu erwartenden ESt-Erstattung. Dieser teilt ihm mündlich mit, der Steuerbescheid sei fertig und weise einen Erstattungsbetrag von 1.200 € aus. Der Steuerbescheid wird sodann mit einfachem Brief am 18. Juli (Donnerstag) zur Post gegeben; er weist eine Erstattung von lediglich 1.050 € aus.

Prüfen und begründen Sie, wann die Steuerfestsetzung wirksam wurde!

Fall 2:

Der ESt-Bescheid für den Steuerpflichtigen S wurde am 10. Oktober zur Post gegeben. Er enthält den Vermerk: „Dieser Bescheid ergeht unter dem Vorbehalt der Nachprüfung“. Am 20. November stellt S fest, dass das FA Werbungskosten bei den Einkünften aus nichtselbstständiger Arbeit i. H. v. 300 € wegen fehlenden Nachweises nicht anerkannt hat. Am nächsten Tag wirft er ein Schreiben in den Briefkasten des FA, das folgenden Inhalt hat:

> „Hiermit lege ich gegen den ESt-Bescheid Einspruch ein.
>
> Ich komme erst jetzt dazu, dies zu tun, da ich aus beruflichen Gründen außerordentlich angespannt war. Die von Ihnen angesetzten Werbungskosten sind um 300 € zu niedrig. Als Nachweis füge ich die Belege hierzu bei.“

Prüfen und begründen Sie, ob die Werbungskosten anerkannt werden können!

Fall 3:

Der Steuerpflichtige A hat einen Bescheid des Finanzamtes über die Festsetzung eines Verspätungszuschlages i. H. v. 100 € erhalten. Drei Wochen nach Erhalt des Bescheides schreibt er an das Finanzamt:

> „Hiermit beantrage ich gem. § 164 Abs. 2 Satz 2 AO die Festsetzung des Verspätungszuschlages aufzuheben. Die verspätete Abgabe der Steuererklärung bitte ich zu entschuldigen, da ich längere Zeit im Krankenhaus war. Ein Attest ist beigefügt.“

Was wird das FA veranlassen? Begründen Sie Ihre Entscheidung!

Fall 4:

Der Steuerpflichtige D ist Unternehmer und gibt monatliche USt-Voranmeldungen ab. Die USt-Voranmeldung für den Monat Oktober, die eine Zahllast von 2.500 € ausweist, ist vom FA unbeanstandet geblieben. Im Dezember stellt D fest, dass in dieser Voranmeldung steuerfreie Umsätze von ihm als steuerpflichtig behandelt worden sind. Die Zahllast würde nur 2.000 € betragen. D fragt seinen Steuerberater um Rat, ob und wie der Fehler richtig gestellt werden kann. Dieser gibt folgende Auskunft:

> „Sie kommen zu spät, da ist nichts mehr zu machen. Mit dem Eingang der USt-Voranmeldung beim FA ist diese formell bestandskräftig geworden.“

Können Sie dem D weiterhelfen?

Fall 5:

Zahnarzt Dr. Bohrer wurde mit Bescheid vom 09. Dezember 05 aufgefordert, für das Kalenderjahr 06 zum 15. März, 15. Juni, 15. September und 15. Dezember 06 vierteljährliche Vorauszahlungen von je 25.000 € zu leisten. Gegen diesen Bescheid wurden keine Einwendungen erhoben, da Dr. Bohrer mit einer entsprechenden Steuerschuld rechnete. Bei einem Tennisunfall am 01. Mai 06 zog er sich mehrere Knochenbrüche zu, sodass er für längere Zeit an der Ausübung seiner freiberuflichen Tätigkeit als Zahnarzt gehindert ist. Aufgrund der verminderten Einnahmen rechnet er für 06 nur mit einer Steuerschuld von 50.000 €.

Prüfen und begründen Sie unter Angabe der Rechtsgrundlage, ob die ESt-Vorauszahlungen den veränderten Bedingungen angepasst werden können!

Fall 6:

Bei der Erstellung der Lohnsteueranmeldung für den Monat Juni stellt Bernd Flott fest, dass er mit der Lohnsteueranmeldung für den Monat Februar, die er am 10. März in den Hausbriefkasten des FA Leverkusen geworfen hat, 1.000 € an Lohnsteuer zu viel angemeldet hat.

a) Wodurch erfolgte die Festsetzung der Lohnsteuer Februar?

b) Prüfen und begründen Sie, ob der Fehler behoben werden kann!

Fall 7:

a) Die Einkommensteuer für den VZ 2019 des Mandanten hatte das zuständige Finanzamt mit Bescheid vom 03.11.2020 bestandskräftig festgesetzt.

   Der Mandant hatte im VZ 2019 Renovierungskosten i. H. v. 25.000 € (netto) als Werbungskosten eines im selben VZ erworbenen Mietwohngrundstücks geltend gemacht.

   Die Anschaffungskosten des Gebäudeanteils betrugen 200.000 €. Das Finanzamt hatte in Erwartung weiterer Werbungskosten in den beiden folgenden Veranlagungszeiträumen den Bescheid mit folgendem Vermerk erlassen: „Vorläufig gem. § 165 AO im Hinblick auf die Einkünfte aus Vermietung und Verpachtung, da zu überprüfen ist, ob bezüglich der geltend gemachten Instandsetzungsaufwendungen ein anschaffungsnaher Herstellungsaufwand vorliegt".

   Prüfen und begründen Sie, ob das Finanzamt einen vorläufigen Bescheid erlassen konnte.

b) Für den VZ 2022 machte der Mandant im März 2023 in seiner ESt-Erklärung erneut Renovierungskosten i. H. v. diesmal 15.000 € (netto) als Werbungskosten des oben genannten Mietwohngrundstücks geltend.

   Prüfen und begründen Sie, ob und ggf. in welcher Höhe das Finanzamt die Besteuerungsgrundlagen für den VZ 2019 ändern kann und nennen Sie die gesetzliche Grundlage.

   Könnte das Finanzamt den ESt-Bescheid 2019 ggf. auch dann ändern, wenn der Vorläufigkeitsvermerk in diesem Bescheid fehlen würde?

Fall 8:

Die Mandantin Beate Schmidt aus Leverkusen hat ihre ESt-Erklärung für den VZ 01 beim zuständigen Finanzamt zu folgenden alternativen Zeitpunkten eingereicht:

a) am 30. November 03

b) am 15. Oktober 04

c) am 18. März 05

d) am 04. Januar 06.

Ermitteln Sie den Beginn und das Ende der Festsetzungsverjährung für die Einkommensteuer 01 und begründen Sie Ihre Entscheidung!

Fall 9:

Die ledige Modeschöpferin Hosia Hose (H) gab im Mai 03 ihre ESt-Erklärung für 01 ab. Ende 03 wurde der ESt-Bescheid für 01 ordnungsgemäß unter dem Vorbehalt der Nachprüfung bekannt gegeben. Anfang 08 entdeckte der Finanzbeamte, dass der H in 01 Zinseinnahmen von 5.700 € aus einem privat hingegebenen Darlehen zugeflossen waren. Sie hatte in ihrer ESt-Erklärung 01 keinerlei Einkünfte aus Kapitalvermögen erklärt. Die Gründe, derentwegen die H die Zinseinnahmen nicht erklärt hat, erfüllen nach § 378 AO die Voraussetzungen für eine leichtfertige Steuerverkürzung.

Prüfen und begründen Sie, ob der Finanzbeamte in 08 den ESt-Bescheid für 01 nach § 164 Abs. 2 AO bzw. nach § 173 Abs. 1 Nr. 1 AO ändern kann!

Fall 10:

Der Steuerpflichtige Müller hat seine ESt-Erklärung 01 am 20. Februar 03 eingereicht. Gegen den ESt-Bescheid 01 hat er rechtzeitig Einspruch eingelegt, weil das FA bestimmte Werbungskosten nicht anerkannt hatte. Am 06. April 08 wurde dem Steuerpflichtigen eine ablehnende Einspruchsentscheidung zugestellt, die am 06. Mai 08 unanfechtbar wurde.

Prüfen und begründen Sie, wann die Festsetzungsfrist endet!

Fall 11:

Die Frist für die ESt-Festsetzung würde am 31. Dezember 02 ablaufen. Am 12. Dezember 02 beginnt das Finanzamt mit einer abschließenden Außenprüfung, die zu einer Mehrsteuer i. H. v. 3.000 € führt. Diese Mehrsteuer wird durch Steuerbescheid festgesetzt, den das Finanzamt am 04. Mai 03 bei der Post aufgibt.

Prüfen und begründen Sie, wann die Festsetzungsfrist endet.

10. Feststellungsverfahren

Nach § 157 Abs. 2 AO bildet die **Feststellung von Besteuerungsgrundlagen** einen mit dem Einspruch **nicht selbstständig anfechtbaren Teil des Steuerbescheides**, es sei denn, die Besteuerungsgrundlagen werden gesondert festgestellt.

Eine gesonderte Feststellung wird durchgeführt, wenn dies in der AO oder in anderen Steuergesetzen bestimmt ist (§ 179 Abs. 1 AO).

Nach **§ 180 Abs. 1a AO** können einzelne, im Rahmen einer Außenprüfung für den Prüfungszeitraum ermittelte und abgrenzbare Besteuerungsgrundlagen gesondert festgestellt werden (**Teilabschlussbescheid**), solange noch kein Prüfungsbericht nach § 202 Abs. 1 AO ergangen ist. Auf Antrag des Steuerpflichtigen soll ein Teilabschlussbescheid ergehen, wenn daran ein erhebliches Interesse besteht und dies vom Steuerpflichtigen glaubhaft gemacht wird.

Örtlich zuständig ist nach § 18 Abs. 1 Nr. 5 AO das Finanzamt, das für den Bescheid örtlich zuständig ist, für den der Teilabschlussbescheid unmittelbar Bindungswirkung entfaltet.

In den Fällen des § 180 Abs. 1a AO ist keine Erklärung zur gesonderten Feststellung abzugeben; als Steuererklärung nach § 170 Abs. 2 Satz 1 Nr. 1 AO gilt in diesem Fall die Steuererklärung, für deren Besteuerungszeitraum der Teilabschlussbescheid unmittelbar Bindungswirkung entfaltet (§ 181 Abs. 1 Satz 4 AO).

10.1 Arten, § 180 Abs. 1 AO

10.1.1 Einheitswerte und Grundsteuerwerte

Nach § 180 Abs. 1 Nr. 1 AO werden **Einheitswerte** und ab dem **VZ 2023** die **Grundsteuerwerte** (ab dem VZ 2025 gibt es keine Einheitswerte mehr, sondern nur noch Grundsteuerwerte) nach Maßgabe des Bewertungsgesetzes gesondert festgestellt.

Feststellung der Einheitswerte und Grundsteuerwerte für	**Örtliche Zuständigkeit**
↓	↓
Grundstücke	**Lage-FA** (§ 18 Abs. 1 Nr. 1 AO)

10.1.2 Einkünfte, an denen mehrere Personen beteiligt sind

Nach Maßgabe des **§ 180 Abs. 1 Nr. 2a) AO** werden die einkommen- und körperschaftsteuerpflichtigen **Einkünfte** und mit ihnen im Zusammenhang stehende andere Besteuerungsgrundlagen gesondert festgestellt, **wenn an den Einkünften mehrere Personen beteiligt sind** und die Einkünfte diesen Personen steuerlich zuzurechnen sind.

Die gesonderte Feststellung nach § 180 Abs. 1 Nr. 2a) AO ist **nicht an eine bestimmte Einkunftsart** gebunden; **entscheidend** ist allein, dass **an dieser Einkunftsquelle mehrere Personen** beteiligt sind.

Beispiele

1. Die Gesellschafter A und B sind zu gleichen Teilen an einer OHG beteiligt. Der OHG-Gewinn ist gem. § 180 Abs. 1 Nr. 2a AO einheitlich und gesondert festzustellen, da an der Einkunftsquelle (Einkünfte aus Gewerbebetrieb) mehrere Personen beteiligt sind. Der festgestellte Gewinnanteil wird dann auf die beiden Gesellschafter verteilt.
2. Die Steuerberater A und B betreiben gemeinsam eine Steuerberatersozietät. Der Gewinn aus der Steuerberatersozietät ist gem. § 180 Abs. 1 Nr. 2a AO einheitlich und gesondert festzustellen, da an der Einkunftsquelle (Einkünfte aus selbstständiger Arbeit) mehrere Personen beteiligt sind. Der festgestellte Gewinnanteil wird dann auf die beiden Steuerberater verteilt.
3. Zum Nachlass des Erblassers E gehört ein Mietwohngrundstück, das von den Erben A und B gemeinsam verwaltet wird. Der Überschuss aus dem Mietwohngrundstück ist gem. § 180 Abs. 1 Nr. 2a AO einheitlich und gesondert festzustellen, da an der Einkunftsquelle (Einkünfte aus Vermietung und Verpachtung) mehrere Personen beteiligt sind. Der festgestellte Überschuss wird dann auf die beiden Erben verteilt.

Hinsichtlich der **Zuständigkeit** gilt Folgendes:

Festzustellende Einkunftsart	Örtliche Zuständigkeit
► **Land- und Forstwirtschaft**	► **Lage-FA** (§ 18 Abs. 1 Nr. 1 AO)
► **Gewerbebetrieb**	► **Betriebs-FA** (§ 18 Abs. 1 Nr. 2 AO)
► **Selbstständige Arbeit**	► **Tätigkeits-FA** (§ 18 Abs. 1 Nr. 3 AO)
► **Überschusseinkünfte**	► **Verwaltungs-FA** (§ 18 Abs. 1 Nr. 4a AO)
	► **Vermögens-FA**, wenn die Verwaltung der Einkünfte nicht feststellbar ist (§ 18 Abs. 1 Nr. 4b AO).

10.1.3 Gewinneinkünfte einer Einzelperson

Nach **§ 180 Abs. 1 Nr. 2b) AO** werden die **Gewinneinkünfte** (§§ 13 - 18 EStG) in den anderen als den in § 180 Abs. 1 Nr. 2a) AO genannten Fällen – gemeint sind damit also die Gewinneinkünfte einer **Einzelperson** – gesondert festgestellt, wenn das für die gesonderte Feststellung **zuständige FA nicht auch für die Steuern vom Einkommen zuständig ist**.

Das **Auseinanderfallen der örtlichen Zuständigkeit** für die gesonderte Feststellung und für die Steuern vom Einkommen ist deshalb **tatbestandsmäßige Voraussetzung** für den Erlass eines Gewinnfeststellungsbescheides.

Beispiele

1. Der Steuerpflichtige A. wohnt in Leverkusen. In Bergisch Gladbach betreibt er einen Computerhandel. Die Einkünfte aus dem Computerhandel sind gem. § 180 Abs. 1 Nr. 2b) AO gesondert festzustellen, da die Zuständigkeit für den Computerhandel (Betriebsfinanzamt Bergisch Gladbach) und für die Einkommensteuer (Wohnsitzfinanzamt) auseinander fallen.
2. Der Steuerpflichtige B. wohnt in Leverkusen. Außerdem ist er Eigentümer eines vermieteten Einfamilienhauses in Solingen. Die Vermietungseinkünfte aus Solingen sind nicht gem. § 180 Abs. 1 Nr. 2b) AO gesondert festzustellen, da es sich nicht um Gewinn-, sondern um Überschusseinkünfte handelt. Eine gesonderte Feststellung findet auch nicht über § 180 Abs. 1 Nr. 2a) AO statt, da an der Einkunftsquelle nicht mehrere Personen beteiligt sind. Örtlich zuständig – auch für die Vermietungseinkünfte – ist daher das Wohnsitzfinanzamt in Leverkusen.
3. Der in Leverkusen wohnhafte Steuerpflichtige C. betreibt in der City von Leverkusen ein Lebensmittelgeschäft. Die Einkünfte aus dem Lebensmittelgeschäft sind nicht gem. § 180 Abs. 1 Nr. 2b) AO gesondert festzustellen, da die Zuständigkeit für das Geschäft und für die Einkommensteuer nicht auseinander fallen. Örtlich zuständig ist daher das Wohnsitzfinanzamt in Leverkusen.

Hinsichtlich der **Zuständigkeit** gilt Folgendes:

Festzustellende Einkunftsart	**Örtliche Zuständigkeit**
▸ **Land- und Forstwirtschaft**	▸ **Lage-FA** (§ 18 Abs. 1 Nr. 1 AO)
▸ **Gewerbebetrieb**	▸ **Betriebs-FA** (§ 18 Abs. 1 Nr. 2 AO)
▸ **Freiberufliche Tätigkeit**	▸ **Tätigkeits-FA** (§ 18 Abs. 1 Nr. 3 AO)

10.2 Wirkung der Feststellung

Die **Feststellungsbescheide** sind sog. **Grundlagenbescheide**, die **mit Bekanntgabe wirksam** werden, § 124 Abs. 1 AO.

Diese Wirksamkeit hat dann nach **§ 182 Abs. 1 AO** zur Folge, dass die Feststellungsbescheide bis zu ihrer Aufhebung **für die Folgebescheide bindend** sind. Die **Bindungswirkung** tritt **auch dann** ein, wenn der **Grundlagenbescheid unrichtig** ist.

Durch die Bindungswirkung ist das für den **Folgebescheid zuständige Finanzamt gehindert, abschließend eigene Ermittlungen vorzunehmen**. Erst die Aufhebung des Feststellungsbescheids erlaubt es dem Finanzamt, das den Folgebescheid zu erlassen hat, den Sachverhalt selbstständig zu ermitteln und steuerrechtlich zu beurteilen, um aufgrund dessen den Folgebescheid entsprechend zu erlassen oder zu ändern.

Auf der anderen Seite bedeutet dies für den Stpfl., dass er **Entscheidungen in einem Feststellungsbescheid nur durch Anfechtung dieses Bescheides und nicht auch durch Anfechtung des Folgebescheides** angreifen kann (§ 351 Abs. 2 AO).

Wird der **Feststellungsbescheid geändert, ist auch der Folgebescheid zu ändern** (§ 175 Abs. 1 Nr. 1 AO).

10.3 Fälle zur Sicherung des Lernerfolgs

Fall 1:

Die Eheleute Heinrich und Maria Hellwig wohnen in Marl. Herr Hellwig ist Rechtsanwalt und Mitinhaber einer Rechtsanwaltspraxis in Marl. Maria Hellwig betreibt in Gladbeck ein Textilgeschäft. Sie ist zu 50 % Miteigentümerin eines Mietwohngrundstücks in Borken. Heinrich Hellwig ist Alleineigentümer eines Geschäftsgrundstücks in Dinslaken. Beide Objekte werden von der Haus und Grund GmbH in Bottrop verwaltet.

Prüfen und begründen Sie, welche gesonderten Feststellungen im Rahmen der Veranlagung zur Einkommensteuer der Eheleute Hellwig vorzunehmen sind und welche Finanzämter (Ort und übliche Bezeichnung) hierfür jeweils örtlich zuständig sind.

Fall 2:

Welche Finanzämter (Ort und übliche Bezeichnung) sind örtlich zuständig? Verwenden Sie ausschließlich die beigefügte Anlage!

Die Steuerpflichtigen Schwarz, Weiß und Rot sind Gesellschafter der Getränkegroßhandlung **Schwarz & Co. OHG**, deren Geschäftsleitung sich in Köln-Lindenthal im Bezirk des FA Köln-Nord befindet.

Schwarz ist Rentner. Er bewohnt sein in Köln-Mühlheim (FA-Bezirk: Köln-Ost) gelegenes Einfamilienhaus. Außerdem ist er Eigentümer eines in der Stadt Brühl, Landkreis Köln (FA-Bezirk: Köln-West) gelegenen Hauses, das er an verschiedene Firmen zur geschäftlichen Nutzung vermietet.

Weiß wohnt zur Miete in Köln-Marienburg (FA-Bezirk: Köln-Süd). Von hier aus betreibt er auch eine Praxis als Rechtsanwalt. Außerdem ist er mit Genehmigung der Rechtsanwaltskammer Köln an der Zuckerfabrik **Grün & Co. KG** in Jülich (FA-Bezirk: Jülich) als Kommanditist beteiligt.

Rot, der zunächst in Köln-Lindenthal wohnte, zog im Juni 2022 nach Köln-Raderberg (FA-Bezirk: Köln-Süd) wieder in eine Mietwohnung um und eröffnete im selben Monat in der Hohe Straße in Köln (FA-Bezirk: Köln-Altstadt) ein Süßwareneinzelhandelsgeschäft, wobei er gleichzeitig die Einzelheiten des Umzugs und der Geschäftseröffnung dem FA Köln-Nord und Köln-Süd schriftlich mitgeteilt hat.

Firma Schwarz & Co. OHG

	Bezeichnung des FA	Ort
Gewinn aus Gewerbebetrieb		
Umsatzsteuer		
GewSt-Messbescheid		
Einheitswert Betriebsgrundstück		

Firma Grün & Co. KG

	Bezeichnung des FA	Ort
Gewinn aus Gewerbebetrieb		
Umsatzsteuer		
GewSt-Messbescheid		
Einheitswert Betriebsgrundstück		

Gesellschafter Schwarz

	Bezeichnung des FA	Ort
Einheitswert Einfamilienhaus		
Einheitswert Mietwohngrundstück		
Einkommensteuer		
Umsatzsteuer		
Einkünfte gem. § 21 EStG		

Gesellschafter Weiß

	Bezeichnung des FA	Ort
Einkommensteuer		
Umsatzsteuer		

Gesellschafter Rot

	Bezeichnung des FA	Ort
Umsatzsteuer		
GewSt-Messbescheid		
Einkommensteuer		

11. Einspruchsverfahren

11.1 Funktionen

Das **außergerichtliche Einspruchsverfahren** der Abgabenordnung hat folgende **Funktionen:**

- **Selbstkontrolle der Verwaltung**, da durch den Einspruch Fehler festgestellt und korrigiert werden können.
- **Entlastung der Gerichte**, da das FA den Verwaltungsakt in vollem Umfange überprüft und auf diese Weise eine Korrekturmöglichkeit geschaffen wird.
- **Rechtsschutzgarantie des Steuerpflichtigen**, sodass er Fehler des FA nicht zu akzeptieren braucht.

Das Einspruchsverfahren ist **nicht kostenpflichtig**. Der Steuerpflichtige und das Finanzamt haben jeweils ihre eigenen Aufwendungen zu tragen.

11.2 Zulässigkeit und Begründetheit

Bevor sich das FA mit der materiellen Rechtslage befasst, muss es nach § 358 Satz 1 AO prüfen, ob der Einspruch **zulässig**, insbesondere form- und fristgerecht eingelegt wurde.

Fehlt auch nur eine Zulässigkeitsvoraussetzung, ist der Einspruch als unzulässig zu verwerfen (§ 358 Satz 2 AO). Eine **Begründetheitsprüfung** (= Prüfung der materiellen Rechtslage) findet dann nicht mehr statt.

Ist der Einspruch dagegen zulässig, prüft das FA die Erfolgsaussichten des Einspruchs; es steigt dann in die Begründetheitsprüfung ein.

11.3 Zulässigkeitsvoraussetzungen

11.3.1 Bekanntgabe eines VA

Es muss ein Verwaltungsakt vorliegen, der bekannt gegeben sein muss.

Deshalb kann ein Steuerbescheid **vor seiner schriftlichen Bekanntgabe nicht** wirksam mit einem **Einspruch** angefochten werden.

Beispiel

Ein Steuerbescheid geht am 01. April zur Post. Bereits am 02. April geht der Einspruch beim FA ein. Der Einspruch ist zulässig, da es sich bei der Bekanntgabefiktion des § 122 AO lediglich um eine Vermutung handelt, die hier durch die tatsächlichen Verhältnisse (offensichtlich früherer Zugang) widerlegt worden ist.

11.3.2 Statthaftigkeit des Einspruchs

Nach **§ 347 Abs. 1 Nr. 1 AO** ist gegen alle **Verwaltungsakte, die im Besteuerungsverfahren ergehen**, der **Einspruch statthaft**.

Die **unrichtige Bezeichnung** des Einspruchs **schadet nicht** (§ 357 Abs. 1 Satz 3 AO), da von dem Steuerpflichtigen insoweit nicht erwartet werden kann, die entsprechenden Fachbegriffe im Einzelnen zu kennen.

Das Wort „Einspruch" braucht noch nicht einmal erwähnt zu werden; es reicht aus, wenn der Steuerpflichtige zu erkennen gibt, dass er mit dem Verwaltungsakt nicht einverstanden ist. So ist z. B. eine Steuererklärung, die ohne Begleitschreiben nach vorausgegangenem Schätzungsbescheid innerhalb der Einspruchsfrist beim FA eingeht, als Einspruch auszulegen.

Nach **§ 348 AO** ist der **Einspruch ausgeschlossen** z. B. gegen **Einspruchsentscheidungen**. Hiergegen muss Anfechtungs- oder Verpflichtungsklage erhoben werden.

11.3.3 Zuständige Behörde

Der Einspruch ist bei dem **FA einzulegen, das den Verwaltungsakt erlassen hat** (§ 357 Abs. 2 Satz 1 AO).

Es genügt auch, wenn ein Einspruch, der sich gegen die **Feststellung von Besteuerungsgrundlagen** oder gegen die **Festsetzung eines Steuermessbetrages** richtet, fristgerecht bei der zur Erteilung des Steuerbescheides zuständigen Behörde angebracht wird (§ 357 Abs. 2 Satz 2 AO). Der Einspruch ist dann der **zuständigen Stelle zu übermitteln**.

Beispiele

- Einspruch gegen **GewSt-Messbescheid bei der Gemeinde**
- Einspruch gegen **Gewinnfeststellungsbescheid bei dem Wohnsitz-FA**.

Der Stpfl. kann seinen Einspruch auch bei einer **völlig unzuständigen Behörde** einreichen (z. B. Einspruch wird bei der OFD, beim Amtsgericht oder Arbeitsamt etc. eingereicht). Jedoch muss der Einspruch dann innerhalb der Einspruchsfrist der **zuständigen Behörde übermittelt** werden (§ 357 Abs. 2 Satz 4 AO). Der **Stpfl. trägt jedoch das Risiko der rechtzeitigen Übermittlung**, d. h. Wiedereinsetzung in den vorigen Stand ist nicht zu gewähren, denn die Fristversäumnis des Stpfl. ist regelmäßig verschuldet, wenn ein Einspruchsschreiben falsch adressiert ist oder an eine unzuständige Behörde übermittelt wird. Wiedereinsetzung in den vorigen Stand ist in solchen Fällen nur zu gewähren, wenn dem Stpfl. kein Verschulden an der fehlerhaften Anbringung trifft, weil er z. B. die unzuständige Behörde in entschuldbarer Unkenntnis der Verhältnisse für zuständig gehalten hat (BFH, Urteil vom 15.09.1992 – VIII R 26/91). Das kann z. B. dann der Fall sein, wenn sich der Stpfl. zuvor bei einer Finanzbehörde hinsichtlich der Zuständigkeit erkundigt hat und sich auf die Aussage des Amtsträgers verlassen hat.

11.3.4 Einspruchsbefugnis

Befugt, Einsprüche einzulegen, ist nach **§ 350 AO** nur, wer **geltend macht**, durch einen Verwaltungsakt **in seinen Rechten beschwert** zu sein.

Eine Beschwer liegt immer dann vor, wenn der angefochtene Verwaltungsakt zuungunsten desjenigen ergangen ist, der den Einspruch eingelegt hat. **Dem Stpfl. muss also eine Last, eine Pflicht, ein Nachteil, eine Beschränkung auferlegt oder eine Vergünstigung oder Entlastung verweigert worden sein**.

Die einzelnen Besteuerungsgrundlagen können wegen § 157 Abs. 2 AO keine Beschwer auslösen, es sei denn, dass sie gesondert festgestellt worden sind. Daraus ergibt sich, dass bei einer **Steuerfestsetzung über 0 € grundsätzlich keine Beschwer vorliegt, denn ein günstigeres Ergebnis kann der Stpfl. nicht erreichen**.

Beispiel

Der Steuerpflichtige legt gegen seinen ESt-Bescheid Einspruch ein, weil das Finanzamt geltend gemachte Krankheitskosten i. H. v. 2.300 € fälschlicherweise nicht als außergewöhnliche Belastungen anerkannt hat.

Ausweislich des ESt-Bescheides beträgt die festgesetzte Einkommensteuer 5.000 €.

Bei Anerkennung der Krankheitskosten ergäbe sich ebenfalls eine festzusetzende Einkommensteuer i. H. v. 5.000 €.

Wie wird das Finanzamt über den Einspruch entscheiden?

Das Finanzamt wird den Einspruch als unzulässig verwerfen, weil der Steuerpflichtige mangels Beschwer gem. § 350 AO nicht befugt ist, Einspruch einzulegen, weil sich die festgesetzte Steuer nicht ändern würde.

11.3.5 Form, Inhalt

Nach § 357 Abs. 1 Sätze 1 und 3 AO kann der Einspruch **wahlweise**

- **schriftlich** (also nicht: telefonisch!) oder **elektronisch**,
- zur **Niederschrift**,
- durch **Telegramm** oder
- durch **Fernschreiben, Fernkopierer, Telefax**

eingereicht werden.

Eine **Unterschrift ist nicht erforderlich**; es genügt, wenn aus dem Einspruch hervorgeht, wer ihn eingelegt hat (§ 357 Abs. 1 Satz 2 AO). Die bloße Angabe der Steuernummer würde daher ausreichen.

§ 357 Abs. 3 AO enthält **drei Sollvorschriften**, d. h. der Einspruch wird bei Nichterfüllung nicht unzulässig:

- Es soll der **Verwaltungsakt bezeichnet** werden, gegen den sich der Einspruch richtet. Ist dies nicht der Fall, so hat das FA den wirklichen Willen des Stpfl. durch Auslegung zu ermitteln. Dabei ist als Auslegungsmaßstab zugunsten des Stpfl. derjenige Einspruch als eingelegt anzusehen, der nach der Lage der Sache angefochten werden muss, um zu dem erkennbar angestrebten Erfolg zu kommen.

Beispiel

Auslegung eines Einspruchs gegen den GewSt-Bescheid als solchen gegen einen GewSt-Messbescheid oder eines Einspruchs gegen den ESt-Bescheid als solchen gegen einen Feststellungsbescheid.

- Es soll angegeben werden, **inwieweit** der Verwaltungsakt **angefochten** und seine Aufhebung beantragt wird. Allerdings ist das FA an diesen Antrag nicht gebunden, da es nach § 367 Abs. 2 Satz 1 AO den angefochtenen Verwaltungsakt in vollem Umfang erneut zu prüfen hat.
- Es sollen die Tatsachen, die zur **Begründung** dienen, und die Beweismittel angeführt werden. Es besteht also **keine Begründungspflicht**. **Zulässig** sind daher folgende Formulierungen:
  1. „Hiermit lege ich fristwahrend Einspruch ein. Eine Begründung reiche ich (wegen Arbeitsüberlastung) nach."
  2. „Hiermit lege ich vorsorglich Einspruch ein. Eine Begründung behalte ich mir vor."

  Wird eine **Begründung** jedoch **nicht nachgereicht**, genügt das FA seiner Ermittlungspflicht, wenn es nach **Aktenlage** den Verwaltungsakt in tatsächlicher und rechtlicher Hinsicht überprüft.

11.3.6 Einspruchsfrist

Die Einspruchsfrist beträgt grundsätzlich **einen Monat** (§ 355 Abs. 1 AO).

11.4 Durchführung des Einspruchsverfahrens

11.4.1 Untersuchungsgrundsatz, Akteneinsicht

Nach **§ 365 Abs. 1 AO** finden die Vorschriften des Ermittlungsverfahrens sinngemäße Anwendung.

Das außergerichtliche Einspruchsverfahren ist daher ein **verlängertes Veranlagungsverfahren**, in dem der Stpfl. einen Anspruch auf Mitteilung der Besteuerungsgrundlagen (§ 364 AO), nicht aber einen Rechtsanspruch auf Akteneinsicht besitzt.

Durch den Einspruch erlangt das FA die volle Sachherrschaft über den Verwaltungsakt zurück, da es nach § 367 Abs. 2 Satz 1 AO die **Sache in vollem Umfang erneut** zu **prüfen** hat. Der ganze Steuerfall ist wieder offen, sodass **keine Punktprüfung** stattfindet.

11.4.2 Möglichkeit der Verböserung

Da das FA die Sache in vollem Umfange erneut zu prüfen hat, folgt daraus, dass es die Steuerfestsetzung auch **zum Nachteil des Einspruchsführers ändern** kann (§ 367 Abs. 2 Satz 2 AO).

Voraussetzung dieser **Verböserung** ist aber, dass

- der Stpfl. auf die Möglichkeit einer verbösernden Entscheidung **hingewiesen** wird.
- ihm die **Gründe** für die mögliche Verböserung angegeben werden. Die Höhe der dadurch entstehenden Steuernachforderung braucht das FA hingegen nicht anzugeben.
- er Gelegenheit erhält, sich in angemessener Frist zu äußern (**rechtliches Gehör**). Ob er von dieser Möglichkeit tatsächlich Gebrauch macht oder nicht, bleibt ihm überlassen, denn Sinn und Zweck dieser Möglichkeit zur Stellungnahme ist lediglich, dass der Stpfl. seinen Einspruch nochmals auf seine Erfolgsaussicht hin überprüft und ggf. nach § 362 AO schriftlich zurücknimmt.

Nimmt der Stpfl. nach einem vorausgegangenen Verböserungshinweis seinen Einspruch zurück, wird der angefochtene Verwaltungsakt formell bestandskräftig.

Beispiel

Der Steuerpflichtige legt gegen seinen ESt-Bescheid Einspruch ein, weil das Finanzamt fälschlicherweise Werbungskosten bei den Einkünften aus Vermietung und Verpachtung i. H. v. 4.000 € nicht zum Abzug zugelassen hat.

Bei der Überprüfung des Einspruchs stellt der Sachbearbeiter des Finanzamtes fest, dass in dem ESt-Bescheid Einkünfte aus Kapitalvermögen i. H. v. 7.000 €, die von dem Steuerpflichtigen als steuerpflichtig erklärt wurden, in dem Steuerbescheid aufgrund eines Rechtsirrtums als steuerfrei behandelt worden sind.

Wie ist die Rechtslage?

Durch den Einspruch ist der ganze Fall wieder offen, sodass der Finanzbeamte den Steuerfall in vollem Umfange erneut zu prüfen hat.

Auf diese Weise können insbesondere die Kapitaleinkünfte nun als steuerpflichtig behandelt werden, sodass sich per Saldo ein um (7.000 € - 4.000 € =) 3.000 € erhöhtes zu versteuerndes Einkommen ergibt.

Der Finanzbeamte muss den Steuerpflichtigen deshalb darauf hinweisen, dass der Steuerbescheid zu seinem Nachteil geändert werden kann (Verböserung).

Der Steuerpflichtige kann dann seinen Einspruch zurücknehmen.

11.4.3 Zurückweisung verspäteten Vorbringens

§ 364b AO soll dem Missbrauch des Einspruchsverfahrens zu rechtsbehelfsfremden Zwecken entgegenwirken.

Von der Möglichkeit der Fristsetzung nach § 364b AO wird daher insbesondere in **Einspruchsverfahren, die einen Schätzungsbescheid nach Nichtabgabe der Steuererklärung betreffen**, Gebrauch gemacht.

Nach § 364b Abs. 1 AO kann das FA dem Einspruchsführer eine **Frist setzen**

- zur **Angabe der Tatsachen**, durch deren Berücksichtigung oder Nichtberücksichtigung er sich beschwert fühlt,
- zur **Erklärung über bestimmte klärungsbedürftige Punkte**,
- zur **Bezeichnung von Beweismitteln** oder zur **Vorlage von Urkunden**, soweit er dazu verpflichtet ist.

Erklärungen und Beweismittel, die erst nach Ablauf der gesetzten Frist vorgebracht werden, sind nicht zu berücksichtigen (Präklusion, § 364b Abs. 2 Satz 1 AO).

Die Nichtberücksichtigung der Erklärungen und Beweismittel kann der Einspruchsführer dann nur durch einen begründeten **Antrag auf Wiedereinsetzung in den vorigen Stand** verhindern (§ 364b Abs. 3 Satz 3 AO).

Lediglich wenn die Erklärungen oder Beweismittel zu einer Änderung **zuungunsten** des Einspruchsführers führen, können sie **noch berücksichtigt** werden (§ 364b Abs. 2 Satz 2). In diesem Fall kann der Einspruchsführer die drohende Verböserung jedoch durch eine Rücknahme des Einspruchs abwehren.

Der **Einspruchsführer** ist gem. § 364b Abs. 3 AO über die vorstehend beschriebenen **Rechtsfolgen** zu **belehren**.

11.5 Entscheidungsmöglichkeiten

Folgende **Entscheidungsmöglichkeiten des Finanzamtes** über den Einspruch sind denkbar:

- Ist der **Einspruch begründet**, ergeht ein **Abhilfebescheid** nach §§ 172 Abs. 1 Nr. 2a bzw. 164 Abs. 2 (bei Vorbehaltsfestsetzungen) i. V. mit 367 Abs. 2 Satz 3 i. V. mit 132 Satz 1 AO. Bei diesem Abhilfebescheid handelt es sich um einen **geänderten Steuerbescheid**.
- Ist der **Einspruch unzulässig oder unbegründet**, ergeht eine **Einspruchsentscheidung** (§ 367 Abs. 1 Satz 1, Abs. 2 Satz 3 AO). Die Einspruchsentscheidung ist schriftlich abzufassen, zu begründen, mit einer Rechtsbehelfsbelehrung zu versehen und den Beteiligten schriftlich oder elektronisch bekannt zu geben (§ 366 AO).
- Ist der **Einspruch zum Teil begründet**, ergeht im Regelfall ebenfalls eine **Einspruchsentscheidung**, in der der angefochtene Verwaltungsakt teilweise abgeändert wird, soweit der Einspruch begründet ist; im Übrigen wird der Einspruch als unbegründet zurückgewiesen (§§ 366, 367 Abs. 1 Satz 1 AO).

Das Finanzamt hat nach § 367 Abs. 2a AO auch die Möglichkeit, vorab über **Teile des Einspruchs zu entscheiden**, wenn dies sachdienlich ist. Es hat in dieser Entscheidung zu bestimmen, hinsichtlich welcher Teile Bestandskraft nicht eintreten soll.

Anhängige Einsprüche, die eine vom **EuGH**, **BVerfG** oder vom **BFH** entschiedene Rechtsfrage betreffen und denen nach dem Ausgang des Verfahrens vor diesen Gerichten nicht abgeholfen werden kann, können durch **Allgemeinverfügung** insoweit zurückgewiesen werden (§ 367 Abs. 2b AO). Diese Allgemeinverfügung ist im Bundessteuerblatt und auf den Internetseiten des Bundesfinanzministeriums zu veröffentlichen.

Gegen die **Einspruchsentscheidung** kann innerhalb der **Klagefrist** von einem Monat (§ 47 Abs. 1 FGO) bei dem zuständigen **Finanzgericht** Klage eingereicht werden.

11.6 Aussetzung der Vollziehung

11.6.1 Allgemeines

Durch die **Einlegung eines Einspruchs** wird die Vollziehung des angefochtenen Verwaltungsaktes grundsätzlich nicht gehemmt, insbesondere **nicht die Verpflichtung zur Zahlung der Steuer aufgehalten**.

So entstehen dann insbesondere bei **nicht rechtzeitiger Zahlung der Steuerschuld Säumniszuschläge**.

Um diese unerwünschten Folgen jedoch zu vermeiden, kann das FA die **Vollziehung der Steuerschuld aussetzen**.

11.6.2 Voraussetzungen für eine Vollziehungsaussetzung

Das zuständige FA soll gem. § 361 Abs. 2 Satz 2 AO auf **Antrag des Stpfl**. die Vollziehung des angefochtenen Verwaltungsaktes aussetzen, wenn

- **ernstliche Zweifel an dessen Rechtmäßigkeit** bestehen **oder**
- wenn die Vollziehung für den Betroffenen eine **unbillige**, nicht durch überwiegende öffentliche Interessen gebotene **Härte** zur Folge hätte.

Die Finanzbehörde kann auch **ohne Antrag** die Vollziehung aussetzen (§ 361 Abs. 2 Satz 1 AO). Von dieser Möglichkeit ist insbesondere dann Gebrauch zu machen, wenn der Einspruch offensichtlich begründet ist, der Abhilfebescheid aber voraussichtlich nicht mehr vor Fälligkeit der geforderten Steuer ergehen kann.

Bei einem **unanfechtbaren Verwaltungsakt** kommt nur eine **Stundung** (§ 222 AO) bzw. ein **Vollstreckungsaufschub** (§ 258 AO) in Betracht.

Die Aussetzung der Vollziehung setzt **Vollziehbarkeit des Verwaltungsaktes** voraus.

Vollziehbar sind Verwaltungsakte, die bei Verwirklichung die Rechtsposition des Betroffenen beeinträchtigen, indem sie

- von ihm eine **Geldleistung fordern**
- von ihm ein **Tun, Dulden oder Unterlassen verlangen**
- eine in einem Verwaltungsakt enthaltene **positive Regelung aufheben**.

MERKE

Als **Faustformel** gilt Folgendes:

Fordert das Finanzamt etwas, was im Falle der Weigerung durch Vollstreckungsmaßnahmen erzwungen werden kann, handelt es sich um einen vollziehbaren, ansonsten um einen nicht vollziehbaren Verwaltungsakt.

Vollziehbar sind **insbesondere:**

- die eine positive Steuer festsetzenden Steuerbescheide
- Steuerbescheide über 0 €, die einen vorhergehenden Steuerbescheid über einen negativen Betrag ändern
- Vorauszahlungsbescheide
- der Widerruf einer Stundung.

Nicht vollziehbar sind **insbesondere:**

- erstmalige Steuerbescheide über 0 €, auch wenn der Stpfl. die Festsetzung einer negativen Steuer begehrt
- auf eine negative Steuerschuld lautende Steuerbescheide, wenn der Stpfl. eine Erhöhung des negativen Betrags begehrt.

Zur Aussetzung berechtigende **ernstliche Zweifel** an der Rechtmäßigkeit des angefochtenen Verwaltungsaktes bestehen, wenn eine **summarische**, d. h. überschlägige **Prüfung** ergibt, dass neben den für die Rechtmäßigkeit sprechenden Umständen gewichtige gegen die Rechtmäßigkeit sprechende Gründe zutage treten, die Unentschiedenheit oder Unsicherheit in der Beurteilung der Rechtsfragen oder Unklarheit in der Beurteilung der Tatfragen bewirken. Dabei brauchen die für die Unrechtmäßigkeit des Verwaltungsaktes sprechenden Bedenken nicht zu überwiegen, d. h. ein **Erfolg des Einspruchs muss nicht wahrscheinlicher sein als ein Misserfolg**.

Bei der **Abschätzung der Erfolgsaussichten** sind auch zu beachten

- die **BFH-Rechtsprechung**
- die **einschlägigen Verwaltungsanweisungen** und
- die **Entscheidungen des zuständigen Finanzgerichts**.

Ernstliche Zweifel sind z. B. **gegeben**,

- wenn die Behörde bewusst oder unbewusst von einer für den Antragsteller günstigen Rechtsprechung des BFH abgewichen ist.
- wenn der BFH noch nicht zu der Rechtsfrage Stellung genommen hat und die Finanzgerichte unterschiedliche Rechtsauffassungen vertreten.
- wenn die Gesetzeslage unklar ist, die streitige Rechtsfrage vom BFH noch nicht entschieden ist, im Schrifttum Bedenken gegen die Rechtsauslegung des Finanzamts erhoben werden und die Finanzverwaltung die Zweifelsfrage in der Vergangenheit nicht einheitlich beurteilt hat.

11.6.3 Beginn und Ende der Aussetzung der Vollziehung

Wird der Antrag auf Aussetzung der Vollziehung vor Fälligkeit der strittigen Steuerforderung bei der Finanzbehörde eingereicht und begründet, ist die Aussetzung der Vollziehung im **Regelfall ab Fälligkeitstag der strittigen Steuerbeträge** auszusprechen.

Ein **späterer Zeitpunkt** kommt in Betracht, wenn der Steuerpflichtige – z. B. in Schätzungsfällen – die Begründung des Einspruchs oder des Aussetzungsantrags unangemessen hinausgezögert hat und das FA deshalb vorher keine ernstlichen Zweifel an der Rechtmäßigkeit des angefochtenen Verwaltungsaktes zu haben brauchte.

Das **Ende der Aussetzung der Vollziehung ist in der Verfügung zu bestimmen**.

Soweit nicht eine datumsmäßige Befristung angebracht ist, sollte das Ende bei Entscheidungen über die Aussetzung der Vollziehung während des außergerichtlichen oder gerichtlichen Rechtsbehelfsverfahrens auf **einen Monat nach Bekanntgabe der Einspruchsentscheidung** bzw. nach Verkündung oder Zustellung des Urteils oder einen Monat nach dem Eingang einer Erklärung über die Rücknahme des Einspruchs festgelegt werden.

Einer Aufhebung der Aussetzungsverfügung bedarf es in einem solchen Fall nicht.

11.6.4 Rechtsbehelfe

Gegen die völlige oder teilweise Ablehnung eines Antrages auf Aussetzung der Vollziehung und gegen die Aussetzung der Vollziehung gegen Sicherheitsleistung durch das FA ist gem. § 347 Abs. 1 Nr. 1 AO der **Einspruch** gegeben.

Nach eventueller **Zurückweisung des Einspruchs** durch das FA kann der Stpfl. die **Aussetzung der Vollziehung beim Finanzgericht beantragen** (§ 361 Abs. 5 AO).

11.7 Fälle zur Sicherung des Lernerfolgs

Fall 1:

Michaela Schlampig hat den ESt-Bescheid im September erhalten. Darin wurde die ESt-Abschlusszahlung auf 2.200 € festgesetzt. Da sich bei der Prüfung des Bescheides herausstellte, dass das FA rechtsirrtümlich 3.300 € Aufwendungen für Fachliteratur nicht als Werbungskosten anerkannt hatte, legte Frau Schlampig form- und fristgerecht Einspruch ein. Bei Anerkennung der 3.300 € als Werbungskosten ergibt sich statt der o. a. Nachzahlung eine ESt-Erstattung i. H. v. 161 €. Mit Mahnung vom 12. November fordert das FA Frau Schlampig auf, neben der rückständigen Einkommensteuer i. H. v. 2.200 € auch einen Säumniszuschlag von 22 € zu überweisen.

Frau Schlampig ist empört und bittet Sie, ihr die Rechtslage zu erläutern.

Fall 2:

Der ESt-Bescheid 04 für den Steuerfachgehilfen Martin S. ging unter dem Vorbehalt der Nachprüfung am 22. November 05 (Dienstag) zur Post. Die festgesetzte ESt beträgt 1.500 €. Da die einbehaltenen Lohnsteuerbeträge 1.790 € betrugen, wurden dem Martin S. 290 € auf sein Girokonto gutgeschrieben.

Am Montag, 30. Dezember 05, ging bei dem FA Leverkusen folgendes Schreiben ein:

„Gegen den ESt-Bescheid 04 erhebe ich schärfstens Protest.

Ihre Berechnungen sind geradezu lächerlich und werden meinen wirtschaftlichen Realitäten in keiner Weise gerecht. Auch einem Finanzbeamten dürfte klar sein, dass meine Aufwendungen für Fachliteratur von 460 € als Werbungskosten abzugsfähig sind.

Gleichzeitig beantrage ich in Höhe des strittigen Betrages die Aussetzung der Vollziehung.

Mit der Ihnen gebührenden Hochachtung

Martin S."

a) Wie ist die Rechtslage?

b) Wie wäre die Rechtslage zu beurteilen, wenn das Schreiben am Freitag (27. Dezember 05) beim Finanzamt eingegangen wäre?

12. Berichtigungsverfahren

12.1 Überblick

Die **Bekanntgabe** eines **Steuerbescheides** führt grundsätzlich zu einer **verbindlichen Wirkung der Steuerfestsetzung**, es sei denn, der Bescheid ist unter dem Vorbehalt der Nachprüfung ergangen.

Stellt sich **nach der Bekanntgabe die Fehlerhaftigkeit** des Bescheides heraus, so ist danach zu unterscheiden, zu welchem Zeitpunkt der Fehler festgestellt worden ist:

- Ist der Fehler **innerhalb der Einspruchsfrist** festgestellt worden, so kann der Bescheid im Rahmen des **Einspruchsverfahrens** geändert werden **oder** aber der Steuerpflichtige stellt einen **Antrag auf schlichte Änderung**.
- Ist **kein Einspruch** gegen den Steuerbescheid **mehr möglich**, kann der Steuerbescheid grundsätzlich nicht mehr geändert werden. Der Bescheid ist dann **bestandskräftig**, selbst wenn er fehlerhaft sein sollte (**Grundsatz der Rechtssicherheit**).

Die **Bestandskraft** kann nur dann **durchbrochen** und der Steuerbescheid damit auch nach Ablauf der Einspruchsfrist ausnahmsweise noch geändert werden, wenn eine **Berichtigungsvorschrift** eingreift (§ 172 Abs. 1 Nr. 2d) AO).

Als Berichtigungsvorschriften kommen z. B. in Betracht:

- **Antrag auf schlichte Änderung** (§ 172 Abs. 1 Nr. 2a) AO)
- **Offenbare Unrichtigkeiten** (§ 129 AO)
- **Neue Tatsachen** (§ 173 AO)
- **Schreib- oder Rechenfehler bei Erstellung einer Steuererklärung** (§ 173a AO)
- **Aufhebung und Änderung in sonstigen Fällen** (§ 175 AO)
- **Datenübermittlung durch Dritte** (§ 175b AO).

12.2 Antrag auf schlichte Änderung

Nach **§ 172 Abs. 1 Nr. 2a) AO** darf ein Steuerbescheid, soweit er nicht vorläufig oder unter dem Vorbehalt der Nachprüfung ergangen ist, nur geändert oder aufgehoben werden, soweit der **Stpfl. zustimmt** oder seinem **Antrag der Sache nach entsprochen** wird.

Dies gilt jedoch **zugunsten des Stpfl.** nur, soweit **er vor Ablauf der Einspruchsfrist zugestimmt oder den Antrag gestellt hat**.

Im Rahmen des Einspruchsverfahrens findet § 172 Abs. 1 Nr. 2a) AO Anwendung, wenn der **Einspruch des Steuerpflichtigen zulässig und begründet** ist, und das FA daher einen **Abhilfebescheid** erlassen will.

Ferner hat der Steuerpflichtige ein **echtes Wahlrecht**, ob er Einspruch einlegen oder einen Antrag auf schlichte Änderung stellen soll. Der Stpfl. kann aber **nicht** von beiden

Möglichkeiten **gleichzeitig Gebrauch machen**. Anderenfalls ist der Antrag auf schlichte Änderung mangels Rechtsschutzbedürfnisses als unzulässig anzusehen; übrig bleibt dann aber der Einspruch, über den zu entscheiden ist.

Ob der Stpfl. die schlichte Änderung beantragt oder Einspruch einlegt, hängt von den Umständen des Einzelfalles ab, denn beide Institute haben jeweils **Vor- und Nachteile**, die gegeneinander **abgewogen** werden müssen.

Die **wichtigsten Unterschiede** sind folgende:

Gesichtspunkt	Einspruch	Schlichte Änderung
Form	Schriftform	Formlos
Vollzug des Steuerbetrages	Aussetzung der Vollziehung ist möglich	Aussetzung der Vollziehung ist nicht möglich
Rechtsanspruch auf Entscheidung	Ja, da eine erneute Überprüfung stattfindet	Nein, da Ermessensentscheidung („darf")
Antragserweiterung nach Ablauf der Einspruchsfrist	Antragserweiterung ist möglich	Antragserweiterung ist nicht möglich
Beschränkung auf den vom Steuerpflichtigen gestellten Antrag	Nein, es ist sogar eine Verböserung möglich	Ja, ggf. findet aber eine Saldierung von materiellen Fehlern gem. § 177 AO statt

In **zeitlicher Hinsicht** ist die Änderung bis zum **Ablauf der Festsetzungsfrist** möglich (§ 169 Abs. 1 Satz 1 AO).

12.3 Offenbare Unrichtigkeiten

Nach **§ 129 AO** kann das FA

- **Schreibfehler**,
- **Rechenfehler** und
- **ähnliche offenbare Unrichtigkeiten**,

die beim Erlass eines Verwaltungsaktes unterlaufen sind, **jederzeit bis zum Ablauf der Festsetzungsfrist** (§ 169 Abs. 1 Satz 2 AO) berichtigen. Bei berechtigtem Interesse des Beteiligten ist zu berichtigen.

Die **Tatbestandsmerkmale** des § 129 AO sind:

(1) Bei **Schreib- oder Rechenfehlern** handelt es sich um **mechanische Versehen**, die sich von Denk- oder Überlegungsfehlern leicht abgrenzen lassen.

Beispiel

Von den ESt-Rückständen werden dem Stpfl. auf seinen Erlassantrag hin lt. Aktenverfügung 1.000 € erlassen. Durch einen Schreibfehler in der Kanzlei des FA ist in dem bekannt gegebenen Erlassantrag ein Betrag von 10.000 € enthalten. Es handelt sich hierbei um einen Schreibfehler, der nach § 129 AO berichtigt werden kann.

(2) **Ähnliche offenbare Unrichtigkeiten** müssen einem Schreib- oder Rechenfehler ähnlich sein, d. h. es muss sich um **mechanische Fehler** handeln.

Darunter fallen z. B.

- Fehler beim Ablesen von Steuertabellen
- unbeabsichtigtes, unrichtiges Ausfüllen des Eingabewertbogens
- Übersehen einer Kontrollmitteilung in den Akten

Beispiele

1. Der Stpfl. ist seit Jahren verwitwet. Während dieser Zeit wurde bei seiner ESt-Veranlagung immer die Grundtabelle zugrunde gelegt. Im letzten Jahr aber trug der Sachbearbeiter in den Eingabewertbogen die Kennziffer 2 (Splittingtabelle) statt 1 (Grundtabelle) ein. Der Fehler kann nach § 129 AO berichtigt werden, da es sich um eine ähnliche offenbare Unrichtigkeit handelt.
2. Der Finanzbeamte übersieht die vom Stpfl. erklärten Einkünfte aus Vermietung und Verpachtung und veranlagt nur mit den übrigen Einkünften. Der Fehler kann nach § 129 AO berichtigt werden, da es sich um eine ähnliche offenbare Unrichtigkeit handelt.

Eine **Berichtigung** ist hingegen **ausgeschlossen**, wenn die **nicht nur theoretische Möglichkeit eines Fehlers in der Tatsachenwürdigung oder Rechtsanwendung** besteht. Ob dies der Fall ist, beurteilt sich nach den Umständen des Einzelfalles.

Beispiele

1. Die Eheleute haben fünf Kinder, von denen keines älter als zwölf Jahre ist. Das FA berücksichtigt aber bei der Veranlagung keines der Kinder. Der Fehler kann nach § 129 AO berichtigt werden, da es sich um eine ähnliche offenbare Unrichtigkeit handelt. Die theoretische Möglichkeit eines Rechtsirrtums ist auszuschließen.
2. Die Eheleute haben fünf Kinder. Ein Kind ist älter als 18 Jahre. Alle Kinder erfüllen nach Ansicht der Eheleute die Voraussetzungen für die steuerliche Berücksichtigung. Das FA berücksichtigt aber kommentarlos nur vier Kinder. Eine Berichtigung nach § 129 AO scheidet aus, da die Möglichkeit eines Rechtsirrtums nicht auszuschließen ist.

(3) Der Fehler muss beim Erlass des Verwaltungsaktes unterlaufen sein, d. h. es muss sich um einen **Fehler des FA** handeln.

Fehler des Steuerpflichtigen bei der Erstellung der Steuererklärung sind nach **§ 173a AO** zu ändern.

Zusammenfassung:

Voraussetzung; hier erfolgt eine Änderung nach § 173a AO	Offenbare → Schreib- und Rechenfehler → andere **mechanische** Versehen und Flüchtigkeitsfehler der Finanzbehörde (nicht des Steuerpflichtigen; hier erfolgt eine Änderung nach § 173a AO!)
Umfang	**Nur** Punktberichtigung Berichtigung beschränkt sich auf die offenbare Unrichtigkeit zugunsten und zuungunsten des Steuerpflichtigen. **Keine** Gesamtaufrollung Rechtsfehler (= Fehler in der Rechtsanwendung) dürfen nicht berichtigt werden. Ausnahme: führt Fehlerberichtigung zu einer betragsmäßigen Änderung, Saldierung durch Berichtigung anderer **Rechts**fehler im Rahmen des § 177 AO möglich.

12.4 Neue Tatsachen

Nach **§ 173 Abs. 1 AO** sind Steuerbescheide aufzuheben oder zu ändern, soweit Tatsachen oder Beweismittel nachträglich bekannt werden, die zu einer **höheren Steuer** (Nr. 1) oder zu einer **niedrigeren Steuer** führen und den Stpfl. **kein grobes Verschulden** am nachträglichen Bekanntwerden trifft (Nr. 2).

Es handelt sich also um **zwei selbstständige Berichtigungsvorschriften**.

- **Änderung zuungunsten des Steuerpflichtigen** (§ 173 Abs. 1 Nr. 1 AO)
- **Änderung zugunsten des Steuerpflichtigen** (§ 173 Abs. 1 Nr. 2 AO).

Die **Tatbestandsmerkmale** im Einzelnen:

(1) **Tatsache ist alles, was Merkmal oder Teilstück eines gesetzlichen Steuertatbestandes sein kann, also Zustände, Vorgänge, Beziehungen und Eigenschaften materieller oder immaterieller Art, und sich damit auf die Höhe der Steuer auswirkt** (z. B. Familienstand, Alter, Einnahmen, Ausgaben). Bei den Vorgängen ist es ohne Bedeutung, ob es sich um einen subjektiven oder einen objektiven Vorgang handelt. Von daher können auch innere Absichten (z. B. **Gewinnerzielungsabsicht**) Tatsachen sein, wenn diese Absicht zum gesetzlichen Steuertatbestand gehört.

Keine Tatsachen sind **Schlussfolgerungen aller Art, insbesondere juristische Subsumtionen**. Wenn also aufgrund von Tatsachen anhand gesetzlicher Vorschriften ein bestimmter Schluss gezogen wird, so ist dieser Schluss keine Tatsache, sondern das Ergebnis einer juristischen Subsumtion, womit eine Änderung nach § 173 AO ausscheidet.

Beispiel

Aufgrund einer Außenprüfung wird festgestellt, dass der Arzt A Einnahmen aus der Behandlung von Privatpatienten nicht erklärt hat. Die Berücksichtigung dieser Einnahmen würde die Einkommensteuer um 2.100 € erhöhen. Bei Durchführung der Änderung merkt der Sachbearbeiter, dass das FA für die Einnahme aus der Gutachtertätigkeit irrtümlich den ermäßigten Steuersatz angewandt hat. Die Richtigstellung dieses Fehlers würde die Einkommensteuer um weitere 400 € erhöhen.

Die Nichterklärung der Einnahmen i. H. v. 2.100 € kann nach § 173 Abs. 1 Nr. 1 AO wegen nachträglichen Bekanntwerdens neuer Tatsachen geändert werden, nicht jedoch die falsche Behandlung des Steuersatzes, da es sich insoweit nicht um eine Tatsache, sondern um den Fehler in der juristischen Subsumtion handelt.

Keine Tatsachen sind ferner **Erfahrungssätze** (z. B. Mietpreisspiegel; Anteil der privaten Pkw-Nutzung) sowie **Gewinnschätzungen nach Richtsätzen**. Tatsachen sind vielmehr nur die Schätzungsgrundlagen.

(2) **Beweismittel** ist **jedes Erkenntnismittel**, das geeignet ist, das Vorliegen bzw. Nichtvorliegen von Tatsachen zu beweisen. Ein **Sachverständigengutachten** ist deshalb ein Beweismittel insoweit, als es die Erkenntnis neuer Tatsachen vermittelt und nicht lediglich Schlussfolgerungen enthält.

(3) Die Tatsache oder das Beweismittel muss **nachträglich bekannt werden**.

Bekannt sind alle losen und gehefteten **Schriftstücke, die sich in der Akte befinden**. Für die Frage, ob eine Tatsache nachträglich bekannt wurde, ist nicht auf den Zeitpunkt abzustellen, in dem der zu ändernde Bescheid zur Post aufgegeben wurde; maßgebend ist vielmehr der **Zeitpunkt der abschließenden Zeichnung des Eingabewertbogens**.

Beispiele

1. A gibt seine ESt-Erklärung 04 im März 05 ab. Einkünfte aus Vermietung und Verpachtung hat er nicht erklärt. Im Juni 05 ist der zuständige Sachbearbeiter S in Urlaub. Während des Urlaubs geht beim FA eine Kontrollmitteilung ein, aus der sich ergibt, dass A in 04 Mieteinnahmen i. H. v. 3.800 € erhalten hat. Diese Kontrollmitteilung wird in der Steuerakte des A abgeheftet, ohne dass S diese liest. Nach seiner Rückkehr aus dem Urlaub führt S die ESt-Veranlagung ohne die Einkünfte aus Vermietung und Verpachtung durch. Nachdem der Bescheid unanfechtbar ist, stößt S zufällig auf die Kontrollmitteilung und will den Bescheid ändern.

   Eine Änderung des § 173 Abs. 1 Nr. 1 AO scheidet aus, da die Tatsache (= Einnahmen aus Vermietung und Verpachtung) nicht nachträglich bekannt geworden ist. Die Kontrollmitteilung befand sich in der Steuerakte des A und war daher bekannt. Die Änderung des Steuerbescheides kann jedoch über § 129 AO erfolgen, da es sich bei dem Übersehen der Kontrollmitteilung um eine ähnliche offenbare Unrichtigkeit handelt.

2. Dem E ist bei der Gewinnermittlung ein Rechenfehler unterlaufen. Er hat nämlich bei der Addition der Einnahmen einen Betrag doppelt erfasst. Aus der dem FA eingereichten Gewinnermittlung ist dieser Fehler nicht erkennbar. Das FA veranlagt den E entsprechend der abgegebenen Steuererklärung. Nach Ablauf der Einspruchsfrist stellt E fest, dass er sich verrechnet hat.

   Eine Änderung nach § 129 AO scheidet aus, da es sich nicht um einen erkennbaren Übernahmefehler gehandelt hat. Der Steuerbescheid kann jedoch nach § 173 Abs. 1 Nr. 2 AO geändert werden, da die Tatsache der doppelten Einnahmeerfassung für das FA nachträglich bekannt geworden ist.

Für die Frage des **nachträglichen Bekanntwerdens** kommt es nicht auf die **Kenntnis** des Stpfl., sondern allein auf diejenige **des FA** an.

(4) Die nachträglich bekannt gewordenen Tatsachen müssen zu einer **höheren oder niedrigeren Steuer** führen.

(5) Bei einer Änderung nach Nr. 2 darf dem Stpfl. **kein grobes Verschulden** (= Vorsatz oder grobe Fahrlässigkeit) am nachträglichen Bekanntwerden der Tatsachen oder Beweismittel treffen. Das grobe **Verschulden des Vertreters** (z. B. Steuerberater) ist dem **Stpfl. zuzurechnen**.

Der Stpfl. handelt **grob fahrlässig**, wenn er **die ihm persönlich zuzumutende Sorgfalt in ungewöhnlichem Maße und in nicht entschuldbarer Weise verletzt**. Die diesbezügliche Beweislast obliegt dem FA. An einen **Angehörigen der steuerberatenden Berufe** sind **erhöhte Anforderungen** zu stellen. So kann von ihm die Kenntnis und sachgerechte Anwendung der einschlägigen Bestimmungen erwartet werden.

Der Steuerberater hat, wenn er Mitarbeiter einsetzt, **Sorgfaltspflichten hinsichtlich der Auswahl seiner Mitarbeiter, der Organisation der Arbeiten in seinem Büro und der Kontrolle der Arbeitsergebnisse der Mitarbeiter**. Die Kontroll- und Überwachungspflicht beinhaltet allerdings – wenn es sich um einen bewährten und für die übertragene Aufgabe qualifizierten Mitarbeiter handelt – grundsätzlich keine Verpflichtung, dessen Arbeitsergebnisse in allen Einzelheiten zu überprüfen und nachzuvollziehen.

Beispiele

I. Verschulden des Steuerpflichtigen: Grobes Verschulden – Ja oder Nein?

- Verletzung von Erklärungspflichten – **ja**
- Steuerlich unerfahrener Stpfl. unterzeichnet eine unrichtige, vom Steuerberater gefertigte Steuererklärung – **nein**
- Unterschreiben einer vom Steuerberater gefertigten Steuererklärung, obwohl ihm bei Durchsicht der Steuererklärung ohne weiteres hätte auffallen müssen, dass Steuer mindernde Tatsachen/Beweismittel nicht berücksichtigt worden sind – **ja**
- Pflicht zur Abgabe der Steuererklärung trotz Fristverlängerung verletzt – **ja**

- Nichtbeachtung ausdrücklich gestellter Fragen im Steuererklärungsvordruck – **ja**
- mangelnde steuerrechtliche Kenntnisse ohne einschlägige Vorbildung – **nein**
- Stpfl. hat es grundlos versäumt, dem FA Steuer mindernde Tatsachen bis zur Bekanntgabe der Einspruchsentscheidung zur Kenntnis zu bringen – **ja**
- Nichteinlegung eines Einspruchs gegen einen Schätzungsbescheid – **ja**

II. Verschulden des Steuerberaters: Grobes Verschulden – Ja oder Nein?

- Verletzung von Erklärungspflichten – **ja**
- StB macht sich die steuerliche Würdigung durch das FA zu eigen – **nein**
- Nichtberücksichtigung von Besteuerungsgrundlagen – **ja**
- Nicht ordnungsgemäße Sachverhaltsermittlung – **ja**
- StB unterlässt es, gegen einen Steuerbescheid Einspruch einzulegen, obwohl sich ihm innerhalb der Einspruchsfrist die Geltendmachung von dem FA bisher nicht bekannten Tatsachen hätte aufdrängen müssen – **ja**

Beispiel

C macht in seiner ESt-Erklärung Aufwendungen für Fachliteratur geltend, ohne diese – auch nach mehrmaliger Aufforderung – zu belegen. In dem daraufhin ergangenen ESt-Bescheid sind die Werbungskosten nicht berücksichtigt worden. Nach Unanfechtbarkeit des Bescheides beantragt C eine Änderung des Bescheides, da es sich bei den Werbungskosten um Steuerfachliteratur handele. Außerdem beantragt er die nachträgliche Berücksichtigung von Zahnarztkosten als außergewöhnliche Belastungen zu berücksichtigen. Er habe diese Aufwendungen bislang nicht erklärt, weil er irrtümlich geglaubt habe, sie würden sich wegen der Höhe der zumutbaren Belastung steuerlich nicht auswirken.

Hinsichtlich der Werbungskosten scheidet eine Änderung nach § 173 Abs. 1 Nr. 2 AO aus, da der Stpfl. insoweit grob fahrlässig gehandelt hat (Nichtvorlage der Belege trotz mehrfacher Aufforderung durch das FA). Hinsichtlich der Zahnarztkosten kann eine Änderung nach § 173 Abs. 1 Nr. 2 AO erfolgen, da insoweit kein Verschulden des Stpfl. vorliegt.

Das **Verschulden** ist jedoch ausnahmsweise **unbeachtlich**, wenn die **Steuer mindernden Tatsachen in einem unmittelbaren oder mittelbaren Zusammenhang mit Steuer erhöhenden Tatsachen stehen**, § 173 Abs. 1 Nr. 2 Satz 2 AO. In diesem Fall sind die **Steuer mindernden Tatsachen uneingeschränkt (!) zu berücksichtigen und nicht nur die bis zur steuerlichen Auswirkung der Steuer erhöhenden Tatsachen**.

ACHTUNG

Wird dem Finanzamt nachträglich bekannt, dass der Steuerpflichtige nicht erklärte Einkünfte einer bestimmten Einkunftsart erzielt hat, handelt es sich um **eine** neue Tatsache; die Höhe der Einkünfte stellt die für die Anwendung des § 173 Abs. 1 Nr. 1 oder Nr. 2 AO relevante Tatsache dar. Eine Aufspaltung dieser Einkünfte in steuererhöhende Einnahmen oder Vermögensmehrungen einerseits und steuermindernde Ausgaben oder Vermögensminderungen andererseits im Hinblick auf § 173 Abs. 1 Nr. 2 Satz 2 AO ist nicht zulässig.

Beispiel

Dem FA ist durch eine Kontrollmitteilung nachträglich bekannt geworden, dass der A Einnahmen aus Vermietung und Verpachtung i. H. v. 1.900 € bislang versehentlich nicht erklärt hat, weil sie irrtümlich der Meinung sei, sie seien steuerfrei. Es will den Bescheid daher nach § 173 Abs. 1 Nr. 1 AO ändern. Die im Zusammenhang mit den Mieteinnahmen stehenden Werbungskosten von 2.900 € will es dagegen nicht berücksichtigen, da der Stpfl. insoweit grob fahrlässig gehandelt hat.

Im vorliegenden Fall stellen die nicht erklärten Einkünfte **eine** neue Tatsache dar. Die negativen Einkünfte i. H. v. (1.900 € - 2.900 € =) 1.000 € können gem. § 173 Abs. 1 **Nr. 2** AO nur dann berücksichtigt werden, wenn dem Steuerpflichtigen kein grobes Verschulden angelastet werden kann.

Das ist hier der Fall, da er die Einkünfte nur versehentlich nicht erklärt hatte. Die Erfassung der Mieteinkünfte führt daher zu einer entsprechenden Minderung der tariflichen Einkommensteuer.

(6) **Steuerbescheide**, die **aufgrund einer Außenprüfung ergangen** sind, können grundsätzlich nicht mehr nach § 173 AO geändert werden (**Prinzip der erhöhten Bestandskraft**). Das gilt auch dann, wenn die Außenprüfung ohne Ergebnis geblieben ist. Steuerbescheide, die aufgrund einer Außenprüfung ergangen sind, können vielmehr **nur** dann **geändert oder aufgehoben** werden, **wenn** eine **Steuerhinterziehung** oder eine **leichtfertige Steuerverkürzung** vorliegt (§ 173 Abs. 2 AO).

Die Änderungssperre, die nicht nur zugunsten, sondern auch zuungunsten des Stpfl. gilt, kann aber durchbrochen werden, wenn die Voraussetzungen für eine andere Berichtigungsvorschrift (z. B. §§ 164 Abs. 2, 129 AO) erfüllt sind.

Beispiel

Bei dem A fand eine Außenprüfung für den VZ 03 statt. Aufgrund dieser Außenprüfung ist ein berichtigter endgültiger Steuerbescheid erlassen worden. Diesen geänderten Steuerbescheid will das FA erneut nach § 173 Abs. 1 Nr. 1 AO ändern, da in dem geänderten Steuerbescheid die private Telefon-Nutzung nicht berücksichtigt worden ist. Eine erneute Änderung ist wegen § 173 Abs. 2 AO ausgeschlossen.

Zusammenfassung:

Voraussetzungen

- **Nachträgliches Bekanntwerden** → der für die Berücksichtigung der Tatsache berufenen Dienststelle, **nach** Vorliegen des Steuerbescheides (abschließende Zeichnung des Verwaltungsaktes)

↓

- **neuer Tatsachen** oder **Beweismittel** →
  - Neue Tatsachen = objektive Lebenssachverhalte, z. B. Alter, Familienstand, Einnahmen-, Ausgabenbelege
    keine neuen Tatsachen: Schlussfolgerungen, z. B. Wert eines Wirtschaftsgutes oder Nachholen von Anträgen und Ausüben von Wahlrechten
  - Beweismittel = Erkenntnismittel zur Aufklärung eines Sachverhalts, z. B. Urkunden, Auskünfte

führt zu

Folge

höherer Steuer	niedrigerer Steuer	Abweichung von aufgrund von Außenprüfung ergangenem Steuerbescheid
↓ Berichtigung nach **oben**	↓ Berichtigung nach **unten** nur, wenn nachträgliches Bekanntwerden nicht ► vorsätzlich oder ► grob fahrlässig verursacht wurde. **Ausnahme:** Tatsache „nach unten" ist verknüpft mit Tatsache „nach oben"	↓ **Keine** Berichtigung (Rechtssicherheit) **Ausnahme:** ► Steuerhinterziehung ► leichtfertige Steuerverkürzung

Zeitliche Begrenzung Umfang

- Bis **Ablauf** der **Festsetzungsfrist**
- Nur insoweit, als sich die **neuen Tatsachen auswirken** (punktuell)

+

zusätzliche Rechtsfehler (§ 177)

Mitberichtigung, **soweit** ursprüngliche Änderung durch neue Tatsachen reicht:

1. Schritt: Saldierung von materiellen Fehlern zum Vor- oder Nachteil des Steuerpflichtigen

2. Schritt: Saldierung der Fehler**differenz**

- mit Mehrwertsteuer (= Berichtigungsobergrenze)
- mit Mindersteuer (= Berichtigungsuntergrenze)

12.5 Schreib- oder Rechenfehler bei Erstellung einer Steuererklärung

Nach **§ 173a AO** sind Steuerbescheide aufzuheben oder zu ändern, soweit dem Steuerpflichtigen bei Erstellung seiner Steuererklärung Schreib- oder Rechenfehler unterlaufen sind und er deshalb der Finanzbehörde bestimmte, nach den Verhältnissen zum Zeitpunkt des Erlasses des Steuerbescheids rechtserhebliche Tatsachen unzutreffend mitgeteilt hat.

§ 173a AO hat folgende Voraussetzungen:

- es muss ein **Schreib- oder Rechenfehler** vorliegen. Dieses Tatbestandsmerkmal entspricht demjenigen in § 129 AO und ist gleichbedeutend auszulegen. § 173a AO stellt jedoch auf eine andere Sphäre ab, in der die Fehler unterlaufen sind. Während § 129 AO auf den Erlass des Verwaltungsakts abstellt – mithin auf den **Bereich der Finanzbehörde** –, muss der Fehler im Rahmen des § 173a AO bei Erstellung der Steuererklärung – mithin im Bereich des Steuerpflichtigen – entstanden sein.

  Schreibfehler sind insbesondere Rechtschreibfehler, Wortverwechselungen oder Wortauslassungen oder fehlerhafte Übertragungen. Rechenfehler sind insbesondere Fehler bei der Addition, Subtraktion, Multiplikation oder Division sowie bei der Prozentrechnung. Fehler oder Unvollständigkeiten im Rahmen der Datenübertragung an das FA – z.B. bei Abbruch der Internetverbindung oder Fehlern der genutzten Software – werden von der Vorschrift nicht erfasst (BFH, Beschluss vom 27.04.2022 – IX B 57/21).

  Ein solcher Schreib- oder Rechenfehler muss durchschaubar, eindeutig oder augenfällig sein. Das ist dann der Fall, wenn der Fehler bei Offenlegung des Sachverhalts für jeden unvoreingenommenen Dritten klar und deutlich als Schreib- oder Rechenfehler erkennbar ist und kein Anhaltspunkt dafür erkennbar ist, dass eine unrichtige Tatsachenwürdigung, ein Rechtsirrtum oder ein Rechtsanwendungsfehler vorliegt.

  Das schlichte Vergessen eines Übertrags selbst ermittelter Besteuerungsgrundlagen in die Steuererklärung ist kein Schreib- oder Rechenfehler i. S. des § 173a AO. In derartigen Fällen kann aber eine nachträglich bekannt gewordene Tatsache i. S. des § 173 Abs. 1 AO vorliegen.

- der Fehler muss darüber hinaus **„bei Erstellung der Steuererklärung“** unterlaufen sein. Der Anwendungsbereich der Vorschrift ist daher begrenzt auf Fehler in Steuererklärungen durch den Steuerpflichtigen bzw. dessen Bevollmächtigten.

- es muss sich um rechtserhebliche Tatsachen gehandelt haben, die durch den Fehler unzutreffend mitgeteilt worden sind. Die **Rechtserheblichkeit** ist dabei gleichbedeutend mit derjenigen in § 173 AO. Von der Rechtserheblichkeit der „berichtigten“ Tatsache ist auszugehen, wenn das Finanzamt bei rechtzeitiger Kenntnis dieser Tatsache schon bei der ursprünglichen Veranlagung mit an Sicherheit grenzender Wahrscheinlichkeit zu einer höheren oder niedrigeren Steuer gelangt wäre.

Liegen diese Voraussetzungen vor, hat die Finanzbehörde die Steuerfestsetzung zwingend zu ändern. Ein Ermessen sieht § 173a AO nicht vor.

Die **Feststellungslast** für das Vorliegen eines Schreib- oder Rechenfehlers bestimmt sich nach allgemeinen Grundsätzen. Danach trägt die Finanzbehörde die Feststellungslast für solche Tatsachen, die vorliegen müssen, um eine Änderung nach § 173a AO zuungunsten des Stpfl. rechtfertigen zu können. Der Stpfl. trägt dagegen die Feststellungslast für solche Tatsachen, die eine Änderung nach § 173a AO zu seinen Gunsten ermöglichen.

Eine Änderung nach § 173a AO **steht nicht im Ermessen der Finanzbehörde**, sondern ist bei Vorliegen der Tatbestandsvoraussetzungen bis zum Ablauf der Festsetzungsfrist geboten.

Der § 171 Abs. 2 AO sieht eine **Ablaufhemmung** der Festsetzungsfrist für den Fall des § 173a AO vor, wonach die Festsetzungsfrist in diesem Fall insoweit nicht vor Ablauf eines Jahres nach Bekanntgabe des aufgrund der fehlerhaften Steuererklärung ergangenen Steuerbescheids endet.

12.6 Aufhebung und Änderung in sonstigen Fällen

Nach **§ 175 Abs. 1 Nr. 1 AO** ist ein **Steuerbescheid** zu erlassen, aufzuheben oder zu **ändern**, **soweit ein Grundlagenbescheid**, dem Bindungswirkung für diesen Steuerbescheid zukommt,

- **erlassen** wird.
- **aufgehoben** wird.
- **geändert** wird (z. B. nach §§ 129, 164, 172 ff. AO). Dabei kann der Steuerbescheid gem. § 155 Abs. 2 AO auch schon dann erteilt werden, wenn der Grundlagenbescheid noch nicht erlassen worden ist.
- **übersehen** wird.

Zu den **Grundlagenbescheiden** zählen nach § 171 Abs. 10 AO:

- Feststellungsbescheide
- Steuermessbescheide
- andere Verwaltungsakte mit Bindungswirkung (z. B. **Feststellung des Versorgungsamtes über die Körperbehinderung**).

Enthält ein Grundlagenbescheid dann abweichende Feststellungen gegenüber dem Steuerbescheid, ist letzterer nach § 175 Abs. 1 Nr. 1 AO zu ändern.

Beispiel

Der OHG-Gesellschafter G. erklärt seinem Wohnsitz-FA für den VZ 03 seine Einkünfte aus Gewerbebetrieb in Höhe seines Gewinnanteils entsprechend der einheitlichen und gesonderten Gewinnfeststellungserklärung der OHG. Die ESt-Veranlagung wird im September 04 entsprechend der Erklärung durchgeführt. Aufgrund einer Außenprüfung im VZ 05 wird die einheitliche und gesonderte Gewinnfeststellungserklärung der OHG für den VZ 03 geändert und der Gewinnanteil des G. um 4.000 € erhöht. Das Wohnsitz-FA erteilt daraufhin dem G. einen berichtigten ESt-Bescheid 03 und setzt eine Steuernachzahlung fest.

Die Berichtigung des ESt-Bescheides war nach § 175 Abs. 1 Nr. 1 AO zulässig, da ein Grundlagenbescheid geändert worden ist.

12.7 Datenübermittlung durch Dritte

Ein Steuerbescheid ist nach **§ 175b Abs. 1 AO** aufzuheben oder zu ändern, soweit von der mitteilungspflichtigen Stelle an die Finanzverwaltung übermittelte Daten bei der Steuerfestsetzung nicht oder nicht zutreffend berücksichtigt wurden oder Daten ohne Vorliegen einer gesetzlich vorgeschriebenen Einwilligung der Stpfl. übermittelt wurden, sofern diese Einwilligung Voraussetzung für die steuerliche Berücksichtigung dieser Daten ist.

In den Fällen, in denen der Stpfl. nach § 150 Abs. 7 Satz 2 AO keine eigenen Angaben in der Steuererklärung zu bereits von Dritten übermittelten Daten macht und auf die Richtigkeit der Datenübermittlung vertraut, ist der Steuerbescheid nach **§ 175b Abs. 2 AO** aufzuheben oder zu ändern, wenn sich nach Erlass des Steuerbescheids herausstellt, dass diese Daten zuungunsten des Stpfl. falsch waren.

Unerheblich ist dabei, ob den Stpfl. ein grobes Verschulden am nachträglichen Bekanntwerden der Tatsache der Unrichtigkeit vorzuwerfen sein könnte oder nicht.

Auf eine Verletzung der Mitwirkungspflichten seitens des Steuerpflichtigen oder der Ermittlungspflichten durch die Finanzbehörde kommt es in den Fällen des § 175b AO – anders als in den Fällen des § 173 AO (neue Tatsachen) – nicht an.

Unerheblich ist auch, ob dem Steuerpflichtigen bei Erstellung der Steuererklärung ein Schreib- oder Rechenfehler i. S. des § 173a AO oder der Finanzbehörde bei Erlass des Steuerbescheids ein mechanisches Versehen i. S. des § 129 AO, ein Fehler bei der Tatsachenwürdigung oder ein Rechtsanwendungsfehler unterlaufen ist.

Die Aufhebung oder Änderung der Steuerfestsetzung nach § 175b AO kann sich je nach Sachlage zugunsten wie auch zuungunsten des Steuerpflichtigen auswirken.

ACHTUNG

Nach § 175b Abs. 4 AO ist eine Änderung dann ausgeschlossen, wenn die Nichtberücksichtigung bzw. die unzutreffende Berücksichtigung der Daten auf einer nach Erlass des Steuerbescheids eingetretenen Rechtsprechungsänderung oder einer Änderung der bislang maßgeblichen Verwaltungsanweisung einer obersten Bundes- oder Landesfinanzbehörde beruht (= **mangelnde Rechtserheblichkeit**).

12.8 Fälle zur Sicherung des Lernerfolgs

Fall 1:

Der Steuerpflichtige hat am 05. Mai den endgültigen ESt-Bescheid (Datum des Poststempels: 04. Mai) erhalten, in dem das Finanzamt eine Nachzahlung von 2.600 € festgesetzt hat. Der Steuerpflichtige stellt bei der Prüfung des Bescheides fest, dass das Finanzamt einen Teil der von ihm geltend gemachten Werbungskosten nicht anerkannt hat. Der Steuerpflichtige überlegt deshalb, ob er bis zum 07. Juni (Ablauf der Einspruchsfrist) einen Antrag auf schlichte Änderung nach § 172 Abs. 1 Nr. 2a) AO stellen, oder ob er Einspruch einlegen soll.

Prüfen und begründen Sie, was für einen Antrag auf schlichte Änderung und was gegen einen solchen Antrag spricht.

Fall 2:

Am 12. Juni 05 (Datum des Poststempels: 11. Juni 05) erhalten die Eheleute E. den ESt-Bescheid für 04. Der Bescheid enthält u. a. folgenden Vermerk:

> „Der Bescheid ist nach § 165 Abs. 1 AO vorläufig hinsichtlich der Einkünfte aus Vermietung und Verpachtung der Ehefrau, da zu überprüfen ist, ob bezüglich der geltend gemachten Instandsetzungsaufwendungen ein anschaffungsnaher Aufwand vorliegt."

Aufgrund ihrer ausgeprägten Abneigung gegen Steuerbescheide legen die Eheleute den Bescheid zunächst ungeprüft zur Seite und nehmen sich erst am 15. September 05 die Zeit, den Bescheid zu prüfen. Dabei stellen sie mit Entsetzen fest, dass der Bescheid fehlerhaft ist. In einem Telefonat mit dem Sachbearbeiter des zuständigen Finanzamtes stellt sich Folgendes heraus:

- Der Sachbearbeiter hat versehentlich den Bruttoarbeitslohn der Ehefrau für den Monat März 04 mit 13.000 € statt mit 3.000 € (wie in der Anlage N eingetragen) angesetzt.
- Die Abschreibung für das vermietete Haus wurde falsch ermittelt.

Außerdem hat der Ehemann am 19. Juni 05 einen Bescheid des Versorgungsamtes erhalten. Darin wird der Grad der Behinderung mit Wirkung ab Mai 04 mit 70 % festgestellt.

Prüfen und begründen Sie, ob der ESt-Bescheid noch geändert werden kann!

Fall 3:

Der Steuerpflichtige Meyer erhielt am 23. Februar 05 den endgültigen ESt-Bescheid für 03. Am 07. April 05 schreibt er an das Finanzamt:

„Gegen den ESt-Bescheid für 03 lege ich Einspruch ein. Meine Einnahmen aus Kapitalvermögen sind durch ein Versehen meiner Sekretärin in der Erklärung mit 32.400 € angegeben worden. Richtig sind jedoch Einnahmen aus Kapitalvermögen i. H. v. 23.400 €. Diesen Zahlendreher hatte ich leider bei der Durchsicht der Steuererklärung übersehen. Ich bitte diese offenbare Unrichtigkeit nach § 129 AO zu berichtigen und die Steuer entsprechend herabzusetzen."

a) Wird das FA den ESt-Bescheid ändern und die Steuer herabsetzen? Begründen Sie Ihre Entscheidung!
b) Am 18. April 05 erlässt das FA einen nach § 164 Abs. 2 AO geänderten ESt-Bescheid. Prüfen und begründen Sie, ob dieser Bescheid nichtig ist, weil er auf § 164 Abs. 2 AO gestützt ist!

Fall 4:

Ein Mandant stellt am 13. November 07 fest, dass in dem Steuerbescheid vom 22. Juni 02 für den VZ 01 ein Rechenfehler zu seinen Ungunsten enthalten ist. Die Steuerschuld war deshalb um 1.500 € zu hoch festgesetzt worden.

Könnte man gegen diesen Bescheid noch etwas unternehmen? Begründen Sie Ihre Entscheidung!

Fall 5:

Hans Kurz hat in der ESt-Erklärung 03 versehentlich einen Gewinn aus Gewerbebetrieb i. H. v. 12.000 € angesetzt. Nach dem der Erklärung beigefügten Jahresabschluss handelt es sich jedoch um einen Verlust in dieser Höhe. Das zuständige FA berücksichtigte bei der ESt-Festsetzung (lt. Bescheid vom 13. März 04) einen Gewinn von 12.000 €. Kurz bemerkt dies erst am 12. Februar 05.

Beurteilen Sie den Sachverhalt im Hinblick auf eine von Kurz beantragte Änderung des ESt-Bescheides für 03.

Fall 6:

Martin Kreft hat seine ESt-Erklärung 01 am 17. September 02 abgegeben. Das FA setzte die ESt 01 im gleichen Jahr unter Vorbehalt der Nachprüfung auf 15.000 € fest. Im Jahre 08 wurde eine Steuerhinterziehung von Kreft aus dem Jahre 01 i. H. v. 5.000 € aufgedeckt.

Stellen Sie fest, ob und ggf. bis wann eine Änderung des ESt-Bescheides 01 noch möglich ist, und begründen Sie Ihre Entscheidung!

Fall 7:

Nachdem die Einspruchsfrist für den ESt-Bescheid 03 des Mandanten Braun abgelaufen ist, stellt dieser im März 05 fest, dass er vergessen hat, eine Spende für das DRK steuerlich geltend zu machen. Der ESt-Bescheid enthält den Vermerk: „Der Bescheid ist hinsichtlich der Einkünfte aus Vermietung und Verpachtung vorläufig“. Entscheiden und begründen Sie, ob die Ausgaben für diese Spende noch nachträglich berücksichtigt werden können!

Fall 8:

Sven Kleister betreibt in Leverkusen als Einzelunternehmer einen Möbelgroßhandel.

Im VZ 2023 fand eine Außenprüfung für die Prüfungszeiträume 2020 bis 2022 durch das zuständige Finanzamt statt.

Die Einkommensteuerbescheide für die Veranlagungszeiträume 2020 und 2021 sind endgültig und bestandskräftig.

Der Einkommensteuerbescheid für den Veranlagungszeitraum 2022 steht nach § 164 Abs. 1 AO unter dem Vorbehalt der Nachprüfung.

Der Außenprüfer hat folgende Feststellungen getroffen:

1. Im Veranlagungszeitraum 2020 sind Erlöse aus einem Barverkauf i. H. v. 500 € nicht als Betriebseinnahme erfasst worden.
2. Im Veranlagungszeitraum 2021 war Sven Kleister auf einer Geschäftsreise in Hamburg. Die dabei als Betriebsausgaben entstandenen Übernachtungskosten (ohne Frühstück) i. H. v. 250 € (brutto) sind bisher nicht in den Betriebsausgaben enthalten. Die entsprechende ordnungsgemäße Hotelrechnung konnte erst im Laufe der Außenprüfung wiedergefunden werden, weil Sven Kleister sie bei seinen Privatunterlagen abgeheftet hatte.
3. Bei der Ermittlung der Einkünfte aus Gewerbebetrieb für den Veranlagungszeitraum 2021 ist eine außerbilanzielle Kürzung i. H. v. 9.654 € erklärt worden. Bei der Erfassung der Einkünfte aus Gewerbebetrieb hat das Finanzamt aber nur 6.954 € außerbilanziell gekürzt.
4. Im Veranlagungszeitraum 2022 ist der Warenbestand aufgrund eines Fehlers bei der Inventur um 20.000 € zu niedrig bewertet worden.

Aufgabe
Prüfen und begründen Sie, ob die Einkommensteuerbescheide für die Veranlagungszeiträume 2020 bis 2022 aufgrund der Feststellungen durch die Außenprüfung geändert werden können. Geben Sie dazu auch die genaue gesetzliche Grundlage an.

Die Festsetzungsfrist ist nicht zu prüfen und auf § 177 AO ist nicht einzugehen.

13. Erhebungsverfahren

13.1 Voraussetzungen für die Erhebung

Die **Voraussetzungen** für die **Erhebung** von Steuerbeträgen sind:

- Der Steueranspruch muss **entstanden** sein.
  Der Steueranspruch ist entstanden, sobald der Tatbestand verwirklicht ist, an den das Gesetz die Leistungspflicht knüpft (§ 38 AO). Dies richtet sich nach dem jeweiligen Einzelsteuergesetz. So entsteht z. B. die **Einkommensteuer mit Ablauf des Veranlagungszeitraums** (§ 36 Abs. 1 EStG).
- Der Steueranspruch muss **festgesetzt** sein.
  Grundlage für die Steuererhebung sind nach § 218 Abs. 1 AO **Steuerbescheide** und **Steueranmeldungen**.
- Der Steueranspruch muss **fällig** sein.
  Dies richtet sich gem. § 220 Abs. 1 AO nach den jeweiligen Einzelsteuergesetzen. Die Fälligkeit eines Steueranspruchs kann ggf. durch Stundung hinausgeschoben werden.
- Der Steueranspruch darf **nicht erloschen** sein.

13.2 Erlöschensgründe

Ansprüche aus dem Steuerschuldverhältnis erlöschen gem. **§ 47 AO** insbesondere durch

- Zahlung
- Aufrechnung
- Erlass
- **Verjährung**.

13.2.1 Zahlung

Durch die **Zahlung der Steuerschuld** ist der **Anspruch aus dem Steuerschuldverhältnis erloschen** (§ 47 AO).

Wird eine Steuer nicht bis zum Ablauf des Fälligkeitstages entrichtet, entstehen **Säumniszuschläge**.

Eine **wirksame Zahlung** gilt (!) gem. **§ 224 Abs. 2 AO** als **entrichtet**:

- bei **Scheckzahlungen drei Tage nach dem Tag des Eingangs** (Nr. 1)
- bei **Überweisungen** an dem **Tag, an dem der Betrag der Finanzbehörde gutgeschrieben wird** (Nr. 2)
- bei Vorliegen eines **SEPA-Lastschriftmandats** am **Fälligkeitstag** (Nr. 3).

ACHTUNG

Wer seine Steuer per Scheck zahlen will, muss darauf achten, dass der Scheck spätestens drei Tage vor dem Fälligkeitstag dem FA vorliegt. Ansonsten entstehen Säumniszuschläge, weil die Zahlung erst am dritten Tag nach Zugang des Schecks als bewirkt gilt.

Beispiel

Der Steuerpflichtige S. hat dem FA zum Einzug der Steuerbeträge ein SEPA-Lastschriftmandat erteilt. Das FA buchte die zum 10. September fällige ESt-Vorauszahlung erst am 20. September von dem Konto des S ab und wurde am 22. September dem Konto des FA gutgeschrieben. Sind Säumniszuschläge entstanden?

Nein! Bei Vorliegen eines SEPA-Lastschriftmandats können niemals Säumniszuschläge entstehen, denn bei Vorliegen eines SEPA-Lastschriftmandats gilt die Zahlung am Fälligkeitstag (hier am 10. September) kraft gesetzlicher Fiktion als entrichtet. Auf den tatsächlichen Abbuchungs- bzw. Gutschriftsbetrag kommt es daher bei Vorliegen eines SEPA-Lastschriftmandats nicht an.

Schuldet ein Steuerpflichtiger **mehrere Steuerbeträge** und reicht bei **freiwilliger Zahlung** der **gezahlte Betrag nicht zur Tilgung sämtlicher Schulden aus**, so wird die **Schuld getilgt, die der Steuerpflichtige bei der Zahlung bestimmt** (§ 225 Abs. 1 AO).

Trifft der Steuerpflichtige **keine Bestimmung**, so werden mit einer freiwilligen Zahlung, die nicht sämtliche Schulden deckt, die Steuerschulden gem. **§ 225 Abs. 2 AO** in folgender zwingenden **Reihenfolge** getilgt:

- Geldbußen
- Zwangsgelder
- Steuerabzugsbeträge
- übrige Steuern
- Kosten
- Verspätungszuschläge
- Zinsen
- **Säumniszuschläge**.

Innerhalb dieser Reihenfolge sind die einzelnen Schulden **nach ihrer Fälligkeit** zu ordnen; bei gleichzeitig fällig gewordenen Beträgen und bei den Säumniszuschlägen bestimmt das FA die Reihenfolge der Tilgung (§ 225 Abs. 2 Satz 2 AO).

Beispiel

Der Steuerpflichtige hatte beim FA am 12. Oktober folgende Steuerrückstände:

- Säumniszuschläge: 30 €
- ESt-Vorauszahlung 3. Quartal: 280 €
- USt-Vorauszahlung 1. Quartal: 1.000 €

Am 12. Oktober überwies der Steuerpflichtige ohne nähere Angabe einen Betrag von 1.300 €.

Gemäß § 225 Abs. 2 AO gilt folgende Tilgungsreihenfolge:

- USt-Vorauszahlung 1. Quartal: 1.000 €
- ESt-Vorauszahlung 3. Quartal: 280 €
- Säumniszuschlag: 20 €

Zu tilgen verbleibt noch ein Rest an Säumniszuschlägen i. H. v. 10 €.

13.2.2 Aufrechnung

Nach **§ 226 Abs. 1 AO** i. V. mit § 387 BGB kann mit **gleichartigen** (Geldforderungen) und **gegenseitigen Forderungen** (Anspruch und Gegenanspruch zwischen denselben Personen) **aufgerechnet** werden.

Die **Aufrechnung** bewirkt, dass der **Anspruch aus dem Steuerschuldverhältnis** insoweit **erloschen** ist (§ 47 AO).

Mit Ansprüchen aus dem Steuerschuldverhältnis kann **nicht aufgerechnet** werden, wenn sie durch **Verjährung** oder Ablauf einer Ausschlussfrist erloschen sind (§ 226 Abs. 2 AO).

Beispiele

1. Der Steuerpflichtige hat einen fälligen USt-Erstattungsanspruch i. H. v. 1.500 €; das FA hat einen fälligen ESt-Anspruch i. H. v. 2.000 €. Das FA kann gem. § 226 Abs. 1 AO aufrechnen, sodass der ESt-Anspruch i. H. v. 1.500 € erloschen ist. Nach erfolgter Aufrechnung verbleibt ein ESt-Anspruch i. H. v. 500 €.
2. Der Steuerpflichtige hat gegenüber dem FA einen fälligen ESt-Erstattungsanspruch i. H. v. 2.000 €. Zugleich sind eine Gewerbesteuervorauszahlung von 500 €, zahlbar an die Gemeinde und eine USt-Vorauszahlung von 450 € fällig. Mit der Gewerbesteuervorauszahlung kann mangels Gegenseitigkeit der Forderungen nicht aufgerechnet werden, da Gläubiger nicht das FA, sondern die Gemeinde ist. Mit der USt-Vorauszahlung kann gem. § 226 Abs. 1 AO aufgerechnet werden, sodass dieser

Anspruch dann i. H. v. 450 € erloschen ist. Dem Steuerpflichtigen verbleibt demnach ein ESt-Erstattungsanspruch i. H. v. (2.000 € - 450 € =) 1.550 €. Die Gewerbesteuervorauszahlung ist bei Fälligkeit an die Gemeinde zu überweisen.

13.2.3 Erlass

Nach **§ 227 AO** können Ansprüche aus dem Steuerschuldverhältnis **ganz oder zum Teil erlassen** werden, wenn deren **Einziehung** nach Lage des einzelnen Falles **unbillig** wäre.

Dies kann aus persönlichen Gründen der Fall sein, sofern der Steuerpflichtige **erlassbedürftig** und **erlasswürdig** ist. Die Erlassbedürftigkeit kann sich z. B. aus der wirtschaftlichen Situation des Steuerpflichtigen ergeben.

Ein **Erlass** bewirkt, dass der **Anspruch aus dem Steuerschuldverhältnis** insoweit **erloschen** ist (§ 47 AO).

Beispiele

1. Im Anschluss an eine Außenprüfung wird für den Stpfl. eine ESt-Nachzahlung von 20.000 € festgesetzt. Der Stpfl. ist aufgrund seiner aufwendigen Lebensführung hoch verschuldet. Er besitzt einen Ferienbungalow in bester Wohngegend, der aber mit erheblichen Hypotheken belastet ist, ein Luxusauto und eine Segelyacht.

   Der Stpfl. ist weder erlasswürdig noch erlassbedürftig, sodass einem Erlassantrag keine Erfolgsaussicht einzuräumen ist. Falls der Stpfl. die Nachzahlung nicht leistet, könnte das FA Vollstreckungsmaßnahmen z. B. in Form einer Zwangshypothek ergreifen.

2. Der Stpfl. (75) hatte seinen Betrieb aus Altersgründen aufgegeben. Im Folgejahr erhält er Steuerbescheide, wonach er noch eine ESt-Abschlusszahlung von 6.500 € und eine USt-Abschlusszahlung von 4.000 € zu leisten hat. In der Vergangenheit hat der Stpfl. seine steuerlichen Pflichten stets pünktlich erfüllt. Der Stpfl. bewohnt zusammen mit seiner Ehefrau eine bescheidene Zweizimmer-Wohnung. Das Ehepaar lebt von einer monatlichen Rente von 390 €. Es besitzt keinerlei Vermögen.

   Die Erlassbedürftigkeit ist angesichts der wirtschaftlichen Situation des Ehepaars anzunehmen. Für die Verneinung der Erlasswürdigkeit sind keinerlei Anhaltspunkte ersichtlich, zumal sich der Stpfl. in der Vergangenheit bisher dem FA gegenüber steuerehrlich verhalten hat. Bezüglich der ESt-Nachforderung hätte daher ein Erlassantrag Aussicht auf Erfolg. Kaum erfolgreich dürfte der Erlassantrag bezüglich der USt-Abschlusszahlung sein, da der Stpfl. durch diese Steuer wirtschaftlich nicht belastet wird, zumal er sie von seinen Kunden erhoben hat. In der Praxis haben daher Erlassanträge bezüglich der Umsatzsteuer oder Lohnsteuer im Regelfall keine Aussicht auf Erfolg.

13.2.4 Zahlungsverjährung

Mit dem **Eintritt der Zahlungsverjährung** ist der **Anspruch aus dem Steuerschuldverhältnis erloschen** (§ 47 AO); er kann also nicht mehr durchgesetzt werden.

Dauer	Die Verjährungsfrist beträgt **grundsätzlich fünf Jahre**; in den Fällen der §§ 370, 373 oder 374 AO **zehn Jahre** (§ 228 Satz 2 AO).
Beginn	Die Verjährung beginnt grundsätzlich **mit Ablauf des VZ, in dem der Anspruch fällig wurde** (§ 229 Abs. 1 Satz 1 AO).
Hemmung	Die Verjährung wird gehemmt, solange der Anspruch wegen **höherer Gewalt innerhalb der letzten sechs Monate der Verjährungsfrist** nicht verfolgt werden kann (§ 230 AO).
Unterbrechung	§ 231 Abs. 1 AO, z. B. durch **Zahlungsaufforderung, Stundung, Aussetzung der Vollziehung**. Mit Ablauf des VZ, in dem die Unterbrechung geendet hat, beginnt die 5-jährige Verjährungsfrist neu zu laufen (§ 231 Abs. 3 AO).

Beispiel

1. Ein ESt-Bescheid mit einer Nachzahlung über 11.000 € wird am 10. Oktober 02 bekannt gegeben. Wann endet die Zahlungsverjährung, falls eine Steuerhinterziehung vorliegt?

   Die Zahlungsverjährungsfrist beträgt zehn Jahre. Die Frist beginnt mit Ablauf des VZ, in dem der Anspruch erstmals fällig geworden ist. Der ESt-Anspruch wurde einen Monat nach Bekanntgabe am 10. November 02 fällig. Die Verjährung beginnt demnach am 31. Dezember 02 um 24:00 Uhr und endet daher am 31. Dezember 12, 24:00 Uhr.

2. Die ESt-Nachzahlung für 01 wurde zunächst am 14. November 05 fällig, jedoch auf Antrag des Stpfl. bis zum 31. März 06 gestundet.

   Die Verjährungsfrist beträgt fünf Jahre. Sie begann grundsätzlich mit Ablauf des VZ, in dem der Anspruch fällig wurde, hier also am 31. Dezember 05, 24:00 Uhr und endete grundsätzlich am 31. Dezember 10, 24:00 Uhr. Durch die gewährte Stundung trat jedoch eine Unterbrechung der Verjährung ein mit der Folge, dass mit Ablauf des VZ, in dem die Unterbrechung endet (also im VZ 06) eine neue volle 5-jährige Verjährungsfrist zu laufen begann, die daher erst am 31. Dezember 11, 24:00 Uhr, geendet hat.

13.3 Säumniszuschläge

Wird eine **Steuer nicht bis zum Ablauf des Fälligkeitstages entrichtet**, sind **Säumniszuschläge** zu entrichten (§ 240 Abs. 1 AO).

Die Säumniszuschläge entstehen **nicht** bei **steuerlichen Nebenleistungen** (§ 240 Abs. 2 AO).

Ein Säumniszuschlag wird bei einer **Säumnis bis zu drei Tagen nicht erhoben**. Diese **Schonfrist** gilt jedoch **nicht bei Bar- und Scheckzahlungen** (§ 240 Abs. 3 AO).

Bei Zahlungen nach Ablauf der Schonfrist sind die Säumniszuschläge zu erheben und zwar vom Ablauf des Fälligkeitstages an berechnet.

Die **Höhe** der Säumniszuschläge berechnen sich gem. § 240 Abs. 1 AO wie folgt:

- die **Steuerschuld** ist auf **volle 50 € abzurunden**.
- für **jeden angefangenen Monat sind 1 % des abgerundeten Betrages** zu entrichten.

Beispiel

Der Stpfl. hat am 14. Oktober den ESt-Bescheid mit einer Steuernachzahlung über 3.628 € erhalten. Zugleich wurde ein Verspätungszuschlag i. H. v. 20 € festgesetzt. Beide Beträge sind am 17. November (Mittwoch) fällig. Der Stpfl. zahlte den Betrag i. H. v. 3.648 €

a) mit Verrechnungsscheck, der dem zuständigen FA am 19. November eingereicht wird.
b) durch Überweisung; die Gutschrift auf dem Konto des zuständigen FA erfolgt zum 22. November.

Für steuerliche Nebenleistungen (hier: Verspätungszuschlag über 20 €) fallen keine Säumniszuschläge an (§ 240 Abs. 2 AO).

a) Da der Verrechnungsscheck nach Fälligkeit eingereicht wurde, wurde die Steuerschuld nicht fristgerecht gezahlt. Es ist daher ein Säumniszuschlag entstanden, da für die Scheckzahlung keine Zahlungs-Schonfrist gewährt wird (§ 240 Abs. 3 Satz 2 AO). Der Säumniszuschlag beträgt (1 % von 3.600 € =) 36 €.
b) Bei Überweisungsgutschrift auf ein Konto der Finanzverwaltung wird bei einer Säumnis bis zu drei Tagen kein Säumniszuschlag festgesetzt. Fälligkeit 17. November zzgl. drei Tage Schonfrist = Samstag, 20. November. Die Schonfrist endet daher am nächsten Werktag, also am Montag, 22. November, 24:00 Uhr. An diesem Tag ist der Betrag auf dem Konto des FA gutgeschrieben worden, sodass keine Säumniszuschläge entstanden sind.

ACHTUNG

Eine **Säumnis** tritt nach **§ 240 Abs. 1 Satz 3 AO nicht** ein, **bevor** die **Steuer** festgesetzt oder **angemeldet** worden ist.

Beispiel

Der Steuerpflichtige gibt seine USt-Voranmeldungen monatlich ab und hat keine Dauerfristverlängerung beantragt.

Die USt-Voranmeldung für August 01 übermittelt er per ELSTER erst am 14.10.01 (Freitag) dem Finanzamt.

Er überweist den fälligen Betrag i. H. v. 1.234 € per Banküberweisung. Die Gutschrift auf dem Konto des Finanzamtes erfolgt am 17. Oktober 01.

Können steuerliche Nebenleistungen festgesetzt werden?

Es kann wegen der verspäteten Abgabe der USt-Voranmeldung gem. § 152 AO ein Verspätungszuschlag festgesetzt werden.

Säumniszuschläge können nicht festgesetzt werden: Die Säumnis tritt nach § 240 Abs. 1 Satz 3 AO nicht ein, bevor die USt-Voranmeldung abgegeben wird (14.10.01). Ein Säumniszuschlag wird bei einer Säumnis bis zu drei Tagen nicht erhoben (§ 240 Abs. 3 AO). Die Zahlung gilt gem. § 224 Abs. 2 Nr. 2 AO am 17. Oktober 01 als entrichtet, sodass keine Säumniszuschläge festgesetzt werden können.

Säumniszuschläge entstehen kraft Gesetzes allein durch Zeitablauf **ohne Rücksicht auf ein Verschulden des Steuerpflichtigen**. Sie stellen in erster Linie ein Druckmittel zur Durchsetzung fälliger Steuerforderungen dar, sind aber auch eine Gegenleistung für das Hinausschieben der Zahlung und ein Ausgleich für den angefallenen Verwaltungsaufwand. Soweit dieser Zweck durch die verwirkten Säumniszuschläge nicht mehr erreicht werden kann, ist ihre Erhebung **sachlich unbillig**, sodass sie nach **§ 227 AO ganz oder teilweise erlassen** werden können.

Im Einzelnen kommt ein **Erlass z. B. in Betracht:**

- bei **plötzlicher Erkrankung** des Steuerpflichtigen, wenn er selbst dadurch an der pünktlichen Zahlung gehindert war und es dem Steuerpflichtigen seit seiner Erkrankung bis zum Ablauf der Zahlungsfrist nicht möglich war, einen Vertreter mit der Zahlung zu beauftragen.
- bei einem **bisher pünktlichen Steuerzahler**, dem ein offenbares Versehen unterlaufen ist. Wer aber seine Steuern laufend unter Ausnutzung der Schonfrist zahlt, ist kein pünktlicher Steuerzahler.

13.4 Stundungszinsen

Für die **Dauer einer gewährten Stundung** werden **Stundungszinsen** erhoben (§ 234 Abs. 1 Satz 1 AO).

Für **steuerliche Nebenleistungen** werden **keine Stundungszinsen** erhoben (§ 233 Satz 2 AO).

Für die **Höhe und Berechnung** der Stundungszinsen gilt gem. **§ 238 AO** folgendes:

- Die **Steuerschuld** ist auf **volle 50 € abzurunden**.

- Für **jeden vollen Monat des Zinslaufs sind 0,5 % des abgerundeten Betrages** zu entrichten; angefangene Monate bleiben außer Ansatz.

Folgende **Besonderheiten** sind zu beachten:

- Zinsen werden nur dann festgesetzt, wenn sie **mindestens 10 €** betragen. Sie sind auf **volle Euro** zum Vorteil des Stpfl. gerundet festzusetzen (§ 239 Abs. 2 AO).
- Die **Zahlungs-Schonfrist** des § 240 Abs. 3 AO findet **keine Anwendung**.

Beispiel

Fällig sind

- USt für April 05 am 10. Mai 05 i. H. v. 460 €
- ESt 04 am 25. April 05 i. H. v. 31.530 €
- Verspätungszuschlag zur ESt 04 am 25. April 05 i. H. v. 1.500 €.

Die fälligen Beträge werden antragsgemäß ab Fälligkeit bis zum 30. August 05 gestundet. Für den Verspätungszuschlag sind als steuerliche Nebenleistung gem. § 233 Satz 2 AO keine Stundungszinsen festzusetzen.

Hinsichtlich der Umsatzsteuer beträgt der Zinslauf (10. Mai bis 30. August) 3 volle Monate. Die Stundungszinsen betragen daher (450 € • 0,5 % • 3 Monate =) 6,75 € (= 6 €) und werden dementsprechend nicht festgesetzt, da sie nicht mindestens 10 € betragen (§ 239 Abs. 2 AO).

Bezüglich der Einkommensteuer beträgt der Zinslauf (25. April bis 30. August) 4 volle Monate. Die Stundungszinsen betragen daher (31.500 € • 0,5 % • 4 Monate =) 630 €.

13.5 Verzinsung von Steuernachforderungen und Steuererstattungen

13.5.1 Allgemeines

Die Verzinsung nach **§ 233a AO** (**Vollverzinsung**) soll einen Ausgleich dafür schaffen, dass die Steuern trotz gleichen gesetzlichen Entstehungszeitpunkts, aus welchen Gründen auch immer, zu unterschiedlichen Zeitpunkten festgesetzt und erhoben werden.

Die Verzinsung ist **gesetzlich vorgeschrieben**; die Zinsfestsetzung steht **nicht** im **Ermessen** der Finanzbehörde.

Die Zinsen werden grundsätzlich im **automatisierten Verfahren** berechnet, festgesetzt und zum Soll gestellt.

Die **Zinsfestsetzung wird regelmäßig mit dem Steuerbescheid oder der Abrechnungsmitteilung verbunden**.

13.5.2 Sachlicher Geltungsbereich

Die Verzinsung ist gem. **§ 233a Abs. 1 Satz 1 AO** beschränkt auf die Festsetzung der

- **Einkommensteuer**,
- **Körperschaftsteuer**,
- **Umsatzsteuer** und
- **Gewerbesteuer**.

Von der Verzinsung sind gem. § 233a Abs. 1 Satz 2 AO **ausgenommen**

- die **übrigen Steuern und Abgaben**,
- **Vorauszahlungen** und
- **Steuerabzugsbeträge**,

selbst wenn sie die genannte Steuerarten betreffen. **Kirchensteuerbeträge** werden im Regelfall **nicht verzinst**.

13.5.3 Beginn und Ende des Zinslaufs

Der Zinslauf **beginnt** gem. § 233a Abs. 2 Satz 1 AO im Regelfall **15 Monate nach Ablauf des Kalenderjahres, in dem die Steuer entstanden ist** (**Karenzzeit**). Hierbei sind Kapitalerträge nach § 32d Abs. 1 EStG und § 43 Abs. 5 EStG nicht zu berücksichtigen.

Beispiel

Der ESt-Bescheid 03 geht am 15. März 05 zur Post. Die Einkommensteuer entsteht mit Ablauf des Kalenderjahres 03 (§ 38 AO i. V. mit § 36 Abs. 1 EStG). Die Karenzzeit beginnt daher am 01. Januar 04, 0:00 Uhr und endet nach 15 Monaten am 31. März 05, 24:00 Uhr. Somit beginnt der Zinslauf am 01. April 05.

Der Zinslauf **endet** mit Ablauf des Tages, an dem die **Steuerfestsetzung wirksam** wird.

Bei Steuerfestsetzungen durch Steuerbescheid endet der Zinslauf am **Tag der Bekanntgabe** des Steuerbescheids (§ 124 Abs. 1 Satz 1 AO i. V. mit § 122 AO). Ist dieser Tag ein Samstag, Sonntag oder ein gesetzlicher Feiertag, so verschiebt sich die Bekanntgabe auf den nächstfolgenden Werktag.

Der **Zeitpunkt der Zahlung oder der Fälligkeit der Steuernachforderung** oder der Steuererstattung ist grundsätzlich **unbeachtlich**.

Beispiel

Der ESt-Bescheid 03 geht am 25. September 05 (Donnerstag) zur Post. Der Zinslauf beginnt mit Ablauf der Karenzzeit am 01. April 05 und endet mit Bekanntgabe am 29. September 05 (Montag), da der 28. September ein Sonntag ist.

13.5.4 Bemessungsgrundlage

Bemessungsgrundlage für die Zinsberechnung ist gem. § 233a Abs. 3 Satz 1 AO der **Unterschiedsbetrag**.

Dieser berechnet sich wie folgt:

	Festgesetzte Steuer
-	anzurechnende Steuerabzugsbeträge
-	bis zum Beginn des Zinslaufs festgesetzte Vorauszahlung
=	**Unterschiedsbetrag**

Beispiel

Dem Stpfl. wird am 13. Mai 05 der ESt-Bescheid 03 mit einer festgesetzten Einkommensteuer i. H. v. 35.478 € bekannt gegeben. Im Laufe des VZ 03 wurde bereits eine Lohnsteuer von 12.000 € einbehalten. Die bis zum Beginn des Zinslaufs festgesetzten Vorauszahlungen betragen 21.954 €. Der Unterschiedsbetrag beträgt (35.478 € - 12.000 € - 21.954 € =) 1.524 €.

Zinsen nach § 233a AO sind auch dann festzusetzen, wenn vor Festsetzung der Steuer freiwillige Leistungen erbracht werden. Nachzahlungszinsen sind aber aus sachlichen Billigkeitsgründen zu erlassen, soweit der Steuerpflichtige auf die sich aus der Steuerfestsetzung ergebende Steuerzahlungsforderung bereits vor Wirksamkeit der Steuerfestsetzung freiwillige Leistungen erbracht und das Finanzamt diese Leistungen angenommen und behalten hat (§ 233a Abs. 8 AO-Entwurf).

Nachzahlungszinsen sind daher nur für den Zeitraum bis zum Eingang der freiwilligen Leistung zu erheben. Wurde die freiwillige Leistung erst nach Beginn des Zinslaufs erbracht oder war sie geringer als der zu verzinsende Unterschiedsbetrag, sind Nachzahlungszinsen aus Vereinfachungsgründen insoweit zu erlassen, wie die auf volle fünfzig Euro abgerundete freiwillige Leistung für jeweils volle Monate vor Wirksamkeit der Steuerfestsetzung erbracht worden ist. Ein Zinserlass scheidet dabei aus, wenn der zu erlassende Betrag weniger als zehn Euro beträgt (§ 239 Abs. 2 Satz 2 AO).

13.5.5 Höhe der Zinsen

Die Zinsen betragen gem. § 238 Abs. 1a AO seit dem 01.01.2019 für jeden **vollen Monat** des Zinslaufs **0,15 %** (d.h. 1,8 % für jedes Jahr); angefangene Monate bleiben unberücksichtigt.

Für ihre Berechnung wird der **Unterschiedsbetrag auf 50 € abgerundet** (§ 238 Abs. 2 AO).

Zinsen werden nur dann festgesetzt, wenn sie **mindestens 10 €** betragen. Sie sind auf **volle Euro** zum Vorteil des Stpfl. gerundet festzusetzen (§ 239 Abs. 2 AO).

Das Bundesverfassungsgericht hat die 6 %-Verzinsung (0,5 % pro Monat) von Steuerforderungen und Steuererstattungen für **verfassungswidrig** erklärt (BVerfG, Beschluss vom 08.07.2021).

Die Angemessenheit dieses Zinssatzes ist unter Berücksichtigung der Entwicklung des Basiszinssatzes nach § 247 BGB wenigstens alle zwei Jahre zu evaluieren. Die erste Evaluierung erfolgt spätestens zum 01.01.2024 (§ 238 Abs. 1c AO).

Beispiel

Der Steuerpflichtige erhält am 30.09.04 seinen ESt-Bescheid für 01. Der Bescheid wurde am 29.09.04 (Donnerstag) vom Finanzamt zur Post gegeben und weist eine festgesetzte Steuer von 2.730,00 € aus. An gezahlter Lohnsteuer sind 4.200,00 € und an festgesetzten Vorauszahlungen insgesamt 3.000,00 € anzurechnen.

a) Wann beginnt und endet der Zinslauf?

b) Wie hoch sind die Nachzahlungs- oder Erstattungszinsen.

a) Der Zinslauf beginnt 15 Monate nach Ablauf des Kalenderjahres, in dem die Steuer entstanden ist, (Entstehung der Steuer mit Ablauf des 01) hier mit Ablauf des 31.03.03, 24:00 Uhr bzw. 01.04.03, 0:00 Uhr.

   Der Zinslauf endet mit Ablauf des Tages der Bekanntgabe (Wirksamwerden der Steuerfestsetzung). Die Bekanntgabe erfolgt drei Tage nach Aufgabe zur Post (hier am 02.10.04). Da es sich um einen Sonntag handelt und der 03.10.04 ein gesetzlicher Feiertag ist, erfolgt die Bekanntgabe am nächsten Werktag, hier am 04.10.04 (Dienstag).

   Zinslauf somit vom 01.04.03 – 04.10.04 = 18 volle Monate

b)

festgesetzte Steuer	2.730,00 €
- anzurechnende Lohnsteuer	4.200,00 €
- festgesetzte Vorauszahlungen	3.000,00 €
= Unterschiedsbetrag	4.470,00 €
abgerundet auf durch 50 teilbaren Betrag	4.450,00 €
• 0,15 % • 18 volle Monate =	120,15 €
Rundung zum Vorteil des Stpfl. (Erstattung)	121,00 €

13.6 Fälle zur Sicherung des Lernerfolgs

Fall 1:

Am 11. April 06 (Dienstag) gab das FA den ESt-Bescheid für den VZ 01 an den Stpfl. mit einfachem Brief zur Post. Der Stpfl. erhielt den Steuerbescheid am 12. April 06. In dem Bescheid wurde eine ESt-Nachzahlung von 10.000 € festgesetzt, die am 14. Mai 06 (Pfingstsonntag) fällig wird.

a) Prüfen Sie, ob das FA zu diesem Zeitpunkt noch die ESt für 01 festsetzen konnte, wenn der Stpfl. die ESt-Erklärung für 01 am 28. Februar 03 abgegeben hatte? (Begründung mit Fristberechnung)

b) Wann verjährt die Steuerschuld von 10.000 €, falls kein unterbrechendes Ereignis eintritt? (Fristberechnung mit Datumsangabe)

c) Welcher Rechtsbehelf ist gegen diesen ESt-Bescheid gegeben und wann endet die Rechtsbehelfsfrist? (Fristberechnung mit Datumsangabe)

Fall 2:

Mario Nette war bisher als Arbeitnehmer bei der Mustermann GmbH in Duisburg beschäftigt. Seit Oktober 2023 ist er in Essen als selbstständiger Versicherungsvertreter tätig. Mario Nette hat am 01.10.2023 seine Versicherungsagentur angemeldet.

Für das 4. Quartal 2023 sind folgende Steuerzahlungen zu entrichten:

► Einkommensteuer-Vorauszahlung	4.500 €
► Gewerbesteuer-Vorauszahlung	400 €

a) Zu welchen Zeitpunkten (Angabe des Datums erforderlich) sind die Einkommensteuer-Vorauszahlung und die Gewerbesteuer-Vorauszahlung für das 4. Quartal 2023 fällig?

b) Mario Nette möchte wissen, ob er die fälligen Steuerzahlungen mit Verrechnungsscheck oder per Banküberweisung tätigen soll. Erläutern Sie ihm die sich aus der jeweiligen Zahlungsweise ergebenden Unterschiede bezüglich der rechtzeitigen Zahlung und nennen Sie die steuerliche Nebenleistung, mit der er bei verspäteter Zahlung zu rechnen hat.

Fall 3:

Stellen Sie bei den folgenden Zahlungsarten jeweils den Tag der Zahlung fest, und berechnen Sie den Betrag der steuerlichen Nebenleistung, falls eine solche nach Ihrer Meinung durch verspätete Zahlung entstanden ist! Begründen Sie Ihre Ansicht!

Die ESt-Abschlusszahlung des Stpfl. Walter Langsam i. H. v. 3.245 € und ein Verspätungszuschlag über 500 € sind am 03. November fällig. Er zahlt (alternativ):

a) durch Scheck. Den an das FA adressierten Scheck wirft er am 02. November in den Briefkasten der Bundespost ein. Der Scheck geht am 05. November beim FA ein und wird dem Konto des FA am 10. November gutgeschrieben.

b) durch Überweisung vom 03. November; der Betrag wird seinem Konto am 04. November belastet und dem Konto des FA am 10. November gutgeschrieben.

c) durch Erteilung eines SEPA-Lastschriftmandats. Der Betrag wird dem FA am 11. November gutgeschrieben.

Fall 4:

Der Steuerpflichtige ist beim FA als pünktlicher Steuerzahler bekannt. Ihm war indessen völlig entgangen, dass am 15. März 05 eine ESt-Abschlusszahlung von 3.000 € zu entrichten war. Als er am 21. April 05 aus dem Urlaub zurückkehrte, lag bereits eine Mahnung des FA vor. Danach hat er zusätzlich 60 € Säumniszuschläge zu entrichten.

Prüfen und begründen Sie, was für den Steuerpflichtigen ggf. zu veranlassen ist!

Fall 5:

Mandant Müller aus Leverkusen schuldet dem FA folgende Beträge:

► Säumniszuschlag	130 €	
► USt-Vorauszahlung	2.500 €	fällig am 10. März
► einbehaltene Lohnsteuer	2.000 €	fällig am 10. März
► ESt-Abschlusszahlung	3.500 €	fällig am 06. März
► Zwangsgeld	50 €	

Müller überweist, ohne die Reihenfolge der Tilgung zu bestimmen, am 12. März einen Betrag von 8.050 € an die Finanzkasse. Bestimmen Sie die Reihenfolge der Tilgung und die Restschuld!

Fall 6:

Der Steuerpflichtge S. beantragt die Stundung der ESt-Abschlusszahlung i. H. v. 2.080 €, die am 01. September fällig ist. Die Stundung wird ihm vom FA ab Fälligkeit bis zum 15. November gewährt.

Ermitteln Sie die Höhe der Stundungszinsen unter Angabe des Berechnungsweges!

Fall 7:

Der Steuerpflichtige bittet Sie, beim zuständigen FA einen Antrag auf Stundung der ESt-Abschlusszahlung 04 zu stellen.

Höhe der Abschlusszahlung:	14.131 €
fällig am:	19. November 05
Zahlungsvorschlag des Steuerpflichtigen:	7.230 € am 16. Dezember 05
	6.901 € am 31. Januar 06

Ermitteln Sie die Höhe der Stundungszinsen, falls das FA die Stundung antragsgemäß gewährt!

Fall 8:

Kurt C. Hose ist selbstständiger Kfz-Meister in Neuss und vorübergehend in Zahlungsschwierigkeiten. Infolge einer längeren Krankheit konnte er sowohl die Einkommensteuerabschlusszahlung 2021 i. H. v. 7.755 €, fällig am 13.09.2023, und die einbehaltene Lohnsteuer laut Lohnsteueranmeldung für September 2023 i. H. v. 4.444,50 € im Oktober 2023 nicht bezahlen.

Kurt C. Hose bekommt keine weiteren Kredite bei seiner Bank, da sämtliche Kreditmöglichkeiten ausgeschöpft sind. Er könnte jedoch dem Finanzamt entsprechende Sicherheiten leisten.

a) Prüfen Sie die Erfolgsaussichten eines Stundungsantrags hinsichtlich der zu zahlenden ESt-Abschlusszahlung 2021 und der einbehaltenen Lohnsteuer für September 2023.

b) In seinem Stundungsantrag hatte Kurt C. Hose bezüglich der ESt-Abschlusszahlung folgende Teilzahlungen vorgeschlagen:

   - 2.500 € am 22.11.2023,
   - 2.500 € am 27.12.2023 und
   - 2.755 € am 26.01.2024.

   Mit welcher steuerlichen Nebenleistung muss Kurt C. Hose rechnen? Ermitteln Sie außerdem – unter Angabe des Rechenweges – die Höhe dieser steuerlichen Nebenleistung in Euro, falls das Finanzamt die Stundung ab Fälligkeit antragsgemäß gewährt.

Fall 9:

Der junge Unternehmer U kommt kurz nach Eröffnung seines Betriebes bei einem Verkehrsunfall ums Leben. Er hinterlässt seine Frau und zwei kleine Kinder. Ansprüche aus einer Lebensversicherung oder Vermögen sind nicht vorhanden; die Schulden aus der Betriebseröffnung belaufen sich auf 20.000 €. Nunmehr fordert das FA bei der Frau rückständige ESt i. H. v. 2.300 €. Sie stellt gem. § 227 AO einen entsprechend begründeten Erlassantrag und weist zusätzlich darauf hin, dass sie wegen der Kinder nur eine Stelle als Aushilfskraft annehmen konnte.

Prüfen und begründen Sie, ob das FA die Einkommensteuer erlassen kann!

Fall 10:

Steuerberater Spät hat für seinen Mandanten Reich die ESt-Erklärung für das Kalenderjahr 03 erst am 28. Februar 05, dem letzten Tag der auf Antrag gewährten Fristverlängerung, eingereicht. Durch Bescheid vom 24. Mai 05 (Dienstag) setzte das FA für den VZ 03 die Einkommensteuer auf 51.569 € und die Kirchensteuer auf 4.825 € fest. Die für 03 festgesetzten und auch geleisteten Vorauszahlungen betrugen für die Einkommensteuer 30.677 € und für die Kirchensteuer 2.760 €. Die anzurechnende Kapitalertragsteuer beträgt 4.601 €.

Prüfen und begründen Sie, ob und ggf. in welcher Höhe steuerliche Nebenleistungen festzusetzen sind!

Fall 11:

Der Steuerpflichtige wird am 07. April 05 vom FA aufgefordert, seine ESt-Erklärung 02 einzureichen. Da der Steuerpflichtige mehrere Fristverlängerungen verstreichen ließ, droht das FA einen Verspätungszuschlag sowie ein Zwangsgeld von 500 € an, falls die Erklärungen nicht binnen eines Monats eingereicht werden sollten.

Der Steuerpflichtige reicht seine Steuererklärung am 02. Mai 05 beim FA ein. Am 09. September 05 (Montag) gibt das FA den ESt-Bescheid zur Post. Der Bescheid weist eine festgesetzte Einkommensteuer von 49.163 € aus. Die festgesetzten und auch geleisteten ESt-Vorauszahlungen 02 belaufen sich auf 22.346 €.

a) Bestimmen Sie Art und Höhe der anfallenden steuerlichen Nebenleistungen!

b) Prüfen und begründen Sie, wann die Festsetzungsfrist für die Einkommensteuer 02 endet!

c) Prüfen und begründen Sie, wann die Zahlungsverjährungsfrist für die Einkommensteuer-Abschlusszahlung 02 endet!

B. Einkommensteuer

Lernfelder 4 + 8

1. Wesen, Erhebungsformen und Rechtsgrundlagen

Wesen	▸ **Besitzsteuer** →	Besteuerungsgrundlage: Einkommen **natürlicher Personen**
	▸ **Personensteuer** →	Berücksichtigung der wirtschaftlichen Leistungsfähigkeit der natürlichen Personen aufgrund persönlicher Verhältnisse
	▸ **Direkte Steuer** →	Steuerschuldner = Steuerzahler = Steuerträger
	▸ **Gemeinschaftssteuer** →	**Aufteilung** des Steueraufkommens auf Bund und Länder
	▸ **Veranlagungssteuer** →	Zu versteuerndes Einkommen wird für **jedes Kj** berechnet und die zu erhebende ESt in einem **Steuerbescheid** festgesetzt.
		Besondere Erhebungsform (Abzugs-/Abgeltungssteuer) bei **Lohnsteuer** → **Arbeitgeber** bzw. **Kapitalertragsteuer** → **Auszahlender** (z. B. AG) behalten Lohn-/KapESt ein und führen sie an FA ab
Bedeutung	▸ **Steueraufkommen** →	Wesentliche Einnahmequelle von Bund, Ländern und Gemeinden
	▸ **Wirtschaftspolitik** →	Konjunktur- und sozialpolitische Maßnahmen durch Steuervergünstigungen oder -belastungen
Rechtliche Grundlagen	▸ **EStG** und Nebengesetze →	Gesetze
	▸ **EStDV**, **LStDV** →	Gesetzeskraft
	▸ **EStR**, **LStR** →	Verwaltungsvorschriften

2. Die Steuerpflicht

Das Einkommensteuergesetz (EStG) unterscheidet zwischen

- der persönlichen Steuerpflicht und
- der sachlichen Steuerpflicht.

Die **persönliche Steuerpflicht** betrifft die Frage, welcher Personenkreis unter das EStG fällt; die **sachliche Steuerpflicht** regelt die Frage, ob ein Tatbestand verwirklicht ist, der eine Einkommensteuerschuld entstehen lässt.

2.1 Persönliche Steuerpflicht

Bei der persönlichen Steuerpflicht ist zu unterscheiden zwischen

- der **unbeschränkten Steuerpflicht** und
- der **beschränkten Steuerpflicht**.

2.1.1 Unbeschränkte Steuerpflicht (Normalfall)

Unbeschränkt einkommensteuerpflichtig sind nach § 1 Abs. 1 Satz 1 EStG

- alle **natürlichen Personen**,
- die im **Inland**
- einen **Wohnsitz oder ihren gewöhnlichen Aufenthalt** haben.

Natürliche Personen sind alle lebenden Menschen. Die Steuerpflicht beginnt mit der Vollendung der Geburt und endet mit dem Tod. Mit dem Tod endet zwar die persönliche Steuerpflicht. Eine bereits entstandene Einkommensteuerschuld erlischt damit jedoch nicht automatisch. Diese ist vielmehr von dem(n) Erben als Nachlassverbindlichkeit zu begleichen (§ 45 AO).

Für die Frage der unbeschränkten Steuerpflicht sind **ohne Bedeutung:**

- das Alter,
- das Geschlecht,
- der Familienstand,
- die Staatsangehörigkeit oder
- das Vorhandensein von Einkünften.

Keine natürlichen Personen sind die **juristischen Personen** (z. B. Aktiengesellschaft, Gesellschaft mit beschränkter Haftung). Juristische Personen unterliegen deshalb nicht der Einkommensteuer, sondern der Körperschaftsteuer.

Personengesellschaften (z. B. Offene Handelsgesellschaft, Kommanditgesellschaft) sind weder natürliche noch juristische Personen. Sie unterliegen daher weder der Einkommensteuer noch der Körperschaftsteuer. Der Gewinn einer Personengesellschaft wird bei der Einkommensteuer dadurch erfasst, dass der Gewinn der Gesellschaft festgestellt wird und die Gewinnanteile den einzelnen Gesellschaftern als Einkünfte zugerechnet werden.

Zum **Inland** gehört das Gebiet der Bundesrepublik Deutschland, § 1 Abs. 1 Satz 2 EStG.

Einen **Wohnsitz** hat nach § 8 AO jemand dort, wo er eine Wohnung unter Umständen innehat, die darauf schließen lässt, dass er die Wohnung beibehalten und benutzen wird.

Mit **Wohnung** sind die objektiv zum Wohnen geeigneten Wohnräume gemeint. Es genügt insofern eine bescheidene Bleibe. Nicht erforderlich ist eine abgeschlossene Wohnung mit Küche und separater Waschgelegenheit. Der Steuerpflichtige muss diese Wohnung **innehaben**, d. h. er muss tatsächlich über sie verfügen können und sie als Bleibe nicht nur vorübergehend benutzen, wobei allerdings eine ständige Anwesenheit nicht erforderlich ist. Die **An- und Abmeldung** bei der **Ordnungsbehörde** können im Allgemeinen als Indizien dafür angesehen werden, dass der Steuerpflichtige seinen Wohnsitz unter der von ihm angegebenen Anschrift begründet bzw. aufgegeben hat.

Eine natürliche Person kann **mehrere Wohnsitze** haben, auch gleichzeitig im In- und Ausland. Entscheidend für die unbeschränkte Einkommensteuerpflicht ist jedoch, dass **ein** Wohnsitz im Inland besteht.

Bei Fehlen eines Wohnsitzes kann bereits durch den **gewöhnlichen Aufenthalt** die unbeschränkte Steuerpflicht begründet werden.

Beispiel

René Müsli ist Schweizer Staatsbürger. Er hat seinen Wohnsitz in Basel (Schweiz) und außerdem seinen gewöhnlichen Aufenthalt in Leverkusen. Er erzielt sowohl in der Schweiz als auch in Deutschland Einkünfte.

Müsli ist in Deutschland unbeschränkt einkommensteuerpflichtig, weil er im Inland seinen gewöhnlichen Aufenthalt hat. Dass er auch im Ausland einen Wohnsitz hat und Schweizer Staatsbürger ist, ist dabei ohne Bedeutung.

Den gewöhnlichen Aufenthalt hat nach § 9 Satz 1 AO jemand dort, wo er sich unter Umständen aufhält, die erkennen lassen, dass er an diesem Ort oder in diesem Gebiet nicht nur vorübergehend verweilt. Als gewöhnlicher Aufenthalt ist stets und von Beginn an ein **zeitlich zusammenhängender Aufenthalt von mehr (!) als sechs Monaten** Dauer anzusehen; kurzfristige Unterbrechungen bleiben dabei unberücksichtigt (§ 9 Satz 2 AO).

Beispiel

Ein türkischer Bauarbeiter reist in die Bundesrepublik ein, um hier zu arbeiten. Er hat eine Arbeitsgenehmigung für ein Jahr. Während seines Aufenthaltes im Inland wohnt er bei einem Freund in Düsseldorf. Zweimal besucht er in dieser Zeit jeweils für drei Wochen seine Familie in der Türkei.

Der türkische Bauarbeiter ist im Inland von Beginn der Einreise an unbeschränkt steuerpflichtig. Da sein Aufenthalt länger als sechs Monate dauert und er sich im Inland zu Erwerbszwecken aufhält, hat er hier seinen gewöhnlichen Aufenthalt.

Als kurzfristige Unterbrechungen kommen z. B. in Betracht:

- Familienheimfahrten
- Jahresurlaub
- (längerer) Heimaturlaub
- Kur und Erholung.

Beispiel

Der englische Musiker Chris Member, wohnhaft in London, hat Verträge über eine Reihe von Gastspielen in Deutschland abgeschlossen. Zeitlich erstrecken sie sich vom 01.10.2022 bis zum 10.05.2023. Member trat seine Tournee am 01.10.2022 an. In der Zeit vom 20. - 26.12.2022 hielt sich der Künstler zur Erholung auf der Kanarischen Insel Fuerteventura auf. Ab dem 27.12.2022 setzte er sein Gastspiel in Deutschland fort. Nach Abschluss seiner Verpflichtungen kehrt er nach Großbritannien zurück. Während seines Aufenthaltes in Deutschland wohnt er in Hotels.

Chris Member ist unbeschränkt einkommensteuerpflichtig, da der gewöhnliche Aufenthalt im Inland länger als 6 Monate dauert. Die Erholungszeit auf Fuerteventura bleibt als kurzfristige Unterbrechung unberücksichtigt. Die unbeschränkte Steuerpflicht erstreckt sich sowohl auf den VZ 2022 als auch auf den VZ 2023, sodass er zwei ESt-Erklärungen abzugeben hat.

Die **Sechs-Monate-Regel** gilt allerdings nicht, wenn der inländische Aufenthalt ausschließlich zu

- Besuchs-, Kur- oder ähnlichen privaten Zwecken genommen wird **und**
- nicht länger als ein Jahr dauert (§ 9 Satz 3 AO).

Beispiel

Der Niederländer Jupp van Manco arbeitet als Versicherungskaufmann in Amsterdam. In 2023 bezog er ein Gehalt i. H. v. 70.000 €. Aufgrund eines Verdauungsleidens trat er im Februar 2023 eine neunmonatige Schwefeltrinkkur in Bad Hönningen an. Während seines Kuraufenthaltes wohnt er in einem Hotel in Bad Hönningen. Jupp van Manco hat als natürliche Person keinen Wohnsitz im Inland. Ein gewöhnlicher Aufenthalt liegt auch nicht vor. Zwar wird nach § 9 Satz 2 AO bei einem zeitlich zusammenhängenden Aufenthalt von mehr als sechs Monaten im Inland ein gewöhnlicher Aufenthalt vermutet; diese Vermutung gilt jedoch nach Satz 3 dieser Vorschrift dann nicht, wenn – wie hier – die Kur mit neun Monaten Dauer nicht länger als ein Jahr dauert. Jupp van Manco ist daher nicht unbeschränkt einkommensteuerpflichtig.

Bei unbeschränkter Steuerpflicht wird das in- und ausländische Einkommen, das sog. **Welteinkommen**, einer natürlichen Person besteuert.

Beispiel

Norbert König wohnt mit seiner Familie in Kleve. Um der deutschen Einkommensteuer zu entgehen, hat er eine Stelle als Steuerfachangestellter in Venlo (Niederlande) angenommen.

Norbert König ist unbeschränkt steuerpflichtig, da er seinen Wohnsitz weiterhin im Inland inne hat. Er ist unbeschränkt steuerpflichtig mit seinem Welteinkommen, wozu auch die Einkünfte aus seiner Angestelltentätigkeit in den Niederlanden gehören.

Die Besteuerung des Welteinkommens kann dann aber dazu führen, dass ein inländischer Steuerpflichtiger für ein vermietetes Gebäude im Ausland seine Mieteinnahmen sowohl im Ausland als auch in der Bundesrepublik Deutschland versteuern müsste. Das Mietobjekt würde daher zu einer doppelten Besteuerung herangezogen werden. Zur Vermeidung dieser Doppelbesteuerung hat die Bundesrepublik Deutschland mit den meisten europäischen und überseeischen Staaten sog. **Doppelbesteuerungsabkommen** abgeschlossen, in denen die jeweiligen Vertragsstaaten ihre Besteuerungsrechte beschränken. Dies geschieht entweder dadurch, dass der Wohnsitzstaat auf die volle Besteuerung der ausländischen Einkünfte verzichtet und nur eine verminderte Steuer erhebt oder dass die gezahlte ausländische Steuer ganz oder zum Teil auf die inländische Einkommensteuer angerechnet wird.

2.1.2 Unbeschränkte Steuerpflicht (Besonderheiten)

2.1.2.1 Erweiterte unbeschränkte Steuerpflicht

Die unbeschränkte Steuerpflicht erfährt durch § 1 Abs. 2 EStG eine personelle Erweiterung. Diese **erweiterte unbeschränkte Steuerpflicht** greift ein für

- deutsche Staatsangehörige,
- die im Inland weder einen Wohnsitz noch ihren gewöhnlichen Aufenthalt haben, und
- **zu einer inländischen juristischen Person des öffentlichen Rechts in einem Dienstverhältnis stehen und dafür Arbeitslohn aus einer inländischen öffentlichen Kasse beziehen**.

Unbeschränkt einkommensteuerpflichtig sind nach § 1 Abs. 2 EStG insbesondere von der Bundesrepublik Deutschland **ins Ausland entsandte deutsche Staatsangehörige, die Mitglied einer diplomatischen Mission oder konsularischen Vertretung sind** sowie **Auslandskorrespondenten** der öffentlich-rechtlichen Fernsehanstalten.

Diese erweiterte unbeschränkte Steuerpflicht führt dazu, dass auch dieser Personenkreis die Vergünstigungen in Anspruch nehmen kann, die eine unbeschränkte Steuerpflicht voraussetzen (z. B. Ehegatten-Splittingtarif).

Beispiel

Paul Flanze ist Beamter des Bundeswirtschaftsministeriums. Seit drei Jahren ist er als Entwicklungshelfer in Brasillien eingesetzt, wo er seitdem auch seinen Wohnsitz hat. Seine Wohnung in Leverkusen hat er aufgegeben. Seine Bezüge erhält er aus der Kasse seines Arbeitgebers in Bonn. In Brasilien wird er nicht zur Einkommensteuer oder einer vergleichbaren Abgabe herangezogen.

Obwohl Flanze im Inland weder seinen Wohnsitz noch seinen gewöhnlichen Aufenthalt hat, ist er in Deutschland unbeschränkt steuerpflichtig, weil er ein Dienstverhältnis zu einer inländischen juristischen Person des öffentlichen Rechts (Bundesbehörde) hat und dafür aus seiner inländischen öffentlichen Kasse Arbeitslohn bezieht, aber in Brasilien nicht zur Einkommensteuer herangezogen wird.

2.1.2.2 Fiktive unbeschränkte Steuerpflicht

Natürliche Personen, die im Inland weder einen Wohnsitz noch ihren gewöhnlichen Aufenthalt haben, werden nach § 1 Abs. 3 EStG als unbeschränkt einkommensteuerpflichtig behandelt, soweit sie inländische Einkünfte im Sinne des § 49 EStG beziehen.

Diese **fiktive unbeschränkte Steuerpflicht** setzt aber weiter voraus, dass

- ein Antrag vorliegt und
- die Einkünfte im Kalenderjahr mindestens zu 90 % der deutschen ESt unterliegen, oder
- die nicht der deutschen ESt unterliegenden Einkünfte den Grundfreibetrag nach § 32a Abs. 1 Satz 1 Nr. 1 EStG (10.908 €; VZ 2024: 11.604 €) nicht übersteigen, wobei diese Einkünfte durch eine Bescheinigung der zuständigen ausländischen Steuerbehörde nachgewiesen werden. Unberücksichtigt bleiben die ausländischen Einkünfte, die im Ausland nicht besteuert werden, soweit vergleichbare Einkünfte im Inland steuerfrei sind.

Diese fiktive unbeschränkte Steuerpflicht ist **unabhängig von der Staatsangehörigkeit** des Steuerpflichtigen und der Einkunftsart anzuwenden. Diese Regelung bedeutet im Ergebnis eine Erweiterung der unbeschränkten Einkommensteuerpflicht bei den sog. **„Grenzpendlern"**.

Beispiel

Die Eheleute Uwe und Eva Ehren wohnen in Venlo (Niederlande). Die Ehefrau arbeitet als angestellte Steuerberaterin in Kleve. Sie fuhr im VZ 2023 täglich mit dem eigenen Pkw zur Arbeitsstätte nach Kleve und bezog von ihrem deutschen Arbeitgeber ein Jahresgehalt i. H. v. 30.000 €. Der Ehemann versorgte den Haushalt und erteilte wöchentlich in Venlo einen Sprachkurs „Niederländisch für Anfänger". Sein Honorar betrug im VZ 2023 insgesamt 6.000 €. Eine Bescheinigung der niederländischen Finanzbehörde liegt vor.

Die Eheleute können gem. § 1 Abs. 3 EStG einen Antrag auf unbeschränkte Steuerpflicht stellen, da sie keinen Wohnsitz oder gewöhnlichen Aufenthalt im Inland haben, inländische Einkünfte beziehen und die Einkünfte im VZ 2023 zwar nicht zu mindestens 90 % (hier: 83 %) der deutschen Einkommensteuer unterliegen, aber die nicht der deutschen Einkommensteuer unterliegenden Einkünfte nachweislich der Bescheinigung der niederländischen Finanzbehörde nicht 10.908 € übersteigen.

Die **fiktive unbeschränkte Steuerpflicht nach § 1a EStG** bietet Grenzpendlern, die nach § 1 Abs. 3 EStG auf Antrag unbeschränkt einkommensteuerpflichtig zu behandeln sind, folgende steuerliche Vergünstigungen, wenn sie z. B. ihren Wohnsitz in einem Staat der **Europäischen Union** haben:

- Realsplitting
- Ehegatten-Splittingtarif.

2.1.3 Beschränkte Steuerpflicht

Natürliche Personen, die im Inland weder einen Wohnsitz noch ihren gewöhnlichen Aufenthalt haben, sind – soweit § 1 Abs. 2 und 3 EStG sowie § 1a EStG keine Anwendung finden – beschränkt steuerpflichtig, wenn sie **inländische Einkünfte** im Sinne des § 49 EStG erzielen (§ 1 Abs. 4 EStG). Das Besteuerungsrecht dieser inländischen Einkünfte muss der Bundesrepublik Deutschland zustehen.

Die beschränkte Einkommensteuerpflicht erstreckt sich dann nur auf die inländischen Einkünfte.

Beispiel

Ein französischer Staatsbürger wohnt in Paris. Als Mitglied einer Erbengemeinschaft ist er mit 20 % an einem Immobilien-Objekt in Bergisch Gladbach beteiligt. Einmal im Jahr kommt er für einige Tage nach Bergisch Gladbach, um sich von dem Verwalter des Objekts informieren zu lassen. Weitere Einkünfte hat er in Deutschland nicht. Seine Einkünfte aus dem Objekt in Bergisch Gladbach betrugen im VZ 2023 30 % der Gesamteinkünfte, die mit 70.000 € festgestellt wurden.

Mit seinen Einkünften aus dem Immobilien-Objekt in Bergisch Gladbach, die zu den inländischen Einkünften gehören, ist der französische Staatsbürger gem. § 1 Abs. 4 EStG beschränkt steuerpflichtig. Da auch die Voraussetzungen des § 1 Abs. 3 EStG wegen der Höhe der Einkünfte nicht gegeben sind, ist auch auf Antrag die Behandlung als unbeschränkt Steuerpflichtiger nicht möglich, sodass auch die Vergünstigungen des § 1a EStG nicht in Anspruch genommen werden können, obwohl der Steuerpflichtige Staatsbürger eines EU-Staates ist.

2.2 Sachliche Steuerpflicht

Die Bemessungsgrundlage für die tarifliche Einkommensteuer bildet das **zu versteuernde Einkommen**, das der Steuerpflichtige **innerhalb eines Kalenderjahres** bezogen hat (§ 2 Abs. 5 Satz 1, Abs. 7 Satz 2 EStG).

Das zu versteuernde Einkommen ermittelt sich gem. § 2 Abs. 1 bis 5 EStG wie folgt:

	Gewinneinkünfte (§ 2 Abs. 2 Nr. 1 EStG):
	Einkünfte aus Land- und Forstwirtschaft (§ 13 EStG)
+	Einkünfte aus Gewerbebetrieb (§ 15 EStG)
+	Einkünfte aus selbstständiger Arbeit (§ 18 EStG)
	Überschusseinkünfte (§ 2 Abs. 2 Nr. 2 EStG):
+	Einkünfte aus nichtselbstständiger Arbeit (§ 19 EStG)
+	Einkünfte aus Kapitalvermögen (§ 20 EStG)
+	Einkünfte aus Vermietung und Verpachtung (§ 21 EStG)
+	Sonstige Einkünfte (§ 22 EStG)
=	**Summe der Einkünfte**
-	Altersentlastungsbetrag (§ 24a EStG)
-	Entlastungsbetrag für Alleinerziehende (§ 24b EStG)
-	Freibetrag für Land- und Forstwirte (§ 13 Abs. 3 EStG)
=	**Gesamtbetrag der Einkünfte (§ 2 Abs. 3 EStG)**
-	Verlustabzug (§ 10d EStG)
-	Sonderausgaben (§§ 10, 10b, 10c EStG)
-	außergewöhnliche Belastungen (§§ 33 - 33b EStG)
=	**Einkommen (§ 2 Abs. 4 EStG)**
-	Freibeträge nach § 32 Abs. 6 EStG (sofern die gebotene steuerliche Freistellung durch das Kindergeld nicht in vollem Umfang bewirkt wird)
-	Härteausgleich (§ 46 Abs. 3 EStG, § 46 Abs. 5 EStG i. V. mit § 70 EStDV)
=	**Zu versteuerndes Einkommen (§ 2 Abs. 5 EStG)**
	Die **tarifliche Einkommensteuer** ergibt sich dann durch Anwendung der Grundtabelle bzw. Splittingtabelle auf das zu versteuernde Einkommen.

Der Einkommensteuer unterliegen ausschließlich die oben erwähnten **sieben Einkunftsarten** (Gewinn- und Überschusseinkünfte).

MERKE

Diese Aufzählung ist abschließend und daher nicht verlängerbar.

Folgende Geldzuflüsse unterliegen daher nicht der Einkommensteuer, da sie keiner dieser sieben Einkunftsarten zuzuordnen sind:

- Erbschaften, Lotto-, Lotterie- und andere Spiel(bank)gewinne
- Streikunterstützungen.

2.3 Fälle zur Sicherung des Lernerfolgs

Fall 1:

Der 4-jährige Uwe Brenner hat im August 2023 bei einem Verkehrsunfall seine Eltern verloren. Er lebt nun bei seinen Großeltern in Leverkusen, denen vom Familiengericht das Sorgerecht für ihren Enkel übertragen wurde. Uwe hat von seinen Eltern ein vermietetes Mehrfamilienhaus in Wuppertal und ein Festgeldkonto in der Schweiz geerbt. Die Zinsen daraus werden nun seinem Schweizer Konto gutgeschrieben.

Prüfen und begründen Sie, ob Uwe Brenner im VZ 2023 persönlich einkommensteuerpflichtig ist und ob eine sachliche Steuerpflicht vorliegt!

Fall 2:

Prof. Dr. Ungenau von der Universität Bonn war im ganzen VZ 2023 ohne Fortzahlung seiner Dienstbezüge für eine Lehrtätigkeit an der Universität in Paris beurlaubt. Er hatte seinen Wohnsitz in Bonn aufgegeben und wohnte mit seiner Familie in einem Vorort von Paris. Seine Ehefrau ist an einer Personengesellschaft in der Schweiz beteiligt.

Beurteilen Sie die persönliche Steuerpflicht der Eheleute Ungenau in Deutschland für den VZ 2023!

Fall 3:

Der ledige Gastarbeiter Mustafa M., bisher wohnhaft in Ankara, ist zum 01. April 2023 nach Deutschland eingereist, um hier für mehrere Jahre tätig zu sein. Bis zum 31. März 2023 hatte M. im Inland weder einen Wohnsitz noch Einkünfte. Ab dem 01. April 2023 wohnte er in Köln-Nippes. M. fand am 15. November 2023 bei einem Verkehrsunfall den Tod.

Beurteilen Sie die persönliche Steuerpflicht des M. für den VZ 2023!

Fall 4:

Die Modeschöpferin Hosia Hose wohnt seit dem 01. Februar 2023 seit ihrem Wegzug von Leverkusen in Florenz und ist dort Eigentümerin einer Kleiderfabrik. In Leverkusen betreibt sie jedoch weiterhin eine Modeboutique, in der selbstentworfene und -gefertigte Kleider verkauft werden. Hosia Hose erzielte im VZ 2023 folgende Einkünfte:

- Kleiderfabrik in Florenz 30.000 € Reingewinn
- Modeboutique in Leverkusen 24.000 € Reingewinn

a) Beurteilen Sie die persönliche Einkommensteuerpflicht für den VZ 2023!

b) Prüfen und begründen Sie, wie viel ESt-Erklärungen Hosia Hose für den VZ 2023 abzugeben hat! (vgl. § 2 Abs. 7 Satz 3 EStG)

Fall 5:

Der ledige Deutsche Dr. Schmidt ist Konsularbeamter des Auswärtigen Amtes in Berlin. Er wohnt seit Jahren in Neuseeland, ist dort an der deutschen Botschaft in Wellington tätig und hat in Deutschland weder einen Wohnsitz noch einen gewöhnlichen Aufenthalt. Dr. Schmidt bezog für diese Tätigkeit im VZ 2023 ein monatliches Gehalt i. H. v. 7.000 € brutto aus der öffentlichen Kasse seines Arbeitgebers in Berlin. Diese Einkünfte werden in Neuseeland nicht besteuert. Dr. Schmidt erzielte im VZ 2023 keine weiteren Einkünfte.

Beurteilen Sie unter Angabe der gesetzlichen Grundlage die persönliche Einkommensteuerpflicht von Dr. Schmidt in Deutschland für den VZ 2023.

Fall 6:

Der holländische Arbeitnehmer A. lebt im ganzen VZ 2023 mit seiner Frau in Venlo (Niederlande) und arbeitet in Kleve. Er hält sich tagsüber an der Arbeitsstelle auf und fährt am Abend nach Venlo zurück. Seine deutschen Einkünfte betrugen im VZ 2023 insgesamt 60.000 €. Niederländische Einkünfte hat er nicht. Seine Ehefrau versorgt den Haushalt und erzielt aus der Vermietung einer Ferienwohnung in Amsterdam Einkünfte i. H. v. 5.900 €. Eine Bescheinigung der niederländischen Finanzbehörde liegt vor.

Prüfen Sie, ob die Voraussetzungen für folgende Anträge gegeben sind:

a) die Behandlung als unbeschränkt Steuerpflichtiger nach § 1 Abs. 3 EStG,

b) die Zusammenveranlagung nach § 1a Abs. 1 Nr. 2 i. V. mit § 26 EStG.

Fall 7:

Die Einkünfte aus nichtselbstständiger Arbeit des Steuerpflichtigen Hansi Maule betrugen im VZ 2023 insgesamt 27.400 €. Er erzielte ferner Einkünfte aus selbstständiger Arbeit von 4.500 € und Einkünfte aus Gewerbebetrieb i. H. v. 9.500 €. Hansi Maule bekommt den Altersentlastungsbetrag von 646 €. Seine Sonderausgaben betrugen 5.000 € und es entstanden außergewöhnliche Belastungen von 2.690 €. Ermitteln Sie unter Nennung der einschlägigen Fachbegriffe das zu versteuernde Einkommen für den VZ 2023!

Fall 8:

Eine ledige Stpfl. macht für den VZ 2023 folgende Besteuerungsgrundlagen belegmäßig geltend:

► Sonderausgaben	5.000 €
► Einkünfte aus Gewerbebetrieb	50.000 €
► Gewinn aus der GlücksSpirale	25.000 €
► Außergewöhnliche Belastungen	10.000 €

► Einkünfte aus Vermietung und Verpachtung	20.000 €
► Altersentlastungsbetrag	646 €
► Sonstige Einkünfte	4.000 €
► Kinderfreibetrag	3.012 €
► Entlastungsbetrag für Alleinerziehende	4.260 €
► Betreuungs- und Erziehungsfreibetrag	1.464 €

Ermitteln Sie in einer übersichtlichen Aufstellung unter Nennung der einschlägigen Fachbegriffe das zu versteuernde Einkommen für den VZ 2023 in der gesetzlichen Reihenfolge.

3. Veranlagungsformen

3.1 Allgemeines

Unter einer Veranlagung zur Einkommensteuer ist ein förmliches Verfahren zu verstehen, in dem die Besteuerungsgrundlagen ermittelt werden und die Steuer anschließend durch Steuerbescheid festgesetzt wird.

Die Einkommensteuer wird dabei gem. § 25 Abs. 1 EStG nach Ablauf eines jeden Kalenderjahres (**Veranlagungszeitraums**) nach dem Einkommen veranlagt, das der Steuerpflichtige in dem jeweiligen Veranlagungszeitraum vom **01. Januar bis zum 31. Dezember** bezogen hat.

Der Steuerpflichtige hat für den Veranlagungszeitraum eine **ESt-Erklärung abzugeben**, die er eigenhändig zu unterschreiben hat (§ 25 Abs. 3 EStG). Die ESt-Erklärung ist grundsätzlich **elektronisch** zu **übermitteln**, wenn der Steuerpflichtige Gewinneinkünfte erzielt (§ 25 Abs. 4 EStG).

Sonderfall:
Besteht während eines Kalenderjahres sowohl die unbeschränkte als auch die beschränkte Einkommensteuerpflicht, so sind die während der beschränkten Einkommensteuerpflicht erzielten inländischen Einkünfte in eine Veranlagung zur unbeschränkten Einkommensteuerpflicht einzubeziehen (§ 2 Abs. 7 Satz 3 EStG). In diesem Fall hat der Steuerpflichtige also nicht zwei ESt-Erklärungen abzugeben, sondern **nur eine ESt-Erklärung** für seine unbeschränkte Steuerpflicht. In diese Veranlagung werden dann die erzielten inländischen Einkünfte mit einbezogen.

Das deutsche Einkommensteuerrecht kennt **zwei Veranlagungsformen**, nämlich

- die Einzelveranlagung
- die Ehegattenbesteuerung.

3.2 Einzelveranlagung

In § 2 Abs. 1 Satz 1 EStG ist das sog. **Individualprinzip** verankert: Danach unterliegen der Einkommensteuer Einkünfte, die von dem Steuerpflichtigen erzielt wurden.

Beispiel

Der alleinerziehende Steuerpflichtige lebt im VZ 2023 mit seinem in Berufsausbildung befindlichen Sohn in einem gemeinsamen Haushalt in Leverkusen.

Der Steuerpflichtige und sein Sohn werden für den VZ 2023 jeweils zur Einkommensteuer veranlagt. Der Vater und der Sohn haben je eine eigene ESt-Erklärung abzugeben und erhalten jeweils separate ESt-Bescheide. Es sind deshalb **zwei Einzelveranlagungen** durchzuführen, weil das EStG eine Zusammenveranlagung mit Kindern nicht kennt.

Die **Einzelveranlagung** kommt demnach insbesondere in Betracht für:

- **ledige** Steuerpflichtige
- **verwitwete** Steuerpflichtige
- **geschiedene** Steuerpflichtige
- **dauernd getrennt lebende** Ehegatten
- Ehegatten, bei denen **einer oder beide nicht unbeschränkt steuerpflichtig** ist/sind.

Der **Grundsatz der Individualbesteuerung** schließt also die Zusammenfassung von Besteuerungsgrundlagen für mehrere Steuerpflichtige aus.

3.3 Ehegattenbesteuerung

Die Ehegattenbesteuerung durchbricht den Grundsatz der Individualbesteuerung.

3.3.1 Voraussetzungen

Die Ehegattenbesteuerung kommt in Betracht, wenn die folgenden Eingangsvoraussetzungen des **§ 26 Abs. 1 Satz 1 EStG** sämtlich erfüllt sind:

1. Es muss sich um **Ehegatten** handeln.
2. Die Ehegatten müssen **beide unbeschränkt einkommensteuerpflichtig** sein.
3. Die Ehegatten dürfen **nicht dauernd getrennt leben**.
4. Die Voraussetzungen 1 bis 3 müssen zu Beginn des VZ vorgelegen haben oder im Laufe des VZ eingetreten sein. Es reicht also aus, wenn die Voraussetzungen zu irgend einem Zeitpunkt im VZ vorgelegen haben. Eine Mindestdauer, während der die betreffenden Voraussetzungen bestehen müssen, gibt es also nicht. Es reicht daher aus, wenn die Voraussetzungen **einen Augenblick** vorgelegen haben.

Erläuterungen:

Zu 1.:
Welche Personen Ehegatten sind, bestimmt sich nach dem bürgerlichen Recht. **Lebenspartner** und **Lebenspartnerschaften** sind den Ehegatten gleichgestellt (§ 2 Abs. 8 EStG). Bei **Ausländern** sind die materiell-rechtlichen Voraussetzungen für jeden Beteiligten nach den Gesetzen des Staates zu beurteilen, dem er angehört. Ein Steuerpflichtiger, dessen Ehegatte **verschollen oder vermisst** ist, gilt als verheiratet.

Beispiel

Michael und Susi leben seit fünf Jahren zusammen in Solingen. Aus dieser Verbindung ist die Tochter Helene hervorgegangen. Sie beabsichtigen deshalb in naher Zukunft zu heiraten.

Eine Ehegattenbesteuerung kommt nicht in Betracht, da es sich bei Michael und Susi trotz des herrschenden Familienlebens nicht um Ehegatten i. S. des BGB handelt. Es sind daher zwei Einzelveranlagungen durchzuführen.

Zu 2.:
Beide Ehegatten müssen regelmäßig unbeschränkt einkommensteuerpflichtig sein, d. h. ihren Wohnsitz (§ 8 AO) oder gewöhnlichen Aufenthalt (§ 9 AO) im Inland während des VZ haben.

Ein **Grenzpendler** ohne Wohnsitz oder gewöhnlichen Aufenthalt im Inland kann als unbeschränkt einkommensteuerpflichtig behandelt werden, wenn die Voraussetzungen des § 1a Abs. 1 Nr. 2 EStG erfüllt sind.

Beispiel

Rechtsanwalt R. und seine Ehefrau haben nach Erreichen des Pensionsalters beschlossen, ihren Lebensabend auf den Kanarischen Inseln zu verbringen und deshalb im März 2023 ihren Wohnsitz von Leverkusen nach Fuerteventura verlegt. In Deutschland erzielen sie aus dem vermieteten gemeinsamen Einfamilienhaus weiterhin Einkünfte aus Vermietung und Verpachtung.

Im **VZ 2023** waren beide Ehegatten unbeschränkt einkommensteuerpflichtig. Sie lebten nicht dauernd getrennt. Die Voraussetzungen des § 26 Abs. 1 Satz 1 EStG für eine Ehegattenbesteuerung lagen daher vor. Im **VZ 2024** sind die Eheleute beschränkt einkommensteuerpflichtig, da sie weder einen Wohnsitz noch einen gewöhnlichen Aufenthalt im Inland haben und inländische Einkünfte erzielen. Die Voraussetzungen des § 26 Abs. 1 Satz 1 EStG für eine Ehegattenbesteuerung liegen daher im VZ 2024 nicht vor, sodass zwingend zwei Einzelveranlagungen durchzuführen sind.

Zu 3.:
Die Ehegatten leben dauernd getrennt, wenn die zum Wesen der Ehe gehörende Lebens- und Wirtschaftsgemeinschaft nach dem Gesamtbild der Verhältnisse auf Dauer nicht mehr besteht. Dabei ist unter Lebensgemeinschaft die räumliche, persönliche und geistige Gemeinschaft der Ehegatten, unter Wirtschaftsgemeinschaft die gemeinsame Erledigung der die Ehegatten gemeinsam berührenden wirtschaftlichen Fragen ihres Zusammenlebens zu verstehen.

Bei der Frage, ob die Ehegatten dauernd getrennt leben, wird **einer auf Dauer herbeigeführten räumlichen Trennung** regelmäßig eine besondere Bedeutung zukommen. Die eheliche Lebens- und Wirtschaftsgemeinschaft ist jedoch im Allgemeinen nicht aufgehoben, wenn sich die Ehegatten nur vorübergehend räumlich trennen, z. B. bei einem **beruflich bedingten Auslandsaufenthalt** eines der Ehegatten. Sogar in Fällen, in denen die Ehegatten infolge zwingender äußerer Umstände für eine nicht absehbare Zeit räumlich voneinander getrennt leben müssen, z. B. **infolge Krankheit oder Verbüßung einer Freiheitsstrafe**, kann die eheliche Lebens- und Wirtschaftsgemeinschaft noch weiterbestehen, wenn die Ehegatten die erkennbare Absicht haben, die eheliche Verbindung in dem noch möglichen Rahmen aufrechtzuerhalten und nach dem Wegfall der Hindernisse die volle eheliche Gemeinschaft wiederherzustellen. Ehegatten, von denen einer **vermisst** ist, sind im Allgemeinen nicht als dauernd getrennt lebend anzusehen.

In der Regel sind die Angaben der Ehegatten, sie lebten nicht dauernd getrennt, anzuerkennen, es sei denn, dass die äußeren Umstände das Bestehen einer ehelichen Lebens- und Wirtschaftsgemeinschaft fraglich erscheinen lassen. In einem **Scheidungsverfahren zum Getrenntleben getroffene Feststellungen** (§ 1565 BGB) sind für die steuerliche Beurteilung **nicht unbedingt bindend**.

Beispiel

Dipl.-Ing. Dr. Speedy ist bei der BMW-AG in München beschäftigt. Er bewohnt mit seiner Ehefrau in München ein Einfamilienhaus. Im September 2023 wurde er von der BMW-AG für drei Jahre nach Südafrika abgeordnet. Die Eheleute haben beschlossen, dass die Ehefrau während des Auslandsaufenthaltes ihres Mannes in München wohnen bleibt. Dr. Speedy fliegt einmal im Monat zu seiner Frau nach Hause. Mit ihr verbringt er auch den jährlichen Jahresurlaub.

Die Eheleute Dr. Speedy sind unbeschränkt einkommensteuerpflichtig, da sie einen Wohnsitz im Inland haben. Sie leben auch nicht dauernd getrennt, da es sich hier lediglich um einen beruflich bedingten Auslandsaufenthalt des Mannes handelt, und keine weiteren Umstände ersichtlich sind, dass die eheliche Lebens- und Wirtschaftsgemeinschaft nach dem Gesamtbild der Verhältnisse auf Dauer nicht mehr bestehen soll. Da die Voraussetzungen des § 26 Abs. 1 Satz 1 EStG demnach vorliegen, ist für die Eheleute die Ehegattenbesteuerung durchzuführen.

Zu 4.:
Sind die Voraussetzungen zu 1 bis 3 zu keinem Zeitpunkt im VZ gemeinsam erfüllt, ist zwingend eine Einzelveranlagung durchzuführen, da die Voraussetzungen des § 26 Abs. 1 Satz 1 EStG dann nicht alle erfüllt sind.

Beispiele

- Bernd B. heiratete am 30. Dezember 2023 seine langjährige Schulfreundin. Für den VZ 2023 können die Ehegatten die Ehegattenbesteuerung durchführen lassen, da die Voraussetzungen des § 26 Abs. 1 Satz 1 EStG im Laufe des VZ 2023 eingetreten sind.
- Die Ehegatten E. sind seit 20 Jahren verheiratet. Der Ehemann ist am 01. Januar 2023 verstorben. Die Witwe hat im VZ 2023 nicht wieder geheiratet. Für den VZ 2023 kann die Witwe noch die Ehegattenbesteuerung durchführen lassen, da die Voraussetzungen des § 26 Abs. 1 Satz 1 EStG noch zu Beginn des VZ 2023 vorgelegen haben.

3.3.2 Wahlmöglichkeiten

Die Ehegatten, bei denen die Voraussetzungen des § 26 Abs. 1 Satz 1 EStG sämtlich erfüllt sind, haben ein **Wahlrecht** zwischen

- **Einzelveranlagung** (§ 26a EStG) und
- **Zusammenveranlagung** (§ 26b EStG).

3.3.2.1 Zusammenveranlagung

Die Zusammenveranlagung von Ehegatten ist der Regelfall, weil dann der günstige **Splittingtarif** zur Anwendung kommt (§ 32a Abs. 5 EStG).

Die Ehegatten werden zusammen veranlagt, wenn beide Ehegatten die Zusammenveranlagung wählen (§ 26 Abs. 2 Satz 2 EStG). Treffen die Ehegatten keine Wahl zur Veranlagungsform, wird **unterstellt**, dass sie die Zusammenveranlagung wählen (§ 26 Abs. 3 EStG).

Die Ehegatten haben für den Fall der Zusammenveranlagung eine **gemeinsame ESt-Erklärung** abzugeben, die von beiden Ehegatten **eigenhändig zu unterschreiben** ist (§ 25 Abs. 3 Satz 2 EStG).

Die Regelung des **§ 26 Abs. 2 Satz 4 EStG** sieht eine **Bindung** der Ehegatten an die von ihnen gewählte Veranlagungsart vor.

Nach Ablauf der Einspruchsfrist kann danach die **Wahl der Veranlagungsart** innerhalb eines VZ **nur dann geändert werden**, wenn folgende **Voraussetzungen sämtlich** erfüllt sind:

- Der **Steuerbescheid**, der die Ehegatten betrifft, wird **aufgehoben, geändert** oder **berichtigt** (unerheblich ist, nach welcher Berichtigungsvorschrift die Änderung oder Berichtigung erfolgt) **und**
- die Änderung der Wahl der Veranlagungsart muss der **zuständigen Finanzbehörde bis zum Eintritt der Unanfechtbarkeit des Änderungs- oder Berichtigungsbescheides** schriftlich oder elektronisch **mitgeteilt** oder zur Niederschrift erklärt worden sein **und**
- der Antrag ist zulässig, wenn der **Unterschied** zwischen der festzusetzenden Einkommensteuer im Änderungsbescheid und der festzusetzenden Einkommensteuer, die sich bei einer geänderten Ausübung des Veranlagungswahlrechts ergeben würde, **positiv** ist. Die sich bei Einzelveranlagung der Ehegatten ergebenden Steuerbeträge sind hierbei zusammenzurechnen.

Die Zusammenveranlagung nach § 26b EStG führt **zwar zu einer Zusammenrechnung, nicht aber zu einer einheitlichen Ermittlung der Einkünfte** der Ehegatten. Deshalb sind für jeden Ehegatten die Einkünfte zunächst gesondert zu ermitteln.

3.3.2.2 Einzelveranlagung von Ehegatten

Die Ehegatten werden einzeln veranlagt, wenn **einer** der Ehegatten die Einzelveranlagung wählt (§ 26 Abs. 2 Satz 1 EStG). Der **einseitige Antrag eines Ehegatten** auf Einzelveranlagung ist aber dann **unwirksam**, wenn dieser Ehegatte im VZ **keine positiven oder negativen Einkünfte** erzielt hat oder wenn seine positiven Einkünfte so gering sind, dass weder eine Einkommensteuer festzusetzen ist noch die Einkünfte einem Steuerabzug zu unterwerfen waren, und zwar selbst dann, wenn dem anderen Ehegatten eine Steuerstraftat zur Last gelegt wird. In einem solchen Fall findet dann eine **Zusammenveranlagung** der Ehegatten statt.

Hierbei wird jeder Ehegatte mit dem von ihm erzielten Einkommen zur Einkommensteuer herangezogen (§ 26a Abs. 1 EStG); es werden also **zwei Veranlagungen** durchgeführt, weshalb auch zwei ESt-Erklärungen abzugeben sind.

Sonderausgaben, außergewöhnliche Belastungen und die Steuerermäßigung nach § 35a EStG werden demjenigen **Ehegatten zugerechnet, der die Aufwendungen wirtschaftlich getragen hat, es sei denn, die Ehegatten beantragen übereinstimmend eine hälftige Aufteilung** (§ 26a Abs. 2 Satz 1 und 2 EStG). Der Antrag des Ehegatten, der die Aufwendungen wirtschaftlich getragen hat, ist in begründeten Einzelfällen dabei ausreichend (§ 26a Abs. 2 Satz 3 EStG).

Die **Beweggründe** für die **Wahl der Einzelveranlagung** anstelle der Zusammenveranlagung liegen in der Regel in einer gegenüber der Zusammenveranlagung niedrigeren Steuer (z. B. bei **Progressionsvorbehalt nach § 32b EStG, Verlustvor-/rücktrag gem. § 10d EStG** oder **außerordentlichen Einkünften nach § 34 EStG**).

In Betracht kommen aber auch **außersteuerliche Gründe** z. B. in der Form, dass der eine Ehegatte seine **steuerlichen Verhältnisse** dem anderen Ehegatten gegenüber **nicht offen legen** möchte.

3.3.2.3 Mehrmalige Hochzeit im Veranlagungszeitraum

War der Steuerpflichtige im Veranlagungszeitraum **zweimal** verheiratet und haben **für beide Ehen jeweils die Voraussetzungen der Ehegattenbesteuerung vorgelegen**, so besteht das Veranlagungswahlrecht grundsätzlich für die **nachfolgende Ehe** (§ 26 Abs. 1 Satz 2 EStG).

Beispiel

Die Eheleute A und B sind seit sieben Jahren verheiratet. Der B ist am 13. Februar 2023 verstorben. A hat am 29. Dezember 2023 den C geheiratet. Eine Wahl zur Veranlagungsform wurde nicht getroffen. Sowohl die Eheleute A und B als auch die Eheleute A und C haben jeweils die Voraussetzungen der Ehegattenbesteuerung erfüllt.

Für beide Ehen (A und B, A und C) haben die Voraussetzungen des § 26 Abs. 1 Satz 1 EStG vorgelegen, sodass das Veranlagungswahlrecht für die zuletzt geschlossene Ehe gilt (§ 26 Abs. 1 Satz 2). A und C werden daher zusammen veranlagt, da sie ihr Wahlrecht nicht ausgeübt haben (§ 26 Abs. 3 EStG). Für den B ist eine Einzelveranlagung durchzuführen.

3.4 Zusammenfassung

Begriff	Förmliches Verfahren zur Ermittlung der Besteuerungsgrundlagen und Festsetzung der Steuerschuld für ein Kalenderjahr	
Formen	**Einzelveranlagung**	**Ehegattenbesteuerung**
Personenkreis	► **Ledige** ► **Verwitwete** ► **Geschiedene** ► **Ehegatten**, bei denen die Voraussetzungen der Ehegattenbesteuerung nicht vorliegen	❶ **Ehegatten bzw. Lebenspartner** ❷ unbeschränkt steuerpflichtig ❸ nicht dauernd getrennt lebend ❹ Voraussetzungen ❶, ❷ und ❸ haben zu Beginn des Veranlagungszeitraums gleichzeitig vorgelegen oder sind im Laufe des Veranlagungszeitraumes eingetreten **Wahlrecht** → **Zusammen-VA** / **Einzel-VA**
Tarif	**Grundtabelle** (Ausnahme; § 32a Abs. 6 Nr. 1 und 2)	Zusammen-VA → **Splittingtabelle** Einzel-VA → **Grund- oder Splittingtabelle** (§ 32a Abs. 6)

3.5 Fälle zur Sicherung des Lernerfolgs

Fall 1:

Dr. Willi Wutz (W) war Beamter im Ruhestand und wohnte in Leverkusen. Am 29. Dezember 2023 heiratete er in Noordwijk (Niederlande) in rechtsgültiger Ehe die niederländische Staatsangehörige Meike Bromfiets (M), die ihren Wohnsitz in Noordwijk hat. W wollte nach anschließender Hochzeitsreise in die Karibik M in sein Einfamilienhaus in Leverkusen heimführen, das er selbst bewohnte. Bei einem Rundflug über Barbados stürzte die Maschine am 01. Januar 2024 jedoch ab. W und M verunglückten dabei tödlich. Aus der von dem Bruder und Alleinerben des W abgegebenen ESt-Erklärung für 2023 ergibt sich nicht, welche Wahl der W zur Veranlagungsform getroffen hat. Prüfen und begründen Sie, welche Veranlagungsform für den VZ 2023 in Betracht kommt!

Fall 2:

Der Filmschauspieler Waldemar Schön (40) hat am 31. August 2023 die Stewardess Anneliese Müller (21) geheiratet. Ab 01. September 2023 bewohnen sie in Leverkusen ein gemietetes Appartement. Frau Schön übt auch nach der Verheiratung ihren Beruf bei der Lufthansa aus. Dadurch ist sie immer nur kurzfristig in der Leverkusener Wohnung. Auch Herr Schön hält sich wegen Filmaufnahmen sehr oft im Ausland auf. In dieser Zeit wohnt er in Hotels. Sobald die Aufnahmearbeiten beendet sind, kehrt er jedoch in die eheliche Wohnung nach Leverkusen zurück. In der Zeit vom 01. September 2023 bis zum 31. Dezember 2023 hat Herr Schön nachweislich 98 Mal im Ausland übernachtet. Frau Schön hat nachgewiesen, dass sie in dieser Zeit an 87 Tagen nicht in der gemeinsamen Leverkusener Wohnung war.

Wie sind die Eheleute für den VZ 2023 zur Einkommensteuer zu veranlagen?

Fall 3:

Die Eheleute und der 16-jährige Sohn bilden eine Grundstücksgemeinschaft, aus der sie im VZ 2023 Einkünfte von insgesamt 25.000 € erzielten. Vater und Mutter sind zu je 40 %, der Sohn mit 20 % beteiligt. Wie viele ESt-Erklärungen müssen für den VZ 2023 abgegeben werden, wie viele können es äußerst sein?

Begründen Sie Ihre Entscheidungen!

Fall 4:

A und B heiraten am 15. Mai 2023. Sie begründen ihren Wohnsitz in Leverkusen. A lebte bis zur Hochzeit in Thailand, während B bereits seit Jahren in Leverkusen wohnte. Seit März 2024 leben die Eheleute in Leverkusen dauernd getrennt. Die Ehe wird am 30. Januar 2025 rechtskräftig geschieden. A zieht nach Düsseldorf und heiratet Ende Mai 2025 den unbeschränkt steuerpflichtigen C. B bleibt weiterhin in Leverkusen wohnen, heiratet aber nicht wieder.

Welche Veranlagungsformen kommen für die VZ 2023 bis einschl. 2025 in Betracht?

Fall 5:

Ausgangssituation:
Der ledige Steuerpflichtige A lernte am 15.07.2023 die attraktive B kennen. Beide heiraten noch im Dezember 2023 standesamtlich, während die kirchliche Trauung im Januar 2024 erfolgte.

Am 01.03.2024 stirbt die B bei einem tragischen Verkehrsunfall. In dem von B im Jahr 2024 aufgesetzten Testament wird A zum Alleinerben bestimmt.

Welche Veranlagungsformen kommen für die VZ 2023 bis 2025 in Betracht?

1. Abwandlung:
Am 01.03.2024 wird der Steuerpflichtige A von seiner Ehegattin B verlassen. Die Scheidung erfolgt in beiderseitigem Einvernehmen zum 31.07.2024. Am Jahresende 2024 heiratet B ihren langjährigen Schulfreund C.

Welche Veranlagungsformen kommen für den VZ 2024 mit welchen Personen in Betracht?

2. Abwandlung:
Ausgangsfall, jedoch heiratet der Steuerpflichtige A nach dem Tod seiner Ehegattin B noch im selben Kalenderjahr 2024 seine heimliche Freundin D.

Welche Veranlagungsformen kommen für den VZ 2024 mit welchen Personen in Betracht?

3. Abwandlung:
Ausgangsfall, jedoch heiratet der Steuerpflichtige A nach dem Tod seiner Ehegattin B im folgenden Kalenderjahr 2024 seine heimliche Freundin D.

Welche Veranlagungsformen kommen für den VZ 2024 und 2025 mit welchen Personen in Betracht?

4. Tarifanwendungen

4.1 Allgemeines

Bei der Einkommensteuerberechnung sind **zwei Tarife** zu unterscheiden:

- **Grundtarif** (§ 32a Abs. 1 EStG)
- **Splittingtarif** (§ 32a Abs. 5 + 6 EStG).

Der jeweils anzuwendende Tarif ist **grundsätzlich von der Veranlagungsform abhängig**. Im Einzelnen gilt Folgendes:

- **Zusammenveranlagung:** (immer) Splittingtarif
- **Einzelveranlagung:** (grundsätzlich) Grundtarif.

Beispiel

Ein lediger Steuerpflichtiger hat für den VZ 2023 ein zu versteuerndes Einkommen von 150.000 €.

Für den Steuerpflichtigen ist für den VZ 2023 eine Einzelveranlagung durchzuführen. Die tarifliche Einkommensteuer lt. Grundtabelle beträgt 53.027 €.

Wenn dieser Steuerpflichtige am 29. Dezember 2023 heiraten würde, wäre für den VZ 2023 eine Zusammenveranlagung durchzuführen. Wenn seine Ehefrau kein zu versteuerndes Einkommen hätte, würde die tarifliche Einkommensteuer bei einem unveränderten zu versteuernden Einkommen von 150.000 € für den VZ 2023 insgesamt 43.054 € betragen. Durch die Hochzeit ergibt sich mithin eine Steuerersparnis von (53.027 € - 43.054 € =) 9.973 €.

Für nach dem **Grundtarif** zu versteuernde Einkommen **ab 277.826 €** errechnet sich die tarifliche Einkommensteuer aus der **Formel gem. § 32a Abs. 1 Nr. 5 EStG** in folgenden Schritten:

- Abrunden des zu versteuernden Einkommens auf einen vollen Euro-Betrag (abgerundetes zu versteuerndes Einkommen • 45 %) - 18.307,73 € (VZ 2024: 18.936,88 €) = tarifliche ESt
- Abrunden der tariflichen ESt auf den nächsten vollen Euro-Betrag.

Beispiel

Das zu versteuernde Einkommen 2023 eines ledigen Steuerpflichtigen beträgt 280.000 €. Wie hoch ist die tarifliche Einkommensteuer für 2023?

Lösung:
(280.000 € • 45 % =) 126.000 € - 18.307,73 € = tarifl. ESt = 107.692 € (abgerundeter Betrag)

Für nach dem **Splittingtarif** zu versteuernde Einkommen **ab 555.652 €** errechnet sich die tarifliche Einkommensteuer nach Maßgabe des **§ 32a Abs. 5 EStG** in folgenden Schritten:

- Halbierung des zu versteuernden Einkommens
- Abrunden des zu versteuernden Einkommens auf einen vollen Euro-Betrag (abgerundetes zu versteuerndes Einkommen • 45 %) - 18.307,73 € (VZ 2024: 18.936,88 €) = tarifliche ESt
- Abrunden der tariflichen ESt auf den nächsten vollen Euro-Betrag
- Verdoppelung der tariflichen Einkommensteuer.

Beispiel

Das zu versteuernde Einkommen 2023 eines verheirateten Steuerpflichtigen beträgt 600.000 €. Wie hoch ist die tarifliche Einkommensteuer für 2023?

Lösung:

- Halbierung des zu versteuernden Einkommens = 600.000 € : 2 = 300.000 €
- (300.000 € • 45 % =) 135.000 € - 18.307,73 € = 116.692 € (abgerundeter Betrag)
- Verdoppelung = 116.692 € • 2 = 233.384 € = tarifliche Einkommensteuer.

4.2 Verwitwetensplitting

Obwohl für den Steuerpflichtigen eine **Einzelveranlagung** durchzuführen ist, kann ihm trotzdem der Splittingtarif (sog. **Verwitwetensplitting**) gewährt werden, wenn die folgenden Voraussetzungen des § 32a Abs. 6 Nr. 1 EStG sämtlich erfüllt sind:

- Der Steuerpflichtige muss **verwitwet** sein.
- Die Verwitweteneigenschaft besteht in dem **Folgejahr des Todes**.

Bei dem Steuerpflichtigen und seinem verstorbenen Ehegatten haben die Voraussetzungen des § 26 Abs. 1 Satz 1 EStG **im Zeitpunkt des Todes** vorgelegen.

Beispiele

Beispiel 1:
Die im Februar 2023 geschlossene Ehe zwischen M und F ist durch den Tod des M im November 2023 aufgelöst worden. Die Voraussetzungen des § 26 Abs. 1 Satz 1 EStG haben vorgelegen. F hat nicht wieder geheiratet.

Für den **VZ 2023** haben die Ehegatten das Wahlrecht zwischen der Zusammenveranlagung (Splittingtarif) und der Einzelveranlagung (Grundtarif), da die Voraussetzungen des § 26 Abs. 1 Satz 1 EStG im Laufe des VZ eingetreten sind. Für den **VZ 2024** kommt für die verwitwete F nur eine Einzelveranlagung in Betracht. Dabei ist ihr das Verwitwetensplitting zu gewähren, da es sich um das Folgejahr des Todes handelt, und auch im Todeszeitpunkt die Voraussetzungen der Ehegattenbesteuerung erfüllt waren.

Beispiel 2:
Wie Beispiel 1, jedoch heiratet F im März 2024 den beschränkt steuerpflichtigen E.

Der F ist für den VZ 2024 für ihre Einzelveranlagung das Verwitwetensplitting nicht zu gewähren, da für ihre neue Ehe die Voraussetzungen des § 26 Abs. 1 Satz 1 EStG nicht vorgelegen haben.

Beispiel 3:
Die im Jahre 2019 geschlossene Ehe zwischen M und F ist durch den Tod des M am 19. Januar 2023 aufgelöst worden. Die Voraussetzungen des § 26 Abs. 1 Satz 1 EStG haben vorgelegen. F hat im März 2023 den beschränkt steuerpflichtigen D geheiratet. Diese Ehe wurde jedoch noch im Dezember 2024 wieder geschieden.

Ist eine Ehe, die der Steuerpflichtige im VZ des Todes des früheren Ehegatten geschlossen hat, im selben VZ wieder aufgelöst worden, so ist er für den folgenden VZ auch dann wieder nach § 32a Abs. 6 Nr. 1 EStG als Verwitweter zu behandeln, wenn die Ehe in anderer Weise als durch Tod aufgelöst worden ist. So liegen die Verhältnisse hier für die F. Durch die Scheidung wurde sie also wieder zur (früheren) Witwe. Für den VZ 2024 ist ihr daher das Verwitwetensplitting zu gewähren.

4.3 Gnadensplitting

Obwohl für den Steuerpflichtigen eine **Einzelveranlagung** durchzuführen ist, kann ihm trotzdem der Splittingtarif (sog. **Gnadensplitting**) gewährt werden, wenn die folgenden Voraussetzungen des § 32a Abs. 6 Nr. 2 Satz 1 EStG sämtlich erfüllt sind:

- Die Ehe des Steuerpflichtigen ist **im Laufe des VZ aufgelöst** worden.
- Der **Steuerpflichtige und sein bisheriger Ehegatte** haben die Voraussetzungen des **§ 26 Abs. 1 Satz 1 EStG** erfüllt.
- Der **bisherige Ehegatte hat wieder geheiratet.**
- Der **bisherige Ehegatte und dessen neuer Ehegatte** erfüllen ebenfalls die Voraussetzungen des **§ 26 Abs. 1 Satz 1 EStG**.

Beispiel

Die Ehegatten M und F lebten seit dem 20. Januar 2023 dauernd getrennt. Die Ehe wurde im Mai 2023 rechtskräftig geschieden. F hat im September 2023 den unbeschränkt steuerpflichtigen D geheiratet. Eine Wahl zur Veranlagungsform wurde für den VZ nicht getroffen. M hat nicht wieder geheiratet.

F und D werden gem. § 26 Abs. 1 Satz 2 EStG für den VZ 2023 zusammen zur Einkommensteuer mit dem Splittingtarif veranlagt, da sie eine Wahl zur Veranlagungsform nicht getroffen haben (§ 26 Abs. 3 EStG). Für den M ist dementsprechend eine Einzelveranlagung durchzuführen. Allerdings ist ihm das sog. Gnadensplitting zu gewähren, da die Voraussetzungen des § 32a Abs. 6 Nr. 2 EStG erfüllt sind.

4.4 Fälle zur Sicherung des Lernerfolgs

Fall 1:

Das zu versteuernde Einkommen eines ledigen Steuerpflichtigen ist für den VZ 2023 mit 120.000 € anzusetzen. Berechnen Sie die Steuerersparnis, wenn er noch in 2023 geheiratet hätte und das zu versteuernde Einkommen seiner Ehefrau mit 10.000 € anzusetzen wäre.

Fall 2:

Walter Bogen war in 2. Ehe verheiratet mit Ellen Bogen. Die Ehegatten hatte eine gemeinsame Wohnung in Leverkusen. Am 12. Februar 2022 hatte Ellen die eheliche Wohnung verlassen, um sich scheiden zu lassen. Sie hatte nämlich erfahren, dass ihr Ehemann ein intimes Verhältnis mit seiner Sekretärin hatte. Am 01. Juni 2022 verstarb Walter an den Folgen eines Verkehrsunfalls. Daraufhin zog Ellen wieder in die eheliche Wohnung in Leverkusen. Bis zum Tode ihres Ehemannes hatte sie noch keine Scheidungsklage eingereicht, diese aber beabsichtigt.

Prüfen und begründen Sie, ob Ellen Bogen für den VZ 2023 einen Anspruch auf den Splittingtarif hat!

5. Gewinneinkünfte

5.1 Einkünfte aus Land- und Forstwirtschaft (§ 13 EStG)

5.1.1 Begriff und Umfang

Land- und Forstwirtschaft ist die planmäßige Nutzung der natürlichen Kräfte des Bodens zur Erzeugung von Pflanzen und Tieren sowie die Verwertung der dadurch selbstgewonnenen Erzeugnisse.

Zu den Einkünften aus Land- und Forstwirtschaft gehören z. B.:

- **Betriebe, die Pflanzen und Pflanzenteile mithilfe der Naturkräfte gewinnen**, z. B. Landwirtschaft, Forstwirtschaft, Weinbau, Gartenbau (Obstbau, Gemüsebau und Baumschulen), § 13 Abs. 1 Nr. 1 Satz 1 EStG
- Einkünfte aus **sonstiger land- und forstwirtschaftlicher Nutzung i. S. des § 62 BewG (ab VZ 2025: § 242 BewG)** z. B. die Binnenfischerei, Teichwirtschaft, **Imkerei**, Saatzucht, § 13 Abs. 1 Nr. 2 EStG
- **Veräußerungsgewinn** (§ 14 EStG).

5.1.2 Gewinnermittlungszeitraum

Bei Land- und Forstwirten ist der Gewinn nach dem **Wirtschaftsjahr** zu ermitteln (§ 4a Abs. 1 Satz 1 EStG).

Das Wirtschaftsjahr umfasst grundsätzlich gem. § 8b Satz 1 EStDV einen Zeitraum von **zwölf Monaten**. Es beträgt aber dann **weniger als zwölf Monate**, wenn z. B. ein Betrieb eröffnet, erworben, aufgegeben oder veräußert wird (§ 8b Satz 2 Nr. 1 EStDV). Es handelt sich dann um ein sog. **Rumpfwirtschaftsjahr**.

Wirtschaftsjahr ist z. B.

- bei **Land- und Forstwirten** der Zeitraum vom **01. Juli bis zum 30. Juni** (§ 4a Abs. 1 Satz 2 Nr. 1 Satz 1 EStG).
- bei **reiner Forstwirtschaft** der Zeitraum vom **01. Oktober bis zum 30. September** (§ 8c Abs. 1 Satz 1 Nr. 2 EStDV).

Bei den Einkünften aus Land- und Forstwirtschaft ist der Gewinn des Wirtschaftsjahres auf das Kalenderjahr, in dem das Wirtschaftsjahr beginnt, und auf das Kalenderjahr, in dem das Wirtschaftsjahr endet, entsprechend dem **zeitlichen Anteil aufzuteilen**. Bei der Aufteilung sind **Veräußerungsgewinne** i. S. des § 14 EStG auszuscheiden und **dem Gewinn des Kalenderjahres hinzuzurechnen, in dem sie entstanden sind** (§ 4a Abs. 2 Nr. 1 EStG).

MERKE

Zu beurteilen sind also **jeweils zwei Wirtschaftsjahre**. Zunächst muss untersucht werden, wie viel Monate das jeweilige Wirtschaftsjahr umfasst. In der Regel sind dies zwölf Monate, es sei denn, es handelt sich um ein Rumpfwirtschaftsjahr. Als nächstes muss dann geklärt werden, wie viel Monate davon in den zu beurteilenden Veranlagungszeitraum fallen.

Beispiele

Beispiel 1:
Der Gewinn eines Land- und Forstwirts beträgt im

- Wj. 2022/23: 50.000 €
- Wj. 2023/24: 20.000 €.

Wie hoch sind die Einkünfte aus Land- und Forstwirtschaft für den VZ 2023?

Das Wirtschaftsjahr läuft jeweils vom 01. Juli bis zum 30. Juni. Entsprechend der zeitlichen Aufteilung errechnen sich die Einkünfte aus Land- und Forstwirtschaft i. H. v. 35.000 € wie folgt:

	Wj 2022/23: $\frac{6}{12}$ von 50.000 € =	25.000,00 €
+	Wj 2023/24: $\frac{6}{12}$ von 20.000 € =	10.000,00 €
		35.000,00 €

Beispiel 2:
Der Gewinn eines reinen Forstwirts beträgt im

- Wj. 2022/23: 10.000 €
- Wj. 2023/24: 7.000 €.

Wie hoch sind die Einkünfte aus Forstwirtschaft für den VZ 2023?

Das Wirtschaftsjahr läuft jeweils vom 01. Oktober bis zum 30. September. Entsprechend der zeitlichen Aufteilung errechnen sich die Einkünfte aus Forstwirtschaft i. H. v. 9.250 € wie folgt:

	Wj 2022/23: $\frac{9}{12}$ von 10.000 € =	7.500,00 €
+	Wj 2023/24: $\frac{3}{12}$ von 7.000 € =	1.750,00 €
		9.250,00 €

Beispiel 3:
Ein Land- und Forstwirt eröffnete am 01. September 2022 seinen Betrieb und erwirtschaftete im

- Wj 2022/23: 4.000 € (Verlust)
- Wj 2023/24: 6.000 € (Gewinn).

Wie hoch sind die Einkünfte aus Land- und Forstwirtschaft für den VZ 2023?

Das Wirtschaftsjahr läuft jeweils vom 01. Juli bis zum 30. Juni. Entsprechend der zeitlichen Aufteilung errechnen sich die Einkünfte aus Land- und Forstwirtschaft i. H. v. 600 € wie folgt:

	Wj 2022/23: $\frac{6}{10}$ von - 4.000 € =	- 2.400,00 €	(**Rumpfwirtschaftsjahr**)
+	Wj 2023/24: $\frac{6}{12}$ von 6.000 € =	3.000,00 €	
		600,00 €	

Beispiel 4:
Ein Forstwirt veräußerte am 30. April 2024 seinen Betrieb und erwirtschaftete folgende Gewinne:

- Wj. 2022/23: 70.000 €
- Wj. 2023/24: 240.000 € (inkl. 200.000 € Veräußerungsgewinn)

Wie hoch sind die Einkünfte aus Forstwirtschaft für den VZ 2023?

Das Wirtschaftsjahr läuft jeweils vom 01. Oktober bis zum 30. September. Entsprechend der zeitlichen Aufteilung errechnen sich die Einkünfte aus Forstwirtschaft i. H. v. 69.642 € wie folgt:

	Wj 2022/23: $\frac{9}{12}$ von 70.000 € =	52.500,00 €	
+	Wj 2023/24: $\frac{3}{7}$ von 40.000 € =	17.142,00 €	(**Rumpfwirtschaftsjahr**)
		69.642,00 €	

Der entstandene Veräußerungsgewinn von 200.000 € wird nicht mit aufgeteilt, sondern in voller Höhe in dem VZ versteuert, in dem er angefallen ist, also im VZ 2024.

5.1.3 Freibetrag für Land- und Forstwirte

Der Freibetrag für Land- und Forstwirte ist nach dem Wortlaut des § 13 Abs. 3 EStG nicht bei der Ermittlung der Einkünfte aus Land- und Forstwirtschaft, sondern erst bei der Ermittlung des Gesamtbetrags der Einkünfte, also erst **nach der Summe der Einkünfte abzuziehen**.

Der Freibetrag beträgt

- bei der **Einzelveranlagung**: **900 €**, maximal bis zur Höhe der Einkünfte
- bei der **Zusammenveranlagung**: **1.800 €**, maximal bis zur Höhe der Einkünfte

Voraussetzung für die Gewährung des Freibetrages ist, dass die **Summe der Einkünfte** 30.700 € bei der Einzelveranlagung und 61.400 € bei der Zusammenveranlagung nicht übersteigt.

Beispiele

(Die Summe der Einkünfte liegt im VZ 2023 jeweils unter 30.700 €)

1. Der ledige Bauer Max Huber hat in dem VZ 2023 Einkünfte aus Land- und Forstwirtschaft i. H. v. 3.000 €. Bei den Einkünften aus Land- und Forstwirtschaft ist für Max nach der Summe der Einkünfte ein Freibetrag von 900 € abzuziehen.
2. Der ledige Bauer Max Huber hat in dem VZ 2023 Einkünfte aus Land- und Forstwirtschaft i. H. v. 250 €. Bei den Einkünften aus Land- und Forstwirtschaft ist für Max nach der Summe der Einkünfte ein Freibetrag von 250 € abzuziehen, denn durch den Abzug des Freibetrages dürfen die Einkünfte im Ergebnis nicht negativ werden.
3. Wie 1., jedoch hat Max Huber im VZ 2023 geheiratet. Die Ehegatten erfüllen die Voraussetzungen des § 26 Abs. 1 Satz 1 EStG. Für den VZ 2023 ist dementsprechend eine Zusammenveranlagung durchzuführen, sodass nach der Summe der Einkünfte ein Freibetrag von 1.800 € abzuziehen ist.

4. Wie 1., jedoch ist Max Huber seit dem 15. Dezember 2022 verwitwet. Die Ehegatten erfüllten die Voraussetzungen des § 26 Abs. 1 Satz 1 EStG. Für den VZ 2023 ist dem Max Huber zwar das Verwitwetensplitting zu gewähren. Der Freibetrag für Land- und Forstwirte ist jedoch nicht tarif-, sondern veranlagungsbezogen zu gewähren. Für den VZ 2023 ist eine Einzelveranlagung (mit Verwitwetensplitting) durchzuführen, sodass nach der Summe der Einkünfte ein Freibetrag von (nur) 900 € abzuziehen ist.

5.1.4 Abgrenzungen zum Gewerbebetrieb

5.1.4.1 Steuerschädlicher Zukauf

Beschränkt sich der Betrieb nicht auf den Absatz selbstgewonnener Erzeugnisse, sondern kauft er

- dauernd und nachhaltig
- fremde Erzeugnisse
- über den betriebsnotwendigen Umfang hinzu,

so können zusätzlich **Einkünfte aus Gewerbebetrieb** vorliegen.

Fremde Erzeugnisse sind **nicht** solche Erzeugnisse, die im Rahmen des Erzeugungsprozesses im eigenen Betrieb verwendet werden (z. B. Saatgut, Zwiebeln, Knollen, Jungpflanzen usw.). Als fremde Erzeugnisse gelten vielmehr solche für die Weiterveräußerung zugekauften betriebstypischen Erzeugnisse, die nicht im eigenen Betrieb im Wege des Erzeugungsprozesses bearbeitet werden.

Abgrenzungsregelungen (R 15.5 Abs. 5 - 11 EStR):

- Werden ausschließlich **eigene Erzeugnisse abgesetzt**, stellt dies eine **Vermarktung land- und forstwirtschaftlicher Urprodukte** dar, selbst wenn sie über ein eigenständiges Handelsgeschäft oder eine Verkaufsstelle (z. B. Großhandelsbetrieb, Einzelhandelsbetrieb, Ladengeschäft, Marktstand oder Verkaufswagen) erfolgt. Unerheblich ist die Anzahl der Verkaufsstellen oder ob die Vermarktung in räumlicher Nähe zum Betrieb erfolgt.
- Werden dagegen **ausschließlich zugekaufte Waren abgesetzt**, ist die Veräußerung der Zukaufsware von Anfang an eine **gewerbliche Tätigkeit**. Auf die Art und den Umfang der Veräußerung kommt es dabei nicht an.
- Werden **neben eigenen Erzeugnissen auch zugekaufte Waren abgesetzt**, kann **neben einem Betrieb der Land- und Forstwirtschaft auch ein selbstständiger Gewerbebetrieb** entstehen. Dies ist dann der Fall, wenn die **Betriebseinnahmen (ohne USt) aus den zugekauften Waren ⅓ des Gesamtumsatzes des Betriebs (Summe der Betriebseinnahmen ohne USt) oder 51.500 € (ohne USt) im Wirtschaftsjahr über einen nachhaltigen Zeitraum von drei Jahren übersteigen**. Liegen diese Voraussetzungen vor,

entsteht unabhängig von der Art des Absatzes ein Gewerbebetrieb. Die Erzeugung und die Vermarktung der landwirtschaftlichen Urproduktion durch den daneben bestehenden Betrieb der Land- und Forstwirtschaft bleiben hiervon unberührt.

Beispiel

A betreibt auf eigenen Grundstücken den Gartenbau. Hierzu kauft er in Holland Jungpflanzen, nämlich Blumensetzlinge und Blumenzwiebeln ein. Die Jungpflanzen und Blumensetzlinge zieht er in seinem Betrieb zur Verkaufsreife heran, die er dann an Großabnehmer veräußert. Im Wirtschaftsjahr (= Kalenderjahr) 2023 betrug der Einkaufswert der Jungpflanzen und Blumenzwiebeln 35.000 €, der Umsatz lag bei 60.000 €. Welche Einkunftsart liegt vor?

Es liegen Einkünfte aus Land- und Forstwirtschaft i. S. des § 13 EStG vor, da kein steuerschädlicher Zukauf vorliegt. Bei den Jungpflanzen und Blumenzwiebeln handelt es sich nicht um fremde Erzeugnisse, da sie im Rahmen des Erzeugungsprozesses im eigenen Betrieb verwendet werden.

5.1.4.2 Tierzucht und Tierhaltung

Zu den Einkünften aus Land- und Forstwirtschaft gehören gem. § 13 Abs. 1 Nr. 1 Satz 2 EStG auch die Einkünfte aus der **Tierzucht und Tierhaltung**, wenn die gesetzlich festgelegte Relation zwischen Hektargröße und Vieheinheiten nicht überschritten wird.

Es ergibt sich folgende **Prüfungsreihenfolge**:

- Der **vorhandene Tierbestand wird in Vieheinheiten umgerechnet**. Der Umrechnungsschlüssel ergibt sich aus den **Anlagen 1 und 2 zum BewG** (§ 13 Abs. 1 Nr. 1 Satz 4 EStG i. V. mit § 51 Abs. 4 BewG; ab VZ 2025: § 241 Abs. 4 BewG).
- Die **vorhandene ha-Fläche wird in Vieheinheiten** nach Maßgabe des § 13 Abs. 1 Nr. 1 Satz 2 EStG **umgerechnet**.

Beispiel

A ist Eigentümer eines 37 ha großen Hofes in Mettmann. Wirtschaftsjahr des buchführenden Betriebes ist der Zeitraum vom 01. Juli bis 30. Juni eines jeden Jahres. Gegenstand ist die Zucht von Milchvieh. Der regelmäßig und nachhaltig in den einzelnen Wirtschaftsjahren gehaltene Bestand an zur Zucht verwendeten Kühe (je 1 VE) beträgt 150 Stück. Außerdem werden durchschnittlich 2 Zuchtbullen (je 1,2 VE) gehalten. Der Bestand an Jungvieh bis zu zwei Jahren (je 0,7 VE) beträgt regelmäßig 200 Stück. Der Verlust des Wirtschaftsjahres 2022/23 betrug 50.000 €; der Gewinn des Wirtschaftsjahres 2023/24 ist mit 70.000 € anzusetzen.

Wie ist die Tätigkeit des A steuerlich zu beurteilen?

Soll-Bestand:	für die ersten 20 ha:	20 • 10 VE =	200 VE
	für die nächsten 10 ha:	10 • 7 VE =	70 VE
	für die restlichen 7 ha:	7 • 6 VE =	42 VE
			312 VE

Ist-Bestand:	150 Kühe à 1 VE	150,0 VE
	2 Zuchtbullen à 1,2 VE	2,4 VE
	200 Jungvieh à 0,7 VE	140,0 VE
		292,4 VE

Der A erzielt somit Einkünfte aus Land- und Forstwirtschaft, da die gesetzlich vorgeschriebene Grenze von 312 VE mit 292,4 VE nicht überschritten wird.

5.1.5 Zusammenfassung

Begriff
Planmäßige Nutzung der Naturkräfte und die Verwertung der dadurch gewonnenen Pflanzen- oder Tierprodukte

Umfang und Abgrenzung

Einkünfte aus:

- Land-, Forstwirtschaft
- Wein-, Garten-, Obst-, Gemüsebau, Baumschulen
- Tierzucht/Tierhaltung
- Binnenfischerei, Teichwirtschaft, Imkerei, Wanderschäferei (u. a. i. S. von § 62 BewG)
- Land- und forstwirtschaftlichen Nebenbetrieben (z. B. Kornbrennerei)
- Veräußerung des land- und forstwirtschaftlichen Betriebs führt zu **Veräußerungsgewinn** (§ 14 EStG)

Keine Land- und Forstwirtschaft, sondern **Gewerbebetrieb**

- (Land-, Forstwirtschaft; Wein-, Garten-, Obst-, Gemüsebau, Baumschulen →) bei nachhaltigem Zukauf fremder Erzeugnisse zur Weiterveräußerung
- (Tierzucht/Tierhaltung →) bei Überschreiten bestimmter gesetzlicher Relationen zwischen Hektargröße und Vieheinheiten (§ 13 Abs. 1 Nr. 1 EStG i. V. mit § 51 BewG)

Freibetrag (§ 13 Abs. 3 EStG)
900 €, bei ZVA 1.800 € wenn die **Summe der Einkünfte** 30.700 € (bei ZVA 61.400 €) nicht übersteigt.

Abzusetzen: von der **Summe der Einkünfte** zur Ermittlung des **Gesamtbetrages der Einkünfte**

5.1.6 Fälle zur Sicherung des Lernerfolgs

Fall 1:

Ermitteln Sie in den folgenden Fällen die Einkünfte aus Land- und Forstwirtschaft für den VZ 2023!

a) Im Wirtschaftsjahr 2022/23 hat ein Land- und Forstwirt einen Gewinn von 72.000 € erzielt. Im Wirtschaftsjahr 2023/24 betrug der Verlust 18.000 €.

b) wie a), jedoch handelt es sich um reine Forstwirtschaft.

c) wie a), jedoch handelt es sich um einen reinen Weinbaubetrieb.

Fall 2:

Überprüfen Sie mit angemessener Begründung die vorgenommene Einkunftsermittlung, und ermitteln Sie in einer übersichtlichen Darstellung für den VZ 2023 den Gesamtbetrag der Einkünfte!

Der Landwirt Bonte, der seit März 2022 verwitwet ist, hat am 01. Oktober 2022 einen landwirtschaftlichen Betrieb von 120 ha erworben. Er hält durchschnittlich 200 Milchkühe (je 1 VE), 20 Jungrinder (je 0,7 VE), 150 Mastbullen (je 1 VE), ferner 200 Mastschweine (je 0,16 VE) und 800 Legehennen (je 0,02 VE). 60 % des benötigten Futters zieht er selbst, 40 % kauft er dazu. Als Viehfutter werden Getreide, Mais und Hackfrüchte angebaut.

Für den VZ 2023 hat Landwirt Bonte seine Einkünfte wie folgt ermittelt:

	Wj. 2022/23	- 25.500 € • $^{6}/_{12}$ =	- 12.750,00 €	
+	Wj. 2023/24	vorläufiger Gewinn:	35.460,00 €	
		- 2 Schweine als Spende an die Diözese Köln		460,00 €
		= Gewinn	35.000,00 €	
		• $^{6}/_{12}$ =		17.500,00 €
		= Gewinn 2023:		4.750,00 €
		- Freibetrag gem. § 13 Abs. 3		1.800,00 €
		= Einkünfte für den VZ 2023:		2.950,00 €

5.2 Einkünfte aus selbstständiger Arbeit (§ 18 EStG)

5.2.1 Arten

Zu den Einkünften aus selbstständiger Arbeit gehören insbesondere folgende Tätigkeiten:

- Einkünfte aus **freiberuflicher Tätigkeit** (§ 18 Abs. 1 Nr. 1 EStG). Dazu gehören folgende drei Gruppen:
  1. **Qualifizierte Tätigkeiten**, nämlich die selbstständig ausgeübte wissenschaftliche, künstlerische, schriftstellerische, unterrichtende oder erzieherische Tätigkeit.
  2. Tätigkeiten der im Gesetz näher aufgeführten sog. **Katalogberufe**, wie z. B. Ärzte, Rechtsanwälte, Ingenieure, Architekten, Wirtschaftsprüfer, Steuerberater, Heilpraktiker, Journalisten, Dolmetscher, Übersetzer.
  3. **Ähnliche Berufe**, z. B. Hebammen, Heilmasseure, Kfz-Sachverständiger.
- Einkünfte aus **sonstiger selbstständiger Tätigkeit** (§ 18 Abs. 1 Nr. 3 EStG), z. B. Testamentsvollstrecker, Vermögensverwalter (z. B. Insolvenz- und Zwangsverwalter), Aufsichtsratsmitglieder.

5.2.2 Mithilfe anderer Personen

Ein Angehöriger eines freien Berufs ist nach § 18 Abs. 1 Nr. 1 Satz 3 EStG auch dann freiberuflich tätig, wenn er sich der Mithilfe fachlich vorgebildeter Arbeitskräfte bedient.

Voraussetzung ist allerdings, dass er aufgrund

- **eigener Fachkenntnisse**
- **leitend und eigenverantwortlich**

tätig wird.

Die **leitend und eigenverantwortliche Tätigkeit** des Berufsträgers muss sich auf die Gesamttätigkeit seiner Berufspraxis erstrecken; es genügt somit nicht, wenn sich die auf persönlichen Fachkenntnissen beruhende Leitung und eigene Verantwortung auf einen Teil der Berufstätigkeit beschränkt. Freiberufliche Arbeit leistet der Berufsträger nur, wenn die Ausführung jedes einzelnen ihm erteilten Auftrags ihm und nicht dem fachlichen Mitarbeiter, den Hilfskräften, den technischen Hilfsmitteln oder dem Unternehmen als Ganzen zuzurechnen ist, wobei in einfachen Fällen eine fachliche Überprüfung der Arbeitsleistung des Mitarbeiters genügt.

Danach ist z. B. in den folgenden Fällen eine **gewerbliche Tätigkeit** anzunehmen:

- Ein Stpfl. unterhält ein Übersetzungsbüro, ohne dass er selbst über Kenntnisse in den Sprachen verfügt, auf die sich die Übersetzungstätigkeit erstreckt.
- Ein Architekt befasst sich vorwiegend mit der Beschaffung von Aufträgen und lässt die fachliche Arbeit durch Mitarbeiter ausführen.
- Ein Stpfl. betreibt eine Fahrschule, besitzt jedoch nicht die Fahrerlaubnis.
- Ein Stpfl. ist Inhaber einer Privatschule und beschäftigt eine Anzahl von Lehrkräften, ohne durch eigenen Unterricht sowie durch das Mitgestalten des von anderen Lehrkräften erteilten Unterrichts eine überwiegend eigenverantwortliche Unterrichtstätigkeit auszuüben.
- Ein Facharzt für Laboratoriumsmedizin hat nicht ausreichend Zeit für die persönliche Mitwirkung am einzelnen Untersuchungsauftrag.

5.2.3 Fälle zur Sicherung des Lernerfolgs

Bestimmen Sie in den folgenden Fällen die Einkunftsart i. S. des EStG!

Fall 1:

A ist selbstständige Fotografin. Sie fotografiert in Museen Kunstwerke, um die Bilder an Hersteller von Kunstkarten zu verkaufen. Ihre gemachten Bilder sind von hervorragender Qualität, da A den Einsatz der technischen Hilfsmittel besonders gut erlernt hat. Die Aufnahmen enthalten jedoch nichts Eigenschöpferisches.

Fall 2:

Anton Pinsel ist Maler. Er malte mit Ölfarben hauptsächlich Landschafts- und Blumenbilder und zwar oft mit gleichen Motiven. Die Arbeiten werden frei entworfen und ohne Zuhilfenahme von Schablonen oder sonstigen Vervielfältigungsgeräten hergestellt. Eine Gutachterkommission der Staatlichen Kunstakademie kam zu dem Ergebnis, dass Pinsel nicht als Künstler i. S. des § 18 EStG anerkannt werden könne.

Fall 3:

K erzielte im VZ 2023 Einkünfte aus Trauerreden, die er bei Trauerfeiern hielt. Die Aufträge hierzu vermittelte im Regelfall ein Beerdigungsinstitut. Bei den Reden hatte K keinen individuellen Redetext entworfen, sondern verfuhr nach sog. Redeschablonen.

Fall 4:

A ist geprüfte Kinderpflegerin. Sie betreibt mit Genehmigung der zuständigen Behörde ein Kindererholungsheim. A beschäftigt 3 weitere Kinderpflegerinnen und eine Kindergärtnerin. In diesem Heim werden von Mitte Januar bis Mitte Oktober durchschnittlich 40 Kinder betreut. Die Ortskrankenkassen und die Vertragsärzte suchen die Kinder aus und weisen sie dem Heim für eine 4- bis 6-wöchige Erholung zu.

Fall 5:

Das Architektenbüro des A befindet sich in gemieteten Räumen. A beschäftigt 5 Hilfskräfte (Zeichner und Schreibkräfte) und 2 graduierte Architekten. Unter Berücksichtigung der Wünsche der Auftraggeber fertigt A selbst die Rohentwürfe an. Die angestellten Architekten erstellen die Detailpläne. Ebenfalls führen sie die Auftragsausschreibungen durch, und sie übernehmen im Wesentlichen auch die Bauaufsicht.

Fall 6:

A hat die Räume einer früheren Gaststätte gepachtet. Sie unterhält eine Ballettschule und eine Diskothek. A ist ausgebildete Ballettschullehrerin und betreibt die Ballettschule ohne Hilfskräfte in einem Saal der früheren Gaststätte. Die Diskothek wird in den Restaurantsräumen der früheren Gaststätte betrieben. Die Kosten wurden für die Ballettschule und Diskothek getrennt ermittelt und jeweils zutreffend zu ½ aufgeteilt.

Fall 7:

A ist Facharzt für Allgemeinmedizin. Er unterhält neben seiner ärztlichen Praxis noch ein Sanatorium. Das Sanatorium stellt kein notwendiges Hilfsmittel für die ärztliche Tätigkeit dar.

5.3 Einkünfte aus Gewerbebetrieb (§ 15 EStG)

5.3.1 Begriff des Gewerbebetriebes

Für die Annahme eines Gewerbebetriebes sind gem. § 15 Abs. 2 Satz 1 EStG folgende **positiven und negativen Merkmale** entscheidend:

Positive Merkmale	Negative Merkmale
↓	↓
► Selbstständigkeit	► keine Einkünfte aus Land- und Forstwirtschaft i. S. des § 13 EStG
► Nachhaltigkeit	► keine Einkünfte aus selbstständiger Arbeit i. S. des § 18 EStG
► Gewinnerzielungsabsicht	
► Beteiligung am allgemeinen wirtschaftlichen Verkehr	

Die **positiven Merkmale** haben folgenden Inhalt:

- **Selbstständigkeit:** Kennzeichen der persönlichen Selbstständigkeit sind die **fehlende Weisungsgebundenheit** gegenüber Dritten sowie das Handeln auf eigene Rechnung **(Unternehmerrisiko)** und auf eigene Verantwortung **(Unternehmerinitiative).**

  Für die Frage der Selbstständigkeit ist stets auf das **Gesamtbild der Verhältnisse** abzustellen. Es müssen die für und gegen die Selbstständigkeit sprechenden Umstände gegeneinander abgewogen werden. Auf vertragliche Bezeichnungen, der Art der Tätigkeit oder der Form der Entlohnung kommt es nicht an. Hierdurch wird eine Abgrenzung gegenüber den Einkünften aus nichtselbstständiger Arbeit (§ 19 EStG) erreicht.

  Natürliche Personen können zum Teil selbstständig, zum Teil nichtselbstständig sein. **Arbeitnehmerähnliche Selbstständige** i. S. des § 2 Satz 1 Nr. 9 SGB VI sind steuerlich regelmäßig selbstständig tätig (R 15.1 Abs. 3 EStR).

- **Nachhaltigkeit:** Nachhaltig ist eine Tätigkeit, die von der Absicht getragen ist, sie zu wiederholen und daraus eine ständige Erwerbsquelle zu machen. Ist die **Absicht der Wiederholung** erkennbar, so kann bereits auch eine einmalige Handlung den Beginn einer fortgesetzten Tätigkeit begründen. Hiermit erfolgt eine Abgrenzung zu den Einkünften aus sonstigen Leistungen i. S. des § 22 Nr. 3 EStG, die auf gelegentlichen Leistungen beruhen.

- **Gewinnerzielungsabsicht:** Ausreichend ist bereits die **Absicht** der Gewinnerzielung, nicht hingegen, dass tatsächlich Gewinne erzielt werden. Ohne Gewinnerzielungsabsicht handelt, wer Einnahmen nur erzielt, um seine Selbstkosten zu decken. Beweisanzeichen für das Vorliegen einer Gewinnerzielungsabsicht ist eine Betriebsführung, bei der der Betrieb nach seiner Wesensart und der Art seiner Bewirtschaftung auf die Dauer gesehen dazu geeignet und bestimmt ist, mit Gewinn zu arbeiten. Bei jedem **neu gegründeten Unternehmen** spricht zunächst die **Vermutung für das Vorhandensein einer Gewinnerzielungsabsicht**. Bei längeren Verlustperioden muss vielmehr für das Fehlen einer Gewinnerzielungsabsicht aus weiteren Beweisanzeichen die Feststellung möglich sein, dass der Stpfl. die Tätigkeit nur aus den im Bereich seiner Lebensführung liegenden persönlichen Gründen und Neigungen ausübt. Ist hingegen die Tätigkeit von Anfang an erkennbar ungeeignet, auf Dauer einen Gewinn zu erbringen, so sind auch schon Verluste der Anlaufphase steuerlich nicht zu berücksichtigen. In diesem Zusammenhang gibt es Tätigkeiten, die sich zwar vordergründig der Einkunftsart „Gewerbebetrieb" zuordnen lassen, in Wirklichkeit jedoch nicht Ausdruck eines wirtschaftlichen, auf Erzielung von Gewinnen gerichteten Verhaltens sind, sondern auf **privater Neigung** beruhen. Solche Tätigkeiten werden als **Liebhaberei** bezeichnet. Sie unterliegen nicht der Einkommensteuer, sodass aus ihnen entstehende Verluste nicht berücksichtigt werden dürfen. Liebhaberei liegt insbesondere dann vor, wenn der Betrieb nicht nach **betriebswirtschaftlichen Grundsätzen** geführt wird und auf Dauer gesehen nicht nachhaltig mit Gewinn arbeiten kann, z. B. die Betreibung eines Landguts nur zur Erholung, Briefmarkensammeln etc.

- **Beteiligung am allgemeinen wirtschaftlichen Verkehr:** Die Teilnahme am allgemeinen wirtschaftlichen Verkehr erfordert, dass die Tätigkeit des Stpfl. nach außen hin in Erscheinung tritt, er sich mit ihr an eine – wenn auch begrenzte – **Allgemeinheit** wendet und damit seinen Willen zu erkennen gibt, ein Gewerbe zu betreiben. Dagegen ist es nicht erforderlich, dass die Leistungen einer Mehrzahl von Interessenten angeboten werden. Ob der Kundenkreis tatsächlich groß oder eng ist, ist ohne Bedeutung. Bereits die Tätigkeit für nur einen bestimmten Vertragspartner reicht insoweit schon aus.

Beispiel

Der Steuerpflichtige produziert in seiner Freizeit Computerprogramme ausschließlich

1. für seine Familie
2. für ein Computerfachgeschäft.

Im **Fall 1** produziert der Steuerpflichtige nur für den Eigenbedarf. Eine für Dritte nach außen hin erkennbare Leistung wird nicht erbracht. Deshalb fehlt eine Beteiligung am allgemeinen wirtschaftlichen Verkehr. Somit liegen auch keine Einkünfte aus Gewerbebetrieb vor.

Im **Fall 2** werden die Leistungen zwar nur gegenüber einem Abnehmer erbracht. Dies reicht jedoch für die Annahme einer Beteiligung am allgemeinen wirtschaftlichen Verkehr aus. Mithin ist eine gewerbliche Tätigkeit gegeben.

5.3.2 Arten gewerblicher Einkünfte

Zu den Einkünften aus Gewerbebetrieb gehören gem. § 15 Abs. 1 EStG im Wesentlichen

- **Einkünfte aus gewerblichen Einzelunternehmen**
- **Gewinnanteile an Personengesellschaften**.

5.3.2.1 Gewerbliche Einzelunternehmen

Nach § 15 Abs. 1 **Nr. 1** EStG gehören zu den Einkünften aus Gewerbebetrieb die Einkünfte aus **gewerblichen Einzelunternehmen**, soweit sie einen Gewerbebetrieb i. S. des § 15 Abs. 2 EStG betreiben.

Dazu gehören z. B. die Gewinne aus folgenden Betrieben:

- Handwerksbetriebe
- Groß-, Einzelhandels- und Industriebetriebe
- Bauunternehmen
- Handelsvertreter, Handelsmakler.

Da aber nur **natürliche Personen** der Einkommensteuer unterliegen, werden diese Einkünfte **nicht dem Betrieb, sondern dem Unternehmer persönlich zugerechnet**, für dessen Rechnung und Gefahr das gewerbliche Unternehmen betrieben wird.

5.3.2.2 Gewinnanteile an Personengesellschaften

Nach § 15 Abs. 1 **Nr. 2** EStG gehören zu den Einkünften aus Gewerbebetrieb die **Gewinnanteile** der Gesellschafter an **Personengesellschaften (OHG, KG, GbR, GmbH & Co. KG)**, bei der der Gesellschafter als **(Mit-)Unternehmer** des Betriebes anzusehen ist.

INFO

Einkünfte aus Gewerbebetrieb hat ferner der **unechte (atypische) stille Gesellschafter**, weil dieser Gesellschafter als Mitunternehmer anzusehen ist, da er nicht nur am Erfolg, sondern auch am Betriebsvermögen einschl. der stillen Reserven und am Geschäftswert (Firmenwert) beteiligt ist. Der **echte (typische) stille Gesellschafter** ist lediglich am Erfolg (Gewinn ggf. auch am Verlust) der Gesellschaft beteiligt, nicht jedoch am Betriebsvermögen und am Geschäftswert und erzielt deshalb keine Einkünfte aus Gewerbebetrieb, sondern **Einkünfte aus Kapitalvermögen**.

Beispiele

- Der Stpfl. ist an einem Einzelhandelsgeschäft als stiller Gesellschafter beteiligt. Nach den getroffenen Vereinbarungen ist er nicht nur am Erfolg, sondern auch am Betriebsvermögen einschl. der stillen Reserven beteiligt. Im VZ 2023 betragen seine Einkünfte aus dieser Beteiligung 13.000 €. Der Stpfl. ist als unechter (atypischer) stiller Gesellschafter anzusehen, da er nicht nur am Erfolg, sondern auch am Betriebsvermögen einschl. der stillen Reserven beteiligt ist. Er hat deshalb im VZ 2023 Einkünfte aus Gewerbebetrieb erzielt, die er mit 13.000 € anzusetzen hat.
- Der Stpfl. ist an einem Einzelhandelsgeschäft als stiller Gesellschafter beteiligt. Nach den getroffenen Vereinbarungen ist er nur am Gesellschaftserfolg beteiligt. Im VZ 2023 betragen seine Einkünfte aus dieser Beteiligung 9.000 €. Der Stpfl. ist als echter (typischer) stiller Gesellschafter anzusehen, da er nur am Gesellschaftserfolg, nicht jedoch am Betriebsvermögen einschl. der stillen Reserven beteiligt ist. Er hat deshalb im VZ 2023 Einkünfte aus Kapitalvermögen erzielt, die er mit 9.000 € anzusetzen hat.

Die aus einer Personengesellschaft erzielten **Einkünfte werden** nicht der Personengesellschaft, sondern **den einzelnen Gesellschaftern zugerechnet**.

MERKE

Für die **Ermittlung des steuerlichen Gewinnanteils** gelten folgende Regeln:

1. Maßgebend für die Gewinnverteilung sind in erster Linie die **Vereinbarungen gem. Gesellschaftsvertrag**.
2. Enthält der Gesellschaftsvertrag **keine Regelungen** zur Gewinnverteilung, erfolgt die Gewinnverteilung nach **§ 121 HGB**. Danach erhält jeder Gesellschafter von dem Jahresgewinn zunächst einen Anteil von **4 % seines Kapitalanteils**. Der dann noch verbleibende **Restgewinn** wird unter die Gesellschafter **nach Köpfen** verteilt.

Beispiel

Die Gesellschafter A, B und C betreiben in der Rechtsform einer OHG einen Großhandel. A ist an der OHG mit einem Kapitalanteil von 50.000 €, B mit 30.000 € und C mit 20.000 € beteiligt. Im VZ 2023 betrug der steuerliche Gewinn der OHG insgesamt 250.000 €. Nach dem Gesellschaftsvertrag soll der Gewinn wie folgt verteilt werden: Jeder Gesellschafter erhält 4 % seines Kapitalanteils; der Rest soll nach dem Verhältnis der jeweiligen Kapitalanteile auf die einzelnen Gesellschafter verteilt werden.

Wie hoch sind im VZ 2023 die Einkünfte aus Gewerbebetrieb der einzelnen Gesellschafter?

Die jeweiligen Einkünfte aus Gewerbebetrieb ermitteln sich wie folgt:

	OHG-Gewinn	Gesellschafter A	Gesellschafter B	Gesellschafter C
Gewinn im VZ 2023	250.000,00 €			
- Kapitalverzinsung	4.000,00 €	2.000,00 €	1.200,00 €	800,00 €
= Restgewinn	246.000,00 €			
Verhältnis = 5:3:2	246.000,00 €	123.000,00 €	73.800,00 €	49.200,00 €
Einkünfte aus Gewerbebetrieb =		**125.000,00 €**	**75.000,00 €**	**50.000,00 €**

Zu den Einkünften aus Gewerbebetrieb des Gesellschafters gehören nach § 15 Abs. 1 Nr. 2 EStG **auch die Vergütungen, die der Gesellschafter** von der Gesellschaft für

- seine Tätigkeit im Dienste der Gesellschaft (**„Gehalt“**),
- die Hingabe von Darlehen (**„Darlehenszinsen“**),
- die Überlassung von Wirtschaftsgütern (**Miete, Leasing, Pacht**) **abzüglich der damit im Zusammenhang stehenden Aufwendungen**

bezogen hat (sog. **Sonderbetriebseinnahmen**).

Diese Sonderbetriebseinnahmen **erhöhen die Einkünfte aus Gewerbebetrieb des einzelnen Gesellschafters**. Sie sind bei der Gesellschaft nämlich als Aufwand verbucht worden und haben dementsprechend den Gewinn der Gesellschaft bereits geschmälert.

Beispiel

An einer OHG sind der A mit 240.000 €, der B mit 60.000 € und der C mit 100.000 € beteiligt. Der Gewinn der OHG zum 31. Dezember 2023 beträgt 96.000 €. Nach dem Gesellschaftsvertrag erhält jeder Gesellschafter 6 % auf seine Einlage, und der Rest soll im Verhältnis 15:4:5 verteilt werden. Gesellschafter A erhielt für die Geschäftsführung 48.000 €; an Gesellschafter B wurden für ein Gesellschafterdarlehen 7.500 € Darlehenszinsen gezahlt; von Gesellschafter C wurde der gesamte Fuhrpark geleast; die jährlichen Leasingraten i. H. v. 18.000 € wurden überwiesen. Die Sonderbetriebsausgaben des C für seinen Fuhrpark (AfA, Kfz-Steuer usw.) betrugen 9.200 €. Die von der OHG an die einzelnen Gesellschafter getätigten Aufwendungen haben den Gewinn der OHG gemindert.

Wie hoch sind im VZ 2023 die Einkünfte aus Gewerbebetrieb der einzelnen Gesellschafter?

Die jeweiligen Einkünfte aus Gewerbebetrieb ermitteln sich wie folgt:

	OHG-Gewinn	Gesellschafter A	Gesellschafter B	Gesellschafter C
Gewinn im VZ 2023	96.000,00 €			
- Kapitalverzinsung	24.000,00 €	14.400,00 €	3.600,00 €	6.000,00 €
= Restgewinn	72.000,00 €			
Verhältnis = 15:4:5	72.000,00 €	45.000,00 €	12.000,00 €	15.000,00 €
Gewinnanteile		59.400,00 €	15.600,00 €	21.000,00 €
+ Tätigkeitsvergütung		48.000,00 €		
+ Darlehenszinsen			7.500,00 €	
+ Leasingraten - BA				8.800,00 €
Einkünfte aus Gewerbebetrieb =		**107.400,00 €**	**23.100,00 €**	**29.800,00 €**

5.3.3 Zusammenfassung

Gewerbebetrieb kraft gewerblicher

Betätigung

Einzelunternehmen und Personengesellschaften

Merkmale

- **Selbstständigkeit** – auf eigene Rg. u. Gefahr/Eigenverantwortlich
- **Nachhaltigkeit** – Wiederholungsabsicht!
- **Gewinnerzielungsabsicht** – Streben nach Betriebsvermögens**mehrung**
- **Beteiligung am wirtschaftlichen Verkehr** – erkennbare Teilnahme am allgem. Leistungsaustausch
- **weder** land- u. fortstwirtschaftlich noch selbstständige Tätigkeit i. S. des EStG **noch** Vermögensverwaltung

Prägung

nur bestimmte Personengesellschaften

Merkmale

- **Keine** gewerbliche Tätigkeit
- **Einkünfte- (nicht nur** Gewinn-)erzielungsabsicht
- eine/mehrere **KapG** sind **persönlich haftende** Gesellschafter **und nur diese** (oder Nichtgesellschafter) sind zur Geschäftsführung befugt

laufende Einkünfte aus

gewerblicher Einzelunternehmung	**gewerblicher** Personengesellschaft	**gewerblich geprägter** Personengesellschaft

gewerblicher Einzelunternehmung ↓

Steuerlicher Gewinn

↓

Gewinnfeststellung i. d. R. durch **Wohnsitz-FA**

gewerblicher / gewerblich geprägter Personengesellschaft ↓

Steuerlicher Gewinnanteil des Gesellschafters (= Mitunternehmers) an der Personengesellschaft

\+

Vergütungen der Gesellschaft an den Gesellschafter für dessen

- Tätigkeit im Dienst der Gesellschaft
- Hingabe von Darlehen
- Überlassung von Wirtschaftsgütern

↓

Gesonderte Gewinnfeststellung

(1) Feststellung vom Gesamtgewinn der Gesellschaft und Gewinnanteilen der Gesellschafter durch **Betriebs-FA**

(2) Mitteilung der Gewinnanteile an jeweiliges **Wohnsitz-FA** und dort Veranlagung zur Einkommensteuer

5.3.4 Gewinnermittlungszeitraum

Bei Gewerbetreibenden ist der Gewinn nach dem **Wirtschaftsjahr** zu ermitteln (§ 4a Abs. 1 Satz 1 EStG).

Das Wirtschaftsjahr umfasst grundsätzlich gem. § 8b Satz 1 EStDV einen Zeitraum von **zwölf Monaten**. Es beträgt aber dann **weniger als zwölf Monate**, wenn z. B. ein Betrieb eröffnet, erworben, aufgegeben oder veräußert wird (§ 8b Satz 2 Nr. 1 EStDV). Es handelt sich dann um ein sog. **Rumpfwirtschaftsjahr**.

Wirtschaftsjahr ist bei

- Gewerbetreibenden, deren Firma **nicht im Handelsregister eingetragen** ist, das **Kalenderjahr** (§ 4a Abs. 1 Nr. 3 EStG).
- Gewerbetreibenden, deren Firma **im Handelsregister eingetragen** ist, der Zeitraum, für den sie regelmäßig Abschlüsse machen (§ 4a Abs. 1 Nr. 2 EStG). Dies kann das Kalenderjahr sein oder ein vom Kalenderjahr **abweichendes Wirtschaftsjahr** (z. B. vom 01.04. bis zum 31.03.).

Bei Gewerbetreibenden mit einem **abweichenden Wirtschaftsjahr gilt der Gewinn in dem Kalenderjahr als bezogen, in dem das Wirtschaftsjahr endet** (§ 4a Abs. 2 Nr. 2 EStG).

Beispiele

- A ist Kommanditist an der XY-KG (Wirtschaftsjahr = Kalenderjahr). Sein Gewinnanteil für 2023 i. H. v. 8.000 € wird ihm am 20.02.2024 mit 7.000 € ausgezahlt. 1.000 € werden von der KG für die noch ausstehende Kommanditeinlage einbehalten. A hat im VZ 2023 den vollen Gewinnanteil von 8.000 € als Einkünfte aus Gewerbebetrieb zu versteuern, da dieser Gewinnanteil in diesem VZ wirtschaftlich entstanden ist. Auf den tatsächlichen Zufluss in 2024 ist insoweit nicht abzustellen (§ 11 Abs. 1 Satz 5 EStG). Im Übrigen ist auch unerheblich, ob der Gewinn in voller Höhe dem Gesellschafter zugute kommt, oder – wie hier – infolge einer vorgenommenen Verrechnung nur in einer geminderten Höhe.
- Das Wirtschaftsjahr des im Handelsregister eingetragenen Gewerbetreibenden G läuft vom 01.04. bis zum 31.03. eines jeden Jahres. Im Wirtschaftsjahr 2022/23 hat er in seinem Gewerbebetrieb einen Gewinn von 90.000 € erzielt. Im darauffolgenden Wirtschaftsjahr 2023/24 betrug der Gewinn 120.000 €. Im VZ 2023 hat der G Einkünfte aus Gewerbebetrieb i. H. v. 90.000 € zu versteuern, da das Wirtschaftsjahr 2022/23 (01.04.2022 bis zum **31.03.2023**) in 2023 endet (§ 4a Abs. 2 Nr. 2 EStG). Es erfolgt also keine zeitanteilige Aufteilung wie bei den Einkünften aus Land- und Forstwirtschaft.

Beabsichtigt der Steuerpflichtige sein **Wirtschaftsjahr umzustellen**, so gilt Folgendes:

- Die Umstellung auf einem **vom Kalenderjahr abweichenden Zeitraum** ist nur zulässig, wenn das **FA zustimmt** (§ 4a Abs. 1 Nr. 2 Satz 2 EStG), da durch diese Umstellung eine Gewinnverlagerung in einen anderen Veranlagungszeitraum und daher quasi eine „Steuerpause" eintritt.
- Die Umstellung von einem abweichenden Wirtschaftsjahr **auf ein mit dem Kalenderjahr übereinstimmendes Wirtschaftsjahr** ist **ohne Zustimmung** des FA zulässig. Eine „Steuerpause" tritt nicht ein, da in diesem Fall in dem Umstellungsveranlagungszeitraum zwei Wirtschaftsjahre enden.

Beispiele

- Das Wirtschaftsjahr des im Handelsregister eingetragenen Gewerbetreibenden G. läuft vom 01.04. bis zum 31.03. eines jeden Jahres. Im VZ 2023 entschied sich der Stpfl. für ein mit dem Kalenderjahr übereinstimmendes Wirtschaftsjahr. Im Wirtschaftsjahr 2022/23 erzielte er einen Gewinn von 35.000 €; für das Rumpfwirtschaftsjahr 2023 erzielte er einen Gewinn von 20.000 €.

  Wie ist die Rechtslage für den VZ 2023?

  Die in 2023 erfolgte Umstellung auf das mit dem Kalenderjahr übereinstimmende Wirtschaftsjahr bedurfte nicht der Zustimmung des FA. Im VZ 2023 hat er Einkünfte aus Gewerbebetrieb i. H. v. (35.000 € aus dem Wirtschaftsjahr 2022/23 zzgl. 20.000 € aus dem Rumpfwirtschaftsjahr 2023 =) 55.000 €.

- Der Stpfl. beantragt in 2023 erstmals als Abschlusszeitraum nicht mehr das Kalenderjahr, sondern ein abweichendes Wirtschaftsjahr vom 01.04. bis zum 31.03. eines jeden Jahres.

  Wie ist die Rechtslage für den VZ 2023?

  Die beabsichtigte Umstellung ist nur mit Zustimmung des FA möglich, da Gewinn dann erst in dem VZ zu versteuern wäre, in dem das Wirtschaftsjahr endet, hier also 2024. Das FA muss dem Umstellungsbegehren des Stpfl. zustimmen, wenn ernsthafte und nach den Verhältnissen des Betriebes wirtschaftlich einleuchtende Gründe vorgetragen werden **(z. B. Schwierigkeiten bei der Durchführung der Inventur). Die Erlangung einer „Steuerpause" oder anderer steuerlicher Vorteile ist kein betrieblicher Grund, der die Zustimmung des FA zur Umstellung des Wirtschaftsjahres rechtfertigt.**

Überblick:

Wirtschaftsjahr (Wj)

vom **Kalenderjahr (Kj)**

	abweichend – **zwingend** bei	**abweichend** – **wahlweise** bei	**nicht abweichend** (Wj = Kj) bei
Personenkreis	**Land- und Forstwirten**	ins **Handelsregister** (HR) **eingetragenen Gewerbetreibenden**	► **nicht ins HR eingetragenen Gewerbetreibenden** ► in HR eingetragenen Gewerbetr., die **kein abweichendes Wj gewählt haben**
Gewinnermittlungszeitraum	► grundsätzlich vom **01.07. bis 30.06.**	► Zeitraum, für den **regelmäßig** Abschlüsse gemacht werden	► **Kalenderjahr**
Gewinnzurechnung	► **zeitanteilig** auf die beiden Kalenderjahre (Ausnahme: Veräußerungsgewinne)	► Gewinn des Wj **gilt** in dem **Kalenderjahr** bezogen, in dem das **Wj endet**	
Umstellung des Wirtschaftsjahres	► **nicht möglich**	► **auf vom Kj abweichenden Wj** bei **erstmaliger** Wahl: **ohne Einvernehmen** des FA; bei **späterer** Wahl: **nur mit Einvernehmen** des FA ► **vom abw. Wj auf das Kj: ohne Einvernehmen** des FA	

5.3.5 Veräußerungsgewinne (§ 16 EStG)

Zu den **Einkünften aus Gewerbebetrieb** gehören auch Gewinne, die bei der **Veräußerung des Gewerbebetriebs** erzielt werden (§ 16 Abs. 1 Nr. 1 EStG).

Die steuerpflichtigen Veräußerungsgewinne werden nach Maßgabe des § 34 EStG **ermäßigt** besteuert.

Der **Veräußerungsgewinn** ermittelt sich nach § 16 Abs. 2 EStG wie folgt:

	Veräußerungspreis
-	**Veräußerungskosten**
-	**Wert des Betriebsvermögens**
=	**Veräußerungsgewinn**

Der **Veräußerungspreis** ist ohne Rücksicht auf den tatsächlichen Zahlungseingang immer im Zeitpunkt seiner Entstehung anzusetzen, denn das Zuflussprinzip des § 11 EStG findet bei den Gewinneinkünften keine Anwendung (§ 11 Abs. 1 Satz 5 EStG).

Werden **Gegenstände auf der Aktivseite** der Bilanz nicht vom Erwerber übernommen, mindert sich der Wert des Betriebsvermögens (= Kapital) entsprechend. Anzusetzen ist die Entnahme mit dem gemeinen Wert. Werden **Verbindlichkeiten** nicht mit vom Erwerber übernommen, erhöht sich der Wert des Betriebsvermögens um den entsprechenden Wert.

Hat der Steuerpflichtige das **55. Lebensjahr vollendet** oder ist er **dauernd berufsunfähig**, so wird von dem Veräußerungsgewinn gem. § 16 Abs. 4 EStG noch ein **Freibetrag von 45.000 €** abgezogen. Er mindert sich um den Betrag, um den der Veräußerungsgewinn den **Karenzbetrag von 136.000 €** übersteigt. Der Freibetrag entfällt daher bei einem Veräußerungsgewinn ab 181.000 €. Der **Freibetrag** ist dem Steuerpflichtigen **nur einmal** zu gewähren.

	Veräußerungsgewinn
-	(geminderter) Freibetrag
=	**steuerpfl. Veräußerungsgewinn**

Beispiel

Der Stpfl. (56) veräußert im VZ 2023 seinen Gewerbebetrieb. Es betragen:

▸ Kaufpreis	556.000 €
▸ Veräußerungskosten	7.000 €
▸ übernommene Aktiva	500.000 €
▸ übernommene Schulden	107.000 €

Wie hoch sind für den VZ 2023 die Einkünfte aus Gewerbebetrieb?

Die Einkünfte aus Gewerbebetrieb (= steuerpflichtiger Veräußerungsgewinn) errechnen sich wie folgt:

	Kaufpreis			556.000,00 €
-	Veräußerungskosten			7.000,00 €
-	übernommenes Kapitalkonto			
	Aktivposten	500.000,00 €		
-	Schulden	107.000,00 €		393.000,00 €
=	Veräußerungsgewinn			156.000,00 €
-	Freibetrag nach § 16 Abs. 4 EStG			
	Freibetrag		45.000,00 €	
	Gewinn	156.000,00 €		
	Karenzbetrag	136.000,00 €		
	Schädlich	20.000,00 €	20.000,00 €	25.000,00 €
=	**Einkünfte aus Gewerbebetrieb**			**131.000,00 €**

Der steuerpflichtige Veräußerungsgewinn i. H. v. 131.000 € wird ermäßigt besteuert (§ 34 EStG).

5.3.6 Fälle zur Sicherung des Lernerfolgs

Fall 1:

Ermitteln Sie in einer übersichtlichen Aufstellung die Summe der Einkünfte der Eheleute Pech für den VZ 2023!

- Herr Pech betreibt in Leverkusen eine Imkerei. Er erzielte daraus im Wirtschaftsjahr 2022/23 einen Gewinn von 5.000 €, im Wirtschaftsjahr 2023/24 erwirtschaftete er einen Verlust von 3.000 €.
- Herr Pech ist neben Paul Müller mit 50 % an einer KG beteiligt. Der Handelsbilanzgewinn wird nach dem Gesellschaftsvertrag im Verhältnis 1:1 verteilt. Der nach den handelsrechtlichen Vorschriften ermittelte Bilanzgewinn der KG beträgt für 2023 insgesamt 250.000 €. Herr Pech ist als Geschäftsführer der KG tätig und erhielt hierfür eine Vergütung von 50.000 €. Paul Müller hat der KG ein Darlehen i. H. v. 120.000 € zur Verfügung gestellt, für das er in 2023 insgesamt 12.000 € Zinsen erhielt. Herr Pech hat der KG außerdem ein Geschäftshaus gegen Zahlung einer Jahresmiete von 45.000 € überlassen. Die Vergütung, die Zinsen und die Miete von insgesamt 107.000 € haben den Handelsbilanzgewinn geschmälert. Im Februar 2024 erhält Herr Pech seinen Gewinnanteil für das Jahr 2023.
- Die Ehefrau hat aus ihrer selbstständigen Maklertätigkeit in Leverkusen in 2023 Einkünfte i. H. v. 45.000 € erzielt.

- Sie ist außerdem als stille Gesellschafterin an einem Einzelhandelsgeschäft für Damenoberbekleidung beteiligt. Nach den getroffenen Vereinbarungen ist sie nicht nur am Gesellschaftserfolg, sondern auch am Betriebsvermögen einschließlich der stillen Reserven beteiligt. In 2023 hat die stille Gesellschaft einen Gewinn von 30.000 € erzielt. Davon entfallen auf die Ehefrau 10 %.

Fall 2:

Der seit dem 15. November 2022 verwitwete Max Meier (geb. 03. März 1983) lebt in dem Einfamilienhaus „51373 Leverkusen, Karl-Ulitzka-Str. 9". Aus der eingereichten ESt-Erklärung 2023 ergibt sich Folgendes:

- MM. ist angestellter Chefarzt der orthopädischen Abteilung eines Krankenhauses. Seine Einkünfte aus dieser Tätigkeit betragen für den VZ 2023 insgesamt 30.000 €. Laut Vertrag mit dem Krankenhaus darf MM. im Rahmen einer eigenen Sprechstunde auch Privatpatienten behandeln. An Honoraren vereinnahmte er im VZ 2023 insgesamt 30.000 €. Die im Zusammenhang mit dieser Tätigkeit entstandenen Aufwendungen (z. B. Abgaben an das Krankenhaus) betrugen 20.000 €.
- Neben seiner Praxis führt MM. eine Tanzschule, die er vor einigen Jahren geerbt hat. Er beschäftigt eine Anzahl von Tanzlehrern, da seine Tanzkenntnisse über den Wiener Walzer nicht hinausgehen. Die Tätigkeit des MM. beschränkt sich daher auf die reine Geschäftsführung der Tanzschule. Für den VZ 2023 ist der Gewinn mit 15.000 € anzusetzen.
- Außerdem ist MM. an einer OHG als Gesellschafter beteiligt. Sein Verlustanteil hat für das Wirtschaftsjahr 2022/23 (01. April 2022 - 31. März 2023) 38.000 € und der Gewinnanteil für das Wirtschaftsjahr 2023/24 (01. April 2023 - 31. März 2024) 6.000 € betragen.
- Aus einer Imkerei erzielte MM. für das Wirtschaftsjahr 2022/23 einen Gewinn von 2.000 €. Der Verlust des Wirtschaftsjahres 2023/24 beträgt 800 €.

Ermitteln Sie für den VZ 2023 den Gesamtbetrag der Einkünfte!

- Die Lösung ist in einer übersichtlichen Darstellung unter Nennung der steuerlichen Fachbegriffe vorzunehmen! Hierbei ist entsprechend der gesetzlichen Reihenfolge vorzugehen!
- Die Einkunftsarten sind kurz, aber erschöpfend zu begründen!
- Nichtansätze sind mit „0" zu kennzeichnen und ebenfalls kurz zu begründen!

Fall 3:

Aus den Unterlagen und Büchern des ledigen Herbert Müller aus Leverkusen ergeben sich für dessen ESt-Erklärung 2023 folgende Daten:

- Müller betreibt einen reinen Weinbaubetrieb nach Maßgabe des § 8c Abs. 1 Nr. 3 EStDV. Für das Wirtschaftsjahr 2022/23 beträgt der Gewinn 13.500 €; für das Wirtschaftsjahr 2023/24 hat er einen Gewinn i. H. v. 42.000 € ermittelt.

- Außerdem betreibt Müller die Sektfabrik „Müller-Bitter". Die Einzelunternehmung, die in das Handelsregister eingetragen ist, macht ihren Abschluss regelmäßig zum 31.01. eines jeden Jahres. Im Wirtschaftsjahr 2022/23 wurde ein Gewinn von 60.000 € erzielt; für das Wirtschaftsjahr 2023/24 beträgt der Gewinn 47.500 €.
- Daneben ist Müller als Sekthändler tätig und als solcher im Handelsregister eingetragen. Für den Sekthandel wurde der Gewinn bisher für das jeweilige Kalenderjahr ermittelt.

  Die Erfahrung hat aber gezeigt, dass das Kalenderjahr als Abschlusszeitraum nachweislich ungeeignet ist, weil während der Weihnachts- und Neujahrzeit das Hauptgeschäft im Sekthandel anfällt und deshalb die Inventur zum 31.12. wegen des Arbeitsaufwandes nur unter großen Schwierigkeiten durchzuführen ist. Da die Bestände zum 31.01. außerdem viel niedriger als die zum 31.12. sind, beantragt Müller erstmalig für 2023 als Abschlusszeitraum nicht mehr das Kalenderjahr, sondern ein abweichendes Wirtschaftsjahr für die Zeit vom 01.02. dieses Jahres bis 31.01. des nächsten Jahres zugrunde zu legen. Im Jahr der Umstellung hat er für den Zeitraum vom 01.01.2023 bis zum 31.01.2023 einen anteiligen Gewinn von 5.000 € ermittelt. Nur diesen Gewinn will er unter Berufung auf § 8b Nr. 2 EStDV in der ESt-Erklärung 2023 ansetzen. Bezogen auf das gesamte Jahr 2023 hätte er einen Gewinn von 55.000 € erzielt.

  Das Finanzamt lehnt den Antrag auf Umstellung des Kalenderjahres auf ein abweichendes Wirtschaftsjahr mit der Begründung ab, Müller wolle sich dadurch nur eine „Steuerpause" verschaffen.

a) Prüfen und begründen Sie, ob das Finanzamt die Umstellung des Wirtschaftsjahres ablehnen durfte.

b) Ermitteln Sie unter Berücksichtigung des Ergebnisses zu 1. in einer übersichtlichen Darstellung den Gesamtbetrag der Einkünfte für den VZ 2023. Nichtansätze sind mit „0" zu kennzeichnen und kurz zu begründen.

Fall 4:

Ermitteln Sie in einer übersichtlichen Darstellung für den VZ 2023 die Einkünfte aus Gewerbebetrieb, und entscheiden Sie, welche weitere Steuervergünstigung dem Dr. Jo Kurt noch zu gewähren ist!

Dr. Jo Kurt (65) hat mit Wirkung ab dem 01. Mai 2023 sein Einzelhandelsgeschäft veräußert. Das Kapitalkonto beträgt lt. Schlussbilanz 225.000 €. Mit Ausnahme eines Pkw (Buchwert: 8.000 €; gemeiner Wert: 12.000 €), einer Forderung von 10.000 € und einer Darlehensverbindlichkeit von 7.000 € gehen alle Aktiva und Passiva auf den Erwerber über. Nach den vertraglichen Vereinbarungen beträgt der Veräußerungspreis 366.000 €, den Dr. Jo Kurt dem Erwerber bis zum 02. September 2024 gestundet hat. Im Zusammenhang mit der Veräußerung sind dem Dr. Jo Kurt Veräußerungskosten von 4.000 € entstanden, die er auch noch in 2023 bezahlt hat. Der laufende Gewinn für die Zeit vom 01. Januar 2023 bis zum 30. April 2023 wurde zutreffend mit 47.500 € ermittelt.

Fall 5:

Peter und Emma Müller sind gemeinsam mit ihrem Sohn Marc wie folgt an der Müller OHG mit Sitz in Leverkusen beteiligt:

- Peter Müller 40 %
- Emma Müller 40 %
- Marc Müller 20 %

Das Gesamtkapital der OHG beträgt 120.000,00 €. Die Gewinnverteilung erfolgt nach den handelsrechtlichen Vorschriften (§ 121 HGB).

Für das Wirtschaftsjahr 01.01. – 31.12.2023 hat die OHG einen handelsrechtlichen Gewinn i. H. v. 18.000,00 € erzielt.

In den erfassten Aufwendungen sind u. a. folgende Zahlungen enthalten:

- Marc Müller hat für seine Tätigkeit als Geschäftsführer monatlich jeweils 5.000,00 € erhalten.
- Peter Müller erhielt Zinsen für ein der OHG überlassenes Darlehen i. H. v. insgesamt 16.800,00 €.
- Emma Müller erhielt für ein an die OHG vermietetes Geschäftsgrundstück monatlich 3.000,00 €.

Ermitteln Sie mithilfe der folgenden Tabelle jeweils die Einkünfte aus Gewerbebetrieb für die drei Gesellschafter der OHG für das Wirtschaftsjahr 2023.

Gesellschafter	Kapital	Vorweg-vergütung	Verzinsung	(Rest-) Gewinnanteil	Einkünfte aus Gewerbebetrieb
Peter Müller					
Emma Müller					
Marc Müller					

5.4 Einnahmenüberschussrechnung

Die Einnahmenüberschussrechnung (**EÜR**) nach **§ 4 Abs. 3 EStG** ist eine Art der **vereinfachten Gewinnermittlung** für Steuerpflichtige, die weder nach Handels- noch nach Steuerrecht zur Buchführung verpflichtet sind.

Die **Gewinnermittlung** erfolgt nach folgendem **Schema**:

	Betriebseinnahmen des Kalenderjahres	.... €
-	Betriebsausgaben des Kalenderjahres	.... €
=	**Gewinn bzw. Verlust des Kalenderjahres**	**........... €**

Steuerpflichtige, die ihren Gewinn durch EÜR ermitteln, haben gem. § 60 Abs. 1 EStDV i. V. m. § 87a Abs. 6 AO die **Anlage EÜR** nach amtlich vorgeschriebenem Datensatz durch Datenfernübertragung authentifiziert zu übermitteln.

5.4.1 Berechtigter Personenkreis

Nach § 4 Abs. 3 EStG können Steuerpflichtige, die **nicht aufgrund gesetzlicher Vorschriften verpflichtet sind, Bücher zu führen** und regelmäßig Abschlüsse zu machen, und die auch tatsächlich keine Bücher führen und Abschlüsse machen, ihren Gewinn durch EÜR ermitteln.

In personeller Hinsicht erfasst § 4 Abs. 3 EStG damit in erster Linie Steuerpflichtige, die einerseits kraft Einkunftsart gewinnermittlungspflichtig sind, die aber andererseits weder nach Handelsrecht noch nach Steuerrecht buchführungspflichtig sind. Dazu gehören:

- Steuerpflichtige mit **Einkünften aus selbstständiger Arbeit**, sofern sie nicht freiwillig Bücher führen und Abschlüsse machen.
- Steuerpflichtige, die Einkünfte aus Gewerbebetrieb erzielen, die aber weder nach Handelsrecht (**Kleingewerbetreibende**, die nicht im Handelsregister eingetragen sind) noch nach Steuerrecht buchführungspflichtig sind.
- **Einzelkaufleute**, die die Voraussetzungen des **§ 241a HGB** erfüllen.
- **Land- und Forstwirte**, wenn sie ihren Gewinn **nicht** nach **Durchschnittssätzen** ermitteln.

5.4.2 Betriebseinnahmen

Der **Begriff** der **Betriebseinnahmen** ist **im EStG nicht definiert**.

In sinngemäßer Anwendung des § 8 EStG sind unter den Betriebseinnahmen **alle Güter zu verstehen, die in Geld oder Geldeswert bestehen und dem Steuerpflichtigen im Rahmen des Betriebes, d. h. betriebsbedingt zufließen**.

Eine wichtige Besonderheit besteht darin, dass bei der EÜR die **vereinnahmte Umsatzsteuer**, die der Unternehmer vom Leistungsempfänger über den Rechnungspreis erhält, zu den **Betriebseinnahmen** zählt. Da die Umsatzsteuer aber auch bei der EÜR den

Totalgewinn nicht beeinflussen darf, ist sie bei **Zahlung an das Finanzamt** als **Betriebsausgabe** wieder abzuziehen.

Betriebseinnahmen sind in dem Kalenderjahr bezogen, in dem sie **zugeflossen** sind (§ 11 Abs. 1 Satz 1 EStG).

Vermögenszugänge in Gestalt von **Forderungen** sind wegen der Anwendung des Zuflussprinzips **nicht zu erfassen**.

MERKE

Zahlungseingänge sind Betriebseinnahmen im Zeitpunkt des Zuflusses, d. h. im Zeitpunkt der Vereinnahmung (§ 11 Abs. 1 Satz 1 EStG).

Geldeinlagen und **Geldentnahmen** sind **nicht zu berücksichtigen**, weil der Zugang bzw. Abgang des Geldes **nicht durch den Betrieb veranlasst** ist.

Beispiele

1. Ein Unternehmer liefert im Dezember 2023 einem Kunden für (1.000 € + 190 € USt =) 1.190 € Ware. Der Kunde zahlt im April 2024 durch Banküberweisung.

   Da der Rechnungsbetrag erst in 2024 zugeflossen ist, ist auch erst im VZ 2024 die entsprechende Betriebseinnahme i. H. v. 1.190 € zu berücksichtigen.
2. Ein Kunde bestellt im Oktober 2023 bei einem Unternehmer Ware für (600 € + 114 € USt =) 714 € und leistet sofort eine Vorauszahlung i. H. v. (300 € + 57 € USt =) 357 €. Die Ware wird im Februar 2024 geliefert.

   Für das Jahr 2023 ist eine Betriebseinnahme i. H. v. 357 € anzusetzen (Vorauszahlungsbetrag).

Periodisch wiederkehrende Einnahmen, die wirtschaftlich zum folgenden Wirtschaftsjahr gehören (z. B. Mietzahlung für Januar 2024 am 29.12.2023), sind **nicht zu erfassen**, wenn sie innerhalb von **zehn Tagen** vor dem Ende des Wirtschaftsjahres zufließen (§ 11 Abs. 1 Satz 2 EStG).

Darüber hinaus kann der Steuerpflichtige **zusammengeballte Einnahmen**, die er aufgrund einer **Vorauszahlung von mehr als fünf Jahren** für eine Nutzungsüberlassung erzielt (z. B. voraus gezahlten Erbpachtzins), gleichmäßig auf den **Zeitraum der wirtschaftlichen Zugehörigkeit verteilen** (**§ 11 Abs. 1 Satz 3 EStG**). Diese Regelung gilt **nicht** für ein **marktübliches Damnum**.

5.4.3 Betriebsausgaben

Betriebsausgaben sind **Aufwendungen, die durch den Betrieb veranlasst sind (§ 4 Abs. 4 EStG)**.

5.4.3.1 Sofort abzugsfähige Betriebsausgaben

Zu den sofort abzugsfähigen Betriebsausgaben gehören **alle betrieblich veranlassten Ausgaben, die laufend anfallen**, aber keine Anschaffungs- oder Herstellungskosten von Wirtschaftsgütern des Anlagevermögens darstellen (z. B. Telefonkosten, Porto, Bürobedarf, Fachliteratur, gezahlte Vorsteuer, an das Finanzamt überwiesene Umsatzsteuer).

Grundsätzlich kommt es allein auf den **Zeitpunkt der tatsächlichen Zahlung** an (§ 11 Abs. 2 Satz 1 EStG), nicht auf die wirtschaftliche Zugehörigkeit zu einer bestimmten Rechnungsperiode.

Für **regelmäßig wiederkehrende Ausgaben** ist die **Zehn-Tages-Regelung** des § 11 Abs. 2 Satz 2 EStG zu beachten.

ACHTUNG

Unter die **Zehn-Tages-Regelung** fallen **auch** die **USt-Vorauszahlungen** für das IV. Quartal des Vorjahres bzw. – bei monatlicher Abgabe – die USt-Vorauszahlung für den Dezember des Vorjahres bzw. – bei Dauerfristverlängerung – die Vorauszahlung für den November des Vorjahres. Eine Umsatzsteuer-Vorauszahlung, die innerhalb von zehn Tagen nach Ablauf des Kalenderjahres gezahlt wird, ist auch dann im Jahr ihrer wirtschaftlichen Zugehörigkeit abziehbar, wenn der 10. Januar des Folgejahres auf einen Sonnabend, Sonntag oder gesetzlichen Feiertag fällt (BFH, Urteil vom 27.06.2018 - X R 44/16, BStBl 2018 II S. 781).

Vorauszahlungen für eine **Nutzungsüberlassung für einen Zeitraum von mehr als fünf Jahren** müssen dem Wirtschaftsjahr, zu dem sie **wirtschaftlich gehören**, zugerechnet werden (§ 11 Abs. 2 Satz 3 EStG).

Beispiel

Zum 01.07.2023 mietete eine Unternehmerin einen Büroraum. Den Mietvertrag schloss sie über sechs Jahre ab und überwies die Miete für die Laufzeit des Mietvertrages am 10.07.2023 im Voraus in einer Summe i. H. v. 21.600 €.

Da die Miete für einen Zeitraum von mehr als fünf Jahren gezahlt worden ist, ist sie auf die Laufzeit des Mietvertrages gleichmäßig zu verteilen, sodass für den VZ 2023 als Betriebsausgaben Mietzahlungen i. H. v. ($\frac{6}{72}$ von 21.600 € =) 1.800 € zu berücksichtigen sind.

5.4.3.2 Durchlaufende Posten

Durchlaufende Posten, d. h. Beträge, die in fremdem Namen und für fremde Rechnung vereinnahmt werden (z. B. **Gerichtskostenvorschuss, Gebühren für eine Baugenehmigung an die Gemeinde, Fremdgelder**), gehören nach **§ 4 Abs. 3 Satz 2 EStG weder zu den Betriebseinnahmen noch zu den Betriebsausgaben**.

MERKE

Die **Umsatzsteuer** gehört bei der EÜR **nicht** zu den **durchlaufenden Posten**. **Vereinnahmte Umsatzsteuerbeträge** sind **Betriebseinnahmen**, **verauslagte Umsatzsteuerbeträge** sind **Betriebsausgaben**.

Beispiel

Ein Unternehmer beglich folgende Rechnung seines Rechtsanwalts durch Banküberweisung:

Geschäftsgebühr	1.804,00 €
Fahrtkosten: 60 km • 0,30 €	18,00 €
Entgelt für Post- und Telekommunikationsleistungen	20,00 €
	1.842,00 €
zzgl. 19 % USt	349,98 €
	2.191,98 €
+ verauslagter Gerichtskostenvorschuss	350,00 €
zu zahlen	2.541,98 €

Als Betriebseinnahmen hat der Rechtsanwalt (1.842 € + 349,98 € =) 2.191,98 € anzusetzen. Bei dem Gerichtskostenvorschuss handelt es sich um einen durchlaufenden Posten, der bei der EÜR nicht zu berücksichtigen ist.

5.4.3.3 Darlehensaufnahme und Darlehenstilgung

Geldbeträge, die dem Betrieb durch die Aufnahme von Darlehen zugeflossen sind, stellen keine Betriebseinnahmen und Geldbeträge, die zur Tilgung von Darlehen geleistet werden, keine Betriebsausgaben dar.

Diese Beträge fließen dem Unternehmer nicht aufgrund einer betrieblichen Leistung zu, sondern nur aufgrund eines Darlehensvertrages, d. h. sie **fließen dem Betrieb wegen der Verpflichtung zur Rückzahlung nicht endgültig zu**.

MERKE

Die **Darlehensaufnahme** führt **nicht** zu einer **Betriebseinnahme**, die **Darlehenstilgung** zu **keiner Betriebsausgabe**.

Die **Darlehenszinsen** sind im Zeitpunkt der Zahlung als **Betriebsausgabe** abzugsfähig.

Ein bei der Darlehensaufnahme vom Darlehensgeber zurückbehaltenes **marktübliches Disagio** (Damnum) führt beim Steuerpflichtigen im Wirtschaftsjahr der Auszahlung des Darlehens **in voller Höhe** zu einer **Betriebsausgabe**.

Die Regelung des § 11 Abs. 2 Satz 3 EStG, nach der für mehr als fünf Jahre im Voraus geleistete Ausgaben für eine Nutzungsüberlassung insgesamt auf den Zeitraum gleichmäßig zu verteilen sind, für den die Vorauszahlung geleistet wird, findet auf marktübliche Disagien keine Anwendung (§ 11 Abs. 2 Satz 4 EStG).

Beispiel

Zur Finanzierung einer betrieblichen Anschaffung nahm ein Unternehmer bei seiner Sparkasse ein Darlehen über 100.000 € auf. Das Darlehen wurde – unter Berücksichtigung des marktüblichen Disagios – i. H. v. 96.000 € am 11.09.2023 dem betrieblichen Bankkonto gutgeschrieben.

Der Unternehmer leistete bereits im VZ 2023 die ersten Tilgungsraten i. H. v. insgesamt 6.000 € und Zinszahlungen i. H. v. 2.250 €.

Der Darlehenszufluss und die Darlehenstilgung bleiben außer Ansatz.

Als Betriebsausgaben sind die Zinszahlungen von 2.250 € und das einbehaltene Disagio i. H. v. 4.000 € zu berücksichtigen.

5.4.3.4 Anschaffung von Wirtschaftsgütern des abnutzbaren Anlagevermögens

Für den Erwerb von Wirtschaftsgütern des abnutzbaren Anlagevermögens enthält **§ 4 Abs. 3 Satz 3 EStG** eine Abweichung vom Zufluss-/Abflussprinzip des § 11 EStG.

Diese Wirtschaftsgüter werden bei der EÜR genauso behandelt wie bei der Gewinnermittlung durch Bestandsvergleich. Das bedeutet, dass die Anschaffungs- oder Herstellungskosten nicht schon bei der Bezahlung der Anschaffungen zu Betriebsausgaben führen, sondern nur im Wege der **AfA** auf die Nutzungsdauer des Wirtschaftsgutes verteilt werden dürfen. **Teilwertabschreibungen** sind jedoch **unzulässig**.

Für den **Beginn der AfA** kommt es nicht auf den Zeitpunkt der Zahlung, sondern auf den **Zeitpunkt der Lieferung** an.

Die Regelungen des **Investitionsabzugsbetrages** und der **Sonderabschreibung nach § 7g EStG** können dann in Anspruch genommen werden, wenn

- der **Gewinn** den Betrag von **200.000 € nicht überschreitet** (§ 7g Abs. 6 Nr. 1 i. V. mit Abs. 1 Nr. 1 EStG) und
- das Wirtschaftsgut **ausschließlich oder** fast ausschließlich (**mindestens 90 %**) **betrieblich genutzt** wird (§ 7g Abs. 6 Nr. 2 EStG).

Liegen diese Voraussetzungen vor, dann

- kann der Unternehmer für die künftige Anschaffung des beweglichen Wirtschaftsgutes des Anlagevermögens **bis zu 50 % der voraussichtlichen Anschaffungskosten als Betriebsausgaben** abziehen (**Investitionsabzugsbetrag**)
- ist der Investitionsabzugsbetrag im **VZ der Anschaffung** des Wirtschaftsgutes i. H. v. **50 % der Anschaffungskosten** als **Betriebseinnahmen** anzusetzen, wobei die Betriebseinnahmen die Höhe des gebildeten Investitionsabzugsbetrages nicht übersteigen dürfen
- ist **von den Anschaffungskosten des Wirtschaftsgutes der Investitionsabzugsbetrag gewinnmindernd abzuziehen**, sodass sich dementsprechend auch die **AfA-Bemessungsgrundlage mindert**
- kann zusätzlich zur linearen AfA eine **Sonderabschreibung i. H. v. 20 % der Anschaffungskosten** in Anspruch genommen werden. Die Möglichkeit der Sonderabschreibung setzt aber nicht voraus, dass zuvor ein Investitionsabzugsbetrag gebildet worden ist.

Wurden bis zum Zeitpunkt der **Veräußerung** oder Entnahme eines Wirtschaftsguts noch nicht die vollen Anschaffungs- oder Herstellungskosten abgeschrieben, so ist der **Restbetrag** zu diesem Zeitpunkt als **Betriebsausgabe** zu behandeln.

Beispiel

Der Unternehmer erwarb im Januar 2023 für ausschließlich betriebliche Zwecke einen Schreibtisch (betriebsgewöhnliche Nutzungsdauer: 13 Jahre) für (2.000 € + 380 € USt) 2.380 €.

Sein alter Schreibtisch war vollständig abgeschrieben und stand mit 1 € Erinnerungswert im Anlagenverzeichnis.

Diesen Schreibtisch gab er für (100 € + 19 € USt =) 119 € in Zahlung und überwies den Differenzbetrag von 2.261 € durch Überweisung vom betrieblichen Bankkonto.

Für die Anschaffung des Schreibtisches hat der Unternehmer in 2022 einen Investitionsabzugsbetrag i. H. v. 1.000 € gebildet. Wie ist bei Anwendung der linearen Abschreibung die Rechtslage für 2022 und 2023?

VZ 2022:

Der gebildete Investitionsabzugsbetrag ist i. H. v. 1.000 € als Betriebsausgabe abzugsfähig.

VZ 2023:

alter Schreibtisch:	Veräußerungserlös	119 €	Betriebseinnahme
	Restbuchwert	1 €	Betriebsausgabe
neuer Schreibtisch:	gezahlte Vorsteuer	380 €	Betriebsausgabe
	Investitionsabzugsbetrag:		
	Herabsetzung in 2023	1.000 €	Betriebseinnahme
	Minderung der AK	1.000 €	Betriebsausgabe
	AfA:		
	AfA-BMG = 1.000 €		
	lineare AfA: 1.000 € : 13 =	77 €	Betriebsausgabe
	Sonder-AfA: 1.000 € • 20 % =	200 €	Betriebsausgabe

Die Bewertungsfreiheit nach § 6 Abs. 2 EStG für **geringwertige Wirtschaftsgüter** oder die Vorschriften für die **Bildung eines Sammelpostens** (§ 6 Abs. 2a EStG) können auch Steuerpflichtige in Anspruch nehmen, die ihren Gewinn durch EÜR ermitteln (§ 4 Abs. 3 Satz 3 EStG).

Beispiele

1. Kauf eines betrieblich genutzten Schreibtisches für (800 € + 152 € USt =) 952 € am 15.12.2023. Die Bezahlung wurde am 27.12.2023 vorgenommen.

   Der Unternehmer kann gem. § 6 Abs. 2 EStG im VZ 2023 (Jahr der Lieferung) 800 € als Betriebsausgaben geltend machen. Die in 2023 gezahlte Vorsteuer ist im VZ 2023 i. H. v. 152 € als Betriebsausgaben abzugsfähig.
2. wie 1.), jedoch wurde der Rechnungsbetrag erst am 12.01.2024 ausgeglichen.

   Die Vorsteuer von 152 € ist erst im Jahr der Zahlung (VZ 2024) als Betriebsausgabe abzugsfähig. Die Bewertungsfreiheit des § 6 Abs. 2 EStG kann der Unternehmer jedoch bereits im VZ der Lieferung geltend machen, da es insoweit auf den Zahlungszeitpunkt nicht ankommt. Deshalb können die 800 € im VZ 2023 als Betriebsausgabe geltend gemacht werden.
3. wie 1.), jedoch wurde der Schreibtisch erst am 12.01.2024 geliefert, der Rechnungsbetrag jedoch schon am 15.12.2023 ausgeglichen.

   Die Vorsteuer von 152 € ist im Jahr der Zahlung (VZ 2023) als Betriebsausgabe abzugsfähig. Die Bewertungsfreiheit des § 6 Abs. 2 EStG kann der Unternehmer jedoch erst im VZ 2024 (Jahr der Lieferung) in Anspruch nehmen. Für den VZ 2023 kann jedoch ein Investitionsabzugsbetrag i. H. v. (50 % von 800 € =) 400 € als Betriebsausgabe geltend gemacht werden.

5.4.3.5 Anschaffung von Wirtschaftsgütern des nicht abnutzbaren Anlagevermögens

Nach **§ 4 Abs. 3 Satz 4 EStG** dürfen die Anschaffungs- bzw. Herstellungskosten für nicht abnutzbare Wirtschaftsgüter des Anlagevermögens erst im **Zeitpunkt des Zuflusses des Veräußerungserlöses** oder bei Entnahme im Zeitpunkt der Entnahme als **Betriebsausgaben** berücksichtigt werden.

Beispiel

Anschaffung eines unbebauten Grundstücks für betriebliche Zwecke im VZ 2021 für 40.000 €. Dieses Grundstück wurde im Dezember 2022 für 62.000 € wieder veräußert. Der Veräußerungserlös ist im Januar 2023 dem betrieblichen Bankkonto gutgeschrieben worden.

Im VZ 2023 (Zufluss des Veräußerungserlöses) sind anzusetzen: Betriebseinnahmen = 62.000 € und als Betriebsausgaben die ursprünglichen Anschaffungskosten von 40.000 €.

5.4.3.6 Anschaffung von Wirtschaftsgütern des Umlaufvermögens

Auch für Anteile an Kapitalgesellschaften, Wertpapiere und vergleichbare nicht verbriefte Forderungen und Rechte, Grund und Boden sowie Gebäude des Umlaufvermögens regelt **§ 4 Abs. 3 Satz 4 EStG**, dass Anschaffungs- und Herstellungskosten erst im **Zeitpunkt des Zuflusses des Veräußerungserlöses** oder bei Entnahme im Zeitpunkt der Entnahme als **Betriebsausgaben** berücksichtigt werden dürfen.

5.4.3.7 Verlust von Kundenforderungen

Forderungsverluste regulieren den Gewinn von selbst. Durch den Ausfall des Geldeingangs mindert sich automatisch der Gewinn, denn die entsprechenden Betriebseinnahmen bleiben aus, sodass entsprechende Forderungsverluste **nicht** zusätzlich als **Betriebsausgaben** angesetzt werden können.

Beispiel

Der Unternehmer hat einem Kunden Waren für insgesamt 238 € geliefert. Diese Kundenforderung wird uneinbringlich, denn der Kunde hat Insolvenz angemeldet.

Im Rahmen der EÜR ist nichts zu veranlassen. Weder die Betriebseinnahmen sind zu kürzen, noch die Betriebsausgaben zu erhöhen. Mangels Zufluss reguliert sich der Gewinn durch den Ausfall der entsprechenden Betriebseinnahmen von selbst.

5.4.3.8 Verluste durch Diebstahl und Unterschlagung von Waren

Auch diese Verluste wirken sich bereits dadurch gewinnmindernd aus, dass entsprechende Betriebseinnahmen ausbleiben, da diese Warenposten nicht mehr zum Verkauf gelangen können.

Die beim Einkauf dieser gestohlenen Waren bezahlten Beträge sind im **Zeitpunkt der Bezahlung** bereits als **Betriebsausgaben** erfasst worden, sodass sie **nicht noch einmal** als **Betriebsausgaben** erfasst werden können.

Beispiel

Dem Unternehmer wurden im Oktober 2023 Waren im Wert von 620 € gestohlen. Diese Waren wurden im Vormonat für 620 € eingekauft und sofort beim Lieferanten bezahlt.

Im September 2023 liegen Betriebsausgaben i. H. v. 620 € vor. Weiter ist im Rahmen der EÜR nichts zu veranlassen, denn die Einnahmeseite reguliert sich durch den Ausfall der entsprechenden Betriebseinnahmen von selbst. Ein zusätzlicher Betriebsausgabenabzug kommt nicht in Betracht, da die Waren bereits beim Einkauf als Betriebsausgabe erfasst worden sind.

5.4.3.9 Sachentnahmen und Sacheinlagen

Sachentnahmen sind in Höhe ihres **Teilwerts zum Zeitpunkt der Entnahme (zuzüglich Umsatzsteuer)** als **Betriebseinnahme** anzusetzen.

Der Grund für die Hinzurechnung ergibt sich aus folgender Überlegung: Würde der Steuerpflichtige diese Gegenstände nicht für private Zwecke entnehmen, könnte er sie veräußern und damit Betriebseinnahmen erzielen.

Soweit es sich um abnutzbares Anlagevermögen handelt, sind die **noch nicht abgeschriebenen Anschaffungs- oder Herstellungskosten** als **Betriebsausgabe** anzusetzen.

Beispiele

1. Warenentnahme für private Zwecke. Einkaufspreis 900 €; Einkaufspreis zum Zeitpunkt der Entnahme 1.000 €

   Als Betriebseinnahmen sind (1.000 € + 190 € USt =) 1.190 € anzusetzen.

2. Entnahme eines Pkw. Teilwert im Zeitpunkt der Entnahme 4.000 €; ursprüngliche Anschaffungskosten 16.000 €; Abschreibungen bis zum Zeitpunkt der Entnahme 14.000 €.

   Als Betriebseinnahmen sind (4.000 € + 760 € USt =) 4.760 € anzusetzen. In Höhe des Restbuchwertes (16.000 € - 14.000 € = 2.000 €) liegen Betriebsausgaben vor.

Sacheinlagen stellen im Rahmen der EÜR **Betriebsausgaben** dar.

Die Bewertung der Sacheinlagen erfolgt wie bei den Sachentnahmen. Anzusetzen ist in der Regel der **Teilwert**.

5.4.4 Fälle zur Sicherung des Lernerfolgs

Fall 1:

Nicole Richter betreibt ein Einzelhandelsgeschäft für junge Mode.

Sie unterliegt der umsatzsteuerlichen Regelbesteuerung und gibt monatliche Umsatzsteuer-Voranmeldungen ab.

Die Gewinnermittlung erfolgt zulässigerweise nach § 4 Abs. 3 EStG durch Einnahmenüberschussrechnung; die Voraussetzungen des § 7g EStG sind erfüllt.

Für das Wirtschaftsjahr 2023 hat Nicole Richter einen vorläufigen Gewinn i. H. v. 60.000 € ermittelt.

Die nachfolgenden Sachverhalte sind hinsichtlich ihrer Auswirkungen auf den Gewinn des Jahres 2023 noch zu untersuchen; anschließend ist der endgültige Gewinn zu ermitteln, der möglichst niedrig sein soll.

1. Es liegen noch zwei Ausgangsrechnungen i. H. v. insgesamt 1.190 € (inkl. 19 % USt) vor. Die Rechnungen sind datiert auf den 29.12.2023, sie sind jedoch erst am 03.01.2024 abgesandt worden. Als Betriebseinnahmen wurden 1.190 € angesetzt.
2. Auf dem betrieblichen Bankkonto wurden in 2023 folgende Beträge als Betriebsausgaben gebucht:
   a) Beiträge zu einer Lebensversicherung: 1.800 €

   b) Beiträge zu einer Berufshaftpflichtversicherung: 500 €

   c) Tilgungsanteil eines betrieblichen Darlehens: 2.000 €

   d) Zinsen für dieses Darlehen: 400 €
3. Infolge eines Wasserrohrbruchs im Ladenlokal wurde im November 2023 eine bereits bezahlte Partie T-Shirts zu einem Einkaufswert von 714 € (inkl. 19 % USt) unverkäuflich. Nach einer entsprechenden Schadenmeldung an die Versicherung überwies diese am 18.12.2023 einen Betrag von 500 €. Frau Richter behandelte den Differenzbetrag von 214 € als Betriebsausgabe.
4. Für eine Silvesterfeier entnahm Frau Richter im Dezember 2023 aus ihrem Warenbestand für den eigenen Bedarf ein Party-Kleid. Der Ladenverkaufspreis für dieses Kleid betrug 476 €, der Einkaufspreis zzgl. Nebenkosten zum Zeitpunkt der Entnahme 250 €.

5. Am 21.12.2023 wurden Frau Richter zwei von ihr bestellte gleichwertige Besucherstühle für insgesamt 1.500 € zzgl. USt geliefert. Die entsprechende Rechnung ging erst am 15.01.2024 ein und wurde umgehend bezahlt.
6. Im Juli 2023 musste Frau Richter eine neue Registrierkasse anschaffen, da die alte Kasse (Buchwert zum 31.12.2022: 1.625 €) defekt war. Die alte Kasse wurde vom Händler für 238 € (inkl. 19 % USt) in Zahlung genommen, sodass die Überweisung noch über 1.249,50 € lautete. Dieser Betrag ist in den aufgezeichneten Betriebsausgaben enthalten. Die neue Kasse hat – wie auch die alte Kasse – eine betriebsgewöhnliche Nutzungsdauer von acht Jahren und soll linear abgeschrieben werden. Für die Anschaffung der Registrierkasse hat Frau Richter zum 31.12.2022 einen Investitionsabzugsbetrag i. H. v. 500 € gebildet, der im VZ 2023 aufgelöst werden soll.

Fall 2:

Guido Laster betreibt in Leverkusen nebenberuflich einen Computereinzelhandel.

Ermitteln Sie anhand der beigefügten Summen- und Saldenliste (**Anlage 1**) die Einkünfte aus Gewerbebetrieb für den Veranlagungszeitraum 2023.

Guido Laster ermittelt seinen Gewinn durch Einnahmenüberschussrechnung nach § 4 Abs. 3 EStG.

Bei der Ermittlung der Einkünfte aus Gewerbebetrieb sind noch die folgenden Angaben zu berücksichtigen:

1. Eine Lieferantenrechnung vom 31.12.2023 (= Lieferdatum) über Materiallieferungen von 2.000 € zzgl. 380 € wurde bisher nicht erfasst. Guido Laster hatte diese Rechnung am 22.01.2024 durch Überweisung vom betrieblichen Bankkonto bezahlt.
2. Die angemessenen Bewirtungsaufwendungen (Konto 4650) wurden in voller Höhe (100 %) erfasst. Die Vorsteuer wurde in voller Höhe auf dem Konto 1576 erfasst.
3. Das Konto 1780 (USt-Vorauszahlungen) beinhaltet die Vorauszahlungen für das I. bis III. Quartal 2023.
4. Die USt-Vorauszahlung für das IV. Quartal 2023 i. H. v. 1.410,79 € hat Guido Laster am 05.01.2024 von dem betrieblichen Bankkonto überwiesen.
5. Im Übrigen sind alle Geschäftsvorfälle vollständig und zutreffend erfasst.

Anlage 1

230/1234/5678 19.02.2024

Guido Laster Summen- und Saldenliste/Alle Konten Dezember 2023 Blatt 1

Konto 1 bis 99999

Konto	Bezeichnung	Eröffnungsbilanzwert		Monatswert		kumulierter Wert		Saldo	
				Soll	Haben	Soll	Haben		
0320	Pkw	13.125,00	S		3.750,00		3.750,00	9.375,00	S
0420	Büroeinrichtung	6.303,00	S	875,00	1.745,00	875,00	1.745,00	5.433,00	S
0440	Werkzeuge	1.890,00	S		1.070,07	3.846,07	1.070,07	4.666,00	S
0630	Verbindlichkeiten gegenüber Kreditinstituten	19.080,98	H			1.500,00		17.580,98	H
	Summe Klasse 0	21.318,00	S	875,00	6.565,07	6.221,07	6.565,07	19.474,00	S
		19.080,98	H					17.580,98	H
1000	Kasse	40,52	S	533,25	143,94	20.212,00	19.871,53	380,99	S
1200	Bank	10.609,01	S	19.769,49	18.967,09	185.635,36	166.350,60	29.893,77	S
1571	Abziehbare Vorsteuer 7 %					8,37		8,37	S
1576	Abziehbare Vorsteuer 19 %			1.544,65	2.302,71	10.153,43	2.422,70	7.730,73	S
1776	Umsatzsteuer 19 %			43,63	3.242,48	43,63	14.162,50	14.118,87	H
1780	Umsatzsteuer-Vorauszahlungen			2.319,90	4.498,06	9.008,19	4.498,06	4.510,13	S
1790	Umsatzsteuer Vorjahr			2.109,90	1.831,50	2.109,90	1.831,50	278,40	S

230/1234/5678

Guido Laster — Summen- und Saldenliste/Alle Konten Dezember 2023 — 19.02.2024

Konto 1 bis 99999 — Blatt 2

1800	Privatentnahmen allgemein			9.014,03	440,30	12.791,63	440,30	12.351,33	S
	Summe Klasse 1	10.649,53	S	35.334,85	31.426,08	239.962,51	209.577,19	55.153,72	S
		0,00	H					14.118,87	H
2120	Zinsaufwendungen f. lfr. Verbindlichkeiten			1.084,92		1.084,92		1.084,92	S
	Summe Klasse 2	0,00	S	1.084,92	0,00	1.084,92	0,00	1.084,92	S
		0,00	H					0,00	H
3400	Wareneingang 19 % Vorsteuer			8.129,75		44.735,60		44.735,60	S
3736	Erhaltene Skonti 19 % Vorsteuer						631,55	631,55	H
	Summe Klasse 3	0,00	S	8.129,75	0,00	44.735,60	631,55	44.735,60	S
		0,00	H					631,55	H
4100	Löhne und Gehälter			200,00		1.927,45		1.927,45	S
4200	Raumkosten			150,00		1.157,39		1.157,39	S
4360	Versicherungen			703,35		703,35		703,35	S
4380	Beiträge					561,00		561,00	S

230/1234/5678

Guido Laster — Summen- und Saldenliste/Alle Konten Dezember 2023 — 19.02.2024

Konto 1 bis 99999 — Blatt 3

4500	Fahrzeugkosten			610,83		1.831,31		1.831,31	S
4650	Bewirtungskosten			53,48		53,48		53,48	S
4830	Abschreibungen auf Sachanlagen			6.565,07		6.565,07		6.565,07	S
4855	Sofortabschreibung GWG				438,00	1.689,62	438,00	1.251,62	S
4900	Sonstige betriebliche Aufwendungen					5.804,68		5.804,68	S
	Summe Klasse 4	0,00	S	8.282,73	438,00	20.293,35	438,00	19.855,35	S
		0,00	H					0,00	H
8400	Erlöse 19 % USt				17.065,70		71.755,46	71.755,46	H
8736	Gewährte Skonti 19 % USt			229,65		229,65		229,65	S
8920	Private Telefon-Nutzung 19 %						480,00	480,00	H
8922	Private Pkw-Nutzung 19 %						2.304,00	2.304,00	H
8924	Private Pkw-Nutzung ohne USt						576,00	576,00	H
	Summe Klasse 8	0,00	S	229,65	17.065,70	229,65	75.115,46	229,65	S
		0,00	H					75.115,46	H
9000	Saldovorträge Sachkonten	12.886,55	H					12.886,55	H
	Summe Klasse 9	0,00	S	0,00	0,00	0,00	0,00	0,00	S
		12.886,55	H					12.886,55	H

6. Begriffe bei den Überschusseinkünften

Bei den **Einkünften aus nichtselbstständiger Arbeit (§ 19 EStG), aus Vermietung und Verpachtung (§ 21 EStG) und bei den sonstigen Einkünften (§ 22 EStG)** sind die Einkünfte der Überschuss der Einnahmen über die Werbungskosten (§ 2 Abs. 2 Nr. 2 EStG).

Einkünfte = Einnahmen - Werbungskosten

6.1 Einnahmen

Einnahmen i. S. des § 8 Abs. 1 EStG sind

- alle Güter, die in **Geld oder Geldeswert** bestehen
- und dem Steuerpflichtigen **im Rahmen der Überschusseinkünfte zufließen.**

Zu den **Einnahmen in Geld** gehören nach § 8 Abs. 1 Satz 2 EStG auch zweckgebundene Geldleistungen, nachträgliche Kostenerstattungen, Geldsurrogate und andere Vorteile, die auf einen Geldbetrag lauten. Dies gilt jedoch nicht bei Gutscheinen und Geldkarten, die ausschließlich zum **Bezug von Waren oder Dienstleistungen** berechtigen (§ 8 Abs. 1 Satz 3 EStG).

Einnahmen, die nicht in Geld bestehen (**Wohnung, Kost, Waren, Dienstleistungen** und **sonstige Sachbezüge**) sind grundsätzlich mit den um übliche Preisnachlässe geminderten üblichen **Endpreisen am Abgabeort** anzusetzen (§ 8 Abs. 2 Satz 1 EStG). Der Ansatz des Sachbezugs für eine **Mitarbeiterwohnung** zu eigenen Wohnzwecken unterbleibt, soweit das vom Arbeitnehmer gezahlte Entgelt mindestens zwei Drittel des üblichen Mietwerts und dieser nicht mehr als 25,00 € je Quadratmeter ohne umlagefähige Kosten im Sinne der Verordnung über die Aufstellung von Betriebskosten beträgt (§ 8 Abs. 2 Satz 12 EStG).

Sachbezüge bleiben jedoch **außer Ansatz**, wenn sie **50 €** im **Kalendermonat nicht übersteigen** (Freigrenze), § 8 Abs. 2 Satz 11 EStG. **Gutscheine und Geldkarten** bleiben nur dann außer Ansatz, wenn sie zusätzlich zum ohnehin geschuldeten Arbeitslohn gewährt werden.

Einnahmen, die dem Steuerpflichtigen im Rahmen der **Gewinneinkünfte** zufließen, werden **Betriebseinnahmen** genannt.

Einnahmen, die zu einer der sieben Einkunftsarten gehören, sind **steuerbar**. Einnahmen, die in keinem Zusammenhang mit einer der sieben Einkunftsarten stehen, **sind nicht steuerbar**. Dazu gehören z. B.:

- Lottogewinne
- Erbschaften
- Streikunterstützungen
- Glücksspielgewinne.

6.2 Steuerfreie Einnahmen

Der Gesetzgeber hat aus wirtschafts- und sozialpolitischen Gründen eine ganze Reihe von **steuerbaren** Einnahmen von der Einkommensteuer freigestellt. Dazu gehören z. B.:

- Leistungen aus einer **Krankenversicherung**, **Pflegeversicherung**, **gesetzlichen Unfallversicherung**, z. B. Renten aus den Berufsgenossenschaften (§ 3 Nr. 1a EStG)
- **Mutterschaftsgeld** (§ 3 Nr. 1d EStG)
- **Arbeitslosengeld**, **Kurzarbeitergeld**, **Schlechtwettergeld**, **Arbeitslosenhilfe**, **Zuschuss zum Arbeitsentgelt, Unterhaltsgeld, Existenzgründerzuschuss** (§ 3 Nr. 2 EStG)
- **Zuschüsse** eines Trägers der gesetzlichen Rentenversicherung **zu den Aufwendungen eines Rentners für seine Krankenversicherung** (§ 3 Nr. 14 EStG)
- **Jobticket** unter Anrechnung des Vorteils auf die Entfernungspauschale (§ 3 Nr. 15 EStG). Es besteht allerdings für den Arbeitgeber auch die Möglichkeit der **pauschalen Besteuerung mit 25 %** bei gleichzeitigem **Verzicht auf die Minderung der als Werbungskosten abziehbaren Entfernungspauschale** beim Arbeitnehmer (§ 40 Abs. 2 Satz 2 Nr. 2 EStG). Dies steigert die Attraktivität der Jobtickets sowohl beim Arbeitgeber als auch beim Arbeitnehmer.
- **Reisekostenvergütungen**, **Umzugskostenvergütungen**, **Mehraufwendungen bei doppelter Haushaltsführung** im Rahmen bestimmter Pauschbeträge (§ 3 Nr. 16 EStG)
- **Kindergeld** (§ 3 Nr. 24)
- Aufwandsentschädigung für **bestimmte nebenberufliche Tätigkeiten**, soweit sie den **Freibetrag von 3.000 €** nicht übersteigen (§ 3 Nr. 26 EStG), sog. **Übungsleiterfreibetrag**
- Einnahmen aus **nebenberuflichen Tätigkeiten** im Dienst oder Auftrag einer **gemeinnützigen Einrichtung** bis zu einem **Freibetrag** von 840 € (§ 3 Nr. 26a EStG), sog. **Ehrenamtspauschale**
- **typische Berufskleidung**, die der Arbeitgeber seinem Arbeitnehmer unentgeltlich oder verbilligt überlässt (§ 3 Nr. 31 EStG)
- unentgeltliche oder verbilligte **Sammelbeförderung** eines Arbeitnehmers **zwischen Wohnung und erster Tätigkeitsstätte** mit einem vom Arbeitgeber gestellten Beförderungsmittel (§ 3 Nr. 32 EStG)
- zusätzlich zum Arbeitslohn erbrachte Leistungen des Arbeitgebers zur **Unterbringung und Betreuung von nicht schulpflichtigen Kindern der Arbeitnehmer in Kindergärten** oder vergleichbaren Einrichtungen (§ 3 Nr. 33 EStG)
- Leistungen des Arbeitgebers zur Verhinderung und Verminderung von Krankheitsrisiken und zur **Förderung der Gesundheit** in Betrieben, soweit sie **600,00 €** im Kalenderjahr **nicht übersteigen** (§ 3 Nr. 34 EStG)
- Einnahmen für die **Grundpflege oder hauswirtschaftliche Versorgung bis zur Höhe des Pflegegeldes** (§ 3 Nr. 36 EStG)
- **private Nutzung** eines **betrieblichen Fahrrads oder Elektrofahrrads** (§ 3 Nr. 37 EStG)
- Steuerfreiheit bestimmter **Beteiligungserträge** zu 40 % – Teileinkünfteverfahren (§ 3 Nr. 40 EStG)

- **private Nutzung** von **betrieblichen Datenverarbeitungsgeräten** (z. B. PC) und **Telekommunikationsgeräten** (§ 3 Nr. 45 EStG)
- Gewährte Vorteile für das **elektrische Aufladen eines Elektrofahrzeugs oder Hybridelektrofahrzeugs** i. S. des § 6 Abs. 1 Nr. 4 Satz 2 2. Halbsatz EStG an einer ortsfesten betrieblichen Einrichtung des Arbeitgebers oder eines verbundenen Unternehmens (§ 15 AktG) und für die **zur privaten Nutzung überlassene betriebliche Ladevorrichtung** (§ 3 Nr. 46 EStG)
- **Trinkgelder** (§ 3 Nr. 51 EStG)
- **Wohngeld** (§ 3 Nr. 58 EStG)
- Ausgaben des Arbeitgebers für die Zukunftssicherung des Arbeitnehmers, z. B. **Arbeitgeber-Anteil zur Sozialversicherung des Arbeitnehmers** (§ 3 Nr. 62 EStG)
- **Elterngeld** (§ 3 Nr. 67 EStG)
- Einnahmen und Entnahmen im Zusammenhang mit dem Betrieb von vorhandenen **Photovoltaikanlagen** (§ 3 Nr. 72 EStG)
- Zuschläge für **Sonntags-, Feiertags- oder Nachtarbeit** (§ 3b EStG)
- **Weiterbildungsleistungen des Arbeitgebers**, die der Verbesserung der Beschäftigungsfähigkeit des Arbeitnehmers dienen (z. B. Sprach- oder Computerkurse). Die Weiterbildung darf keinen überwiegenden Belohnungscharakter haben (§ 3 Nr. 19 EStG).

MERKE

Soweit **Ausgaben mit steuerfreien Einnahmen in einem unmittelbaren wirtschaftlichen Zusammenhang** stehen, dürfen sie **nicht als Betriebsausgaben oder Werbungskosten abgezogen** werden (§ 3c EStG).

6.3 Werbungskosten

Ausgaben, die bei den **Überschusseinkünften** zu berücksichtigen sind, nennt man **Werbungskosten**.

Ausgaben, die bei den **Gewinneinkünften** zu berücksichtigen sind, nennt man **Betriebsausgaben**.

Werbungskosten sind nach der **Generalklausel des § 9 Abs. 1 Satz 1 EStG**

- Aufwendungen
- zur **Erwerbung** der Einnahmen; sie können daher auch dann vorliegen, bevor entsprechende Einnahmen erzielt werden (sog. **vorweggenommene Werbungskosten**), z. B. **Bewerbungskosten**.
- zur **Sicherung** der Einnahmen, d. h. der Ausfall laufender Einnahmen soll vermieden werden.

- zur **Erhaltung** der Einnahmen, d. h. der Weiterbezug der Einnahmen soll gewährleistet bleiben.

Die Werbungskosten sind **bei der Einkunftsart abzuziehen, bei der sie erwachsen sind** (§ 9 Abs. 1 Satz 2 EStG).

In § 9 Abs. 1 Satz 3 EStG werden **beispielhaft** typische Werbungskosten aufgezählt, die immer wieder vorkommen. Diese **Aufzählung** ist aber **keineswegs abschließend**, sodass alle Aufwendungen, die die Voraussetzungen der Generalklausel des § 9 Abs. 1 Satz 1 EStG erfüllen, als Werbungskosten abgezogen werden können.

Zu den in § 9 Abs. 1 Satz 3 EStG beispielhaft aufgeführten Werbungskosten gehören:

- **Schuldzinsen** (Nr. 1)
- **Steuern, sonstige öffentliche Abgaben und Versicherungsbeiträge** für den Grundbesitz (Nr. 2)
- **Beiträge zu Berufsverbänden** (Nr. 3)
- **Wege zwischen Wohnung und erster Tätigkeitsstätte** (Nr. 4)
- **Mehraufwendungen** wegen einer **doppelten Haushaltsführung** (Nr. 5)
- Aufwendungen für **Arbeitsmittel** (Nr. 6)
- **Absetzungen für Abnutzung** (Nr. 7)
- Aufwendungen für **häusliches Arbeitszimmer** sowie die Kosten der Ausstattung (§ 9 Abs. 5 EStG i. V. mit § 4 Abs. 5 **Nr. 6b** EStG).
- **Tagespauschale für Homeoffice** (§ 9 Abs. 5 EStG i. V. m. § 4 Abs. 5 **Nr. 6c** EStG).

6.4 Kosten der privaten Lebensführung

6.4.1 Grundsätze

Aufwendungen, die keine Werbungskosten sind, dürfen **nicht** abgezogen werden. Es handelt sich dann um **Kosten der privaten Lebensführung**.

Zu den typischen Kosten der privaten Lebensführung gehören z. B.:

- die für den **Haushalt des Steuerpflichtigen und für den Unterhalt seiner Familienangehörigen aufgewendeten Beträge** (§ 12 Nr. 1 EStG), z. B. Ernährung, Kleidung, Wohnung.
- Aufwendungen für die Lebensführung, die die wirtschaftliche oder gesellschaftliche Stellung des Steuerpflichtigen mitsichbringt, auch wenn sie zur Förderung des Berufs oder der Tätigkeit des Steuerpflichtigen erfolgen (§ 12 Nr. 1 Satz 2 EStG), sog. **Repräsentationsaufwendungen**.
- **Privatsteuern, Umsatzsteuer** für Umsätze, die Entnahmen sind. **Vorsteuerbeträge** auf Aufwendungen, für die das Abzugsverbot gilt. Das gilt auch für die auf diese Steuern entfallenden **Nebenleistungen**, z. B. Säumniszuschläge, Stundungszinsen (§ 12 Nr. 3 EStG)
- **Geldstrafen, Geldbußen** (§ 12 Nr. 4 EStG).

Besteht bei den Aufwendungen nach § 12 Nr. 1 EStG ein Zusammenhang mit der gewerblichen oder beruflichen Tätigkeit des Steuerpflichtigen (sog. **gemischte Aufwendungen**), sind sie insoweit als Betriebsausgaben oder Werbungskosten abziehbar, als sie betrieblich oder beruflich veranlasst sind und sich dieser Teil nach objektiven Merkmalen und Unterlagen von den Ausgaben, die der privaten Lebensführung gedient haben, **leicht und einwandfrei trennen** lässt, es sei denn, dass dieser Teil von untergeordneter Bedeutung ist. Der Teil der Aufwendungen, der als Betriebsausgaben oder Werbungskosten zu berücksichtigen ist, kann ggf. geschätzt werden. Zu den **trennbaren Aufwendungen** gehören z. B.:

- **anteilige Telefonkosten**
- **anteilige Kfz-Kosten**
- **Kontoführungsgebühren** (vom Finanzamt wird eine Pauschale von 16 € anerkannt)
- Aufwendungen für eine **beruflich und privat veranlasste Reise** (BFH v. 21.09.2010, BStBl 2011 II S. 672).

Lässt sich eine **Trennung der Aufwendungen nicht leicht und einwandfrei** durchführen oder ist nur schwer erkennbar, ob sie mehr dem Beruf oder mehr der privaten Lebensführung gedient haben, so gehört der **gesamte Betrag** nach § 12 Nr. 1 EStG zu den **nichtabzugsfähigen Ausgaben**.

Beispiel

für Kosten der privaten Lebensführung:

- Bücher allgemein bildenden Inhalts, Tageszeitungen
- Einbürgerungskosten
- Kleidung und Schuhe, selbst wenn der Steuerpflichtige sie ausschließlich bei der Berufsausübung trägt (Ausnahme: typische Berufskleidung)
- Körperpflegemittel, Kosmetika
- Kunstwerke zur Ausschmückung eines Arbeits- oder Dienstzimmers
- Allgemeines Nachschlagewerk
- Videorecorder eines Lehrers.

6.4.2 Steuerberatungskosten

Steuerberatungskosten umfassen alle Aufwendungen, die in sachlichem Zusammenhang mit dem Besteuerungsverfahren stehen.

Hierzu zählen insbesondere

- Aufwendungen, die dem Steuerpflichtigen durch die Inanspruchnahme eines **Angehörigen der steuerberatenden Berufe** zur Erfüllung seiner steuerlichen Pflichten und zur Wahrung seiner steuerlichen Rechte entstehen. Dazu gehören auch die damit zwangsläufig verbundenen und durch die Steuerberatung veranlassten Nebenkosten, wie **Fahrtkosten zum Steuerberater und Unfallkosten auf dem Weg zum Steuerberater**.

- **Beiträge an Lohnsteuerhilfevereine, Aufwendungen für Steuerfachliteratur und sonstige Hilfsmittel** (z. B. Software).
- **Nicht** zu den Steuerberatungskosten zählen u. a. Rechtsanwaltskosten, die der Steuerpflichtige aufwendet, um die Zustimmung seines geschiedenen oder dauernd getrennt lebenden unbeschränkt steuerpflichtigen Ehegatten zum begrenzten **Realsplitting** zu erlangen oder die für die **Verteidigung in einem Steuerstrafverfahren** anfallen.

Steuerberatungskosten gehören zu den **trennbaren Aufwendungen**.

Steuerberatungskosten sind, soweit sie

- sich auf die **Ermittlung der Einkünfte** beziehen: **Betriebsausgaben** (Gewinneinkünfte) bzw. **Werbungskosten** (Überschusseinkünfte).
- das **Ausfüllen der Steuererklärung oder Beratung in Tarif und Veranlagungs- und Kinderfragen** betreffen: **Kosten der privaten Lebensführung**, die nicht abziehbar sind.

Für die zutreffende Zuordnung der Steuerberatungskosten zum Einkunfts- bzw. zum privaten Bereich ist es zulässig, wenn sich die Steuerpflichtige bezüglich der Aufteilung an den Vorgaben der Steuerberatergebührenverordnung orientieren.

Beispiel

Der Steuerpflichtige zahlte im VZ 2023 Steuerberatungskosten i. H. v. 800 €. Davon entfallen

- 450 € auf seine Einkünfte aus Gewerbebetrieb
- 175 € auf seine Einkünfte aus Vermietung und Verpachtung
- 100 € auf seine Einkünfte aus nichtselbstständiger Arbeit
- 75 € auf das Ausfüllen des ESt-Mantelbogens und der Anlage „Kinder".

Die geleisteten Aufwendungen sind wie folgt abzugsfähig: Betriebsausgaben bei den Einkünften aus Gewerbebetrieb (450 €) und Werbungskosten bei den Einkünften aus Vermietung und Verpachtung (175 €) und nichtselbstständiger Arbeit (100 €). Die Aufwendungen für das Ausfüllen des ESt-Mantelbogens und der Anlage „Kinder" (75 €) sind als Kosten der privaten Lebensführung nicht abzugsfähig.

Bei **Beiträgen an Lohnsteuerhilfevereine**, Aufwendungen für **steuerliche Fachliteratur** und **Software** wird es nicht beanstandet, wenn diese Aufwendungen i. H. v. **50 %** den Betriebsausgaben oder Werbungskosten zugeordnet werden. Dessen ungeachtet ist aus Vereinfachungsgründen der **Zuordnung des Steuerpflichtigen bei Aufwendungen**

für gemischte Steuerberatungskosten bis zu einem Betrag von 100 € im Veranlagungszeitraum zu folgen (BMF v. 21.12.2008, BStBl 2009 I S. 256).

Beispiele

Beispiel 1
Der Steuerpflichtige zahlt in 2023 einen Beitrag an einen Lohnsteuerhilfeverein i. H. v. 120 €. Davon ordnet er 100 € den Werbungskosten zu; diese Zuordnung ist nicht zu beanstanden.

Beispiel 2
Die beide als Arbeitnehmer tätigen Eheleute erklären 220 € Beitragszahlung an einen Lohnsteuerhilfeverein. Aus Vereinfachungsgründen können für beide Eheleute insgesamt 110 € (= 50 % der Aufwendungen) als Werbungskosten berücksichtigt werden. Die Nichtbeanstandungsgrenze von 100 € läuft hier ins Leere; es ist nicht zulässig bei beiden Ehegatten jeweils 100 € Werbungskosten zu berücksichtigen, denn die Nichtbeanstandungsgrenze ist veranlagungsbezogen und nicht ehegattenbezogen anzuwenden.

Die Aufteilung der abzugsfähigen Werbungskosten von 110 € auf die Ehegatten ist jedoch ins Belieben der Eheleute gestellt. Dies gilt auch dann, wenn nur ein Ehegatte Arbeitslohn bezogen hat.

Steuerberatungskosten für die Erstellung der Erbschaft- und Schenkungsteuererklärungen sind nicht abzugsfähig, denn die Erbschaft- und Schenkungsteuer gehört zu den nicht abziehbaren Personensteuern (§ 12 Nr. 3 EStG). Die hierfür anfallenden Steuerberatungskosten sind daher auch dann dem privaten Bereich und nicht den Betriebsausgaben zuzuordnen, wenn die Schenkung bzw. das Erbe ausschließlich Betriebsvermögen betrifft.

Beispiel

Der Mandant begleicht im August 2023 eine Rechnung seines Steuerberaters für die Erstellung einer Schenkungsteuererklärung für eine Übertragung seines Gewerbebetriebs auf seine Kinder.

Da es sich – ungeachtet der Übertragung des Gewerbebetriebs – bei den Steuerberatungskosten nicht um Betriebsausgaben handelt, können die Aufwendungen nicht abgezogen werden.

6.5 Zu- und Abflussregel (§ 11 EStG)

Für die **zeitliche Zurechnung** von Einnahmen und Ausgaben gilt grundsätzlich das **Zu- und Abflussprinzip** des **§ 11 EStG**.

Das Zu- und Abflussprinzip gilt dabei **auch für** die Gewinneinkünfte, sofern der Unternehmer nicht zur Buchführung verpflichtet ist (§ 11 Abs. 1 Satz 5, Abs. 2 Satz 6 EStG), z. B. bei der **Gewinnermittlung nach § 4 Abs. 3 EStG durch Einnahmenüberschussrechnung**. Sofern der Unternehmer zur Buchführung verpflichtet ist, gilt nicht das Zu- und Abflussprinzip, sondern die wirtschaftliche Zugehörigkeit.

Für das **Zu- und Abflussprinzip** gilt grundsätzlich Folgendes:

- **Einnahmen** sind innerhalb des **Kalenderjahres bezogen**, in dem sie dem Steuerpflichtigen **zugeflossen** sind (§ 11 Abs. 1 Satz 1 EStG).
- **Ausgaben** sind für das **Kalenderjahr abzusetzen**, in dem sie **geleistet** worden sind (§ 11 Abs. 2 Satz 1 EStG).

Es kommt nicht darauf an, zu welchem Kalenderjahr eine Einnahme oder Ausgabe gehört; entscheidend ist allein der **Zeitpunkt des Zu- oder Abflusses**. Das richtet sich nach der jeweiligen Zahlungsart:

Zahlungsart	**Zufluss**	**Abfluss**
bar	Übergabe	Übergabe
Scheck	Entgegennahme	Hingabe
Überweisung	Gutschrift Konto	Eingang bei der Bank

ACHTUNG

Bei der **Zahlung über eine Kreditkarte** erfolgt der Abfluss bereits mit der **Unterschrift auf dem Belastungsbeleg** und nicht erst dann, wenn der Betrag dem Konto belastet wird (FG Rheinland-Pfalz, Urteil vom 18.03.2013 – 5 K 1875/10).

Das **Zu- und Abflussprinzip** wird **durchbrochen** bei

- **Sparbuchzinsen:** Sie gelten immer am **31. Dezember des jeweiligen Jahres** als zugeflossen, und zwar unabhängig davon, wann der Steuerpflichtige die Zinsen in sein Sparbuch eintragen lässt. Es gilt insoweit das **Prinzip der wirtschaftlichen Zugehörigkeit**.
- **Einnahmen aus nichtselbstständiger Arbeit:** Es gelten die Spezialregelungen des § 38a Abs. 1 und § 40 Abs. 3 Satz 2 EStG (§ 11 Abs. 1 Satz 4 EStG).
- **regelmäßig wiederkehrenden Einnahmen und Ausgaben:** Es handelt sich dabei um Einnahmen und Ausgaben, die ständig **in gleicher Art und in etwa gleichbleibender Höhe** wiederkehren (z. B. **Miete, Schuldzinsen, Versicherungsbeiträge**).

MERKE

Regelmäßig wiederkehrende Einnahmen und Ausgaben, die **kurze Zeit um die Jahreswende** vereinnahmt oder verausgabt werden, sind im **Kalenderjahr der**

wirtschaftlichen Zugehörigkeit zu erfassen (§ 11 Abs. 1 Satz 2, Abs. 2 Satz 2 EStG). Als **„kurze Zeit"** gilt ein Zeitraum von **zehn Tagen**, sodass als Jahreswende der Zeitraum vom **22.12. bis 10.01.** in Betracht kommt.

Innerhalb dieses Zeitraums müssen die Zahlungen fällig und auch geleistet worden sein. Liegen also Fälligkeit und Zu-/Abfluss beide in dem kurzen Zeitraum, erfolgt die Zuordnung dieser Einnahmen oder Ausgaben in dem Kalenderjahr, zu dem sie wirtschaftlich gehören. Liegt nur die Fälligkeit und/oder der Zu-/Abfluss in dem kurzen Zeitraum, gilt das Zu- und Abflussprinzip.

Beispiel

1. Ein Mieter, der für einige Zeit verreisen will, zahlt bereits am 27.12.2022 seine Miete für Januar 2023, die zu Monatsbeginn fällig ist.

   Die Mieteinnahme gilt als im Kalenderjahr 2023 bezogen, obwohl sie im VZ 2022 zugeflossen ist. Die Fälligkeit und die Zahlung erfolgen innerhalb kurzer Zeit (zehn Tage) um die Jahreswende, daher ist sie der wirtschaftlichen Zugehörigkeit entsprechend, hier also dem Jahr 2023 (Januarmiete 2023!) zuzuordnen.
2. Ein Mandant hat seinen Krankenversicherungsbeitrag für den Monat Dezember 2022, fällig Mitte des Monats, erst am 06.01.2023 überwiesen.

   Der Krankenversicherungsbeitrag ist im VZ 2023 als Sonderausgabe abzugsfähig. Die Zahlung erfolgt zwar innerhalb kurzer Zeit (zehn Tage) um die Jahreswende, aber die Fälligkeit liegt außerhalb dieses Zeitraums, sodass der tatsächliche Zahlungszeitpunkt maßgebend ist.
3. Ein Mandant zahlte am 29.12.2022 in seine Lebensversicherung 600 €. Es handelt sich um drei Monatsbeträge, und zwar für

Dezember 2022,	fällig am 01.12.2022	200 €
Januar 2023,	fällig am 02.01.2023	200 €
Februar 2023,	fällig am 02.02.2023	200 €

   Die Lebensversicherungsbeiträge für Januar sind im VZ 2023 als Sonderausgabe abzugsfähig, obwohl sie bereits im VZ 2022 geleistet wurden. Es handelt sich um regelmäßig wiederkehrende Zahlungen, die um die Jahreswende gezahlt wurden. Nach der Zehn-Tage-Regelung ist daher die wirtschaftliche Zugehörigkeit maßgebend. Der Monatsbeitrag Dezember 2022 i. H. v. 200 € ist im VZ 2022 anzusetzen, weil er im VZ 2022 geleistet wurde („strenges Abflussprinzip"). Der Monatsbeitrag für Februar 2023 ist ebenfalls wegen des Abflussprinzips im VZ 2022 zu erfassen.
4. Ein Mandant (Rechtsanwalt) zahlte am 28.12.2022 die Miete für seine Kanzleiräume i. H. v. monatlich 2.000 €, fällig zu Beginn eines Monats, für ein Jahr im Voraus. Er zahlte somit 24.000 €. Die Raummiete für Januar i. H. v. 2.000 € ist wegen der Zehn-Tages-Regelung eine Betriebsausgabe des VZ 2023, für die Monate Februar bis Dezember gilt der Zahlungszeitpunkt 2022.

Nach § 11 Abs. 2 Satz 3 EStG sind geleistete **Vorauszahlungen für eine Nutzungsüberlassung** von mehr als fünf Jahren insgesamt auf den Zeitraum gleichmäßig zu verteilen, für den sie geleistet werden. Der Empfänger entsprechender Vorauszahlungen kann sie entweder nach der Grundregel des § 11 Abs. 1 Satz 1 EStG im Kalenderjahr des Zuflusses in einer Summe versteuern oder nach § 11 Abs. 1 EStG ebenfalls auf den gesamten Zeitraum gleichmäßig verteilen, für den sie geleistet werden.

Diese Regelung gilt für **Erbbauzinsen** und andere Entgelte für die Nutzung eines Grundstücks (**Miete**, **Pacht** oder **Immobilienleasing**).

6.6 Fälle zur Sicherung des Lernerfolgs

Fall 1:

Handelt es sich um nicht steuerbare Einnahmen, Einnahmen i. S. des § 8 EStG, steuerfreie Einnahmen oder steuerpflichtige Einnahmen?

a) Ein Arbeitgeber stellt seinem Arbeitnehmer M eine Wohnung zur Verfügung, für welche ihm monatlich eine Kaltmiete i. H. v. 307 € zuzüglich 150 € Nebenkosten (tatsächlich entstanden) vom Nettogehalt abgezogen werden. Die ortsübliche Miete lt. Mietspiegel beträgt für diese Wohnung monatlich netto 490 €.

b) Im September verbrachte ein Arbeitnehmer mit seiner Familie einen dreiwöchigen Erholungsurlaub am Starnberger See in einem Gästehaus seines Arbeitgebers, welches dieser seinen Arbeitnehmern jeweils einmal jährlich kostenlos zur Verfügung stellt. Für eine vergleichbare Unterkunft am Ort wäre mit einem Preis von 310 € wöchentlich zu rechnen gewesen.

c) Der Angestellte A hat im Januar 2023 Aktien zum Kurswert von 2.500 € gekauft. Im Laufe des Jahres ist der Kurswert der Aktien laufend gestiegen. Am 31. Dezember 2023 müsste A bei einem Erwerb der Aktien 3.000 € bezahlen.

d) Der kaufmännische Angestellte A verkauft im VZ 2023 an einen Bekannten 3 Fachbücher für zusammen 50 €. Diese Bücher hatte er sich im Jahr 2018 für 100 € angeschafft.

Fall 2:

Welche der folgenden Einnahmen des Tobias Pelle sind ggf. auch in welcher Höhe im VZ 2023 **steuerbefreit**? Nennen Sie jeweils die gesetzliche Grundlage. Nichtansätze sind mit „0“ zu kennzeichnen.

Der Steuerpflichtige Tobias Pelle ist von Beruf Maurerpolier. Im VZ 2023 war er wie folgt beschäftigt:

- vom 01.01.2023 - 30.04.2023 bei der Stahlbau GmbH & Co. KG in Köln
- arbeitslos in der Zeit vom 01.05.2023 - 30.11.2023
- vom 01.12.2023 - 31.12.2023 Baustellenleiter bei der Hochtief AG, Aachen.

1. Arbeitslohn für die Zeit vom 01.01. - 30.04.2023 und 01.12. - 31.12.2023 i. H. v. 6.650 €. In diesem Betrag sind tarifvertragliche Zuschläge für geleistete Sonntagsarbeit i. H. v. 400 € enthalten, die 50 % des Grundlohns nicht übersteigen.
2. Da die Kunden insgesamt sehr zufrieden waren, erhielt er im Februar 2023 ein Trinkgeld i. H. v. 50 €.
3. Das seit der Entlassung bis zur Neuaufnahme der Arbeit bezogene Arbeitslosengeld beläuft sich auf monatlich 900 €.
4. Um in Aachen bei der Hochtief AG arbeiten zu können, musste Pelle mit seiner Familie nach Aachen umziehen. Die Umzugskosten von 600 € wurden dem Steuerpflichtigen von seinem neuen Arbeitgeber erstattet.
5. Von der Stahlbau KG erhielt Pelle aus Anlass seiner Wiederverheiratung im Februar 2023 eine Heiratsbeihilfe i. H. v. 450 €.
6. Im Dezember 2023 erhielt er von seinem neuen Arbeitgeber anlässlich der Geburt seines Sohnes eine Geburtsbeihilfe von 400 €.
7. Für seinen noch minderjährigen Sohn aus erster Ehe bekommt Pelle das gesetzliche Kindergeld i. H. v. monatlich 250 €.
8. Bei einem Verkehrsunfall wurde Pelle im Februar 2023 leicht verletzt und erhielt dafür von der Berufsgenossenschaft insgesamt 700 €.
9. Von der privaten Krankenversicherung wurden ihm Krankheitskosten i. H. v. 1.700 € erstattet.
10. Während der Zeit der Arbeitslosigkeit hat er ein Wohngeld von monatlich 130 € erhalten.
11. Die Hochtief AG überließ Pelle kostenlos einen PC einschließlich Internetzugang in seiner Wohnung zur Privatnutzung. Die monatliche Internetgebühr beträgt 40 €.
12. Von seinem neuen Arbeitgeber erhält er ein Job-Ticket im Wert von monatlich 150 €.

Fall 3:

Hausbesitzer A repariert im eigenen Miethaus die Wasserleitung. Der Wert der eigenen Arbeitsleistung beträgt 50 €. Für das bei der Reparatur verbrauchte Material hat A 25 € aufgewendet.

Wie hoch sind die Werbungskosten des A bei seinen Einkünften aus Vermietung und Verpachtung?

Fall 4:

A besitzt Aktien, die er für 1.500 € angeschafft hat. Ende des Jahres 2023 sinkt der Wert dieser Aktien auf 1.250 €. Kann A den Wertverlust als Werbungskosten bei seinen Einkünften aus Kapitalvermögen berücksichtigen?

Fall 5:

Handelt es sich um Werbungskosten oder um Kosten der privaten Lebensführung?

1. Aufwendungen für typische Berufskleidung
2. Geldbuße an das DRK zur Einstellung des Strafverfahrens
3. Aufwendungen für Erholungsreise, um sich von dem beruflichen Stress zu erholen
4. ESt-Nachzahlung wegen hoher Einkünfte aus Vermietung und Verpachtung
5. Betrieblich veranlasste Telefongespräche vom privaten Telefonanschluss
6. Beiträge an die IG Metall
7. Bußgeld wegen zu schnellen Fahrens zum Arbeitsplatz
8. Aufwendungen für einen Maßanzug wegen der besonderen beruflichen Stellung
9. Steuerberaterkosten für die Erstellung der Erbschaftsteuer-Erklärung.

Fall 6:

Mieter A hat versehentlich die Miete für November 2023 bei Fälligkeit nicht bezahlt. Am 28. Dezember 2023 übergibt A dem Vermieter V einen Verrechnungsscheck über 300 €. V reicht diesen Scheck am 16. Januar 2024 bei seiner Bank ein. Die Gutschrift auf seinem Bankkonto erfolgte am 17. Januar 2024. Die Belastung auf dem Konto des A erfolgte am 18. Januar 2024.

Wann ist die Miete für den Monat November 2023 dem V zugeflossen?

Fall 7:

Mieter A hat versehentlich die Miete für Dezember 2023 nicht bei Fälligkeit am 01. Dezember 2023 bezahlt. Am 27. Dezember 2023 übergibt er seiner Bank einen Überweisungsauftrag über den Betrag von 500 €. Die Belastung auf seinem Bankkonto erfolgt am 28. Dezember 2023. Durch ein Versehen der Bank wird der Betrag zunächst am 05. Januar 2024 einem nicht beteiligten Dritten gutgeschrieben. Nachdem Vermieter V den fehlenden Zahlungseingang am 12. Januar 2024 bei seiner Bank reklamiert hat, wird der Betrag dem V am 15. Januar 2024 auf seinem Bankkonto gutgeschrieben.

Wann ist die Miete für Dezember 2023 dem V zugeflossen?

Fall 8:

Versehentlich hat Hausbesitzer A die am 15. November 2023 fällige Gebäudeversicherung nicht bezahlt. Nachdem die Versicherungsgesellschaft die Zahlung angemahnt hat, übergibt A am 28. Dezember 2023 seiner Bank eine Banküberweisung über 100 € zur Ausführung. Die Belastung seines Bankkontos erfolgt am 05. Januar 2024. Die Gutschrift auf dem Bankkonto der Versicherungsgesellschaft erfolgt am 16. Januar 2024.

Wann hat A den Versicherungsbeitrag geleistet?

Fall 9:

Hauseigentümer A hat sämtliche Wohnungen in seinem Miethaus vermietet. Nach den vertraglichen Vereinbarungen sind die Mieten jeweils am 1. eines Monats für den laufenden Monat fällig. Mieter M konnte die Miete für die Monate November und Dezember 2023 nicht bei Fälligkeit bezahlen. Am 28. Dezember 2023 übergibt M dem A einen Verrechnungsscheck über 1.500 €, den A am 15. Januar 2024 bei seiner Bank einlöst. A stellte dem M eine Quittung aus, nach der nunmehr die Mieten für November und Dezember 2023 und Januar 2024 (je 500 €) bezahlt sind.

In welchem VZ sind die Einnahmen zu berücksichtigen?

Fall 10:

Der ledige kinderlose Steuerpflichtige betreibt eine Arztpraxis für Allgemeinmedizin. Er ermittelt seinen Gewinn nach § 4 Abs. 3 EStG. Für den VZ 2023 betragen seine Betriebseinnahmen 251.300 € und seine Betriebsausgaben 230.000 €. In den Betriebsausgaben sind enthalten:

a) Kauf von Kinderspielzeug (350 €), das für die kleinen Patienten im Wartezimmer ausliegt.

b) Ärztekammerbeitrag von 1.200 €. Der Vierteljahresbeitrag von 200 € ist zu Beginn jeden Vierteljahres fällig. Der Steuerpflichtige zahlte am 03. Januar 2023: 400 € (je 200 € für IV/2022 und I/2023); am 04. April, 03. Juli, 04. Oktober 2023: je 200 € (II-IV/2023), am 15. Dezember 2023: 200 € (I/2024).

Ermitteln Sie in einer übersichtlichen Darstellung mit einer kurzen, aber erschöpfenden Begründung für den VZ 2023 die Einkünfte aus selbstständiger Arbeit!

7. Einkünfte aus nichtselbstständiger Arbeit (§ 19 EStG)

Einkünfte aus nichtselbstständiger Arbeit werden von **Arbeitnehmern** bezogen.

7.1 Arbeitnehmer

Arbeitnehmer sind nach § 1 Abs. 1 LStDV

- Personen, die im öffentlichen oder privaten Dienst angestellt oder beschäftigt sind (**gegenwärtiges** Dienstverhältnis) oder waren (**früheres** Dienstverhältnis) und die aus diesem oder einem früheren Dienstverhältnis Arbeitslohn beziehen.
- **Rechtsnachfolger**, die aus dem früheren Dienstverhältnis ihres Rechtsvorgängers Arbeitslohn beziehen (z. B. Witwe hinsichtlich des Ruhe- oder Witwengeldes aus dem Arbeitsverhältnis ihres Ehemannes).

Ein **Dienstverhältnis** liegt vor, wenn der Angestellte oder Beschäftigte dem Arbeitgeber seine Arbeitskraft schuldet. Dies ist der Fall, wenn die tätige Person in der Beschäftigung ihres geschäftlichen Willens **unter der Leitung des Arbeitgebers steht** oder im geschäftlichen Organismus des Arbeitgebers dessen **Weisungen zu folgen** verpflichtet ist (§ 1 Abs. 2 LStDV).

Arbeitnehmer ist demnach nicht, wer Lieferungen und sonstige Leistungen innerhalb der von ihm selbstständig ausgeübten gewerblichen oder beruflichen Tätigkeit im Inland gegen Entgelt ausführt, soweit es sich um die Entgelte für diese Lieferungen und sonstigen Leistungen handelt (§ 1 Abs. 3 LStDV). **Arbeitnehmer ist demnach nicht, wer sich unternehmerisch i. S. des § 2 UStG betätigt**.

7.2 Arbeitslohn

Zum Arbeitslohn gehören **alle Einnahmen, die dem Arbeitnehmer aus dem Dienstverhältnis zufließen**. Dabei ist es unerheblich, unter welcher Bezeichnung oder in welcher Form die Einnahmen gewährt werden (§ 2 Abs. 1 LStDV).

7.2.1 Allgemeines

Zum Arbeitslohn gehören gem. **§ 19 Abs. 1 EStG:**

- **Bruttogehalt**, **Bruttolohn**, **Gratifikationen, Tantiemen**
- **Warte-, Ruhe-, Witwen- und Waisengelder**
- **andere Bezüge und (geldwerte) Vorteile.**

Beispiel

Jahresabrechnung:

	Bruttogehalt	**30.000,00 €**	**Steuerpflichtige Einnahmen**
-	einbehaltene Lohnsteuer	2.786,00 €	nicht abzugsfähig, § 12 Nr. 3 EStG
-	einbehaltene Kirchensteuer	250,74 €	als Sonderausgabe abzugsfähig
-	AN-Anteil zur Sozialversicherung	6.067,50 €	als Sonderausgabe abzugsfähig
=	ausbezahltes Nettogehalt	20.895,76 €	
	AG-Anteil zur Sozialversicherung	6.067,50 €	steuerfrei, § 3 Nr. 62 EStG

Nicht zum **Arbeitslohn** gehören z. B.:

- **Steuerfreie Einnahmen i. S. des § 3 EStG**
- **Renten aus der gesetzlichen Rentenversicherung**. Es handelt sich um sonstige Einkünfte i. S. des § 22 EStG.
- **Leistungen zur Verbesserung der Arbeitsbedingungen**, z. B. Bereitstellung von Aufenthalts- und Erholungsräumen sowie von betriebseigenen Dusch- und Badeanlagen.
- übliche **Zuwendungen bei Betriebsveranstaltungen** bis zu einem **Freibetrag von 110 €** je teilnehmendem Arbeitnehmer (§ 19 Abs. 1 Satz 1 Nr. 1a EStG).
- übliche **Aufmerksamkeiten in Form von Sachzuwendungen** (z. B. Blumen, Pralinen, Bücher) bis zu einer **Freigrenze von 60 €**. **Geldzuwendungen** gehören **stets zum Arbeitslohn**, auch wenn ihr Wert gering ist (R 19.6 LStR).
- betriebliche **Fort- oder Weiterbildungsleistungen** (R 19.7 LStR).

7.2.2 Fahrtkostenzuschuss des Arbeitgebers

Die Zuschüsse des Arbeitgebers zu den Aufwendungen des Arbeitnehmers für **Wege zwischen Wohnung und erster Tätigkeitsstätte** gehören zum **steuerpflichtigen Arbeitslohn** und zwar unabhängig davon, ob der Arbeitnehmer öffentliche Verkehrsmittel oder einen Pkw benutzt.

INFO

Die Gewährung eines **Jobtickets** ist **steuerfrei** (§ 3 Nr. 15 EStG), wird jedoch grundsätzlich auf die Entfernungspauschale angerechnet. Der Arbeitgeber hat jedoch die Möglichkeit der **pauschalen Besteuerung mit 25 %** bei gleichzeitigem **Verzicht auf die Minderung der als Werbungskosten abziehbaren Entfernungspauschale beim Arbeitnehmer**. Dies steigert die Attraktivität des Jobtickets sowohl beim Arbeitgeber als auch beim Arbeitnehmer.

Die **steuerpflichtigen Vergütungen des Arbeitgebers** für Wege zwischen Wohnung und erster Tätigkeitsstätte können vom Arbeitgeber jedoch mit einem **Pauschsteuersatz von 15 % der Fahrtkostenzuschüsse** bis einem Betrag erhoben werden, der nach § 9 Abs. 1 Nr. 4 EStG als **Werbungskosten angesetzt werden könnte**, wenn die Bezüge nicht pauschal besteuert würden (§ 40 Abs. 2 Satz 2 EStG). Die **pauschal besteuerten Bezüge mindern dann die abziehbaren Beträge** (§ 40 Abs. 2 Satz 3 EStG).

Beispiel

Der ledige Arbeitnehmer A. hat im VZ 2023 an insgesamt 230 Arbeitstagen Fahrten zwischen Wohnung und erster Tätigkeitsstätte durchgeführt (einfache Entfernung: 20 km). Sein Arbeitgeber ersetzt ihm pro Arbeitstag und Entfernungskilometer 0,45 €.

Der Arbeitgeber hat **zwei Möglichkeiten:**

- Macht der Arbeitgeber von der **Pauschalierungsmöglichkeit keinen Gebrauch**, gehören die Vergütungen i. H. v. (230 Tage • 20 km • 0,45 € =) 2.070 € zum steuerpflichtigen Arbeitslohn des A. und unterliegen der Regelbesteuerung. Die abzugsfähigen Werbungskosten des Arbeitnehmers betragen dann (230 Tage • 20 km • 0,30 € =) 1.380 €.
- Macht der Arbeitgeber von der **Pauschalierungsmöglichkeit Gebrauch**, schuldet er die pauschale Steuer i. H. v. (1.380 € • 15 % =) 207 €. Der übersteigende Betrag i. H. v. (2.070 € - 1.380 € =) 690 € unterliegt der Regelbesteuerung. Für den Arbeitnehmer entfällt insoweit der Werbungskostenabzug.

7.2.3 Gestellung von Kraftfahrzeugen

Überlässt der Arbeitgeber dem Arbeitnehmer ein Kraftfahrzeug unentgeltlich zur Nutzung, so wird dieser **geldwerte Vorteil** wie folgt bewertet:

- Für die **Privatfahrten** des Arbeitnehmers sind **monatlich 1 % des inländischen Listenpreises** des Kraftfahrzeugs anzusetzen (§ 8 Abs. 2 Satz 2 i. V. mit § 6 Abs. 1 Nr. 4 Satz 2 EStG).
- Benutzt der Arbeitnehmer das Kraftfahrzeug für **Fahrten zwischen Wohnung und erster Tätigkeitsstätte** sind **monatlich 0,03 % des inländischen Listenpreises für jeden Entfernungskilometer** anzusetzen (§ 8 Abs. 2 Satz 3 EStG).

Listenpreis ist – auch bei gebraucht erworbenen oder geleasten Fahrzeugen – die **auf volle 100 € abgerundete unverbindliche Preisempfehlung des Herstellers für das Kraftfahrzeug im Zeitpunkt der Erstzulassung einschl. der Zuschläge für Sonderausstattungen und der Umsatzsteuer; der Wert eines Autotelefons bleibt jedoch außer Ansatz** (§ 6 Abs. 1 Nr. 4 Satz 2 EStG, R 8.1 Abs. 9 Nr. 1 Satz 6 LStR). **Rabatte mindern den Listenpreis also nicht**.

Der geldwerte Vorteil für die Nutzung des betrieblich genutzten Kraftfahrzeugs kann auch mit den **tatsächlichen Aufwendungen** für das Kraftfahrzeug angesetzt werden, wenn die für das Kraftfahrzeug insgesamt entstehenden Aufwendungen durch Belege und das Verhältnis der privaten zu den übrigen Fahrten durch ein **ordnungsgemäßes Fahrtenbuch** nachgewiesen werden (§ 8 Abs. 2 Satz 4 EStG).

Bei **Elektrofahrzeugen** und extern aufladbaren Hybridelektrofahrzeugen ist der **Bruttolistenpreis wie folgt in pauschaler Höhe zu mindern** (§ 6 Abs. 1 Nr. 4 Sätze 2 und 3 EStG):

Anschaffungsjahr/ Jahr der Erstzulassung	Minderungsbetrag in Euro/kWh der Batteriekapazität	Höchstbetrag in Euro
2014 und früher	500	10.000
2015	450	9.500
2016	400	9.000
2017	350	8.500
2018	300	8.000
2019	250	7.500
2021 2022 2022	Für Anschaffungen vom **01.01.2021 bis zum 31.12.2022** wird die **Hälfte des inländischen Bruttolistenpreises** zzgl. der Kosten für die Sonderausstattung angesetzt. Bei **extern aufladbaren Hybridelektrofahrzeugen** muss das Fahrzeug die Voraussetzungen des § 3 Abs. 2 Nr. 1 oder 2 des Elektromobilitätsgesetzes erfüllen (**Mindestreichweite von 40 Kilometer** oder eine **Höchstemission von 50 g CO_2**). Liegen diese Voraussetzungen nicht vor, gilt für die VZ 2021 - 2022 die bisherige Regelung zur Minderung des Bruttolistenpreises in Abhängigkeit von der Batteriekapazität (Minderungsbetrag jeweils 50,00 € und Höchstbetrag jeweils 500,00 € weniger).	
2022	50	5.500
2022 bis 2024	Für Anschaffungen vom **01.01.2022 bis zum 31.12.2024** wird die **Hälfte des inländischen Bruttolistenpreise**s zzgl. der Kosten für die Sonderausstattung angesetzt. Bei extern aufladbaren Hybridelektrofahrzeugen muss das Fahrzeug eine **Mindestreichweite von 40 Kilometer** oder eine Höchstemission von 50 g CO_2 haben. Liegen diese Voraussetzungen nicht vor, gilt für den **VZ 2023** die bisherige Regelung zur Minderung des Bruttolistenpreises in Abhängigkeit von der Batteriekapazität.	
2025 bis 2030	Für Anschaffungen vom **01.01.2025 bis zum 31.12.2030** wird die **Hälfte des inländischen Bruttolistenpreises** zzgl. der Kosten für die Sonderausstattung angesetzt. Bei extern aufladbaren Hybridelektrofahrzeugen muss das Fahrzeug eine **Mindestreichweite von 80 Kilometer** oder eine Höchstemission von 50 g CO_2 haben.	
2021 bis 2030	Bei Anschaffungen vom **01.01.2021 bis zum 31.12.2030** wird ein **Viertel des inländischen Bruttolistenpreises** zzgl. der Kosten für die Sonderausstattung angesetzt, wenn das Fahrzeug keine Kohlendioxidemission je gefahrenen Kilometer hat und der Bruttolistenpreis nicht mehr als 60.000,00 € beträgt.	

Beispiel

Ein Arbeitnehmer erhält von seinem Arbeitgeber einen ein Jahr alten Vorführwagen Mercedes 350e (von außen aufladbarer Hybrid), den der Arbeitgeber am 26.02.2021 erworben hat.
Der Kaufpreis des PKW betrug 49.750,00 € (inkl. 19 % USt); der Bruttolistenpreis beträgt 78.680,00 € und die Batteriekapazität ist mit 26 kWh anzusetzen.
Der PKW hat eine Reichweite unter ausschließlicher Nutzung der elektrischen Antriebsmaschine von 30 km und einen CO_2-Ausstoß von 49 Gramm je gefahrenen Kilometer.
Da der Arbeitnehmer in nur 8 km Entfernung von seiner Tätigkeitsstätte wohnt, kann er diese Fahrten vollständig mit elektrischem Antrieb zurücklegen.

Der PKW ist mit der halben Bemessungsgrundlage des zuvor abgerundeten Betrages zu versteuern.
Das sind hier (78.680,00 €, abgerundet: 78.600,00 € • 50 % =) 39.300,00 €.
Die Mindestreichweite (30 km) beträgt zwar nicht mindestens 40 km, aber der CO_2-Ausstoß von 49 Gramm je gefahrenen Kilometer überschreitet nicht die gesetzliche Grenze von 50g CO_2 (Oder-Vorschrift).
Für die Privatfahrten ergibt sich ein geldwerter Vorteil von (39.300,00 € • 1 % =) 393,00 €/Monat, die Fahrten zwischen Wohnung und erster Tätigkeitsstätte werden mit 94,32 €/Monat angesetzt (39.300,00 € · 0,03 % • 8 km).
Der geldwerte Vorteil beträgt insgesamt 487,32 €/Monat.

Abwandlung 1:
Der CO_2-Ausstoß des Fahrzeugs beträgt 55 g.

Da die gesetzliche Grenze von 50g CO_2-Ausstoß überschritten wird, ist der Bruttolistenpreises in Abhängigkeit von der Batteriekapazität wie folgt zu mindern:

	Bruttolistenpreis:	78.680,00 €
-	Batteriekapazität 26 kWh • 150 € =	3.900,00 €
		74.780,00 €
	abgerundet	74.700,00 €

Abwandlung 2:
Das Fahrzeug hat keinen CO_2-Ausstoß und der Bruttolistenpreis beträgt 39.950,00 €

Der PKW ist mit einem Viertel der Bemessungsgrundlage des zuvor abgerundeten Betrages zu versteuern. Das sind hier (39.950,00 €, abgerundet: 39.900,00 € • 25 % =) 9.975,00 €.
Der PKW hat keinen CO_2-Ausstoß und der Bruttolistenpreis beträgt nicht mehr als 40.000,00 €.

MERKE

Die Finanzverwaltung (BMF v. 03.03.2022) lässt bei Fahrten zwischen Wohnung und erster Tätigkeitsstätte **wahlweise (!)** zu

- neben der Bewertung des geldwerten Vorteils mit **0,03 % des Listenpreises pro Monat**
- auch die Bewertung des geldwerten Vorteils durch **Einzelnachweis** mit (0,03 % : 15 Fahrten =) **0,002 % des Listenpreises pro Fahrt**.

Vorteilhaft ist die **Einzelversteuerung** mit **0,002 %** immer dann, wenn der Arbeitnehmer im Kalenderjahr **weniger als** (15 Fahrten • 12 Monate =) **180 Fahrten** mit dem Dienstwagen durchführt, wie z. B.

- Arbeitnehmer mit „Home-Office“ oder „Telearbeitsplatz“,
- Arbeitnehmer mit häufiger Auswärtstätigkeit,
- Arbeitnehmer mit Teilzeitbeschäftigung an weniger als fünf Tagen,
- Arbeitnehmer mit einer überdurchschnittlichen Anzahl von Krankheitstagen,
- Arbeitnehmer in Mutterschutz und Elternzeit bzw.
- Arbeitnehmer, die an manchen Tagen oder in bestimmten Zeiträumen andere Beförderungsmittel (z. B. einen Privatwagen, ein Motorrad, ein Fahrrad oder öffentliche Verkehrsmittel) benutzen.

Bürokratische Hürden bei der Wahl der **Einzelversteuerung** sind im Lohnsteuerabzugsverfahren

- auf der **Arbeitnehmerseite** der **monatliche datumsmäßige Nachweis der Fahrten**
- auf der **Arbeitgeberseite** die monatliche Überwachung des Erklärungseingangs und die monatlichen Anpassungen in der Lohn- und Gehaltsabrechnung.

Der **Arbeitgeber ist nicht verpflichtet**, die **Einzelversteuerung** der Fahrten zwischen Wohnung und erster Tätigkeitsstätte mit 0,002 % je Fahrt als Alternative zum monatlichen Ansatz i. H. v. 0,03 % dem Arbeitnehmer **anzubieten**.

Der **Arbeitnehmer** kann bei Einzelnachweis der Fahrten mit Datumsangabe **auch noch im Veranlagungsverfahren zur Einzelversteuerung wechseln** und eine entsprechende Herabsetzung seines Arbeitslohnes beantragen.

Beispiel

Dem Steuerpflichtigen wird von seinem Arbeitgeber ein Pkw für Privatfahrten und für Wege zwischen Wohnung und erster Tätigkeitsstätte zur Verfügung gestellt.

Der Bruttolistenpreis beträgt 21.000 €.

Die einfache Entfernung zwischen Wohnung und erster Tätigkeitsstätte beträgt 15 km.

Der Steuerpflichtige legt für den VZ 2023 datumsgenaue Erklärungen über Fahrten zwischen Wohnung und erster Tätigkeitsstätte an insgesamt 45 Tagen vor.

Wie hoch ist der für den VZ 2023 insgesamt zu versteuernde geldwerte Vorteil aus der Pkw-Überlassung bei Anwendung der

1. 0,03 % - Regelung
2. 0,002 % - Regelung

zu 1. 0,03 % - Regelung

	Private Nutzung: 1 % von 21.000 € • 12 =	2.520,00 €
+	Fahrten Wohnung - erster Tätigkeitsstätte: 21.000 € • 0,03 % • 15 km • 12 =	1.134,00 €
=	geldwerter Vorteil	3.654,00 €

zu 2. 0,002 % - Regelung

	Private Nutzung: 1 % von 21.000 € • 12 =	2.520,00 €
+	Fahrten Wohnung - erster Tätigkeitsstätte: 21.000 € • 0,002 % • 15 km • 45 Tage =	283,50 €
=	geldwerter Vorteil	2.803,50 €

Die 0,002 % - Regelung führt daher zu einem um (3.654 € - 2.803,50 € =) 850,50 € günstigeren Ergebnis.

Fortführung des Beispiels:
Der Steuerpflichtige wendet für den VZ 2023 die 0,002 % - Regelung an.

Wie hoch ist der anzusetzende geldwerte Vorteil, wenn der Arbeitgeber soweit wie möglich von der Pauschalierung Gebrauch macht?

Die Pauschalierungsmöglichkeit bezieht sich nur auf die Fahrten zwischen Wohnung und erster Tätigkeitsstätte (§ 40 Abs. 2 Satz 2 EStG).

	Private Nutzung: 1 % von 21.000 € • 12 =		2.520,00 €
+	Fahrten Wohnung - erster Tätigkeitsstätte:		
	21.000 € • 0,002 % • 15 Entf.-km • 45 Tage =	283,50 €	
	- Pauschalierung: 45 Tage • 15 km • 0,30 € =	202,50 €	
		81,00 €	81,00 €
=	geldwerter Vorteil		2.601,00 €

Da der geldwerte Vorteil für die Fahrten zwischen Wohnung und erster Tätigkeitsstätte pauschal besteuert wurde, liegen insoweit keine Werbungskosten mehr vor, § 40 Abs. 2 Satz 3 EStG.

7.2.4 Bezug von Waren oder Dienstleistungen

Erhält ein Arbeitnehmer aufgrund seines Dienstverhältnisses Waren oder Dienstleistungen, die vom Arbeitgeber nicht überwiegend für den Bedarf seiner Arbeitnehmer hergestellt, vertrieben oder erbracht werden und der Bezug nicht nach § 40 EStG pauschal versteuert wird, so gelten als **geldwerte Vorteile** die **um 4 % geminderten Endpreise** (Bruttowerte), zu denen der Arbeitgeber oder der dem Abgabeort nächst ansässige Abnehmer die Waren oder Dienstleistungen fremden Letztverbrauchern im allgemeinen Geschäftsverkehr anbietet. Die sich nach Abzug der vom Arbeitnehmer gezahlten Entgelte ergebenden Vorteile werden um den sog. **Rabattfreibetrag von 1.080 €** gemindert (§ 8 Abs. 3 EStG).

Beispiel

Der Automobilhersteller A. überlässt einem seiner Automechaniker zu einem „Angestelltenpreis" von 8.750 € eines seiner fabrikneuen Fahrzeuge. Der Endpreis eines derartigen Fahrzeugs für fremde Letztverbraucher beträgt 11.250 €.

Wie hoch ist der geldwerte Vorteil?

Der geldwerte Vorteil errechnet sich wie folgt:

	Pkw-Endpreis	11.250,00 €
-	4 % Abschlag vom Endpreis	450,00 €
=	geminderter Endpreis	10.800,00 €
-	gezahlter Kaufpreis	8.750,00 €
=	Unterschiedsbetrag	2.050,00 €
-	Rabattfreibetrag	1.080,00 €
=	Geldwerter Vorteil	970,00 €

7.2.5 Zeitlicher Ansatz des Arbeitslohns

Der Zufluss des Arbeitslohns richtet sich nicht nach der Grundregel des § 11 EStG, sondern nach der **Sonderregelung des § 38a Abs. 1 Sätze 2 und 3 EStG** (§ 11 Abs. 1 Satz 4 EStG).

Danach gilt Folgendes:

- **Laufender Arbeitslohn** gilt in dem Kalenderjahr als bezogen, in dem der **Lohnzahlungszeitraum endet** (§ 38a Abs. 1 Satz 2 EStG).

  Laufender Arbeitslohn ist der Arbeitslohn, der dem Arbeitnehmer regelmäßig fortlaufend zufließt. Dazu gehören z. B.:

  1. Gehälter, Löhne, Zuschläge und Zulagen
  2. Geldwerte Vorteile aus der ständigen Überlassung von Dienstwagen zur privaten Nutzung
  3. Nachzahlungen und Vorauszahlungen, wenn sich diese ausschließlich auf Lohnzahlungszeiträume beziehen, die im Kalenderjahr der Zahlung enden

- Ein **sonstiger Bezug** wird in dem Kalenderjahr bezogen, in dem er dem Arbeitnehmer **zufließt** (§ 38a Abs. 1 Satz 3 EStG).

  Ein sonstiger Bezug ist der Arbeitslohn, der nicht als laufender Arbeitslohn gezahlt wird. Zu den sonstigen Bezügen gehören insbesondere **einmalige Zahlungen**, die neben dem laufenden Arbeitslohn gezahlt werden, wie z. B.:

  1. dreizehnte und vierzehnte Monatsgehälter
  2. einmalige Abfindungen und Entschädigungen
  3. Gratifikationen und Tantiemen, die nicht fortlaufend gezahlt werden
  4. Jubiläumszuwendungen
  5. Urlaubsgelder, die nicht fortlaufend gezahlt werden, und Entschädigungen zur Abgeltung nicht genommenen Urlaubs
  6. Vergütungen für Erfindungen
  7. Weihnachtszuwendungen
  8. Nachzahlungen und Vorauszahlungen, wenn sich der Gesamtbetrag oder ein Teilbetrag der Nachzahlung oder Vorauszahlung auf Lohnzahlungszeiträume bezieht, die in einem anderen Jahr als der Zahlung enden.

7.3 Versorgungsfreibetrag

Von **Versorgungsbezügen** bleibt gem. § 19 Abs. 2 EStG ein Versorgungsfreibetrag in einer bestimmten Höhe steuerfrei.

Der Versorgungsfreibetrag bezieht sich demnach nur auf die Versorgungsbezüge, also **nicht auf den laufenden Arbeitslohn aus einem gegenwärtigen Dienstverhältnis**.

MERKE

Versorgungsbezüge sind gem. § 19 Abs. 2 Satz 2 EStG z. B.

- die **Beamtenpensionen** (Nr. 1)
- die **Betriebspensionen** (Nr. 2). Bezüge, die wegen **Erreichens einer Altersgrenze** gewährt werden, gelten erst dann als Versorgungsbezüge, wenn der Steuerpflichtige das **63. Lebensjahr** oder, wenn er **Schwerbehinderter** ist, das **60. Lebensjahr** vollendet hat.

Beispiele

1. Ein ehemaliger Polizeibeamter (55) erhielt im VZ 2023 eine Beamtenpension. Der Versorgungsfreibetrag ist zu gewähren, da es bei Beamten auf das Alter nicht ankommt.
2. Eine Industriekauffrau (55) erhält seit ihrem Ruhestand eine Betriebspension. Der Versorgungsfreibetrag ist nicht zu gewähren, da das 63. Lebensjahr noch nicht vollendet worden ist.

Der **Versorgungsfreibetrag**, der zum Ausgleich der Ungleichbehandlung zwischen Renten und Pensionen eingeführt worden und in der Vergangenheit mehrfach erhöht worden ist, verliert seine Rechtfertigung, wenn im Endzustand die Renten aus der Rentenversicherung im VZ 2040 zu 100 % besteuert werden.

Zu diesem Zweck wird der **Versorgungsfreibetrag** für jeden neu hinzukommenden Jahrgang bis zum Jahr 2040 **schrittweise abgeschmolzen**.

Für das **Versorgungseintrittsjahr 2023** beträgt der Versorgungsfreibetrag **13,6 % der Versorgungsbezüge, höchstens** jedoch **1.020 €**.

Zusätzlich ist ein **Zuschlag zum Versorgungsfreibetrag** zu gewähren, der ebenfalls bis zum VZ 2040 abgeschmolzen wird. Der Zuschlag ist für das **Versorgungseintrittsjahr 2023** mit **306 €** anzusetzen.

MERKE

Für die Berechnung des Versorgungsfreibetrages gilt das sog. **Kohortenprinzip**, d. h. der bei Beginn des Versorgungsbezugs ermittelte Versorgungsfreibetrag und der **Zuschlag zum Versorgungsfreibetrag** bleiben grundsätzlich **auf Dauer unverändert** und werden für den einzelnen Pensionär zu einem individuellen Besteuerungsmerkmal, das für jeden festgestellt werden muss und dann beibehalten wird (§ 19 Abs. 2 Satz 8 EStG). Insbesondere führen **regelmäßige Anpassungen des Versorgungsbezugs nicht zu einer Neuberechnung** (§ 19 Abs. 2 Satz 9 EStG).

Der beim Beginn des Versorgungsbezugs maßgebliche Prozentsatz des Versorgungsfreibetrags, der entsprechende Höchstbetrag sowie der Zuschlag zum Versorgungsfreibetrag ergeben sich unmittelbar aus der **Tabelle in § 19 Abs. 2 EStG**.

Bemessungsgrundlage für die Ermittlung des Versorgungsfreibetrags ist das **Zwölffache des Versorgungsbezugs für den ersten vollen Monat**. Der Betrag ist zu **erhöhen** um voraussichtliche Sonderzahlungen im Kalenderjahr, auf die zu dem maßgebenden Zeitpunkt (Beginn des Versorgungsbezugs) ein Rechtsanspruch besteht (§ 19 Abs. 2 Satz 4 EStG).

Für jeden **vollen Kalendermonat**, für den keine Versorgungsbezüge gezahlt werden, ermäßigen sich der Versorgungsfreibetrag und der Zuschlag zum Versorgungsfreibetrag in diesem Kalenderjahr um je ein **Zwölftel** (§ 19 Abs. 2 Satz 12 EStG).

Beispiel

Ein Steuerpflichtiger geht am 01.07.2023 in Pension. Seine Versorgungsbezüge betragen monatlich 2.000 € brutto. Zum 01.09.2023 erfolgt eine Anpassung auf 2.050 €. Für Dezember hat er Anspruch auf Weihnachtsgeld i. H. v. 50 % seiner Versorgungsbezüge.

Die zu versteuernden Versorgungsbezüge ermitteln sich wie folgt:

Versorgungsbezüge		
2 • 2.000 € =	4.000,00 €	
4 • 2.050 € =	8.200,00 €	
Weihnachtsgeld	1.025,00 €	
	13.225,00 €	13.225,00 €
abzüglich Versorgungsfreibetrag		
Bemessungsgrundlage		
12 • 2.000 €	24.000,00 €	
+ Weihnachtsgeld (50 % von 2.000 € =)	1.000,00 €	
	25.000,00 €	
• 13,6 %	3.400,00 €	
maximal	1.020,00 €	
+ Zuschlag	306,00 €	
	1.404,00 €	
• $^{6}/_{12}$ =	663,00 €	663,00 €
- WK-Pauschbetrag		102,00 €
		12.460,00 €

7.4 Werbungskosten

Von den – ggf. um den Versorgungsfreibetrag geminderten – steuerpflichtigen Einnahmen werden die Werbungskosten abgezogen.

Werbungskosten sind dabei alle Aufwendungen, die in einem Zusammenhang mit den steuerpflichtigen Einnahmen aus nichtselbstständiger Arbeit stehen (§ 9 Abs. 1 Satz 1 EStG).

7.4.1 (Arbeitnehmer-)Pauschbetrag

Wenn nicht höhere Werbungskosten nachgewiesen werden, wird bei der Ermittlung der Einkünfte aus nichtselbstständiger Arbeit ein (Arbeitnehmer-) Pauschbetrag abgezogen.

Es sind gem. § 9a Satz 1 Nr. 1 EStG abzuziehen:

- ein **(Arbeitnehmer-)Pauschbetrag** von **1.230 €**, sofern **keine Versorgungsbezüge** i. S. des § 19 Abs. 2 EStG erzielt worden sind, oder
- ein **Pauschbetrag** von **102 €**, soweit es sich um **Versorgungsbezüge** i. S. des § 19 Abs. 2 EStG handelt.

Der (Arbeitnehmer-) Pauschbetrag darf – im Gegensatz zu den tatsächlichen Werbungskosten – **nicht zu negativen Einkünften führen**, er darf daher nur bis zur Höhe der um den Versorgungsfreibetrag einschließlich des Zuschlags zum Versorgungsfreibetrag geminderten Einnahmen abgezogen werden (§ 9a Satz 2 EStG).

Bei Einnahmen aus nichtselbstständiger Arbeit i. S. des § 19 Abs. 1 EStG und Versorgungsbezügen i. S. des § 19 Abs. 2 EStG kommen der **Arbeitnehmer-Pauschbetrag** und der **Werbungskosten-Pauschbetrag nebeneinander** zur Anwendung. Der Werbungskosten-Pauschbetrag ist auch zu berücksichtigen, wenn bei Einnahmen aus nichtselbstständiger Arbeit im Sinne des § 19 Abs. 1 EStG höhere Werbungskosten anzusetzen sind.

Werden **Ehegatten zusammen veranlagt** und haben beide Ehegatten Einnahmen aus nichtselbstständiger Arbeit, so kann **jeder Ehegatte** den **(Arbeitnehmer-)Pauschbetrag** absetzen. Ein **nicht ausgeschöpfter Teil des (Arbeitnehmer-)Pauschbetrages des einen Ehegatten kann aber nicht auf den anderen Ehegatten übertragen werden**.

Beispiel

Die Eheleute E. werden für den VZ 2023 zusammen zur Einkommensteuer veranlagt. Der Ehemann erzielte ab dem 01. Januar 2023 Versorgungsbezüge i. S. des § 19 Abs. 2 EStG i. H. v. insgesamt 7.500 €, seine Ehefrau einen Bruttoarbeitslohn (keine Versorgungsbezüge) von insgesamt 900 €. Tatsächliche Werbungskosten werden nicht geltend gemacht. Wie hoch sind für den VZ 2023 die Einkünfte aus nichtselbstständiger Arbeit?

Die Einkünfte aus nichtselbstständiger Arbeit errechnen sich wie folgt:

		Ehemann	Ehefrau
	Steuerpflichtige Einnahmen	7.500,00 €	900,00 €
-	Versorgungsfreibetrag	1.326,00 €	
-	(Arbeitnehmer-)Pauschbetrag	102,00 €	900,00 €
=	**Einkünfte**	**6.072,00 €**	**0,00 €**

7.4.2 Wege zwischen Wohnung und erster Tätigkeitsstätte

Aufwendungen des Arbeitnehmers für die Wege zwischen Wohnung und erster Tätigkeitsstätte stellen Werbungskosten dar (§ 9 Abs. 1 Nr. 4 Satz 1 EStG).

Bei Arbeitnehmern, die ihre **Arbeit im Betrieb des Arbeitgebers ausüben**, wird für den Weg zur Arbeit eine Entfernungspauschale **je Entfernungskilometer (einfache Strecke)** zwischen Wohnung und Arbeit berücksichtigt (§ 9 Abs. 1 Nr. 4 Satz 2 EStG).

Für **Dienstreisen** können dagegen bei Nutzung eines eigenen Kfz die tatsächlich gefahrenen Kilometer oder **30 Cent je gefahrenen Kilometer** angesetzt werden (§ 9 Abs. 1 Nr. 4a Satz 2 EStG).

Als **erste Tätigkeitsstätte** gilt auch eine **Bildungseinrichtung**, die außerhalb eines Dienstverhältnisses zum Zwecke eines **Vollzeitstudiums** oder einer **vollzeitigen Bildungsmaßnahme** aufgesucht wird (§ 9 Abs. 4 Satz 8 EStG).

7.4.2.1 Berechnung der Entfernungspauschale

Die Entfernungspauschale beträgt gem. § 9 Abs. 1 Nr. 4 Satz 2 EStG

VZ 2022 – 2026:	bis 20 Kilometer	0,30 € je Entfernungskilometer
	ab 21 Kilometer	0,38 € je Entfernungskilometer
ab VZ 2027:	einheitlich 0,30 € je Entfernungskilometer	

Arbeitnehmer, die keine Einkommensteuer zahlen, können für Fahrtwege ab dem 21. Entfernungskilometer beim Finanzamt eine **Mobilitätsprämie** nach **§§ 101ff. EStG** beantragen.

Die Entfernungspauschale ist grundsätzlich **verkehrsmittelunabhängig**; sie gilt also **unabhängig von der Wahl des Verkehrsmittels**.

Damit erhalten auch die Arbeitnehmer, die ihren Weg zur ersten Tätigkeitsstätte zu Fuß, mit dem Fahrrad, dem Motorrad, mit **Fahrgemeinschaften** oder mit öffentlichen Verkehrsmitteln zurücklegen, die gleiche steuerliche Entlastung wie die Benutzer eines Kraftfahrzeugs.

Für Strecken mit **steuerfreier Sammelbeförderung** (§ 3 Nr. 32 EStG) darf die **Entfernungspauschale nicht angesetzt** werden (§ 9 Abs. 1 Nr. 4 Satz 3 EStG).

Beispiele

1. Ein Arbeitnehmer fuhr im VZ 2023 an 215 Tagen mit seinem Pkw von seiner Wohnung zu seiner ersten Tätigkeitsstätte. Die einfache Entfernung beträgt 27 km. Der Arbeitnehmer kann folgende Werbungskosten geltend machen:

215 Arbeitstage • 20 km • 0,30 € =	1.290,00 €
215 Arbeitstage • 7 km • 0,38 € =	571,90 €
	1.861,90 €, aufgerundet: 1.862,00 €

2. Ein Arbeitnehmer fuhr im VZ 2023 an 210 Tagen mit der Bundesbahn von seiner Wohnung zu seiner ersten Tätigkeitsstätte. Die einfache Entfernung beträgt 7 km. Die Fahrtkosten haben insgesamt 325 € betragen. Für zwei Tage macht er, weil er verschlafen hatte, nachgewiesene Kosten für Taxifahrten von insgesamt 50 € geltend. Die entsprechenden Kosten für Bahnfahrten hätten lediglich 25 € betragen.

   7 km • 0,30 € • 212 Arbeitstage = 446 €

   Die tatsächlichen geringeren Kosten sind mit der Entfernungspauschale abgegolten.

Die Entfernungspauschale kann für **jeden Arbeitstag** nur **einmal** angesetzt werden.

Das gilt auch dann, wenn wegen atypischer Dienstzeiten mehrfach Fahrten zwischen Wohnung und erster Tätigkeitsstätte durchgeführt werden.

Beispiel

Ein Arbeitnehmer fuhr im VZ 2023 an 210 Tagen mit seinem Pkw von seiner Wohnung zu seiner ersten Tätigkeitsstätte. Die einfache Entfernung beträgt 19 km. Diese Strecke legt er täglich 4 x zurück, da er das Mittagessen in seiner Wohnung einnimmt.

Der Arbeitnehmer kann die Entfernungspauschale für jeden Arbeitstag nur einmal ansetzen. Deshalb kann er lediglich folgende Werbungskosten geltend machen:

19 km • 0,30 € • 210 Arbeitstage = 1.197 €

7.4.2.2 Maßgebende Entfernung

Für die Bestimmung der Entfernung zwischen Wohnung und erster Tätigkeitsstätte ist gem. § 9 Abs. 1 Nr. 4 Satz 4 EStG – unabhängig von dem benutzten Verkehrsmittel oder bei Fußgängern – die **kürzeste Straßenverbindung** zwischen Wohnung und erster Tätigkeitsstätte maßgebend.

Die Entfernungspauschale ist **für jeden vollen Kilometer** der Entfernung zwischen Wohnung und erster Tätigkeitsstätte anzusetzen; **angefangene Kilometer** sind damit **nicht zu berücksichtigen**.

Beispiel

Ein Arbeitnehmer fuhr im VZ 2023 an 190 Arbeitstagen mit seinem Pkw von der Wohnung zu seiner ersten Tätigkeitsstätte. Die einfache Entfernung beträgt 15,2 km; die Luftlinie beträgt 2,8 km. Der Arbeitnehmer kann folgende Werbungskosten geltend machen:

15 km • 0,30 € • 190 Arbeitstage = 855 €

Eine **andere Straßenverbindung** kann dann zugrunde gelegt werden, wenn sie offensichtlich **verkehrsgünstiger** ist und vom Arbeitnehmer regelmäßig für Wege zwischen Wohnung und erster Tätigkeitsstätte benutzt wird (§ 9 Abs. 1 Nr. 4 Satz 4 EStG).

Eine Strecke ist verkehrsgünstiger, wenn der Arbeitnehmer die erste Tätigkeitsstätte – trotz gelegentlicher Verkehrsstörungen – im Regelfall schneller und pünktlicher erreicht.

Eine mögliche, aber vom Steuerpflichtigen nicht tatsächlich benutzte Straßenverbindung kann nicht zugrunde gelegt werden.

Beispiel

Ein Arbeitnehmer fuhr an 220 Arbeitstagen mit seinem Pkw von seiner Wohnung zu seiner ersten Tätigkeitsstätte. Die kürzeste Straßenverbindung beträgt 35 km. Er benutzte allerdings die wesentlich schnellere Strecke über die Autobahn und sparte dadurch mehr als eine halbe Stunde ein. Die einfache Entfernung beträgt hier 48 km. Maßgebend ist hier die verkehrsgünstigere Strecke von 48 km, da sie offensichtlich verkehrsgünstiger ist. Dementsprechend kann der Arbeitnehmer folgende Werbungskosten geltend machen:

(20 km • 0,30 € • 220 Arbeitstage) + (28 km • 0,38 € • 220 Arbeitstage) = 3.661,00 €.

Die Entfernung zur ersten Tätigkeitsstätte ist auch dann nach der **kürzesten Straßenverbindung** zu bestimmen, wenn der Arbeitnehmer **öffentliche Verkehrsmittel** nutzt. Die hiervon bisweilen deutlich abweichende Tarifentfernung ist nicht zugrunde zu legen.

Beispiel

Ein Arbeitnehmer fuhr an 220 Arbeitstagen mit dem Pkw von seiner Wohnung in A zum Bahnhof in B, von dort mit der S-Bahn zu seiner ersten Tätigkeitsstätte in C. Die kürzeste benutzbare Straßenverbindung von A nach C beträgt 40 km. Die Strecke von A nach B beträgt 7 km. Die Strecke von B nach C beträgt 35 km. Die Entfernungspauschale ist ausgehend von der kürzesten benutzbaren Straßenverbindung (40 km) wie folgt zu ermitteln:

(20 km • 0,30 € • 220 Arbeitstage) + (20 km • 0,38 € • 220 Arbeitstage) = 2.992 €.

7.4.2.3 Ansatz von tatsächlichen Aufwendungen

Durch die Entfernungspauschale sind **sämtliche Aufwendungen abgegolten**, die durch die Wege zwischen Wohnung und erster Tätigkeitsstätte veranlasst sind (§ 9 Abs. 2 Satz 1 EStG).

Dazu gehören z. B.

- Parkgebühren für das Abstellen des Kraftfahrzeugs
- Benzin, Abschreibung, Inspektion, Reparaturen, Wartungskosten
- Kfz-Steuer und Kfz-Versicherung
- Kosten eines Austauschmotors
- Gebühren für die Benutzung eines Straßentunnels oder einer mautpflichtigen Straße.

MERKE

- Aufwendungen für die **Benutzung öffentlicher Verkehrsmittel** können angesetzt werden, soweit sie den im **Kalenderjahr** insgesamt als **Entfernungspauschale** abziehbaren Betrag **übersteigen** (§ 9 Abs. 2 Satz 2 EStG). Dies kann im Einzelfall bei **Fahrten im Nahbereich** durchaus von Bedeutung sein.
- **Unfallkosten** auf dem Weg zur ersten Tätigkeitsstätte sind als **außergewöhnliche Kosten** neben der Entfernungspauschale abzugsfähig. Auf ein Verschulden des Arbeitnehmers kommt es dabei nicht an. **Nicht berücksichtigt** werden können die Folgen von Verkehrsunfällen, die auf **Alkoholeinfluss** beruhen.

Anstelle der Entfernungspauschale können

- **Menschen mit Behinderung**, deren Grad der Behinderung **mindestens 70 %** beträgt oder
- **Menschen mit Behinderung**, deren Grad der Behinderung **mindestens 50 %** beträgt und die in ihrer **Bewegungsfähigkeit im Straßenverkehr erheblich beeinträchtigt** sind

für Fahrten zwischen Wohnung und erster Tätigkeitsstätte die **tatsächlichen Aufwendungen** ansetzen (§ 9 Abs. 2 Satz 3 EStG).

Ohne Einzelnachweis der tatsächlichen Aufwendungen können die Fahrtkosten mit **0,30 € je gefahrenen Kilometer** angesetzt werden (§ 9 Abs. 1 Nr. 4a Satz 2 EStG).

Beispiel

Der Arbeitnehmer A ist zu 75 % behindert. Er fuhr im VZ 2023 mit seinem Pkw an 216 Arbeitstagen von seiner Wohnung zu seiner ersten Tätigkeitsstätte (einfache Entfernung: 16 km). Die gesamten Kosten beliefen sich lt. ordnungsgemäß geführtem Fahrtenbuch bei einer Gesamtfahrleistung von 18.750 km auf 6.562,50 €. Wie hoch sind die höchstmöglichen Werbungskosten?

Ohne Einzelnachweis kann A einen Betrag von (216 Tage • 16 km • 0,60 € =) 2.073,60 € als Werbungskosten geltend machen.

Mit Einzelnachweis entfällt auf 1 km Fahrleistung ein Kostenanteil von (6.562,50 € : 18.750 km =) 0,35 €. Die abzugsfähigen Werbungskosten betragen dann (216 Tage • 16 km • 0,70 € =) 2.419,20 €. Diese Variante ist dem A zu empfehlen.

7.4.2.4 Anrechnung von Arbeitgeberleistungen

Nach § 8 Abs. 3 EStG sind **steuerfreie Sachbezüge** des Arbeitgebers für Fahrten zwischen Wohnung und erster Tätigkeitsstätte auf die Entfernungspauschale anzurechnen (§ 9 Abs. 1 Nr. 4 Satz 5 EStG).

Auf die Entfernungspauschale angerechnet wird außerdem pauschal besteuerter Arbeitslohn, den der Arbeitgeber als **Barzuschuss** zu den Aufwendungen des Arbeitnehmers für Fahrten zwischen Wohnung und erster Tätigkeitsstätte oder in Form von Sachbezügen durch Fahrzeuggestellung für derartige Fahrten leistet.

Beispiel

Der Arbeitnehmer fährt im VZ 2023 mit eigenem Pkw an 220 Arbeitstagen zur Arbeit. Die einfache Entfernung beträgt 20 km. Der Arbeitgeber gewährt einen pauschalbesteuerten Barzuschuss von monatlich 50 €.

Der Arbeitnehmer kann folgende Werbungskosten geltend machen:

20 km • 0,30 € • 220 Arbeitstage =	1.320,00 €
- Erstattung des Arbeitgebers	600,00 €
	720,00 €

Die auf die Entfernungspauschale anzurechnenden (steuerfreien oder pauschal besteuerten) Arbeitgeberleistungen sind auf der elektronischen Lohnsteuerbescheinigung zu bescheinigen.

Nicht auf die Entfernungspauschale angerechnet werden **Benzingutscheine** des Arbeitgebers, die die Sachbezugsgrenze des § 8 Abs. 2 Satz 9 EStG (monatlich 44 €) nicht übersteigen.

7.4.2.5 Begrenzung der Entfernungspauschale

Die Entfernungspauschale ist gem. § 9 Abs. 1 Nr. 4 Satz 2 EStG der Höhe nach grundsätzlich auf **4.500 €** im Kalenderjahr begrenzt.

Die Beschränkung auf 4.500 € gilt

- wenn der Weg zwischen Wohnung und erster Tätigkeitsstätte mit einem **Motorrad**, **Motorroller**, **Fahrrad** oder **zu Fuß** zurückgelegt wird.
- bei Benutzung eines Kraftwagens für die Teilnehmer an einer **Fahrgemeinschaft** und zwar für die Tage, an denen der Arbeitnehmer seinen eigenen oder zur Nutzung überlassenen Kraftwagen nicht einsetzt.
- bei **Benutzung öffentlicher Verkehrsmittel**.

Ein Abzug von **höheren Aufwendungen** ist in folgenden beiden Fällen möglich:

- Bei der **Benutzung eines eigenen oder dem Arbeitnehmer zur Nutzung überlassenen Pkw** (§ 9 Abs. 1 Nr. 4 Satz 2 EStG). Hier hat der Arbeitnehmer nachzuweisen bzw. glaubhaft zu machen, dass er das Fahrzeug tatsächlich in entsprechendem Umfang für Fahrten zwischen Wohnung und erster Tätigkeitsstätte genutzt hat. Zu belegen ist in diesen Fällen die konkrete Fahrleistung (z. B. durch Vorlage der Inspektionsrechnung oder durch Angabe des Kilometerstandes zu Beginn und am Ende des Jahres), nicht jedoch die Höhe der insoweit entstandenen Aufwendungen. Die Vorlage eines Fahrtenbuches ist insoweit nicht erforderlich!

Beispiel

Ein Arbeitnehmer fuhr im VZ 2023 an 220 Arbeitstagen mit öffentlichen Verkehrsmitteln von seiner Wohnung zu seiner ersten Tätigkeitsstätte. Die einfache Entfernung beträgt 70 km, die Kosten für die Inanspruchnahme der öffentlichen Verkehrsmittel betrugen insgesamt 125 € monatlich. Der Arbeitgeber gewährte einen pauschalierten Barzuschuss von monatlich 75 €.

Der Arbeitnehmer kann folgende Werbungskosten geltend machen:

(20 km • 0,30 € • 220 Arbeitstage)	
+ (50 km • 0,38 € • 220 Arbeitstage) =	5.500,00 €
max. abzugsfähig	4.500,00 €
- Erstattung des Arbeitgebers	900,00 €
als Werbungskosten abziehbar	3.600,00 €

Soweit für Fahrten zwischen Wohnung und erster Tätigkeitsstätte **sowohl ein Kraftfahrzeug als auch öffentliche Verkehrsmittel** (z. B. **Park & Ride**) benutzt werden, gilt Folgendes: (BMF v. 18.11.2021, BStBl 2021 I S. 2315)

- In derartigen Mischfällen ist zunächst die **maßgebende Entfernung für die kürzeste Straßenverbindung** zu ermitteln. Auf der Grundlage dieser Entfernung ist sodann die anzusetzende Entfernungspauschale für die Wege zwischen Wohnung und erster Tätigkeitsstätte zu errechnen.
- Die **Teilstrecke**, die mit dem Kfz zurückgelegt wird, ist in voller Höhe anzusetzen. Der **verbleibende Teil** der maßgebenden Entfernung ist die Teilstrecke, die auf die **öffentlichen Verkehrsmittel** entfällt.
- Die anzusetzende **Entfernungspauschale** ist sodann für die Teilstrecke und Arbeitstage zu ermitteln, an denen der Arbeitnehmer sein **Kfz** eingesetzt hat. Anschließend ist die anzusetzende **Entfernungspauschale** für die Teilstrecke und Arbeitstage zu ermitteln, an denen der Arbeitnehmer **öffentliche Verkehrsmittel** benutzt. Dieser Betrag ist ggf. auf **4.500 € zu begrenzen**. Die erhöhte Entfernungspauschale ab dem 21. Entfernungskilometer ist vorrangig bei der Teilstrecke, die mit einem eigenen oder zur Nutzung überlassenen Kraftwagen zurückgelegt wird zu berücksichtigen, da für diese der Höchstbetrag von 4.500 € nicht gilt und die Entfernungspauschale von 0,30 € für die ersten 20 km vorrangig bei der Teilstrecke der öffentlichen Verkehrsmitteln.
- **Beide Beträge ergeben die insgesamt anzusetzende Entfernungspauschale**, sodass auch in Mischfällen ein höherer Betrag als 4.500 € angesetzt werden kann.

Beispiel

Um zu seiner ersten Tätigkeitsstätte zu gelangen, muss ein Arbeitnehmer an 200 Arbeitstagen zunächst 10 km mit dem eigenen Pkw zur nächsten Bahnstation und sodann eine Strecke von 110 km mit der Bahn zurücklegen. Die kürzeste Straßenverbindung beträgt 100 km. Die tatsächlichen Kosten für die Bahnfahrt belaufen sich auf 1.800 € im Jahr.

Von der maßgebenden Entfernung von 100 km entfällt eine Teilstrecke von 10 km auf die Fahrten mit dem Kfz, sodass sich hierfür eine Entfernungspauschale von (200 Arbeitstage • 10 km • 0,38 € =) 760 € ergibt. Für die verbleibende Teilstrecke mit der Bahn von (100 km - 10 km =) 90 km errechnet sich eine Entfernungspauschale von (200 Arbeitstage • 10 km • 0,30 €) + (200 Arbeitstage • 80 km • 0,38 €) = 6.680 €. Hierfür ist der Höchstbetrag von 4.500 € anzusetzen, sodass sich eine insgesamt anzusetzende Entfernungspauschale von (760 € + 4.500 € =) 5.260 € ergibt. Die tatsächlichen Aufwendungen für die Bahnfahrten i. H. v. 1.800 € bleiben unberücksichtigt, weil sie unterhalb der insgesamt anzusetzenden Entfernungspauschale liegen.

7.4.3 Arbeitsmittel

Aufwendungen von Arbeitnehmern für Arbeitsmittel sind gem. § 9 Abs. 1 Satz 3 Nr. 6 EStG als Werbungskosten abziehbar, wenn die Wirtschaftsgüter **ausschließlich oder ganz überwiegend der Berufsausübung dienen**.

Aufwendungen für ein Arbeitsmittel können auch dann Werbungskosten sein, wenn sie zwar ungewöhnlich hoch, aber bezogen auf die berufliche Stellung und die Höhe der Einnahmen nicht unangemessen sind.

Zu den Arbeitsmitteln gehören z. B.:

- **Werkzeuge**
- **typische Berufskleidung** (z. B. Blaumann, Robe des Rechtsanwalts oder Richters, Kittel des Architekten und andere Kleidungsstücke, die als Schutzkleidung auf die jeweils ausgeübte Berufstätigkeit zugeschnitten sind, nicht jedoch normale Schuhe und Unterwäsche) **inkl. Instandhaltungs- und Reinigungskosten**
- **Fachbücher und Fachzeitschriften**, die ausschließlich ganz überwiegend beruflichen Zwecken dienen
- **Bücherregal, Taschenrechner, Schreibmaschine, Schreibtisch, Computer u. a.**
- **Büromaterial.**

Für die **Höhe der Abzugsfähigkeit** gelten folgende Grundsätze:

- Die Anschaffungs- oder Herstellungskosten von Arbeitsmitteln einschließlich der Umsatzsteuer können im Jahr der Anschaffung oder Herstellung **in voller Höhe** als Werbungskosten abgezogen werden, wenn sie **ausschließlich der Umsatzsteuer für das einzelne Arbeitsmittel 800 € nicht übersteigen** (§ 9 Abs. 1 Satz 3 Nr. 7 Satz 2 EStG).
- Anschaffungs- oder Herstellungskosten von **mehr als 800 €** sind auf die Kalenderjahre der voraussichtlichen gesamten **Nutzungsdauer** des Arbeitsmittels zu **verteilen** und in jedem dieser Jahre **anteilig als Werbungskosten** zu berücksichtigen.

Beispiel

Der Richter R. erwarb am 10. August 2023 für

a) 1.071 € (inkl. 19 % USt)

b) 952 € (inkl. 19 % USt)

eine Schreibmaschine (Nutzungsdauer: vier Jahre), die er fast ausschließlich beruflich nutzt. Die private Mitbenutzung ist von untergeordneter Bedeutung.

Im **Fall a)** kann ein Betrag von (1.071 € • 25 % • $^{5}/_{12}$ =) 112 € als Werbungskosten abgezogen werden. Im **Fall b)** kann der volle Betrag von 952 € als Werbungskosten abgezogen werden, da er ausschließlich der Umsatzsteuer mit (952 € : 1,19 =) 800 € die Grenze von 800 € nicht übersteigt.

7.4.4 Häusliches Arbeitszimmer

Die Aufwendungen für ein **häusliches Arbeitszimmer sowie die Kosten der Ausstattung gehören grundsätzlich zu den nichtabzugsfähigen Werbungskosten** (§ 9 Abs. 5 i. V. mit § 4 Abs. 5 Nr. 6b EStG).

INFO

Lediglich **eine Ausnahme** lässt den Abzug zu:

Das Arbeitszimmer bildet den **Mittelpunkt der gesamten betrieblichen und beruflichen Betätigung**.

Die Aufwendungen sind in diesem Fall auch dann abziehbar, wenn für die betriebliche oder berufliche Betätigung **ein anderer Arbeitsplatz zur Verfügung steht**.

Ein häusliches Arbeitszimmer bildet den der Mittelpunkt der gesamten betrieblichen und beruflichen Betätigung des Steuerpflichtigen, wenn nach Würdigung des Gesamtbildes der Verhältnisse und der Tätigkeitsmerkmale dort **diejenigen Handlungen vorgenommen und Leistungen erbracht werden, die für die konkret ausgeübte betriebliche oder berufliche Tätigkeit wesentlich und prägend sind**.

Der Tätigkeitsmittelpunkt bestimmt sich nach dem **inhaltlichen (qualitativen) Schwerpunkt** der betrieblichen und beruflichen Betätigung des Steuerpflichtigen.

Dem **zeitlichen (quantitativen) Umfang** der Nutzung des häuslichen Arbeitszimmers kommt im Rahmen dieser Würdigung lediglich eine **indizielle Bedeutung** zu; das zeitliche Überwiegen der außerhäuslichen Tätigkeit schließt einen Abzug der Aufwendungen für das häusliche Arbeitszimmer nicht von vornherein aus.

Übt ein Steuerpflichtiger **nur eine betriebliche oder berufliche Tätigkeit** aus, die in qualitativer Hinsicht **gleichwertig sowohl im häuslichen Arbeitszimmer als auch am außerhäuslichen Arbeitsort** erbracht wird, so liegt der **Mittelpunkt der gesamten beruflichen und betrieblichen Betätigung dann im häuslichen Arbeitszimmer, wenn der Steuerpflichtige mehr als die Hälfte der Arbeitszeit im häuslichen Arbeitszimmer tätig wird**.

Beispiele

Mittelpunkt der gesamten betrieblichen und beruflichen Betätigung:

- Bei einem Verkaufsleiter, der zur Überwachung von Mitarbeitern und zur Betreuung von Großkunden auch im Außendienst tätig ist, kann das häusliche Arbeitszimmer Tätigkeitsmittelpunkt sein, wenn er dort die für den Beruf wesentlichen Leistungen (z.B. Organisation der Betriebsabläufe) erbringt.
- Bei einem Ingenieur, dessen Tätigkeit durch die Erarbeitung theoretischer, komplexer Problemlösungen im häuslichen Arbeitszimmer geprägt ist, kann dieses auch dann der Mittelpunkt der beruflichen Betätigung sein, wenn die Betreuung von Kunden im Außendienst ebenfalls zu seinen Aufgaben gehört.
- Bei einem Praxis-Consultant, der ärztliche Praxen in betriebswirtschaftlichen Fragen berät, betreut und unterstützt, kann das häusliche Arbeitszimmer auch dann den Mittelpunkt der gesamten beruflichen Tätigkeit bilden, wenn er einen nicht unerheblichen Teil seiner Arbeitszeit im Außendienst verbringt.

Kein Mittelpunkt der gesamten betrieblichen und beruflichen Betätigung:

- Bei Lehrern befindet sich der Mittelpunkt der betrieblichen und beruflichen Betätigung regelmäßig nicht im häuslichen Arbeitszimmer, weil die berufsprägenden Merkmale eines Lehrers im Unterrichten bestehen und diese Leistungen in der Schule erbracht werden. Deshalb sind die Aufwendungen für das häusliche Arbeitszimmer auch dann nicht in voller Höhe abziehbar, wenn die überwiegende Arbeitszeit auf die Vor- und Nachbereitung des Unterrichts verwendet und diese Tätigkeit im häuslichen Arbeitszimmer ausgeübt wird. In Betracht kommt ein Abzug der Tagespauschale nach § 4 Abs. 5 Nr. 6c EStG.
- Bei einem – freien oder angestellten – Handelsvertreter liegt der Tätigkeitsschwerpunkt außerhalb des häuslichen Arbeitszimmers, wenn die Tätigkeit nach dem Gesamtbild der Verhältnisse durch die Arbeit im Außendienst geprägt ist, auch wenn die zu Hause verrichteten Tätigkeiten zur Erfüllung der beruflichen Aufgaben unerlässlich sind.
- Ein kaufmännischer Angestellter eines Industrieunternehmens ist nebenbei als Mitarbeiter für einen Lohnsteuerhilfeverein selbstständig tätig und nutzt für letztere Tätigkeit sein häusliches Arbeitszimmer als „Beratungsstelle", in dem er Steuererklärungen erstellt, Beratungsgespräche führt und Einsprüche bearbeitet. Für diese Nebentätigkeit ist das Arbeitszimmer zwar der Tätigkeitsmittelpunkt. Aufgrund der erforderlichen Gesamtbetrachtung ist das Arbeitszimmer jedoch nicht Mittelpunkt seiner gesamten betrieblichen und beruflichen Betätigung.

- Bei einer Ärztin, die Gutachten über die Einstufung der Pflegebedürftigkeit erstellt und dazu ihre Patienten ausschließlich außerhalb des häuslichen Arbeitszimmers untersucht und dort (vor Ort) alle erforderlichen Befunde erhebt, liegt der qualitative Schwerpunkt nicht im häuslichen Arbeitszimmer, in welchem lediglich die Tätigkeit begleitende Aufgaben erledigt werden.
- Bei einem Architekten, der neben der Planung auch mit der Ausführung der Bauwerke (Bauüberwachung) betraut ist, kann diese Gesamttätigkeit keinem konkreten Tätigkeitsschwerpunkt zugeordnet werden. Das häusliche Arbeitszimmer bildet in diesem Fall nicht den Mittelpunkt der gesamten beruflichen und betrieblichen Betätigung.

Liegt der Mittelpunkt der gesamten betrieblichen und beruflichen Betätigung im Arbeitszimmer, muss geprüft werden, ob ein **Teil der Wohnung** überhaupt **als Arbeitszimmer steuerlich anerkannt** werden kann. Ein häusliches Arbeitszimmer liegt danach vor, wenn

- die **Größe der Restwohnung für das familiäre Wohnbedürfnis ausreicht**
- das Zimmer so gut wie **ausschließlich beruflich genutzt** wird, wobei es unerheblich ist, ob die Art und der Umfang der Tätigkeit des Arbeitnehmers einen besonderen häuslichen Arbeitsraum erfordert
- das Arbeitszimmer **kein Durchgangszimmer** ist. Ein Arbeitszimmer ist deshalb nicht anzuerkennen, wenn das Arbeitszimmer ständig durchquert werden muss, um andere privat genutzte Räume der Wohnung zu erreichen. Die private Mitbenutzung ist nur dann von untergeordneter Bedeutung, wenn es nur durchquert werden muss, um z. B. das Schlafzimmer zu erreichen.
- die **Einrichtung für ein Arbeitszimmer typisch ist**.

Kann ein Teil der Wohnung als Arbeitszimmer steuerlich anerkannt werden, können die **anteiligen Aufwendungen** in **voller Höhe als Werbungskosten** geltend gemacht werden.

Die **anteiligen Kosten** des Arbeitszimmers richten sich nach dem **Verhältnis der Fläche des Arbeitszimmers zur gesamten Wohnfläche einschließlich des Arbeitszimmers**.

Zu den danach abzugsfähigen Aufwendungen gehören z. B.:

- **anteilige Miete bzw. anteilige Gebäude-AfA**
- **anteilige Kosten für Heizung, Strom, Wasser, Umlagen**
- **gesamte Kosten für Reparaturen im Arbeitszimmer selbst.**

Luxusgegenstände wie z. B. Kunstgegenstände, die vorrangig der Ausschmückung des Arbeitszimmers dienen, gehören zu den nach **§ 12 Nr. 1 EStG nicht abziehbaren Aufwendungen**.

Beispiel

Anna Müller nutzt im ganzen VZ 2023 in ihrer 4-Zimmer-Wohnung (insgesamt 100 qm) einen Raum mit 20 qm als Arbeitszimmer. Dieses stellt den Mittelpunkt ihrer gesamten beruflichen Tätigkeit dar.

Folgende Aufwendungen wurden im VZ 2023 vom privaten Konto insgesamt abgebucht:

Mietaufwendungen	15.000,00 €
Nebenkosten (inkl. Strom und Heizung)	3.300,00 €
	18.300,00 €

Anna Müller kann die anteiligen Aufwendungen (20 qm : 100 qm = 20 %) in voller Höhe als Werbungskosten geltend machen: 20 % von 18.300,00 € = 3.660,00 €.

Anstelle des Abzugs der tatsächlichen Aufwendungen kann ein **pauschaler Abzug** in Höhe des Höchstbetrages der Tagespauschale nach Nummer 6c in Höhe von **1.260,00 €** (**Jahrespauschale**) für das Wirtschafts- oder Kalenderjahr abgezogen werden.

Bei dieser Jahrespauschale handelt es sich um einen **personenbezogenen Betrag**, weil er sich am Höchstbetrag der Tagespauschale nach Nummer 6c orientiert und Steuerpflichtige mit einem häuslichen Arbeitszimmer nicht schlechter gestellt sein sollen als solche, die nur die Tagespauschale abziehen können.

Beispiel

Anna Müller (s. o.) weist ihre Aufwendungen im Einzelnen nicht nach.
Sie kann die Jahrespauschale in Höhe von 1.260,00 € steuerlich geltend machen.

Für jeden vollen Kalendermonat, in dem die Voraussetzungen für den Abzug der Aufwendungen für ein häusliches Arbeitszimmer nicht vorliegen, ermäßigt sich der Betrag von 1.260,00 € um ein Zwölftel (§ 4 Abs. 5 Nr. 6b Satz 4 EStG).

Die **Jahrespauschale** ist deshalb ggf. nur **monatsweise** zu **berücksichtigen**.

HINWEIS

Liegen die Voraussetzungen für den Abzug der Aufwendungen für ein häusliches Arbeitszimmer nicht im gesamten Wirtschafts- oder Kalenderjahr vor und wird die Jahrespauschale daher gekürzt, kann für diesen **Kürzungszeitraum** die **Tagespauschale** nach § 4 Abs. 5 Nr. 6c EStG zu gewähren sein.

7.4.5 Homeoffice-Pauschale

In vielen Fällen liegen die Voraussetzungen für einen Abzug von Aufwendungen für ein häusliches Arbeitszimmer nicht vor, weil der Stpfl. entweder über keinen Raum verfügt, der dem gesetzlichen Typusbegriff entspricht, oder dieser Raum nicht ausschließlich oder fast ausschließlich für die betriebliche oder berufliche Betätigung genutzt wird oder werden kann.

In diesen Fällen kann nach **§ 4 Abs. 5 Nr. 6c EStG** für **jeden Kalendertag**, an dem die betriebliche oder berufliche Tätigkeit überwiegend in der häuslichen Wohnung ausgeübt und keine außerhalb der häuslichen Wohnung belegene erste Tätigkeitsstätte aufgesucht wird, für die gesamte betriebliche und berufliche Betätigung ein Betrag von **6,00 € (Tagespauschale), höchstens 1.260,00 €** im Wirtschafts- oder Kalenderjahr, abgezogen werden.

INFO

Damit kann die Homeoffice-Pauschale für maximal **210 Tage im Jahr** in Anspruch genommen werden.

Die Tagespauschale findet insbesondere dann Anwendung, wenn kein steuerlich anzuerkennendes Arbeitszimmer vorliegt.

Die Tätigkeit kann daher z. B. auch in der **Küche** oder im **Wohnzimmer** ausgeübt werden.

Der Abzug der **Tagespauschale** ist **ausgeschlossen** für die Kalendertage, an denen die Voraussetzungen für den Abzug der **Entfernungspauschale** erfüllt sind, d. h. neben der Ausübung der Tätigkeit in der häuslichen Wohnung die erste Tätigkeitsstätte aufgesucht wurde.

Ein Abzug beider Pauschalen nebeneinander für einen Kalendertag ist daher grundsätzlich nicht zulässig.

Der Ausschluss gilt jedoch nach **§ 4 Abs. 5 Nr. 6c Satz 2 EStG** nicht in den Fällen, in denen dem Steuerpflichtigen für die betriebliche oder berufliche Betätigung dauerhaft **kein anderer Arbeitsplatz** zur Verfügung steht, d. h. in diesen Fällen kann **sowohl die Entfernungspauschale als auch die Tagespauschale** abgezogen werden.

Ein **anderer Arbeitsplatz** steht dem Steuerpflichtigen dann zur Verfügung, wenn dieser ihn in dem konkret erforderlichen Umfang und in der konkret erforderlichen Art und Weise tatsächlich nutzen kann. Die Beurteilung, ob für die betriebliche oder berufliche Tätigkeit kein anderer Arbeitsplatz zur Verfügung steht, ist jeweils **tätigkeitsbezogen** vorzunehmen. Ein anderer Arbeitsplatz steht auch dann zur Verfügung, wenn er außerhalb der üblichen Arbeitszeiten, wie z. B. am Wochenende oder in den Ferien, nicht zugänglich ist.

Beispiele

Kein anderer Arbeitsplatz vorhanden

- Ein Lehrer hat für seine Unterrichtsvorbereitung in der Schule keinen Schreibtisch. Das jeweilige Klassenzimmer oder das Lehrerzimmer stellt keinen anderen Arbeitsplatz dar.
- Ein angestellter oder selbstständiger Orchestermusiker hat im Konzertsaal keine Möglichkeit zu üben. Hierfür hat er sich ein häusliches Arbeitszimmer eingerichtet.
- Ein angestellter Krankenhausarzt übt eine freiberufliche Gutachtertätigkeit aus. Dafür steht ihm im Krankenhaus kein Arbeitsplatz zur Verfügung.

Ein Abzug der **Tagespauschale** ist nach § 4 Abs. 5 Nr. 6c Satz 3 EStG jedoch **nicht möglich**, wenn Aufwendungen für **doppelte Haushaltsführung** geltend gemacht werden und die Tätigkeit in dieser Wohnung ausgeübt wird und soweit ein Abzug für ein **häusliches Arbeitszimmer** nach § 4 Abs. 5 Nr. 6b EStG geltend gemacht wird.

Aufwendungen für Arbeitsmittel werden nicht von der Homeoffice-Pauschale abgegolten.

Arbeitsmittel i. S. d. § 9 Abs. 1 Nr. 6 EStG sind neben der Homeoffice-Pauschale abzugsfähig und werden von der Tagespauschale nicht umfasst.

Beispiel

Tobias Sommer ist Berufsschullehrer und unterrichtet die Fächer Steuer- und Rechnungswesen.

Im VZ 2023 fuhr er an insgesamt 220 Tagen mit seinem PKW zum Berufskolleg (einfache Entfernung: 27 km).

Die Unterrichtsvor- und -nachbereitung sowie das Korrigieren von Klausuren erledigt Tobias Sommer in seinem häuslichen Arbeitszimmer, das 15 % der Gesamtwohnfläche umfasst. Für den VZ 2023 betragen die anteiligen Aufwendungen (Miete, Nebenkosten) insgesamt 1.800,00 €.

Tobias Sommer kann die anteiligen Aufwendungen in Höhe von 1.800,00 € für das häusliche Arbeitszimmer nicht nach § 4 Abs. 5 Nr. 6b EStG als Werbungskosten geltend machen, denn bei Lehrern befindet sich der Mittelpunkt der betrieblichen und beruflichen Betätigung regelmäßig nicht im häuslichen Arbeitszimmer, weil die berufsprägenden Merkmale eines Lehrers im Unterrichten bestehen und diese Leistungen in der Schule erbracht werden.

In Betracht kommt ein Abzug der Tagespauschale nach § 4 Abs. 5 Nr. 6c EStG in Höhe von 220 Tage • 6,00 € = 1.320,00 €, max. jedoch 1.260,00 €.

Neben der Tagespauschale kann Tobias Sommer zusätzlich die Entfernungspauschale geltend machen, da ihm in dem Berufskolleg kein anderer Arbeitsplatz zur Verfügung steht (§ 4 Abs. 5 Nr. 6c Satz 2 EStG). Das jeweilige Klassenzimmer bzw. das Lehrerzimmer stellt insoweit keinen anderen Arbeitsplatz dar.

Die Entfernungspauschale beträgt:

220 Tage • 20 km • 0,30 € =	1.320,00 €
220 Tage • 7 km • 0,38 € =	585,20 €
	1.905,20 €, aufgerundet: 1.906,00 €

7.4.6 Weitere typische Werbungskosten

Zu den weiteren Aufwendungen, die als Werbungskosten abgezogen werden können, rechnen z. B.:

- **Gewerkschaftsbeiträge** (§ 9 Abs. 1 Satz 3 Nr. 3 EStG)
- **Notwendige Mehraufwendungen**, die einem Arbeitnehmer wegen einer aus beruflichem Anlass begründeten **doppelten Haushaltsführung** entstehen (§ 9 Abs. 1 Satz 3 Nr. 5 EStG)
- **Kontoführungsgebühren** (ohne Nachweis werden **16 € jährlich** anerkannt, wenn sie in der ESt-Erklärung in der „Anlage N" geltend gemacht werden)
- **Bewerbungskosten**
- **Fortbildungskosten**
- **Reisekosten**
- **anteilige Steuerberaterkosten**, soweit sie auf die Einkünfte gem. § 19 EStG entfallen.

MERKE

Bei einem **beruflich veranlassten Umzug** können die anfallenden Kosten als Werbungskosten geltend gemacht werden.

Das gilt z. B. in folgenden Fällen:

- **Verkürzter Arbeitsweg** – Nach dem Umzug wird für die **Fahrten zur Arbeit und zurück jeweils mindestens eine halbe Stunde weniger** benötigt. Es kommt nicht auf die Länge des Weges an, sondern auf die **Zeitersparnis**. Für den Nachweis einer Zeitersparnis beim Pendeln zum Job ist es nicht nötig, den Wohnort zu wechseln – auch innerhalb einer Stadt oder Gemeinde gilt der verkürzte Arbeitsweg.

Dies betrifft vor allem Umzüge innerhalb von Großstädten. Als Fahrzeit ist ein durchschnittlicher Wert anzugeben, den zum Beispiel ein Routenplaner im Internet ermittelt.

- Bei Ehepartnern, die beide berufstätig sind, sind jeweils einzeln ihre Arbeitswege zu betrachten. Gibt es einen gemeinsamen Arbeitsweg, ist es nicht möglich, die jeweils eingesparte Zeit zusammenzurechnen, um so auf einen Wert von insgesamt einer Stunde zu kommen.
- **Wechsel des Arbeitsplatzes** – Beruflich veranlasst ist der Umzug auch dann, wenn die Arbeitsstelle in einer anderen Stadt angetreten oder für den Job der Wohnort gewechselt wird, weil beispielsweise die Firma umzieht.
- **Rückkehr aus dem Ausland** – Wenn man im Ausland gelebt hat und für eine neue Stelle zurück nach Deutschland zieht, ist der Umzug ebenfalls beruflich bedingt.

Umzugskosten werden ohne Nachweis mit folgenden **Pauschalbeträgen** anerkannt (vgl. BMF v. 21.07.2021, BStBl 2021 I S. 1021):

Bei einem beruflich bedingten Umzug kann ein **Berechtigter** seit dem 01.04.2022 **886,00 €** ansetzen.

Für jede andere Person kommen seit dem 01.04.2022 **590,00 € hinzu**.

- Als **andere Personen** zählen:
- der Ehepartner,
- der Lebenspartner,
- die ledigen Kinder sowie
- Stief- und Pflegekinder, die auch nach dem Umzug mit dem Berechtigten in häuslicher Gemeinschaft leben.

Berechtigte, die vor oder nach dem Umzug keine eigene Wohnung eingerichtet haben, können seit dem 01.04.2022 **177,00 €** ansetzen. Das gilt z. B., wenn der **Berechtigte aus dem Elternhaus auszieht** und erstmals eine eigene Wohnung bezieht.

7.5 Zusammenfassung

Personenkreis (§ 1 Abs. 1 LStDV)	Einkünfte aus nichtselbstständiger Arbeit werden von **Arbeitnehmern** bezogen. **Arbeitnehmer** ► Personen, die im öffentlichen oder privaten Dienst angestellt oder beschäftigt sind oder waren und die aus diesem oder einem früheren Dienstverhältnis Arbeitslohn beziehen ► Rechtsnachfolger, die aus dem früheren Dienstverhältnis ihres Rechtsvorgängers Arbeitslohn beziehen
Umfang Arbeitslohn	Alle Einnahmen und geldwerten Vorteile aus einem Dienstverhältnis: ► Gehälter, Löhne, Gratifikationen, Tantiemen ► Warte-, Ruhe-, Witwen- und Waisengelder ► andere Bezüge und (geldwerte) Vorteile
Versorgungs-Freibetrag § 19 Abs. 2	13,6 % der **Versorgungsbezüge**: höchstens 1.020 € zzgl. Zuschlag von 306 € **Versorgungsbezüge** = Bezüge aus **früherem** Dienstverhältnis: ► „**Beamten**pensionen“ (Ruhegehalt, Witwen- oder Waisengeld u. a.) ► andere Versorgungsbezüge wegen - Erreichens einer **Altersgrenze** (**Werks**pension) ab Vollendung des 63. (bei Schwerbehinderten ab Vollendung des 60.) Lebensjahres - Berufsunfähigkeit, Erwerbsunfähigkeit u. a.
Arbeitnehmer Pauschbetrag (§ 9a)	**Arbeitnehmer-Pauschbetrag:** 1.230 €, wenn nicht im Einzelnen **höhere Werbungskosten nachgewiesen** werden Werbungskosten (= Aufwendungen zur Erwerbung, Sicherung und Erhaltung der Einnahmen § 9 EStG) sind vor allem:
Einzelne Werbungskosten (§ 9)	► Beiträge zu Berufsverbänden ► Aufwendungen für Wege zwischen Wohnung und erster Tätigkeitsstätte ► notwendige Mehraufwendungen (Fahrtkosten, Verpflegungskosten, Übernachtungskosten) aus Anlass einer doppelten Haushaltsführung ► Fortbildungskosten ► Aufwendungen für Arbeitsmittel ► häusliches Arbeitszimmer, Homeoffice-Pauschale ► Reisekosten bei Dienstreisen, Dienstgängen ► Kontoführungsgebühren (pauschal 16 €) ► beruflich bedingte Umzugskosten ► anteilige Steuerberaterkosten, soweit sie auf die Einkünfte gem. § 19 EStG entfallen.

7.6 Fälle zur Sicherung des Lernerfolgs

Fall 1:

Monika Tenner (M. T.) aus Leverkusen ist zu 50 % behindert. In ihrem Schwerbehindertenausweis ist das Merkzeichen „G" eingetragen.

Sie war seit dem 02.01.2016 in einer Kölner Steuerberatungskanzlei als Steuerfachangestellte tätig. Aufgrund andauernder persönlicher Differenzen mit dem Arbeitgeber wurde das Arbeitsverhältnis zum 31.12.2022 einvernehmlich durch Aufhebungsvertrag beendet.

Deshalb war M. T. im Monat Januar 2023 arbeitslos gemeldet.

Nachdem sich M. T. im Januar 2023 bei verschiedenen neuen Arbeitgebern beworben und auch persönlich vorgestellt hatte, konnte sie am 01.02.2023 in einer Essener Steuerberatungsgesellschaft eine neue Anstellung als Steuerfachangestellte antreten.

M. T. hat im Zusammenhang mit ihren Beschäftigungsverhältnissen und der Arbeitslosigkeit im VZ 2023 folgende **Einnahmen** bezogen:

- Kölner Steuerberatungskanzlei
  Dezembergehalt 2022 (brutto): 2.500 € (Kontogutschrift am 04.01.2023)
  Weihnachtsgeld 2022 (brutto): 1.250 € (Kontogutschrift am 04.01.2023)
- Aufwendungen Bundesagentur für Arbeit
  Arbeitslosengeld Januar 2023: 1.500 €
- Essener Steuerberatungsgesellschaft

Gehalt 02-12/2023 (brutto):	27.500 €	
Pauschal besteuerter Arbeitgeberzuschuss für die Wege zwischen Wohnung und erster Tätigkeitsstätte für die Monate 02-12/2023:	1.870 €	
Abonnement für ein Fitness-Studio:	220 €	(monatlich 20 €)
Kostenlose private Nutzung des betrieblichen Laptops:	300 €	

Im Zusammenhang mit der Berufstätigkeit sind M. T. im VZ 2023 folgende **Aufwendungen** entstanden, die durch entsprechende Belege nachgewiesen sind:

- Fahrtkosten i. H. v. 10 € nach Bergisch Gladbach zur Agentur für Arbeit zur Abgabe des Antrags auf Arbeitslosengeld.
- Fahrten zu Vorstellungsgesprächen mit dem eigenen Pkw. Insgesamt wurden 150 km zurückgelegt.
- Für Bewerbungsunterlagen, Passfotos, Briefpapier, Porto usw. i. H. v. 80 €.
- Aufwendungen für neue Schuhe und ein türkisfarbenes Kostüm sowie Kosmetika i. H. v. insgesamt 400 €. M. T. hat sich diese Gegenstände angeschafft, um bei den Vorstellungsgesprächen einen guten Eindruck zu hinterlassen. Aus einem am 29.03.2023 geführten Gespräch mit ihrem neuen Arbeitgeber hat sie erfahren, dass

für die Einstellung das äußerst „schicke" und gepflegte Auftreten während des Bewerbungsgesprächs ausschlaggebend gewesen ist.

- Fahrten mit dem eigenen Pkw an 220 Tagen zur ersten Tätigkeitsstätte nach Essen. Die einfache Entfernung beträgt 76 km.
- Vom 06.09.2023 - 09.09.2023 nahm M. T. an einer Fortbildungsveranstaltung in Berlin teil. Für den Flug nach Berlin bezahlte sie 280 €. Darüber hinaus fielen folgende Aufwendungen an:

Tagungsgebühren	750 €
Übernachtungskosten (ohne Früstück)	240 €
Restaurant für Verpflegung	90 €

Ermitteln Sie in einer übersichtlichen Darstellung die Einkünfte aus nichtselbstständiger Arbeit für den VZ 2023. Nichtansätze sind mit „0" zu kennzeichnen und kurz zu begründen.

Fall 2:

Ermitteln Sie für die Eheleute Schwätzer die Einkünfte aus nichtselbstständiger Arbeit für den VZ 2023.

Eventuelle Nichtansätze von Einnahmen und Ausgaben sind mit „0" zu kennzeichnen und kurz zu begründen!

Jens Schwätzer

Jens Schwätzer ist Oberstudienrat am Kant-Gymnasium in Köln. Er unterrichtet die Fächer Mathematik und Sport.

Er erhielt im VZ 2023 vom Landesamt für Besoldung und Versorgung, Düsseldorf, eine monatliche Bruttovergütung von 3.722 €. Außerdem bekam er Ende November 2023 Weihnachtsgeld i. H. v. 3.280 €. Die Zahlungen wurden seinem Konto gutgeschrieben.

Herr Schwätzer fuhr an 205 Arbeitstagen mit seinem eigenen Pkw von seiner Wohnung zu seiner ersten Tätigkeitsstätte. Die einfache kürzeste Straßenverbindung beträgt 46 km. Herr Schwätzer benutzt allerdings die wesentlich verkehrsgünstigere Autobahnverbindung; Fahrtstrecke insgesamt täglich 100 km.

Die Beitragsrechnung für die Kfz-Versicherung lautet für 2023 über 529,14 €. Der Pkw wurde zu 70 % beruflich und zu 30 % privat genutzt.

Am 13.03.2023 geriet Herr Schwätzer auf dem Weg zur Schule in einer Radarkontrolle. Da er innerhalb der Stadt Köln mit 70 km/h gefahren war, hatte er ein Verwarnungsgeld i. H. v. 50 € zu zahlen. Am 27.10.2023 übersah er einen Laternenpfahl, als er mittags nach Schulschluss rückwärts aus dem Parkplatz seiner Dienststätte herausfuhr. Das Auswechseln der Stoßstange kostete 501 €.

Für Fachliteratur zur beruflichen Weiterbildung hat Herr Schwätzer von Januar bis November 2023 insgesamt 385 € ausgegeben. Anfang Dezember 2023 hat er ein weiteres Fachbuch für 50 € vom Verlag erhalten. Die Rechnung beglich er am 05.01.2024 durch Banküberweisung.

Herr Schwätzer ist seit 2011 Mitglied im Deutschen Beamtenbund; Mitgliedsbeitrag in 2023: 130 €.

Herr Schwätzer macht für den VZ 2023 noch Aufwendungen für die Nutzung eines Arbeitszimmers geltend, da ihm in der Schule kein Arbeitsplatz zur Verfügung steht. In der 120 qm großen Mietwohnung nutzte er einen 15 qm großen Raum ausschließlich zu beruflichen Zwecken. Die anteiligen Aufwendungen betragen 1.000 €.

Die Kontoführungsgebühren werden pauschal mit 16 € geltend gemacht.

Gabi Schwätzer
Gabi Schwätzer arbeitet als Sprechstundenhilfe bei dem Zahnarzt Dr. med. Bohrer in Leverkusen.

Sie erhielt im VZ 2023 monatlich eine Bruttovergütung von 1.640 €.

Dr. med. Bohrer zahlte ihr außerdem einen monatlichen pauschal besteuerten Fahrtkostenzuschuss von 15 €. Frau Schwätzer fuhr in 2023 an 220 Tagen mit dem Zug nach Leverkusen; die monatlichen Bahnfahrtkosten betrugen 45 €. Die einfache Entfernung zwischen Wohnung und erster Tätigkeitsstätte beträgt 30 km.

Zu ihrem Geburtstag am 18.12.2023 bekam sie von ihrem Chef eine Schachtel Pralinen und eine Flasche Sekt im Gesamtwert von 55 € geschenkt.

Bei Laborarbeiten wurde Frau Schwätzter's Kittel mit Blut befleckt. Sie erwarb deshalb als Ersatz im Mai 2023 einen neuen Kittel für 36 €.

Frau Schwätzer beabsichtigte im VZ 2023 die Arbeitsstelle zu wechseln und abonnierte deshalb für drei Monate den Kölner Stadt-Anzeiger. Bezugsgebühren für drei Monate: 54 €.

Frau Schwätzer vertritt die Auffassung, dass die Steuerbelastung berufstätiger Arbeitnehmer drastisch gesenkt werden müsse. Sie ist deshalb seit Januar 2020 Mitglied in dem im Wesentlichen allgemeine steuerpolitische Ziele verfolgenden „Bund der Steuerzahler"; jährlicher Mitgliedsbeitrag: 58,70 €.

Die Kontoführungsgebühren werden pauschal mit 16 € geltend gemacht.

Fall 3:

Die Eheleute Peter (geb. 31. Januar 1958) und Anke Krummbiegel (geb. 10. Februar 1965) sind seit 33 Jahren kinderlos verheiratet und wohnen seit April 2023 im eigenen Einfamilienhaus in Leverkusen; zuvor wohnten sie ebenfalls in Leverkusen zur Miete. Die Ehefrau ist seit einem Verkehrsunfall im Jahr 2013 zu 60 % erwerbsgemindert und erheblich gehbehindert. Für den VZ 2023 wählen die Eheleute Krummbiegel die Zusammenveranlagung.

1. Peter Krummbiegel ist an der Willi Osterwald KG mit Sitz in Leverkusen beteiligt. Der Jahresabschluss der KG zum 31. Dezember 2023 wird am 15. Januar 2024 erstellt.
   - Der Handelsbilanzgewinn beträgt 60.000 €, wovon 30 % auf Peter Krummbiegel entfallen.
   - Für seine Tätigkeit als Buchhalter hat Peter Krummbiegel von der KG ein monatliches Gehalt i. H. v. 2.000 € erhalten, das bei der KG als Aufwand gebucht worden ist.
   - Für ein Darlehen i. H. v. 100.000 €, das Peter Krummbiegel der KG gewährt hat, wurden ihm am 12. Januar 2024 Zinsen i. H. v. 8.000 € überwiesen. Die Zinsen sind bei der Erstellung des Jahresabschlusses 2023 ebenfalls als Aufwand erfasst worden.
   - Am 15. Januar 2023 ist Peter Krummbiegel von der KG noch ein restlicher Gewinnanteil für 2022 i. H. v. 5.000 € überwiesen worden.
2. Anke Krummbiegel hat 13 Jahre als Lektorin in dem Verlagshaus Albrecht Kaiser gearbeitet. Im gegenseitigen Einvernehmen wurde das Arbeitsverhältnis zum 31. Mai 2023 aufgelöst. Die Lohnsteuerbescheinigung 2023 enthält u. a. folgende Eintragungen:
   - Bruttoarbeitslohn 12.580 €
   - Pauschalbesteuerte Arbeitgeberleistungen für Wege zwischen Wohnung und erster Tätigkeitsstätte 589 €

   Ab Juni 2023 bezieht Frau Krummbiegel ein Arbeitslosengeld i. H. v. monatlich 1.150 €. Anke Krummbiegel ist im VZ 2023 an folgenden Tagen mit ihrem eigenen Pkw zu ihrer ersten Tätigkeitsstätte gefahren:
   - 66 Tage, einfache Entfernung 18 km (von der Mietwohnung). Frau Krummbiegel benutzte allerdings die wesentlich schnellere Strecke über Bundesstraße und Bundesautobahn. Die Entfernung beträgt hier 25 km.
   - 24 Tage, einfache Entfernung 13 km (vom Einfamilienhaus).

   Im VZ 2023 hat Frau Krummbiegel für Fachliteratur 150 € verausgabt. Die Kontoführungsgebühren werden ohne Nachweis pauschal mit 75 € geltend gemacht.

3. Die Eheleute Krummbiegel sind je zur Hälfte Eigentümer eines Mehrfamilienhauses in Leverkusen, das zu Wohnzwecken vermietet ist. Die Mieteinnahmen in 2023 betrugen 16.250 €, die Werbungskosten beliefen sich auf 3.700 €. In den Mieteinnahmen ist die Miete für Januar 2024 (Fälligkeit: 03. Januar 2024) i. H. v. 1.250 € enthalten, die der Mieter bereits am 30. Dezember 2023 überwiesen hat.
4. a) Der Ehemann erhält den Altersentlastungsbetrag (Höchstbetrag gem. § 24a EStG für 2023).

   b) Die abzugsfähigen Sonderausgaben betragen 4.000 €.

   c) Die unstreitigen außergewöhnlichen Belastungen betragen 3.000 €. Ferner erhält die Ehefrau den Behinderten-Pauschbetrag gem. § 33b Abs. 3 EStG.

Aufgabe
Ermitteln Sie in einer übersichtlichen Aufstellung unter Nennung der Fachbegriffe in der gesetzlichen Reihenfolge für die Eheleute Krummbiegel das zu versteuernde Einkommen für den VZ 2023! Nichtansätze sind mit „0" zu kennzeichnen und kurz zu begründen!

8. Einkünfte aus Kapitalvermögen (§ 20 EStG)

Einkünfte aus Kapitalvermögen sind der Überschuss der Einnahmen über den Sparer-Pauschbetrag (§ 2 Abs. 2 Satz 2 EStG).

8.1 Einheitlicher Steuersatz, Abgeltungsprinzip

Im Privatvermögen erzielte Einkünfte aus Kapitalvermögen bilden eine von den übrigen sechs Einkunftsarten **getrennte Einkunftsart**, sog. **Schedule**.

Damit gilt die sog. **„duale" Einkommensbesteuerung**, d. h. einer niedrigeren und proportionalen Besteuerung des Faktors Kapital gegenüber einer progressiven Besteuerung des Faktors Arbeit.

Grundzüge des Besteuerungssystems

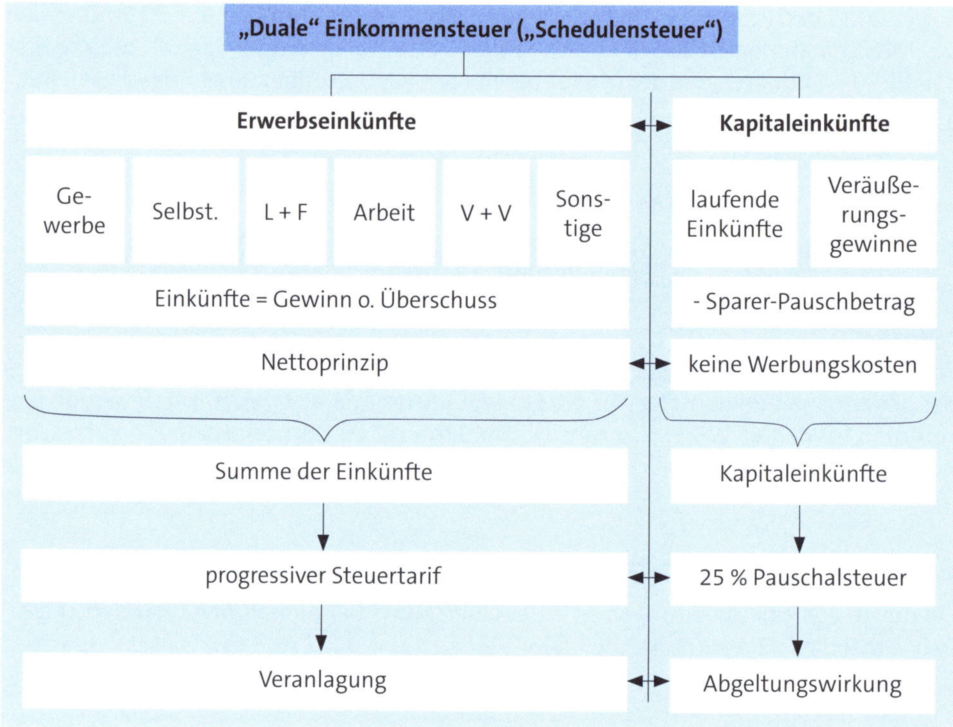

Die Schedulenbesteuerung ist u. a. durch folgende **Merkmale** gekennzeichnet:

- Private Kapitaleinkünfte werden grundsätzlich mit einem **einheitlichen Steuersatz von 25 %** zuzüglich Solidaritätszuschlag und evtl. Kirchensteuer besteuert (§ 32d Abs. 1 Satz 1 EStG, § 43a Abs. 1 Satz 1 Nr. 1 EStG).
- Bemessungsgrundlage ist der Kapitalertrag, von dem ein Sparer-Pauschbetrag von 1.000 € (bzw. 2.000 € bei zusammenveranlagten Ehegatten) abzuziehen ist, wenn ein Freistellungsauftrag erteilt worden ist. Auf die verbleibende Bemessungsgrundlage wird die Abgeltungsteuer erhoben.
- Die Einkommensteuer auf private Kapitaleinkünfte wird möglichst an der Quelle erhoben. Der Fiskus bedient sich hierzu vor allem inländischer Kreditinstitute. Die von dieser auszahlenden Stelle und anderen Institutionen an der Quelle einzubehaltende Kapitalertragsteuer hat grundsätzlich **abgeltende Wirkung** (§ 43 Abs. 5 Satz 1 EStG), sodass eine Einbeziehung in die ESt-Erklärung entfallen kann.

MERKE

Bei vielen Steuerpflichtigen hat sich mit dem Kapitalertragsteuerabzug durch die Bank (unter Berücksichtigung des Sparer-Pauschbetrags) die Besteuerung privater Kapitaleinkünfte erledigt. Die so besteuerten Einkünfte werden nicht mehr in die Einkommensteuerveranlagung einbezogen!

Beispiel

Der nicht kirchensteuerpflichtige ledige Steuerpflichtige hat bei seiner Hausbank 10.000 € zu einem Zinssatz von 10 % als Festgeld angelegt. Ihm werden im Oktober 2023 Zinsen i. H. v. (10.000 € • 10 % =) 1.500 € brutto gutgeschrieben. Ein Freistellungsauftrag wurde erteilt.

Es handelt sich um Einkünfte aus Kapitalvermögen (§ 20 Abs. 1 Nr. 7 EStG). Sie unterliegen der Kapitalertragsteuer (§ 43 Abs. 1 Nr. 7 EStG) i. H. v. 25 % (§ 43a Abs. 1 Satz 1 Nr. 1 EStG) und des Solidaritätszuschlags von 5,5 %.

Bemessungsgrundlage sind die Zinserträge abzüglich Sparer-Pauschbetrag, demnach also (1.500 € - 1.000 € =) 500 €.

Schuldner der Kapitalertragsteuer i. H. v. (500 € • 25 % =) 125,00 € und des Solidaritätszuschlages von (125,00 € • 5,5 % =) 6,87 € ist der Steuerpflichtige.

Auszahlende Stelle i. S. von § 44 Abs. 1 Satz 4 Nr. 2 EStG ist die Hausbank. Diese hat den Steuerabzug vorzunehmen.

Die Einkommensteuer ist mit dem Steuerabzug abgegolten (§ 43 Abs. 5 EStG), sodass der Steuerpflichtige die Zinserträge in seiner ESt-Erklärung nicht mit angeben muss.

8.2 Private Kapitaleinkünfte

Zu den **privaten Kapitaleinkünften** gehören nach § 20 EStG u. a.:

Private Kapitaleinkünfte (§ 20 EStG neu)

laufende Kapitaleinkünfte (§ 20 Abs. 1)

- Zinserträge inkl. Erstattungszinsen nach § 233a AO
- Dividenden
- Investmenterträge
- stille Beteiligungen
- Erträge aus sonst. Kapitalford.
- Erträge aus best. LV´s

↓ Bruttoerträge

private Veräußerungstatbestände (§ 20 Abs. 2)

- Veräußerung von Anteilen, Investmentanteilen, Zertifikaten und sonstigen Kapitalforderungen
- Differenzausgleich bei Termingeschäften
- Veräußerung LV-Ansprüchen
- Währungsgewinne
- vereinnahmte Stückzinsen

↓ Veräußerungserlös (abzgl. NK)
\- Anschaffungskosten (inkl. NK)

Beispiele

1. Anteilseigner A hält seine Beteiligung an der X-GmbH im Privatvermögen. Im VZ 2023 erhält er eine Gewinnausschüttung i. H. v. 10.000 €.

   Die Gewinnausschüttung unterliegt nach § 20 Abs. 1 Nr. 1 EStG den Einkünften aus Kapitalvermögen und damit der Abgeltungsteuer von 25 %.

2. Der ledige Anteilseigner B erwarb am 15.02.2023 insgesamt 150 Aktien à 95 € = 14.250 € zzgl. 142,50 € Spesen. Am 30.06.2023 veräußert er das gesamte Aktienpaket für 16.000 € abzgl. 160 € Spesen. Ein Freistellungsauftrag wurde erteilt.

   Der Veräußerungsgewinn unterliegt nach § 20 Abs. 2 Nr. 1 EStG den Einkünften aus Kapitalvermögen und damit der Abgeltungsteuer. Die Abgeltungsteuer berechnet sich wie folgt:

	Veräußerungserlös - Spesen (16.000 € - 160 € =)	15.840,00 €
-	Anschaffungskosten zzgl. Spesen (14.250 € + 142,50 € =)	14.392,50 €
=	Veräußerungsgewinn	1.447,50 €
-	Sparer-Pauschbetrag	1.000,00 €
=	Bemessungsgrundlage	447,50 €
•	25 % = Abgeltungsteuer	111,87 €

ACHTUNG

Die Einbeziehung von **Veräußerungsgewinnen** in den Bereich der **Abgeltungsteuer** gilt nur für Anteile, die **nach dem 31.12.2008** erworben wurden und zwar **unabhängig von der Länge des Zeitraums zwischen Erwerb und Veräußerung**. Eine Besteuerung von **vor dem 01.01.2009** erworbenen Anteilen erfolgt nicht.

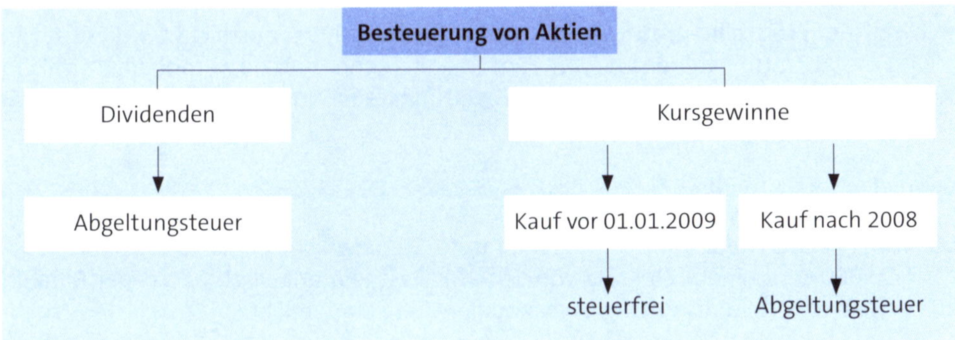

Beispiel

Ein lediger Steuerpflichtiger erwarb am 20.01.2023 festverzinsliche Wertpapiere für 10.000 € zzgl. 100 € Gebühren. Am 29.09.2023 veräußert er die festverzinslichen Wertpapiere über seine Hausbank für 11.000 € abzgl. 110 € Gebühren unter gleichzeitiger Vereinnahmung von 250 € Stückzinsen. Ein Freistellungsauftrag liegt vor.

Die vereinnahmten Stückzinsen werden von § 20 Abs. 2 Nr. 7 EStG mit erfasst, der auch den Gewinn aus der Veräußerung der Schuldverschreibung besteuert.

Der Veräußerungsgewinn unterliegt dementsprechend der Abgeltungsteuer, die sich nach § 20 Abs. 4 EStG wie folgt berechnet:

	Veräußerungserlös - Gebühren (11.000 € - 110 € =)	10.890,00 €
+	vereinnahmte Stückzinsen	250,00 €
-	Anschaffungskosten zzgl. Gebühren (10.000 € + 100 € =)	10.100,00 €
=	Veräußerungsgewinn	1.040,00 €
-	Sparer-Pauschbetrag	1.000,00 €
=	Bemessungsgrundlage	40,00 €
•	25 % = Abgeltungsteuer	10,00 €

8.3 Ausnahme 1: Kein Abzug an der Quelle

Ein Abzug an der Quelle findet durch das Kreditinstitut nicht statt

- bei der Vorlage einer **Nichtveranlagungsbescheinigung**. In diesem Fall werden dem Steuerpflichtigen die Kapitalerträge zu 100 % gutgeschrieben,
- soweit der **Freistellungsauftrag** von 1.000 € bzw. 2.000 € ausreicht. In diesem Fall wird die Abgeltungsteuer nur von dem übersteigenden Betrag erhoben. Wird kein Freistellungsauftrag erteilt, wird die Abgeltungsteuer von den vollen Kapitalerträgen erhoben.

Beispiel

Der nicht kirchensteuerpflichtige verheiratete Steuerpflichtige hat bei seiner Hausbank 10.000 € zu einem Zinssatz von 10 % als Festgeld angelegt. Er hat der Bank in 2023 einen Freistellungsauftrag in maximaler Höhe eingereicht.

Ein Abzug an der Quelle findet nicht statt, da das Freistellungsvolumen von 2.000 € den Kapitalertrag von (10.000 € • 10 % =) 1.000 € nicht übersteigt, sodass dem Steuerpflichtigen die Zinsen in voller Höhe gutgeschrieben werden. Hätte der Steuerpflichtige keinen Freistellungsauftrag erteilt, wäre eine Abgeltungsteuer von (25 % v. 1.000 € =) 250 € angefallen.

Ein Kapitalertragsteuerabzug erfolgt gem. § 44 Abs. 1 Satz 3 EStG nur, wenn die Kapitalanlage bei einem inländischen Kreditinstitut (sog. **auszahlende Stelle**) in einem Depot verwahrt wird. Wird die Kapitalanlage nicht bei einem Kreditinstitut verwahrt, so unterliegen die Kapitalerträge auch keinem Abzug an der Quelle.

Allerdings wird in diesen Fällen der **Abgeltungsteuersatz von 25 %** gem. § 32d Abs. 1 EStG im Rahmen der ESt-Veranlagung angewendet. Die Einkünfte müssen deshalb gem. § 32d Abs. 3 Satz 1 EStG in der **ESt-Erklärung** angegeben werden. Es ist also zwingend eine **Pflichtveranlagung** für Kapitalerträge, die nicht der Kapitalertragsteuer unterlegen haben, ungeachtet der Regelung des § 46 Abs. 2 EStG durchzuführen (§ 32d Abs. 3 Satz 2 EStG).

Eine **Abgabepflicht nach § 32d Abs. 3 EStG** kommt z. B. in folgenden Fällen in Betracht:

- **ausländische Zinserträge**
- **Zinsen aufgrund eines Privatdarlehens an fremde Dritte**
- **Veräußerungsgewinne von GmbH-Anteilen mit einer Beteiligung von weniger als 1 %** (bei einer Beteiligung von mindestens 1 % greift vorrangig § 17 EStG ein).

Ein Abzug an der Quelle findet nicht statt

- bei Vorlage einer Nichtveranlagungsbescheinigung
- soweit der Freistellungsauftrag ausreicht

- bei ausländischen Banken und Investmentfonds
- bei Zinsen aufgrund eines Privatdarlehens
- bei Veräußerungsgewinnen von GmbH-Anteilen (< 1 %)

→ besonderes Veranlagungsverfahren zum Abgeltungssatz

Beispiel

Ein lediger Steuerpflichtiger erzielt im VZ 2023 Zinserträge aufgrund eines gewährten Privatdarlehens an eine fremde Person i. H. v. 1.500 €.

Die Zinserträge hat der Steuerpflichtige gem. § 32d Abs. 3 EStG in seiner ESt-Erklärung als Einnahmen aus Kapitalvermögen anzugeben, wobei die Zinserträge aber nicht Bestandteil der Einkünfteberechnung sind.

Diese werden nach Abzug des Sparer-Pauschbetrages mit 25 % besteuert (§ 32d Abs. 1 EStG). Der Steuerbetrag errechnet sich demnach wie folgt:

	Zinserträge	1.500,00 €
-	Sparer-Pauschbetrag	1.000,00 €
=	Einkünfte	500,00 €
•	25 % = Steuerbetrag	125,00 €

Dieser Steuerbetrag ist der tariflichen Einkommensteuer für die übrigen Einkünfte hinzuzurechnen.

8.4 Ausnahme 2: Keine Abgeltungswirkung

Von dem Grundsatz „25 % Abgeltungsteuer auf Alles" gibt es einige Ausnahmen, sodass in diesen Fällen die **Kapitalerträge in der ESt-Erklärung anzugeben** sind. Die Besteuerung erfolgt dann mit dem **persönlichen Steuersatz,** wobei die **einbehaltenen Steuerabzugsbeträge** auf die **Steuerschuld** in voller Höhe angerechnet werden.

Nach **§ 32d Abs. 2 EStG** sind z. B. folgende Kapitalerträge mit dem **individuellen Einkommensteuertarif** zu versteuern:

- **Erträge aus typisch stillen Beteiligungen** und **Zinsen** (jeweils einschließlich Veräußerungsgewinne), wenn einer der folgenden Fälle vorliegt: **(Nr. 1)**
  a) Gläubiger und Schuldner sind **nahe stehende Personen**
  b) **Beteiligung an einer Kapitalgesellschaft zu mindestens 10 %, soweit die den Kapitalerträgen entsprechenden Aufwendungen beim Schuldner Betriebsausgaben oder Werbungskosten im Zusammenhang mit Einkünften sind, die der inländischen Besteuerung unterliegen und § 20 Abs. 9 Satz 1 zweiter Halbsatz keine Anwendung findet.**
- **Begünstigte Kapitallebensversicherungen (Nr. 2)**

  Es handelt sich hierbei um **nach dem 31.12.2004 abgeschlossene Lebensversicherungen**, bei denen die Auszahlung der Versicherungsleistung erst nach Vollendung des 60. Lebensjahres und nach Ablauf einer Sperrfrist von zwölf Jahren erfolgt.

  In derartigen Fällen ist der **hälftige Unterschiedsbetrag** (= Differenz zwischen der Versicherungsleistung und Summe der eingezahlten Beträge) der Besteuerung zu unterwerfen.
- **auf Antrag** (!) **Gewinnanteile (Dividenden) aus einer Beteiligung an einer Kapitalgesellschaft**, wenn der Steuerpflichtige (**Nr. 3**)
  a) zu **mindestens 25 %** an der Kapitalgesellschaft beteiligt ist (**Alternative 1**), oder
  b) zu **mindestens 1 %** an der Kapitalgesellschaft beteiligt ist und durch eine berufliche Tätigkeit für diese maßgeblichen unternehmerischen Einfluss auf deren wirtschaftliche Tätigkeit nehmen kann.

  Liegen die Antragsvoraussetzungen vor, treten folgende **Rechtsfolgen** ein:
  - **keine Anwendung des Abgeltungsteuersatzes von 25 %,** sondern **Einbeziehung der Erträge in die „normale" Veranlagung mit dem individuellen Steuertarif.**
  - **ausnahmsweise** Anwendung des **Teileinkünfteverfahrens im Privatvermögen,** wobei der **Sparer-Pauschbetrag nicht abgezogen** werden darf, sondern nur die **tatsächlichen Werbungskosten zu 60 %** (§ 32d Abs. 2 Nr. 3 Satz 2 EStG).
  - Der **Antrag** ist **spätestens zusammen mit der ESt-Erklärung** für den jeweiligen VZ zu stellen und **gilt**, solange er nicht widerrufen wird, auch für die folgenden vier **Veranlagungszeiträume**, ohne dass die Antragsvoraussetzungen erneut zu belegen sind (§ 32d Abs. 2 Nr. 3 Satz 4 EStG).

- **verdeckte Gewinnausschüttung** (vGA), soweit sie das Einkommen der leistenden Körperschaft gemindert hat (im Regelfall ist diese Voraussetzung nicht erfüllt!); dies soll nicht gelten, soweit die vGA das Einkommen einer dem Steuerpflichtigen nahe stehenden Person erhöht hat und § 32a KStG auf die Veranlagung dieser nahe stehenden Person keine Anwendung findet (**Nr. 4**).

Beispiel

Alleiniger Gesellschafter der Willi Wutz GmbH ist Willi Wutz, der auch der Geschäftsführer der GmbH ist.

- Willi Wutz stellte der GmbH ein Darlehen zur Verfügung, für das er im VZ 2023 Darlehenszinsen i. H. v. 5.000 € erhalten hat.
- Sein Gewinnanteil für 2022 i. H. v. 10.000 € ist ihm nach Abzug der Steuerabzugsbeträge im VZ 2023 auf sein Privatkonto überwiesen worden.
- Das Gehalt des Geschäftsführers Willi Wutz wurde monatlich um 500 € von bisher 4.500 € auf 5.000 € erhöht. Die Erhöhung wurde rückwirkend zum 01.01.2023 wirksam. Bei dieser Gehaltserhöhung handelt es sich um einen unangemessenen Betrag.

1. Das angemessene Gehalt führt zu Einkünften aus nichtselbstständiger Arbeit:

Bruttogehalt (4.500 € • 12 =)	54.000,00 €
- Arbeitnehmer-Pauschbetrag	1.230,00 €
= Einkünfte	52.770,00 €

2. Die Zinserträge sind nach § 32d Abs. 2 Nr. 1b) EStG in der ESt-Erklärung bei den Einkünften aus Kapitalvermögen anzugeben und unterliegen dort in voller Höhe der Besteuerung (Einkünfte: 5.000 €).

   Der Gewinnanteil und die vgA werden nach § 32d Abs. 2 Nr. 3a) EStG auf Antrag in die Veranlagung mit einzubeziehen, wobei nach Satz 2 dieser Vorschrift das Teileinkünfteverfahren (§ 3 Nr. 40 Buchst. d) EStG) zur Anwendung kommt und der Sparer-Pauschbetrag nicht abgezogen werden darf.

Offene Gewinnausschüttung • 60 %	6.000,00 €
+ verdeckte Gewinnausschüttung (500 € • 12 =) • 60 %	3.600,00 €
= Summe	9.600,00 €

8.5 Verlustverrechnung (§ 20 Abs. 6 EStG)

§ 20 Abs. 6 EStG beinhaltet materiell- und verfahrensrechtliche Regelungen zur Verlustverrechnung, zum Verlustausgleich und zum Verlustabzug im Zusammenhang mit Verlusten aus Kapitalvermögen.

8.5.1 Verluste aus Kapitalvermögen im Allgemeinen

MERKE

Verluste aus Kapitalvermögen dürfen gem. § 20 Abs. 6 Satz 2 EStG nicht mit anderen Einkunftsarten verrechnet werden. Nicht ausgeglichene Verluste werden für den Ausgleich mit positiven Einkünften aus Kapitalvermögen in folgenden Veranlagungszeiträumen gesondert festgestellt, § 20 Abs. 6 Sätze 3 und 4 EStG. Im Fall von zusammenveranlagten Ehegatten erfolgt ein gemeinsamer Verlustausgleich vor der Verlustfeststellung.

Beispiel

Max Meier erzielt im VZ positive Einkünfte aus Gewerbebetrieb i. H. v. 60.000 €, positive Einkünfte aus Vermietung und Verpachtung i. H. v. 8.000 € und einen Verlust bei den Einkünften aus Kapitalvermögen i. H. v. 500 €.

Der Verlust bei den Einkünften aus Kapitalvermögen kann nicht mit den positiven Einkünften aus Gewerbebetrieb und/oder aus Vermietung und Verpachtung ausgeglichen werden.

Die nicht ausgeglichenen Verluste aus Kapitalvermögen (im vorstehenden Beispiel 500 €) mindern jedoch die Einkünfte aus Kapitalvermögen, die der Steuerpflichtige in den **folgenden Veranlagungszeiträumen** aus Kapitalvermögen erzielt; die verfahrensrechtlichen Regelungen nach **§ 10d Abs. 4 EStG** sind sinngemäß anzuwenden (§ 20 Abs. 6 Sätze 3 und 4 EStG).

Ein **Verlustrücktrag** von nicht ausgeglichenen Verlusten aus Kapitalvermögen ist **nicht vorgesehen**.

Soweit möglich, erfolgt die Verlustverrechnung bereits auf der Ebene der Bank.

Derjenige, der alle Depots und Konten bei **einer Bank** führt, braucht demnach grundsätzlich nichts zu veranlassen.

Anders ist die Situation für diejenigen, die Depots und Konten bei **mehreren Banken** unterhalten:

Werden z. B. bei der Bank B in 2023 Gewinne realisiert, während bei der Bank A Verluste entstanden sind, erfolgt **kein bankinterner Verlustausgleich**, sondern eine **Verlustverrechnung in der ESt-Erklärung.**

Das setzt aber nach § 20 Abs. 6 Satz 5 EStG voraus, dass der Steuerpflichtige eine entsprechende **Verlustbescheinigung** der Bank A vorlegen kann.

Der – unwiderrufliche – Antrag auf Erteilung der Verlustbescheinigung ist dabei **bis zum 15.12. des laufenden Jahres bei dem entsprechenden Kreditinstitut zu stellen** (§ 43a Abs. 3 Satz 5 EStG).

So kann dann in der ESt-Erklärung 2023 der Verlust bei der einen mit dem Gewinn bei der anderen Bank verrechnet werden.

Ohne Verlustbescheinigung gehen Verluste zwar nicht verloren, denn die Bank A trägt die erlittenen Verluste automatisch auf das nächste Jahr vor, aber die Verrechnung mit Gewinnen bei der Bank B kann dann für den VZ 2023 nicht erfolgen.

Diese Gewinne werden ohne Verlustverrechnung voll versteuert.

8.5.2 Aktienverluste

Verluste aus Kapitalvermögen, die aus **der Veräußerung** von Aktien entstehen (Achtung: nur Aktien, die nach dem 31.12.2008 erworben worden sind), dürfen **nur mit Gewinnen aus der Veräußerung von Aktien** (auch hier nur Aktien, die nach dem 31.12.2008 erworben worden sind) verrechnet werden.

Können die „Neuverluste" nicht innerhalb des Kalenderjahres verrechnet werden, mindern sie die Gewinne, die der Steuerpflichtige in den folgenden Kalenderjahren aus der Veräußerung von Aktien erzielt (§ 20 Abs. 6 Satz 5 i. V. mit Satz 3 und 4 EStG).

Die Berücksichtigung des Verlustvortrags aus der Veräußerung von Aktien, die nach dem 31.12.2008 erworben worden sind, kann auch von einem Kreditinstitut im Rahmen des Depots gem. § 43a Abs. 3 EStG erfolgen. Ein Verlustrücktrag bei Neuverlusten aus der Veräußerung von Aktien ist nicht vorgesehen.

Beispiel

Max Meier hat im VZ 2023 insgesamt 100 Aktien der AB-AG angeschafft und veräußert. Der dabei erzielte Verlust beläuft sich auf 1.000 €. Seine übrigen positiven Einkünfte aus Kapitalvermögen (keine Aktiengeschäfte) betragen 2.000 €.

Die Veräußerung von Aktien, führt zu Einkünften aus Kapitalvermögen (§ 20 Abs. 2 Nr. 1 EStG). Die „Neuverluste" können aber nur mit Gewinnen aus der Veräußerung von Aktien, die nach dem 31.12.2008 erworben wurden, ausgeglichen werden.

Sie werden daher hier nur im Wege des Verlustvortrags nach § 20 Abs. 6 Satz 5 i. V. mit Satz 3 und 4 EStG berücksichtigt.

Ein Ausgleich im Jahre 2023 mit den übrigen positiven Einkünften aus Kapitalvermögen ist nicht möglich.

8.6 Werbungskostenabzug/Sparer-Pauschbetrag

Bei der Ermittlung der Einkünfte aus Kapitalvermögen ist nach **§ 20 Abs. 9 EStG** als Werbungskosten ein **Sparer-Pauschbetrag von 1.000 €** abzuziehen; der **Abzug der tatsächlichen Werbungskosten ist ausgeschlossen**. **Ehegatten**, die zusammen veranlagt werden, wird ein **gemeinsamer Sparer-Pauschbetrag von 2.000 €** gewährt.

Nicht abzugsfähig sind demnach z. B.

- **Depotgebühren, Safemiete**
- **Reisekosten zur Hauptversammlung**
- **Fachliteratur**
- **Rechtsanwalts- und Gerichtskosten** (z. B. für das Einklagen des Gewinnanteils)
- **Schuldzinsen zum Erwerb der Wertpapiere**
- **anteilige Steuerberaterkosten,** soweit sie auf die Einkünfte gem. § 20 EStG entfallen.

MERKE

Der **Abzug der tatsächlichen Werbungskosten ist bis auf wenige Ausnahmen ausgeschlossen (§ 20 Abs. 9 Satz 1 EStG)**. Dies gilt auch dann, wenn nach § 32d Abs. 6 EStG die Besteuerung der Kapitalerträge auf Antrag nach den allgemeinen Grundsätzen im Rahmen der Veranlagung beantragt wird. **Ein Abzug der tatsächlichen Werbungskosten kommt nur noch in den Fällen des § 32d Abs. 2 EStG in Betracht. Das sind die Fälle, für die die Abgeltungsteuer nicht anzuwenden ist (z. B. wenn Gläubiger und Schuldner einander nahestehende Personen sind).**

Der Sparer-Pauschbetrag darf nicht höher sein als die Kapitalerträge (§ 20 Abs. 9 Satz 4 EStG), sodass die Einkünfte aus Kapitalvermögen durch den Ansatz des Sparer-Pauschbetrages nicht negativ werden können.

Der gemeinsame Sparer-Pauschbetrag von 2.000 € ist auch dann zu gewähren, wenn nur **ein Ehegatte** Kapitalerträge erzielt hat. Haben **beide Ehegatten Kapitalerträge** erzielt, ist bei jedem Ehegatten der **halbe Sparer-Pauschbetrag** abzuziehen; sind die Kapitalerträge eines Ehegatten niedriger als 1.000 €, so ist der anteilige Sparer-Pauschbetrag insoweit, als er die Kapitalerträge dieses Ehegatten übersteigt, bei dem anderen Ehegatten abzuziehen (§ 20 Abs. 9 Satz 3 EStG).

Beispiel

Die Einnahmen aus Kapitalvermögen betragen bei dem Ehemann 9.500 €, bei der Ehefrau, mit der er zusammen zur Einkommensteuer veranlagt wird, 175 €. Die tatsächlich nachgewiesenen Werbungskosten betragen bei der Ehefrau 90 €, der Ehemann kann keine tatsächlich entstandenen Werbungskosten belegmäßig nachweisen.

Die Einkünfte aus Kapitalvermögen errechnen sich wie folgt:

	Ehemann	Ehefrau
Einnahmen	9.500,00 €	175,00 €
- Sparer-Pauschbetrag	1.825,00 €	175,00 €
= Einkünfte gem. § 20 EStG	7.675,00 €	0,00 €

Die tatsächlichen Werbungskosten bleiben unberücksichtigt.

Bei jedem Ehegatten ist grundsätzlich der halbe Pauschbetrag von 1.000 € abzuziehen. Der von der Ehefrau nicht ausgeschöpfte Sparer-Pauschbetrag von (1.000 € - 175 € =) 825 € ist gem. § 20 Abs. 9 Satz 3 EStG auf den Ehemann zu übertragen, sodass bei ihm insgesamt ein Sparer-Pauschbetrag von (1.000 € + 825 € =) 1.825 € abzuziehen war.

8.7 Betriebliche Kapitalerträge

Sind Einkünfte aus Kapitalvermögen gem. § 20 Abs. 8 EStG (**Subsidiaritätsprinzip**) dem **betrieblichen Bereich** zuzuordnen, findet der **gesonderte Steuersatz keine Anwendung**, vgl. § 32d Abs. 1 Satz 1 EStG.

Solche Einkünfte unterliegen der **tariflichen Einkommensteuer**, wobei das **Teileinkünfteverfahren** anzuwenden ist. Der **steuerpflichtige Anteil** beträgt danach **60 %**, 40 % der Einkünfte werden freigestellt (§ 3 Nr. 40 Satz 1 und 2 EStG).

Im Zusammenhang mit der Beteiligung stehende **Aufwendungen** sind dementsprechend i. H. v. **60 %** als **Betriebsausgaben** abziehbar (§ 3c Abs. 2 EStG).

MERKE

Für **private Kapitaleinkünfte** gilt das **Teileinkünfteverfahren grundsätzlich nicht**. Dies gilt auch dann, wenn diese Einkünfte gem. § 32d Abs. 6 EStG mit der tariflichen Einkommensteuer veranlagt werden.

Beispiel

Der ledige Steuerpflichtige hält seine Beteiligung an der A-GmbH im Privatvermögen. Im VZ 2023 erhält er eine Gewinnausschüttung von 5.000 €. Die Beteiligung wurde über ein Darlehen fremd finanziert, für das in 2023 Darlehenszinsen von 10.000 € angefallen sind.

Die Dividende unterliegt der Abgeltungsteuer, da die Beteiligung im Privatvermögen gehalten wird. Die Abgeltungsteuer beträgt 25 % von (5.000 € - 1.000 € Sparer-Pauschbetrag =) 4.000 € = 1.000,00 €. Die Darlehenszinsen bleiben als tatsächliche Aufwendungen unberücksichtigt.

Abwandlung:
Die Beteiligung wird im Betriebsvermögen gehalten.

Es liegen Einkünfte aus Gewerbebetrieb vor, für die nicht der Abgeltungsteuersatz, sondern das Teileinkünfteverfahren zur Anwendung kommt. Der Sparer-Pauschbetrag kommt dabei nicht zur Anwendung. Die Darlehenszinsen sind zu 60 % als Betriebsausgaben abzugsfähig, sodass sich die Einkünfte wie folgt berechnen:

	Steuerpflichtige Erträge: 60 % von 5.000 € =	3.000,00 €
-	Betriebsausgaben: 60 % von 10.000 € =	6.000,00 €
=	Verlust aus Gewerbebetrieb	3.000,00 €

8.8 Wahlweises Veranlagungsverfahren

8.8.1 Veranlagung zum Abgeltungsteuersatz

Der Steuerpflichtige hat nach **§ 32d Abs. 4 EStG** ein Wahlrecht, bestimmte Kapitalerträge, auf die Kapitalertragsteuer erhoben wurde, in seiner ESt-Erklärung anzugeben, um beim Kapitalertragsteuerabzug nicht berücksichtigte Umstände geltend machen zu können (sog. **„kleine Veranlagungsoption"**).

Solche Umstände können z. B. sein:

- **nicht vollständig ausgeschöpfter Sparer-Pauschbetrag** bei vergessenem Freistellungsauftrag
- beim Kapitalertragsteuerabzug **noch nicht berücksichtigter Verlust** (z. B. aus einem von mehreren Depots)
- noch zu berücksichtigender **Verlustvortrag nach § 20 Abs. 6 EStG**.

Diese Kapitalerträge werden nicht im Rahmen der Einkunftsermittlung erfasst, sondern mit dem Abgeltungsteuersatz von 25 % besteuert. Der sich danach ergebende Steuerbetrag auf die Kapitalerträge ist der tariflichen Einkommensteuer hinzuzurechnen.

Beispiel

Der ledige Max Meier besitzt bei seiner örtlichen Sparkasse festverzinsliche Wertpapiere. Diese bringen ihm im VZ 2023 Zinsen i. H. v. 15.000 €. Einen Freistellungsauftrag hat Max Meier nicht gestellt.

Die Wertpapierzinsen führen zu Einkünften aus Kapitalvermögen, die der Abgeltungsteuer von 25 % unterliegen. Bei der Berechnung der Abgeltungsteuer ist zu berücksichtigen, dass Max Meier keinen Freistellungsauftrag erteilt hat, sodass die Abgeltungsteuer (25 % von 15.000 € =) 3.750 € beträgt. Die von der Sparkasse einbehaltene Abgeltungsteuer hat nach § 43 Abs. 5 EStG abgeltende Wirkung, sodass die Wertpapierzinsen nicht in der ESt-Erklärung angegeben werden müssen.

Auf Antrag des Max Meier erfolgt jedoch nach § 32d Abs. 4 EStG eine **Neufestsetzung der Abgeltungsteuer**. Durch diese **„kleine Veranlagungsoption"** kann nachträglich durch Abgabe der ESt-Erklärung die nachträgliche Berücksichtigung des Sparer-Pauschbetrages erreicht werden. Die korrigierte Abgeltungsteuer beträgt (25 % von (15.000 € - 1.000 € =) 14.000 € =) 3.500,00 €.

Die zu hoch einbehaltene Abgeltungsteuer i. H. v. (3.750 € - 3.500,00 € =) 250,00 € wird dem Max Meier dann vom Finanzamt erstattet.

8.8.2 Veranlagung zum persönlichen Steuersatz

Nach **§ 32d Abs. 6 EStG** kann der Steuerpflichtige statt einer Besteuerung durch die pauschale Abgeltungsteuer eine Besteuerung der Kapitalerträge mit der tariflichen Einkommensteuer wählen, falls der **persönliche Grenzsteuersatz nach Einbeziehung der Kapitalerträge niedriger als 25 %** ist (sog. **„große Veranlagungsoption"**).

MERKE

Der Grenzsteuersatz (marginaler Steuersatz) bezeichnet den Steuersatz, mit dem die jeweils nächste Einheit der Steuerbemessungsgrundlage belastet wird. **Bei der Einkommensteuer gibt der Grenzsteuersatz an, welcher Prozentsatz des zusätzlich verdienten „zu versteuernden Einkommens" an Steuern zu zahlen ist.** Er darf nicht mit dem effektiven Steuersatz (Durchschnittsteuersatz) verwechselt werden.

Der **Grenzsteuersatz** muss dann angewendet werden, wenn es um **zusätzliche Zins- oder Kapitalerträge** geht. **Dabei gilt: Je höher die zusätzlichen Einkünfte sind, desto höher ist der Grenzsteuersatz.**

Beispiel

- Das zu versteuernde Einkommen eines ledigen Arbeitnehmers beträgt für den VZ 2023 insgesamt 45.000 € (nur Einkünfte aus nichtselbstständiger Arbeit).

  Nach der Grundtabelle sind davon 9.537 € Einkommensteuer zu zahlen.

  Das entspricht (9.537 € • 100 : 45.000 € =) 21,19 % des zu versteuernden Einkommens (= Durchschnittsteuersatz).

- Nach Abzug des Sparer-Pauschbetrages erhöht sich das zu versteuernde Einkommen um weitere Einkünfte aus Kapitalvermögen um 3.000 € auf insgesamt 48.000 €.

  Nach der Grundtabelle sind davon 10.609 € Einkommensteuer zu zahlen.
- Auf die zusätzlichen Einkünfte aus Kapitalvermögen entfällt somit eine Einkommensteuer i. H. v. (10.609 € - 9.537 € =) 1.072 €.

  Dies entspricht einem Grenzsteuersatz von (1.072 € • 100 : 3.000 € =) 35,73 %.

ACHTUNG

Für den **VZ 2023** wird der **Grenzsteuersatz von 25 %** bereits dann erreicht, wenn das **zu versteuernde Einkommen (einschl. Kapitaleinkünfte!)** ca. **18.680 €** bzw. ca. **37.360 € (bei Zusammenveranlagung)** beträgt.

Die einbehaltene Kapitalertragsteuer ist nach § 36 Abs. 2 Nr. 2 EStG anzurechnen. Beträgt die tarifliche Einkommensteuer 0 €, führt ein Antrag nach § 32d Abs. 6 EStG somit zur vollständigen Erstattung der Kapitalertragsteuer.

Wird ein Antrag nach § 32d Abs. 6 EStG gestellt, hat das **Finanzamt** in Form einer **Günstigerprüfung** zu prüfen, ob

- die Anwendung der allgemeinen Besteuerungsregeln (z. B. unter Berücksichtigung des Grundfreibetrags und des Altersentlastungsbetrags) zu einer niedrigeren Steuerfestsetzung führt oder
- die Anwendung des gesonderten Steuertarifs nach § 32d Abs. 1 EStG im Rahmen einer Einbeziehung der Einkünfte in die Veranlagung nach § 32d Abs. 4 EStG zu einer niedrigeren Steuerfestsetzung führt oder
- die Abgeltung der Einkommensteuer durch den Kapitalertragsteuerabzug für den Steuerpflichtigen günstiger ist. Ist dies der Fall, gilt der Antrag des Steuerpflichtigen als nicht gestellt.

TIPP

Die Optionsmöglichkeit zur Einbeziehung der Kapitaleinkünfte in die allgemeine Steuerberechnung kann für den jeweiligen Veranlagungszeitraum **nur einheitlich** für sämtliche Kapitalerträge beantragt werden. Bei der Zusammenveranlagung von Ehegatten nach § 26b EStG gilt dies für sämtliche Kapitaleinkünfte beider Ehegatten. Der Antrag kann frühestens mit Abgabe der Einkommensteuererklärung und nur solange gestellt werden, wie die Steuerfestsetzung des entsprechenden Veranlagungszeitraums noch nicht bestandskräftig ist.

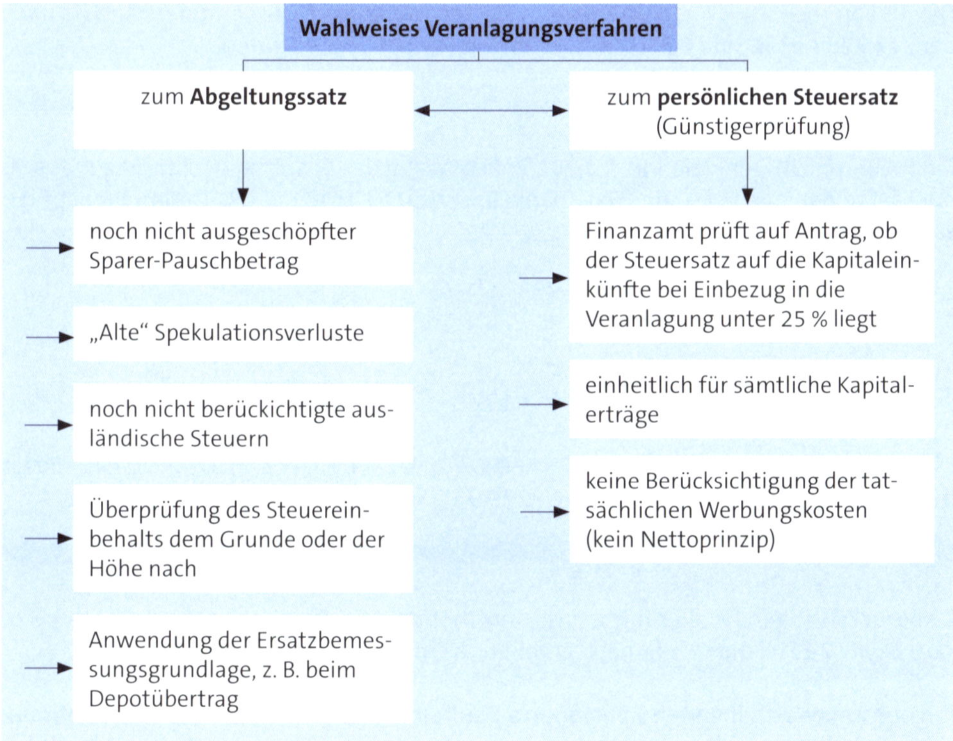

8.9 Kirchensteuerpflicht

Die Kirchensteuer ist eine **Pflichtsteuer**, die **zusätzlich zur Abgeltungsteuer** gezahlt werden muss (§ 43a Abs. 1 Sätze 2 und 3 i. V. mit § 51a Abs. 2b bis 2e EStG).

Da man allerdings die Kirchensteuer nach § 10 Abs. 1 Nr. 4 EStG als Sonderausgaben geltend machen könnte, ist die genaue Berechnungsgrundlage der Kirchensteuer nicht 9 % (bzw. 8 %) von 25 %, sondern die 25 %-ige Abgeltungsteuer abzüglich des möglichen Sonderausgabenabzugs.

Nach **§ 32d Abs. 1 Satz 3 EStG** wird dieser Abzug der Kirchensteuer als Sonderausgaben bereits im Rahmen der Steuerfestsetzung pauschal berücksichtigt, indem der Steuerberechnung eine **verringerte Bemessungsgrundlage** zugrunde gelegt wird.

MERKE

Die Kirchensteuer auf die Abgeltungsteuer ist dann **nicht** mehr als Sonderausgabe abzugsfähig (§ 10 Abs. 1 Nr. 4 EStG).

Die Einkommensteuer nach dem gesonderten Steuertarif für Kapitalerträge ist nach der in **§ 32d Abs. 1 Satz 4 EStG aufgeführten Formel** zu berechnen.

Beispiel

Ein Steuerpflichtiger erzielt im VZ 2023 nach Abzug des Sparer-Pauschbetrages aus einer Festgeldanlage bei seiner Hausbank Zinserträge i. H. v. 1.000 €. Der Kirchensteuersatz beträgt 9 %.

Abgeltungsteuer: $\frac{1.000}{4 + 0{,}09} = 244{,}50$ €

Kirchensteuer: 244,50 € • 9 % = 22,01 €
Solidaritätszuschlag: 244,50 € • 5,5 % = 13,45 €

Die Bank behält somit insgesamt (244,50 € + 22,01 € + 13,45 € =) 279,96 € ein, sodass dem Steuerpflichtigen noch (1.000 € - 279,96 € =) 720,04 € überwiesen werden.

Zu berücksichtigen ist allerdings, dass anrechenbare **ausländische Steuern** nach § 32d Abs. 1 Satz 2 EStG die sich danach ergebende **Einkommensteuer mindern**.

Kirchensteuer auf abgeltend besteuerte Kapitalerträge (z. B. Zinsen) werden **automatisch einbehalten** und an die steuererhebenden Religionsgemeinschaften abgeführt (§ 51a EStG).

Zur Vorbereitung des Kirchensteuerabzugs sind die Kreditinstitute gesetzlich verpflichtet, einmal jährlich beim **Bundeszentralamt für Steuern** (BZSt) für alle Steuerpflichtigen die **Religionszugehörigkeit abzufragen**.

Die Abfrage wird im Zeitraum vom 01.09.2023 - 31.10.2023 durchgeführt.

Sofern der Steuerpflichtige die Kirchensteuer nicht vom Kreditinstitut, sondern von dem für ihn zuständigen Finanzamt erheben lassen möchte, kann er der Übermittlung seiner Kirchensteuerdaten widersprechen (**Sperrvermerk**).

Die Sperrvermerkserklärung muss auf **amtlich vorgeschriebenem Vordruck bis spätestens 30.06.2023 beim BZSt eingereicht werden** (§ 51a Abs. 2c, 2e EStG). Der Vordruck steht auf **www.formulare-bfinv.de** unter dem Stichwort „Kirchensteuer" bereit.

In diesem Fall sperrt das BZSt bis zum Widerruf die Übermittlung der Kirchensteuerdaten für den aktuellen und alle folgenden Abfragezeiträume (jeweils 01.09. - 31.10.).

Das **Kreditinstitut** wird daraufhin **keine Kirchensteuer** für den Steuerpflichtigen **abführen**.

Das **BZSt** ist gesetzlich verpflichtet, das **zuständige Finanzamt über die Sperre zu informieren**.

Das **Finanzamt fordert** den Steuerpflichtigen dann wegen der Sperre zur Abgabe einer **Kirchensteuererklärung** auf.

Hierzu hat der Steuerpflichtige den Betrag der insgesamt einbehaltenen Kapitalertragsteuer (Abgeltungsteuer) **nur für Zwecke der bisher noch nicht festgesetzten und einbehaltenen Kirchensteuer** in seiner **Einkommensteuer-Erklärung** anzugeben und eine entsprechende (auf Verlangen des Kunden auszustellende) Bescheinigung seines Kreditinstitutes beizufügen.

8.10 Veräußerung einer Beteiligung (§ 17 EStG)

Zu den **Einkünften aus Gewerbebetrieb** gehören nach § 17 Abs. 1 EStG auch **Gewinne aus der Veräußerung von Anteilen an einer Kapitalgesellschaft**, wenn der Veräußerer **innerhalb der letzten fünf Jahre** zu irgend einem Zeitpunkt am Kapital der Gesellschaft zu **mindestens 1 %** beteiligt war.

In den folgenden Fällen findet **§ 17 EStG** jedoch **keine Anwendung:**

- Veräußerungsgewinne mit einer Beteiligung von **weniger als 1 %**. Es handelt sich um Einkünfte aus Kapitalvermögen, die dem **Abgeltungsteuersatz von 25 %** unterliegen.
- Die Anteile an einer Kapitalgesellschaft gehören zum Betriebsvermögen. In diesem Fall ist die Veräußerung ein **Betriebsvorgang** (R 17 Abs. 1 EStR).

Der **Veräußerungsgewinn** ermittelt sich nach Maßgabe des § 17 Abs. 2 EStG wie folgt:

	Veräußerungspreis
-	**Veräußerungskosten**
-	Anschaffungskosten
=	**Veräußerungsgewinn**

ACHTUNG

Der Veräußerungsgewinn unterliegt dem **Teileinkünfteverfahren** (§ 3 Nr. 40c EStG). Das bedeutet, dass 60 % des **Veräußerungspreises** nur 60 % der **Anschaffungs- und Veräußerungskosten** gegenübergestellt werden dürfen (§ 3c Abs. 2 EStG).

Der Veräußerungsgewinn wird zur Einkommensteuer allerdings nur herangezogen, soweit er den **Freibetrag von 9.060 €** übersteigt, der dem veräußerten Anteil an der Kapitalgesellschaft entspricht.

Der Freibetrag ermäßigt sich um den Betrag, um den der Veräußerungsgewinn den **Karenzbetrag von 36.100 €** übersteigt, der dem veräußerten Anteil an der Kapitalgesellschaft entspricht (§ 17 Abs. 3 EStG).

Sowohl der Freibetrag als auch der Karenzbetrag gehen nach dem Wortlaut des Gesetzes von einer Beteiligung von **100 %** aus. Wird ein **geringerer Anteil veräußert, ermäßigen sich der Freibetrag und der Karenzbetrag um den entsprechenden Teil**.

	Veräußerungsgewinn
-	(geminderter) Freibetrag
=	**steuerpfl. Veräußerungsgewinn**

Beispiele

Beispiel 1:
Der ledige Steuerpflichtige ist seit 2012 an der X-GmbH zu 30 % beteiligt. Die Beteiligung gehört zu seinem Privatvermögen. Die Anschaffungskosten seines Geschäftsanteils betrugen 20.000 €. Am 01. Juli 2023 veräußerte er seine Beteiligung für 35.000 €; an Veräußerungskosten sind ihm 750 € entstanden.

Wie hoch sind die Einkünfte aus Gewerbebetrieb?

	Veräußerungspreis			35.000,00 €
-	Veräußerungskosten			750,00 €
-	Anschaffungskosten			20.000,00 €
=	Veräußerungsgewinn			14.250,00 €
	davon 60 % steuerpflichtig			8.550,00 €
-	Freibetrag nach § 17 Abs. 3 EStG			
	Freibetrag (9.060 • 30 %)		2.718,00 €	
	Gewinn	8.550,00 €		
	Karenzbetrag (36.100 • 30 %)	10.830,00 €		
	Schädlich	0,00 €	0,00 €	2.718,00 €
=	Einkünfte aus Gewerbebetrieb			5.832,00 €

Beispiel 2:
Der ledige Steuerpflichtige ist seit 2012 an der X-GmbH zu 30 % beteiligt. Die Beteiligung gehört zu seinem Privatvermögen. Die Anschaffungskosten seines Geschäftsanteils betrugen 20.000 €. Am 01. Juli 2023 veräußerte er 50 % seiner Beteiligung für 24.600 €; an Veräußerungskosten sind ihm 300 € entstanden.

	Veräußerungspreis			24.600,00 €
-	Veräußerungskosten			300,00 €
-	Anschaffungskosten • 50 %			10.000,00 €
=	Veräußerungsgewinn			14.300,00 €
	davon 60 % steuerpflichtig			8.580,00 €
-	Freibetrag nach § 17 Abs. 3 EStG			
	Freibetrag (9.060 • 15 %)		1.359,00 €	
	Gewinn	8.550,00 €		
	Karenzbetrag (36.100 • 15 %)	5.415,00 €		
	Schädlich	1.735,00 €	1.735,00 €	0,00 €
=	Einkünfte aus Gewerbebetrieb			8.580,00 €

8.11 Fälle zur Sicherung des Lernerfolgs

Fall 1:

Am 14.04.2023 erwarb der ledige und konfessionslose Klaus Schröder 70 Aktien der Volkswagen-AG zum Kurs von 255 € je Stück zzgl. insgesamt 70 € Ankaufsspesen. Am 01.08.2023 veräußerte er diese Aktien wieder zum Kurs von 282 € je Stück zzgl. insgesamt 80 € Verkaufsspesen. Die Aktien wurden über ein Darlehen fremd finanziert, für das in 2023 Darlehenszinsen i. H. v. 1.000 € angefallen sind.

Nehmen Sie für den VZ 2023 die erforderlichen Berechnungen vor, und beurteilen Sie die einkommensteuerlichen Auswirkungen des geschilderten Sachverhalts hinsichtlich Einkunftsart und Steuerpflicht, wenn Schröder die Aktien im Rahmen seines

a) Privatvermögens

b) Einzelunternehmens erworben hat.

Fall 2:

Die ledige und konfessionslose Beate Meurer erwarb am 10.02.2023 festverzinsliche Wertpapiere für 5.000 € zzgl. 50 € Gebühren. Am 31.08.2023 veräußerte sie die festverzinslichen Wertpapiere für 8.000 € abzgl. 80 € Gebühren unter gleichzeitiger Vereinnahmung von 125 € Stückzinsen.

Wie ist die einkommensteuerliche Rechtslage für den VZ 2023?

Fall 3:

Im Februar 2023 hatte der ledige und konfessionslose Sven Müller Aktien wie folgt erworben:

1.	Aktien der Hoch-AG, Anschaffungskosten	8.200 €
2.	Aktien der Tief-AG, Anschaffungskosten	14.600 €

Im September 2023 musste er die gesamten Wertpapiere wegen einer privaten Notlage verkaufen. Er erzielte folgende Kurswerte:

1.	Aktien der Hoch-AG	8.400 €
2.	Aktien der Tief-AG	12.700 €

Die Verkaufsspesen von je 1,5 % der Kurswerte sind noch zu berücksichtigen.

Wie ist die einkommensteuerliche Rechtslage für den VZ 2023, wenn Sven Müller noch positive Einkünfte aus Gewerbebetrieb von 20.000 € und aus Kapitalvermögen (keine Aktiengeschäfte) von 1.000 € erzielt hat?

Fall 4:

Der verheiratete und konfessionslose Walter Webel erzielte im VZ 2023 Zinserträge aufgrund eines gewährten Privatdarlehens an einen Arbeitskollegen i. H. v. 2.500 €.

Wie ist die einkommensteuerliche Rechtslage für den VZ 2023, wenn seine Ehefrau keine Einkünfte bezieht?

Fall 5:

Der ledige Stefan Brause ist zu 25 % an einer GmbH beteiligt. Im VZ 2023 stellte er der GmbH ein Darlehen zur Verfügung, für das er im VZ 2023 Darlehenszinsen i. H. v. 3.000 € erhalten hat.

Wie sind die Darlehenszinsen einkommensteuerrechtlich zu behandeln?

Fall 6:

Der verheiratete Manuel Schlüter ist evangelisch und hat seit 2022 bei seiner Hausbank 50.000 € zu einem Zinssatz von 5,0 % als Festgeld angelegt und einen Freistellungsauftrag in voller Höhe erteilt.

Ermitteln Sie in einer übersichtlichen Darstellung den Betrag in Euro, den die Hausbank für 2023 seinem privaten Bankkonto gutschreiben wird. Der Kirchensteuersatz beträgt 9 %.

Fall 7:

Die Eheleute Peter und Silke Kraft sind seit Sommer 2021 verheiratet. Sie sind beide konfessionslos und wohnen in Düsseldorf.

Peter Kraft ist als Ingenieur freiberuflich tätig. Silke Kraft ist als kaufmännische Angestellte sozialversicherungspflichtig beschäftigt.

Die Eheleute Kraft wählen für den VZ 2023 die Zusammenveranlagung.

Peter Kraft unterhält für seine privaten Ersparnisse ein Tagesgeldkonto bei der Stadtsparkasse Düsseldorf. Gemäß der Steuerbescheinigung der Stadtsparkasse Düsseldorf für das Kalenderjahr 2023 betrugen die Zinsen hierfür 160,00 €. Diese wurden voll ausgezahlt, da Peter Kraft der Bank einen Freistellungsauftrag über 500,00 € erteilt hatte.

Vom Tagesgeldkonto des Peter Kraft zog die Stadtsparkasse Düsseldorf monatlich eine Kontoführungsgebühr von 1,00 € ein.

Sein Geschäftskonto führt Peter Kraft ebenfalls bei der Stadtsparkasse Düsseldorf. Auf dem Geschäftskonto wurden in 2023 Zinsen von insgesamt 150,00 € gutgeschrieben.

Am 06.02.2023 überwies das Finanzamt an Peter Kraft wegen einer geänderten Festsetzung für 2020 Zinsen zur Einkommensteuer gem. § 233a AO i. H. v. 100,00 €.

Am 18.01.2023 hatte Silke Kraft 450 Stück Aktien der deutschen Dental AG zum Kurs von 54,62 € je Stück gekauft. Zusätzlich zahlte Silke Kraft eine Gebühr von einmalig 123,30 € für den Kauf der Aktien (Transaktionskosten). Silke Kraft war danach mit 0,4 % an der Dental AG beteiligt. Am 20.09.2023 veräußerte sie das gesamte Aktienpaket für 31.036,00 €. Beim Verkauf fielen Transaktionskosten von insgesamt 135,70 € an.

Die Dental AG zahlte am 08.05.2023 eine Dividende. Silke Kraft erhielt auf ihrem Bankkonto nach Abzug der einzubehaltenden Kapitalertragsteuer und nach Abzug des Solidaritätszuschlages zur Kapitalertragsteuer eine Gutschrift von 294,50 €.

Aufgabe und Bearbeitungshinweise
Berechnen Sie die Höhe der Einkünfte aus Kapitalvermögen für den VZ 2023 für die Eheleute Peter und Silke Kraft.

Es wird beantragt, Kapitalerträge in die Veranlagung mit einzubeziehen, da der Grenzsteuersatz kleiner als 25 % ist.

Stellen Sie Ihre Berechnung übersichtlich dar.

Nichtansätze sind kurz zu begründen.

Fall 8:

Marcus Lutter (evangelisch) ist ledig und betreibt in Wuppertal eine Buchhandlung.

Für den VZ 2023 macht er mit den erforderlichen Belegen und Nachweisen folgende Angaben:

1. Gewinn aus eigener Buchhandlung: 65.000 €.
2. Marcus Lutter unterrichtet nebenberuflich an der Volkshochschule Englisch. Er hat für diese Tätigkeit Einnahmen i. H. v. 3.100 € erhalten.

3. Die Stadtsparkasse Wuppertal hat Marcus Lutter Zinserträge i. H. v. 500 € auf sein privates Girokonto überwiesen. Abgeltungsteuer wurde von der Stadtsparkasse Wuppertal nicht einbehalten, da Marcus Lutter ihr einen Freistellungsauftrag über 1.000 € erteilt hat.
4. Bei der Commerzbank Wuppertal unterhält Marcus Lutter ein privates Festgeldkonto. Ein Freistellungsauftrag liegt der Commerzbank Wuppertal nicht vor.

   Aus der Steuerbescheinigung können folgende Angaben entnommen werden:

▸ Festgeldzinsen	1.000,00 €
▸ einbehaltene Kapitalertragsteuer	244,50 €
▸ einbehaltene ev. Kirchensteuer	22,01 €
▸ einbehaltener Solidaritätszuschlag	13,45 €
▸ Kontogutschrift	720,04 €

Aufgaben

a) Ermitteln Sie in einer übersichtlichen Darstellung für den VZ 2023 die Summe der Einkünfte. Nichtansätze sind mit „0" zu kennzeichnen und kurz zu begründen.

b) Prüfen und begründen Sie, ob es für Marcus Lutter steuerliche Gestaltungsmöglichkeiten gibt, die zu einer geringeren Steuerbelastung führen und ermitteln Sie die Steuerentlastung in Euro.

9. Einkünfte aus Vermietung und Verpachtung (§ 21 EStG)

9.1 Überblick

Zu den Einkünften aus Vermietung und Verpachtung gehören insbesondere die Einnahmen aus der Vermietung und Verpachtung von **unbeweglichem Vermögen**, insbesondere von **Grundstücken** und **Gebäuden einschl. Garagen** (§ 21 Abs. 1 Nr. 1 EStG).

Die Einkünfte aus Vermietung und Verpachtung gehören zu der Gruppe der **Überschusseinkünfte** (§ 2 Abs. 2 Nr. 2 EStG).

Bezüglich der Nutzung der Grundstücke sind folgende Fallkonstellationen zu unterscheiden:

- Grundstück wird **in vollem Umfang vermietet/verpachtet**.
- Grundstück wird **in vollem Umfang zu eigenen Wohnzwecken genutzt**.
- Grundstück wird **gemischt genutzt**.

9.2 Grundstück wird in vollem Umfang vermietet/verpachtet

Wird das Grundstück in vollem Umfang vermietet oder verpachtet, sind die Einkünfte aus Vermietung und Verpachtung der **Überschuss der Einnahmen über die Werbungskosten**.

9.2.1 Einnahmen

Zu den Einnahmen aus Vermietung und Verpachtung gehören **alle Güter in Geld oder Geldeswert, die dem Steuerpflichtigen im Rahmen der Nutzungsüberlassung zufließen**.

Dazu gehören z. B.:

- **Mieteinnahmen** (z. B. für Wohnungen, Garagen, Werbeflächen).
- **Umlagen**, sofern sie nicht bereits in der Miete enthalten sind (z. B. für Heizung, Wassergeld, Müllabfuhr, Flur- und Kellerbeleuchtung, Straßenreinigung).

Die Mieteinnahmen sind gem. § 11 Abs. 1 Satz 1 EStG in dem Veranlagungszeitraum anzusetzen, in dem sie dem Steuerpflichtigen **zufließen**. Bei der Miete als **regelmäßig wiederkehrende Einnahme** ist jedoch die **Zehn-Tage-Regelung** (§ 11 Abs. 1 Satz 2 EStG) zu beachten.

Beispiel

Der Steuerpflichtige ist Eigentümer eines Mehrfamilienhauses in Leverkusen. Das Gebäude wird im VZ 2023 wie folgt genutzt:

- Das Erdgeschoss ist ganzjährig an einen Arzt für dessen Praxis für monatlich 1.750 € vermietet. Am 29. Dezember 2023 zahlte der Arzt die gesamte Miete für 2024 im Voraus, um seinen Gewinn für 2023 zu mindern.
- Das 1. Obergeschoss ist ab dem 01. September 2023 als Wohnung für monatlich 650 € vermietet. Ortsüblich sind 1.350 €.
- Das 2. Obergeschoss dient im VZ 2023 eigenen Wohnzwecken; der monatliche Mietwert lt. Mietspiegel beträgt 1.100 €.
- Aus der Vermietung einer Garage wurden im VZ 2023 720 € und aus der Vermietung einer Werbefläche 360 € vereinnahmt.
- Die umlagefähigen Hauskosten betragen für 2023 2.000 €. Davon wurden den Mietern in 2023 1.200 € und in 2024 800 € berechnet. Außerdem haben die Mieter 2023 restliche Umlagen für 2022 i. H. v. 950 € gezahlt.

Die für den VZ 2023 anzusetzenden Einnahmen aus Vermietung und Verpachtung berechnen sich wie folgt:

Erdgeschoss	Miete VZ 2023: 12 • 1.750 € =	21.000 €
Miete VZ 2024:	Miete VZ 2024: 11 • 1.750 € = Die Miete für Januar 2024 ist wegen der Zehn-Tages-Regel im VZ 2024 anzusetzen.	19.250 €

1. Obergeschoss	Anzusetzen ist die tatsächlich zugeflossene Miete und nicht die ortsübliche Miete: 650 € • 4 =	2.600 €
2. Obergeschoss	Der Mietwert lt. Mietspiegel stellt mangels Zuflusses keine steuerpflichtige Einnahme dar. Mieteinnahmen liegen daher nicht vor.	0 €
Garage, Werbung	720 € + 360 € =	1.080 €
Umlagen 2023	tatsächlich zugeflossen sind im VZ 2023	1.200 €
Umlagen 2022	tatsächlich zugeflossen sind im VZ 2023	950 €
Einnahmen aus Vermietung und Verpachtung im VZ 2023		**46.080 €**

9.2.2 Werbungskosten

Zu den Werbungskosten gehören alle Aufwendungen zur Erwerbung, Sicherung und Erhaltung der Mieteinnahmen (§ 9 Abs. 1 Satz 1 EStG). Abzugsfähig sind also alle **Grundstücksaufwendungen, die mit der Vermietung in einem Zusammenhang stehen**.

9.2.2.1 Allgemeines

Zu den **Werbungskosten** gehören z. B.:

- Schuldzinsen
- Erhaltungsaufwendungen
- sonstige laufende Werbungskosten
- Absetzungen für Abnutzung.

9.2.2.2 Vermietung an Angehörige

Von dem Grundsatz, dass die Werbungskosten in voller Höhe abgezogen werden können, gibt es dann eine Ausnahme, wenn die **vereinnahmte Miete weniger als 50 % der ortsüblichen Marktmiete** beträgt. Dies kommt insbesondere dann vor, wenn die **Vermietung an Angehörige** erfolgt. Liegt das Entgelt **zwischen 50 % und 66 %** der ortsüblichen Miete, ist eine **Prognose** zur Einkünfteerzielungsabsicht vorzunehmen. Wenn diese positiv ausfällt, werden die Werbungskosten aus diesem Mietverhältnis nicht gekürzt.

Während als **Einnahme** die tatsächlich zugeflossene **vereinnahmte (verbilligte) Miete** anzusetzen ist, sind die Werbungskosten anteilig zu kürzen. Zu diesem Zweck ist die Nutzungsüberlassung in einen entgeltlichen und einen unentgeltlichen Teil aufzuteilen (§ 21 Abs. 2 Satz 1 EStG). Die Aufwendungen können dann nur in dem Verhältnis als **Werbungskosten** abgezogen werden, wie die Überlassung **entgeltlich** erfolgt ist.

Beispiel

Der Steuerpflichtige hat ab dem 01. Mai 2023 eine Wohnung an seine Nichte für monatlich 500 € vermietet. Eine positive Prognose zur Einkünfteerzielungsabsicht liegt vor. Die ortsübliche Miete beträgt monatlich

a) 640 €

b) 1.000 €

c) 1.200 €

Die auf diese Wohnung entfallenden Grundstücksaufwendungen betragen im VZ 2023 insgesamt 2.000 €.

Die Einkünfte aus Vermietung und Verpachtung errechnen sich für den VZ 2023 wie folgt:

a) Bei den Einnahmen ist die tatsächlich zugeflossene (verbilligte) Miete i. H. v. (500 € • 8 =) 4.000 € anzusetzen und nicht die ortsübliche Miete. Die Grundstücksaufwendungen von 2.000 € sind in voller Höhe abzugsfähig, da die tatsächlich gezahlte Miete mit (500 € • 100 : 640 € =) 78 % nicht weniger als 50 % der ortsüblichen Miete entspricht. Die Einkünfte aus Vermietung und Verpachtung betragen daher für den VZ 2023 (4.000 € - 2.000 € =) 2.000 €.

b) Die Mieteinnahmen betragen 4.000 € (vgl. a)). Die Grundstücksaufwendungen von 2.000 € sind in voller Höhe abzugsfähig, da die tatsächlich gezahlte Miete mit (500 € • 100 : 1.000 € =) 50 % zwar genau, aber nicht weniger als 50 % der ortsüblichen Miete entspricht und eine positive Prognose zur Einkünfteerzielungsabsicht vorliegt. Die Einkünfte aus Vermietung und Verpachtung betragen daher für den VZ 2023 (4.000 € - 2.000 € =) 2.000 €.

c) Die Mieteinnahmen betragen 4.000 € (vgl. a)). Die Grundstücksaufwendungen von 2.000 € sind nicht in voller Höhe abzugsfähig, da die tatsächlich gezahlte Miete mit (500 € • 100 : 1.200 € =) 42 % weniger als 50 % der ortsüblichen Miete entspricht. Die anzusetzenden Grundstücksaufwendungen belaufen sich daher auf (42 % v. 2.000 € =) 840 €. Die Einkünfte aus Vermietung und Verpachtung betragen somit für den VZ 2023 (4.000 € - 840 € =) 3.160 €.

Übersicht:

Einnahmen	Werbungskosten
► Vereinnahmte Miete/Pacht (auch Vorauszahlungen) ► Einnahmen für Nebenleistungen (z. B. Umlage für Straßenreinigung, Wassergeld, zentrale Beheizung, Müllabfuhr) ► u. a.	► Absetzungen für Abnutzung (AfA) ► Erhaltungsaufwand ► Geldbeschaffungskosten, z. B. Damnum ► Schuldzinsen ► Sonstige Werbungskosten (z. B. Grundsteuer, Müllabfuhr-, Kanalbenutzungsgebühr, Beiträge zu Hausversicherungen, Ausgaben für Hausverwaltung u. a.)
Beträgt die Miete für die Überlassung einer Wohnung zu Wohnzwecken weniger als 50 % der ortsüblichen Marktmiete: Aufteilung der Nutzungsüberlassung in einen entgeltlichen und teilentgeltlichen Teil erforderlich (§ 21 Abs. 2 Satz 1 EStG).	

9.2.2.3 Schuldzinsen

Die gezahlten Schuldzinsen sind gem. § 9 Abs. 1 Satz 3 Nr. 1 EStG als Werbungskosten abzugsfähig, wenn das **Darlehen oder die Hypothek zur Anschaffung oder Herstellung der Miet- oder Pachtsache** verwendet wird.

Schuldzinsen, die mit **keiner Einkunftsart** in Zusammenhang stehen, sind **als Kosten der privaten Lebensführung** gem. § 12 EStG nicht abzugsfähig.

Zu den typischen Schuldzinsen (= Entgelte für die Kreditnutzung) gehören demnach:

- **Darlehenszinsen, nicht** jedoch die **Darlehenstilgung**
- **Hypothekenzinsen**.

Den Schuldzinsen sind gleichgestellt:

- **Finanzierungsnebenkosten** (z. B. Kreditprovision, Bereitstellungsgebühren, Zuteilungsgebühren)
- **Geldbeschaffungskosten** (z. B. Notargebühren für die Hypothekenvermittlung, Gerichtskosten für die Eintragung der Hypothek, **Damnum/Disagio im Jahr der Einbehaltung in voller Höhe**).

Beispiel

Der Steuerpflichtige hat ein Darlehen über 150.000 € aufgenommen. Das Darlehen dient zu ⅔ zur Finanzierung der Anschaffungskosten eines in vollem Umfang vermieteten Einfamilienhauses und zu ⅓ zur Finanzierung der privaten Wohnungseinrichtung des Steuerpflichtigen. Der Zinssatz beträgt 10 % p. a. Das Darlehen wurde zum 01. April 2023 unter Einbehaltung eines Disagios von 3 % ausbezahlt. Am 30. Dezember 2023 wurden vom Steuerpflichtigen bezahlt:

- die Darlehenszinsen für 2023
- 700 € an das Grundbuchamt für die Eintragung der Hypothek
- 500 € an einen Notar für die Hypothekenvermittlung
- 10.000 € Darlehenstilgung

Die Kosten im Zusammenhang mit dem Darlehen sind nur zu ⅔ abzugsfähig, als sie nur insoweit mit dem vermieteten Einfamilienhaus in einem engen wirtschaftlichen Zusammenhang stehen. Abzugsfähig sind demnach:

► Darlehenszinsen (10 % v. 150.000 € für 9 Monate =)	11.250,00 €	
► Disagio (3 % v. 150.000 € =)	4.500,00 €	
► Grundbuch- und Notariatsgebühren (700 € + 500 € =)	1.200,00 €	
► Darlehenstilgung, § 12 EStG	0,00 €	
	16.950,00 €	• ⅔ = 11.300,00 €

9.2.2.4 Erhaltungs- und Herstellungsaufwendungen

Erhaltungsaufwendungen können im **VZ der Zahlung** sofort als **Werbungskosten** abgezogen werden.

Herstellungsaufwendungen gehören zu den Herstellungskosten eines Gebäudes. Diese können nicht sofort als Werbungskosten, sondern nur über die Nutzungsdauer im Rahmen der **AfA** als Werbungskosten abgezogen werden.

Zum **Erhaltungsaufwand** zählen Aufwendungen

- für die **laufende Instandhaltung und Instandsetzung** (z. B. Reparaturen)
- für die **Erneuerung von bereits vorhandenen Teilen, Einrichtungen oder Anlagen**.

Beispiele

Erhaltungsaufwendungen:

- **Austausch von Fenstern** (z. B. Holz- gegen Aluminiumrahmen, Einfach- gegen Doppelglas)
- **Austausch von Fenster- und Türschlössern** gegen Sicherheitsschlösser
- Ersatz von mit Kohle beheizten Einzelöfen durch **Elektro-Speicher-Öfen**, Umstellung einer Zentral- von Öl- auf Koksfeuerung
- Einbau **messtechnischer Anlagen** zur verbrauchsabhängigen Abrechnung von Heiz- und Warmwasserkosten
- Ersatz eines vorhandenen Fahrstuhls durch einen **modernen Fahrstuhl**
- **Umdeckung des Daches**

- Aufwendungen für den Anschluss an die Kanalisation **als Ersatz für eine Sickergrube** oder eine **eigene Kläranlage** und sog. **Ergänzungsbeiträge**, die für bereits an die Kanalisation angeschlossenen Grundstücke im Zusammenhang mit der Modernisierung der gemeindlichen Abwasserbeseitigungsanlagen entrichtet werden
- Aufwendungen für den Einbau einer privaten **Breitbandanlage** und einmalige Gebühren für den Anschluss privater Breitbandanlagen an das öffentliche Breitbandnetz **bei bestehenden Gebäuden**.

Nach **§ 82b EStDV** kann **größerer Erhaltungsaufwand** (z. B. Ersatz der alten Zentralheizung, Neueindeckung des Daches) auf **zwei bis fünf Jahre gleichmäßig verteilt** werden, wenn das Gebäude im Zeitpunkt der Leistung des Erhaltungsaufwandes nicht zum Betriebsvermögen gehört und zu mehr als 50 % Wohnzwecken dient.

Zum **Herstellungsaufwand** zählen Aufwendungen, die dazu dienen, um etwas **Neues**, bisher nicht Vorhandenes an dem Gebäude zu schaffen **und** dadurch eine **wesentliche Substanzmehrung**, eine **erhebliche Wesensänderung** oder **deutliche Verbesserung** des Gebäudes eintritt.

Beispiele

Herstellungsaufwendungen:
Aufwendungen für

- **Anbau, Ausbau** (z. B. Anbringen einer Markise, Anbau eines Wintergartens, Ausbau des Dachgeschosses)
- **Einbau** (z. B. Fahrstuhlanlage, Alarmanlage, Rollläden)
- **Umbau** (z. B. Aufteilung von Groß- in Kleinwohnungen, Umbau von Kellerräumen in eine Souterrainwohnung).

Betragen die **Herstellungsaufwendungen** für die einzelne Baumaßnahme **nicht mehr als 4.000 €** (Rechnungsbetrag ohne Umsatzsteuer) je Gebäude, so ist auf Antrag dieser Aufwand als **Erhaltungsaufwand** zu behandeln und kann dementsprechend sofort in voller Höhe als Werbungskosten abgezogen werden (R 21.1 Abs. 2 Satz 2 EStR).

Als Herstellungskosten sind auch die Aufwendungen anzusehen, die in zeitlicher Nähe zur Anschaffung des Gebäudes gemacht werden (sog. **anschaffungsnaher Aufwand**). Ob anschaffungsnaher Aufwand vorliegt, ist für die ersten drei Jahre nach der Anschaffung nicht zu prüfen, wenn die Aufwendungen für Instandsetzung (Rechnungsbetrag ohne Umsatzsteuer) in diesem Zeitraum **15 % der Anschaffungskosten des Gebäudes** nicht übersteigen (§ 6 Abs. 1 Nr. 1a i. V. mit § 9 Abs. 5 EStG).

Laufender Erhaltungsaufwand, der jährlich üblicherweise anfällt, kann auch bei neu erworbenen Gebäuden sofort als Werbungskosten abgezogen werden.

Zu den anschaffungsnahen Herstellungskosten nach § 6 Abs. 1 Nr. 1a i. V. mit § 9 Abs. 5 Satz 2 EStG gehören sämtliche Aufwendungen für bauliche Maßnahmen, die im Rahmen einer Instandsetzung und Modernisierung im Zusammenhang mit der Anschaffung des Gebäudes anfallen.

Dazu zählen sowohl originäre Aufwendungen zur Herstellung der Betriebsbereitschaft durch Wiederherstellung funktionsuntüchtiger Gebäudeteile sowie Aufwendungen für eine über den ursprünglichen Zustand hinausgehende wesentliche Verbesserung des Gebäudes i. S. des § 255 Abs. 2 Satz 1 HGB als auch Schönheitsreparaturen (BMF v. 20.10.2020)

Bei der Prüfung, ob die Aufwendungen für Instandsetzungs- und Modernisierungsmaßnahmen zu anschaffungsnahen Herstellungskosten im Sinne von § 6 Abs. 1 Nr. 1a EStG führen, ist bei einem aus mehreren Einheiten bestehenden Gebäude nicht auf das gesamte Gebäude, sondern auf den jeweiligen selbstständigen Gebäudeteil abzustellen, wenn das Gesamtgebäude in unterschiedlicher Weise genutzt wird. Maßgeblich ist insoweit, ob die einzelnen Gebäudeteile in verschiedenen Nutzungs- und Funktionszusammenhängen stehen.

Beispiel

Der Steuerpflichtige hat 2022 in Leverkusen ein Einfamilienhaus für 250.000 € gekauft. Von dem Kaufpreis entfallen 20 % auf den Grund und Boden. Im VZ 2023 hat der Steuerpflichtige insgesamt 35.581 € (inkl. 19 % USt) für Instandsetzungen aufgewendet. Davon entfallen 24.871 € (inkl. 19 % USt) auf zurückgestellte Instandhaltung (neue Fenster und Türen) und 10.710 € (inkl. 19 %) auf Schönheitsreparaturen.

Die Aufwendungen für die neuen Fenster und Türen (24.871 €) und die Aufwendungen für die Schönheitsreparaturen (10.710 €) sind in voller Höhe als Werbungskosten abzugsfähig, weil der gesamte Nettoaufwand von (35.581 € : 1,19 =) 29.900 € die Grenze von 15 % der Gebäudeanschaffungskosten nicht übersteigt (15 % von (250.000 € • 80 % =) 200.000 € = 30.000 €).

Übersicht:

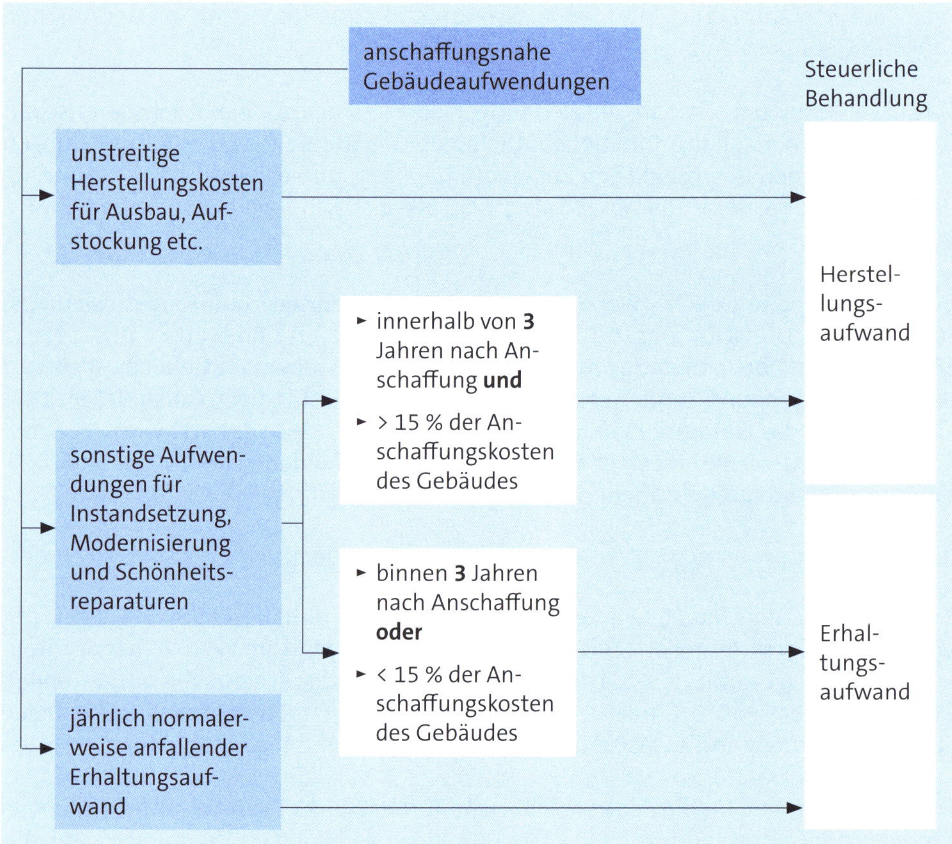

9.2.2.5 Sonstige laufende Werbungskosten

Zu den **sonstigen laufenden Werbungskosten** gehören z. B. folgende Aufwendungen

- **Grundsteuer**
- **Müllabfuhr, Wasser, Kanalbenutzung, Straßenreinigung**
- **Zentralheizung, Warmwasserversorgung, Fahrstuhlbetrieb, Hausbeleuchtung**
- **Schornsteinfegergebühren**
- **Hausversicherungen** (z. B. Brand-, Haftpflicht-, Glas-, Wasserschadenversicherung)
- **Hausbesitzerverein**
- **Hausmeister, Hausverwaltung**
- **anteilige Steuerberaterkosten,** soweit sie auf die Einkünfte gem. § 21 EStG entfallen.

Nicht abzugsfähig sind als Kosten der privaten Lebensführung die Aufwendungen für die **Hausratversicherung**.

9.2.2.6 Absetzung für Abnutzung (AfA)

Die **Absetzungen für Abnutzung (AfA) bei Gebäuden** stellen gem. § 9 Abs. 1 Satz 3 Nr. 7 EStG Werbungskosten dar.

Es gibt **zwei Arten** der Gebäude-AfA:

- die **lineare AfA** gem. § 7 Abs. 4 EStG
- die **degressive AfA** gem. § 7 Abs. 5 EStG.

9.2.2.6.1 Lineare AfA

Die lineare AfA beträgt bei Gebäuden

- die zum **Betriebsvermögen** gehören und nicht Wohnzwecken dienen und für die der Bauantrag nach dem 31. März 1985 gestellt worden ist, gem. § 7 Abs. 4 Nr. 1 EStG **jährlich 3 % der Anschaffungs- oder Herstellungskosten**.
- bei **allen anderen Gebäuden** (z. B. **Privatvermögen)** gem. § 7 Abs. 4 Nr. 2a) EStG **jährlich 3 % der Anschaffungs- oder Herstellungskosten**. Bei Gebäuden, die vor dem 01. Januar 1923 und nach dem 31.12.1924 fertig gestellt worden sind, beträgt der AfA-Satz gem. § 7 Abs. 4 Nr. 2b) EStG 2 % der Anschaffungs- oder Herstellungskosten. Bei einer Fertigstellung vor dem 01.01.1925 sind es jährlich 2,5 % der Anschaffungs- oder Herstellungskosten (§ 7 Abs. 4 Nr. 2c EStG).

Zu den **Anschaffungskosten** gehören alle Aufwendungen, die geleistet werden, um das Grundstück zu erwerben und es in einen betriebsbereiten Zustand zu versetzen (§ 255 Abs. 1 HGB). Zu den Anschaffungskosten gehören demnach:

- Anschaffungspreis (Kaufpreis)
- **Anschaffungsnebenkosten** (z. B. Grunderwerbsteuer, Notar- und Gerichtskosten für den Abschluss des notariellen Kaufvertrages und Umschreibung im Grundbuch, Maklerprovision für die Vermittlung des Grundstücks, übernommene Verbindlichkeiten)

Nicht zu den Anschaffungskosten gehört der **Wert des Grund und Bodens**, da dieser nicht der Abnutzung unterliegt.

Für die Ermittlung der Anschaffungskosten gilt **nicht** der **Zahlungszeitpunkt**, **sondern** der **Zeitpunkt der wirtschaftlichen Entstehung**.

Angeschaffte Gebäude werden ab dem Zeitpunkt der Anschaffung abgeschrieben. Das ist dann der Fall, wenn lt. Kaufvertrag der **Besitz, Nutzungen und Lasten** auf den Erwerber übergehen. Bei Gebäuden, die **im Laufe eines Jahres** angeschafft oder hergestellt werden, kann die lineare AfA für das Jahr der Anschaffung oder Herstellung nur **zeitanteilig** (= pro rata temporis) vorgenommen werden (R 7.4 Abs. 2 Satz 1 EStR). Für das Jahr der Veräußerung gilt Entsprechendes (R 7.4 Abs. 8 Satz 1 EStR).

Beispiel

Der Steuerpflichtige erwarb mit Wirkung ab dem 01. April 2023 ein im Jahre 2022 errichtetes Einfamilienhaus zu folgenden Konditionen:

▸ Kaufpreis	320.000 €, bezahlt zu 50 % im Juli 2023, der Rest im März 2024
▸ Grunderwerbsteuer	6,5 % des Kaufpreises, bezahlt im Januar 2024
▸ Maklergebühr	3,57 % des Kaufpreises, bezahlt im November 2023
▸ Notar- und Gerichtskosten	3.000 €, bezahlt im August 2023

Von den Anschaffungskosten entfallen 30 % auf den Grund und Boden. Wie hoch ist für den VZ 2023 die lineare AfA, wenn das Einfamilienhaus

a) in vollem Umfang zu Wohnzwecken vermietet ist,

b) für den Betrieb einer Versicherungsagentur des Steuerpflichtigen genutzt wird?

Bemessungsgrundlage für die lineare AfA sind die Anschaffungskosten, soweit sie auf das Gebäude entfallen. Für die Ermittlung der Anschaffungskosten ist nicht der teilweise in 2024 liegende Zahlungszeitpunkt, sondern der Zeitpunkt der wirtschaftlichen Entstehung in 2023 maßgebend:

	Kaufpreis	320.000,00 €	
+	Grunderwerbsteuer	20.800,00 €	(6,5 % v. 320.000 €)
+	Maklergebühr	11.424,00 €	(3,57 % v. 320.000 €)
+	Notar- und Gerichtskosten	3.000,00 €	
=	Gesamte Anschaffungskosten	355.224,00 €	
-	30 % Grund und Boden	106.567,00 €	
=	**AfA-Bemessungsgrundlage**	**248.657,00 €**	

a) Wenn das Einfamilienhaus in vollem Umfang zu Wohnzwecken vermietet ist, beträgt die für 2023 anzusetzende zeitanteilige lineare AfA gem. § 7 Abs. 4 **Nr. 2a** EStG: 248.657 € • **3 %** • 9/12 = 5.595 €.

b) Wenn das Einfamilienhaus für den Betrieb einer Versicherungsagentur des Steuerpflichtigen genutzt wird, beträgt die für 2023 anzusetzende zeitanteilige lineare AfA gem. § 7 Abs. 4 **Nr. 1** EStG ebenfalls 248.657 € • **3 %** • 9/12 = 5.595 €.

Zu den **Herstellungskosten** eines Gebäudes gehören alle Aufwendungen, die aufgewendet werden, um das Gebäude für den vorgesehenen Zweck nutzbar zu machen, z. B.:

- **Baukosten** (auch für **Schwimmbad** und **Sauna**)
- **Kosten für Fahrstuhlanlage**
- **Architektenhonorar**
- **Kosten des Richtfestes, soweit sie auf die Bauarbeiter entfallen**

- **Kanalanschlussgebühren** (Strom, Gas, Wasser, Wärme) eines Tiefbauunternehmers
- **Küchenspüle, Kochherd**
- **„lebende Umzäunung“** (z. B. Hecken, Büsche, Bäume an der Grenze)
- **Kaminabnahmegebühren**.

Nicht zu den Herstellungskosten gehören z. B.:

- **Wert der eigenen Arbeitsleistung**
- Aufwendungen für **Waschmaschinen**
- Aufwendungen für **Grünanlagen**
- Aufwendungen für **Außenanlagen** (z. B. Hofbefestigungen, Straßenzufahrten).

Nicht zu den Herstellungskosten des Gebäudes, sondern zu den **Anschaffungskosten des Grund und Bodens** gehören z. B.:

- **Erschließungs- und Straßenanliegerbeiträge**
- **erstmalige** Straßenausbau- und Kanalanschlussbeiträge der Gemeinde; bei **Ersetzung** oder **Modernisierung** vorhandener Erschließungseinrichtungen nur dann, wenn das Grundstück durch die Maßnahme in seiner Substanz oder in seinem Wesen geändert wird.

Hergestellte Gebäude werden auf den **Zeitpunkt der Fertigstellung** abgeschrieben. Ein Gebäude ist fertig gestellt, wenn die wesentlichen Bauarbeiten abgeschlossen sind und der Bau so weit errichtet ist, dass der **Bezug der Wohnungen zumutbar** ist oder dass das Gebäude für den Betrieb in all seinen wesentlichen Bereichen nutzbar ist. Ob das Gebäude im Jahr der Fertigstellung auch tatsächlich genutzt wird, ist unerheblich.

Werden für ein Gebäude **nachträgliche Herstellungskosten** aufgewendet, so sind diese so zu behandeln, als wären sie schon zu Beginn des Jahres entstanden. Sie **erhöhen** daher die **AfA-Bemessungsgrundlage ab dem Jahr, in dem die nachträglichen Herstellungskosten entstanden sind** (R 7.4 Abs. 9 EStR).

Beispiel

Der Steuerpflichtige erwarb mit Wirkung zum 01. Juli 2023 ein im Jahre 1997 errichtetes Einfamilienhaus. Das Einfamilienhaus wird in vollem Umfang zu Wohnzwecken vermietet. Die Anschaffungskosten betrugen 312.500 €, darin ist der Wert des Grund und Bodens mit 20 % enthalten. Im VZ 2024 fielen Instandsetzungsarbeiten i. H. v. 60.000 € an, die zu einer erheblichen Substanzmehrung führten.

Wie ist die Rechtslage für 2023 und 2024?

VZ 2023: Die lineare AfA beträgt: (312.500 € • 80 % =) 250.000 € • 3 % • $\frac{6}{12}$ = 3.750 €

VZ 2024: Es handelt sich nicht um Erhaltungsaufwand, sondern um anschaffungsnahen Aufwand, weil die Aufwendungen von 60.000 € die Grenze von 15 %

der Gebäude-Anschaffungskosten (15 % v. 250.000 € = 37.500 €) übersteigen. Es liegen somit nachträgliche Anschaffungskosten vor, die die AfA-Bemessungsgrundlage erhöhen. Die AfA-Bemessungsgrundlage beträgt nunmehr (250.000 € + 60.000 € =) 310.000 €. Die AfA ist mit (310.000 € • 3 % =) 9.300 € anzusetzen.

9.2.2.6.2 Degressive AfA

Die degressive AfA kann nur dann in Anspruch genommen werden, wenn folgende **Voraussetzungen** des **§ 7 Abs. 5 Satz 1 EStG** erfüllt sind:

- Das Gebäude ist im **Inland** oder in einem **Mitgliedsstaat der EU** gelegen **und**
- der Steuerpflichtige hat das Gebäude entweder **hergestellt oder**
- **im Jahr der Fertigstellung angeschafft**. Im Fall der Anschaffung kann die degressive AfA nur dann in Anspruch genommen werden, wenn der Veräußerer weder die degressive AfA noch erhöhte Absetzungen oder Sonderabschreibungen in Anspruch genommen hat (§ 7 Abs. 5 Satz 2 EStG).

Beispiel

Der Steuerpflichtige erwarb am 31. August 2023 ein in 2022 errichtetes Mehrfamilienhaus, das in vollem Umfang vermietet ist.

Für dieses Mehrfamilienhaus kann der Steuerpflichtige keine degressive AfA in Anspruch nehmen, da es nicht im Jahr der Fertigstellung angeschafft worden ist.

Im **Jahr der Fertigstellung** ist die degressive AfA nicht nur zeitanteilig, sondern **in voller Höhe** zu gewähren, während sie für das **Jahr der Veräußerung** nur **zeitanteilig** gewährt werden darf (H 7.4 EStH – Teil des auf ein Jahr entfallenden Betrages).

Die degressive AfA beträgt der **Höhe** nach:

- für Gebäude, die zum **Betriebsvermögen** gehören und **nicht Wohnzwecken** dienen
- und für die der Bauantrag bzw. Vertragsabschluss zeitlich **nach dem 31. März 1985, aber vor dem 01. Januar 1994** liegen gem. **§ 7 Abs. 5 Satz 1 Nr. 1 EStG**

- **im Jahr der Fertigstellung und in den folgenden 3 Jahren:**	**jeweils**	**10 %**
- **in den darauf folgenden 3 Jahren:**	**jeweils**	**5 %**
- **in den darauf folgenden 18 Jahren:**	**jeweils**	**2,5 %**

der Herstellungs- oder Anschaffungskosten. **Liegen die Voraussetzungen nicht vor (z. B. Gebäude dient Wohnzwecken, Bauantrag zu spät gestellt), kommt die lineare AfA nach § 7 Abs. 4 Nr. 1 von jährlich 3 % zur Anwendung.**

Beispiel

Ein Bauunternehmer hat in Düsseldorf eine Fabrikhalle errichtet, die am 15. Juni 2023 fertig gestellt war. Der Bauantrag wurde am 01. Februar 2022 gestellt. Die Herstellungskosten haben 200.000 € betragen.

Für den VZ 2023 kann die degressive AfA gem. § 7 Abs. 5 Satz 1 Nr. 1 EStG nicht gewährt werden, da der Bauantrag nicht vor dem 01. Januar 1994 gestellt worden war. Deshalb kommt zeitanteilig die lineare AfA gem. § 7 Abs. 4 Nr. 1 EStG zur Anwendung. Sie beträgt für den VZ 2023: 200.000 € • 3 % • 7/12 = 3.500 €.

- für Gebäude, die zum **Privatvermögen** gehören und **nicht Wohnzwecken** dienen (z. B. gewerblich vermietet)
- und für die der Bauantrag bzw. Vertragsabschluss zeitlich **vor dem 01. Januar 1995** liegt, gem. **§ 7 Abs. 5 Satz 1 Nr. 2 EStG**
  - im **Jahr der Fertigstellung** und in den folgenden 7 Jahren: jeweils **5 %**
  - in den darauf folgenden 6 Jahren: jeweils **2,5 %**
  - in den darauf folgenden 36 Jahren: jeweils **1,25 %**

der Herstellungs- oder Anschaffungskosten. **Für Bauanträge bzw. Vertragsabschlüsse nach dem 31. Dezember 2022 kommt die lineare AfA nach § 7 Abs. 4 Nr. 2a) EStG von jährlich 3 % zur Anwendung.**

Beispiel

Ein Steuerberater hat in Düsseldorf ein Einfamilienhaus errichtet, das er seit der Fertigstellung am 25. Oktober 2023 an einen Rechtsanwalt zu beruflichen Zwecken vermietet hat. Der Bauantrag wurde am 01. Februar 2023 gestellt. Die Herstellungskosten haben 450.000 € betragen.

Für den VZ 2023 kann die degressive AfA gem. § 7 Abs. 5 Satz 1 Nr. 2 EStG nicht gewährt werden, da der Bauantrag nicht vor dem 01. Januar 1995 gestellt worden war.

Deshalb kommt zeitanteilig die lineare AfA gem. § 7 Abs. 4 Nr. 2 EStG zur Anwendung. Sie beträgt für den VZ 2023: 450.000 € • 3 % • 3/12 = 3.375 €

- für Gebäude, die zum **Privatvermögen** gehören und **Wohnzwecken** dienen
- und für die der Bauantrag bzw. Vertragsabschluss zeitlich **nach dem 31. Dezember 2003** und **vor dem 01. Januar 2006** liegt, gem. **§ 7 Abs. 5 Satz 1 Nr. 3c) EStG**
  - im **Jahr der Fertigstellung** und in den folgenden 9 Jahren: jeweils **4 %**
  - in den darauf folgenden 8 Jahren: jeweils **2,5 %**
  - in den darauf folgenden 32 Jahren: jeweils **1,25 %**

der Herstellungs- oder Anschaffungskosten. **Für Neufälle kommt somit nur noch die lineare AfA von 3 % in Betracht.**

Ein Gebäude dient Wohnzwecken, wenn es dazu bestimmt und geeignet ist, Menschen auf Dauer Aufenthalt und Unterkunft zu ermöglichen. Zu den **Räumen, die Wohnzwecken dienen**, gehören nach R 7.2 EStR z. B.:

- **Wohnungen für den Hausmeister, für das Fachpersonal**
- **Wohn- und Schlafräume, Küchen und Nebenräume einer Wohnung**
- die **zur räumlichen Ausstattung einer Wohnung gehörenden Räume**, z. B. Bodenräume, Waschküche, Kellerräume, Trockenräume, Speiseräume, Vorplätze, Bade- und Duschräume, Fahrrad- und Kinderwagenräume
- die zu einem Wohngebäude gehörenden **Garagen**.

Gebäude dienen **nicht Wohnzwecken**, soweit sie nur zur vorübergehenden Beherbergung von Personen bestimmt sind, z. B. **Ferienwohnungen** (R 7.2 EStR).

Beispiel

Ein Zahnarzt aus Leverkusen hat in Leverkusen an seinem vermieteten Mehrfamilienhaus eine Doppelgarage errichtet, die er seit der Fertigstellung am 17. Juli 2023 an zwei seiner privaten Mieter vermietet hat. Der Bauantrag wurde am 01. Februar 2023 gestellt. Die Herstellungskosten haben 50.000 € betragen.

Für den VZ 2023 kann die degressive AfA gem. § 7 Abs. 5 Satz 1 Nr. 3c) EStG nicht gewährt werden, da der Bauantrag nicht vor dem 01. Januar 2006 gestellt worden war, und die Garagen zu den Räumlichkeiten zählen, die Wohnzwecken dienen. Die lineare AfA beträgt für den VZ 2023: 50.000 € • 3 % • $\frac{6}{12}$ = 750 €.

9.2.2.6.3 Übersicht

	Lineare AfA		**Degressive AfA**	
Rechtsgrundlage	**§ 7 Abs. 4 Satz 1 Nr. 2a EStG**		**§ 7 Abs. 5 EStG**	
			Nr. 2	**Nr. 3c**
Objekte	Wohngebäude		Privatvermögen (keine Wohnzwecke)	Privatvermögen (Wohnzwecke)
			im **Inland** belegen	
Voraussetzungen	Fertigstellung		Das Gebäude ► wurde vom **Stpfl.** hergestellt oder im Jahr der Fertigstellung angeschafft **und** ► Bauantrag **oder** Abschluss des Kaufvertrages erfolgte	
	nach dem 31.12.2022	**vor** dem 01.01.2023	**vor** dem 01.01.1995	**nach** dem 31.12.2003 und vor dem 01.01.2006
AfA-Sätze	**3 %**	**2 %**	**8 • 5 %** **6 • 2,5 %** **36 • 1,25 %**	**10 • 4 %** **8 • 2,5 %** **32 • 1,25 %**
Bemessungs-grundlage	Anschaffungs- und Herstellungskosten **ohne** Grund und Boden		Anschaffungs- und Herstellungskosten **ohne** Grund und Boden	
im Jahr der AK/HK	**zeitanteilig** pro Monat		**volle** Jahres-AfA	

9.2.2.7 Sonderabschreibung für Mietwohnungsneubau nach § 7b EStG

Die Sonderabschreibung beträgt im **Jahr der Anschaffung** oder Herstellung und in den **folgenden drei Jahren bis zu jährlich 5 Prozent**.

Zusätzlich ist die reguläre **lineare AfA** nach § 7 Abs. 4 EStG vorzunehmen.

Die AfA nach Ablauf des Begünstigungszeitraums richtet sich nach § 7a Abs. 9 EStG (Restwert-AfA).

ACHTUNG

Die Inanspruchnahme der Sonderabschreibungen ist **begrenzt auf im Jahr 2026 endende Wirtschafts- oder Kalenderjahre**. Ab dem VZ 2027 sind Sonderabschreibungen auch dann nicht mehr möglich, wenn der vorgesehene Abschreibungszeitraum noch nicht abgelaufen ist. Die mit der Regelung bezweckte zügige Schaffung von Mietwohnraum soll hierdurch forciert werden.

Die Sonderabschreibungen können nur in Anspruch genommen werden, wenn folgende **Voraussetzungen** erfüllt sind:

- durch Baumaßnahmen aufgrund eines **nach dem 31.08.2018 und vor dem 01.01.2022 gestellten Bauantrags** oder einer in diesem Zeitraum getätigten Bauanzeige muss **neuer, bisher nicht vorhandener Wohnraum** in einem Gebäude geschaffen werden, der für die entgeltliche Überlassung zu Wohnzwecken geeignet ist und die Voraussetzungen des § 181 Abs. 9 BewG erfüllt (z. B. muss die **Wohnfläche mindestens 23 qm** betragen); hierzu gehören auch die zu einer Wohnung gehörenden Nebenräume,
- Wohnungen, die aufgrund eines nach dem 31. Dezember 2022 und vor dem 1. Januar 2027 gestellten Bauantrags oder einer in diesem Zeitraum getätigten Bauanzeige hergestellt werden, die in einem Gebäude liegen, das die Kriterien eines **„Effizienzhaus 40"** mit Nachhaltigkeits-Klasse erfüllt und dies durch Qualitätssiegel Nachhaltiges Gebäude nachgewiesen wird
- die **Anschaffungs- oder Herstellungskosten dürfen 3.000,00 € je qm Wohnfläche nicht übersteigen** (für **Bauanträge nach dem 31.12.2022** liegt die Grenze bei **4.800,00 €** je qm Wohnfläche) und
- die Wohnung **im Jahr der Anschaffung oder Herstellung und in den folgenden neun Jahren der entgeltlichen Überlassung zu Wohnzwecken** dient. Wohnungen, die zur vorübergehenden Beherbergung von Personen genutzt werden, sind von der Förderung ausgeschlossen, § 7b Abs. 2 EStG.
- Die **Bemessungsgrundlage** für die Sonderabschreibungen ist auf **maximal 2.000,00 € je qm Wohnfläche** begrenzt, § 7b Abs. 3 Nr. 1 EStG. Für Wohnungen, für die der **Bauantrag nach dem 31.12.2022** gestellt worden ist, liegt die Grenze bei **2.500,00 € je qm Wohnfläche** (§ 7b Abs. 3 Nr. 2 EStG). Liegen die Anschaffungs- oder Herstellungskosten darunter, sind diese in der tatsächlich angefallenen Höhe den Sonderabschreibungen zu Grunde zu legen.

9.3 Grundstück wird in vollem Umfang zu eigenen Wohnzwecken genutzt

Wird das Grundstück in vollem Umfang zu eigenen Wohnzwecken genutzt, liegen **keine Einkünfte aus Vermietung und Verpachtung** vor.

Steuerpflichtige Einnahmen liegen nicht vor, denn die erzielbare ortsübliche Marktmiete kann mangels Zuflusses nicht angesetzt werden. Da keine steuerpflichtigen Einnahmen vorliegen, können auch die damit im Zusammenhang stehenden Aufwendungen mangels Einkunftszusammenhangs nicht als Werbungskosten abgezogen werden.

Beispiel

Der Steuerpflichtige hat im Mai 2023 in Leverkusen für 250.000 € ein Einfamilienhaus erworben, das er ab diesem Zeitpunkt selbst bewohnt.

Einkünfte aus Vermietung und Verpachtung liegen mangels Zufluss von Einnahmen nicht vor.

Wird ein zu eigenen Wohnzwecken genutztes Grundstück **vorübergehend (unter-) vermietet** und übersteigen die Mieteinnahmen hieraus nicht **520 €** im VZ, kann im Einverständnis mit dem Steuerpflichtigen aus Vereinfachungsgründen von der Besteuerung der Einkünfte abgesehen werden (R 21.2 Abs. 1 EStR).

9.4 Grundstück wird gemischt genutzt

Folgende Fallkonstellationen sind zu unterscheiden:

Bei Grundstücken, die **teilweise vermietet** sind **und teilweise eigenen Wohnzwecken dienen bzw. unentgeltlich überlassen** sind, gilt Folgendes:

Einkünfte aus Vermietung und Verpachtung liegen **nur bezüglich des vermieteten Teils** vor. Das bedeutet:

1. Die **Einnahmen** bestehen aus den Mieten und Umlagen, die die Mieter zahlen. Bezüglich des zu eigenen Wohnzwecken bzw. unentgeltlich überlassenen Teils liegen mangels Zuflusses keine Einnahmen vor, denn der Mietwert gehört nicht zu den Einnahmen.
2. Bezüglich des **Werbungskostenabzugs** ist wie folgt zu unterscheiden:
    - Aufwendungen, die **ausschließlich** auf den **vermieteten Teil** entfallen, sind in **voller Höhe** als Werbungskosten **abzugsfähig**.
    - Aufwendungen, die **ausschließlich** auf den zu **eigenen Wohnzwecken bzw. unentgeltlichen Teil** entfallen, sind **nicht** als Werbungskosten **abzugsfähig**, da diesen Aufwendungen keine Einnahmen gegenüberstehen.
    - Soweit eine **unmittelbare Zuordnung** der Aufwendungen zu einem bestimmten Grundstücksteil **nicht möglich** ist, sind bei gemischter Nutzung die **Aufwendungen im Verhältnis der Nutzflächen aufzuteilen**. Das gilt auch für die AfA (R 21.1 Abs. 5 EStR).

Beispiel

Ein Rechtsanwalt hat in Bergisch-Gladbach ein Zweifamilienhaus errichtet, das seit der Fertigstellung am 01. August 2023 wie folgt genutzt wird:

- Die Erdgeschosswohnung (110 qm) hat er für monatlich 750 € zu Wohnzwecken vermietet.
- Die Wohnung im 1. Obergeschoss (110 qm) bewohnt er selbst (Mietwert: monatlich 750 €).

Der Bauantrag wurde am 01. Februar 2023 gestellt. Die Herstellungskosten haben 332.000 € betragen.

Im VZ 2023 sind – mit Ausnahme der AfA – noch folgende Aufwendungen angefallen:

► Gebäudeversicherung	1.250 €
► sonstige laufende Grundstücksaufwendungen	700 €

- neues Türschloss im Erdgeschoss 75 €
- neuer Teppich im 1. Obergeschoss 450 €

Wie hoch sind für den VZ 2023 die Einkünfte aus Vermietung und Verpachtung, die so niedrig wie möglich sein sollen?

Einkünfte aus Vermietung und Verpachtung werden nur aus der Erdgeschosswohnung erzielt.

Einnahmen: 750 € • 5 Monate =		3.750,00 €

Werbungskosten:

- Die Werbungskosten sind nur insoweit abzugsfähig, wie sie auf den vermieteten Teil entfallen. Die Aufwendungen für den neuen Teppich im 1. Obergeschoss sind daher nicht abzugsfähig.

► Türschloss Erdgeschoss = voll abzugsfähig	75,00 €	
► Gebäudeversicherung = anteilig: 1.250 € • 50 % =	625,00 €	
► laufende Aufwendungen = anteilig: 700 € • 50 % =	350,00 €	
	1.050,00 €	1.050,00 €
► AfA: Für den VZ 2023 ist die lineare AfA gem. § 7 Abs. 4 Satz 1 Nr. 2a) EStG zu gewähren: 332.000 € • 50 % • 3 % = 4.980 € • 5/12		2.075,00 €
= Einkünfte aus Vermietung und Verpachtung		**625,00 €**

Bei Grundstücken, die **teilweise vermietet und teilweise eigenen beruflichen Zwecken dienen**, gilt Folgendes: **Einkünfte aus Vermietung und Verpachtung** liegen **nur bezüglich des vermieteten Teils** vor. Bezüglich des zu **eigenen beruflichen Zwecken genutzten Teils** fallen **weder Betriebseinnahmen** an, **noch** ist hierfür ein **Mietwert** anzusetzen.

Bezüglich der **Grundstücksaufwendungen** ist wie folgt zu unterscheiden:

- Aufwendungen, die **ausschließlich** auf den **vermieteten Teil** entfallen, sind in **voller Höhe** als Werbungskosten **abzugsfähig**.
- Aufwendungen, die **ausschließlich** auf den zu **eigenen beruflichen Zwecken** genutzten Teil entfallen, sind als **Betriebsausgaben** abzugsfähig (§ 21 Abs. 3 EStG).
- Soweit eine **unmittelbare Zuordnung** der Aufwendungen zu einem bestimmten Grundstücksteil **nicht möglich** ist, sind bei gemischter Nutzung die **Aufwendungen im Verhältnis der Nutzflächen aufzuteilen**. Das gilt auch für die AfA (R 21.1 Abs. 5 EStR).

Beispiel

Ein Rechtsanwalt hat in Bergisch-Gladbach ein Zweifamilienhaus errichtet, das seit der Fertigstellung am 01. August 2023 wie folgt genutzt wird:

- Die Erdgeschosswohnung (110 qm) hat er für monatlich 750 € zu Wohnzwecken vermietet.
- Im 1. Obergeschoss (110 qm) betreibt er seine Rechtsanwaltskanzlei. Der vorläufig ermittelte Gewinn beträgt 50.000 €. Darin sind die Aufwendungen für das Zweifamilienhaus bisher noch nicht berücksichtigt.

Der Bauantrag wurde am 01. Februar 2023 gestellt. Die Herstellungskosten haben 332.000 € betragen.

Im VZ 2023 sind – mit Ausnahme der AfA – noch folgende Kosten angefallen:

► Gebäudeversicherung	1.250 €
► sonstige laufende Grundstücksaufwendungen	700 €
► neues Türschloss im Erdgeschoss	75 €
► neuer Teppich im 1. Obergeschoss	450 €

Wie hoch ist für den VZ 2023 die Summe der Einkünfte, die so niedrig wie möglich sein soll?

Die Einkünfte aus Vermietung und Verpachtung (§ 21 EStG) aus der Erdgeschosswohnung betragen 625 € (s. o.).

Aus der Rechtsanwaltskanzlei werden Einkünfte aus selbstständiger Arbeit (§ 18 Abs. 1 Nr. 1 EStG) erzielt, die sich wie folgt ermitteln:

Vorläufiger Gewinn:		50.000,00 €
Betriebsausgaben:		
► Teppich 1. Obergeschoss = voll abzugsfähig	450,00 €	
► Gebäudeversicherung = anteilig: 1.250 € • 50 % =	625,00 €	
► laufende Aufwendungen = anteilig: 700 € • 50 % =	350,00 €	
	1.425,00 €	1.425,00 €
► AfA: Lineare AfA gem. § 7 Abs. 4 Nr. 1 EStG, soweit sie auf den freiberuflich genutzten Teil entfällt: 332.000 € • 50 % • 3 % • $\frac{5}{12}$ = 2.075 €		2.075,00 €
= **Einkünfte aus selbstständiger Arbeit**		**46.500,00 €**

Für den VZ 2023 ist die Summe der Einkünfte daher mit (625 € + 46.500 € =) 47.125 € anzusetzen.

9.5 Fälle zur Sicherung des Lernerfolgs

Fall 1:

Ermitteln Sie in einer übersichtlichen Darstellung für den VZ 2023 die Einkünfte aus Vermietung und Verpachtung. Nichtansätze sind mit „0" zu kennzeichnen und kurz zu begründen. Cent-Beträge sind zugunsten des Steuerpflichtigen zu runden.

Peter Silie hat im Jahr 2022 ein Mehrfamilienhaus in Leverkusen erworben (Baujahr 1985). Die Anschaffungskosten des Mehrfamilienhauses betrugen 580.000 €, davon entfallen 180.000 € auf den Wert des Grund und Bodens.

Das Gebäude besteht aus vier gleich großen Etagen und wird wie folgt genutzt:

Erdgeschoss: vermietet an ein Ehepaar seit 2022 für eine monatliche Miete von 750 € zzgl. 220 € Nebenkosten.

1. Obergeschoss: vermietet an ein Ehepaar ebenfalls seit 2022 für eine monatliche Miete von 800 € zzgl. 250 € Nebenkosten.

2. Oberschoss: vermietet seit dem 01.01.2023 an die Tante für eine monatliche Miete von 170 € zzgl. 250 € Nebenkosten (= 40 % der ortsüblichen Miete).

3. Obergeschoss: Eigennutzung durch Peter Silie zu privaten Wohnzwecken.

Die Mieten sind jeweils zum Dritten des Monatsanfangs für den laufenden Monat fällig und wurden von den Mietern in 2023 pünktlich bezahlt.

In 2023 ließ Peter Silie an das gesamte Haus eine Wärmedämmung anbringen. An Aufwendungen entstanden dafür insgesamt 77.350 €, einschließlich 12.350 € Umsatzsteuer. In 2023 sind neben der AfA und den Aufwendungen für die Wärmedämmung noch folgende Ausgaben angefallen:

- Zinsen für den Kredit zur Finanzierung des Hauskaufes 32.000 €
- Gebäudeversicherung 1.500 €
- Grundsteuer/Müllabfuhr 360 €
- Einbau einer Küche in der Wohnung 1. OG 5.000 €
  (Nutzungsdauer: 10 Jahre, Anschaffung und Einbau am 30.04.2023)
- Schornsteinfeger 120 €
- Hausstrom 375 €
- Wasser 1.400 €
- Gas 7.200 €

Peter Silie ließ durch eine Unternehmung die Nebenkostenabrechnung 2022 anfertigen. Entsprechend dieser Abrechnung ergab sich für die Mieter im EG eine Nachzahlung von 210 € (Zahlungseingang am 13. Februar 2024) und für die Mieter im 1. OG ein Erstattungsanspruch von 120 €. Diese Mieter verrechneten ihren Erstattungsanspruch mit den monatlichen Nebenkosten-Vorauszahlungen im Dezember 2023.

Die Unternehmung berechnete Peter Silie 260 € (inkl. 19 % USt) für die Nebenkostenabrechnung, die Peter Silie im Dezember 2023 bezahlte.

Fall 2:

Kai Bunte hat mit notariell beurkundetem Kaufvertrag vom 17.03.2023 ein Mehrfamilienhaus in der Innenstadt von Leverkusen günstig erwerben können.

Besitz, Nutzungen und Lasten sind ab dem 01.04.2023 auf Kai Bunte übergegangen; die Eintragung in das Grundbuch erfolgte am 02.05.2023.

Das Haus enthält acht Wohnungen, die alle vermietet sind. Die Mietverhältnisse werden von Kai Bunte unverändert fortgeführt. Aus dem Objekt erzielte Kai Bunte seit dem Erwerb bis einschließlich August 2023 monatliche Mieteinnahmen i. H. v. insgesamt 4.200 €.

Die Anschaffungskosten des Mehrfamilienhauses betrugen nur 400.000 €, da der Verkäufer bisher seit der Errichtung des Gebäudes im Jahr 1978 noch keine größeren Modernisierungsmaßnahmen an dem Gebäude hat durchführen lassen. Dementsprechend entfallen von dem Kaufpreis 200.000 € auf den Wert des Grund und Bodens.

Folgende Aufwendungen sind von Kai Bunte im VZ 2023 im Zusammenhang mit dem Kauf des Mehrfamilienhauses bezahlt worden:

► Grunderwerbsteuer	26.000,00 €
► Notarkosten für die Beurkundung des Kaufvertrages, brutto	3.500,00 €
► Notarkosten für die Grundschuldbestellung, brutto	1.500,00 €
► Grundbuchgebühren für die Eintragung des Eigentümerwechsels	1.500,00 €
► Grundbuchgebühren für die Eintragung der Grundschuld	800,00 €

Im Juni 2023 hatte Kai Bunte folgende umfangreiche Maßnahmen an dem Gebäude durchführen lassen:

► Einbau von Balkontüren und Anbau von Balkonen, brutto	90.000,00 €
► Dachreparatur, brutto	65.000,00 €
► Fassadendämmung, brutto	40.000,00 €
	195.000,00 €

Kai Bunte möchte den im September 2023 bezahlten Betrag i. H. v. 195.000 € gem. § 82b EStDV gleichmäßig auf fünf Jahre verteilen.

Allgemeine monatliche Ausgaben, die als Werbungskosten abzugsfähig sind, entstanden darüber hinaus im VZ 2023 i. H. v. 1.200 €. Darüber hinaus sind Zinsen zur Finanzierung des Kaufpreises i. H. v. insgesamt 4.500 € entstanden.

Nach der durchgeführten Modernisierung konnte Kai Bunte die monatlichen Mieten ab September 2023 in angemessenem Maße erhöhen. Nunmehr erzielte Kai Bunte monatliche Mieteinnahmen i. H. v. insgesamt 5.040 €. Dies entspricht auch der üblichen Miete für vergleichbare Wohnungen.

Aufgaben

1. Prüfen und begründen Sie, ob der geltend gemachte Instandsetzungs- und Modernisierungsaufwand i. H. v. insgesamt 195.000 € nach § 82b EStDV gleichmäßig auf fünf Jahre verteilt werden kann.
2. Ermitteln Sie in einer übersichtlichen Darstellung für den VZ 2023 die Einkünfte aus Vermietung und Verpachtung. Cent-Beträge können auf volle Euro-Beträge gerundet werden.

Fall 3:

Ermitteln Sie für den VZ 2023 die Einkünfte aus Vermietung und Verpachtung des Bernd Brause, die so niedrig wie möglich sein sollen!

Bernd Brause erwarb mit Kaufvertrag vom 15. Februar 2023 in Leverkusen ein ab 01. Juli 2023 bezugsfertig erstelltes Gebäude. Folgende Aufwendungen hatte Brause zu tragen:

- Kaufpreis des Grundstücks: 200.000 €
- Herstellungskosten des Gebäudes: 800.000 €

Zur Finanzierung des Grundstücks gewährte ihm die Bank eine erstrangige Hypothek von 540.000 € zu folgenden Konditionen:

- Auszahlung: 97 % ; Zinsfuß: 7,5 %
- 10 % Tilgung p. a. ; Laufzeit: 10 Jahre

Das Disagio von 16.200 € wurde mit Auszahlung der ersten Kaufpreisrate am 02. April 2023 einbehalten.

- Zinszahlungen: bis 30. Juni 2023 = 6.000 €
ab 01. Juli 2023 = 20.250 €
- Tilgungen in 2023: 2.700 €
- übrige Werbungskosten: 6.090 €

Es handelt sich um ein gemischt genutztes Grundstück mit vier gleich großen Einheiten von je 75 qm, die Brause folgendermaßen nutzt bzw. zur Nutzung überlässt:

1. Erdgeschoss mit einem Ladenlokal; dieses wird von Brause zu eigenen gewerblichen Zwecken genutzt und gehört zu seinem notwendigen Betriebsvermögen.

2. Die folgenden Nutzungseinheiten gehören zum Privatvermögen:
   - 1. OG: selbst genutzte Wohnung, Mietwert mtl. 1.000 €
   - 2. OG: vermietete Wohnung, Mieteinnahmen mtl. 1.000 €
   - 3. OG: vermietete Wohnung, Mieteinnahmen mtl. 70 % der üblichen Marktmiete: 700 €

Fall 4:

Ein Steuerpflichtiger hat in 2022 in Leverkusen ein unbebautes Grundstück für 150.000 € erworben und darauf ein Mehrfamilienhaus errichtet, das im Mai 2023 fertig gestellt wurde (Antrag auf Baugenehmigung: 12. Dezember 2022). Die vorläufig ermittelten Herstellungskosten des Gebäudes betragen 350.000 €. Das Gebäude ist zu 100 % zu Wohnzwecken vermietet. Die Mieteinnahmen betrugen im VZ 2023 insgesamt 63.000 €, die bisher festgestellten Werbungskosten (ohne AfA) 47.000 €.

Im Übrigen sind noch folgende, im VZ 2023 bezahlte Aufwendungen zu berücksichtigen:

► Straßenanliegerbeitrag	2.400 €
► Disagio für Hypothekenauszahlung	15.000 €
► Kosten für Fahrstuhlanlagen	35.000 €
► Architektenhonorar	22.800 €
► Kanalanschlussgebühr der Gemeinde	5.500 €
► Kanalanschlussgebühr des Tiefbauunternehmers	8.000 €
► Kaminabnahmegebühr des Schornsteinfegers	1.000 €
► Hypothekenzinsen	10.000 €

Der Steuerpflichtige hat im VZ 2023 bei der Errichtung des Gebäudes eine Eigenleistung von 100 Arbeitsstunden erbracht, die mit insgesamt 3.000 € zu bewerten sind.

Ermitteln Sie für den VZ 2023 die Einkünfte aus Vermietung und Verpachtung.

Fall 5:

Ermitteln Sie für den Steuerpflichtigen Emil Reich aus Leverkusen in einer übersichtlichen Darstellung die Einkünfte aus Vermietung und Verpachtung für den VZ 2023, die so niedrig wie möglich sein sollen.

Reich ist Eigentümer eines viergeschossigen Gebäudes in Köln. Die Geschossflächen sind mit jeweils 110 qm gleich groß. Das Erdgeschoss nutzt Reich eigengewerblich, das 1. und 2. Obergeschoss hat Reich für Wohnzwecke vermietet, das 3. Obergeschoss bewohnt Reich selbst.

Die Mieter zahlen monatlich 12 € Miete/qm, eine Umlage für Nebenkosten i. H. v. monatlich 2 €/qm und für einen Abstellplatz in der Tiefgarage monatlich 80 €.

Das Haus (Baujahr 1999) hatte Reich in 2009 für 1.200.000 € gekauft. Vom Kaufpreis entfallen 220.000 € auf den Grund und Boden.

In 2023 fielen nachweislich für das Haus folgende Aufwendungen an:

► Grundsteuer	2.850 €
► Gebäudeversicherungen	1.750 €
► Hypothekenzinsen	18.700 €
► Müllabfuhr- und Straßenreinigungsgebühren	1.500 €
► Treppen- und Garagenbeleuchtung	320 €
► Dachreparatur	4.880 €
► Malerkosten für Renovierungsarbeiten	
- im Erdgeschoss	6.370 €
- im 3. Obergeschoss	4.120 €
► Reparaturkosten für die Wohnung im 1. Obergeschoss	840 €
► Erstmaliger Anbau von fest an die Außenmauer angebrachten Markisen im 1. Obergeschoss	3.900 €
► Rechtschutzversicherungsbeiträge für 1. und 2. Obergeschoss	240 €
► sonstige Hausaufwendungen	780 €

Fall 6:

Ermitteln Sie für den VZ 2023 unter Angabe der jeweiligen Einkunftsart die Summe der Einkünfte des Dirk Müller, die so niedrig wie möglich ausfallen soll. Der vorläufige Gewinn lt. Buchführung beträgt bisher 97.500 €. Die Aufwendungen für das Ladenlokal sind hierin noch nicht berücksichtigt.

Zum 01. November 2023 (= Datum der Fertigstellung) hat Dirk Müller aus Köln ein gemischt genutztes Wohn- und Geschäftsgebäude im Stadtzentrum errichtet. Das Gebäude mit Bauantrag vom 01. Februar 2023 wird wie folgt genutzt:

Erdgeschoss: 320 qm eigen genutztes Ladenlokal (Supermarkt) des D. Müller, Bezug und Neueröffnung am 01. November 2023

1. OG: 4 Wohnungen zu je 80 qm, die ab 01. November 2023 zu einem Mietpreis von 8 € je qm vermietet wurden. Je Wohnung wird eine monatliche Umlage von 100 € für Heizung u. a. erhoben.

Für das Gebäude liegen zusätzlich folgende Angaben vor:

1.	Anschaffungskosten des Baugrundstücks	325.000 €
	Herstellungskosten des Gebäudes	600.000 €

2. Darlehensaufnahme 01. April 2023
   Darlehenssumme 250.000 €
   Zinssatz: 8 %, Disagio: 2 %
   Tilgung: jährlich nachträglich 10 %
3. Umlagefähige allgemeine Hauskosten 4.000 €
   Gebäudeversicherung 1.750 €
4. Das Objekt wird höchstmöglich abgeschrieben. Es ist zu beachten, dass nur das Erdgeschoss zum notwendigen Betriebsvermögen des Dirk Müller gehört!

Fall 7:

Ermitteln Sie für den VZ 2023 die Summe der Einkünfte, die so niedrig wie möglich sein soll!

Michael Schmidt erwarb lt. notariellem Kaufvertrag vom 01. Juni 2023 ein leerstehendes Vierfamilienhaus (Bj. 1998) in Leverkusen. Die Besitzübergabe erfolgte zum 01. Juli 2023. Der Kaufpreis für das Grundstück betrug 600.000 €; auf den Grund und Boden entfielen davon 30 %. Zur Finanzierung des Kaufpreises wurde ein Darlehen von 200.000 € aufgenommen.

Ab 01. August 2023 wurden drei Wohnungen (je 65 qm) vermietet. Die monatliche Miete betrug 600 € je Wohnung. Ein Mieter bezahlte bereits am 29. Dezember 2023 die gesamte Miete für 2024 im Voraus. Die vierte Wohnung (65 qm) nutzt Schmidt zu eigenen Wohnzwecken.

Im hinteren Teil des Gartens errichtete Schmidt mit Bauantrag vom 12. Januar 2023 eine Doppelgarage in Massivbauweise. Nach Fertigstellung am 01. Oktober 2023 vermietete er die Garage für monatlich je 60 €. Die Herstellungskosten betrugen 30.000 €.

Auf der Dachfläche hat Schmidt eine Fotovoltaikanlage anbringen lassen. Die Anschaffungskosten betrugen 20.000 € zzgl. 19 % USt. Die Voraussetzungen des § 12 Abs. 3 UStG und § 3 Nr. 72 EStG liegen nicht vor. Die Anlage wurde zum 01.11.2023 in Betrieb genommen. Die Nutzungsdauer beträgt 15 Jahre (lineare AfA). Für die Einspeisung in das örtliche Stromnetz erhielt Schmidt eine Vergütung i. H. v. monatlich 600 € zzgl. 19 % USt, die jeweils am 3. des Folgemonats nachschüssig gezahlt wird. In dem Fragebogen zur Gewerbeanmeldung gab Schmidt dem Finanzamt an, dass er seinen Gewinn gem. § 4 Abs. 3 EStG durch eine Einnahmenüberschussrechnung ermitteln will. Die Voraussetzungen des § 7g EStG liegen vor.

Außerdem hatte Schmidt im VZ 2023 noch folgende Ausgaben zu tragen:

- Grunderwerbsteuer 39.000 €
- Grundsteuer 1.000 €
- Notariatsgebühren und Grundbuchgebühr für die Eigentumsumschreibung 8.000 €
- Versicherungsbeiträge 500 €

► Zinsen (Darlehen Hauskauf)	7.000 €
► Zinsen (Darlehen Fotovoltaikanlage)	500 €
► Disagio	2.000 €
► Darlehenstilgung	6.000 €
► Gartenpflege	1.000 €
► Instandsetzungskosten für die sanitären Anlagen	
der vermieteten Wohnungen	10.000 €
der selbst genutzten Wohnung	3.000 €

Fall 8:

Till Sommer ist Eigentümer eines zu seinem Privatvermögen gehörenden Mehrfamilienhauses in Köln. Das Mehrfamilienhaus hatte Till Sommer im Jahr 2015 für insgesamt 400.000 € angeschafft. Von den Anschaffungskosten entfielen 20 % auf den Grund und Boden und 80 % auf das im Jahr 2004 errichtete Gebäude.

Das Mehrfamilienhaus wurde im Veranlagungszeitraum (VZ) 2023 ganzjährig wie folgt genutzt:

- Das Erdgeschoss (100 qm) wurde für monatlich 3.400 € zzgl. 19 % USt an Klaus Mehl vermietet, der darin seine Bäckerei betreibt.
- Das 1. Obergeschoss (100 qm) wurde für monatlich 3.000 € an Dr. med. Zahn vermietet, der darin seine Zahnarztpraxis betreibt.
- Im 2. Obergeschoss (100 qm) wohnte der Vater von Till Sommer, der 40 % der ortsüblichen Miete bezahlt hat. Der Vater zahlte monatlich 500 €.

Till Sommer hat, soweit dies zulässig ist, gem. § 9 Abs. 1 UStG auf die Steuerbefreiung der Vermietungsumsätze verzichtet. Die Mieten wurden von Till Sommer per Lastschrift zum 3. des Monats von den Bankkonten der jeweiligen Mieter eingezogen.

Im VZ 2023 hat Till Sommer folgende Aufwendungen laut ordnungsgemäßer Belege per Banküberweisung getätigt:

► Grundbesitzabgaben	1.977 €
► Wohngebäudeversicherung	768 €
► Gebäudehaftpflichtversicherung	450 €
► Schornsteinfegergebühren (inkl. 19 % USt)	234 €
► Hausstrom (inkl. 19 % USt)	276 €
► Wasser (inkl. 7 % USt)	2.238 €
► Heizöl (inkl. 19 % USt)	3.057 €
► div. Reparaturen am gesamten Haus (inkl. 19 % USt)	21.000 €
► Erneuerung des Fußbodens in der Bäckerei (inkl. 19 % USt)	11.900 €

Folgende Umsatzsteuervorauszahlungen wurden ebenfalls per Banküberweisung bezahlt:

► IV/2022 am 06.01.2023	1.900 €
► I/2023 am 07.04.2023	1.900 €
► II/2023 am 11.07.2023	1.900 €
► III/2023 am 10.10.2023	1.900 €
► IV/2023 am 12.01.2024	1.900 €

Aus der USt-Erklärung 2022 ergab sich ein Guthaben i. H. v. 1.500 €, das das Finanzamt am 15.08.2023 erstattet hat. Von seinem Steuerberater erhielt Till Sommer im Juni 2023 die nachfolgende ordnungsgemäße Rechnung, die Till Sommer sofort bezahlt hat.

Auszug aus der Rechnung des Steuerberaters:

	Einkommensteuererklärung 2022 ohne Ermittlung der einzelnen Einkünfte	400,00 €
	Ermittlung des Überschusses der Einnahmen über die Werbungskosten bei den Einkünften aus Vermietung und Verpachtung 2022	450,00 €
	Umsatzsteuererklärung 2022	250,00 €
	Summe	1.100,00 €
+	19 % Umsatzsteuer	209,00 €
	Rechnungsbetrag	1.309,00 €

Ermitteln Sie in einer übersichtlichen Darstellung für den VZ 2023 die Einkünfte aus Vermietung und Verpachtung.

Fall 9:

Ermitteln Sie in einer übersichtlichen Darstellung unter Verwendung der entsprechenden steuerlichen Fachbegriffe die Summe der Einkünfte der Eheleute Gelbast (Zusammenveranlagung) für den VZ 2023!

1. Helmut Gelbast betreibt eine Großhandlung für Industriebedarf in Bonn. Für den VZ 2023 ergibt sich ein steuerlicher Gewinn von 149.000 €.
2. Helmut Gelbast erwarb am 15. September 2023 ein Baugrundstück zum Kaufpreis von 100.000 € zwecks Errichtung eines Mehrfamilienhauses (Privatvermögen). Er finanzierte den Kaufpreis teils aus Eigenmitteln, teils mithilfe eines am 10. Oktober 2023 aufgenommenen Grundschulddarlehens bei der Sparkasse Köln i. H. v. 30.000 €.
   a) Die Sparkasse stellte ihm den Darlehensbetrag unter Abzug eines Disagios i. H. v. 3.000 € am 10. November 2023 zur Verfügung.

   Für dieses Darlehen fielen im VZ 2023 außerdem folgende Beträge an:

Bereitstellungszinsen vom 10.10. - 10.11.2023	100 €
Darlehenszinsen für 2023	380 €
Tilgungsbeträge für 2023	50 €

b) Des Weiteren wurden in 2023 noch die folgenden Aufwendungen durch Banküberweisungen bezahlt:

Grunderwerbsteuer	6.500,00 €
Notargebühren für die	
Beurkundung des Grundstückskaufvertrages	450,00 €
Bestellung einer Grundschuld	150,00 €
zzgl. 19 % USt	114,00 €
	714,00 €
Gerichtsgebühren für die	
Eintragung des Eigentümerwechsels	100,00 €
Eintragung der Grundschuld	89,00 €
	189,00 €

c) Anfang Dezember 2023 begann Helmut Gelbast auf diesem Grundstück mit der Errichtung des Mehrfamilienhauses, das voraussichtlich im Dezember 2024 fertig gestellt sein wird. Für die Zeit vom 01. Dezember 2023 - 30. November 2024 hat Helmut Gelbast einen Teil der Grundstücksfläche an einen Baustoffhandel als Lagerplatz vermietet. Die vereinbarte Miete für die gesamte Zeit beträgt 1.500 € und wurde von Helmut Gelbast bereits am 15. Dezember 2023 in einem Betrag vereinnahmt.

3. Ingrid Gelbast war bis zu ihrer Pensionierung zum 30. September 2023 als Beamtin bei der Stadtverwaltung Köln tätig. Der Bruttoarbeitslohn für diesen Zeitraum betrug 24.500 €. Vom 01. Oktober - 31. Dezember 2023 bezog sie ein Ruhegehalt aufgrund beamtenrechtlicher Vorschriften i. H. v. 6.720 € (monatlich 2.240 €).

   Im VZ 2023 fuhr Frau Gelbast an 130 Tagen (einfache Entfernung: 25 km) mit dem eigenen Pkw zur Arbeit und tätigte Aufwendungen für Fachliteratur sowie Kontoführungsgebühren i. H. v. insgesamt 197 €.

4. Ingrid Gelbast ist zu 20 % an einer GmbH beteiligt. Sie stellte der GmbH im VZ 2023 ein Darlehen zur Verfügung, für das sie im VZ 2023 Darlehenszinsen i. H. v. 3.500 € erhalten hat.

5. Ingrid Gelbast erhielt auf ihrem Sparkonto Zinsen für 2023 i. H. v. 1.425 € gutgeschrieben. Da ein entsprechender Freistellungsauftrag vorlag, wurde keine Abgeltungsteuer einbehalten.

10. Sonstige Einkünfte (§ 22 EStG)

10.1 Allgemeines

Die sonstigen Einkünfte i. S. des § 22 EStG gehören zu der Gruppe der **Überschusseinkunftsarten**, d. h. die Ermittlung erfolgt durch Gegenüberstellung der Einnahmen und der Werbungskosten.

Zu den sonstigen Einkünften gehören nur die Einkünfte, die in § 22 EStG im Einzelnen aufgeführt sind; diese **Aufzählung** ist daher nicht nur beispielhaft, sondern **abschließend**.

Zu den sonstigen Einkünften gehören z. B.:

1. Einkünfte aus **Leibrenten** (§ 22 Nr. 1 EStG)
2. Einkünfte aus **Unterhaltsleistungen und Zahlungen nach § 10 Abs. 1a EStG** (§ 22 Nr. 1a EStG)
3. Einkünfte aus **privaten Veräußerungsgeschäften** (§ 22 Nr. 2 EStG)
4. Einkünfte aus **Leistungen** (§ 22 Nr. 3 EStG)
5. Einkünfte aus **Abgeordnetenbezügen** (§ 22 Nr. 4 EStG)
6. Einkünfte aus **Altersvorsorgeverträgen** (§ 22 Nr. 5 EStG).

Wenn nicht höhere Werbungskosten nachgewiesen werden, werden von den **Leibrenten,** den **Unterhaltsleistungen,** den **Versorgungsleistungen** und den **Leistungen aufgrund eines schuldrechtlichen Versorgungsausgleichs** insgesamt ein **Werbungskosten-Pauschbetrag von 102 €** abgezogen (§ 9a Nr. 3 EStG).

Bei den **privaten Veräußerungsgeschäften**, den **Leistungen** und den **Abgeordnetenbezügen** wird kein Pauschbetrag abgezogen, sodass nur die tatsächlich angefallenen Werbungskosten berücksichtigt werden können.

10.2 Einkünfte aus Leibrenten

Nach **§ 22 Nr. 1 Satz 3 Buchst. a Doppelbuchst. aa Satz 1 EStG** werden die **Leibrenten und andere Leistungen** besteuert aus

- den **gesetzlichen Rentenversicherungen**,
- den **landwirtschaftlichen Alterskassen**,
- den **berufsständischen Versorgungseinrichtungen** und aus
- **privaten Leibrentenversicherungen** i. S. des § 10 Abs. 1 Nr. 2b) EStG.

Der Regelungsinhalt des Satzes 1 umfasst sämtliche Rentenarten, insbesondere **auch Renten wegen verminderter Erwerbsfähigkeit** und **Hinterbliebenenrenten**.

Dazu gehören auch **Betriebsrenten**, soweit sie nicht ausnahmsweise Arbeitslohn darstellen. Sie stellen dann Arbeitslohn dar, wenn die Bezüge nicht auf früheren Beitragsleistungen des Bezugsberechtigten beruhen.

Beispiel

Ein Arbeitnehmer (65) erhält von seinem früheren Arbeitgeber eine Betriebspension.

a) Die Betriebspension beruht nicht auf früheren Beitragsleistungen.

b) Die Betriebspension beruht auf früheren Beitragsleistungen. Die Beitragsleistungen erbrachte der Arbeitgeber zugunsten des Arbeitnehmers.

Im **Fall a)** liegen Einkünfte aus nichtselbstständiger Arbeit vor, da die Betriebspension nicht auf früheren Beitragsleistungen beruhte.

Im **Fall b)** liegen sonstige Einkünfte i. S. des § 22 Nr. 1 EStG vor, da die Betriebspension auf Beitragsleistungen zurückzuführen ist. Unerheblich ist, dass diese Beitragsleistungen der Arbeitgeber erbracht hat, da sie letztlich dem Arbeitnehmer zugute gekommen sind.

Private Leibrentenversicherungen werden nur dann in die **nachgelagerte Besteuerung** einbezogen, wenn es sich um **Neuverträge** handelt, die die Voraussetzungen des § 10 Abs. 1 Nr. 2b) EStG erfüllen. **Andere private Rentenversicherungen** unterliegen der **Ertragsanteilsbesteuerung** nach § 22 Nr. 1 Satz 3 Buchst. a Doppelbuchst. bb EStG.

Bemessungsgrundlage für die Besteuerung der Leibrente ist nicht die ausgezahlte Nettorente, sondern der **Jahresbetrag** der **Bruttorente**.

Beispiel

Monatliche Rentenabrechnung:

Altersrente (Bruttorente)		3.000,00 €
-	Beitrag zur Kranken- und Pflegeversicherung	288,75 €
=	**Zahlbetrag (= Nettorente)**	2.711,25 €

Maßgebend für die Besteuerung sind (3.000 € • 12 =) 36.000 €.

Die Jahresbruttorente wird allerdings nicht in voller Höhe, sondern nur mit einem **Besteuerungsanteil in Prozent** besteuert. Dieser Anteil ist der **Tabelle in § 22 Nr. 1 Satz 3 Buchst. a Doppelbuchst. aa Satz 3 EStG** zu entnehmen.

Danach unterliegen alle **Renten, die ab dem VZ 2023 erstmals gezahlt werden**, zu **83 % der Besteuerung**.

Dieser Anteil steigt für jeden neuen Rentenjahrgang ab dem Jahr 2024 in jeweiligen Schritten von 1 % bis zum Jahre 2040 auf insgesamt 100 %.

Für die Rentenjahrgänge, die im VZ 2040 erstmals eine Altersrente beziehen, unterliegen dann 100 % der Altersrente der Besteuerung.

MERKE

Jeder Rentenjahrgang hat somit seinen eigenen Besteuerungsanteil, der für die Dauer des Rentenbezugs festgeschrieben wird.

Nachdem der der Besteuerung unterliegende Anteil der Rente in Prozent ermittelt worden ist, wird für jeden Steuerpflichtigen der steuerfreie Teil der Rente (**Rentenfreibetrag**) ermittelt, der für die Dauer des Rentenbezugs grundsätzlich festgeschrieben wird. Die Festschreibung gilt erst ab dem Jahr, das auf das Jahr des ersten Rentenbezugs folgt (Satz 5).

Bei Renten mit Rentenbeginn vor dem 01.01.2005 ist der Jahresbetrag der Rente des Jahres 2005 (= 50 %) maßgebend. Der Rentenfreibetrag ist der Unterschiedsbetrag zwischen dem Jahresbetrag der Rente und dem der Besteuerung unterliegenden Anteil der Rente (Satz 4).

Rentenfreibetrag = Jahresbetrag der Rente • (100 % - Besteuerunganteil in %)

Bei einer regelmäßigen Rentenanpassung erfolgt keine Anpassung des Rentenfreibetrages (Satz 7)**, sodass regelmäßige Rentenerhöhungen voll zu versteuern sind.**

Verstirbt der Rentenempfänger, ist ihm die Rente für den Sterbemonat noch zuzurechnen (Satz 9)**.**

Wenn keine höheren Werbungskosten nachgewiesen werden (z. B. **Honorar für einen Rentenberater, Gerichts- und Rechtsanwaltskosten wegen einer gerichtlichen Auseinandersetzung über die Höhe der Rente, anteilige Steuerberaterkosten**), wird bei der Ermittlung der sonstigen Einkünfte ein **Werbungskosten-Pauschbetrag von 102 €** abgezogen (§ 9a Nr. 3 EStG).

Beispiele

Beispiel 1:
Ein Steuerpflichtiger bezieht seit dem 01. Mai 2023 eine monatliche Altersrente aus der Rentenversicherung i. H. v. 1.500 €.

VZ 2023:

	Jahresbetrag der Rente (1.500 € • 8 =)	12.000,00 €
•	Besteuerungsanteil (83 %)	9.960,00 €
-	WK-Pauschbetrag	102,00 €
=	Einkünfte	9.858,00 €

In 2023 erfolgt noch keine Festschreibung des Freibetrages, da es sich insoweit noch nicht um das Folgejahr des ersten Rentenbezugs handelt.

VZ 2024:

	Jahresbetrag der Rente (1.500 € • 12 =)	18.000,00 €
•	Besteuerungsanteil (83 %)	14.940,00 €
-	WK-Pauschbetrag	102,00 €
=	Einkünfte	14.838,00 €

Es wird ein Rentenfreibetrag i. H. v. (18.000 € - 14.940 € =) 3.060 € für die restliche Laufzeit der Rente festgeschrieben.

Solange nicht Außergewöhnliches passiert (Neuberechnung der Rente wegen geänderter Lebensverhältnisse, Anrechnung von Zuverdienst etc.), bleibt dieser Betrag also fest.

Dies bedeutet: **Alle normalen Rentenerhöhungen sind voll steuerpflichtig.**

Leider ist die Art und Weise, wie die Daten für die Bestimmung des steuerfreien bzw. steuerpflichtigen Anteils der Rente in das **Steuererklärungsformular** („Anlage R") eingegeben werden, etwas gewöhnungsbedürftig. Das **FA rechnet** nämlich **rückwärts** und zwar wie folgt:

	Jahresrente im laufenden VZ	....
-	**Rentenanpassungsbetrag** (= Differenz zwischen der Rente im laufenden VZ und im Feststellungsjahr des Rentenfreibetrages)	....
=	verbleibender Betrag	....
•	Besteuerungsanteil im Jahr des Rentenbeginns =	....
+	**Rentenanpassungsbetrag**	....
=	steuerpflichtige Einnahmen im laufenden VZ	....

TIPP

Man sieht also, der Rentenanpassungsbetrag ist wichtig, damit steuerfreier und steuerpflichtiger Anteil der Rente korrekt berechnet werden können. Hierzu merkt man sich am besten irgendwo die Jahresrente im Jahr nach dem Rentenbeginn. Der Rentenpassungsbetrag ist dann jeweils der Betrag, um den die Rente im Veranlagungszeitraum höher ist als der gemerkte Betrag. All dies unter der Voraussetzung, dass die Rente sich nur durch die üblichen Rentenerhöhungen geändert hat.

Beispiel 2:
Ein Steuerpflichtiger bezieht seit dem 01. August 2023 ein Altersrente aus der Rentenversicherung. Er erhält monatlich 900 €. Zum 01.07.2024 erfolgt eine (regelmäßige) Rentenanpassung auf 1.000 € und zum 01.07.2025 auf 1.100 €.

VZ 2023:

	Jahresbetrag der Rente (900 € • 5 =)	4.500,00 €
•	Besteuerungsanteil (83 %)	3.735,00 €
-	WK-Pauschbetrag	102,00 €
=	Einkünfte	3.633,00 €

In 2023 erfolgt noch keine Festschreibung des Freibetrages, da es sich insoweit noch nicht um das Folgejahr des ersten Rentenbezugs handelt.

VZ 2024:

	Jahresbetrag der Rente	
	900 € • 6 =	5.400,00 €
	1.000 € • 6 =	6.000,00 €
		11.400,00 €
•	Besteuerungsanteil (83 %)	9.462,00 €
-	WK-Pauschbetrag	102,00 €
=	Einkünfte	9.360,00 €

Für die restliche Laufzeit der Rente wird ein Freibetrag von (11.400 € - 9.462 € =) 1.938 € festgeschrieben.

VZ 2025:

	Jahresrente im VZ 2025			
	1.000 € • 6 Monate =		6.000,00 €	
	1.100 € • 6 Monate =		6.600,00 €	
			12.600,00 €	12.600,00 €
-	**Rentenanpassungsbetrag**			
	Rente im VZ 2025		12.600,00 €	
	- Jahresrente im VZ 2024			
	900 € • 6 Monate =	5.400,00 €		
	1.000 € • 6 Monate =	6.000,00 €		
		11.400,00 €	11.400,00 €	
			1.200,00 €	1.200,00 €
=	verbleibender Betrag			11.400,00 €
•	83 % (= Besteuerungsanteil VZ 2023) =			9.462,00 €
+	**Rentenanpassungsbetrag**			1.200,00 €
=	steuerpflichtige Einnahmen im laufenden VZ			10.662,00 €
-	WK-Pauschbetrag			102,00 €
=	Einkünfte			10.560,00 €

Die Besteuerung der Leibrenten und andere Leistungen wird gem. **§ 22a EStG** durch **jährliche Rentenbezugsmitteilungen** der jeweiligen Träger an eine zentrale Stelle der Finanzverwaltung sichergestellt. Eingerichtet ist diese zentrale Stelle bei dem **Deutschen Rentenversicherung Bund** (DRV Bund).

Hier werden die Daten zusammengeführt und an die jeweils zuständige Landesfinanzbehörde (z. B. Landesrechenzentrum) **bis zum 01. März des Folgejahres übermittelt**, die im automatisierten Verfahren eine Vorauswahl trifft und das Ergebnis an das zuständige Finanzamt übermittelt.

Nach § 22a Abs. 3 EStG müssen die **entsprechenden Träger** den **Steuerpflichtigen** als Leistungsempfänger jeweils darüber **unterrichten**, dass die Leistung der zentralen Stelle mitgeteilt wird. In der Regel hat dies in dem **Rentenbescheid**, der **Rentenanpassungsmitteilung** oder einer **sonstigen Mitteilung** über Leistungen zu erfolgen.

10.3 Einkünfte aus Unterhaltsleistungen

Zu den sonstigen Einkünften gehören nach § 22 Nr. 1a EStG auch **empfangene Unterhaltsleistungen an den geschiedenen oder dauernd getrennt lebenden unbeschränkt einkommensteuerpflichtigen Ehegatten**, soweit sie nach § 10 Abs. 1a Nr. 1 EStG vom Geber mit Zustimmung des Unterhaltsempfängers als Sonderausgaben abgezogen werden können.

Diese Regelung bezieht sich **nur auf den Ehegattenunterhalt** und nicht auch auf den Kindesunterhalt und ist zudem auf einen **Höchstbetrag von 13.805 €** im Jahr begrenzt (sog. **begrenztes Realsplitting**). Ohne Bedeutung ist allerdings, ob es sich um laufenden (z. B. monatlichen) oder um einmaligen Ehegattenunterhalt handelt. Der Höchstbetrag erhöht sich um die **Krankenversicherungsbeiträge**, die für die Absicherung des Ehegatten aufgewendet werden.

Von dem zu versteuernden Ehegattenunterhalt ist gem. § 9a Nr. 3 EStG ein **Werbungskosten-Pauschbetrag** von **102 €** abzuziehen, wenn nicht höhere Werbungskosten geltend gemacht werden.

Beispiel

Beate Klemmer ist seit drei Jahren von ihrem Ehemann Bert Klemmer geschieden. Die Kinder Sabine (5) und Michael (8) leben bei Frau Klemmer. Herr Klemmer zahlt 2023 laut Gerichtsbeschluss monatlich 1.450 € (davon entfallen 450 € an seine Kinder). Freiwillig zahlt er monatlich zusätzlich an seine geschiedene Ehefrau 250 €. Frau Klemmer stimmt zu, dass ihr geschiedener Mann die Unterhaltszahlungen als Sonderausgaben steuerlich berücksichtigen kann.

Wie hoch sind im VZ 2023 die sonstigen Einkünfte der Frau Klemmer?

Die sonstigen Einkünfte i. S. des § 22 Nr. 1a EStG errechnen sich wie folgt:

	Monatlicher Gesamtunterhalt	1.450,00 €
-	Monatlicher Kindesunterhalt	450,00 €
	Monatlicher Ehegattenunterhalt	1.000,00 €
+	Freiwilliger Ehegattenunterhalt	250,00 €
	Monatlicher Gesamtunterhalt	1.250,00 €
	Jahreseinnahmen	15.000,00 €
	Höchstbetrag	13.805,00 €
-	Werbungskosten-Pauschbetrag	102,00 €
=	Sonstige Einkünfte	13.703,00 €

10.4 Einkünfte aus privaten Veräußerungsgeschäften

Private Veräußerungsgeschäfte sind z. B. gem. § 22 Nr. 2 i. V. mit § 23 Abs. 1 EStG **Veräußerungsgeschäfte**, bei denen der Zeitpunkt zwischen der **Anschaffung** und der **Veräußerung** beträgt:

- bei **Grundstücken** nicht mehr als **zehn Jahre**
- bei **anderen Wirtschaftsgütern** nicht mehr als **ein Jahr** (z. B. Kunstgegenstände, Schmuck, Münzen, Briefmarken, Oldtimer).

Ein privates Veräußerungsgeschäft liegt nach § 23 Abs. 1 Satz 1 Nr. 3 EStG auch bei Veräußerungsgeschäften vor, bei denen die **Veräußerung der Wirtschaftsgüter früher erfolgt als der Erwerb**.

ACHTUNG

Veräußerungen von **Wirtschaftsgütern des täglichen Gebrauchs** (z. B. **Gebrauchtfahrzeuge**) sind von der Besteuerung **ausgenommen** (**§ 23 Abs. 1 Satz 1 Nr. 2 Satz 2 EStG**), denn Gebrauchsgegenstände werden regelmäßig mit dem Ziel der Nutzung und nicht mit dem Ziel der zeitnahen gewinnbringenden Veräußerung angeschafft.

Beispiel

Im Januar 2023 erwarb der Steuerpflichtige einen gebrauchten Pkw für 20.000 €, den er im Oktober 2023 für 30.000 € wieder veräußert hat.

Ein privates Veräußerungsgeschäft liegt nicht vor, weil es sich bei dem Gebrauchtfahrzeug um ein Wirtschaftsgut des täglichen Gebrauchs handelt. Der erzielte Gewinn von 10.000 € muss deshalb nicht versteuert werden.

Für die Berechnung der Veräußerungsfrist ist der Abschluss des Verpflichtungsgeschäftes (z. B. Abschluss des Kaufvertrages) maßgebend und nicht das dem darauf folgenden Erfüllungsgeschäft (z. B. die Eintragung im Grundbuch).

Beispiel

Der Steuerpflichtige hat mit notariellem Kaufvertrag vom 03. Februar 2013 ein unbebautes Grundstück erworben. Die Eintragung ins Grundbuch erfolgte am 19. April 2012. Wegen einer privaten Notlage hat er durch einen am 28. Januar 2023 abgeschlossenen notariellen Kaufvertrag das unbebaute Grundstück wieder veräußert. Die entsprechende Grundbucheintragung erfolgte am 25. April 2023.

Es liegt ein privates Veräußerungsgeschäft vor, weil der Zeitraum zwischen der Anschaffung und der Veräußerung nicht mehr als zehn Jahre betragen hat. Maßgebend für die Berechnung der Veräußerungsfrist sind insoweit die abgeschlossenen Kaufverträge am 03. Februar 2013 und 28. Januar 2023.

Private Veräußerungsgeschäfte liegen nicht vor, wenn Wirtschaftsgüter veräußert werden, deren Wert bei einer anderen Einkunftsart zu erfassen ist (§ 23 Abs. 2 Satz 1 EStG – **Subsidiaritätsregel**).

Beispiel

Der Steuerpflichtige veräußert innerhalb der Veräußerungsfrist sein Betriebsgrundstück mit Gewinn. Es liegt kein privates Veräußerungsgeschäft vor, weil das Grundstück zu seinem Betriebsvermögen gehört hat. Der erzielte Gewinn ist ein Gewinn aus Gewerbebetrieb.

Werden **unentgeltlich erworbene Gegenstände** (z. B. durch Schenkung, Erbschaft oder Vermächtnis) innerhalb der Veräußerungsfrist veräußert, liegt **kein privates Veräußerungsgeschäft** vor, weil der unentgeltliche Erwerb eines Gegenstandes **keine Anschaffung** i. S. des § 23 EStG ist (H 23 EStH – „Anschaffung").

Stellt ein Steuerpflichtiger ein Gebäude her und veräußert er es zusammen mit dem zuvor erworbenen Grund und Boden innerhalb von zehn Jahren nach dessen Anschaffung, so liegt ein privates Veräußerungsgeschäft auch hinsichtlich des Gebäudes vor (§ 23 Abs. 1 Nr. 1 Satz 2 EStG). Entsprechendes gilt für Außenanlagen und selbstständige Gebäudeteile sowie für Eigentumswohnungen und im Teileigentum stehende Räume.

MERKE

Neben dem Gewinn aus der **Veräußerung des Grund und Bodens** ist daher auch der Gewinn aus der **Veräußerung des hergestellten Gebäudes** steuerpflichtig. Die Herstellung und der unmittelbar anschließende Verkauf eines Gebäudes auf einem Grundstück, das sich seit **mehr als zehn Jahren** im Eigentum des Erbauers befindet, führt hingegen **nicht zu einem steuerpflichtigen Veräußerungsgeschäft**.

Zur Vermeidung einer ungerechtfertigten Besteuerung eines Veräußerungsgewinns bei **Aufgabe eines Wohnsitzes** (z. B. eines Arbeitsplatzwechsels) unterliegen Gewinne aus der **Veräußerung von selbstgenutztem Wohneigentum** nach **§ 23 Abs. 1 Nr. 1 Satz 3 EStG nicht der Besteuerung**, soweit

- das Wohneigentum zwischen Anschaffung oder Fertigstellung und Veräußerung ausschließlich **zu eigenen Wohnzwecken oder**
- aber im Jahr der Veräußerung und den beiden vorangegangenen Jahren zu eigenen **Wohnzwecken** genutzt wurde.

Die erste Alternative ermöglicht von der Besteuerung abzusehen, wenn das Wirtschaftsgut (z. B. wegen eines Arbeitsplatzwechsels) verhältnismäßig kurzfristig veräußert wird.

Beispiele

Beispiel 1:
A hat 2022 besonders günstig für 300.000 € in Leverkusen ein Einfamilienhaus erworben, um es zu eigenen Wohnzwecken zu nutzen. In 2023 muss er aus beruflichen Gründen unerwartet nach München umziehen. Er veräußert daher wieder sein Einfamilienhaus für 350.000 €.

Der Veräußerungsgewinn von 50.000 € unterliegt nicht der Besteuerung privater Veräußerungsgeschäfte, weil A das Einfamilienhaus zwischen Anschaffung und Veräußerung ausschließlich zu eigenen Wohnzwecken genutzt hat.

Beispiel 2:
A erwarb im Februar 2022 ein Mehrfamilienhaus für 500.000 €. Eine der vier gleich großen Wohnungen nutzt er zu eigenen Wohnzwecken, die übrigen Wohnungen sind zu fremden Wohnzwecken vermietet. In 2023 zieht er zu seiner Verlobten ins Ausland und veräußert das Mehrfamilienhaus zu einem Kaufpreis von 650.000 €. Der Erwerber tritt in die bestehenden Mietverträge ein.

Der Veräußerungsgewinn von 150.000 € ist nur zu 75 % steuerpflichtig, da 25 % zu eigenen Wohnzwecken genutzt worden sind.

Gewinn oder Verlust aus privaten Veräußerungsgeschäften ist der Unterschied zwischen dem Veräußerungspreis einerseits und den Anschaffungs- oder Herstellungskosten und den Werbungskosten (z. B. Gerichtsgebühren, Maklergebühren, Werbekosten) andererseits (§ 23 Abs. 3 Satz 1 EStG). Bei **Immobilien mindern sich die Anschaffungs- oder Herstellungskosten um die AfA nach § 7 EStG oder erhöhte Absetzungen und Sonderabschreibungen**, soweit sie bei der Ermittlung der Einkünfte i. S. des § 2 Abs. 1 Satz 1 Nr. 4 bis 7 EStG (z. B. Vermietung und Verpachtung) abgezogen worden sind (§ 23 Abs. 3 Satz 4 EStG).

Der Veräußerungsgewinn bzw. -verlust wird demnach wie folgt ermittelt:

	Veräußerungspreis
-	Anschaffungskosten ggf. vermindert um die ► AfA ► erhöhte AfA und ► Sonder-AfA
-	angefallene Werbungskosten
=	**Veräußerungsgewinn bzw. -verlust**

Gewinne aus privaten Veräußerungsgeschäften bleiben **steuerfrei**, wenn der aus sämtlichen im VZ angefallenen privaten Veräußerungsgeschäften erzielte **Gesamtgewinn** im Kalenderjahr weniger als 600 € (**Freigrenze = 599,99 €**) betragen hat (§ 23 Abs. 3 Satz 5 EStG).

Haben beide **zusammenveranlagten Ehegatten** private Veräußerungsgewinne erzielt, so steht **jedem Ehegatten die Freigrenze** zu, höchstens jedoch bis zur Höhe seines Gesamtgewinns aus privaten Veräußerungsgeschäften.

Beispiel

Ein Steuerpflichtiger hat durch Kaufvertrag vom 15. März 2022 ein Einfamilienhaus für 300.000 € erworben und anschließend vermietet. Dieses Grundstück wurde mit Kaufvertrag vom 08. September 2023 für 340.000 € verkauft. Die Veräußerungskosten betragen 3.500 €. Bei den Einkünften aus Vermietung und Verpachtung wurde für das Einfamilienhaus in den Jahren 2022 und 2023 eine AfA i. H. v. insgesamt 6.000 € geltend gemacht.

Es liegt ein privates Veräußerungsgeschäft vor. Der Veräußerungsgewinn errechnet sich wie folgt:

	Veräußerungspreis		340.000,00 €
-	Anschaffungskosten	300.000,00 €	
	- Abschreibung	6.000,00 €	
		294.000,00 €	294.000,00 €
-	Veräußerungskosten		3.500,00 €
=	Veräußerungsgewinn		42.500,00 €

Der Veräußerungsgewinn i. H. v. 42.500 € ist in voller Höhe steuerpflichtig, da die Freigrenze von 599,99 € überschritten wird.

Verluste aus privaten Veräußerungsgeschäften dürfen **nur bis zur Höhe des privaten Veräußerungsgewinns**, den der Steuerpflichtige im Kalenderjahr erzielt hat ausgeglichen werden; sie dürfen daher weder **mit anderen Einkunftsarten ausgeglichen** werden, noch nach § 10d EStG abgezogen werden (§ 23 Abs. 3 Satz 7 EStG).

MERKE

Nach § 23 Abs. 3 Satz 8 EStG können Verluste aus privaten Veräußerungsgeschäften jedoch nicht nur mit Gewinnen im gleichen Jahr verrechnet werden, sondern darüber hinaus nach Maßgabe des § 10d EStG die Einkünfte mindern, die der Steuerpflichtige in dem unmittelbar vorangegangenen VZ oder in den folgenden VZ aus privaten Veräußerungsgeschäften i. S. des § 23 Abs. 1 EStG erzielt.

Beispiel

A hat in 2022 mit einem Veräußerungsgeschäft einen Gewinn von 40.000 € erzielt. Im VZ 2023 erleidet er mit einem privaten Veräußerungsgeschäft einen Verlust von 50.000 €. Außerdem hat er in beiden Jahren Einkünfte aus Gewerbebetrieb i. H. v. 400.000 € erzielt.

Nach § 23 Abs. 3 Satz 7 EStG ist für den VZ 2023 ein Verlustausgleich mit den positiven Einkünften aus Gewerbebetrieb nicht möglich. Allerdings kann gem. § 23 Abs. 3 Satz 9 EStG der Verlust von 50.000 € in den VZ 2022 zurückgetragen und so mit dem Gewinn aus dem privaten Veräußerungsgeschäft verrechnet werden. Der verbleibende Verlust von 10.000 € kann in den VZ 2024 vorgetragen werden.

Ebenso dürfen **Ehegatten**, die die Voraussetzungen des § 26 Abs. 1 Satz 1 EStG erfüllen, **Verluste aus privaten Veräußerungsgeschäften des einen Ehegatten nicht mit Gewinnen aus privaten Veräußerungsgeschäften des anderen Ehegatten ausgleichen**.

10.5 Einkünfte aus Leistungen

Zu den sonstigen Einkünften gehören nach § 22 Nr. 3 EStG Einkünfte aus Leistungen, die keiner anderen Einkunftsart noch zu den Einkünften aus wiederkehrenden Bezügen, Unterhaltsleistungen, privaten Veräußerungsgeschäften oder Abgeordnetenbezügen zugeordnet werden können.

Dazu gehören z. B.

- Einkünfte aus **gelegentlichen Vermittlungen**
- Einkünfte aus der **Vermietung beweglicher Gegenstände**
- **Entgelte aus Fahrgemeinschaften**.

Die Einkünfte sind nicht steuerpflichtig, wenn sie weniger als 256 € (**Freigrenze = 255,99 €**) betragen (§ 22 Nr. 3 Satz 2 EStG). Die Freigrenze bezieht sich dabei nicht auf die Höhe der Einnahmen, sondern auf die Höhe der Einkünfte, d. h. die Werbungskosten sind von den Einnahmen zunächst abzuziehen.

Haben beide **zusammenveranlagte Ehegatten** Einkünfte i. S. des § 22 Nr. 3 EStG bezogen, so ist bei **jedem Ehegatten die Freigrenze** zu berücksichtigen, höchstens jedoch bis zur Höhe seiner Einkünfte (R 22.6 EStR).

Übersteigen die Werbungskosten die Einnahmen, so darf der übersteigende Betrag (= **Verlust**) bei der Ermittlung des Einkommens **nicht mit positiven anderen Einkünften ausgeglichen** werden, er darf auch nicht nach § 10d EStG abgezogen werden (§ 22 Nr. 3 Satz 3 EStG). Die Verluste mindern jedoch nach Maßgabe des § 10d EStG die Einkünfte, die der Steuerpflichtige in dem unmittelbar vorangegangenen VZ oder in den folgenden VZ aus Leistungen erzielt hat oder erzielt (§ 22 Nr. 3 Satz 4 EStG).

Beispiel

Zusammenveranlagte Ehegatten haben folgende Einnahmen bezogen:

► Ehemann: Einnahmen aus Vermietung des privaten Pkw	145 €
Einnahmen aus Fahrgemeinschaften	75 €
► Ehefrau: Einnahmen aus Vermittlung einer Versicherung	260 €
(nachgewiesene Werbungskosten)	35 €

Die Einnahmen des Ehemannes aus Leistungen i. S. des § 22 Nr. 3 EStG betragen insgesamt 220 € und damit weniger als 256 €; sie sind also nicht steuerpflichtig. Die Einkünfte der Ehefrau aus Leistungen i. S. des § 22 Nr. 3 EStG betragen (260 € - 35 € =)

225 € und damit ebenfalls weniger als 256 €; sie werden einkommensteuerlich dementsprechend nicht berücksichtigt.

10.6 Zusammenfassung

Art	wiederkehrende Bezüge und Unterhaltsleistungen	Private Veräußerungsgeschäfte	sonstige Leistungen
Umfang	▸ **wiederkehrende Bezüge** (Leibrenten) Ansatz in Höhe des Besteuerungsanteils ▸ **Unterhaltsleistungen**, soweit beim **Geber** als **Sonderausgaben** abziehbar (§ 10 Abs. 1a Nr. 1 EStG – „**Realsplitting**") (bis 13.805 € zzgl. KV-Beiträge)	▸ **private Veräußerungsgewinne** - Veräußerungspreis - Anschaffungs-/ Herstellungskosten - Werbungskosten ▸ **Voraussetzung Zeitraum** zwischen **Kauf** und **Verkauf** - bei **Grundstücken** nicht mehr als zehn Jahre - bei **anderen Wirtschaftsgütern** nicht mehr als 1 Jahr **Ausnahme:** Nutzung zu eigenen Wohnzwecken und Gegenstände des täglichen Gebrauchs!	▸ **gelegentliche Vermittlung** ▸ **Vermietung einzelner beweglicher Gegenstände**, soweit nicht Einkünfte aus Vermietung und Verpachtung
WK-Pauschbetrag (§ 9a EStG)	102 €, wenn nicht im Einzelnen höhere WK nachgewiesen werden	–	–
Freigrenze	–	599,99 €	255,99 €
Verlustausgleich	–	nur bis zur **Höhe** der privaten Veräußerungsgewinne (keine Verrechnung mit anderen Einkunftsarten)	(keine Verrechnung mit anderen Einkunftsarten)

10.7 Fälle zur Sicherung des Lernerfolgs

Fall 1:

Peter Winter aus Neuss bezieht seit dem Kalenderjahr 2005 eine Altersrente aus der gesetzlichen Rentenversicherung.

Zum 01.07.2023 hatte er die folgende jährliche Mitteilung über die Anpassung der Leistung aus der gesetzlichen Rentenversicherung erhalten (Auszug):

	bisherige Monatsbeiträge bis 30.06.2023	**neue Monatsbeiträge ab 01.07.2023**
Rentenbetrag	1.676,76 €	1.748,02 €
Beitrag zur gesetzlichen Krankenversicherung		
Ihr bisheriger Anteil	- 131,63 €	
Berechnung Ihres neuen Anteils:		
8,1 % von 1.748,02 €		- 141,59 €
Beitrag zur Pflegeversicherung		
Ihr bisheriger Anteil	- 39,40 €	
Ihr neuer Anteil:		
3,05 % von 1.748,02 €		- 53,31 €
auszuzahlender Betrag	**1.505,73 €**	**1.553,12 €**

Weitere Anpassungen der gesetzlichen Rente gab es im VZ 2023 nicht.
Die Bruttorente betrug im Kalenderjahr 2005 insgesamt 18.000 €.

Zusätzlich erhält Peter Winter seit Dezember 2005 eine ausschließlich vom früheren Arbeitgeber finanzierte Betriebsrente (Versorgungsbezüge) in unveränderter Höhe von 500 € monatlich brutto. Der Arbeitgeber hat Beiträge zur Basiskranken- und Pflegeversicherung i. H. v. insgesamt 651 € für das Jahr 2023 einbehalten und abgeführt.

Ermitteln Sie in einer übersichtlichen Darstellung unter Angabe der Einkunftsarten für den VZ 2023 die Summe der Einkünfte von Peter Winter.

Fall 2:

1. Frau Pohl bezieht seit dem 01.06.2021 eine Rente aus der gesetzlichen Rentenversicherung. Aus den bisher ergangenen Rentenbescheiden ergeben sich folgende Bruttowerte:

ab 01.06.2021	1.250,00 €
ab 01.07.2021	1.257,50 €
ab 01.07.2022	1.272,00 €
ab 01.07.2023	1.277,50 €

2. Frau Pohl erzielte im VZ 2023 nachfolgende Gutschrift auf ihrem privaten Bankkonto:

		Kontoauszug zum 30.09.2023	
Kontonummer	**Erstellungsdatum**	**Beträge**	
30030033	30.09.2023		
Buchungstag	**Vorgang**		
30.09.2023	Festgeldzinsen 5 %	3.000,00 €	
	25 % Kapitalertragsteuer	549,75 €	
	5,5 % Solidaritätszuschlag	30,23 €	2.420,02 € +
	(berücksichtigter Freistellungsauftrag: 801 €)		

3. Frau Pohl hat mit notariellem Kaufvertrag vom 01.03.2022 eine am 01.12.2022 fertiggestellte Eigentumswohnung in Leverkusen erworben (Bauantrag 16.05.2021). Die Anschaffungskosten dieser Wohnung betrugen 400.000 €, davon entfielen 80.000 € auf den Grund- und Bodenwert. Die Wohnung wurde von Frau Pohl in der Zeit vom 01.12.2022 bis zum 31.12.2023 an Max Frisch vermietet.

   Die hieraus erzielten Mieteinnahmen betrugen im VZ 2023 insgesamt 17.250 €. Für diese Wohnung zahlte Frau Pohl bis zum 31.12.2023 insgesamt 15.000 € Zinsen sowie weitere Werbungskosten i. H. v. 8.000 €.

   Da der Mieter Max Frisch diese Wohnung unbedingt erwerben wollte, ließ Frau Pohl ein Wertgutachten für 1.500 € + 285 € USt = 1.785 € erstellen und verkaufte die Wohnung mit notariellem Kaufvertrag vom 02.10.2023 für 420.000 €.

   Der Besitzübergang erfolgte zum 31.12.2023.

   Zu diesem Zeitpunkt wurde der Kaufpreis von 420.000 € dem Konto von Frau Pohl gutgeschrieben.

Berechnen Sie für den VZ 2023 die Summe der Einkünfte! Nichtansätze sind zu begründen. Ein Antrag nach § 32d Abs. 6 EStG ist nicht gestellt.

Fall 3:

Ermitteln Sie für den VZ 2023 in einer übersichtlichen Darstellung die Summe der Einkünfte.

Der ledige Steuerpflichtige Helmut Beckers erwarb mit Kaufvertrag vom 20. Mai 2022 ein zum 01. Juni 2022 (gleichzeitig Übergang von Nutzen und Lasten) fertig gestelltes Dreifamilienhaus (Wohnfläche: 375 qm). Das Objekt wurde zum 01. September 2022 für 8 €/qm zu Wohnzwecken vermietet. Außerdem werden pro qm und Monat 2 € für Umlagen vereinnahmt.

Die Anschaffungskosten betrugen einschl. aller Nebenkosten 600.000 €, von denen 20 % auf den Grund und Boden entfallen.

Mit Kaufvertrag vom 30. Oktober 2023 (Übergang von Nutzen und Lasten am 01. November 2023) veräußerte Helmut Beckers dieses Objekt an Uwe Reich, der ihm völlig überraschend einen Preis von 950.000 € dafür geboten hatte.

Veräußerungskosten fielen für Helmut Beckers nicht an. Der Kaufpreis wurde in zwei Raten wie folgt gezahlt:

- 587.000 € am 15. Dezember 2023
- 363.000 € am 08. Januar 2024.

In der Zeit vom 01. Juni 2022 bis 30. Oktober 2023 sind Helmut Beckers im Zusammenhang mit dem Dreifamilienhaus nachweislich folgende monatliche Aufwendungen entstanden:

► Schuldzinsen	1.500 €
► Grundbesitzabgaben	250 €
► Versicherungsbeiträge	150 €
► Energiekosten	300 €
► Erhaltungsaufwendungen	125 €.

Fall 4:

Ermitteln Sie für den VZ 2023 die Summe der Einkünfte des Simon Braun aus Bergisch Gladbach.

1. In der Zeit vom 01.01. - 31.10.2023 war Simon Braun als leitender Buchhalter bei der Kraut & Rüben AG in Bergisch Gladbach tätig und bezog in dieser Zeit einen Bruttoarbeitslohn i. H. v. insgesamt 45.000 €. Seit dem 01.11.2023 bezieht er eine Betriebsrente i. H. v. monatlich 1.650 €, die nicht auf eigenen Beitragsleistungen beruht. Werbungskosten werden nicht geltend gemacht.
2. Seit dem 01.11.2023 bezieht Simon Braun außerdem ein Altersruhegeld von monatlich 900 €. Zur Durchsetzung seines Rentenanspruchs wendete er im September 2023 an einen Rentenberater 300 € (inkl. 19 % USt) auf.
3. Außerdem ist er Eigentümer des Grundstücks Refrather Weg 35 in Bergisch Gladbach. Simon Braun macht hierzu folgende Angaben:

   Grund und Boden:

   Das unbebaute Grundstück wurde im VZ 2018 erworben. Der Kaufpreis betrug 62.000 € und wurde mit Eigenmitteln bezahlt.

   Gebäude:

   Aufgrund des Bauantrags vom 31.10.2022 wurde am 10.01.2023 mit dem Bau begonnen und am 01.11.2023 fertig gestellt. Das Gebäude wird wie folgt genutzt:

Erdgeschoss (100 qm):	Vermietung ab 01.11.2023 für monatlich 2.000 € an die SUNSET GmbH, die darin eine Autovermietung betreibt. Umsatzsteuer ist im Mietvertrag nicht ausgewiesen.

1. Obergeschoss (100 qm): Nutzung zu eigenen Wohnzwecken ab 01.11.2023

Kostenaufstellung:

► Grunderwerbsteuer	bezahlt 05.03.2018	3.100,00 €
► Notar- und Grundbuchkosten	bezahlt 10.02.2018	700,00 €
► Straßenanliegerbeiträge	bezahlt 09.08.2019	8.000,00 €
► Baugenehmigungsgebühren	bezahlt 04.11.2022	300,00 €
► Architektenhonorar	bezahlt 16.10.2023	6.300,00 €
► Bauunternehmer	bezahlt 19.12.2023	350.000,00 €
		368.400,00 €

Finanzierung:

a) Darlehen der Landesbausparkasse im Nennwert von 308.500,00 €
Für die Eintragung der Grundschuld zugunsten der Bausparkasse waren Notarkosten (800 €, bezahlt am 16.03.2023) und Grundbuchkosten (400 €, bezahlt am 25.04.2023) zu entrichten.
Für das Darlehen, das zu 98 % ausbezahlt wurde, wurden in 2023 Zinsen i. H. v. insgesamt 15.000 € bezahlt.

b) Erlös aus dem Verkauf der Teilfläche an das Straßenverwaltungsamt (vgl. „sonstige Angaben“) 59.500,00 €

368.000,00 €

Sonstige Angaben:

a) Grundsteuer wurde in 2023 i. H. v. 400 € bezahlt.

b) Von der Gesamtfläche des Grundstücks musste im November 2023 eine Teilfläche von 10 % an das Straßenverwaltungsamt veräußert werden. Dies war wegen der Begradigung der neuen Bundesstraße, die am Grundstück vorbei führt, notwendig. Es handelt sich dabei um einen Teil der an die SUNSET GmbH vermieteten Kundenparkplätze. Der Veräußerungserlös betrug 59.500 €.

11. Ermittlung der Summe der Einkünfte und des Gesamtbetrags der Einkünfte

Werden die Einkünfte aus einer Einkunftsart oder aus mehreren Einkunftsarten zusammengerechnet, erhält man die **Summe der Einkünfte**.

11.1 Verlustausgleich

Bei der Ermittlung der Summe der Einkünfte ist der sog. **Verlustausgleich** zu beachten. Es gibt **zwei verschiedene Arten** des Verlustausgleichs:

- **Horizontaler** (= Interner) **Verlustausgleich**
- **Vertikaler** (= Externer) **Verlustausgleich**

11.1.1 Horizontaler Verlustausgleich

Bei dem **horizontalen Verlustausgleich** werden die positiven und negativen Einkünfte **einer** Einkunftsart miteinander verrechnet. Das Ergebnis dieser Verrechnung kann dabei auch zu einem negativen Ergebnis führen.

Beispiel

Ein Steuerpflichtiger hat im VZ 2023 folgende Einkünfte erzielt:

- Gewinn aus einer Lottoannahmestelle 25.000 €
- Verlust aus einer OHG-Beteiligung 30.000 €

Die Einkünfte aus Gewerbebetrieb werden durch den horizontalen Verlustausgleich wie folgt ermittelt:

	Gewinn aus der Lottoannahmestelle	25.000,00 €
-	Verlust aus einer OHG-Beteiligung	30.000,00 €
=	**Verlust aus Gewerbebetrieb**	**5.000,00 €**

11.1.2 Vertikaler Verlustausgleich

Bei dem **vertikalen Verlustausgleich** werden die positiven Einkünfte einer Einkunftsart mit den anderen negativen Einkünften einer **anderen** Einkunftsart verrechnet.

Überwiegen dann die negativen Einkünfte, so beträgt die **Summe der Einkünfte 0 €**. Der nicht ausgeglichene Verlust kann dann aber gem. § 10d EStG nach dem Gesamtbetrag der Einkünfte zurück- oder vorgetragen werden.

Beispiel

Ein Steuerpflichtiger hat Einkünfte aus nichtselbstständiger Arbeit i. H. v. 25.000 €. Außerdem hat er zwei Vermietungsobjekte, aus denen er folgende Einkünfte erzielt:

Objekt 1: - 150.000 €
Objekt 2: + 200.000 €

Die Verluste aus dem Vermietungsobjekt 1 sind zunächst im Wege des horizontalen Verlustausgleichs mit dem positiven Überschuss aus dem Vermietungsobjekt 2 zu verrechnen. Die Einkünfte aus Vermietung und Verpachtung betragen demnach (-150.000 € + 200.000 € =) + 50.000 €. Der Gesamtbetrag der Einkünfte beläuft sich demnach auf (50.000 € + 25.000 € =) 75.000 €.

Nicht alle Verluste können jedoch im Rahmen des Verlustausgleichs mit positiven Einkünften verrechnet werden.

Vom Verlustausgleich sind insbesondere ausgeschlossen:

- **Verluste aus gewerblicher Tierzucht und Tierhaltung** (§ 15 Abs. 4 Satz 1 EStG)
- **Verluste aus Kapitalvermögen** i. S. des § 20 Abs. 6 EStG
- **Verluste aus privaten Veräußerungsgeschäften**, soweit sie die erzielten Gewinne aus privaten Veräußerungsgeschäften im VZ übersteigen (§ 23 Abs. 3 Sätze 7 und 8 EStG)
- **Verluste aus gelegentlichen Leistungen** (§ 22 Nr. 3 Satz 3 EStG).

Beispiel

Ein Steuerpflichtiger erzielte im VZ 2023 folgende Einkünfte:

► Einkünfte aus selbstständiger Arbeit	52.500,00 €
► Einkünfte aus Vermietung und Verpachtung	
Einfamilienhaus	15.000,00 €
Zweifamilienhaus	7.500,00 €
Mietwohngrundstück	- 27.500,00 €
► Private Veräußerungsgeschäfte	4.500,00 €
► Private Veräußerungsgeschäfte	- 5.500,00 €

Die Summe der Einkünfte errechnet sich wie folgt:

	Einkünfte aus selbstständiger Arbeit	52.500,00 €
-	Einkünfte aus Vermietung und Verpachtung **horizontaler Verlustausgleich:** (15.000 € + 7.500 € - 27.500 € =)	5.000,00 €
+	Sonstige Einkünfte (Veräußerungsgeschäfte) (4.500 € - 5.500 € = - 1.000 €)	0,00 €
=	**Summe der Einkünfte**	**47.500,00 €**

11.2 Altersentlastungsbetrag (§ 24a EStG)

Die Summe der Einkünfte vermindert um den Altersentlastungsbetrag, den Entlastungsbetrag für Alleinerziehende und den Freibetrag für Land- und Forstwirte, ist der **Gesamtbetrag der Einkünfte** (§ 2 Abs. 3 EStG).

	Summe der Einkünfte
-	**Altersentlastungsbetrag (§ 24a EStG)**
-	Entlastungsbetrag für Alleinerziehende
-	Freibetrag für Land- und Forstwirte
=	**Gesamtbetrag der Einkünfte**

Persönliche Voraussetzung für die Gewährung des Altersentlastungsbetrages ist, dass der Steuerpflichtige **vor Beginn des Kalenderjahres**, in dem er sein Einkommen bezogen hat, das **64. Lebensjahr vollendet hat** (§ 24a Satz 3 EStG).

Für die Lebensaltersberechnung gelten die Regeln der **Beginnfrist**. Ein **Lebensjahr wird daher mit Ablauf des Tages vollendet, der dem Tag der Wiederkehr des Geburtstages vorangeht** (§ 108 Abs. 1 AO i. V. mit § 187 Abs. 2 Satz 2, § 188 Abs. 2 BGB).

INFO

Demnach erhalten Steuerpflichtige für den **Veranlagungszeitraum 2023** den Altersentlastungsbetrag, wenn sie **vor dem 02. Januar 1959 geboren** sind.

Die **Bemessungsgrundlage** für den Altersentlastungsbetrag setzt sich aus **zwei selbstständigen Teilen** zusammen:

	Arbeitslohn (außer Versorgungsbezüge i. S. des § 19 Abs. 2 EStG)
+	positive Summe der Einkünfte (außer z. B. nichtselbstständiger Arbeit und Leibrenten sowie Kapitalerträge, die nach § 32d Abs. 1 und § 43 Abs. 5 EStG dem gesonderten Steuertarif für Einkünfte aus Kapitalvermögen unterliegen)
=	**Bemessungsgrundlage für den Altersentlastungsbetrag**

Für die Berechnung der **positiven Summe der Einkünfte** sind die positiven Einkünfte mit den negativen Einkünften zu verrechnen (vertikaler Verlustausgleich).

Der Altersentlastungsbetrag wird der Höhe nach in gleichem Maße abgeschmolzen, wie der Besteuerungsanteil der Renten steigt.

Bei der Abschmelzung des Altersentlastungsbetrages wird nach dem **Kohortenprinzip** vorgegangen, d. h. für den einzelnen Bezieher von Alterseinkünften wird die Besteuerungssituation in dem auf die Vollendung des 64. Lebensjahres folgenden Kalenderjahres **„eingefroren“**.

MERKE

Der in diesem Jahr anzuwendende Vomhundertsatz und der Höchstbetrag werden zeitlebens berücksichtigt.

Anders als bei der Ermittlung des Versorgungsfreibetrages oder des Rentenfreibetrages erfolgt **keine statistische Festschreibung** eines im Erstjahr ermittelten **Betrages**, sondern es erfolgt lediglich die **Festschreibung des anzuwendenden Vomhundertsatzes und des Höchstbetrages**, da die zugrunde liegenden Einkünfte in ihrer Höhe von

Jahr zu Jahr schwanken können (z. B. Einkünfte aus Kapitalvermögen und Einkünfte aus Vermietung und Verpachtung).

Die maßgebenden Werte des Vomhundertsatzes und des Höchstbetrages können aus der **Tabelle in § 24a EStG** entnommen werden.

MERKE

Für vor dem 02.01.1959 geborene Steuerpflichtige beträgt der Altersentlastungsbetrag **ab dem VZ 2023** bis einschl. VZ 2040

13,6 % der Bemessungsgrundlage, höchstens 646 €.

Der Altersentlastungsbetrag ist auf einen **vollen Euro-Betrag aufzurunden** (R 24a Abs. 1 Satz 3 EStR).

Im Fall der **Zusammenveranlagung von Ehegatten** ist der Altersentlastungsbetrag **jedem Ehegatten** zu gewähren, der vor Beginn des Kalenderjahres das **64. Lebensjahr** vollendet hat (§ 24a Satz 4 EStG). Eine **Übertragung** des bei einem Ehegatten nicht ausgeschöpften Höchstbetrages auf den anderen Ehegatten ist aber **nicht zulässig**.

Beispiele

1. Ein Steuerpflichtiger (65) erzielte im VZ 2023 folgende Einnahmen bzw. Einkünfte:

▸ Bruttoarbeitslohn aus aktivem Dienstverhältnis	23.000,00 €
▸ Versorgungsbezüge seit 01.01.2023	6.000,00 €
▸ Einkünfte aus Gewerbebetrieb	5.000,00 €
▸ Verlust aus Vermietung und Verpachtung	3.000,00 €
▸ Sonstige Einkünfte (Leibrente)	4.760,00 €

Der Altersentlastungsbetrag errechnet sich wie folgt:

Arbeitslohn außer Versorgungsbezüge	23.000,00 €
+ positive Summe der Einkünfte außer nichtselbstständiger Arbeit, Leibrenten (5.000 € - 3.000 € =)	2.000,00 €
= **Bemessungsgrundlage**	25.000,00 €
• 13,6 % =	3.400,00 €
	höchstens jedoch 646,00 €.

2. Ein Steuerpflichtiger (65) erzielte im VZ 2023 folgende Einnahmen bzw. Einkünfte:

▸ Bruttoarbeitslohn aus aktivem Dienstverhältnis	3.000,00 €
▸ Versorgungsbezüge seit 01.01.2023	24.000,00 €
▸ Einkünfte aus Gewerbebetrieb	5.000,00 €
▸ Verlust aus Vermietung und Verpachtung	6.000,00 €
▸ Sonstige Einkünfte (Leibrente)	4.760,00 €

Der Altersentlastungsbetrag errechnet sich wie folgt:

Arbeitslohn außer Versorgungsbezüge	3.000,00 €
+ positive Summe der Einkünfte außer nichtselbstständiger Arbeit, Leibrenten (5.000 € - 6.000 € = - 1.000 €)	0,00 €
= **Bemessungsgrundlage**	3.000,00 €
• 13,6 % =	408,00 €

Der nicht berücksichtigte Verlust von 1.000 € kann nicht mit dem Arbeitslohn verrechnet werden.

11.3 Entlastungsbetrag für Alleinerziehende (§ 24b EStG)

Der **Entlastungsbetrag für Alleinerziehende** nach § 24b EStG wird **von der Summe der Einkünfte abgezogen**.

Der Entlastungsbetrag beträgt im Kalenderjahr **4.260 €**. Für jedes weitere Kind erhöht sich dieser Betrag um **240 €** je weiterem Kind (§ 24b Abs. 2 EStG).

Der Entlastungsbetrag steht nur allein stehenden Steuerpflichtigen (= „echte" allein Erziehende) zu. Als **alleinstehend** gelten nach **§ 24b Abs. 3 EStG** nur Steuerpflichtige, die

- **nicht** die Voraussetzungen für die Anwendung des **Splitting-Verfahrens** erfüllen **oder verwitwet** sind und
- **keine Haushaltsgemeinschaft mit einer anderen volljährigen Person** bilden, **es sei denn**, für diese steht ihnen ein **Freibetrag nach § 32 Abs. 6 EStG oder Kindergeld** zu **oder** es handelt sich um ein Kind i. S. des § 63 Abs. 1 Satz 1 EStG, das den Dienst nach § 32 Abs. 5 EStG leistet.

Ist eine andere Person mit Haupt- oder Nebenwohnsitz in der Wohnung des Steuerpflichtigen gemeldet, wird nach § 24b Abs. 3 Satz 2 EStG **vermutet**, dass sie mit dem Steuerpflichtigen gemeinsam wirtschaften (**Haushaltsgemeinschaft**).

Diese **Vermutung** ist jedoch nach § 24b Abs. 3 Satz 3 EStG **grundsätzlich widerlegbar**. Ob und wann die Vermutung als widerlegt angesehen werden kann, ist nach den gesamten Umständen des Einzelfalles zu entscheiden. In der Regel wird eine **Glaub-**

haftmachung oder **zweifelsfreie Versicherung** ausreichen. Der Steuerpflichtige hat insofern entsprechende Erklärungen abzugeben und Nachweise vorzulegen. Bei **eheähnlichen oder lebenspartnerschaftsähnlichen Gemeinschaften scheidet** wegen des Verbots einer Schlechterstellung von Eheleuten die **Widerlegbarkeit aus**.

Die Meldung ist jedoch nicht Voraussetzung für die Annahme einer Haushaltsgemeinschaft. Eine Haushaltsgemeinschaft kann also auch vorliegen, wenn sich die andere Person nicht nur kurzfristig, z. B. zu Besuchszwecken oder aus Krankheitsgründen in der Wohnung des Steuerpflichtigen aufhält bzw. aufzuhalten beabsichtigt.

Dagegen spricht eine nicht nur vorübergehende Abwesenheit von der Wohnung gegen das Vorliegen einer Haushaltsgemeinschaft. Nicht nur vorübergehend abwesend von der Wohnung sind z. B. Personen, die als vermisst gemeldet sind oder sich im Strafvollzug befinden.

Indes hebt eine kurze Abwesenheit (z. B. Krankenhaus, Reise, Auslandsaufenthalt eines Montagearbeiters) von der gemeinsamen Wohnung die Haushaltsgemeinschaft nicht auf. Es muss vielmehr der Wille, nicht oder nicht mehr in der Haushaltsgemeinschaft leben zu wollen, eindeutig nach außen treten (z. B. bei Auszug, Unterhaltung einer zweiten Wohnung aus privaten Gründen, eigene Wirtschaftsführung mit Untervermietung oder Begründung eines Au-pair-Verhältnisses als Arbeitsverhältnis).

Beispiele

Schädliche Hauhaltsgemeinschaften:
Nichteheliche, aber eheähnliche (Lebens-)Gemeinschaften, mit Studierenden, Großeltern, Geschwistern des Steuerpflichtigen oder weiteren volljährigen Kindern des Steuerpflichtigen, für die ihm weder Kindergeld noch ein Freibetrag nach § 32 Abs. 6 EStG zusteht, aber auch mit nicht dauernd getrennt lebenden Ehegatten.

INFO

Ferner setzt die Inanspruchnahme des Entlastungsbetrages nach **§ 24b Abs. 1 EStG** voraus, dass zu dem **Haushalt** des allein stehenden Steuerpflichtigen mindestens ein **Kind** gehört, für das dem Steuerpflichtigen ein **Freibetrag nach § 32 Abs. 6 EStG oder Kindergeld** zusteht. Das Kind ist dabei durch die an das Kind vergebene **Identifikationsnummer** zu identifizieren.

Die **Zugehörigkeit zum Haushalt** des Steuerpflichtigen ist nach § 24b Abs. 1 Satz 2 EStG anzunehmen, wenn das Kind in der **Wohnung des allein stehenden Steuerpflichtigen gemeldet** ist.

Bei Meldung des Steuerpflichtigen und seines Kindes mit **Haupt- oder Nebenwohnsitz** unter einer gemeinsamen Adresse wird gesetzlich fingiert, dass das Kind zum Haushalt gehört (räumliches Zusammenleben bei gemeinsamer Versorgung).

Auf die alleinige Meldung mit Hauptwohnsitz in der Wohnung des Steuerpflichtigen kommt es nicht an. Insbesondere in Fällen der **auswärtigen Unterbringung** zur Schul- oder Berufsausbildung reicht es aus, dass das volljährige Kind, für das dem Steuerpflichtigen ein Freibetrag nach § 32 Abs. 6 EStG oder Kindergeld zusteht, nur mit Nebenwohnsitz in der Wohnung des Steuerpflichtigen gemeldet ist.

Ist das Kind **mit Haupt- und Nebenwohnsitz bei mehreren Steuerpflichtigen gemeldet** (z. B. sowohl in der Wohnung der Mutter als auch in der Wohnung des von dieser getrennt lebenden Vaters), wird der **Entlastungsbetrag nur einmal gewährt**. Nach § 24b Abs. 1 Satz 3 EStG steht dann der Entlastungsbetrag demjenigen Alleinerziehenden zu, der die **Voraussetzungen** auf Auszahlung des **Kindergeldes** nach § 64 Abs. 2 Satz 1 EStG **erfüllt** oder erfüllen würde in Fällen, in denen nur ein Anspruch auf einen Freibetrag nach § 32 Abs. 6 EStG besteht (z. B. in den Fällen, in denen sich der Steuerpflichtige nach § 1 Abs. 3 EStG als unbeschränkt einkommensteuerpflichtig behandeln lässt und deshalb keinen Anspruch auf Kindergeld hat).

Für jeden **vollen Kalendermonat**, in dem die Voraussetzungen nicht vorgelegen haben, ermäßigt sich der Entlastungsbetrag um ein **Zwölftel (§ 24b Abs. 4 EStG)**.

Beispiele

1. Die Eheleute A und B, nicht dauernd getrennt lebend, sind Eltern einer minderjährigen Tochter, die in ihrer Wohnung mit Hauptwohnsitz gemeldet ist.

   Die Voraussetzungen für den Entlastungsbetrag liegen weder bei A noch bei B vor, da sie die Voraussetzungen des Splitting-Verfahrens erfüllen und es sich insoweit nicht um allein stehende Steuerpflichtige handelt.

2. A und B, getrennte Wohnsitze, keine Meldung mit Nebenwohnsitzen, sind Eltern einer minderjährigen Tochter, die in der Wohnung der A mit Hauptwohnsitz gemeldet ist. A und B heiraten im Mai 2023 und ziehen erst zu diesem Zeitpunkt zusammen.

   Die Voraussetzungen für eine Ehegattenveranlagung liegen aufgrund der Hochzeit erst im Mai 2023 vor. A erfüllt daher die Voraussetzungen für den Entlastungsbetrag für die Monate Januar bis Mai 2023, sodass von der Summe der Einkünfte ein Betrag von (4.260 € • $\frac{5}{12}$ =) 1.775 € abzuziehen ist.

3. Die Steuerpflichtige B, seit mehreren Jahren verwitwet, ist Mutter eines minderjährigen Kindes, das in ihrer Wohnung mit Hauptwohnsitz gemeldet ist. Eine Haushaltsgemeinschaft mit einer anderen Person besteht nicht.

   B ist allein stehend und erfüllt auch die übrigen Voraussetzungen für die Inanspruchnahme des Entlastungsbetrages.

4. wie 3., B ist erst seit 2021 verwitwet.

   Auch in diesem Fall liegen bei B die Voraussetzungen für den Entlastungsbetrag vor (allein stehend, da verwitwet).

5. A und B, nicht verheiratet, sind Eltern eines minderjährigen Sohnes. A, B und der Sohn sind gemeinsam in einer Wohnung mit Hauptwohnsitz gemeldet.

   Weder A noch B haben Anspruch auf einen Entlastungsbetrag, da es sich aufgrund des gemeinsamen Hauptwohnsitzes nicht um Alleinerziehende handelt.

6. wie 5., A und B haben jedoch getrennte Wohnungen. Der Sohn ist bei A mit Haupt- und B mit Nebenwohnsitz gemeldet.

   A erfüllt die Voraussetzungen für den Entlastungsbetrag, da sie allein stehend ist, das Kind in ihrer Wohnung mit Hauptwohnsitz gemeldet ist und die Voraussetzungen auf Auszahlung des Kindergeldes erfüllt.

7. A ist Mutter einer minderjährigen Tochter. Ihr Bruder B hat sich aufgrund eines beruflichen Auslandsaufenthalts vorübergehend in der gemeinsamen Wohnung der A und ihrer Tochter mit Nebenwohnsitz angemeldet.

   Es wird vermutet, dass aufgrund der Anmeldung mit Nebenwohnsitz zwischen A und B eine Haushaltsgemeinschaft besteht mit der Folge, dass A keinen Anspruch auf den Entlastungsbetrag hätte. Diese Vermutung kann allerdings widerlegt werden, z. B. durch eine gemeinsame Erklärung, dass sich der Bruder aufgrund seines beruflichen Auslandsaufenthalts nicht an einer gemeinsamen Haushaltsführung beteiligt.

11.4 Fälle zur Sicherung des Lernerfolgs

Fall 1:

Ein allein stehender Steuerpflichtiger (geb. 02. Januar 1959) bildet eine Haushaltsgemeinschaft mit seinem minderjährigen Enkel, der dort mit Hauptwohnsitz gemeldet ist. Bei seiner allein stehenden Mutter, die auch das Kindergeld erhält, ist der Enkel mit Nebenwohnsitz gemeldet. Für den VZ 2023 liegen folgende Einnahmen bzw. Einkünfte vor:

► Einkünfte aus Gewerbebetrieb	
Gewinn aus einer Schreibwarenhandlung	65.000 €
Verluste aus einer KG-Beteiligung	13.000 €
Verluste aus gewerblicher Tierhaltung	28.000 €
► Zinseinnahmen aus einem Privatdarlehen an den Bruder, der die Zinszahlungen bei seinen Einkünften gem. § 21 EStG als Werbungskosten geltend macht.	4.500 €
► Einkünfte aus Vermietung und Verpachtung	
Überschuss aus Einfamilienhaus	15.000 €
Verlust aus Zweifamilienhaus	22.500 €
Verlust aus Mietwohngrundstück	15.500 €

- Sonstige Einkünfte

Veräußerungsgewinn aus Grundstücksverkauf	10.500 €
Veräußerungsverlust aus Grundstücksverkauf	14.500 €

a) Ermitteln Sie für den VZ 2023 den Gesamtbetrag der Einkünfte! Nichtansätze sind zu begründen!

b) Hat die allein stehende Mutter einen Anspruch auf den Entlastungsbetrag?

Fall 2:

Der verwitwete Hans Müller (geb. am 01.01.1959) lebt mit seinen drei leiblichen Kindern, für die er das gesetzliche Kindergeld erhält, in einer gemeinsamen Wohnung in Leverkusen.

Am 10.08.2023 zog eine langjährige Schulfreundin von Hans Müller in die Haushaltsgemeinschaft ein. In dem Haushalt leben ansonsten keine weiteren Personen.

Mit den erforderlichen Belegen und Nachweisen macht er für den VZ 2023 folgende Angaben:

► Betriebspension lt. Lohnsteuerbescheinigung (Pensionsbezug seit Januar 2023)	2.160 €
► Rente aus der gesetzl. Rentenversicherung (Rentenbeginn seit Januar 2023)	12.270 €
► Mieteinnahmen aus Wohnhausvermietung	18.600 €
(nachgewiesene Werbungskosten)	20.000 €
► Einnahmen aus schriftstellerischer Tätigkeit	5.499 €

Ermitteln Sie für den VZ 2023 den Gesamtbetrag der Einkünfte!

Fall 3:

Ermitteln Sie für den VZ 2023 unter Angabe der jeweiligen Einkunftsart den Gesamtbetrag der Einkünfte. Ein Antrag nach § 32d Abs. 6 EStG wird nicht gestellt.

Der ledige Peter Silie (geb. 01. März 1955) wohnt in Leverkusen zur Miete. Aus seinen Unterlagen und Aufzeichnungen ergeben sich für seine ESt-Erklärung 2023 folgende Besteuerungsgrundlagen:

► Reiner Weinbaubetrieb (Mettmann)	
Wirtschaftsjahr: 01. September bis 31. August (§ 8c Abs. 1 Nr. 3 EStDV)	
Wirtschaftsjahr 2022/2023: Verlust	1.500,00 €
Wirtschaftsjahr 2023/2024: Gewinn	3.750,00 €
► Beteiligung an der Werkzeugmaschinen-KG in Solingen	
Gewinnanteil für 2023 lt. Feststellungsbescheid	
Betriebs-FA Solingen-West	7.590,00 €

- Aufsatzveröffentlichungen im NWB Verlag, Herne
  Autorenhonorare 4.750,00 €
  Nachgewiesene Betriebsausgaben 1.500,00 €
- Ruhegehalt als ehemaliger Forstbeamter (seit 2022):
  brutto in unveränderter Höhe 25.000,00 €
- Dividende
  Ausgezahlte Nettodividende für 2022 aus privaten Aktien der Eisenhandels-AG, Wuppertal, Bankgutschrift: 06. Februar 2023 nach Abzug von 120 € Depotgebühren: 2.089,20 €
- Mietwohngrundstück
  Bei diesem vermieteten Haus überstiegen in 2023 die insgesamt erfassten Mieteinnahmen die Werbungskosten um 3.500,00 €
- Schmuckkauf und -verkauf
  Schmuckkauf am 14.03.2023 für 4.100 €;
  Schmuckverkauf am 21.08.2023 für 4.600 €
- Vermietungstätigkeit
  Für die gelegentliche Vermietung des privaten Pkw erhielt S. im VZ 2023 insgesamt 256,00 €

Fall 4:

Berechnen Sie für das Ehepaar Lunge aus Leverkusen unter Angabe der jeweiligen Einkunftsart den Gesamtbetrag der Einkünfte für den VZ 2023!

Für den VZ 2023 wählen die Eheleute die Zusammenveranlagung und geben Folgendes an:

Paul Lunge (geb. 01. Januar 1959)

1. Imkerei: Gewinn Wj. 2022/2023 = 4.100,00 €
   Verlust Wj. 2023/2024 = 1.800,00 €
2. Kommanditist an einer Weingroßhandlung
   Gewinnanteil Wj. 2022/2023 = 7.000,00 €
   Verlustanteil Wj. 2023/2024 = 3.000,00 €
3. Arztpraxis für Allgemeinmedizin 10.494,00 €
4. Versorgungsbezüge aus ehemaliger Beamtentätigkeit ab Januar 2023 15.000,00 €
5. Dividendengutschrift auf privates Bankkonto nach Abzug von 100 € Depotgebühren 4.318,40 €
6. Verlust aus Vermietung und Verpachtung 22.050,00 €
7. Vermietung des privat genutzten Geländewagens
   Einnahmen 300,00 €
   Werbungskosten 60,00 €

Käthe Lunge (geb. 10. Oktober 1953)

1.	Zinserträge aus einem Privatdarlehen an einen Nachbarn	3.800,00 €
2.	aus dem vermieteten Mehrfamilienhaus übersteigen die abzugsfähigen Werbungskosten die Mieteinnahmen um	500,00 €
3.	Bruttorente aus der Sozialversicherung (Rentenbeginn seit 2018)	13.500,00 €
	Rentenfreibetrag	6.000,00 €

12. Sonderausgaben

12.1 Überblick und Einteilung der Sonderausgaben

Sonderausgaben sind die in den §§ 10 ff. EStG aufgeführten **Aufwendungen der privaten Lebensführung**, die aus wirtschafts- und sozialpolitischen Gründen vom **Gesamtbetrag der Einkünfte abgezogen** werden dürfen (vgl. Einleitungssatz des § 12 EStG), sofern sie weder den Betriebsausgaben noch den Werbungskosten zuzuordnen sind.

Die Aufwendungen sind **in dem VZ als Sonderausgaben abzuziehen, in dem sie geleistet worden sind** (§ 11 Abs. 2 EStG).

Im Hinblick auf die steuerliche Auswirkung können die Sonderausgaben wie folgt eingeteilt werden:

- **Altersvorsorgeaufwendungen**
- **sonstige Vorsorgeaufwendungen**
- **übrige Sonderausgaben**.

Die **Vorsorgeaufwendungen** sind **beschränkt abzugsfähig** im Rahmen des § 10 Abs. 3 und 4 EStG.

Die **übrigen Sonderausgaben** sind – von Ausnahmen abgesehen – **unbeschränkt abzugsfähig**. Mindestens ist aber der Pauschbetrag nach § 10c Satz 1 EStG zu berücksichtigen.

12.2 Vorsorgeaufwendungen

12.2.1 Altersvorsorgeaufwendungen

12.2.1.1 Aufwendungen dem Grunde nach

Zu den begünstigten **Altersvorsorgeaufwendungen** gehören gem. **§ 10 Abs. 1 Nr. 2 EStG** die Beiträge zu den

- **gesetzlichen Rentenversicherungen**
- landwirtschaftlichen Alterskassen

- **berufsständischen Versorgungseinrichtungen** (z. B. **Versorgungswerke der Steuerberater, Rechtsanwälte und Ärzte**)
- kapitalgedeckten privaten Leibrentenversicherungen (**„Rürup-Rente"**).

Beiträge zugunsten einer kapitalgedeckten Altersversorgung (sog. **„Rürup-Rente"**) sind allerdings nur begünstigt, wenn die Versicherung nur die Zahlung einer monatlichen auf das Leben des Steuerpflichtigen bezogene lebenslange Leibrente vorsieht und die **Leistungen nicht vor Vollendung des 62. Lebensjahres** des Berechtigten erbracht werden. Ferner dürfen die sich ergebenden Versorgungsanwartschaften **nicht vererblich, nicht übertragbar, nicht beleihbar, nicht veräußerbar und nicht kapitalisierbar** sein (§ 10 Abs. 1 Nr. 2b) EStG).

Nicht zu den begünstigten Vorsorgeprodukten gehören grundsätzlich **Kapitallebensversicherungen**. Beiträge zugunsten von Kapitallebensversicherungsverträgen, die **vor dem 01.01.2005 abgeschlossen** wurden und bei denen bereits ein entsprechender Versicherungsbeitrag bis zum 31.12.2005 geleistet worden ist, werden als **sonstige Vorsorgeaufwendungen** anerkannt (§ 10 Abs. 1 Nr. 3a) EStG).

12.2.1.2 Aufwendungen der Höhe nach

Die **Altersvorsorgeaufwendungen** sind nach **§ 10 Abs. 3 Sätze 1 und 6 EStG zu 100 % bis zu dem Höchstbeitrag zur knappschaftlichen Rentenversicherung**, aufgerundet auf einen vollen Betrag in Euro, zu berücksichtigen.

Der **Höchstbetrag zur knappschaftlichen Rentenversicherung** ergibt sich anhand des Beitragssatzes (VZ 2023: 24,7 %) und der Beitragsbemessungsgrenze (VZ 2023: 107.400 €).

Das sind im VZ 2023: 107.400 € • 24,7 % = aufgerundet **26.528 €**. Bei **zusammenveranlagten Ehegatten** verdoppelt sich der Höchstbetrag auf **53.056 €**.

Bei **Beamten** und anderen Steuerpflichtigen, die einen Anspruch auf eine Altersversorgung ganz oder teilweise ohne eigene Beitragsleistung erwerben, wird der **Höchstbetrag um einen fiktiven Gesamtversicherungsbeitrag gekürzt**, der bezogen auf die Einnahmen aus der betreffenden Tätigkeit unter Berücksichtigung des aktuellen Beitragssatzes zur allgemeinen Rentenversicherung ermittelt wird (§ 10 Abs. 3 Satz 3 EStG).

Beispiele

Beispiel 1:
Ein lediger selbstständiger Rechtsanwalt aus Düsseldorf entrichtet an das Versorgungswerk der Rechtsanwälte in Nordrhein-Westfalen im VZ 2023 monatlich einen Beitrag i. H. v. 1.500 €. Im November 2023 leistete er eine zusätzliche freiwillige Zahlung i. H. v. 10.000,00 €.

Die Beiträge an das Versorgungswerk sind dem Grunde nach § 10 Abs. 1 Nr. 2a) EStG als Altersvorsorgeaufwendungen berücksichtigungsfähig, da es sich insoweit bei dem Versorgungswerk um eine berufsständische Versorgungseinrichtung handelt.

Altersvorsorgeaufwendungen insgesamt (1.500 € • 12 = 18.000 € + 10.000 €)	28.000,00 €	
Höchstbetrag	26.528,00 €	
zu berücksichtigen somit		26.528,00 €

Beispiel 2:
Ein lediger kaufmännischer Angestellter erzielte im VZ 2023 einen Bruttoarbeitslohn i. H. v. 30.000 €. Die Beiträge zur gesetzlichen Rentenversicherung betrugen (18,6 % von 30.000 € =) 5.580 € und wurden von dem Angestellten und dem Arbeitgeber je zur Hälfte aufgebracht. Die Beiträge zur gesetzlichen Rentenversicherung sind dem Grunde nach § 10 Abs. 1 Nr. 2a) EStG als Altersvorsorgeaufwendungen berücksichtigungsfähig. Der Höhe nach sind 2.790,00 € abzugsfähig, da der Höchstbetrag nicht erreicht wird.

Beispiel 3:
Ein lediger Beamter hat im VZ 2023 zur zusätzlichen Altersversorgung eine „Rürup-Rente" abgeschlossen. Die aufgewendeten Beträge betragen im VZ 2023 insgesamt 18.000 € (monatlich 1.500 €). Ausweislich der Lohnsteuerbescheinigung beträgt der Bruttoarbeitslohn des Beamten 50.000 €.

Beiträge zur „Rürup-Rente"		18.000,00 €
Höchstbetrag	26.528,00 €	
Kürzung um 18,6 % von 50.000 €	- 9.300,00 €	
anzusetzender Höchstbetrag		17.228,00 €
zu berücksichtigen somit		17.228,00 €

Beispiel 4:
Die Eheleute A und B werden zusammenveranlagt. A ist als selbstständiger Arzt tätig und zahlt im VZ 2023 insgesamt 25.000 € an eine berufsständische Versorgungseinrichtung. B ist Beamtin. Sie erhält einen Bruttoarbeitslohn von 50.000 €. Sie hat im VZ 2023 außerdem 2.000 € an eine „Rürup-Rente" gezahlt.

Beiträge zum Versorgungswerk	25.000,00 €	
Beiträge zur „Rürup-Rente"	+ 2.000,00 €	
Gesamtbeiträge		27.000,00 €
Höchstbetrag für Zusammenveranlagung	53.056,00 €	
Kürzung um 18,6 % von 50.000 €	- 9.300,00 €	
anzusetzender Höchstbetrag		43.756,00 €
zu berücksichtigen somit		27.000,00 €

12.2.2 Sonstige Vorsorgeaufwendungen

12.2.2.1 Krankenversicherungsbeiträge

Nach **§ 10 Abs. 1 Nr. 3 Satz 1 Buchst. a) Satz 1 EStG** können Beiträge zu Krankenversicherungen, soweit diese zur Erlangung eines durch das Zwölfte Buch Sozialgesetzbuch bestimmten sozialhilfegleichen Versorgungsniveaus erforderlich sind (sog. **Basiskrankenversicherung**), als Sonderausgaben abgezogen werden.

12.2.2.1.1 Begriff und begünstigte Personen

Unter den Begriff der Krankenversicherung fällt die **gesetzliche Krankenversicherung** (GKV) genauso wie vertraglich vereinbarte **private Krankenversicherungen**.

Wie die Versicherung bezeichnet wird, ist für die Frage der Berücksichtigung der Beiträge ohne Bedeutung. Entscheidend ist vielmehr, dass die Versicherung das Risiko einer Krankheit, einer Vorsorgeuntersuchung oder z. B. einer Geburt abdeckt.

Zu den **begünstigten Versicherungen** gehören daher z. B. auch

- **Krankentagegeld-, Krankenhaustagegeld- oder Krankengeldversicherungen**, die vor Verdienst- oder Einkommensausfällen während der Dauer einer Krankheit oder eines Krankenhausaufenthalts schützen,
- **Auslandskrankenversicherungen**,
- **Beihilfeversicherungen und**
- **Kurkostenversicherungen**.

Zu den begünstigten Krankenversicherungsbeiträgen gehören die vom Steuerpflichtigen als Versicherungsnehmer gezahlten Beiträge.

Als Sonderausgaben werden jedoch nur die Ausgaben anerkannt, die

- der **Steuerpflichtige als Versicherungsnehmer für sich selbst**,
- seinen **Ehegatten**,
- seine bei ihm **steuerlich zu berücksichtigenden Kinder oder**
- seinen **eingetragenen Lebenspartner**

leistet.

MERKE

Erbringt der Steuerpflichtige **Aufwendungen für einen Dritten** (z. B. Freund, steuerlich nicht zu berücksichtigendes Kind), die der Dritte vertraglich oder gesetzlich schuldet, handelt es sich nicht um Sonderausgaben des Steuerpflichtigen, sondern regelmäßig um **Sonderausgaben des Dritten**.

Nach **§ 10 Abs. 1 Nr. 3 Satz 2 EStG** gelten als eigene Beiträge des Steuerpflichtigen auch die vom Steuerpflichtigen im Rahmen einer Unterhaltsverpflichtung getragenen eigenen Beiträge des Unterhaltsberechtigten zu einer **Basiskranken- oder Pflegepflichtversicherung eines Kindes, für das der Steuerpflichtige Anspruch auf einen Freibetrag nach § 32 Abs. 6 EStG oder auf Kindergeld hat**. Voraussetzung für die Berücksichtigung beim Steuerpflichtigen ist die Angabe der erteilten **Identifikationsnummer des Kindes** in der Einkommensteuererklärung des Steuerpflichtigen.

Es ist unerheblich, ob diese Beiträge durch Leistungen wirtschaftlich in Form von Bar- oder Sachunterhalt getragen werden sowie, ob das Kind über eigene Einkünfte verfügt.

Nach **§ 10 Abs. 1 Nr. 3 Satz 3 EStG** wird der Sonderausgabenabzug beim Auseinanderfallen der zivilrechtlichen Verpflichtung (als Versicherungsnehmer) zur Zahlung von Beiträgen zur Kranken- und Pflegeversicherung für ein unterhaltsberechtigtes Kind und der wirtschaftlichen Belastung mit diesen Beiträgen grundsätzlich demjenigen gewährt, der durch die Zahlung der Beiträge wirtschaftlich belastet ist.

12.2.2.1.2 Beiträge zur gesetzlichen Krankenversicherung

Beiträge zur **gesetzlichen Krankenversicherung** (GKV) gehören in der Regel zu den Beiträgen für eine **Basiskrankenversicherung** (§ 10 Abs. 1 Nr. 3 Satz 1 Buchst. a) Satz 2 EStG).

Dies gilt auch für einen vom Steuerpflichtigen erhobenen **Zusatzbeitrag** der GKV.

Erwirbt der gesetzlich Versicherte mit seinem Vertrag zugleich einen **Anspruch auf Krankengeld**, ist der geleistete Betrag pauschal um den für das Krankengeld aufgewendeten Beitragsanteil zu kürzen.

Der Gesetzgeber nimmt insoweit einen **pauschalen Kürzungssatz** von **4 %** an (§ 10 Abs. 1 Nr. 3 Satz 4 EStG).

ACHTUNG

Eine Kürzung um die der Finanzierung des Krankengelds dienenden Beitragsanteile ist allerdings nur dann vorzunehmen, wenn der versicherten Person dem Grunde nach ein Anspruch auf eine Krankengeldzahlung zusteht (= Regelfall!). Dies bedeutet, dass z. B. bei den in der GKV **versicherten Rentenbeziehern keine Kürzung** erfolgt.

Ebenso **nicht** zur **Basisabsicherung** gehören **Beiträge für Wahl- und Zusatztarife**, auch wenn diese im Rahmen der GKV angeboten werden, da die Leistungen insoweit über die Pflichtleistungen der GKV hinausgehen (z. B. **Chefarztbehandlung**, **Einbettzimmer**).

Hat der Steuerpflichtige bei einem privaten Versicherer eine Krankenversicherung nach dem Basistarif abgeschlossen, können die von ihm geleisteten Beiträge in vollem Umfang angesetzt werden, weil sich das Leistungsspektrum mit dem der GKV deckt.

Eine Ausnahme gilt nur, wenn der Versicherte im Rahmen seines Basistarifs auch die **Krankengeldzahlung** absichert. In diesem Fall ist der für den Basistarif gezahlte Beitrag **um 4 % zu kürzen,** der Restbetrag ist als Beitrag für eine Basiskrankenversicherung anzuerkennen.

12.2.2.1.3 Beiträge zur privaten Krankenversicherung

Bezogen auf die private Krankenversicherung gehören zur Basisabsicherung die **Beitragsanteile**, mit denen Versicherungsleistungen finanziert werden, die in Art, Umfang und Höhe den Leistungen nach dem Dritten Kapitel des SGB V – also den **Pflichtleistungen der gesetzlichen Krankenversicherung** – **vergleichbar** sind und auf die ein Anspruch besteht (§ 10 Abs. 1 Nr. 3 Satz 1 Buchst. a) Satz 3 EStG)

Nicht zur Basisabsicherung gehören – wie bei der gesetzlichen Krankenversicherung – der Beitragsanteil zur **Krankentagegeldversicherung** und Beitragsanteile, die der Finanzierung von **Komfortleistungen** (z. B. **Chefarzt**, **Einbettzimmer**) dienen.

Im Gegensatz zu den gesetzlich Versicherten erfolgt hier die Kürzung auf der Basis der tatsächlich geleisteten Beträge.

12.2.2.2 Pflegeversicherungsbeiträge

Wie bei den Beiträgen zur Krankenversicherung ist auch bei den Beiträgen zur Pflegeversicherung zu differenzieren.

Beiträge zur gesetzlichen wie privaten Pflegepflichtversicherung sind entsprechend der Behandlung der Beiträge zu einer Basiskrankenversicherung **unbegrenzt** nach **§ 10 Abs. 1 Nr. 3 Satz 1 Buchst. b) EStG** anzusetzen.

Beiträge zu darüber hinausgehenden Pflegeversicherungen sind wie weitere sonstige Vorsorgeaufwendungen zu behandeln.

12.2.2.3 Weitere sonstige Vorsorgeaufwendungen

Zu den nach **§ 10 Abs. 1 Nr. 3a EStG** begünstigten **weiteren sonstigen Vorsorgeaufwendungen** gehören z. B.:

- Beiträge zu Kranken- und Pflegeversicherungen, die nicht bereits nach § 10 Abs. 1 Nr. 3 EStG zu berücksichtigen sind (z. B. **Komfortleistungen**)
- Beiträge zu **Versicherungen gegen Arbeitslosigkeit**
- Beiträge zu selbstständigen **Erwerbs- und Berufsunfähigkeitsversicherungen**
- Beiträge zu **Unfallversicherungen**

- Beiträge zu **Haftpflichtversicherungen** (z. B. Kfz-Haftpflicht, private Haftpflicht, Tierhaftpflicht)
- Beiträge zu Lebensversicherungen, die nur für den Todesfall eine Leistung vorsehen (**Risikolebensversicherungen**)
- **Risikoversicherungen, die nur für den Todesfall eine Leistung vorsehen.**

Nicht begünstigt sind z. B. folgende Beiträge:

- **Sachversicherungen** (z. B. Hausratversicherung, Kfz-Kaskoversicherung, Einbruch- und Diebstahlversicherung, Feuer- und Hagelversicherung)
- **Rechtsschutzversicherungen**
- **Bausparkassen**
- **Kapitallebensversicherungen**. Beiträge zugunsten von Kapitallebensversicherungen, die **vor dem 01.01.2006 abgeschlossen** wurden und bei denen bereits ein entsprechender Versicherungsbeitrag bis zum 31.12.2005 geleistet worden ist, werden jedoch **zu 88 % als weitere sonstige Vorsorgeaufwendungen** anerkannt.

12.2.2.4 Abzugsumfang

12.2.2.4.1 Höchstbetrag

Vorsorgeaufwendungen i. S. des § 10 Abs. 1 Nr. 3 und 3a EStG können bis zu einem **Höchstbetrag** i. H. v. **2.800 €** abgezogen werden (§ 10 Abs. 4 Satz 1 EStG).

Steuerpflichtigen, die ganz oder teilweise ohne eigene Aufwendungen einen Anspruch auf vollständige oder teilweise **Erstattung oder Übernahme von Krankheitskosten** haben oder für deren Krankenversicherung **Leistungen i. S. des § 3 Nr. 9, 14, 57 oder 62 EStG** erbracht werden, steht ein **Höchstbetrag** von **1.900 €** zu.

Der Höchstbetrag von **1.900 €** gilt z. B. für

- **sozialversicherungspflichtige Arbeitnehmer**, für die der Arbeitgeber nach § 3 Nr. 62 EStG steuerfreie Beiträge zur Krankenversicherung leistet,
- **Rentner**, die aus der gesetzlichen Rentenversicherung nach § 3 Nr. 14 EStG steuerfreie Zuschüsse zu den Krankenversicherungsbeiträgen erhalten,
- **Beamte**, die von ihrem Arbeitgeber nach § 3 Nr. 11 EStG steuerfreie Beihilfen zu Krankheitskosten erhalten,
- in der gesetzlichen Krankenversicherung ohne eigene Beiträge **familienversicherte Angehörige**.

Der Höchstbetrag von **2.800 €** gilt für alle Steuerpflichtige, für die nicht das gekürzte Abzugsvolumen zum Ansatz kommt. Hierbei handelt es sich z. B. um

- **Selbstständige**, die keinen steuerfreien Arbeitgeberzuschuss erhalten,
- **Angehörige von Beihilfeberechtigten** (Ehegatten, Kinder), die über den Beihilfeanspruch des Beihilfeberechtigten abgesichert sind, und

- **geringfügig Beschäftigte**, für die vom Arbeitgeber nur ein Pauschalbeitrag zur gesetzlichen Krankenversicherung geleistet wird.

Der **niedrigere Abzugsbetrag** greift nach dem Wortlaut des Gesetzes bereits, wenn ohne eigene Aufwendungen „ganz oder teilweise" ein Anspruch auf Erstattung von Krankheitskosten besteht. Eine zeitanteilige Aufteilung sieht das Gesetz nicht vor. Erfüllt der Steuerpflichtige im Laufe des Veranlagungszeitraums zu **irgendeinem Zeitpunkt die Voraussetzungen für den Ansatz des niedrigeren Höchstbetrags**, ist dieser für den gesamten Veranlagungszeitraum anzusetzen.

Der Höchstbetrag wird **je Kalenderjahr** gewährt. Er ist somit bereits zu gewähren, wenn der Steuerpflichtige z. B. nur für einen Teil des Jahres die Voraussetzungen für die Inanspruchnahme des Sonderausgabenabzugs erfüllt (z. B. beim Übergang von der unbeschränkten zur beschränkten Steuerpflicht im Laufe des VZ).

Zusammenveranlagten Ehegatten steht ein **gemeinsames Abzugsvolumen** zu. Dieses bestimmt sich aus der **Summe der jedem Ehegatten zustehenden Höchstbeträge** (§ 10 Abs. 4 Satz 3 EStG). Das bedeutet:

- Für jeden Ehegatten ist zunächst nach dessen persönlichen Verhältnissen der ihm zustehende Höchstbetrag zu bestimmen.
- Bis zur Summe des den Ehegatten insgesamt zustehenden Abzugsvolumens sind die von den Ehegatten geleisteten Aufwendungen als Sonderausgaben zu berücksichtigen.

12.2.2.4.2 Mindestberücksichtigung der Basisabsicherung

Der sich nach § 10 Abs. 4 Satz 1 - 3 EStG ergebende Abzugsbetrag ist mit den vom Steuerpflichtigen gezahlten **Beiträgen für eine Basiskranken- und Pflegepflichtversicherung** zu vergleichen. Sind die zu berücksichtigenden Basiskranken- und Pflegepflichtversicherungsbeiträge höher, werden nur diese als Sonderausgaben angesetzt. Weitere sonstige Vorsorgeaufwendungen können in diesem Fall nicht mehr abgezogen werden (§ 10 Abs. 4 Satz 4 EStG).

MERKE

Liegt der Steuerpflichtige mit seinen **sonstigen Vorsorgeaufwendungen innerhalb** der jeweils geltenden **Höchstbeträge**, kann er diese steuerlich **in voller Höhe** als Sonderausgaben abziehen. Wendet er für seine **Basiskranken- und Pflegepflichtversicherung** allerdings **mehr** auf **als 2.800 € bzw. 1.900 €**, kann er **mindestens** seine **tatsächlichen Ausgaben für die Basiskranken- und Pflegepflichtversicherung** abziehen. Beitragsanteile zu **Komfortleistungen** (z. B. Einzelbettzimmer, Chefarztbehandlung) fallen allerdings **nicht** darunter. Dies gilt auch für den Anteil, der auf die Finanzierung des **Krankengeldes** entfällt.

Beispiel

Herr Meier ist privat krankenversichert. Er finanziert seine Krankenversicherung alleine und zahlt im VZ 2023 einen Krankenversicherungsbeitrag i. H. v. 2.400 €, von dem 10 % der Finanzierung von Komfortleistungen dienen. Auf die Basiskrankenversicherung entfällt somit ein Beitragsanteil von 2.160 €. Für eine Pflegepflichtversicherung hat er 200 € gezahlt und weitere sonstige Vorsorgeaufwendungen i. H. v. 200 € getätigt.

Herr Meier kann folgende Beträge als Sonderausgaben abziehen:

	Beiträge zur Krankenversicherung	2.400,00 €	
+	Beiträge zur Pflegepflichtversicherung	200,00 €	
+	weitere sonstige Vorsorgeaufwendungen	200,00 €	
=	Summe	2.800,00 €	
	Höchstens abziehbar		2.800,00 €

Mindestens jedoch:

	Basiskrankenversicherung	2.160,00 €	
+	Pflegepflichtversicherung	200,00 €	
=	Summe	2.360,00 €	2.360,00 €

Anzusetzen ist der höhere Betrag, somit sind abzugsfähig: 2.800,00 €

Abwandlung:
Wie oben, jedoch betragen die Krankenversicherungsbeiträge insgesamt 4.000 €, von denen 10 % der Finanzierung von Komfortleistungen dienen. Auf die Basiskrankenversicherung entfällt somit ein Beitragsanteil von 3.600 €.

Herr Meier kann folgende Beträge als Sonderausgaben abziehen:

	Beiträge zur Krankenversicherung	4.000,00 €	
+	Beiträge zur Pflegepflichtversicherung	200,00 €	
+	weitere sonstige Vorsorgeaufwendungen	200,00 €	
=	Summe	4.400,00 €	
	Höchstens abziehbar		2.800,00 €

Mindestens jedoch:

	Basiskrankenversicherung	3.600,00 €	
+	Pflegepflichtversicherung	200,00 €	
=	Summe	3.800,00 €	3.800,00 €

Anzusetzen ist der höhere Betrag, somit sind abzugsfähig: 3.800,00 €

12.2.2.4.3 Erstattungen, Erstattungsüberhang

Als Sonderausgaben können nur solche Ausgaben des Steuerpflichtigen angesetzt werden, mit denen der Steuerpflichtige endgültig wirtschaftlich belastet ist. Dies ist nicht der Fall, wenn ein Teil der Beiträge dem Steuerpflichtigen zurückerstattet wird.

MERKE

Werden dem Steuerpflichtigen **Vorsorgeaufwendungen** im Folgejahr **erstattet**, ist der Erstattungsbetrag mit den vom Steuerpflichtigen im Erstattungsjahr geleisteten **gleichartigen Aufwendungen** zu **verrechnen**. Nur der **Differenzbetrag** ist als **Sonderausgabe** zu berücksichtigen.

Beispiel

Im VZ 2023 geleistete Beiträge für eine Haftpflichtversicherung i. H. v. 1.000 € steht eine Erstattung an Haftpflichtbeiträgen i. H. v. 300 € aus dem VZ 2022 gegenüber.

Die Haftpflichtbeiträge sind für den VZ 2023 mit 700 € anzusetzen.

Übersteigen die vom Steuerpflichtigen erhaltenen Erstattungen die entsprechenden geleisteten Aufwendungen, sind die Aufwendungen insoweit mit Null anzusetzen, und es ergibt sich ein **Erstattungsüberhang**.

Nach **§ 10 Abs. 4b Satz 2 EStG** ist dieser **Erstattungsüberhang** zunächst **mit anderen Versicherungsbeiträgen zu verrechnen**.

Beispiel

Im VZ 2023 geleistete Beiträge für eine Haftpflichtversicherung i. H. v. 1.000 € steht eine Erstattung an Haftpflichtbeiträgen i. H. v. 1.100 € aus dem VZ 2022 gegenüber. Ferner wurden im VZ 2023 Beiträge für eine Unfallversicherung i. H. v. 400 € entrichtet.

Die Haftpflichtbeiträge sind für den VZ 2023 mit 0 € anzusetzen. Der Erstattungsüberhang von 100 € ist mit den Beiträgen für die Unfallversicherung zu verrechnen, sodass noch 300 € anzusetzen sind.

MERKE

Steuerfreie Zuschüsse werden nach **§ 10 Abs. 4b Satz 1 EStG** wie Beitragsrückerstattungen behandelt und **mindern** dementsprechend die **geleisteten Aufwendungen**, sodass nur der **Differenzbetrag** als **Sonderausgabe** zu berücksichtigen ist. Ein etwaiger nach Verrechnung mit anderen Versicherungen verbleibender Betrag eines **Erstattungsüberhangs** ist dem **Gesamtbetrag der Einkünfte** des laufenden Veranlagungszeitraums **hinzuzurechnen**.

Arbeitnehmer A ist von der Versicherungspflicht in der gesetzlichen Krankenversicherung befreit, da er schon seit längerem einen Arbeitslohn oberhalb der Jahresarbeitsentgeltgrenze erzielt. Er zahlt für seine private Krankenversicherung einen Jahresbeitrag von 6.000 €. Der Versicherungsbeitrag entfällt zu 80 % auf Basis- und zu 20 % auf Komfortleistungen. Von seinem Arbeitgeber erhält A einen steuerfreien Arbeitgeberanteil i. H. v. 3.000 € (50 % der tatsächlichen Beiträge; max. 50 % des Beitrags zur gesetzlichen Krankenversicherung).

	Gesamtbetrag	6.000,00 €
-	20 % Komfortleistungen	1.200,00 €
=	Basisleistungen	4.800,00 €
-	steuerfreier Arbeitgeberanteil	3.000,00 €
=	abzugsfähiger Teil	1.800,00 €

12.2.2.4.4 Datenübermittlung

Die Beiträge zur Kranken- und Pflegeversicherung können nur dann als Sonderausgabe abgezogen werden, wenn der **Steuerpflichtige** gegenüber dem Anbieter der Versicherung **in die elektronische Datenübermittlung an das FA** nach § 10 Abs. 2a EStG **eingewilligt** hat.

Das **Bundeszentralamt für Steuern speichert** in den Fällen, in denen der Steuerpflichtige dem Datenaustausch zugestimmt hat, die Höhe der **Beiträge für eine Krankenversicherung und für die private Pflegeversicherung** (§ 39e Abs. 2 Satz 1 Nr. 5 EStG).

Diese **Prüfung wird automatisch vom Finanzamt durchgeführt**.

12.3 Übrige Sonderausgaben

Zu den übrigen Sonderausgaben, die keine Vorsorgeaufwendungen sind, gehören z. B.:

- Unterhaltsleistungen, § 10 Abs. 1a Nr. 1 EStG
- Kirchensteuer, § 10 Abs. 1 Nr. 4 EStG
- Kinderbetreuungskosten, § 10 Abs. 1 Nr. 5 EStG

- Berufsausbildungskosten, § 10 Abs. 1 Nr. 7 EStG
- Schulgeld, § 10 Abs. 1 Nr. 9 EStG
- Spenden, §§ 10b, 34g EStG.

12.3.1 Pauschbetrag

Für übrige Sonderausgaben, die keine Vorsorgeaufwendungen sind, wird gem. § 10c Satz 1 EStG ein Pauschbetrag von **36 €** abgezogen, wenn der Steuerpflichtige nicht höhere Aufwendungen nachweist.

Im Fall der **Zusammenveranlagung** von Ehegatten erhöht sich der Pauschbetrag auf **72 €** (§ 10c Satz 2 EStG).

12.3.2 Unterhaltsleistungen

Unterhaltsleistungen an den geschiedenen oder dauernd getrennt lebenden Ehegatten können gem. **§ 10 Abs. 1a Nr. 1 EStG** als Sonderausgaben abgezogen werden, wenn folgende **Voraussetzungen** erfüllt sind:

- Der **Geber beantragt** den Sonderausgabenabzug. Der Antrag kann jeweils nur für ein Kalenderjahr gestellt und nicht zurückgenommen werden (§ 10 Abs. 1a Nr. 1 Satz 3 EStG).
- Der **Empfänger stimmt dem Sonderausgabenabzug zu** (Anlage U). Es handelt sich dabei um einen zivilrechtlichen Anspruch, der vom FA nicht überprüft und deshalb vor den ordentlichen Gerichten geltend zu machen ist (BFH v. 25.07.1990, BStBl 1990 II S. 1022).
- In der Steuererklärung des Unterhaltsleistenden muss die **Identifikationsnummer** der **unterhaltenen Person** angegeben werden.

Liegen die Voraussetzungen vor, kann der **Ehegattenunterhalt (nicht: Kindesunterhalt) je Empfänger** bis zu einem **Höchstbetrag von 13.805 €** im Kalenderjahr als Sonderausgaben abgezogen werden (**begrenztes Realsplitting**). Der Höchstbetrag erhöht sich um die Krankenversicherungsbeiträge, die für die Absicherung des Ehegatten aufgewendet werden. Der Höchstbetrag wird auch dann angesetzt, wenn die Unterhaltsleistungen nicht das ganze Jahr über erbracht werden. Übersteigen die Unterhaltsleistungen diesen Höchstbetrag, kann der übersteigende Teil nicht als außergewöhnliche Belastung berücksichtigt werden.

ACHTUNG

Eine **Doppelberücksichtigung** der vom unterhaltsverpflichteten Ehegatten als Versicherungsnehmer geleisteten **Krankenversicherungsbeiträge** beim Realsplitting und gleichzeitig als Vorsorgeaufwendungen ist durch § 10 Abs. 1 Nr. 3 Satz 3 EStG **ausgeschlossen**. Danach können diese Beiträge **nicht** als **Vorsorgeaufwendungen beim unterhaltsverpflichteten Ehegatten** angesetzt werden, **sondern** sie gelten immer als Beiträge des unterhaltsberechtigten Ehegatten. Damit kann der unterhaltsverpflichtete Ehegatte die Zahlungen als **Unterhaltsleistungen** ansetzen und der **unterhaltsberechtigte Ehegatte** kann diese – unabhängig von der zugrunde liegenden Vertragsgestaltung – als **Vorsorgeaufwendungen** geltend machen.

Beim **Empfänger** werden die Unterhaltsleistungen als sonstige Einkünfte i. S. des § 22 Nr. 1a EStG besteuert, aber der Höhe nur insoweit, als sie der Geber als Sonderausgaben abziehen kann. Von dem zu versteuernden Ehegattenunterhalt ist gem. § 9a Nr. 3 EStG ein Werbungskosten-Pauschbetrag von 102 € abzuziehen, wenn nicht höhere Werbungskosten geltend gemacht werden.

Für den Sonderausgabenabzug ist es unerheblich, ob es sich um laufenden (z. B. monatlichen) oder um einmaligen Ehegattenunterhalt handelt. Ferner ist ohne Bedeutung, ob die Unterhaltsleistungen freiwillig oder aufgrund gesetzlicher Unterhaltspflicht erbracht werden. Auch als Unterhalt erbrachte Sachleistungen sind zu berücksichtigen.

Wird der Antrag auf den Sonderausgabenabzug nicht gestellt oder stimmt der Empfänger dem Antrag nicht zu, können die Unterhaltsleistungen nur als **außergewöhnliche Belastung** gem. § 33a Abs. 1 EStG abgezogen werden.

Beispiele

Beispiel 1:
Beate Klemmer ist seit drei Jahren von ihrem Ehemann Bert Klemmer geschieden. Die Kinder Sabine (5) und Michael (8) leben bei Frau Klemmer. Herr Klemmer zahlt 2023 laut Gerichtsbeschluss monatlich 1.450 € (davon entfallen 450 € an seine Kinder). Freiwillig zahlt er monatlich zusätzlich an seine geschiedene Ehefrau 250 €. Frau Klemmer stimmt zu, dass ihr geschiedener Mann die Unterhaltszahlungen als Sonderausgaben steuerlich berücksichtigen kann.

Wie ist die Rechtslage beim Geber und beim Empfänger?

Der **Ehemann** kann als Sonderausgaben abziehen:

	Monatlicher Gesamtunterhalt	1.450,00 €	
-	Monatlicher Kindesunterhalt	450,00 €	
	Monatlicher Ehegattenunterhalt	1.000,00 €	
+	Freiwilliger Ehegattenunterhalt	250,00 €	
	Monatlicher Gesamtunterhalt	1.250,00 €	
	Jahreseinnahmen	15.000,00 €	
	Höchstbetrag	13.805,00 €	(als Sonderausgabe abzugsfähig)

Der übersteigende Betrag von 1.195 € kann nicht als außergewöhnliche Belastung abgezogen werden.

Die **Ehefrau** hat sonstige Einkünfte i. S. des § 22 Nr. 1a EStG in folgender Höhe zu versteuern:

	Höchstbetrag	13.805,00 €	(beim Geber als Sonderausgabe abzugsfähig)
-	Werbungskosten-Pauschbetrag	102,00 €	
=	Sonstige Einkünfte	13.703,00 €	

Beispiel 2:
Die Ehegatten sind seit dem Jahr 2022 geschieden. Der Steuerpflichtige zahlt im VZ 2023 an seine geschiedene Ehefrau einen Barunterhalt von monatlich 1.200 €. Durch den Wegfall der Möglichkeit zur beitragsfreien Familienversicherung zahlt der Steuerpflichtige an seine geschiedene Ehefrau im VZ 2023 zusätzlich monatlich 198,40 €, mit der sich diese als freiwillig Versicherte in der gesetzlichen Krankenversicherung (Beitrag i. H. v. 172 €, ohne Krankengeldanspruch) und der gesetzlichen Pflegeversicherung (Beitrag i. H. v. 26,40 €) absichert. Im Rahmen der ESt-Veranlagung 2023 hat die geschiedene Ehefrau dem Antrag des Steuerpflichtigen auf Sonderausgabenabzug der Unterhaltsleistungen auf der „Anlage U" zugestimmt.

Behandlung beim Steuerpflichtigen:
Für den VZ 2023 kann der Steuerpflichtige die Barunterhaltsleistungen i. H. v. (1.200 • 12 =) 14.400 € bis zum Höchstbetrag von 13.805 € als Sonderausgaben ansetzen. Die von ihm zusätzlich geleisteten Unterhaltsaufwendungen für die Basisabsicherung seiner geschiedenen Ehefrau i. H. v. (198,40 € • 12 =) 2.381 € sind daneben im Rahmen des Erhöhungsbetrages ebenfalls als Unterhaltsleistungen und nicht als Vorsorgeaufwendungen anzusetzen. Insgesamt können somit im Rahmen des Realsplittings (13.805 € + 2.381 € =) 16.186 € berücksichtigt werden.

Behandlung bei der geschiedenen Ehefrau:
Die als Sonderausgaben berücksichtigten Unterhaltsleistungen unterliegen beim unterhaltsberechtigten Ehegatten als sonstige Einkünfte nach § 22 Nr. 1a EStG der Besteuerung. Dies gilt auch für die im Rahmen des Erhöhungsbetrags berücksichtigten Beiträge zur Basisabsicherung in der Krankenversicherung und der gesetzlichen Pflegeversicherung, sodass die geschiedene Ehefrau folgende Einkünfte zu versteuern hat:

	Unterhaltsleistungen	16.186,00 €
-	WK-Pauschbetrag	102,00 €
=	Sonstige Einkünfte	16.084,00 €

Die Beiträge zur Basisabsicherung i. H. v. 2.381 € kann die Ehefrau als Vorsorgeaufwendungen bei ihren Sonderausgaben geltend machen.

12.3.3 Kirchensteuer

Nach **§ 10 Abs. 1 Nr. 4 EStG** kann die im Veranlagungszeitraum **gezahlte Kirchensteuer** als Sonderausgaben abgezogen werden. **Unerheblich ist, für welchen Veranlagungszeitraum** der Steuerpflichtige die Kirchensteuer zahlt. Die Aufwendungen können aber nur in der Höhe abgezogen werden, in der sie **erstattete oder gutgeschriebene Beträge übersteigen**.

Beispiel

Der Steuerpflichtige hat im VZ 2023 folgende Kirchensteuerbeiträge entrichtet:

- Vorauszahlungen für 2023 2.100 €
- Nachzahlung für 2022 570 €

Im September 2023 wurde dem Steuerpflichtigen der geänderte ESt-Bescheid 2021 zugesandt. Danach ergibt sich eine Kirchensteuererstattung von 230 €, die vom FA auch überwiesen worden ist.

Für den VZ 2023 können im Rahmen des Sonderausgabenabzugs folgende Beträge an Kirchensteuer geltend gemacht werden:

	Vorauszahlungen für 2023	2.100,00 €
+	Nachzahlung für 2022	570,00 €
		2.670,00 €
-	Erstattung für 2021	230,00 €
		2.440,00 €

Ein **Erstattungsüberhang** ist dem **Gesamtbetrag der Einkünfte** des laufenden Veranlagungszeitraums **hinzuzurechnen (§ 10 Abs. 4b Satz 3 EStG)**.

Beispiel

Kirchensteuerzahlungen im VZ 2023 i. H. v. 1.000 € steht eine Erstattung i. H. v. 1.300 € aus dem VZ 2022 gegenüber.

Die Kirchensteuer ist für den VZ 2023 mit 0 € anzusetzen und der Gesamtbetrag der Einkünfte um 300 € zu erhöhen.

Keine Kirchensteuern sind **freiwillige Beiträge**, die an öffentlich-rechtliche Religionsgemeinschaften oder andere religiöse Gemeinschaften entrichtet werden. Derartige Beiträge können als Spenden im Rahmen des § 10b EStG steuerlich berücksichtigt werden (R 10.7 Abs. 2 EStR).

Wird für Kapitalerträge die **Abgeltungsteuer** erhoben, wird die Kirchensteuer bei der Bemessung der Abgeltungsteuer mindernd in die Berechnung einbezogen.

MERKE

Der **Abzug der Kirchensteuer als Sonderausgabe** ist insoweit gem. § 10 Abs. 1 Nr. 4 2. Halbsatz EStG **ausgeschlossen** (Vermeidung einer Doppelentlastung).

12.3.4 Kinderbetreuungskosten

Nach **§ 10 Abs. 1 Nr. 5 EStG** können **Kinderbetreuungskosten** als **Sonderausgaben** geltend gemacht werden.

MERKE

Eine **Unterscheidung** nach **erwerbsbedingten** und **nicht erwerbsbedingten Kinderbetreuungskosten entfällt**. Auf die **persönlichen Anspruchsvoraussetzungen** bei den steuerpflichtigen **Eltern** (Erwerbstätigkeit, Ausbildung, Krankheit oder Behinderung) **kommt es** ebenfalls **nicht an**.

Beispiele

1. Die Eheleute E. haben eine gemeinsame Tochter (vier Jahre). Während der Ehemann berufstätig ist, kümmert sich die Ehefrau um den Haushalt. Für die Kinderbetreuung entstehen nachgewiesene Aufwendungen i. H. v. 2.100 €.

   Die Eheleute können die Kinderbetreuungskosten als Sonderausgaben geltend machen. Das würde auch dann gelten, wenn sich die Ehefrau z. B. in einer Ausbildung befinden würde.
2. Die Eheleute E. sind beide erwerbstätig. Der Ehemann ist Steuerberater und die Ehefrau als Arbeitnehmerin angestellt. Die gemeinsame Tochter (vier Jahre) geht in den Tageskindergarten. Die monatlichen Aufwendungen betragen 300 €.

   Die Aufwendungen sind nicht als Betriebsausgaben (Ehemann) oder Werbungskosten (Ehefrau), sondern einheitlich als Sonderausgaben zu berücksichtigen.

Nach **§ 10 Abs. 1 Nr. 5 Satz 1 EStG** müssen folgende **Voraussetzungen** erfüllt sein:

- Es muss sich um ein **Kind i. S. des § 32 Abs. 1 EStG** handeln
- **Zugehörigkeit zum Haushalt** des Steuerpflichtigen
- **14. Lebensjahr noch nicht vollendet** oder **Behinderung vor Vollendung des 25. Lebensjahres**.

Das Kind gehört dann zum **Haushalt des Steuerpflichtigen**, wenn es dort lebt oder mit seiner Einwilligung vorübergehend auswärtig untergebracht ist.

Für eine Berücksichtigung als Kinderbetreuungskosten kommen Ausgaben in Geld oder Geldeswert (Wohnung, Kosten, Waren und sonstige Sachleistungen) in Betracht, die der Steuerpflichtige als **Entgelt für Dienstleistungen zur Betreuung seines Kindes** erbringt (§ 10 Abs. 1 Nr. 5 Satz 1 EStG).

Dazu gehören z. B.:

- Unterbringung von Kindern in **Kindergärten, Kindertagesstätten, Kinderhorten**, **Kinderheimen, Kinderkrippen** sowie bei **Tagesmüttern, Wochenmüttern, Ganztagspflegestellen**
- Beschäftigung von **Haushaltshilfen**, soweit diese Kinder betreuen
- Beschäftigung von **Kinderpflegerinnen, Erzieherinnen** und **Kinderschwestern**.

Aufwendungen für **Sachleistungen**, die neben der Betreuung erbracht werden (z. B. Verpflegung des Kindes) können **nicht berücksichtigt** werden. Das Gleiche gilt für **Nebenkosten**, die nicht unmittelbar der Betreuung des Kindes dienen, wie z. B. Fahrtkosten des Kindes zur Betreuungsperson.

Aufwendungen für

- **jede Art von Unterricht** (z. B. Schulgeld, Tanzkurse, Nachhilfe-, Fremdsprachenunterricht),
- die **Vermittlung besonderer Fertigkeiten** (z. B. Musikunterricht, Computerkurse), sowie
- **sportliche und andere Freizeitbeschäftigungen** (z. B. Mitgliedschaft in Sportvereinen oder anderen Vereinen, Tennis-, Reitunterricht usw.)

sind **vom Abzug ausgeschlossen** (§ 10 Abs. 1 Nr. 5 Satz 2 EStG).

MERKE

Abzugsfähig sind gem. § 10 Abs. 1 Nr. 5 Satz 1 EStG **⅔ der Aufwendungen, höchstens 4.000 € je Kind**.

Voraussetzung ist nach § 10 Abs. 1 Nr. 5 Satz 4 EStG, dass der Steuerpflichtige für die Aufwendungen eine **Rechnung** erhalten hat und die **Zahlung auf das Konto des Erbringers der Leistung erfolgt ist**. Auf Verlangen des FA muss der Steuerpflichtige dies im Einzelnen nachweisen.

Beispiel

Die Steuerpflichtigen haben einen gemeinsamen Sohn Sven (acht Jahre). Während der Ehemann berufstätig ist, befindet sich die Ehefrau noch in Ausbildung. Für die Kinderbetreuung beschäftigen die Eheleute seit dem 01.04.2023 eine Haushaltshilfe für monatlich 400 €. Die Aufwendungen werden durch Vorlage einer Rechnung und eines entsprechenden Kontoauszugs nachgewiesen. Die Haushaltshilfe wird während ihrer Arbeitszeit wie folgt tätig: zu 20 % als Vokabeltrainerin des Sven, weil die Eheleute begeisterte Spanienurlauber sind und zu 80 % betreut sie Sven.

Die Eheleute können die Kinderbetreuungskosten nach § 10 Abs. 1 Nr. 5 EStG als Sonderausgaben geltend machen. Soweit die Haushaltshilfe als Vokabeltrainerin tätig ist, sind die Aufwendungen nicht abzugsfähig. Als Sonderausgaben sind demnach (400 € • 80 % • 9 Monate • ⅔ =) 1.920 € abzugsfähig. Der Höchstbetrag von 4.000 € wird nicht erreicht.

Ist das Kind **nicht unbeschränkt einkommensteuerpflichtig**, ist der als Sonderausgaben zu berücksichtigende Betrag auf das nach den Verhältnissen im Wohnsitzstaat des Kindes notwendige und angemessene Maß zu kürzen (§ 10 Abs. 1 Nr. 5 Satz 3 EStG). Die **Ländergruppeneinteilung** im BMF-Schreiben vom 11.11.2020 (BStBl 2020 I S. 1212) ist hierfür als Maßstab heranzuziehen.

Weil die Kinderbetreuungskosten nur einheitlich als Sonderausgaben und nicht auch als Werbungskosten oder Betriebsausgaben abgezogen werden können, hätte dies grundsätzlich Auswirkungen, soweit außersteuerliche Rechtsnormen an steuerliche Einkommensbegriffe anknüpfen, wie z. B. das Wohngeldgesetz. Die Sonderausgabenregelung kann aber auch zu Belastungen führen, soweit Kindergärten und private Schulen ihre Gebühren abhängig vom Einkommen der Eltern erheben und dazu an die Summe der positiven Einkünfte anknüpfen.

Durch **§ 2 Abs. 5a Satz 2 EStG** werden die Auswirkungen auf **außersteuerliche Rechtsnormen** jedoch vermieden, indem für diese Zwecke diese Größen um die **abziehbaren Kinderbetreuungskosten zu mindern** sind.

Liegen die Voraussetzungen des § 10 Abs. 1 Nr. 5 EStG nicht vor, ist eine Förderung **haushaltsnaher Dienstleistungen** nach § 35a EStG zu prüfen.

12.3.5 Berufsausbildungskosten

Aufwendungen für die eigene Berufsausbildung können nach **§ 10 Abs. 1 Nr. 7 Satz 1 EStG bis zu 6.000 €** im Kalenderjahr als Sonderausgaben abgezogen werden.

Der Höchstbetrag von 6.000 € gilt nach § 10 Abs. 1 Nr. 7 Satz 2 EStG für jeden **Ehegatten gesondert**.

Es erfolgt **keine Kürzung des Höchstbetrages**, wenn die Ausbildung nicht während des ganzen Kalenderjahres erfolgt.

MERKE

Der Abzug der Aufwendungen als Sonderausgaben steht nach dem Einleitungssatz des § 10 Abs. 1 EStG unter dem Vorbehalt, dass es sich **nicht um Werbungskosten** handelt, die in unbeschränkter Höhe abzugsfähig wären.

Aufwendungen des Steuerpflichtigen für seine Berufsausbildung oder für sein Studium sind nach **§ 9 Abs. 6 Satz 1 EStG** dann **Werbungskosten**, wenn der Steuerpflichtige zuvor bereits eine Erstausbildung **(Berufsausbildung oder Studium) abgeschlossen** hat **oder** wenn die Berufsausbildung oder das Studium im **Rahmen eines Dienstverhältnisses** stattfindet.

Eine Berufsausbildung als Erstausbildung liegt vor, wenn eine geordnete Ausbildung mit einer Mindestdauer von zwölf Monaten bei vollzeitiger Ausbildung und mit einer Abschlussprüfung durchgeführt wird (§ 9 Abs. 6 Satz 2 EStG).

Aufwendungen für eine **berufliche Fort- und Weiterbildung** stellen Werbungskosten dar, sofern sie durch den Beruf veranlasst sind.

Aufwendungen für den **Besuch allgemein bildender Schulen** sind Kosten der privaten Lebensführung i. S. des § 12 Nr. 1 EStG und dürfen daher nicht bei den einzelnen Einkunftsarten abgezogen werden. Der Besuch eines **Berufskollegs** zum **Erwerb der Fachhochschulreife** gilt als Besuch einer allgemein bildenden Schule. Dies gilt auch, wenn ein solcher Abschluss (z. B. das Abitur) nach Abschluss einer Berufsausbildung nachgeholt wird. Derartige Aufwendungen können als **Sonderausgaben** gem. § 10 Abs. 1 Nr. 7 oder Nr. 9 EStG vom Gesamtbetrag der Einkünfte abgezogen werden.

Beispiel

Die Steuerpflichtige ist gelernte Einzelhandelskauffrau. Um ihre Arbeitsmarktchancen zu erhöhen, besucht sie ein Abendgymnasium und holt das Abitur nach. Im Anschluss an die Abiturprüfung entschließt sie sich, eine Ausbildung zur Reisefachangestellten zu beginnen. Nach erfolgreichem Abschluss beginnt sie danach mit einem Studium der Betriebswirtschaft.

Bei den Aufwendungen zur Ablegung des Abiturs handelt es sich um Kosten der privaten Lebensführung i. S. des § 12 Nr. 1 EStG, die nicht bei den einzelnen Einkunftsarten abgezogen werden können.

Derartige Aufwendungen sind als Sonderausgaben gem. § 10 Abs. 1 Nr. 7 EStG zu berücksichtigen.

Die Ausbildung zur Reisefachfrau (Zweitausbildung) findet in der Regel in einem Dienstverhältnis statt, sodass die Aufwendungen als Werbungskosten zu berücksichtigen sind.

Auch ohne Vorliegen eines Dienstverhältnisses wären die Aufwendungen im Rahmen der Zweitausbildung als Werbungskosten zu berücksichtigen.

Das Studium stellt ein Erststudium nach einer abgeschlossenen nichtakademischen Berufsausbildung dar, sodass die Aufwendungen als Werbungskosten abgezogen werden können.

Es ist regelmäßig davon auszugehen, dass dem **Promotionsstudium** und der **Promotion** durch die Hochschule selber der Abschluss eines Studiums vorangeht. Aufwendungen für ein Promotionsstudium und die Promotion stellen Betriebsausgaben oder **Werbungskosten** dar, sofern ein berufsbezogener Veranlassungszusammenhang zu bejahen ist (BFH v. 04.11.2004, BStBl 2005 II S. 891). Dies gilt auch, wenn das Promotionsstudium bzw. die Promotion im Einzelfall ohne vorhergehenden berufsqualifizierenden Studienabschluss durchgeführt wird. Eine Promotion stellt keinen berufsqualifizierenden Abschluss eines Studiengangs dar.

Zu den **abziehbaren Aufwendungen** gehören z. B.:

- **Lehrgangs-, Schul- oder Studiengebühren, Semesterbeiträge, Arbeitsmittel, Fachliteratur**
- **Fahrten zwischen Wohnung und Ausbildungsort** in Höhe der Entfernungspauschale (§ 10 Abs. 1 Nr. 7 Satz 4 EStG)
- **Arbeitszimmer und Homeoffice-Pauschale** (§ 10 Abs. 1 Nr. 7 Satz 4 EStG)
- **Mehraufwendungen für Verpflegung** nach Maßgabe des § 9 Abs. 4a EStG (§ 10 Abs. 1 Nr. 7 Satz 4 EStG)
- **Mehraufwendungen wegen auswärtiger Unterbringung**. Für den Abzug von Aufwendungen für eine auswärtige Unterbringung ist nicht erforderlich, dass die Voraussetzungen einer doppelten Haushaltsführung vorliegen.

MERKE

Kosten, die der **Allgemeinbildung im weitesten Sinne**, aber nicht der Vorbereitung auf eine spätere Berufsausbildung dienen (z. B. Hobbykurse, Koch- und Nähkurse), gehören zu den nicht abzugsfähigen **Kosten der privaten Lebensführung**.

Beispiele

1. Der 20-jährige A studiert nach dem Abitur Betriebswirtschaftslehre (Erststudium als Erstausbildung). Die Aufwendungen betragen insgesamt 7.000 €.

   A kann die Aufwendungen bis zu 6.000 € jährlich als Sonderausgaben abziehen.
2. Die Bürokauffrau B wird als geprüfte Bilanzbuchhalterin vorläufig als Rechnungswesenleiterin eingesetzt und benötigt den „Betriebswirt", um die Stelle endgültig

zu erhalten. Sie nimmt daher an einer Fernakademie ein berufsbegleitendes Erststudium in dieser Fachrichtung auf.

B kann die Aufwendungen in voller Höhe als Werbungskosten geltend machen, da es sich insoweit um ein Erststudium nach einer abgeschlossenen Berufsausbildung handelt.

3. Eine arbeitslose Sozialpädagogin schult in einem 24-monatigen Lehrgang zur „Steuerfachangestellten" um. Vor ihrem Sozialpädagogikstudium hatte sie mehr als drei Jahre Berufserfahrung im Rechnungswesen gesammelt.

   Die Sozialpädagogin kann die Aufwendungen für die Umschulungsmaßnahme in voller Höhe als Werbungskosten geltend machen, weil es sich um eine weitere Berufsausbildung handelt.

4. Ein Steuerfachangestellter hat für einen Vorbereitungslehrgang zur Ablegung der Steuerfachwirteprüfung 2.000 € aufgewendet.

   Die Aufwendungen des Steuerfachangestellten i. H. v. 2.000 € sind in voller Höhe als Werbungskosten abzugsfähig, weil sie der Weiterbildung in einem ausgeübten Beruf dienen.

5. Für die Teilnahme an einem Kochkurs sind der Ehefrau, die neben ihrer Tätigkeit als Hausfrau keine weitere Berufstätigkeit ausübt, Aufwendungen i. H. v. 350 € entstanden.

   Aufwendungen für die hauswirtschaftliche Ausbildung, wie z. B. Aufwendungen für den Kochkurs der Ehefrau, sind keine Ausbildungskosten. Sie sind nicht in der erkennbaren Absicht gemacht worden, aufgrund der erlangten Ausbildung, eine Erwerbstätigkeit auszuüben.

12.3.6 Schulgeld

30 % des gezahlten Schulgeldes, höchstens 5.000 € sind nach **§ 10 Abs. 1 Nr. 9 EStG** als Sonderausgaben abzugsfähig.

Nicht abzugsfähig sind allerdings die Aufwendungen für Beherbergung, Betreuung und Verpflegung (**Internatskosten**).

Voraussetzung für den Sonderausgabenabzug ist, dass

- der Steuerpflichtige für das Kind einen (halben) **Kinderfreibetrag oder Kindergeld** erhält,
- die Aufwendungen für den **Besuch einer Schule in freier Trägerschaft oder einer überwiegend privat finanzierten Schule** entrichtet werden,
- die Schule in einem **Mitgliedstaat der EU** oder in einem anderen Staat gelegen ist, auf das das Abkommen über den Europäischen Wirtschaftsraum Anwendung findet,
- die Schule zu einem anerkannten **allgemein bildenden oder berufsbildenden Schul-, Jahrgangs- oder Berufsabschluss** führt oder darauf vorbereitet. **Der Besuch einer Deutschen Schule im Ausland steht dem Besuch einer solchen Schule gleich**.

Zu den **begünstigten Schulen** gehören nach Auffassung der Finanzverwaltung auch:

- berufsbildende Ergänzungsschulen einschließlich der Schulen des Gesundheitswesens
- Volkshochschulen
- Einrichtungen, die auf einen Schulabschluss im zweiten Bildungsweg vorbereiten
- private Grundschulen, sobald das Kind schulpflichtig ist.

Nicht begünstigt sind hingegen

- Nachhilfeeinrichtungen,
- Musikschulen,
- Sportvereine,
- Ferienkurse (z. B. Feriensprachkursen) sowie
- Universitäten und Fachhochschulen. Ein Abzug von Studiengebühren ist also ausgeschlossen.

Der **Höchstbetrag** beläuft sich auf **5.000 € je Kind und Jahr**. Er gilt auch für getrennte Elternpaare.

Die Schulgeldzahlungen darf das **Elternteil abziehen**, das sie **getragen hat**.

Haben **beide Elternteile Schulgeld gezahlt**, gilt für **jeden ein Höchstbetrag von 2.500 €**, es sei denn, die Eltern beantragen **einvernehmlich** eine **andere Aufteilung**.

Das ist z. B. dann sinnvoll, wenn einer mehr als 2.500 € gezahlt hat und der andere weniger.

Beispiel

Die Eheleute Sorglos schicken ihre beiden Kinder Susi (12) und Sascha (10) auf ein Internat in Köln. Es handelt sich dabei um eine berufsbildende Ergänzungsschule. Die Aufwendungen für die Internatsunterbringung einschließlich des Besuchs des Internatsgymnasiums belaufen sich im VZ 2023 auf insgesamt 12.000 € je Kind. Davon entfallen 7.500 € auf Unterbringung, Verpflegung und Bekleidung.

Der Sonderausgabenabzug beträgt 30 % des Schulgeldes mit Ausnahme des Entgelts für Beherbergung, Beköstigung und Verpflegung, also 30 % von (12.000 € - 7.500 € =) 4.500 € = 1.350 € • 2 Kinder = 2.700 €.

12.3.7 Spenden

12.3.7.1 Begriff der Spende

Spenden sind **freiwillige Zuwendungen** (Leistungen ohne Gegenleistung), die ein Steuerpflichtiger zur Förderung **steuerbegünstigter Zwecke** erbringt.

Als Ausgabe gilt dabei auch die Zuwendung von Wirtschaftsgütern (z. B. Kleiderspende an das DRK) mit Ausnahme von Nutzungen und Leistungen (§ 10b Abs. 3 Satz 1 EStG).

Die Ausgaben sind in dem VZ zu berücksichtigen, in dem sie geleistet worden sind (§ 11 EStG).

Beispiele

Beispiel 1:
Der Steuerpflichtige zahlt im VZ 2023 bei einer Bank 36 € ein für ein Jahreslos der ZDF-Lotterie „Aktion Mensch". Die Zahlung wird durch einen Zahlungsbeleg bestätigt.

Der geleistete Betrag kann nicht als Spende geltend gemacht werden, da mit der Zahlung eine Gegenleistung (Gewinnchance) verbunden ist.

Beispiel 2:
Die Bußgeld- und Strafsachenstelle sowie die Steuerfahndungsstelle des zuständigen Finanzamts leiteten gegen den Steuerpflichtigen ein steuerstrafrechtliches Ermittlungsverfahren wegen des Verdachts der Steuerhinterziehung und der Beihilfe zur Steuerhinterziehung ein. Die Verfahren wurden dann aber von der Bußgeld- und Strafsachenstelle nach § 153a StPO gegen Zahlung eines Geldbetrages von 5.000 € zugunsten einer gemeinnützigen Einrichtung eingestellt.

Die Merkmale des Spendenbegriffs sind nicht erfüllt. Die Geldleistung erfolgte nicht freiwillig.

12.3.7.2 Steuerbegünstigte Zwecke

Die **Spenden** und **Mitgliedsbeiträge** müssen für bestimmte **steuerbegünstigte Zwecke** erbracht werden. Steuerbegünstigte Zwecke sind gem. § 10b Abs. 1 Satz 1 EStG folgende Zwecke:

- **gemeinnützige** Zwecke (§ 52 AO)
- **mildtätige** Zwecke (§ 53 AO)
- **kirchliche** Zwecke (§ 54 AO).

Die Zuwendungen müssen dabei geleistet werden an

- eine **juristische Person des öffentlichen Rechts**,
- eine **öffentliche Dienststelle** oder an eine nach **§ 5 Abs. 1 Nr. 9 KStG steuerbefreite Körperschaft**.

Nach **§ 10b Abs. 1 Satz 8 EStG** sind **nicht abziehbar** Mitgliedsbeiträge an Körperschaften, die

- den **Sport** (§ 52 Abs. 2 Nr. 21 AO),
- **kulturelle Betätigungen**, die in erster Linie der Freizeitgestaltung dienen,
- die **Heimatpflege und Heimatkunde** (§ 52 Abs. 2 Nr. 22 AO) oder
- **Zwecke i. S. des § 52 Abs. 2 Nr. 23 AO** (z. B. Tierzucht, Kleingärtnerei, Karneval, Amateurfunken, Modellflug, Hundesport)

fördern.

Ausgeschlossen sind demnach insbesondere auch die **aktiv ausgeführten eigenen kulturellen Betätigungen** der Mitglieder, z. B. im Laientheater, Laienchor, Laienorchester.

Beispiel

Der Steuerpflichtige spendet im VZ 2023 dem Sportverein TuS Leverkusen einen Betrag von 300 €. Der Sportverein ist nach § 5 Abs. 1 Nr. 9 KStG von der Körperschaftsteuer befreit. Der Verein bestätigt diese Zuwendung. Die Zuwendung ist gem. § 10b Abs. 1 Satz 8 EStG nicht als Sonderausgaben abzugsfähig.

Körperschaften zur Förderung kultureller Einrichtungen fördern grundsätzlich Kunst und Kultur (= **gemeinnützige Zwecke** i. S. des § 52 Abs. 2 Nr. 5 AO).

Eine eventuelle Gewährung von Vergünstigungen durch die geförderte Einrichtung (z. B. Jahresgaben, verbilligter Eintritt, Veranstaltungen für Mitglieder) steht dem nicht entgegen. Deshalb sind Mitgliedsbeiträge an diese Körperschaften als Sonderausgaben nach § 10b Abs. 1 Satz 1 EStG abziehbar.

MERKE

Mitgliedsbeiträge an Vereine zur Förderung kultureller Einrichtungen sind auch bei Gegenleistungen (z. B. Freikarten) als Sonderausgaben abziehbar!

12.3.7.3 Umfang des Spendenabzugs

Die Zuwendungen können nur bis zu einem bestimmten **Höchstbetrag** als Sonderausgaben abgezogen werden.

Für die Ermittlung des Höchstbetrages gibt es gem. § 10b Abs. 1 Satz 1 EStG **zwei Möglichkeiten:**

- **20 % des Gesamtbetrags der Einkünfte oder**
- **4 v. T. der Summe aus Umsätzen, Löhnen und Gehälter.**

ACHTUNG

Einkünfte, die dem **Abgeltungsteuersatz** unterliegen, sind bei der Ermittlung des Gesamtbetrags der Einkünfte **nicht mit einzubeziehen** (§ 2 Abs. 5b EStG).

Der **nicht abziehbare Teil** der Zuwendungen kann gem. **§ 10b Abs. 1 Satz 9 EStG** im Rahmen der Höchstbeträge **zeitlich unbegrenzt** in den **folgenden Veranlagungszeiträumen** abgezogen werden.

Dabei sind im Vortragsjahr zunächst die Vorsorgeaufwendungen und ein Verlustabzug nach § 10d EStG vom Gesamtbetrag der Einkünfte abzuziehen. Der verbleibende Restbetrag wird dann durch die vortragsfähigen Spenden bis auf max. 0 € gemindert.

Beispiel

Der Steuerpflichtige weist für den VZ 2023 folgende Spenden belegmäßig nach:

► Universität Bonn	650,00 €
► Stadttheater Leverkusen	550,00 €
► mildtätige Zwecke	500,00 €
► kirchliche Zwecke	400,00 €
► religiöse Zwecke	600,00 €
► Deutsches Rotes Kreuz	100,00 €
	2.800,00 €

Der Gesamtbetrag der Einkünfte beträgt 10.000 €.

Der gesamte Umsatz seines Unternehmens belief sich auf 375.000 €; es wurden Löhne und Gehälter i. H. v. insgesamt 150.000 € aufgewendet.

Wie hoch sind die abzugsfähigen Spenden nach Maßgabe des § 10b EStG?

Berechnungsschema 1:
20 % v. 10.000 € = 2.000 €

Berechnungsschema 2:
4 v. T. der Summe aus Umsätzen, Löhnen und Gehälter = 4 v. T. von 525.000 € = 2.100 €

Die Berechnungsmethode 2 ist gegenüber Berechnungsmethode 1 als die günstigere zu wählen. Als Sonderausgaben sind daher 2.100 € abzugsfähig.

Der **nicht abziehbare Teil** (= 700 €) kann **zeitlich unbegrenzt** im Rahmen der Höchstbeträge in den folgenden **Veranlagungszeiträumen** abgezogen werden (§ 10b Abs. 1 Satz 9 EStG).

12.3.7.4 Parteispenden

Mitgliedsbeiträge und Spenden an politische Parteien sind bis zur Höhe von insgesamt **1.650 €** und im Fall der **Zusammenveranlagung** von Ehegatten bis zur Höhe von insgesamt **3.300 €** als Sonderausgaben abzugsfähig (§ 10b Abs. 2 Satz 1 EStG), wenn die Partei bei Zufluss der Zuwendung als politische Partei i. S. des § 2 PartG anzusehen ist (R 10b.2 EStR). Die Partei darf nicht von der staatlichen Teilfinanzierung ausgeschlossen sein.

Sie können jedoch nur insoweit als Sonderausgaben abgezogen werden, als für sie nicht eine Steuerermäßigung nach § 34g EStG gewährt worden ist (§ 10b Abs. 2 Satz 2 EStG). Nach § 34g Satz 2 EStG beträgt die **Ermäßigung der tariflichen Einkommensteuer 50 % der Ausgaben** an politische Parteien, die nicht von der staatlichen Teilfinanzierung ausgeschlossen sind, **höchstens jedoch 825 €**, im Falle der **Zusammenveranlagung** von Ehegatten **höchstens jedoch 1.650 €**.

Die steuerliche Berücksichtigung der Parteispenden erfolgt demnach in **zwei Schritten**:

1. Schritt:
Parteispenden bis zu 1.650 € (Singles) bzw. 3.300 € (Verheiratete) werden zur Hälfte direkt von der Steuerschuld abgezogen, also maximal 825 € bzw. 1.650 €.

Beispiel

Der alleinstehende Michael T. spendet insgesamt 2.000 € an politische Parteien. Er macht 1.650 € als Steuerermäßigung geltend und zahlt entsprechend 825 € – also die Hälfte – weniger an Steuern.

2. Schritt:
Zuwendungen über die 1.650 € bzw. 3.300 € hinaus können darüber hinaus als Sonderausgabe in der Steuererklärung eingetragen werden – zumindest bis zu einer Höhe von weiteren 1.650 € bei Singles und 3.300 € bei Verheirateten.

Zurück zum obigen Beispiel:
Michael T. kann also noch 350 € als Sonderausgabe geltend machen (2.000 € - 1.650 € = 350 €).

MERKE

Spenden an politische Parteien sind also für Singles bis zu einer Höhe von insgesamt 3.300 € steuerbegünstigt, bei Verheirateten bis 6.600 €.

Berechnungsschema:

Mitgliedsbeiträge	....			
Spenden an Parteien	....			
Summe	....			
- 1.650 €/3.300 €, max. Summe	....	→	....	• 50 % (= Ermäßigung)
abzugsfähige Sonderausgaben, max. 1.650 €/3.300 €	....			

Beispiele

Beispiel 1:
Der ledige Steuerpflichtige spendet an eine politische Partei im VZ 2023 insgesamt 1.750 €.

Parteispende	1.750,00 €	
- Tarifermäßigung	1.650,00 €	(1.650 € • 50 % = 825 €)
abzugsfähige Sonderausgaben	100,00 €	

Die Parteispende von 1.750 € ist i. H. v. 100 € als Sonderausgabe abzugsfähig. Die tarifliche Einkommensteuer mindert sich um 825 €.

Beispiel 2:
Der ledige Steuerpflichtige spendet an eine politische Partei im VZ 2023 insgesamt 750 €.

Parteispende	750,00 €	
- 1.650 €, max. Spende	750,00 €	(750 € • 50 % = 375 €)
abzugsfähige Sonderausgaben	0,00 €	

Die Parteispende von 750 € ist nicht als Sonderausgabe abzugsfähig. Die tarifliche Einkommensteuer mindert sich um 375 €.

Beispiel 3:
Die Eheleute spenden an eine politische Partei im VZ 2023 insgesamt 7.250 €.

Parteispende	7.250,00 €	
- Tarifermäßigung	3.300,00 €	(3.300 € • 50 % = 1.650 €)
abzugsfähige Sonderausgaben,	3.950,00 €	
max. jedoch	3.300,00 €	

Die Parteispende von 7.250 € ist i. H. v. 3.300 € als Sonderausgabe abzugsfähig. Die tarifliche Einkommensteuer mindert sich um 1.650 €.

12.3.7.5 Spendennachweis

Der Steuerpflichtige hat dem zuständigen Finanzamt durch eine **Zuwendungsbestätigung** nachzuweisen, dass die erforderlichen Voraussetzungen für den Abzug der Ausgaben als Sonderausgaben erfüllt sind.

Für den Nachweis bestimmter Spenden (z. B. **Zuwendungen zur Hilfe in Katastrophenfällen, Kleinbetragsspenden bis 300 €**) genügt der **Bareinzahlungsbeleg** oder die **Buchungsbestätigung** (z. B. Kontoauszug oder Lastschrifteinzugsbeleg), § 50 Abs. 4 EStDV.

Diese Regelung gilt z. B. auch für den **Wiederaufbau von Schulen, Kindergärten, Altenheimen** usw.

12.4 Verlustabzug (§ 10d EStG)

Bei dem Verlustabzug geht es nach § 10d EStG darum, dass berücksichtigungsfähige Verluste als **Verlustrücktrag** und **Verlustvortrag von Amts wegen** wie Sonderausgaben vom Gesamtbetrag der Einkünfte abzuziehen sind, soweit ein Verlustausgleich nicht stattgefunden hat.

MERKE

Verlustausgleich hat Vorrang vor Verlustabzug!

Der nach § 10d EStG abziehbare Betrag entspricht daher dem **negativen Gesamtbetrag der Einkünfte**. Steuerfreie Einnahmen sind bei der Ermittlung des Gesamtbetrags der Einkünfte nicht zu berücksichtigen.

Für den Verlustabzug gelten grundsätzlich folgende Regeln:

- Verluste, die bei der Ermittlung des Gesamtbetrags der Einkünfte nicht ausgeglichen werden, sind gem. § 10d Abs. 1 Satz 1 EStG bis zu einem Betrag von insgesamt 10 Mio. € (ab VZ 2024: 1 Mio. €) vom Gesamtbetrag der Einkünfte des **unmittelbar vorangegangenen VZ vorrangig (!)** vor Sonderausgaben, außergewöhnlichen Belastungen und sonstigen Abzugsbeträgen abzuziehen (**Verlustrücktrag**). Soweit ein Ausgleich der negativen Einkünfte nicht möglich ist, sind diese vom Gesamtbetrag der Einkünfte des zweiten dem Veranlagungszeitraum vorangegangenen Veranlagungszeitraums vorrangig vor Sonderausgaben, außergewöhnlichen Belastungen und sonstigen Abzugsbeträgen abzuziehen.
- Nicht ausgeglichene Verluste, die durch den Verlustrücktrag nicht verbraucht worden sind (**„verbleibender Verlustabzug“**), sind gem. § 10d Abs. 2 EStG zeitlich unbefristet in den folgenden Veranlagungszeiträumen vorrangig vor Sonderausgaben, außergewöhnlichen Belastungen und sonstigen Abzugsbeträgen abzuziehen (**Verlustvortrag**).
- Der **Verlustvortrag** ist der Höhe nach ggf. eingeschränkt. Bis zur Höhe von **10 Mio. €** (ab VZ 2024: 1 Mio. €) bei zusammen veranlagten **Ehegatten bis zu 20 Mio. €** (ab VZ 2024: 2 Mio. €) ist er uneingeschränkt möglich.

Beispiel

Für den VZ 2023 wurde ein nicht ausgeglichener Verlust von 137.500 € gesondert festgestellt. Das zu versteuernde Einkommen wurde bisher laut ESt-Bescheid 2022 wie folgt ermittelt:

	Einkünfte aus nichtselbstständiger Arbeit	47.500,00 €
+	Einkünfte aus Vermietung und Verpachtung	60.000,00 €
=	Summe/Gesamtbetrag der Einkünfte	107.500,00 €
-	Sonderausgaben	12.250,00 €
-	außergewöhnliche Belastungen	3.750,00 €
=	Einkommen/zu versteuerndes Einkommen	91.500,00 €

Der gesondert festgestellte Verlust kann in den VZ 2022 zurückgetragen werden.

Für den VZ 2022 ergibt sich daher folgender geänderter Steuerbescheid:

	Einkünfte aus nichtselbstständiger Arbeit	47.500,00 €
+	Einkünfte aus Vermietung und Verpachtung	60.000,00 €
=	Summe/Gesamtbetrag der Einkünfte	107.500,00 €
-	**Verlustrücktrag aus VZ 2023**	**107.500,00 €**
=	Einkommen/zu versteuerndes Einkommen	0,00 €

In den VZ 2024 können (137.500 € - 107.500 € =) 30.000 € vorgetragen werden.

Auf Antrag des Steuerpflichtigen ist ganz oder teilweise von der Anwendung des Verlustrücktrags abzusehen (§ 10d Abs. 1 Satz 5 EStG).

Im Antrag ist die Höhe des Verlustrücktrags anzugeben (§ 10d Abs. 1 Satz 6 EStG).

TIPP

Zur **optimalen Ausnutzung** des **Verlustrücktrags** ist Folgendes zu beachten: Der **Grundfreibetrag** beträgt für den VZ 2023 insgesamt **10.908 €** (ab dem VZ 2024: 11.604 €), d. h. bei einem zu versteuernden Einkommen in Höhe des Grundfreibetrages beträgt die tarifliche ESt 0 €. Bei einem Verlustrücktrag in den vorangegangenen VZ ist deshalb darauf zu achten, dass das zu versteuernde Einkommen den Grundfreibetrag nicht unterschreitet.

Beispiel

Ein lediger Stpfl. hat im VZ 2023 und VZ 2024 folgende Einkünfte:

2023

§ 15 EStG	- 120.000 €
§ 18 EStG	200.000 €
§ 21 EStG	5.000 €
Gesamtbetrag der Einkünfte	85.000 €
Sonderausgaben	- 10.000 €
Einkommen/zu versteuerndes Einkommen	75.000 €

2024

§ 15 EStG	0 €
§ 18 EStG	225.000 €
§ 21 EStG	- 320.000 €
Summe der Einkünfte	- 95.000 €

Die negative Summe der Einkünfte i. H. v. 95.000 € bildet den Verlustrücktrag in den vorangegangenen VZ 2023.

Zur **optimalen Ausnutzung** des **Verlustrücktrags** ist der Grundfreibetrag wie folgt zu berücksichtigen:

Der Gesamtbetrag der Einkünfte 2023 betrug nach der Veranlagung	85.000 €
abzüglich Grundfreibetrag	- 10.908 €
maximale Minderung durch Verlustrücktrag, Sonderausgaben usw.	74.092 €
davon entfallen auf Sonderausgaben	- 10.000 €
verbleiben für den Verlustrücktrag	64.092 €

Die Auswirkungen des Verlustrücktrags mit und ohne Antrag des Steuerpflichtigen verdeutlicht die nachfolgende Übersicht:

	Verlustrücktrag in den VZ 2023 ohne Antrag	**Verlustrücktrag in den VZ 2023 mit Antrag**
Gesamtbetrag der Einkünfte	85.000 €	85.000 €
Verlustrücktrag von insgesamt 95.000 €	- 85.000 €	- 64.092 €
Sonderausgaben	- 0 €	- 10.000 €
Einkommen und zu versteuerndes Einkommen	0 €	10.908 €
tarifliche ESt	0 €	0 €
verbleibender Verlustvortrag	10.000 €	30.908 €

12.5 Fälle zur Sicherung des Lernerfolgs

Fall 1:

Ermitteln Sie in einer übersichtlichen Darstellung die abzugsfähigen Sonderausgaben der Eheleute Adler aus Leverkusen für den VZ 2023! Der Höchstbetrag zur knappschaftlichen Rentenversicherung beträgt 53.056 €.

Werner Adler (geb. 27. Januar 1987) betreibt in Leverkusen eine Vinothek. Er wird mit seiner Ehefrau Ursula (geb. 19. November 1994) zusammen veranlagt. Die Ehefrau ist als Rechtsanwaltsfachangestellte tätig und hat im VZ 2023 ein Bruttogehalt von 30.000 € bezogen.

Aus den Unterlagen der Eheleute ergibt sich für den VZ 2023 Folgendes:

► AN-Anteil (RV) der Ehefrau	2.790 €
► AN-Anteil (KV) der Ehefrau	2.430 €
► AN-Anteil (PV) der Ehefrau	458 €
► AN-Anteil (AV) der Ehefrau	390 €
► Beiträge an freiwillige Basiskrankenversicherung (Ehemann)	1.700 €
► Einbruch- und Diebstahlversicherung Haushalt (Eheleute)	150 €
► Private Haftpflichtversicherung für Pkw (Ehefrau)	410 €
► Private Kaskoversicherung für Pkw (Ehefrau)	350 €
► Gebäudeversicherung für Einfamilienhaus (Eheleute)	210 €
► Kirchensteuervorauszahlungen für 2023	245 €
► Kirchensteuernachzahlung in 2023 für 2022	40 €
► Kirchensteuererstattung in 2023 für 2021	300 €
► Mitgliedsbeitrag an politische Partei	375 €
► Spende an politische Partei	1.200 €

Fall 2:

Ihre Mandantin Hosia Hose, geboren am 05. Mai 1985, ledig, wohnhaft in Leverkusen, hat als kaufmännische Angestellte im Jahre 2023 einen Bruttoarbeitslohn i. H. v. 18.250 € bezogen. Der Gesamtbetrag der Einkünfte belief sich in 2023 auf 25.720 €.

Hosia Hose legt Ihnen folgende Nachweise über getätigte Zahlungen bzw. Aufwendungen vor und bittet um Auskunft, welche einkommensteuerlichen Vergüngstigungen aufgrund dieser Zahlungen zu erwarten sind.

Bearbeitungshinweis:
Eine übersichtliche Darstellung des Lösungsweges unter Verwendung der steuerlichen Fachbegriffe wird erwartet! Der Höchstbetrag zur knappschaftlichen Rentenversicherung beträgt 26.528 €.

Zahlungsnachweise der Mandantin Hose für den VZ 2023:

► Arbeitnehmeranteil (RV)	1.698 €
► Arbeitnehmeranteil (KV)	1.479 €
► Arbeitnehmeranteil (PV)	343 €
► Arbeitnehmeranteil (AV)	238 €
► Kaskoversicherungsbeiträge für den privaten Pkw	175 €
► Haftpflichtversicherungsbeiträge für den privaten Pkw	200 €
► Hausratversicherungsbeiträge	150 €
► einbehaltene Kirchensteuer lt. Lohnsteuerbescheinigung 2023	160 €
► Nachzahlung Kirchensteuer für 2022	120 €
► Kirchensteuer auf einbehaltene Abgeltungsteuer	22 €
► Spenden für kirchliche Zwecke	300 €
► Spenden für gemeinnützige Zwecke	500 €
► Spenden für wissenschaftliche Zwecke	1.715 €
► Spenden an eine politische Partei	2.200 €

Fall 3:

Der selbstständige Rechtsanwalt Werner Bach und seine Ehefrau Claudia sind seit 2016 verheiratet. Sie leben in Leverkusen und werden zur Einkommensteuer zusammen veranlagt.

Im Haushalt des Ehepaares leben deren gemeinsame Kinder Till (13 Jahre) und Sylvia (5 Jahre).

Claudia Bach war bis zum 30.09.2023 nicht berufstätig. Seitdem ist sie als Angestellte nichtselbstständig tätig.

Die Eheleute machen für den VZ 2023 nachfolgende Aufwendungen geltend, die steuerlich noch berücksichtigt werden sollen. Alle notwendigen Belege und Nachweise liegen vor.

Werner Bach leistete im VZ 2023 folgende Beiträge:

- berufsständische Versorgungseinrichtung der Rechtsanwälte: 17.075 €
- private Kranken- und Pflegeversicherung für sich und seine beiden Kinder: 9.600 €.

  Von dem Jahresbetrag entfallen auf Till und Sylvia insgesamt 3.600 €.
- In seiner Kranken- und Pflegeversicherung hat er Komfortleistungen von 25 %, bei seinen Kindern von 10 % abgesichert.
- private kapitalgedeckte Altersversorgung („Rürup-Rente"): 1.560 €
- private Lebensversicherung (Abschluss in 2005): 1.872 €

- politische Partei: 3.400 €
- Ehegattenunterhalt an seine geschiedene Ehefrau aus erster Ehe i. H. v. monatlich 1.300 €. Zusätzlich leistete er für seine geschiedene Ehefrau Beiträge zur gesetzlichen Kranken- und Pflegeversicherung (ohne Krankengeldanspruch) von monatlich 250 €, damit diese durch einen entsprechenden Versicherungsschutz abgesichert ist. Die „Anlage U" wurde von beiden Personen unterschrieben.
- Kirchensteuer-Vorauszahlungen 2023: 2.400 €
- Kirchensteuer-Nachzahlungen in 2023 lt. ESt-Bescheid : 175 €

Claudia Bach leistete im VZ 2023 folgende Beiträge:

- gesetzliche Rentenversicherung: 398 €
- gesetzliche Krankenversicherung: 297 €
- gesetzliche Pflegeversicherung: 46 €
- gesetzliche Arbeitslosenversicherung: 56 €
- private kapitalgedeckte Altersversorgung („Rürup-Rente"): 480 €
- Sportverein für Sohn Till: monatlich 15 €
- Kindergarten für Tochter Sylvia: monatlich 120 €
- Kirchensteuer lt. Lohnsteuerbescheinigung 2022: 16 €

Ermitteln Sie in einer übersichtlichen Darstellung für den VZ 2023 die abzugsfähigen Sonderausgaben. Der Höchstbetrag zur knappschaftlichen Rentenversicherung beträgt 53.056 €.

13. Außergewöhnliche Belastungen

13.1 Überblick

Außergewöhnliche Belastungen sind grundsätzlich **Kosten der privaten Lebensführung** (vgl. Einleitungssatz des § 12 EStG). Um die individuelle Leistungsfähigkeit des Steuerpflichtigen zu berücksichtigen, werden sie jedoch ausnahmsweise **vom Gesamtbetrag der Einkünfte** bei der Ermittlung des Einkommens **abgezogen**.

Die außergewöhnlichen Belastungen lassen sich im Wesentlichen in **zwei Gruppen** einteilen:

- **Allgemeine Einzelfälle (§ 33 EStG),** die nicht einheitlich geregelt werden können, da sie sehr unterschiedlich sind.
- **Typisierte Fälle**, die gesetzlich schematisch geregelt werden können, da sie in der Praxis sehr oft vorkommen. Zu diesen typisierten Fällen gehören:
  - **Unterhaltsleistungen (§ 33a Abs. 1 EStG)**
  - **Ausbildungsfreibetrag (§ 33a Abs. 2 EStG)**
  - **Behinderung (§ 33b EStG).**

TIPP

Die typisierten Fälle haben grundsätzlich Vorrang vor den allgemeinen Einzelfällen (§ 33a Abs. 4 EStG).

Beispiel

Der Steuerpflichtige macht in seiner ESt-Erklärung Anwalts- und Gerichtskosten als allgemeine außergewöhnliche Belastungen gem. § 33 EStG geltend, die er aufgewendet hatte, um für seine beiden Söhne A und B im Klagewege die Zulassung zum Studium der Medizin bzw. Zahnmedizin zu erreichen. Der Sohn A ist inzwischen auf richterlicher Anordnung hin an der Medizinischen Hochschule in Hannover immatrikuliert, während der Sohn B auf eine spätere Bewerbung hin einen Studienplatz im Fach Zahnmedizin erhalten hat.

Die geltend gemachten Kosten können nicht nach § 33 EStG als allgemeine außergewöhnliche Belastungen berücksichtigt werden, da die entstandenen Aufwendungen mit dem Ausbildungsfreibetrag abgegolten sind, da es sich hier um Aufwendungen für die Berufsausbildung der Kinder gehandelt hat.

13.2 Allgemeine Einzelfälle (§ 33 EStG)

Um **allgemeine außergewöhnliche Belastungen** nach § 33 EStG mit Erfolg geltend machen zu können, müssen folgende **Voraussetzungen** sämtlich erfüllt sein:

- **Voraussetzungen dem Grunde nach:**
  - Der Abzug erfolgt nur auf **Antrag** des Steuerpflichtigen.
  - Es müssen **Aufwendungen** vorliegen.
  - Die Aufwendungen dürfen **keine BA, WK oder Sonderausgaben** darstellen.
  - Die Aufwendungen müssen zu einer **Belastung** führen.
  - Die Aufwendungen müssen **außergewöhnlich** sein.
  - Die Aufwendungen müssen dem Steuerpflichtigen **zwangsläufig** entstehen.
- **Voraussetzungen der Höhe nach:**
  - Die Aufwendungen müssen **notwendig** sein.
  - Die Aufwendungen müssen die **zumutbare Belastung übersteigen**.

13.2.1 Aufwendungen

Es müssen Aufwendungen vorliegen. Darunter sind **Geldausgaben i. S. des § 11 EStG** zu verstehen.

Auch wenn die Ausgaben über ein **Darlehen** finanziert werden, tritt die Belastung bereits im Zeitpunkt der Verausgabung ein (H 33.1 – 33.4 EStH – Darlehen). Zusätzlich sind dann auch die Darlehenszinsen abzugsfähig.

Beispiele

1. Der Steuerpflichtige macht einen unstreitig entgangenen Gewinn als außergewöhnliche Belastung nach § 33 EStG geltend, der ihm dadurch entstanden ist, dass er einen nahen Angehörigen pflegen musste. Mangels Geldausgaben kann der entgangene Gewinn nicht mit Erfolg als außergewöhnliche Belastung geltend gemacht werden.
2. Der Sohn des Steuerpflichtigen verstarb in 2023. Der Steuerpflichtige bestellte am 17. November 2023 einen Grabstein, den er aufgrund der Rechnung vom 12. Dezember 2023 am 16. Januar 2024 bezahlt hatte. Zusammen mit anderen Aufwendungen machte er die Kosten für den Grabstein in seiner ESt-Erklärung für 2023 steuerlich geltend, da er die Ausgaben aus seinem im Dezember 2023 verdienten Gehalt erbracht hat. Die Aufwendungen können erst im Jahr der Zahlung, also im VZ 2024, berücksichtigt werden. Unerheblich ist, dass er die Ausgaben aus seinem im Dezember 2023 verdienten Gehalt erbracht hat, denn die Ansammlung künftiger Ausgaben führt noch nicht zu begünstigten Aufwendungen.
3. Dem Steuerpflichtigen entstanden in 2023 Kurkosten von 12.500 €, die er in 2023 wie folgt bezahlte:
   - Abhebung vom Sparbuch 4.500 €
   - Bankdarlehen 8.000 €

   Das Darlehen ist in vier Raten mit je 2.000 € zu tilgen. Die erste Rate ist am 01. Dezember 2023 fällig. An Zinsen für dieses Darlehen buchte die Bank mit Wertstellung vom 31. Dezember 2023 insgesamt 375 € vom Girokonto des Steuerpflichtigen ab. Die entstandenen Kurkosten von 12.500 € und die Darlehenszinsen i. H. v. 375 € sind als außergewöhnliche Belastung abzugsfähig, insgesamt also 12.875 €.

13.2.2 Keine Betriebsausgaben, Werbungskosten, Sonderausgaben

Aufwendungen, die zu den **Betriebsausgaben**, **Werbungskosten** (z. B. Vergiftungserscheinungen eines angestellten Chemikers, Staublunge eines Bergmanns) oder **Sonderausgaben** gehören, sind **nicht als außergewöhnliche Belastung** zu berücksichtigen; das gilt für Aufwendungen i. S. des **§ 10 Abs. 1 Nr. 7 und 9 EStG** (Berufsausbildung, Schulgeld) jedoch nur insoweit, als sie als Sonderausgaben abgezogen werden können (§ 33 Abs. 2 Satz 2 EStG).

Der **übersteigende Betrag** kann demnach nach § 33 EStG als **außergewöhnliche Belastung** abgezogen werden, soweit auch die übrigen Voraussetzungen des § 33 EStG vorliegen.

Beispiele

1. Dr. med. Storch hat sich bei der Behandlung eines Patienten eine Virusinfektion zugezogen, sodass er für einen Monat seinen Beruf als Arzt nicht ausüben kann. An einen Berufskollegen, der als Vertreter die Praxis solange übernahm, zahlte er 4.500 €. Die 4.500 € sind nicht als außergewöhnliche Belastung, sondern als Betriebsausgabe abzugsfähig, da der Aufwand durch die betriebliche Tätigkeit veranlasst worden ist (§ 4 Abs. 4 EStG).
2. Aus gesundheitlichen Gründen kann der ledige Bäckerangestellte seinen bisherigen Beruf nicht mehr ausüben. Deshalb ließ er sich zum Steuerfachangestellten umschulen. Dadurch entstanden ihm nicht ersetzte Kosten von 1.250 € (Fachbücher, Fahrtkosten usw). Die entstandenen Aufwendungen sind in voller Höhe als vorweggenommene Werbungskosten abzugsfähig.

13.2.3 Belastung

Der Steuerpflichtige ist belastet, wenn ein Ereignis in seiner persönlichen Lebenssphäre ihn zu Ausgaben zwingt, die er selbst endgültig zu tragen hat.

Eine **Geltendmachung der Aufwendungen** ist daher insbesondere dann **ausgeschlossen**, wenn der Steuerpflichtige eine **allgemein zugängliche und übliche Versicherungsmöglichkeit nicht wahrgenommen** hat.

Eine **Belastung** liegt ferner **nicht** vor

- i. H. v. **Erstattungsbeträgen** oder
- wenn der Steuerpflichtige für seine Aufwendungen einen **Gegenwert** erhält.

13.2.3.1 Erstattungsbeträge

Erstattungsbeträge sind von den Aufwendungen **abzuziehen**, da insoweit keine Belastung des Steuerpflichtigen vorliegt.

An abzuziehenden Erstattungsbeträgen kommen insbesondere in Betracht:

- **Beihilfen des Arbeitgebers in Krankheitsfällen**
- **Ersatzleistungen der Krankenversicherung**
- **Bezüge aus der Krankenhaustagegeldversicherung**, **nicht** jedoch Bezüge aus der **Krankentagegeldversicherung**, da diese Beträge lediglich den Einnahmeausfall ausgleichen sollen.

Die Ersatzleistungen sind auch dann abzuziehen, wenn die Erstattung erst in einem **späteren VZ** gezahlt wird, der Steuerpflichtige jedoch in dem VZ, in dem die Belastung eingetreten ist, mit einer **Erstattung rechnen konnte** (H 33.1 – 33.4 EStH – Ersatz von dritter Seite).

Beispiel

Dem Steuerpflichtigen entstanden im VZ 2023 anlässlich einer Magenoperation unstreitige Aufwendungen i. H. v. 6.500 €. Die Krankenkasse erstattete in 2024 tarifgemäß 2.500 €. Aus der Krankentagegeldversicherung erhielt der Steuerpflichtige in 2023 ein Krankentagegeld von 1.000 €. Völlig überraschend erhält der Steuerpflichtige in 2024 von seinem Arbeitgeber eine steuerfreie Beihilfe von 450 €. Bisher waren in dem Betrieb derartige Beihilfen nicht üblich.

Die Ersatzleistung der Krankenkasse von 2.500 € mindert den Aufwand, da der Steuerpflichtige mit einer Ersatzleistung bereits rechnen konnte. Das Krankentagegeld mindert den Aufwand nicht, da es lediglich den Einnahmeausfall des Steuerpflichtigen ausgleichen soll. Die Beihilfe des Arbeitgebers wird ebenfalls nicht in Abzug gebracht, da der Steuerpflichtige mit einer derartigen Ersatzleistung nicht rechnen konnte. Als außergewöhnliche Belastung sind demnach (6.500 € - 2.500 € =) 4.000 € abzugsfähig.

13.2.3.2 Erlangung eines Gegenwertes

Die Erlangung eines Gegenwertes schließt insoweit die Belastung des Steuerpflichtigen aus. Einen Gegenwert erhält der Steuerpflichtige, wenn der betreffende Gegenstand oder die bestellte Leistung eine gewisse Marktfähigkeit besitzt, die in einem bestimmten Verkehrswert zum Ausdruck kommt.

Beispiel

Schädliche Gegenwerte:

- Morgenmantel für Krankenhausaufenthalt
- Medizinische Fachliteratur. Das gilt auch dann, wenn die Literatur dazu dient, die Entscheidung für eine bestimmte Therapie oder für die Behandlung durch einen bestimmten Arzt zu treffen.
- Austausch der Bettwäsche wegen einer Allergie-Erkrankung
- Aufwendungen anlässlich der Geburt eines Kindes (z. B. Säuglingswäsche, Erstlingsausstattung, Kinderwagen, Umstandskleid).

Aufwendungen für **körperliche Hilfsmittel zur Milderung von Mängeln** sind jedoch ausnahmsweise als **außergewöhnliche Belastung** abzugsfähig, da in diesem Fall nicht der Gesichtspunkt des Gegenwertes, sondern der der Milderung der körperlichen Mängel in den Vordergrund tritt.

Beispiel

Unschädliche Gegenwerte:

- Gesundheitsschuhe und -sandalen
- Schuheinlagen
- Brille, Hörgerät (inkl. Reparatur und Wartung)
- orthopädische Stühle
- Rollstuhl.

Beispiel

Der Steuerpflichtige erwarb im VZ 2023 ein Hörgerät für 1.460 €. Die Krankenkasse erstattete 1.160 €. Der Steuerpflichtige ist i. H. v. (1.460 € - 1.160 € =) 300 € belastet. Zwar erlangt er durch das Hörgerät einen Gegenwert. Es handelt sich dabei jedoch um ein körperliches Hilfsmittel zur Milderung von Mängeln, der einem Abzug als außergewöhnliche Belastung nicht entgegensteht.

13.2.4 Außergewöhnlichkeit

Die Aufwendungen müssen für den Steuerpflichtigen **außergewöhnlich** sein.

Es handelt sich dabei gem. § 33 Abs. 1 EStG um größere Aufwendungen als der überwiegenden Mehrzahl der Steuerpflichtigen gleicher Einkommens-, Vermögens- und Familienverhältnisse. Außergewöhnlich sind demnach Aufwendungen, die in den besonderen Verhältnissen des einzelnen Steuerpflichtigen oder einer **„kleinen Minderheit“** begründet sind (H 33.1 – 33.4 EStH – Außergewöhnlich).

Beispiel

Fehlende Außergewöhnlichkeit:

- Aufwendungen, die durch **Diätverpflegung** entstehen (§ 33 Abs. 2 Satz 3 EStG). Das gilt selbst dann, wenn die Diät medizinisch verordnet worden ist, oder wenn die Diät an die Stelle einer sonst erforderlichen medikamentösen Behandlung tritt (H 33.1 – 33.4 EStH – Diätverpflegung).
- Aufwendungen für Urlaub
- Mehraufwendungen für Kleidung bzw. Ernährung bei übergroßen Steuerpflichtigen
- Umzugskosten, es sei denn, der Umzug ist medizinisch indiziert. Für privat veranlasste Umzüge kommt eine Steuerermäßigung nach § 35a Abs. 2 EStG in Betracht.

13.2.5 Zwangsläufigkeit

Die Aufwendungen müssen dem Steuerpflichtigen **zwangsläufig** entstanden sein. Das ist nach § 33 Abs. 2 Satz 1 EStG dann der Fall, wenn der Steuerpflichtige sich den Aufwendungen aus

- **rechtlichen Gründen** (z. B. Unterstützung des Ehegatten und Verwandte in gerader Linie; Schadensersatzleistungen, wenn der Steuerpflichtige bei der Schädigung nicht vorsätzlich oder leichtfertig gehandelt hat)
- **tatsächlichen Gründen** (z. B. Krankheit, Unfall, Beerdigung, Kur, Unwetter, Krieg) **oder**
- **sittlichen Gründen** (z. B. Unterstützung bedürftiger Angehöriger i. S. des § 15 AO bzw. einer arbeitsunfähig gewordenen langjährigen Hausgehilfin; die allgemein sittliche Pflicht, in Not geratenen Menschen zu helfen, reicht jedoch noch nicht aus.)

nicht entziehen konnte.

Beispiele

- Aufwendungen im Zusammenhang mit einer Adoption entstehen nicht zwangsläufig.
- Aufwendungen für die Aussteuer einer heiratenden Tochter entstehen nicht zwangsläufig.
- Durch Betrug veranlasste vergebliche Zahlungen für einen Grundstückskauf entstehen nicht zwangsläufig.
- Aufwendungen für die Führung eines Rechtsstreits (**Prozesskosten**) sind vom Abzug ausgeschlossen, es sei denn, es handelt sich um Aufwendungen, ohne die der Steuerpflichtige Gefahr liefe, seine **Existenzgrundlage zu verlieren** und seine lebensnotwendigen Bedürfnisse in dem üblichen Rahmen nicht mehr befriedigen zu können (§ 33 Abs. 2 Satz 4 EStG).

  Bei einer **Existenzbedrohung** geht es um einen **hohen Streitwert**.

  Man kann deshalb die Prozesskosten erst dann steuerlich geltend machen, wenn man einen **hohen Auszahlungsbetrag** erwartet, da erst in diesem Fall eine existenzbedrohende Situation angenommen werden kann.

  M. E. ist davon auszugehen, dass Rechtsstreitigkeiten um Leistungen aus Unfall-, Berufsunfähigkeits- und Wohngebäudeversicherungen sowie Schadensersatz bei Verkehrsunfällen und Arzthaftungsfällen als existenzbedrohend gelten.
- Aufwendungen für den **Besuch von Sprachkursen**, in denen Deutsch gelehrt wird, sind nicht als außergewöhnliche Belastungen abziehbar. Gleiches gilt für **Integrationskurse**, es sei denn, der Steuerpflichtige weist durch Vorlage einer Bestätigung der Teilnahmeberechtigung nach § 6 Abs. 1 Satz 1 und 3 der Verordnung über die Durchführung von Integrationskursen für Ausländer und Spätaussiedler nach, dass die Teilnahme am Integrationskurs verpflichtend war und damit aus rechtlichen Gründen zwangsläufig erfolgte (R 33.4 Abs. 6 EStR).

Krankheitskosten können nur dann als außergewöhnliche Belastung geltend gemacht werden, wenn deren Zwangsläufigkeit nachgewiesen ist.

Für die **Erbringung des Nachweises** gelten nach **§ 33 Abs. 4 EStG i. V. mit § 64 EStDV** folgende Grundsätze:

- Für **Arznei-, Heil- und Hilfsmittel** genügt die **Verordnung eines Arztes oder Heilpraktikers**.
- Bei **Kuren**, psychotherapeutischen Behandlungen, wissenschaftlich nicht anerkannten Behandlungsmethoden und weiteren Sonderfällen ist ein **vor Beginn der Heilmaßnahme** ausgestelltes **amtsärztliches Gutachten** oder eine **Bescheinigung des Medizinischen Dienstes** erforderlich.

13.2.6 Notwendigkeit

Nach § 33 Abs. 2 Satz 1 EStG müssen die Aufwendungen den Umständen nach **notwendig** sein und dürfen einen **angemessenen Betrag nicht übersteigen**.

Ob dies der Fall ist, richtet sich nach den Umständen des Einzelfalles. Entscheidend ist dabei aber, dass lediglich auf die Höhe der Aufwendungen abzustellen ist.

Unerheblich sind in diesem Zusammenhang die Vermögensverhältnisse (z. B. der Steuerpflichtige ist Millionär), oder ob die Aufwendungen aus dem Einkommen oder Vermögen bestritten werden können.

13.2.7 Zumutbare Belastung

INFO

Da die wirtschaftliche Leistungsfähigkeit des Steuerpflichtigen berücksichtigt werden soll, kann als **außergewöhnliche Belastung nur der Teil der Aufwendungen** abgezogen werden, der die dem Steuerpflichtigen **zumutbare Belastung übersteigt** (§ 33 Abs. 1 EStG).

Die zumutbare Belastung beträgt in Abhängigkeit vom Gesamtbetrag der Einkünfte der Steuerpflichtigen und in Abhängigkeit davon, ob bei den Steuerpflichtigen der Grundtarif oder das Splittingverfahren zur Anwendung kommt sowie ob mehr oder weniger als drei Kinder zu berücksichtigen sind, zwischen 1 % und 7 % des Gesamtbetrags der Einkünfte (**§ 33 Abs. 3 EStG**).

Bei Steuerpflichtigen, die zur Einkommensteuer zusammen veranlagt werden, und bei Steuerpflichtigen, die Kinder zu versorgen haben, bestimmt das Gesetz geringere Prozentsätze.

Die Berechnung der zumutbaren Belastung hat **schrittweise gestaffelt** zu erfolgen.

Die zumutbare Belastung beträgt	**bei einem Gesamtbetrag der Einkünfte**		
	1. Staffel bis 15.340 €	**2. Staffel über 15.340 € bis 51.130 €**	**3. Staffel über 51.130 €**
1. bei Steuerpflichtigen, die keine Kinder haben und bei denen die Einkommensteuer			
nach der Grundtabelle erhoben wird	5 %	6 %	7 %
nach der Splittingtabelle erhoben wird	4 %	5 %	6 %
2. bei Steuerpflichtigen mit			
einem Kind oder zwei Kindern	2 %	3 %	4 %
drei oder mehr Kindern	1 %	1 %	2 %
des Gesamtbetrags der Einkünfte.			

Beispiele

Ein Steuerpflichtiger erzielte im VZ 2023 einen Gesamtbetrag der Einkünfte i. H. v. 51.835 €. Im VZ 2023 sind ihm Krankheitskosten i. H. v. 8.000 € entstanden, davon wurden ihm 2.500 € erstattet.

Wie hoch sind für den VZ 2023 die abzugsfähigen außergewöhnlichen Belastungen, wenn der Steuerpflichtige

a) ledig ist und keine Kinder hat?

b) verheiratet ist, zusammen veranlagt wird und zwei Kinder hat?

Fall a)

	Entstandene Aufwendungen		8.000,00 €
-	Erstattungsbetrag		2.500,00 €
=	Belastung		5.500,00 €
-	zumutbare Belastung		
	5 % von 15.340 € =	767,00 €	
	+ 6 % von (51.130 € - 15.340 € =) 35.790 € =	2.147,40 €	
	+ 7 % von (51.835 € - 51.130 € =) 705 € =	49,35 €	
		2.963,75 €	
	abgerundet	2.963,00 €	2.963,00 €
=	abzugsfähig i. S. des § 33 EStG		2.537,00 €

Fall b)

	Belastung (vgl. Fall a)		5.500,00 €
-	zumutbare Belastung		
	2 % von 15.340 € =	306,80 €	
+	3 % von (51.130 € - 15.340 € =) 35.790 € =	1.073,70 €	
+	4 % von (51.835 € - 51.130 € =) 705 € =	28,20 €	
		1.408,70 €	
	abgerundet	1.408,00 €	1.408,00 €
=	abzugsfähig i. S. des § 33 EStG		4.092,00 €

ACHTUNG

Einkünfte, die dem Abgeltungsteuersatz unterliegen, werden bei der Berechnung der zumutbaren Belastung nicht mit einbezogen (§ 2 Abs. 5b EStG).

13.2.8 Einzelfälle

13.2.8.1 Ehescheidungskosten

Scheidungskosten sind nach § 33 Abs. 2 Satz 4 EStG **vom Abzug** als außergewöhnliche Belastungen **ausgeschlossen** (BFH, Urteil v. 18.05.2018 - VI R 9/16, BStBl 2018 II S. 988).

Nach **§ 33 Abs. 2 Satz 4 EStG** sind Aufwendungen für die Führung eines Rechtsstreits (Prozesskosten) vom Abzug ausgeschlossen, es sei denn, es handelt sich um Aufwendungen ohne die der Steuerpflichtige Gefahr liefe, seine Existenzgrundlage zu verlieren und seine lebensnotwendigen Bedürfnisse in dem üblichen Rahmen nicht mehr befriedigen zu können.

Dazu gehören **auch die Kosten eines Scheidungsverfahrens**, denn dabei handelt es sich um Aufwendungen für die Führung eines Rechtsstreits.

Der Begriff des Rechtsstreits bezeichnet im Allgemeinen die Auseinandersetzung zwischen zwei Parteien oder Beteiligten über ein Rechtsverhältnis in einem gerichtlichen Verfahren. Erfasst wird indes nicht nur das formale, kontradiktorische Verfahren zwischen Privatpersonen (Zivilprozess), sondern jedes gerichtliche Verfahren, insbesondere vor Verwaltungs-, Finanz- und Strafgerichten.

Demzufolge hat der BFH in langjähriger Rechtsprechung die Kosten sowohl einer Ehescheidung als auch von Scheidungsfolgesachen jeweils einschließlich der außergerichtlichen Kosten als (Zivil-)Prozesskosten angesehen.

Es sind keine Anhaltspunkte dafür ersichtlich, dass der Gesetzgeber mit § 33 Abs. 2 Satz 4 EStG abweichend hiervon nur Aufwendungen erfassen wollte, die in den jeweiligen Verfahrensordnungen ausdrücklich als „Prozesskosten“, und nur Verfahren einbe-ziehen wollte, die hierin als „Rechtsstreit“ bezeichnet werden.

Nach § 33 Abs. 2 Satz 4 EStG greift das grundsätzliche Abzugsverbot für Prozesskosten nur dann nicht ein, wenn der Steuerpflichtige ohne die Aufwendungen **Gefahr liefe, seine Existenzgrundlage zu verlieren und seine notwendigen Bedürfnisse in dem üblichen Rahmen nicht mehr befriedigen zu können.**

Prozesskosten für ein Scheidungsverfahren zählen nicht hierzu, denn ein Ehegatte erbringt die Aufwendungen für ein Scheidungsverfahren regelmäßig nicht zur Sicherung seiner Existenzgrundlage und seiner lebensnotwendigen Bedürfnisse.

Kosten für ein Scheidungsverfahren sind daher regelmäßig nicht als außergewöhnliche Belastung zu berücksichtigen, selbst wenn das Festhalten an der Ehe für den Steuerpflichtigen eine starke Beeinträchtigung seines Lebens darstellt.

13.2.8.2 Kurkosten

Kurkosten sind nur dann als außergewöhnliche Belastungen abzugsfähig, wenn folgende **Voraussetzungen** erfüllt sind:

- Die Kur dient der **Wiederherstellung der Gesundheit** oder der **Linderung der Krankheit**.
- **Nachweis der Kurbedürftigkeit** vor Beginn der Kur
- **Ärztliche Behandlung am Kurort**
- **Unterbringung in einem Sanatorium**, nicht also in einem Hotel oder Privatquartier.

Liegen die Voraussetzungen vor, können folgende **Kosten** als außergewöhnliche Belastungen i. S. des § 33 EStG geltend gemacht werden:

- **Arzt- und Kurmittelkosten** (z. B. Bäder, Medikamente). Nicht begünstigt sind jedoch die Aufwendungen zur Anschaffung neuer Kleidungsstücke infolge einer Abmagerungskur, da der Steuerpflichtige insoweit einen Gegenwert erhält.
- **Kosten der Unterbringung**
- **Kosten der Verpflegung abzüglich einer Haushaltsersparnis von 20 % der entstandenen Aufwendungen** (R 33.4 Abs. 3 Satz 2 EStR).
- **Kosten öffentlicher Verkehrsmittel**. Kosten für die Benutzung eines Pkw sind nur dann begünstigt, wenn der Steuerpflichtige aus gesundheitlichen Gründen auf die Benutzung eines Pkw unbedingt angewiesen ist.
- **Kosten einer Begleitperson bei alten, hilflosen Steuerpflichtigen**. Nicht begünstigt sind Besuchsfahrten zu einem die Kur durchführenden Ehegatten.

Beispiel

Durch einen Kuraufenthalt (Badekur) sind dem ledigen kinderlosen Steuerpflichtigen in 2023 folgende Aufwendungen entstanden:

► Fahrtkosten mit der Bundesbahn	150,00 €
► Bäder und Massagen am Kurort	1.700,00 €
► Arztkosten	3.500,00 €
► Unterbringung und Verpflegung	2.000,00 €
	7.350,00 €

Die Krankenkasse hat die Kurbedürftigkeit vorher anerkannt (Bescheinigung liegt vor) und von den entstandenen Kosten in 2023 insgesamt 2.750 € erstattet. Außerdem hat der Steuerpflichtige aus einer Krankentagegeldversicherung 1.000 € erhalten.

Wie hoch sind seine abzugsfähigen außergewöhnlichen Belastungen i. S. des § 33 EStG dem Grunde nach?

Der Ersatz aus der Krankentagegeldversicherung mindert den entstandenen Aufwand nicht. Die Kosten für Unterbringung und Verpflegung sind um die Haushaltsersparnis zu kürzen, sodass diesbezüglich nur (2.000 € • 80 % =) 1.600 € anzusetzen sind. Die Gesamtbelastung beträgt mithin (7.350 € - 2.750 € - 400 € =) 4.200 €.

13.2.8.3 Beerdigungskosten

Beerdigungskosten sind Nachlassverbindlichkeiten und beim Erben daher nur insoweit eine **außergewöhnliche Belastung**, als sie den **Wert des Nachlasses übersteigen**.

Leistungen aus einer Lebensversicherung, die dem Steuerpflichtigen anlässlich des Todes eines nahen Angehörigen außerhalb des Nachlasses zufließen, sind auf die als außergewöhnliche Belastung anzuerkennenden Kosten **anzurechnen**.

Ebenso **Leistungen aus der Sterbegeldversicherung**, soweit die Leistungen auf die eigentlichen Bestattungskosten entfallen (H 33.1 – 33.4 EStH – Bestattungskosten).

Dem Grunde nach sind alle entstandenen Aufwendungen abzugsfähig.

Nicht abzugsfähig sind jedoch folgende Aufwendungen:

- Trauerkleidung
- Bewirtung von Trauergästen
- unangemessen aufwendige Grabstelle
- Fahrtkosten zur Beerdigung.

Die Finanzverwaltung erkennt Beerdigungskosten noch als angemessen an, wenn sie nicht mehr als **7.500 €** (einschl. Grabstein) betragen. Dieser Betrag ist um Versicherungs- und sonstige Drittleistungen zu kürzen.

Beispiel

Die Mutter des Steuerpflichtigen verstarb in 2023. Der Steuerpflichtige macht folgende Aufwendungen geltend:

► schwarzer Anzug	200,00 €
► schwarzes Kostüm für Ehefrau	250,00 €
► Kosten des Beerdigungsinstituts	2.000,00 €
► Kränze und Blumen	150,00 €
► angemessener Grabstein	1.750,00 €
► Todesanzeigen	100,00 €
► Bewirtung der Trauergäste	400,00 €
► Fahrtkosten	13,00 €
► Unfallkosten	4.000,00 €
	8.863,00 €

Der Unfall ist auf der Fahrt zur Beisetzung der Mutter entstanden. Sie hinterließ ein Sparbuch mit einem Guthaben i. H. v. 2.450 €. Versicherungsleistungen wurden dem Steuerpflichtigen nicht ausbezahlt.

Wie hoch sind die dem Grunde nach abzugsfähigen außergewöhnlichen Belastungen i. S. des § 33 EStG?

Nicht abzugsfähig sind die Trauerkleidung von zusammen 450 €, da die Steuerpflichtige insoweit einen Gegenwert erhalten, ebenso die Bewirtung der Trauergäste mit 400 €. Die Fahrt- und Unfallkosten von zusammen 4.013 € sind ebenfalls nicht abzugsfähig. Abzugsfähig sind demnach 4.000 € abzgl. 2.450 € Sparbuch = 1.550 €.

13.3 Unterhaltsleistungen (§ 33a Abs. 1 EStG)

13.3.1 Anwendungsbereich

Abziehbare Aufwendungen i. S. des § 33a Abs. 1 Satz 1 EStG sind solche für den **typischen Unterhalt**, d. h. die üblichen für den laufenden Lebensunterhalt bestimmten Leistungen. Dazu können auch gelegentliche oder einmalige Leistungen gehören. Zu den begünstigten Aufwendungen für den typischen Unterhalt gehören z. B. die übernommenen Zahlungen von

- Bargeld
- Miete, Verpflegung
- Kleidung
- Urlaubszuschuss
- Krankenversicherungsbeiträge.

Erwachsen einem Steuerpflichtigen außer den Aufwendungen für den typischen Unterhalt Aufwendungen für einen besonderen Unterhaltsbedarf, z. B. **Krankheitskosten**, so kommt dafür nur eine **Steuerermäßigung nach § 33 EStG abzgl. zumutbarer Belastung** in Betracht (H 33a.1 EStH – Abgrenzung zu § 33 EStG).

13.3.2 Voraussetzungen

Begünstigte Unterhaltsaufwendungen i. S. des § 33a Abs. 1 Satz 1 und 4 EStG liegen vor, wenn

1. die unterstützte Person dem Steuerpflichtigen oder seinem Ehegatten gegenüber **gesetzlich unterhaltsberechtigt ist**,
2. **kein** Anspruch auf einen **Freibetrag nach § 32 Abs. 6 EStG oder auf Kindergeld** besteht und
3. die unterhaltene Person **bedürftig** ist.

Zu 1.: Gesetzlich unterhaltsberechtigte Person:
Eine gesetzliche Unterhaltspflicht besteht, wenn der Berechtigte außerstande ist, sich selbst zu unterhalten. Das ist auch dann gegeben, wenn die eigenen Mittel des Berechtigten zum Lebensunterhalt nicht ausreichen. Zunächst ist der Ehegatte des Berechtigten verpflichtet. Sind weder Kinder, Kindeskinder usw. vorhanden, sind die Eltern des Berechtigten verpflichtet, Unterhalt zu gewähren.

Den gesetzlich unterhaltsberechtigten Personen stehen nach § 33a Abs. 1 Satz 3 EStG die Personen gleich, bei denen die öffentliche Hand ihre Leistungen (z. B. Arbeitslosengeld, Arbeitslosenhilfe, Sozialhilfe) im Hinblick auf die Unterhaltsleistungen des Steuerpflichtigen gekürzt oder völlig eingestellt hat, etwa bei **nichtehelichen Lebensgemeinschaften**.

Keine gesetzlich unterhaltsberechtigten Personen sind **Geschwister**.

Zu 2.: Freibetrag nach § 32 Abs. 6 EStG oder Kindergeld
Weder der Steuerpflichtige noch eine andere Person darf Anspruch auf einen Freibetrag nach § 32 Abs. 6 EStG oder auf Kindergeld haben (§ 33a Abs. 1 Satz 4 EStG).

Besteht dem Grunde nach ein Anspruch auf einen Freibetrag oder auf Kindergeld, so ist die Anwendung des § 33a Abs. 1 EStG auch dann ausgeschlossen, wenn das Kindergeld oder der Freibetrag nicht beantragt wurde.

Zu 3.: Bedürftigkeit der unterhaltenen Person
Die unterhaltene Person muss bedürftig sein, d. h. sie darf **kein oder nur ein geringes Vermögen** besitzen (§ 33a Abs. 1 Satz 4 EStG).

Als geringfügig kann in der Regel ein **Vermögen bis zu einem Wert** (Verkehrswert) von **15.500 €** angesehen werden (R 33a.1 Abs. 2 EStR). Dabei sind **nicht mit einzubeziehen**:

- Vermögensgegenstände, deren Veräußerung offensichtlich eine Verschleuderung bedeuten würde,
- Vermögensgegenstände, die einen besonderen persönlichen Wert (z. B. **Erinnerungsstücke**) für den Unterhaltsempfänger haben oder zu seinem **Hausrat** gehören und
- ein **angemessenes Hausgrundstück**, wenn der **Unterhaltsempfänger** das Hausgrundstück allein oder zusammen mit Angehörigen, denen es nach seinem Tode weiter als Wohnung dienen soll, ganz oder teilweise **bewohnt** (§ 33a Abs. 1 Satz 4 EStG).

ACHTUNG

Voraussetzung für den Abzug der Aufwendungen ist nach **§ 33a Abs. 1 Satz 9 EStG** die **Angabe** der erteilten **Identifikationsnummer der unterhaltenen Person** in der Steuererklärung des Unterhaltsleistenden, wenn die unterhaltene Person der unbeschränkten oder beschränkten Steuerpflicht unterliegt.

Die unterhaltene Person ist für diese Zwecke nach § 33a Abs. 1 Satz 10 EStG verpflichtet, dem Unterhaltsleistenden ihre erteilte Identifikationsnummer mitzuteilen. Kommt die unterhaltene Person dieser Verpflichtung nicht nach, ist der Unterhaltsleistende berechtigt, bei der für ihn zuständigen Finanzbehörde die Identifikationsnummer der unterhaltenen Person zu erfragen (§ 33a Abs. 1 Satz 11 EStG).

13.3.3 Geschiedene oder dauernd getrennt lebende Ehegatten

Ein Abzug solcher Aufwendungen kommt nach § 33a Abs. 1 EStG nicht in Betracht, wenn hierfür der Sonderausgabenabzug nach § 10 Abs. 1a Nr. 1 EStG in Anspruch genommen wird. Dies gilt auch, soweit die Unterhaltsaufwendungen den als Sonderausgaben abgezogenen Teil übersteigen.

Sind für den VZ der Trennung oder Scheidung die Vorschriften über die Ehegattenbesteuerung anzuwenden, dann können die Aufwendungen für den Unterhalt des dauernd getrennt lebenden oder geschiedenen Ehegatten wegen der Anwendung des Splittingtarifs nicht nach § 33a Abs. 1 EStG abgezogen werden (H 33a.1 EStH).

13.3.4 Abzugsfähiger Betrag

13.3.4.1 Höchstbetrag, Karenzbetrag

Abzugsfähig sind die **tatsächlich entstandenen Aufwendungen**, **höchstens** jedoch ein Betrag bis zur **Höhe des Grundfreibetrages** nach § 32a Abs. 1 Satz 2 Nr. 1 EStG (§ 33a Abs. 1 Satz 1 EStG).

Für den VZ 2023 beträgt der Grundfreibetrag **10.908,00 €** (VZ 2024: 11.604,00 €).

MERKE

Der abzugsfähige Betrag wird dabei nicht um die zumutbare Belastung gekürzt!

Hat der Unterhaltsempfänger **eigene Einkünfte und Bezüge**, so **vermindert** sich der Höchstbetrag von **10.908 €** gem. § 33a Abs. 1 Satz 5 EStG um

- den Betrag, um den diese Einkünfte und Bezüge den **Karenzbetrag von 624 €** übersteigen
- die von der unterhaltenen Person als **Ausbildungshilfe** aus öffentlichen Mitteln oder von Forschungseinrichtungen, die hierfür öffentliche Mittel erhalten, bezogenen **Zuschüsse** (z. B. BAföG-Zuschuss) in vollem Umfang ohne Berücksichtigung des Karenzbetrages.

Beispiele

Beispiel 1:
Der Steuerpflichtige unterstützte im VZ 2023 seine vermögenslose Mutter i. H. v. monatlich 650 €, weil sie mit ihrer kleinen Rente nicht ausgekommen ist. Im VZ 2023 bezog die Mutter eigene Einkünfte und Bezüge i. H. v. 3.250 €.

Der nach § 33a Abs. 1 EStG abzugsfähige Unterhaltsbetrag errechnet sich wie folgt:

	Höchstbetrag		10.908,00 €
-	Einkünfte und Bezüge	3.250,00 €	
	- Karenzbetrag	624,00 €	
	schädliche Einkünfte	2.626,00 €	2.626,00 €
	abzugsfähiger Höchstbetrag		8.282,00 €

Die tatsächlichen Aufwendungen von (650 € • 12 =) 7.800 € liegen unter dem gekürzten Höchstbetrag i. H. v. 8.282 €, sodass als außergewöhnliche Belastungen ein Betrag von 3.000 € abzugsfähig ist.

Beispiel 2:
Der Steuerpflichtige unterstützte im VZ 2023 seine vermögenslose Mutter i. H. v. monatlich 700 €, weil sie mit ihrer kleinen Rente nicht ausgekommen ist. Im VZ 2023 bezog die Mutter eigene Einkünfte und Bezüge i. H. v. 4.650 €.

Der nach § 33a Abs. 1 EStG abzugsfähige Unterhaltsbetrag errechnet sich wie folgt:

	Höchstbetrag		10.908,00 €
-	Einkünfte und Bezüge	4.650,00 €	
	- Karenzbetrag	624,00 €	
	schädliche Einkünfte	4.026,00 €	4.026,00 €
	abzugsfähiger Höchstbetrag		6.882,00 €

Die tatsächlichen Aufwendungen von (700 € • 12 =) 8.400 € liegen über dem gekürzten Höchstbetrag i. H. v. 6.882 €, sodass als außergewöhnliche Belastungen ein Betrag von 6.882 € abzugsfähig ist.

ACHTUNG

Der Höchstbetrag von 10.908 € erhöht sich um die für die Absicherung der unterhaltsberechtigten Person aufgewandten Beiträge zur Kranken- und Pflegeversicherung nach § 10 Abs. 1 Nr. 3 EStG, wenn für diese kein Sonderausgabenabzug möglich ist. Dabei ist es nicht notwendig, dass die Beiträge tatsächlich von dem Unterhaltsverpflichteten gezahlt oder erstattet wurden. Für diese Erhöhung des Höchstbetrages genügt es, wenn der Unterhaltsverpflichtete seiner Unterhaltsverpflichtung nachkommt. Die Gewährung von Sachunterhalt (z. B. Unterkunft und Verpflegung) ist ausreichend (R 33a.1 Abs. 5 EStR).

MERKE

Beiträge, die für eine Basisabsicherung eines **eingetragenen Lebenspartners** oder einer eingetragenen Lebenspartnerin vom Unterhaltsverpflichteten aufgrund eigener Verpflichtung gezahlt werden (Vertrag zugunsten Dritter), sind unmittelbar beim Unterhaltsverpflichteten als **Sonderausgaben** nach § 10 Abs. 1 Nr. 3 Satz 1 EStG zu berücksichtigen. In diesen Fällen ist der **Erhöhungsbetrag** nach § 33a Abs. 1 Satz 2 EStG nicht anzusetzen. Dies gilt entsprechend für die vom **Unterhaltsverpflichteten als Versicherungsnehmer gezahlten Beiträge für andere unterhaltsberechtigte Personen** (z. B. in Ausbildung befindliche Kinder über 25 Jahre).

Beispiel

Der Steuerpflichtige zahlt im VZ 2023 Unterhalt an sein 28-jähriges, studierendes Kind. Neben einem Barunterhalt von monatlich 500 € übernimmt der Steuerpflichtige auch die Kosten der Wohnung i. H. v. monatlich 400 € sowie die jährliche Studiengebühr i. H. v. 1.000 €. Außerdem überweist der Steuerpflichtige auch die Beiträge des Kindes zur studentischen Kranken- und Pflegeversicherung i. H. v. monatlich 65 € unmittelbar an die Krankenkasse. Das Kind hat keine eigenen Einkünfte und Bezüge und verfügt nur über geringes Vermögen.

Der Steuerpflichtige kann die Unterhaltsleistungen von 10.600 € (12 • 900 € = 10.800 € + 1.000 € = 11.800 €) bis zum Höchstbetrag von 10.908 € als außergewöhnliche Belastungen ansetzen. Die – im abgekürzten Zahlungsweg geleisteten – Beiträge zur Basisabsicherung des Kindes in der studentischen Kranken- und Pflegeversicherung i. H. v. 780 € (12 • 65 €) können vom Steuerpflichtigen nicht als Sonderausgaben angesetzt werden. Er ist nicht der Versicherungsnehmer bzw. Zahlungsverpflichtete im Hinblick auf die geleisteten Beiträge an die studentische Krankenversicherung, sodass ein Abzug nach § 10 Abs. 1 Nr. 3 Satz 1 EStG ausscheidet. Auch die Sonderregelung des § 10 Abs. 1 Nr. 3 Satz 2 EStG greift nicht, da er für sein Kind keinen Anspruch auf einen Freibetrag nach § 32 Abs. 6 EStG oder auf Kindergeld hat. Er kann allerdings die von ihm geleisteten Beiträge als außergewöhnliche Belastungen ansetzen. Der Höchstbetrag erhöht sich insoweit um die vom Steuerpflichtigen geleisteten Beiträge für die Basisabsicherung seines Kindes. Insgesamt können im Rahmen des § 33a Abs. 1 EStG bis zu 11.688 € (10.908 € + 780 €) berücksichtigt werden.

Es kommt nicht darauf an, ob die Einkünfte und Bezüge zur Bestreitung des Unterhalts oder der Berufsausbildung bestimmt oder geeignet sind. Das hat insbesondere Auswirkung auf die **Behandlung der Pflichtbeiträge zur gesetzlichen Sozialversicherung**.

Diese Beträge werden nicht von den Einkünften und Bezügen abgezogen, weil diese Beiträge bereits beim Erhöhungsbetrag nach § 33a Abs. 1 Satz 2 EStG angesetzt werden. Eine Doppelberücksichtigung – zum einen als Abzugsbetrag bei der Ermittlung der Einkünfte und Bezüge und damit faktisch als Anhebung des Höchstbetrags und zum anderen als unmittelbar wirkender Erhöhungsbetrag – ist damit ausgeschlossen.

MERKE

Die vom Unterhaltsberechtigten selbst **gezahlten gesetzlichen Sozialversicherungsbeiträge (Kranken-/Pflegepflichtversicherung)** werden **nicht bei der Ermittlung der eigenen Einkünfte und Bezüge abgezogen**. Diese Beitragszahlungen durch den Unterhaltsberechtigten führen zum **Ansatz des Erhöhungsbetrags**, wenn der Unterhaltsberechtigte vom Unterhaltsverpflichteten Unterhaltsaufwendungen zur Finanzierung der entsprechenden Ausgaben erhält.

ACHTUNG

Auch **andere Abzüge**, die **nicht im Rahmen des Erhöhungsbetrages angesetzt** werden, **mindern ebenfalls nicht die Einkünfte und Bezüge, z. B. die Beiträge zur Renten- und Arbeitslosenversicherung** und der nicht abziehbare Teil der gesetzlichen Krankenversicherungsbeiträge zur Finanzierung des Krankengelds.

Beispiel

Der Steuerpflichtige unterstützt sein 30-jähriges Kind mit monatlichen Zahlungen von 600 €. Das Kind absolviert eine Zweitausbildung und hat im VZ 2023 einen Arbeitslohn von 7.280 € bezogen. Davon wurden gesetzliche Sozialversicherungsbeiträge i. H. v. 1.443 € abgezogen (Krankenversicherung 564 €, Rentenversicherung 677 €, Pflegeversicherung 111 € und Arbeitslosenversicherung 91 €).

	Höchstbetrag			10.908,00 €
+	Erhöhungsbetrag nach § 33a Abs. 1 Satz 2 EStG:			
	KV-Beiträge: 564 € abzüglich 4 % =		542,00 €	
	PV-Beiträge		111,00 €	
			653,00 €	653,00 €
-	Einkünfte	Arbeitslohn	7.280,00 €	11.561,00 €
		- AN-PB	1.230,00 €	
			6.050,00 €	
-	Karenzbetrag		624,00 €	
	schädliche Einkünfte		5.426,00 €	5.426,00 €
	gekürzter Höchstbetrag			6.135,00 €

Die tatsächlichen Aufwendungen von (600 € • 12 =) 7.200 € liegen über dem Höchstbetrag, sodass als außergewöhnliche Belastungen ein Betrag von 6.135 € abzugsfähig ist.

13.3.4.2 Ermittlung der Einkünfte und Bezüge

Für die **Ermittlung der anzurechnenden Einkünfte und Bezüge** i. S. des § 33a Abs. 1 Satz 5 EStG gilt Folgendes:

Als **Einkünfte** sind solche i. S. des § 2 Abs. 1 EStG zu verstehen, also die **sieben Einkunftsarten**.

ACHTUNG

Einkünfte, die dem **Abgeltungsteuersatz** unterliegen, sind **nicht mit einzubeziehen** (§ 2 Abs. 5b EStG).

Bezüge sind alle Einnahmen in Geld oder Geldeswert, die nicht im Rahmen der einkommensteuerrechtlichen Einkunftsermittlung erfasst werden, also **nichtsteuerbare** und grundsätzlich **steuerfreie Einnahmen**. Zu den anzusetzenden Bezügen gehören demnach insbesondere:

- **Versorgungs-Freibetrag** nach § 19 Abs. 2 EStG
- **Kapitalanteil der Rente** (= die den Besteuerungsanteil übersteigenden Teile von Leibrenten) bzw. der **festgeschriebene Rentenfreibetrag**
- **pauschal besteuerte Bezüge** nach § 40a EStG
- **Wohngeld**
- steuerfreier **Zuschuss zur Krankenversicherung der Rentner**
- **ausgezahlte Arbeitnehmer-Sparzulage**
- **Unterhaltsbeiträge des Sozialamtes**, soweit dieses von einer Rückforderung bei gesetzlich unterhaltsverpflichteten Steuerpflichtigen abgesehen hat
- Leistungen, die dem **Progressionsvorbehalt** unterliegen
- **Bezüge**, die für **besondere Ausbildungszwecke** bestimmt sind
- **Kapitalerträge i. S. des § 32d Abs. 1 EStG** ohne Abzug des Sparer-Pauschbetrages nach § 20 Abs. 9 EStG.

Bei der Feststellung der anzurechnenden Bezüge einschl. der Ausbildungshilfen aus öffentlichen Mitteln sind aus Vereinfachungsgründen insgesamt eine **Kostenpauschale von 180 € abzuziehen**, wenn nicht höhere Aufwendungen, die im Zusammenhang mit dem Zufluss der entsprechenden Einnahmen stehen, nachgewiesen oder glaubhaft gemacht werden (R 33a.1 Abs. 3 Satz 5 EStR). Ein solcher Zusammenhang ist z. B. bei Kosten eines Rechtsstreits zur Erlangung der Bezüge und bei Kontoführungsgebühren gegeben.

TIPP

- **Versorgungsbezüge:** Der Versorgungsfreibetrag ist von den Einnahmen abzuziehen und gleichzeitig wieder als Bezüge anzusetzen, sodass vom Ergebnis her die Versorgungsbezüge in voller Höhe angesetzt werden können. Es ist dann nur noch der Pauschbetrag von 102 € abzuziehen.

- **Renteneinnahmen:** Bei der Ermittlung der Einkünfte ist nur der Besteuerungsanteil zu erfassen; der den Besteuerungsanteil übersteigende Teil ist bei den Bezügen anzusetzen, sodass vom Ergebnis her die Renteneinnahmen in voller Höhe angesetzt werden können. Es ist dann nur noch der Pauschbetrag von 102 € abzuziehen. Zu dem gleichen Ergebnis kommt man, wenn bereits ein Rentenfreibetrag festgeschrieben worden ist: Der Besteuerung unterliegt nur der den Rentenfreibetrag übersteigende Teil, während der Rentenfreibetrag wieder bei den Bezügen anzusetzen ist, sodass die Rente in voller Höhe erfasst werden kann.
- **Nicht vergessen: Kostenpauschale von 180 € abziehen!**

Beispiele

Beispiel 1:
Der Steuerpflichtige unterstützte im VZ 2023 seine vermögenslose Mutter mit monatlich 500 €. Die Mutter bezog im VZ 2023 eine kleine Altersrente i. H. v. 6.210 € (Besteuerungsanteil: 50 %; festgeschriebener Rentenfreibetrag: 3.030 €).

	Höchstbetrag		10.908,00 €
-	Eigene Einkünfte und Bezüge		
	Renteneinnahmen	6.210,00 €	
	- WK-Pauschbetrag	102,00 €	
	- Kostenpauschale	180,00 €	
	= Einkünfte und Bezüge	5.928,00 €	
	- Karenzbetrag	624,00 €	
	= schädlicher Betrag	5.304,00 €	5.304,00 €
	gekürzter Höchstbetrag		5.604,00 €
	tatsächlich gezahlter Betrag (500 € • 12 =)		6.000,00 €
	abzugsfähig ist der kleinere Betrag, mithin		5.604,00 €

Beispiel 2:
Der Steuerpflichtige unterstützte im VZ 2023 seinen verwitweten vermögenslosen Vater mit monatlich 500 €. Der Vater bezog im VZ 2023:

Versorgungsbezüge: 2.400 €
Altersrente: 3.000 € (Besteuerungsanteil: 82 %)
Zinsen aus einem Privatdarlehen von einem Nachbarn: 325 €
Wohngeld: 700 €

	Höchstbetrag			10.908,00 €
-	Eigene Einkünfte und Bezüge			
	Versorgungsbezüge	2.400,00 €		
	- Pauschbetrag	102,00 €		
		2.298,00 €	2.298,00 €	
	Altersrente	3.000,00 €		
	- Pauschbetrag	102,00 €		
		2.898,00 €	2.898,00 €	
	Zinsen aus Privatdarlehen (gem. § 32d Abs. 1 EStG)		325,00 €	
	Wohngeld		700,00 €	
	- Kostenpauschale		180,00 €	
	= Einkünfte und Bezüge		6.041,00 €	
	- Karenzbetrag		624,00 €	
	= schädlicher Betrag		5.417,00 €	5.417,00 €
	gekürzter Höchstbetrag			5.491,00 €
	tatsächlich gezahlter Betrag (500 € • 12 =)			6.000,00 €
	abzugsfähig ist der kleinere Betrag, mithin			5.491,00 €

13.3.5 Unterhalt durch mehrere Personen

Werden die Aufwendungen für eine unterhaltene Person **von mehreren Steuerpflichtigen getragen**, so wird bei jedem **der Teil** des sich hiernach ergebenden Betrages abgezogen, der seinem **Anteil am Gesamtbetrag der Leistungen** entspricht (§ 33a Abs. 1 Satz 7 EStG).

Beispiel

Der Steuerpflichtige und sein Bruder unterstützten im VZ 2023 ihren bedürftigen vermögenslosen Vater. Der Steuerpflichtige zahlte monatlich 500 €, sein Bruder monatlich 250 €. Die Einkünfte und Bezüge des Vaters sind mit 3.812 € anzusetzen.

Der nach § 33a Abs. 1 EStG abzugsfähige Unterhaltsbetrag errechnet sich wie folgt:

	Höchstbetrag		10.908,00 €
-	Einkünfte und Bezüge	3.812,00 €	
	- Karenzbetrag	624,00 €	
	schädliche Einkünfte	3.188,00 €	3.188,00 €
	abzugsfähiger Höchstbetrag		7.720,00 €

Die tatsächlichen Aufwendungen von (6.000 € + 3.000 € =) 9.000 € liegen über dem gekürzten Höchstbetrag i. H. v. 7.720 €, sodass als außergewöhnliche Belastungen ein Betrag von insgesamt 7.720 € geltend gemacht werden kann. Davon entfallen auf den Steuerpflichtigen (⅔ v. 7.720 € =) 5.147 € und auf den Bruder (⅓ v. 7.720 € =) 2.574 €.

13.3.6 Unterstützung von Personen im Ausland

Ist die unterhaltene Person nicht unbeschränkt einkommensteuerpflichtig, so können die Aufwendungen nur abgezogen werden, **soweit sie nach den Verhältnissen des Wohnsitzstaates der unterhaltenen Person notwendig und angemessen sind**; ob der Steuerpflichtige zum Unterhalt gesetzlich verpflichtet ist, ist nach **inländischen Maßstäben** zu beurteilen (§ 33a Abs. 1 Satz 6 EStG).

Der **Höchstbetrag von 10.908 €** und der **Karenzbetrag von 624 €** mindern sich daher ggf. nach den wirtschaftlichen Verhältnissen des Wohnsitzstaates. Nach der **Ländergruppeneinteilung** (BMF v. 11.11.2020, BStBl 2020 I S. 1212) sind der Höchstbetrag und der Karenzbetrag z. B. in den folgenden Ländern wie folgt anzusetzen:

in voller Höhe	**mit ¾**	**mit ½**	**mit ¼**
Belgien	Bahrain	Argentinien	Ägypten
Dänemark	Estland	Brasilien	Algerien
Frankreich	Griechenland	Bulgarien	Bolivien
Israel	Lettland	Irak	Georgien
Niederlande	Malta	Jamaika	Indien
Norwegen	Polen	Mexiko	Indonesien
Schweiz	Portugal	Namibia	Sri Lanka
Spanien	Puerto Rico	Rumänien	Tunesien
Vereinigte Staaten	Slowenien	Türkei	Ukraine

Nicht auf Euro lautende Beträge sind entsprechend dem für **Ende September** des Jahres **vor dem Veranlagungszeitraum** von der Europäischen Zentralbank bekannt gegebenen **Referenzkurs** umzurechnen (§ 33a Abs. 1 Satz 8 EStG).

Beispiel

Der Steuerpflichtige unterstützte im VZ 2023 seine mittellose, in Polen lebende Mutter i. H. v. monatlich 700 €. Die Bedürftigkeit der Mutter wird durch Vorlage einer amtlichen Bescheinigung der Heimatbehörde bestätigt. Aus ihr geht außerdem hervor, dass andere Personen keine Unterstützung geleistet haben und die Mutter wegen Krankheit nicht mehr allein für ihren Lebensunterhalt aufkommen kann. Im VZ 2023 bezog die Mutter eigene Einkünfte und Bezüge i. H. v. 1.150 €.

Der nach § 33a Abs. 1 EStG abzugsfähige Unterhaltsbetrag errechnet sich wie folgt:

	Höchstbetrag • ¾		8.181,00 €
-	Einkünfte und Bezüge	1.150,00 €	
	- Karenzbetrag • ¾	468,00 €	
	schädliche Einkünfte	682,00 €	682,00 €
	abzugsfähiger Höchstbetrag		7.499,00 €

Die tatsächlichen Aufwendungen von (700 € • 12 =) 8.400 € liegen über dem gekürzten Höchstbetrag i. H. v. 7.499 €, sodass als außergewöhnliche Belastungen ein Betrag von 7.499 € abzugsfähig ist.

13.3.7 Zeitanteilige Ermäßigung

Der Höchstbetrag von 10.908 € und der Karenzbetrag von 624 € sind **Jahresbeträge**.

Daraus folgt:

- Der **Höchstbetrag** und der **Karenzbetrag ermäßigen** sich um **je ein Zwölftel für jeden vollen Kalendermonat**, in dem die Voraussetzungen **nicht** vorgelegen haben; der sich daraus ergebende Betrag ist auf den **nächsten vollen Euro-Betrag aufzurunden** (§ 33a Abs. 3 Satz 1 EStG).
- **Eigene Einkünfte und Bezüge** sind nur insoweit anzurechnen, soweit sie auf den **Unterstützungszeitraum** entfallen (§ 33a Abs. 3 Satz 2 EStG).

Beispiel

Der Steuerpflichtige unterstützte von Januar 2023 bis einschl. August 2023 seine bedürftige vermögenslose Mutter mit monatlich 800 €. In dieser Zeit bezog die Mutter ein Arbeitslosengeld von monatlich 275 €. Seit September 2023 war die Mutter wieder berufstätig und bezog seit diesem Zeitpunkt ein monatliches Gehalt von 1.250 €.

Das Gehalt der Mutter ist nicht anzurechnen, da es außerhalb des Unterstützungszeitraums zugeflossen ist. Der nach § 33a Abs. 1 EStG abzugsfähige Unterhaltsbetrag errechnet sich demnach wie folgt:

	Höchstbetrag • 8/12 =		7.272,00 €
-	Bezüge (275 • 8 =)	2.200,00 €	
	- Kostenpauschale	180,00 €	
		2.020,00 €	
	- Karenzbetrag • 8/12 =	416,00 €	
	schädliche Einkünfte	1.604,00 €	1.604,00 €
	abzugsfähiger Höchstbetrag		5.668,00 €

Der tatsächlich gezahlte Unterstützungsaufwand von (800 € • 8 =) 6.400 € liegt über dem gekürzten Höchstbetrag von 5.668 €, sodass als außergewöhnliche Belastungen der Betrag von 5.668 € abzugsfähig ist.

Der **Jahresbetrag der eigenen Einkünfte und Bezüge** ist für die Anwendung des § 33a Abs. 3 Satz 2 EStG wie **folgt auf die Zeiten innerhalb und außerhalb des Unterstützungszeitraums aufzuteilen** (R 33a. 4 Abs. 2 Satz 1 EStR):

- **Einkünfte aus nichtselbstständiger Arbeit**, **sonstige Einkünfte** sowie **Bezüge** nach dem **Verhältnis** der in dem jeweiligen Zeitraum zugeflossenen **Einnahmen**; Pauschbeträge nach § 9a EStG und die Kostenpauschale von 180 € sind hierbei zeitanteilig anzusetzen.
- **andere Einkünfte** auf jeden Monat des Kalenderjahres **mit je einem Zwölftel**.

Beispiel

Der Steuerpflichtige unterstützte ab 01. Juli 2023 seinen alleinstehenden bedürftigen vermögenslosen Vater mit monatlich 600 €. Dieser bezog im VZ 2023 ganzjährig eine monatliche Rente von 225 € (Besteuerungsanteil: 80 %), Versorgungsbezüge von monatlich 150 € sowie Einkünfte aus Vermietung und Verpachtung i. H. v. 1.050 €.

	Höchstbetrag (10.908 € • $\frac{6}{12}$)			5.454,00 €
-	Eigene Einkünfte und Bezüge			
	Versorgungsbezüge (150 € • 6)			
		900,00 €		
-	Pauschbetrag (102 € • $\frac{6}{12}$)	51,00 €		
		849,00 €	849,00 €	
	Altersrente (225 € • 6)	1.350,00 €		
-	Pauschbetrag (102 € • $\frac{6}{12}$)	51,00 €		
		1.299,00 €	1.299,00 €	
	Vermietung und Verpachtung: 1.050 € • $\frac{6}{12}$		525,00 €	
-	Kostenpauschale: 180 € • $\frac{6}{12}$		90,00 €	
=	Einkünfte und Bezüge		2.583,00 €	
-	Karenzbetrag (624 € • $\frac{6}{12}$)		312,00 €	
=	schädlicher Betrag		2.271,00 €	2.271,00 €
	gekürzter Höchstbetrag			3.183,00 €
	tatsächlich gezahlter Betrag (600 € • 6 =)			3.600,00 €
	abzugsfähig ist der kleinere Betrag, mithin			3.183,00 €

13.4 Ausbildungsfreibetrag (§ 33a Abs. 2 EStG)

13.4.1 Voraussetzungen, Höhe

Der Ausbildungsbedarf eines Kindes wird grundsätzlich im Rahmen des Familienleistungsausgleichs berücksichtigt. In § 32 Abs. 6 EStG ist ein einheitlicher Freibetrag für Betreuung und Erziehung oder Ausbildung vorgesehen.

Bei **volljährigen** Kindern, die sich in **Berufsausbildung** befinden **und auswärtig untergebracht** sind, wird darüber hinaus ein **Sonderbedarf** anerkannt.

MERKE

Zur Abgeltung dieses Sonderbedarfs kann ein **Freibetrag von 1.200 € je Kalenderjahr** vom Gesamtbetrag der Einkünfte abgezogen werden.

Die Gewährung des Ausbildungsfreibetrages ist an folgende **Voraussetzungen** geknüpft:

- Das Kind muss sich tatsächlich in **Berufsausbildung** befinden. Eine vorübergehende Verhinderung der Berufsausbildung (z. B. wegen Krankheit) ist unschädlich.
- Das Kind muss volljährig sein, d. h. das **18. Lebensjahr vollendet** haben.
- Das Kind muss **auswärts untergebracht** sein (siehe unten).

Beispiele

1. Der Steuerpflichtige zahlt für die Unterbringung und Ausbildung seines 14-jährigen Sohnes in einem Internat monatlich 400 €. Ein Ausbildungsfreibetrag kann nicht gewährt werden, da das Kind das 18. Lebensjahr noch nicht vollendet hat. Die Aufwendungen sind insoweit mit den Freibeträgen nach § 32 Abs. 6 EStG abgegolten.
2. Der Steuerpflichtige B hat eine 19-jährige, in seinem Haushalt lebende Tochter, die am Wohnort Medizin studiert. Ein Ausbildungsfreibetrag kann nicht gewährt werden, da die Tochter nicht auswärts untergebracht ist.
3. Der Steuerpflichtige C unterhält seinen 22-jährigen Sohn, der seit Jahren Rechtswissenschaften studiert und am Studienort außerhalb der elterlichen Wohnung in einem Studentenwohnheim lebt. Dem Steuerpflichtigen ist ein Ausbildungsfreibetrag von 1.200 € zu gewähren, weil ihm Aufwendungen für die Berufsausbildung eines über 18-jährigen, auswärtig untergebrachten Kindes entstanden sind.

Eine **auswärtige Unterbringung** liegt vor, wenn ein Kind **außerhalb des Haushalts der Eltern wohnt**. Dies ist nur anzunehmen, wenn für das Kind außerhalb des Haushalts der Eltern eine Wohnung ständig bereitgehalten und das Kind auch außerhalb des elterlichen Haushalts verpflegt wird. Seine Unterbringung muss darauf angelegt sein, die **räumliche Selbstständigkeit** des Kindes während seiner ganzen Ausbildung (z. B. eines Studiums) oder eines Ausbildungsabschnitts (z. B. Studiensemesters oder -trimesters) zu gewährleisten.

Beispiel

Auswärtige Unterbringung:

- **Eine auswärtige Unterbringung bei geschiedenen oder dauernd getrennt lebenden Ehegatten liegt nur dann vor, wenn das Kind aus dem Haushalt beider Elternteile ausgegliedert ist.**

- Keine auswärtige Unterbringung liegt vor, wenn ein minderjähriges Kind wochentags bei der in der Nähe wohnenden Großmutter untergebracht ist.
- Eine auswärtige Unterbringung liegt vor, wenn das Kind in einer Eigentumswohnung des Steuerpflichtigen einen selbstständigen Haushalt führt.
- Eine Klassenfahrt (z. B. Abiturfahrt) führt noch nicht zu einer auswärtigen Unterbringung, da es an der erforderlichen Dauerhaftigkeit fehlt. Gleiches gilt für einen dreiwöchigen Sprachkurs im Ausland.
- Eine auswärtige Unterbringung liegt vor, wenn ein verheiratetes in Ausbildung befindliches Kind mit seinem Ehegatten eine eigene Wohnung hat.

13.4.2 Anzurechnende Beträge

Im Gegensatz zu der Behandlung bei den Unterhaltsleistungen nach § 33a Abs. 1 EStG werden die bezogenen **Einkünfte und Bezüge** sowie die **BAföG-Beträge nicht** auf den Ausbildungsfreibetrag nach § 33a Abs. 2 EStG **angerechnet**.

Beispiel

Die Eheleute E. beantragen für ihre 21-jährige Tochter einen Ausbildungsfreibetrag. Die Tochter befindet sich im ganzen VZ 2023 in Berufsausbildung (Studium) und ist auswärtig untergebracht. Die Tochter bezog im VZ 2023 einen Bruttoarbeitslohn von 4.000 €, sowie ein BAföG, das zu 750 € auf Darlehensbasis und i. H. v. 500 € als Zuschuss gewährt worden ist.

Es ist ein Ausbildungsfreibetrag in ungekürzter Höhe von 1.200 € zu gewähren, weil der Bruttoarbeitslohn und das BAföG insoweit nicht angerechnet werden.

13.4.3 Zeitanteilige Ermäßigung

Der Ausbildungsfreibetrag ist ein Jahresbetrag.

Daraus folgt:

- Der **Ausbildungsfreibetrag** ermäßigt sich um **je ein Zwölftel für jeden vollen Kalendermonat**, in dem die Voraussetzungen **nicht** vorgelegen haben; der sich daraus ergebende Betrag ist auf den **nächsten vollen Euro-Betrag aufzurunden** (§ 33a Abs. 3 Satz 1 EStG).

Folgende **Fälle** kommen z. B. für eine **Zwölftelung** des Ausbildungsfreibetrages infrage:

- 18. bzw. 25. Lebensjahr wird im VZ vollendet
- Beginn oder Ende der Berufsausbildung im VZ
- Beginn oder Ende der auswärtigen Unterbringung im VZ.

Bei **angefangenen Monaten** ist so zu rechnen, dass der **höhere zeitanteilige Ausbildungsfreibetrag** zu gewähren ist.

Beispiele

Beispiel 1:
Der Sohn des Steuerpflichtigen wird am 15. Oktober 18 Jahre alt. Vom 15. August bis 20. November war er Schüler der 13. Klasse eines Internates, in dem er seit dem Beginn des Schuljahres außerhalb der elterlichen Wohnung auch untergebracht war. Da er Heimweh hatte, besucht er seit dem 21. November wieder das Gymnasium am Wohnort der Eltern und wohnt auch wieder zu Hause. Eigene Einkünfte und Bezüge liegen nicht vor. Die Voraussetzungen für die Gewährung des Ausbildungsfreibetrages liegen nur für die Monate Oktober (Vollendung des 18. Lebensjahres) und November (Ende der auswärtigen Unterbringung) vor. Der Ausbildungsfreibetrag beträgt demnach (2/12 v. 1.200 € =) 200 €.

Beispiel 2:
Ein 21-jähriges Kind des Steuerpflichtigen, für das er Kindergeld erhält, befand sich bis zum 15. September 2023 in Berufsausbildung und ist auswärtig untergebracht. Das Kind erzielte im VZ 2023 einen Bruttoarbeitslohn von 4.500 €, davon 2.700 € in dem Ausbildungszeitraum.

Außerdem bezog das Kind im Ausbildungszeitraum einen BAföG-Zuschuss i. H. v. 150 €.

Es ist ein Ausbildungsfreibetrag i. H. v. (1.200 € • 9/12 =) 900 € zu gewähren. Der Bruttoarbeitslohn und das BAföG werden insoweit nicht angerechnet.

13.4.4 Auslandskinder

Für nicht unbeschränkt einkommensteuerpflichtige Kinder (sog. **Auslandskinder**) ermäßigt sich der Ausbildungsfreibetrag gem. § 33a Abs. 2 Satz 2 i. V. mit Abs. 1 Satz 6 EStG nach Maßgabe der **Ländergruppeneinteilung**.

Beispiel

Die Eheleute E. aus Leverkusen beantragen für ihre 19-jährige Tochter einen Ausbildungsfreibetrag. Die Tochter studiert im ganzen VZ 2023 in Polen Betriebswirtschaftslehre, wo sie in einem Studentenheim untergebracht ist. Die Tochter bezog im VZ 2023 Einkünfte aus Gewerbebetrieb i. H. v. 1.008 €.

Es ist ein Ausbildungsfreibetrag i. H. v. (1.200 € • 3/4 =) 900 € zu gewähren. Die Einkünfte aus Gewerbebetrieb werden insoweit nicht angerechnet.

13.4.5 Kindschaftsverhältnis zu zwei Steuerpflichtigen

Steht das Kind zu zwei Steuerpflichtigen, die zusammen die Voraussetzungen des § 26 Abs. 1 Satz 1 EStG nicht erfüllen (z. B. **geschieden, dauernd getrennt lebend, nichteheliche Lebensgemeinschaft**), in einem Kindschaftsverhältnis, so erhält **jeder grundsätzlich die Hälfte des abzugsfähigen Ausbildungsfreibetrages** (§ 33a Abs. 2 Satz 4 EStG).

Auf gemeinsamen Antrag der Eltern ist jedoch eine **andere Aufteilung möglich** (§ 33a Abs. 2 Satz 5 EStG). So kann z. B. der **Hälfteanteil** auf den anderen Elternteil **übertragen** werden.

Beispiel

Die 21-jährige Tochter der seit Jahren geschiedenen Eheleute E. studiert in Düsseldorf Musikwissenschaften. Bis zum 10. Juni wohnt sie bei ihrer allein stehenden Mutter und war auch dort gemeldet, danach bezog sie zusammen mit ihrem Freund eine eigene 3-Zimmer-Wohnung. An den Kosten des Studiums beteiligte sich auch der in Köln lebende, allein stehende Vater. Das Studium schloss die Tochter im September 2023 mit der erfolgreichen Examensprüfung ab. Bereits seit 01. Oktober 2023 ist sie angestellte Musikerin mit einem Monatsgehalt von 2.500 €.

Der Ausbildungsfreibetrag errechnet sich wie folgt:

01. Juni bis 30. September: $\frac{4}{12}$ von 1.200 € = 400 €

Eine auswärtige Unterbringung des über 18-jährigen Kindes in Berufsausbildung liegt erst seit dem Auszug aus der Wohnung der Mutter im Juni vor und zwar auch aus der Sicht des Vaters. Beide Eltern erfüllen die Voraussetzungen für die Gewährung des Ausbildungsfreibetrages, der somit grundsätzlich jedem Elternteil zur Hälfte (= 200 €) zugerechnet wird. Die Berufsausbildung endete im September. Das ab Oktober bezogene Gehalt wird nicht angerechnet.

13.5 Behinderten-Pauschbetrag

Wegen der außergewöhnlichen Belastungen, die einem Behinderten unmittelbar infolge seiner Behinderung erwachsen, kann er **anstelle** einer Steuerermäßigung nach **§ 33 EStG** einen **Behinderten-Pauschbetrag** geltend machen.

Die Höhe des Pauschbetrages richtet sich nach dem dauernden **Grad der Behinderung (GdB)** und kann der **Tabelle zu § 33b Abs. 3 Satz 2 EStG** entnommen werden.

Bei Beginn, Änderung oder Wegfall der Behinderung im **Laufe eines Kalenderjahres** ist stets der Pauschbetrag nach dem **höchsten Grad** zu gewähren, der im Kalenderjahr festgestellt war. Eine **Zwölftelung** ist **nicht** vorzunehmen (R 33b Abs. 8 EStR).

Beispiel

Die Eheleute E. sind beide behindert. Ausweislich des Schwerbehinderten-Ausweises beträgt der Grad der Behinderung beim Ehemann 50 % und bei der Ehefrau 40 %.

Die zu gewährenden Behinderten-Pauschbeträge betragen (1.140 € + 860 € =) 2.000 €.

Für Menschen, die **hilflos** sind sowie für **Blinde** und **Taubblinde** erhöht sich der Pauschbetrag auf **7.400 €** (§ 33b Abs. 3 Satz 3 EStG). Hilflos ist eine Person, wenn sie für eine Reihe von häufig und regelmäßig wiederkehrenden Verrichtungen zur Sicherung ihrer persönlichen Existenz im Ablauf eines jeden Tages fremder Hilfe dauernd bedarf (§ 33 Abs. 3 Satz 4 EStG). Diese Voraussetzungen sind auch erfüllt, wenn die Hilfe in Form einer Überwachung oder einer Anleitung zu den in Satz 4 genannten Verrichtungen erforderlich ist oder wenn die Hilfe nicht dauernd geleistet werden muss, jedoch eine ständige Bereitschaft zur Hilfeleistung erforderlich ist (§ 33 Abs. 3 Satz 5 EStG).

Steht der **Behinderten-Pauschbetrag** einem **Kind** zu, für das der Steuerpflichtige einen **Freibetrag nach § 32 Abs. 6 EStG oder Kindergeld** erhält, so wird der Pauschbetrag auf **Antrag** auf den **Steuerpflichtige übertragen**, wenn ihn das Kind nicht in Anspruch nimmt (§ 33b Abs. 5 EStG). Dabei ist der Pauschbetrag grundsätzlich auf beide Elternteile je zur Hälfte aufzuteilen, es sei denn der Kinderfreibetrag wurde auf den anderen Elternteil übertragen. Auf gemeinsamen **Antrag** der Eltern ist eine andere Aufteilung möglich. Voraussetzung für die Übertragung ist die Angabe der erteilten **Identifikationsnummer des Kindes** in der ESt-Erklärung des Steuerpflichtigen.

Unabhängig von einer Übertragung des Behinderten-Pauschbetrags nach § 33b Abs. 5 EStG, können Eltern ihre eigenen zwangsläufigen Aufwendungen für ein behindertes Kind nach § 33 EStG abziehen.

Mit dem **Pauschbetrag** sind grundsätzlich **sämtliche** durch die Behinderung entstandenen **Aufwendungen abgegolten**.

Dazu gehören Aufwendungen für

- die Hilfe bei den gewöhnlichen und regelmäßig wiederkehrenden Verrichtungen des **täglichen Lebens**
- die **Pflege**
- einen **erhöhten Wäschebedarf**.

Außerordentliche Kosten können jedoch **neben dem Pauschbetrag im Rahmen des § 33 EStG (abzgl. zumutbarer Belastung)** berücksichtigt werden.

Zu diesen außerordentlichen Kosten gehören z. B.:

- **Führerscheinkosten** für ein schwer geh- und stehbehindertes Kind

- Aufwendungen für eine **Heilkur**
- **Krankheitskosten** (z. B. Kosten einer Operation)
- **Fahrtkostenpauschale** nach **§ 33 Abs. 2a EStG bei geh- und stehbehinderten Steuerpflichtigen** (GdB von mindestens 80 oder GdB von mindestens 70 und Merkzeichen „G“: **900 €** bzw. **bei außergewöhnlich gehbehinderten Steuerpflichtigen** (Merkzeichen „aG“), **Blinden** („Bl“), **Taubblinde** („TBl“) **und Hilflosen** („H“): **4.500 €**. Die Fahrtkostenpauschale ist bei der Ermittlung des Teils der Aufwendungen i. S. des § 33 Abs. 1 EStG, der die **zumutbare Belastung** übersteigt, einzubeziehen. Sie kann auch gewährt werden, wenn ein Behinderten-Pauschbetrag nach § 33b Abs. 5 EStG übertragen wurde; das gilt jedoch nur dann, wenn die behinderte Person an der Fahrt auch selbst teilgenommen hat.
- Die Aufwendungen für die **behindertengerechte Umrüstung eines Pkws** können im VZ des Abflusses als außergewöhnliche Belastungen neben den angemessenen Aufwendungen für Fahrtkosten berücksichtigt werden. Eine Verteilung auf mehrere VZ ist nicht zulässig.
- **Behinderungsbedingte Um- oder Neubaukosten** eines Hauses oder einer Wohnung können im VZ des Abflusses eine außergewöhnliche Belastung darstellen, soweit die Baumaßnahme durch die Behinderung bedingt ist. Eine Verteilung auf mehrere VZ ist nicht zulässig.

13.6 Pflege-Pauschbetrag

Wegen der außergewöhnlichen Belastungen, die einem Steuerpflichtigen durch die Pflege einer Person erwachsen, kann er anstelle einer Steuerermäßigung nach § 33 EStG einen **Pflege-Pauschbetrag** im Kalenderjahr geltend machen, wenn er dafür **keine Einnahmen** erhält (§ 33b Abs. 6 Satz 1 EStG). Es muss sich also um eine **unentgeltliche Pflege** handeln.

Zu den schädlichen Einnahmen zählt unabhängig von der Verwendung nicht das von den Eltern eines behinderten Kindes für dieses Kind empfangene Pflegegeld (§ 33b Abs. 6 Satz 2 EStG).

Voraussetzung ist, dass der Steuerpflichtige die Pflege entweder in seiner Wohnung oder in der Wohnung des Pflegebedürftigen **persönlich** durchführt und diese Wohnung in der EU oder in einem Staat gelegen ist, auf den das Abkommen über den Europäischen Wirtschaftsraum anzuwenden ist (§ 33b Abs. 6 Satz 1 EStG). Ein Steuerpflichtiger führt die Pflege auch dann noch persönlich durch, wenn er sich zur Unterstützung zeitweise einer **ambulanten Pflegekraft** bedient (R 33b Abs. 4 EStR).

Als **Pflege-Pauschbetrag** wird nach **§ 33b Abs. 6 Satz 3 EStG** gewährt:

- bei **Pflegegrad 2** **600 €**
- bei **Pflegegrad 3** **1.100 €**
- bei **Pflegegrad 4 oder 5** **1.800 €**

Bei erstmaliger Feststellung, Änderung oder Wegfall des Pflegegrades im Laufe des Kalenderjahres ist der Pflege-Pauschbetrag nach dem **höchsten Grad** zu gewähren (§ 33b Abs. 6 Satz 5 EStG).

Voraussetzung für die Gewährung des Pflege-Pauschbetrages ist die **Angabe der erteilten Identifikationsnummer der gepflegten Person** in der ESt-Erklärung des Steuerpflichtigen (§ 33b Abs. 6 Satz 8 EStG).

Wird ein Pflegebedürftiger **von mehreren Personen gepflegt**, wird der Pflege-Pauschbetrag nach der Zahl der Pflegepersonen, bei denen die Voraussetzungen der Sätze 1 bis 4 des § 33b Abs. 6 EStG vorliegen, geteilt (§ 33b Abs. 6 Satz 9 EStG).

Der **Pflege-Pauschbetrag** kann **neben** dem nach § 33b Abs. 5 EStG vom Kind auf die Eltern übertragenen **Pauschbetrag für Menschen mit Behinderung** in Anspruch genommen werden (R 33b Abs. 6 EStR).

Beispiel

Der Steuerpflichtige hat seine Mutter (86) in seinen Haushalt aufgenommen und pflegt sie unentgeltlich. Dabei bedient er sich zeitweise einer ambulanten Pflegekraft. Die Mutter ist infolge eines Schlaganfalls seit dem 15. März 2023 dauernd pflegebedürftig i. S. des § 33b Abs. 6 EStG (Pflegegrad 3).

Der Steuerpflichtige kann den Pflege-Pauschbetrag von 1.100 € geltend machen, weil die Voraussetzungen des § 33b Abs. 6 EStG erfüllt sind. Obwohl die Mutter erst seit März 2023 hilflos ist, wird der Pauschbetrag nicht gezwölftelt, weil es sich insoweit um einen Jahresbetrag handelt. Der Steuerpflichtige könnte anstelle des Pflege-Pauschbetrages auch die Steuerermäßigung nach § 33 EStG geltend machen. Das wird er aber nur dann machen, wenn die ihm durch die Pflege seiner Mutter erwachsenen Aufwendungen nach Abzug der evtl. von der Krankenkasse und der Mutter erstatteten Beträge und nach Abzug der zumutbaren Belastung höher sind als der Pflege-Pauschbetrag.

13.7 Fälle zur Sicherung des Lernerfolgs

Fall 1:

Sven Bauer (geb. 25.07.1958) wird mit seiner Ehefrau Karin (geb. 01.04.1965) zusammen zur Einkommensteuer veranlagt.

Der Ehemann hat im VZ 2023 Einkünfte aus selbstständiger Arbeit i. H. v. 44.848 € erzielt. Die Ehefrau hatte keine Einkünfte.

Für den VZ 2023 machen die kinderlosen Eheleute folgende Aufwendungen als außergewöhnliche Belastungen geltend:

I. Krankenhausaufwendungen durch Magenoperation:

	Arztkosten	800,00 €	
+	Kosten für Medikamente	205,00 €	
+	Verpflegungskosten für 18 Tage à 130 € =	2.340,00 €	
+	Morgenmantel für Krankenhausaufenthalt	110,00 €	
		3.455,00 €	
-	Erstattung Krankentagegeldversicherung	400,00 €	
-	Erstattung Krankenkasse Abschlagzahlung im VZ 2023	1.345,00 €	
		1.710,00 €	1.710,00 €

Im VZ 2024 erhielt der Steuerpflichtige von der Krankenkasse tarifgemäß eine Restzahlung i. H. v. 1.300 €

II. Aufwendungen einer Badekur der Ehefrau:
Die Notwendigkeit der Badekur ist vom Amtsarzt vor Antritt der Kur bescheinigt worden. Die gesamten Kosten setzen sich wie folgt zusammen:

	Fahrtkosten mit öffentlichen Verkehrsmitteln	99,00 €	
+	Verpflegungskosten 21 Tage à 26 € =	545,00 €	
+	Arztkosten	105,00 €	
+	Kosten für Medikamente und Bäder	470,00 €	
		1.219,00 €	
-	Erstattung Krankenkasse im VZ 2023	750,00 €	
		469,00 €	469,00 €

III. Aufwendungen für die Beerdigung des Vaters des Ehemannes:

	Sarg	1.800,00 €	
+	Trauerkarten und -anzeigen	118,00 €	
+	Bestattungskosten	385,00 €	
+	Grabstein	2.050,00 €	
+	Grabstelle	300,00 €	
+	Trauerkleidung	540,00 €	
+	Bewirtung der Trauergäste	360,00 €	
		5.553,00 €	5.553,00 €

Der Verstorbene hat ein Sparbuch mit einem Guthaben i. H. v. 1.533 € hinterlassen.

IV. Sonstige Aufwendungen der Eheleute:

1.	Kosten für ein Hörgerät des Ehemannes	870,00 €	
	- Erstattung Krankenkasse im VZ 2023	696,00 €	
		174,00 €	174,00 €
2.	Die Ehefrau ist zuckerkrank. Sie hat eine ärztliche Bescheinigung über die Notwendigkeit einer Diätverpflegung beigebracht. Die Ehefrau beantragt die nachgewiesenen Mehrkosten gegenüber einer Normalverpflegung anzusetzen.		450,00 €

Ermitteln Sie in einer übersichtlichen Darstellung die abzugsfähigen außergewöhnlichen Belastungen und begründen Sie kurz Ihre Entscheidungen!

Fall 2:

Ermitteln Sie zu den nachfolgenden Sachverhalten die abzugsfähigen außergewöhnlichen Belastungen!

Sachverhalte:

1. Ein Steuerpflichtiger unterstützt im VZ 2023 seine bedürftige Mutter mit 400 € im Monat. Die Mutter bekommt eine Betriebsrente von jährlich 3.600 €, die nicht auf früheren Beitragsleistungen beruht, und eine Rente aus der Sozialversicherung von jährlich 3.000 € (Rentenfreibetrag: 1.250 €). Außerdem erhält die Mutter ein Wohngeld von 700 € im Jahr.
2. Ein Steuerpflichtiger hat seinen bedürftigen Vater vom 01.01. - 31.08.2023 mit monatl. 650 € unterstützt. In dieser Zeit hat der Vater für eine Aushilfstätigkeit Arbeitslohn von 320 € im Monat bezogen. Ab dem 01.09.2023 entfiel die Unterstützung, weil der Vater ab diesem Zeitpunkt eine Rente aus der Sozialversicherung von monatl. 500 € bezieht (Besteuerungsanteil: 83 %). Im VZ 2023 hat der Vater auch Einkünfte aus Gewerbebetrieb i. H. v. 1.800 € erzielt.
3. Ein Steuerpflichtiger unterstützt seit 2012 seine 72 und 70 Jahre alten Eltern mit monatlich 1.000 €. Der Vater bezieht eine Beamtenpension i. H. v. monatlich 1.000 €; die Mutter vereinnahmte im VZ 2023 Zinseinnahmen i. H. v. 400 € von einem Nachbarn.

RECHTSGRUNDLAGEN

Auszug aus den amtlichen Hinweisen zu den Einkommensteuer-Richtlinien:
Handelt es sich bei den unterhaltenen Personen um in Haushaltsgemeinschaft lebende Ehegatten, z. B. Eltern, so sind die Einkünfte und Bezüge zunächst für jeden Ehegatten gesondert festzustellen und sodann zusammenzurechnen. Die zusammengerechneten Einkünfte und Bezüge sind von dem doppelten Karenzbetrag zu kürzen. Der verbleibende Betrag ist von dem doppelten Höchstbetrag abzuziehen.

4. Der 19 Jahre alte Sohn eines Ehepaares in Leverkusen hat 2023 in der Zeit vom 14.05. - 17.11.2023 ein Gymnasium in Köln besucht. Der Sohn war in dieser Zeit dort untergebracht. Die Eltern erhalten Kindergeld. Den Eltern sind durch die auswärtige Unterbringung Kosten i. H. v. insgesamt 2.400 € entstanden.
5. Die 22 Jahre alte Tochter studiert seit einem Jahr in Bonn. Obwohl sich die Hochschule am Wohnort der Eltern befindet, ist die Tochter in ein Studentenwohnheim gezogen. Den Eltern sind durch die Berufsausbildung und durch die auswärtige Unterbringung Aufwendungen i. H. v. monatlich 500 € entstanden. In den Semesterferien war die Tochter regelmäßig als Arbeitnehmerin in einem Call-Center tätig. Ihr Bruttogehalt hat im VZ 2023 insgesamt 3.120 € betragen. Außerdem hat sie

einen BAföG-Zuschuss von 480 € erhalten. Die Eltern beziehen für ihre Tochter das gesetzliche Kindergeld.

6. Die Eheleute aus Bergisch Gladbach haben zwei gemeinsame Kinder, für die sie auch das gesetzliche Kindergeld erhalten:
   a) Sohn Markus (geb. 01.12.1998) studiert seit 2018 in Köln Rechtswissenschaften und wohnt auch dort zur Miete. Die Miete i. H. v. monatlich 700 € für das möblierte Zimmer zahlen die Eheleute. Seit dem 01.07.2023 arbeitet Markus zusätzlich als wissenschaftliche Hilfskraft an der Uni Köln und bezieht einen monatlichen Bruttoarbeitslohn von 580 €. Der Arbeitnehmeranteil zur Sozialversicherung beträgt 116 € (KV: 45 €, RV: 54 €, PV: 10 €, AV: 7 €).
   b) Sohn Sven (geb. 04.08.2008) besucht das Gymnasium in Bergisch Gladbach und lebte im VZ 2023 bei seinen Eltern.

Fall 3:

Der seit zwei Jahren geschiedene Uwe Brenner macht in seiner ESt-Erklärung 2023 bei einem Gesamtbetrag der Einkünfte von 48.000 € folgende Aufwendungen als außergewöhnliche Belastungen geltend:

1. Dem Steuerpflichtigen sind im VZ 2023 an Krankheitskosten entstanden:

► Arztkosten	550 €
► Kosten für Krankenhausaufenthalt	3.100 €
► Operationskosten	3.670 €
► Medikamente	920 €
► Kosten für Zahnbehandlung	1.100 €

   Von der Krankenversicherung erhielt er 2.500 € erstattet.

2. Für seinen aus der geschiedenen Ehe entstammenden Sohn Michael, der bei seiner Mutter lebt und ihr zuzuordnen ist, entstanden ihm monatliche Unterhaltsaufwendungen i. H. v. 225 €. Uwe Brenner erhält für seinen Sohn einen halben Kinderfreibetrag.
3. Laut Scheidungsurteil zahlt er darüber hinaus an seine frühere Ehefrau einen Unterhalt i. H. v. monatlich 475 €. Seine frühere Ehefrau hat weder eigene Einkünfte noch Bezüge. Ihr insbesondere aus einer Münzsammlung bestehendes Vermögen hat einen Verkehrswert von 40.000 €. Ein Antrag auf Berücksichtigung der Zahlungen als Sonderausgaben wurde nicht gestellt.
4. Uwe Brenner unterstützt außerdem seit einigen Jahren seine beiden weitgehend vermögenslosen Schwestern Gertrud und Gerda mit monatlichen Beiträgen von jeweils 180 €. Gertrud erhält seit Vollendung des 65. Lebensjahres eine Rente aus der gesetzlichen Rentenversicherung von monatlich 250 €. Gerda, die wegen ihrer angegriffenen Gesundheit nur noch leichte Aushilfsarbeiten in einem Büro verrichten kann, erhält einen Bruttoarbeitslohn von monatlich 250 €.

Ermitteln Sie für den VZ 2023 die abzugsfähigen außergewöhnlichen Belastungen!

Fall 4:

Ermitteln Sie für den VZ 2023 die abzugsfähigen außergewöhnlichen Belastungen von A. und C.!

A., geboren am 20. Juni 1962, war in erster Ehe mit B. verheiratet. Am 30. Dezember 2022 ist B. in Köln gestorben. Seit dem 30. Dezember 2023 ist A. mit C., geboren am 19. April 1972, verheiratet. Die Ehegatten wohnen seit der Eheschließung zusammen in Bensberg, Buddestr. 18 - 20. C. war in erster Ehe mit D. verheiratet. Diese Ehe wurde in 2019 geschieden.

Jürgen (geb. 15. März 2002) ist ein nichtehelicher Sohn von A. Jürgen lebt seit dem Tod seiner Mutter E. im Jahre 2006 im Haushalt seines Vaters A. Im VZ 2023 studierte er an der Universität München Betriebswirtschaft. Die Kosten seines Unterhalts und seines Studiums von monatlich 400 € hat A. im Jahr 2023 allein getragen. Vom 01. Januar bis 30. Juni 2023 arbeitete Jürgen als Aushilfskraft in einem Steuerberatungsbüro. Sein Bruttoarbeitslohn betrug in dieser Zeit monatlich 250 €. Nach Ablegung seines Examens am 30. Juni 2023 ist er seit dem 01. Juli 2023 als Angestellter in einem Steuerberatungsbüro in Köln tätig. Sein Gehalt betrug vom 01. Juli bis 31. Dezember 2023 monatlich 1.500 €. Der Arbeitnehmeranteil zur Sozialversicherung beträgt mtl. 298 €.

Eva (geb. 01. Januar 2005) ist ein Kind aus der Ehe des A. mit B. Sie hat in 2022 während des laufenden Schuljahres das Gymnasium in Köln verlassen und sich in Köln einer Wohngemeinschaft angeschlossen. Seit ihrem Schulabschluss geht Eva keiner Tätigkeit mehr nach, obwohl sie körperlich und geistig gesund ist und A. ihr angeboten hatte, sie in der A-OHG zu beschäftigen. Auch andere Arbeitsangebote lehnte sie ab. A. unterstützte seine Tochter im VZ 2023 mit monatlichen Zahlungen i. H. v. 300 €, da sie lediglich aus einem ihr gehörenden unbebauten Grundstück in Köln (Verkehrswert: 50.000 €) Einkünfte von mtl. 100 € (2023 insgesamt 1.200 €) bezogen hat.

Marcel (geb. 15. März 2003) ist ein Kind aus der Ehe der C. Marcel lebt in Frankreich bei seinem Vater, wo er auch mit Wohnsitz gemeldet ist. Marcel studierte während des ganzen VZ 2023 in Paris Rechtswissenschaften. Er wurde 2023 allein von seinem Vater unterhalten. C. sind insoweit für den Unterhalt des Sohnes im VZ 2023 keine Aufwendungen entstanden.

Fall 5:

Ermitteln Sie für den VZ 2023 das Einkommen der Eheleute Speik, das möglichst niedrig sein soll. Sämtliche Anträge auf steuerliche Vergünstigungen gelten als gestellt und erforderliche Nachweise und Bescheinigungen als erbracht.

I. Persönliche Verhältnisse:
Johannes Speik (geb. 16. Nov. 1958) ist seit 2002 mit Anna Speik (geb. 04. Febr. 1970) verheiratet. Die Eheleute bewohnen seit 2003 ein Einfamilienhaus in Leverkusen. Für den VZ 2023 beantragen die Eheleute die Zusammenveranlagung.

Die Speik's haben drei eheliche Kinder: Tiberius, Gaius und Tabea. Zu ihrem Haushalt gehört auch das im Herbst 2017 adoptierte Kind Ulrich. Johannes ist außerdem Vater des nichtehelichen Kindes Claudius.

Tiberius (geb. 10. Dez. 2003) studierte in 2023 an der Rheinischen Friedrich Wilhelms Universität Bonn Rechtswissenschaften. Aufgrund eines Streits mit seinen Eltern wegen seiner Freundin Amalie zog er im Juni 2023 aus dem Elternhaus aus und mietete sich in Bonn, Lennestr. 47, ein eigenes Zimmer. Da die Unterstützungen seiner Eltern für seine Lebensführung nicht ausreichten, nahm er ab dem 01. Juni 2023 eine Aushilfstätigkeit als Kellner an. Seine Bruttobezüge betrugen bis zum 31. Dez. 2023 monatlich 250 €. Nicht darin enthalten sind Trinkgelder von mtl. 60 €.

Gaius (geb. 15. April 2005) soll in 2024 das Abitur machen; er war in 2023 ganzjährig in einem privaten Gymnasium in Oberkassel bei Bonn internatsmäßig untergebracht. Die Kosten der Internatsunterbringung von 3.600 € wurden von Johannes getragen. Anlässlich eines Verkehrsunfalls wurde Gaius am 30. Okt. 2020 so schwer verletzt, dass er seitdem zu 20 % erwerbsgemindert ist. Johannes übernahm in 2023 die Behandlungs- und Operationskosten i. H. v. 8.500 €. Er hatte die AOK schriftlich auf Kostenersatz in Anspruch genommen. Die Krankenkasse hatte die Erstattung dieses Betrages jedoch abgelehnt, weil Johannes mit dem behandelnden Arzt, einem bekannten Spezialisten, ein Sonderhonorar vereinbart hatte. Die Behandlung war auch sonst sehr aufwendig gewesen. Der erzielte Behandlungserfolg wäre mit großer Wahrscheinlichkeit jedoch bei einer üblichen Behandlungsmethode nicht eingetreten.

Tabea (geb. 20. Dez. 2018) ist blind zur Welt gekommen und ständig körperlich hilflos (Pflegegrad 4).

Ulrich (geb. 07. April 2012) wurde von den Eheleuten Speik im Herbst 2022 adoptiert. Die leiblichen Eltern von Ulrich – sein Vater ist der Bruder von Johannes – erlitten 2022 einen schweren Pkw-Unfall, bei dem die leibliche Mutter von Ulrich starb. Ulrich war 2023 Sextaner in einem Leverkusener Gymnasium.

Johannes ist weiterhin der Vater des nichtehelichen Kindes **Claudius** (geb. 21. Mai 2000). Claudius lebt in Düsseldorf bei seiner leiblichen Mutter, wo er auch mit Wohnsitz gemeldet ist. Claudius studierte während des ganzen Jahres 2023 in Düsseldorf Medizin. Eigene Einkünfte und Bezüge bezog Claudius in 2023 nicht. Allerdings erhielt er in 2023 Leistungen nach dem BAföG von insgesamt 2.450 €, davon 70 % als Darlehen und 30 % als Zuschuss.

II. Einkommensverhältnisse:
Johannes bezog im VZ 2023 lediglich Einkünfte aus Gewerbebetrieb i. H. v. 44.810 €.

Anna ist Berufsschullehrerin. Ihr Bruttoarbeitslohn betrug ausweislich der Lohnsteuerbescheinigung 2023 insgesamt 37.924 €. Zu ihrer 30 km entfernten Dienststelle fuhr sie arbeitstäglich mit ihrem Pkw an 230 Tagen. Im Übrigen sind Werbungskosten i. H. v. 160 € unstreitig.

Aufgrund eines vor Jahren erlittenen Autounfalls ist Anna zu 70 % erwerbsgemindert. Ihr Schwerbehindertenausweis trägt das Merkzeichen „G". Anna macht die behinderungsbedingten Fahrtkosten pauschal mit 4.500 € geltend.

III. Sonderausgaben:
Die **abzugsfähigen** Vorsorgeaufwendungen betragen 5.000 €.

Die Eheleute gehören keiner als Körperschaft des öffentlichen Rechts anerkannten Religionsgemeinschaft an.

Anna ist begeisterte Köchin. Um ihre in zahlreichen Kochkursen geschulten Fertigkeiten zu vollenden, kaufte sie sich im Dezember 2023 antiquarisch den Großmutter-Hit „Rund um den Gugelhupf Meisterstücke der alemannischen Backkunst" zum Preis von 24,90 €.

IV. Sonstige Aufwendungen:
Johannes und seine Schwester Margarete Speik unterstützten gemeinsam im VZ 2023 ihre verwitwete Mutter. Diese bezog in 2023 Versorgungsbezüge i. H. v. 4.500 € sowie weitere Bezüge i. H. v. 2.180 €. Vermögen besitzt sie nicht. Johannes wandte insgesamt 3.000 € für Ernährung auf; seine Schwester insgesamt 3.000 € für Zimmermiete, Kleidung und Wäsche.

14. Ermittlung des zu versteuernden Einkommens

Das Einkommen, vermindert um die **Freibeträge nach § 32 Abs. 6 EStG** und den **Härteausgleich**, ergibt das zu versteuernde Einkommen; dieses bildet die Bemessungsgrundlage für die tarifliche Einkommensteuer (§ 2 Abs. 5 Satz 1 EStG).

14.1 Freibeträge nach § 32 Abs. 6 EStG

Für jedes **zu berücksichtigende Kind** wird dem Steuerpflichtigen ein Freibetrag nach § 32 Abs. 6 EStG gewährt.

14.1.1 Berücksichtigungsfähige Kinder

Kinder im einkommensteuerlichen Sinne sind gem. § 32 Abs. 1 EStG

- **Kinder, die im ersten Grad mit dem Steuerpflichtigen verwandt sind** (leibliche Kinder, Adoptivkinder).
- **Pflegekinder**. Das sind Kinder, mit denen der Steuerpflichtige durch ein familienähnliches, auf längere Dauer berechnetes Band verbunden ist, sofern er sie nicht zu Erwerbszwecken in seinen Haushalt aufgenommen hat und das Obhuts- und Pflegeverhältnis zu den leiblichen Eltern nicht mehr besteht (§ 32 Abs. 1 Nr. 2 EStG). Gelegentliche Besuchskontakte stehen dem Pflegekindschaftsverhältnis nicht entgegen.

Ist ein leibliches Kind eines Steuerpflichtigen bei einer anderen Person **Pflegekind oder Adoptivkind**, so ist es ab diesem Zeitpunkt **nicht mehr bei den leiblichen Eltern**, sondern nur noch als Pflegekind oder Adoptivkind zu berücksichtigen (§ 32 Abs. 2 EStG).

Das **Stiefkind** gilt nicht als Kind im Sinne des Einkommensteuerrechts.

Für die Frage der Berücksichtigung ist es ferner unerheblich, ob das Kind unbeschränkt steuerpflichtig ist oder nicht. Die **nicht unbeschränkte Steuerpflicht eines Kindes** wirkt sich aber auf die **Höhe des Kinderfreibetrages** aus.

Die steuerliche Berücksichtigung eines Kindes ist ferner von dessen **Alter** abhängig. Es gelten folgende Grundsätze:

- Kinder, die das **18. Lebensjahr noch nicht vollendet haben**, werden **automatisch berücksichtigt**, ohne dass weitere Voraussetzungen erfüllt sein müssen (§ 32 Abs. 3 EStG).

Beispiel

Die am 02. Jan. 2005 geborene Tochter eines Ehepaares lebt im Haushalt ihrer Eltern. Ihre Schulausbildung hat sie im Oktober 2021 abgeschlossen und steht seitdem in einem Beschäftigungsverhältnis.

Die Tochter hat mit Ablauf des 01. Jan. 2023 das 18. Lebensjahr vollendet. Zu Beginn des Monats Januar 2023 war sie noch nicht 18 Jahre alt. Deshalb wird sie für den Monat Januar 2023 bei ihren Eltern steuerlich berücksichtigt, ohne dass es auf die bezogenen Einkünfte ankommt.

- Kinder, die das **18. Lebensjahr, aber noch nicht das 21. Lebensjahr vollendet** haben, werden berücksichtigt, wenn sie nicht in einem Beschäftigungsverhältnis stehen und bei einer Agentur für Arbeit im Inland als **Arbeitsuchender** gemeldet sind (§ 32 Abs. 4 Satz 1 Nr. 1 EStG).

Beispiel

Der 20-jährige Sohn eines Ehepaares hat seine Berufsausbildung als Fernsehtechniker in 2022 abgeschlossen. Seitdem ist er arbeitslos und steht der dortigen Arbeitsvermittlung zur Verfügung. Am 23. Juni 2023 wird er 21 Jahre alt. Einkünfte und Bezüge liegen nicht vor.

Der Sohn ist bei den Eltern in den Monaten Januar 2023 bis einschl. Juni 2023 zu berücksichtigen.

- Kinder, die das **18. Lebensjahr, aber noch nicht das 25. Lebensjahr vollendet** haben, werden gem. § 32 Abs. 4 Satz 1 Nr. 2 EStG berücksichtigt, wenn sie
  - für einen **Beruf ausgebildet** werden **oder**
  - sich in einer **Übergangszeit von höchstens vier Monaten** befinden, die **zwischen zwei Ausbildungsabschnitten** oder z. B. **zwischen einem Ausbildungsabschnitt und der Ableistung des Freiwilligen Wehrdienstes** liegt. Auf diese Weise wird ein Kind, das seine Ausbildung wegen Ableistung des Grundwehrdienstes unterbricht, auch für jeweils einen Übergangszeitraum von bis zu vier Monaten sowohl vor als auch nach diesem Dienst berücksichtigt.
  - eine Berufsausbildung **mangels Ausbildungsplatzes** nicht beginnen oder fortsetzen konnten
  - ein **freiwilliges soziales** bzw. **freiwilliges ökologisches Jahr** oder einen **Internationalen Jugendfreiwilligendienst** bzw. den **Bundesfreiwilligendienst** leisten.

Bei diesen **volljährigen Kindern** ist wie folgt danach zu **unterscheiden**, ob sie schon eine erstmalige Berufsausbildung oder ein Erststudium abgeschlossen haben oder nicht:

- **Volljährige Kinder, die weder eine erstmalige Berufsausbildung noch ein Erststudium abgeschlossen haben**, werden immer berücksichtigt, unabhängig davon, wie viel sie jobben und wie viel Geld sie verdienen.
- **Volljährige Kinder mit abgeschlossener erstmaliger Berufsausbildung oder mit abgeschlossenem Erststudium** werden nur dann berücksichtigt, wenn sie keiner „schädlichen" Erwerbstätigkeit nachgehen **(§ 32 Abs. 4 Satz 2 EStG)**.

Eine **Berufsausbildung** liegt vor, wenn der Steuerpflichtige durch eine berufliche Ausbildungsmaßnahme die notwendigen fachlichen Fertigkeiten und Kenntnisse erwirbt, die zur Aufnahme eines Berufs befähigen.

Voraussetzung ist, dass der Beruf durch eine Ausbildung im Rahmen eines **öffentlich-rechtlich geordneten Ausbildungsgangs** erlernt wird und der Ausbildungsgang durch eine **Prüfung abgeschlossen** wird.

Der Besuch einer **allgemein bildenden Schule** gilt folglich nicht bereits als erstmalige Berufsausbildung.

Begünstigt sind auch Ausbildungsgänge (z. B. **Abendschulen, Fernstudium**), die neben einer (Vollzeit-) Erwerbstätigkeit ohne eine vorhergehende Berufsausbildung durchgeführt werden.

Beispiel

Die 20-jährige T, die im unmittelbaren Anschluss an ihr Abitur während des ganzen VZ 2023 studiert (Erststudium), erzielt aus einer nebenbei ausgeübten Beschäftigung einen steuerpflichtigen Bruttoarbeitslohn i. H. v. 9.000 €. Werbungskosten sind i. H. v. 1.500 € angefallen. Daneben erzielte T Zinserträge i. H. v. 1.051 €.

T. ist aufgrund des Studiums im ganzen VZ 2023 nach § 32 Abs. 4 Satz 1 Nr. 2 Buchst. a) EStG zu berücksichtigen. Auf die Höhe der Einkünfte kommt es insoweit nicht an, weil das Erststudium nicht nach Abschluss einer erstmaligen Berufsausbildung durchgeführt wird.

„Unschädlich“ ist eine **Erwerbstätigkeit** mit abgeschlossener erstmaliger Berufsausbildung oder mit abgeschlossenem Erststudium nach **§ 32 Abs. 4 Satz 3 EStG** dann, wenn die **regelmäßige wöchentliche Arbeitszeit bis zu 20 Stunden** beträgt oder

- das Kind sich in einem **Ausbildungsdienstverhältnis** befindet (z. B. Juristen oder Lehrer im Referendariat) oder
- das Kind einem **geringfügigen Beschäftigungsverhältnis** nachgeht.

ACHTUNG

Unter dem Begriff **„Erwerbstätigkeit“** ist **nicht nur eine nichtselbstständige Tätigkeit** zu verstehen. Ein Kind ist vielmehr erwerbstätig, wenn es einer auf die Erzielung von Einkünften gerichteten **Beschäftigung** nachgeht, die den **Einsatz der persönlichen Arbeitskraft** erfordert. Hieraus folgt, dass der Begriff „Erwerbstätigkeit“ **auch** durch eine **land- und forstwirtschaftliche, eine gewerbliche und eine selbstständige Tätigkeit** erfüllt werden kann. Die **Verwaltung eigenen Vermögens ist demgegenüber keine Erwerbstätigkeit** (BMF v. 07.12.2012, BStBl 2012 I S. 1243, Tz. 23).

Beispiel

Marc schloss nach dem Abitur zunächst eine Berufsausbildung mit der Gesellenprüfung ab und studiert seit dem VZ 2022.

Seit dem 20.07.2023 betreibt er neben seinem Studium über „Ebay“ einen gewerblichen Internethandel und erzielte daraus im VZ 2023 Einkünfte i. H. v. insgesamt 8.000 €. Daneben realisierte Marc im VZ 2023 aus Aktien eine Bardividende i. H. v. 3.000 €.

Aufgrund des Studiums ist Marc nach § 32 Abs. 4 Satz 1 Nr. 2 Buchst. a) EStG zu berücksichtigen.

Das Studium wird jedoch nach Abschluss einer erstmaligen Berufsausbildung durchgeführt, sodass er nach § 32 Abs. 4 Satz 2 EStG nur berücksichtigt werden kann, wenn er keiner Erwerbstätigkeit nachgeht.

Unter dem Begriff „Erwerbstätigkeit“ ist dabei nicht nur eine nichtselbstständige Tätigkeit zu verstehen.

Ein Kind ist vielmehr erwerbstätig, wenn es einer auf die Erzielung von Einkünften gerichteten Beschäftigung nachgeht, die den Einsatz seiner persönlichen Arbeitskraft erfordert. Hieraus folgt, dass der Begriff „Erwerbstätigkeit" auch durch eine land- und forstwirtschaftliche, eine gewerbliche und eine selbstständige Tätigkeit erfüllt werden kann.

Die Verwaltung eigenen Vermögens ist demgegenüber keine Erwerbstätigkeit (BMF v. 07.12.2011, BStBl 2011 I S. 1243, Tz. 23).

Die erzielten Einkünfte aus Kapitalvermögen (Bardividende) stellen demnach keine Einkünfte aus einer Erwerbstätigkeit dar.

Der gewerbliche Internethandel ist demgegenüber gem. § 32 Abs. 4 Satz 3 EStG als schädlich einzustufen.

Marc kann aber für jeden Kalendermonat im Rahmen der Kinderfreibeträge bzw. Kindergeldbeträge berücksichtigt werden, in dem wenigstens an einem Tag die Anspruchsvoraussetzungen – hier „keiner Erwerbstätigkeit nachgeht" – vorgelegen haben, somit für die Monate Januar bis Juli 2023.

Für die Monate August bis Dezember 2023 kann Marc nicht berücksichtigt werden.

Unschädlich ist eine Erwerbstätigkeit dann, wenn die regelmäßige wöchentliche Arbeitszeit insgesamt **nicht mehr als 20 Stunden beträgt**. Hierbei ist von der individuell vertraglich vereinbarten Arbeitszeit auszugehen.

Eine **vorübergehende (höchstens zwei Monate andauernde) Ausweitung** der Beschäftigung **auf mehr als 20 Stunden ist unbeachtlich**, wenn während des **Zeitraumes innerhalb eines Kalenderjahres**, in dem einer der Grundtatbestände des § 32 Abs. 4 Satz 1 Nr. 2 EStG erfüllt ist, die **durchschnittliche wöchentliche Arbeitszeit nicht mehr als 20 Stunden** beträgt (BMF v. 07.12.2011, BStBl 2011 I S. 1243, Tz. 24).

Beispiel

Ein Kind schließt nach dem Abitur eine Lehre ab und studiert seit Oktober 2022.

Gemäß vertraglicher Vereinbarung ist das Kind ab dem 01.04.2023 mit einer wöchentlichen Arbeitszeit von 20 Stunden als Bürokraft beschäftigt.

In den Semesterferien arbeitet das Kind – aufgrund einer zusätzlichen vertraglichen Vereinbarung – vom 01.08. - 30.09.2023 in Vollzeit mit 40 Stunden wöchentlich.

Ab dem 01.11.2023 ist das Kind gem. vertraglicher Vereinbarung mit einer wöchentlichen Arbeitszeit von 15 Stunden als Verkaufsaushilfe tätig.

Somit ergibt sich folgende durchschnittliche wöchentliche Arbeitszeit von 15 Stunden:

01.04. - 31.07.2023:	17 Wochen • 20 Stunden =	340 Stunden	
01.08. - 30.09.2023:	8 Wochen • 40 Stunden =	320 Stunden	(= Ausweitung der Beschäftigung)
01.11. - 31.12.2023:	8 Wochen • 15 Stunden =	120 Stunden	
		780 Stunden	
	: 52 Wochen =	15 Stunden	

Das Kind ist aufgrund des Studiums das gesamte Jahr 2023 nach § 32 Abs. 4 Satz 1 Nr. 2 Buchst. a) EStG zu berücksichtigen. Das Studium wird jedoch nach Abschluss einer erstmaligen Berufsausbildung durchgeführt, sodass das Kind nach § 32 Abs. 4 Satz 2 und 3 EStG nur berücksichtigt werden kann, wenn die ausgeübte Erwerbstätigkeit unschädlich ist. Da die Ausweitung der Beschäftigung des Kindes lediglich vorübergehend ist und gleichzeitig während des Vorliegens des Grundtatbestandes nach § 32 Abs. 4 Satz 1 Nr. 2 EStG die durchschnittliche wöchentliche Arbeitszeit 20 Stunden nicht übersteigt, ist die Erwerbstätigkeit unschädlich.

Das Kind ist während des gesamten Kalenderjahres zu berücksichtigen.

Abwandlung:
Würde das Kind während der Semesterferien dagegen vom 01.07. - 30.09.2023 (= mehr als zwei Monate) vollzeiterwerbstätig sein, wäre die Ausweitung der Erwerbstätigkeit nicht nur vorübergehend und damit diese Erwerbstätigkeit als schädlich einzustufen.

Dies gilt unabhängig davon, dass auch hier die durchschnittliche wöchentliche Arbeitszeit 20 Stunden nicht überschritten würde.

Das Kind könnte demnach für die Monate Juli, August und September 2023 nicht berücksichtigt werden.

Eine **geringfügige Beschäftigung** im Sinne der §§ 8 und 8a SGB IV ist ebenfalls unschädlich.

Sie liegt vor, wenn das Arbeitsentgelt aus dieser Beschäftigung regelmäßig im Monat die Geringfügigkeitsgrenze von **520 €** nicht überschreitet.

Das gilt nicht, wenn gleichzeitig mehrere geringfügige Beschäftigungsverhältnisse bestehen und das Entgelt hieraus insgesamt mehr als 520 € beträgt.

Bei der Prüfung, ob die Voraussetzungen des § 32 Abs. 4 Satz 1 bis 3 EStG vorliegen, ist auf den **Kalendermonat** abzustellen.

Es genügt, wenn in dem jeweiligen Monat an einem Tag die Anspruchsvoraussetzungen vorliegen (BMF v. 07.12.2011, BStBl 2011 I S. 1243, Tz. 31).

Beispiel

Ein Kind schließt nach dem Abitur zunächst eine Berufsausbildung mit der Gesellenprüfung ab und studiert seit dem VZ 2022.

Ab dem 20.07.2023 nimmt es unbefristet eine Teilzeitbeschäftigung mit 30 Stunden pro Woche auf.

Aufgrund des Studiums ist das Kind nach § 32 Abs. 4 Satz 1 Nr. 2 Buchst. a) EStG zu berücksichtigen.

Das Studium wird jedoch nach Abschluss einer erstmaligen Berufsausbildung durchgeführt, sodass das Kind nach § 32 Abs. 4 Satz 2 EStG nur berücksichtigt werden kann, wenn es keiner Erwerbstätigkeit nachgeht. Die Erwerbstätigkeit des Kindes ist gem. § 32 Abs. 4 Satz 3 EStG zwar grundsätzlich als schädlich einzustufen. Das Kind kann aber für jeden Kalendermonat berücksichtigt werden, in dem wenigstens an einem Tage die Anspruchsvoraussetzungen – hier „keiner Erwerbstätigkeit nachgeht" – vorgelegen haben, somit für die Monate Januar bis Juli 2023.

Für die Monate August bis Dezember 2023 kann das Kind nicht berücksichtigt werden.

- Kinder, die das **18. Lebensjahr vollendet** haben, werden **zeitlich unbeschränkt** berücksichtigt, wenn sie wegen **körperlicher, geistiger oder seelischer Behinderung außerstande sind, sich selbst zu unterhalten** (§ 32 Abs. 4 Satz 1 Nr. 3 EStG). Voraussetzung ist, dass die **Behinderung vor Vollendung des 25. Lebensjahres eingetreten ist**.

Ein Kind ist zu berücksichtigen, wenn es wegen körperlicher, geistiger oder seelischer Behinderung außerstande ist, sich selbst zu unterhalten, d. h. wenn es mit den **ihm zur Verfügung stehenden finanziellen Mitteln seinen gesamten notwendigen Lebensbedarf nicht bestreiten kann**. Dieser notwendige Lebensbedarf setzt sich typischerweise aus dem allgemeinen Lebensbedarf (**Grundbedarf**) und dem **individuellen behinderungsbedingten Mehrbedarf** zusammen. Als **Grundbedarf** ist bei der Prüfung der Voraussetzungen der **Grundfreibetrag** nach § 32a Abs. 1 Satz 2 Nr. 1 EStG (VZ 2023: 10.908 €; VZ 2024: 11.604 €) anzusetzen.

Die kindeseigenen finanziellen Mittel setzen sich aus dem verfügbaren **Nettoeinkommen** und den Leistungen Dritter zusammen. Auf die Einkünfte und Bezüge ist nicht abzustellen. Bei der Ermittlung des verfügbaren Nettoeinkommens sind **alle steuerpflichtigen Einkünfte** im Sinne des § 2 Abs. 1 EStG, alle steuerfreien Einnahmen (z. B. Leistungen nach dem SGB III und BEEG) sowie etwaige Steuererstattungen (Einkommensteuer, Kirchensteuer, Solidaritätszuschlag) zu berücksichtigen. Abzuziehen sind tatsächlich gezahlte Steuern (Steuervorauszahlungen und -nachzahlungen, Steuerabzugsbeträge) sowie die unvermeidbaren Vorsorgeaufwendungen (Beiträge zu einer Basiskranken- und Pflegepflichtversicherung, gesetzliche Sozialabgaben bei Arbeitnehmern).

14.1.2 Höhe des Kinderfreibetrages

Gemäß § 32 Abs. 6 Sätze 2 und 3 EStG wird in folgenden Fällen für jedes zu berücksichtigende Kind ein **voller Kinderfreibetrag** von **jährlich 6.024** (VZ 2024: 6.384 €) abgezogen:

- **Zusammenveranlagung von Ehegatten**, wenn das Kind zu beiden Ehegatten in einem Kindschaftsverhältnis steht.
- der **andere Elternteil** ist **verstorben** oder **nicht unbeschränkt steuerpflichtig**. Dazu rechnen auch die Fälle, in denen der Wohnsitz/gewöhnliche Aufenthalt des anderen Elternteils nicht zu ermitteln ist oder der Vater des Kindes amtlich nicht feststellbar ist (R 32.12 EStR).
- bei **Adoptiv- und Pflegekindern**.

Liegen die Bedingungen für einen vollen Kinderfreibetrag nicht vor, wird ein **halber Kinderfreibetrag** von **jährlich 3.012 €** (VZ 2024: 3.192 €) abgezogen. Der halbe Kinderfreibetrag kommt z. B. in folgenden Fällen in Betracht:

- **Einzelveranlagungen von Ehegatten**
- **geschiedene oder dauernd getrennt lebende** Ehegatten
- Kinder aus einer **nichtehelichen Lebensgemeinschaft**
- **alleinerziehende Personen**.

In den Fällen, in denen das Kind **nicht das ganze Jahr berücksichtigt** werden kann, **ermäßigt** sich der Jahreskinderfreibetrag um **je ein Zwölftel** (§ 32 Abs. 6 Satz 5 EStG).

Voraussetzung für die Berücksichtigung des Kinderfreibetrags ist die Identifizierung des Kindes durch die an dieses **Kind vergebene Identifikationsnummer**, § 32 Abs. 6 Satz 12 EStG.

Beispiele

1. Die Eheleute erhalten im Oktober 2023 Nachwuchs.
   Der Kinderfreibetrag beträgt (6.024 € • $^{3}/_{12}$ =) 1.506 €.
2. Hubert und Sylvia adoptierten im März 2023 den 2-jährigen Daniel.
   Der Kinderfreibetrag beträgt (6.024 € • $^{10}/_{12}$ =) 5.020 €.
3. Die Eheleute Franz und Hannelore Zink sind kinderlos, allerdings ist Franz Vater eines nichtehelichen Kindes (6), das bei seiner Mutter lebt. Die Eheleute Zink erhalten für das nichteheliche Kind des Ehemannes einen halben Kinderfreibetrag i. H. v. 3.012 €.
4. Der unbeschränkt steuerpflichtige Erwin, der seit 2020 verwitwet ist, hat einen Sohn (21), der im Januar 2023 seine Berufsausbildung beendet hat. Der verwitwete Erwin erhält für seinen Sohn den vollen Kinderfreibetrag für einen Monat i. H. v. (6.024 € • $^{1}/_{12}$ =) 502 €.

Für Kinder, die nicht unbeschränkt steuerpflichtig sind (sog. **Auslandskinder**), werden die Kinderfreibeträge nach Maßgabe der **Ländergruppeneinteilung** gewährt (§ 32 Abs. 6 Satz 4 EStG).

Beispiel

Vlado Bicanski (38) wohnt in Köln und arbeitet dort seit Jahren bei den Ford-Werken. Seine Ehefrau und seine zwei Kinder (6 und 8 Jahre alt) leben in Danzig (Polen).

Da die Ehefrau nicht unbeschränkt einkommensteuerpflichtig ist, wird für jedes Kind der volle Kinderfreibetrag abgezogen. Dieser ist gem. Ländergruppe 2 auf ¾ zu ermäßigen. Für den VZ 2023 sind daher Kinderfreibeträge i. H. v. (2 Kinder • 6.024 € • ¾ =) 9.036 € zu gewähren.

14.1.3 Übertragung des halben Kinderfreibetrages

Nach § 32 Abs. 6 Satz 6 EStG kann der **halbe Kinderfreibetrag** des anderen Elternteils auf den Steuerpflichtigen übertragen werden, wenn der Steuerpflichtige, nicht aber der andere Elternteil seine **Unterhaltsverpflichtungen** gegenüber dem Kind für das Kalenderjahr im Wesentlichen (**mindestens zu 75 %**) nachkommt oder der andere Elternteil **mangels Leistungsfähigkeit** nach § 1603 BGB **nicht unterhaltspflichtig** ist.

Eine **Übertragung scheidet** hingegen für einen Elternteil aus, der **Leistungen nach dem Unterhaltsvorschussgesetz** bezieht (§ 32 Abs. 6 Satz 7 EStG), weil dieser insoweit nicht allein für den Unterhalt des Kindes aufkommt.

Die **Übertragung des Kinderfreibetrages führt stets auch zur Übertragung des Betreuungsfreibetrages** und zwar unabhängig von dem Alter des Kindes, so dass das Kind nicht unbedingt minderjährig sein muss.

Die **Übertragung scheidet aus**, wenn der Elternteil, bei dem das Kind nicht gemeldet ist, der Übertragung **widerspricht**, weil er Kinderbetreuungskosten trägt (z. B. weil er als barunterhaltsverpflichteter Elternteil ganz oder teilweise für einen sich aus Kindergartenbeiträgen ergebenden Mehrbedarf des Kindes aufkommt) oder das Kind regelmäßig in einem nicht unwesentlichen Umfang betreut (z. B. wenn eine außergerichtliche Vereinbarung über einen regelmäßigen Umgang an Wochenenden und in den Ferien vorliegt).

Die **Voraussetzungen für die Übertragung sind monatsweise zu prüfen**.

Beispiel

Die Eheleute E. wurden in 2022 geschieden. Die gemeinsame Tochter (12) wohnt bei ihrer Mutter und wird von ihr auch unterhalten. Der Vater, der seinen Unterhaltsverpflichtungen von monatlich 415 € bisher voll nachgekommen ist, verzog im August 2023 ins Ausland und leistete von da an keinen Unterhalt mehr.

Jedem Elternteil steht grundsätzlich der halbe Kinderfreibetrag von 3.012 € zu. Auf Antrag erhält die Mutter jedoch den vollen Kinderfreibetrag, da der Vater seine Unterhaltsverpflichtung, bezogen auf das Kalenderjahr 2023, nicht mindestens zu 75 % erfüllt hat (§ 32 Abs. 6 Satz 6 EStG).

Nach § 32 Abs. 6 Satz 10 EStG kann der Kinderfreibetrag auf Antrag auch auf einen **Stiefelternteil oder Großelternteil übertragen** werden, wenn dieser das Kind in seinen Haushalt aufgenommen hat oder diesem – z. B. mangels Leistungsfähigkeit eines oder beider Elternteile – eine konkrete Unterhaltsverpflichtung gegenüber seinen Enkelkindern trifft.

Beispiel

Die Großeltern haben im VZ 2023 ihren Enkel (9) in ihren Haushalt aufgenommen. Die leiblichen Eltern des Kindes sind geschieden. Der Vater, der seinen Unterhaltsverpflichtungen in vollem Umfange nachkommt, nimmt den halben Kinderfreibetrag in Anspruch.

Die Mutter kann ihren halben Kinderfreibetrag gem. § 32 Abs. 6 Satz 10 EStG auf ihre Eltern übertragen.

14.1.4 Betreuungsfreibetrag

In § 32 Abs. 6 Satz 1 EStG ist neben dem Kinderfreibetrag ein einheitlicher Freibetrag für den Betreuungs- und Erziehungs- oder Ausbildungsbedarf eines Kindes gesetzlich verankert. Voraussetzung für die Berücksichtigung des Freibetrags für den Betreuungs- und Erziehungs- oder Ausbildungsbedarf des Kindes ist die Identifizierung des Kindes durch die an dieses **Kind vergebene Identifikationsnummer**, § 32 Abs. 6 Satz 12 EStG.

INFO

Das Gesetz sieht für **jedes zu berücksichtigende Kind** einen **typisierenden Freibetrag** von **jährlich 2.928 €** für ein **Elternpaar** (**jährlich 1.464 €** für **jeden Elternteil**) vor, der **unabhängig von den tatsächlich entstandenen Aufwendungen** abgezogen wird.

Eine **altersmäßige Voraussetzung** besteht **nicht**; der Betreuungsfreibetrag steht den Eltern daher immer dann zu, wenn sie Kindergeld oder den Kinderfreibetrag erhalten.

Beispiele

1. Michael und Susi bilden eine nichteheliche Lebensgemeinschaft. Im März 2023 bekamen sie Nachwuchs. Neben dem Kinderfreibetrag i. H. v. jeweils (3.012 € • $^{10}/_{12}$ =) 2.510 € erhalten die Eltern, und zwar unabhängig von der Höhe der tatsächlichen Aufwendungen, jeweils einen Betreuungsfreibetrag i. H. v. jeweils (1.464 € • $^{10}/_{12}$ =) 1.220 €.
2. Der unbeschränkt steuerpflichtige Erwin, der seit 2017 verwitwet ist, hat einen 21-jährigen Sohn, der im Mai 2023 seine Berufsausbildung beenden wird. Seine Einkünfte und Bezüge übersteigen nicht den Grenzbetrag. Der verwitwete Erwin erhält für seinen Sohn einen Kinderfreibetrag i. H. v. (6.024 € • $^{5}/_{12}$ =) 2.510 € und zusätzlich einen Betreuungsfreibetrag i. H. v. (2.928 € • $^{5}/_{12}$ =) 1.220 €.
3. Die Eheleute haben eine gemeinsame 14-jährige Tochter. Neben dem Kinderfreibetrag i. H. v. 6.024 € erhalten die Eheleute einen Betreuungsfreibetrag von 2.928 €.

Bei **minderjährigen Kindern** wird der dem Elternteil, in dessen Wohnung das Kind nicht gemeldet ist, zustehende **Betreuungsfreibetrag** auf Antrag des anderen Elternteils nach § 32 Abs. 6 Satz 8 und 10 EStG auf diesen bzw. den Stiefeltern- oder Großelternteil **übertragen,** wenn bei dem Elternpaar die Voraussetzungen des **§ 26 Abs. 1 Satz 1 EStG nicht vorliegen**.

Eine **Übertragung scheidet aus**, wenn der Übertragung **widersprochen** wird, weil der Elternteil, bei dem das Kind nicht gemeldet ist, **Kinderbetreuungskosten trägt** oder das Kind regelmäßig **in einem nicht unwesentlichen Umfang betreut** (§ 32 Abs. 6 Satz 9 EStG).

Auf diese Weise wird der Grundsatz der hälftigen Teilung der Freibeträge für Kinder gewährleistet und dem Umstand Rechnung getragen, dass in zunehmendem Maße in Trennungsfällen beide Elternteile den Betreuungs- und Erziehungsbedarf ihres Kindes sicherstellen.

Beispiel

Simone (14) ist das gemeinsame Kind der geschiedenen Eheleute Müller. Simone wohnt bei ihrer Mutter und ist auch dort gemeldet. Der Vater kommt seiner Unterhaltsverpflichtung in vollem Umfang nach. Welche einkommensteuerlichen Vergünstigungen stehen der Mutter für ihre Tochter zu?

Für ihre Tochter bekommt die Mutter neben dem Kinderfreibetrag i. H. v. 3.012 € grundsätzlich einen Betreuungsfreibetrag i. H. v. 1.464 €. Allerdings kann der Vater – abweichend vom Kinderfreibetrag – seinen Betreuungsfreibetrag nach § 32 Abs. 6 Satz 8 EStG auf die Mutter übertragen, sodass der Mutter letztlich ein Betreuungsfreibetrag i. H. v. 2.928 € zu Gute kommen kann.

14.1.5 Günstigerberechnung

Der **Kinder- und Betreuungsfreibetrag** und das **Kindergeld** können nicht gleichzeitig, sondern nur **alternativ** geltend gemacht werden (§ 31 EStG).

Das **Kindergeld** beträgt gem. § 66 Abs. 1 Satz 1 EStG **monatlich** bei den **zu berücksichtigenden Kindern 250,00 € für jedes Kind.**

Die **Auszahlung** des **Kindergeldes** erfolgt ausschließlich durch die **Familienkassen** (§ 70 Abs. 1 EStG).

Bei der Durchführung der ESt-Veranlagung prüft das FA, ob der Kinder- und Betreuungsfreibetrag günstiger als das für das Kalenderjahr gezahlte Kindergeld ist (§ 31 Satz 4 EStG). Stellt sich im Rahmen dieser **Günstigerberechnung** heraus, dass der Kinder- und Betreuungsfreibetrag günstiger ist, wird das bereits erhaltene Kindergeld der tariflichen Einkommensteuer hinzugerechnet (§ 2 Abs. 6 Satz 3 EStG).

Bei der Günstigerberechnung sind folglich zwei Steuerberechnungen durchzuführen: einmal **mit** Kinder- und Betreuungsfreibetrag und einmal **ohne** Kinder- und Betreuungsfreibetrag.

Berechnungsschema:

	Einkommen i. S. des § 2 Abs. 4 EStG	....		
	kein Abzug der Freibeträge			
=	zu versteuerndes Einkommen	....		
	tarifliche ESt 1	....		....
	Einkommen i. S. des § 2 Abs. 4 EStG	....		
-	zu gewährende Freibeträge	....		
=	zu versteuerndes Einkommen	....		
	tarifliche ESt 2	....	-	....
=	steuerliche Entlastung durch die Freibeträge			....
	tatsächlich ausgezahltes Kindergeld			....

- Das Kindergeld ist **größer** als die steuerliche Entlastung durch die Freibeträge: **Festzusetzende ESt = tarifliche ESt 1**
- Das Kindergeld ist **kleiner** als die steuerliche Entlastung durch die Freibeträge: **Festzusetzende ESt = tarifliche ESt 2 zzgl. erhaltenes Kindergeld**

Beispiele

Beispiel 1:
Das Einkommen i. S. des § 2 Abs. 4 EStG zusammenveranlagter Eheleute mit einem zu berücksichtigenden Kind im Alter von 12 Jahren beträgt 150.000 €. Das gesetzliche Kindergeld wurde ausbezahlt.

	Einkommen i. S. des § 2 Abs. 4 EStG	150.000,00 €	
	kein Abzug der Freibeträge		
=	zu versteuerndes Einkommen	150.000,00 €	
	tarifliche ESt 1	43.054,00 €	43.054,00 €
	Einkommen i. S. des § 2 Abs. 4 EStG	150.000,00 €	
-	zu gewährender Kinderfreibetrag	6.024,00 €	
-	zu gewährender Betreuungsfreibetrag	2.928,00 €	
=	zu versteuerndes Einkommen	141.048,00 €	
	tarifliche ESt 2	39.294,00 €	- 39.294,00 €
=	steuerliche Entlastung durch die Freibeträge		3.760,00 €
	tatsächlich ausgezahltes Kindergeld (250 € • 12 =)		3.000,00 €

Das Kindergeld von 3.000 € ist im vorliegenden Fall ungünstiger als die Freibeträge (steuerliche Entlastung: 3.760 €). Die festzusetzende ESt beträgt daher (39.294 € + 3.000 € =) 42.294 €.

Beispiel 2:
Das Einkommen im Beispiel 1 beträgt 30.000 €.

	Einkommen i. S. des § 2 Abs. 4 EStG	30.000,00 €	
	kein Abzug der Freibeträge		
=	zu versteuerndes Einkommen	30.000,00 €	
	tarifliche ESt 1	1.472,00 €	1.472,00 €
	Einkommen i. S. des § 2 Abs. 4 EStG	30.000,00 €	
-	zu gewährender Kinderfreibetrag	6.024,00 €	
-	zu gewährender Betreuungsfreibetrag	2.928,00 €	
=	zu versteuerndes Einkommen	21.048,00 €	
	tarifliche ESt 2	0,00 €	- 0,00 €
=	steuerliche Entlastung durch die Freibeträge		1.472,00 €
	tatsächlich ausgezahltes Kindergeld (250 € • 12 =)		3.000,00 €

Das Kindergeld von 3.000 € ist im vorliegenden Fall günstiger als die Freibeträge (steuerliche Entlastung: 1.472 €). Die festzusetzende ESt beträgt daher 1.472 €.

14.2 Fälle zur Sicherung des Lernerfolgs

Fall 1

Manuela Klein ist alleinerziehend und wohnt in Köln.

Sie hat zwei Kinder, Ute, geb. am 17.9.2003, und Till, geb. am 10.10.2009.

Der Vater kommt seinen Unterhaltsverpflichtungen nicht nach.

Ute hat am 15.06.2023 ihre Ausbildung als Steuerfachangestellte abgeschlossen. Da sie nicht übernommen wurde, meldete sie sich arbeitslos. Am 01.12.2023 hat sie eine neue Beschäftigung aufgenommen. Sie zieht am 01.12.2023 aus der mütterlichen Wohnung aus.

Erläutern Sie, ob Ute und Till im VZ 2023 steuerlich als Kinder berücksichtigt werden können.

Fall 2

Karin Fischer wohnt in Leverkusen und hat einen Sohn, Pascal Fischer, geb. am 06.07.2001.

Der Vater von Pascal ist verstorben.

Pascal Fischer hat im Juni 2023 seine Ausbildung als Industriekaufmann erfolgreich abgeschlossen. Ab Oktober 2023 studiert er an der Universität Bonn Betriebswirtschaftslehre. Zur Finanzierung seines Studiums arbeitet er seit Oktober 2023 in Teilzeit (10 Stunden/Woche) bei einer Versicherungsagentur.

Erläutern Sie, ob Pascal Fischer im VZ 2023 steuerlich als Kind zu berücksichtigen ist.

Fall 3

Jens Kramer ist verwitwet und wohnt in Düsseldorf.

Seine leibliche Tochter Dominique (geb. 08.01.2001) lebt in Berlin und studiert dort seit 2022 Medizin. Vorher hat sie eine Ausbildung zur Steuerfachangestellten abgeschlossen. Zur Finanzierung ihres Studiums ist sie als Aushilfe tätig. Ihr pauschalversteuerter Arbeitslohn beträgt monatlich 350,00 €.

Erläutern Sie, ob Dominique Kramer im VZ 2023 steuerlich als Kind zu berücksichtigen ist.

Fall 4

Der alleinerziehende Bernd Müller lebt gemeinsam mit seiner Tochter Anna (geb. 03.06.1998) in Münster. Die leibliche Mutter von Anna kommt ihren Unterhaltsverpflichtungen nicht nach. Es leben keine weiteren Personen im Haushalt von Bernd Müller. Anna studiert das gesamte Jahr 2023 in Würzburg. Von Januar bis März 2023 wohnt Anna in Würzburg in einem Studentenwohnheim, ist aber das gesamte Jahr 2023 bei ihrem Vater in Münster gemeldet. Anna Müller erhält im VZ 2023 von ihrem Vater monatliche Unterhaltszahlungen in Höhe von 950,00 €, da sie in 2023 keine eigenen Einkünfte und Bezüge hat.

Erläutern Sie, ob Anna Müller im VZ 2023 steuerlich als Kind zu berücksichtigen ist und benennen und berechnen Sie die einkommensteuerlichen Abzugsbeträge, die Bernd Müller für seine Tochter Anna im VZ 2023 in Anspruch nehmen kann.

Fall 5

Die Eheleute Volker und Kerstin Lampe aus Hamburg haben drei Kinder:

- Emma, geb. am 07.11.1991, ist seit ihrer Geburt geistig behindert und muss von ihren Eltern gepflegt werden. Sie hat Pflegegrad 3 und keine eigenen Einkünfte.
- Ben, geb. 30.05.2003, hat am 31.07.2023 die Schule beendet und beginnt am 01.08.2023 eine Ausbildung zum Steuerfachangestellten in Düsseldorf.
- Tabea, geb. am 22.10.2009, besucht eine private Schule in Hamburg. Die Eltern zahlen für den Besuch dieser Schule.

Die Eltern zahlen für alle drei Kinder Kranken- und Pflegeversicherungsbeiträge.

Geben Sie die Art der steuerlichen Vergünstigung an, die die Eheleute Lampe im VZ 2023 für ihre Kinder in Anspruch nehmen können. Die Angabe von Beträgen ist nicht erforderlich.

15. Steuerfestsetzung

15.1 Einkommensteuer, Kirchensteuer

Die **Einkommensteuer-Schuld** bzw. der **Einkommensteuer-Erstattungsanspruch** ermittelt sich nach folgendem Schema:

	Bemessungsgrundlage ist das **zu versteuernde Einkommen.** Anzuwenden ist entweder die Grund- oder die Splittingtabelle (mit oder ohne Kinder- und Betreuungsfreibetrag gem. Günstigerberechnung)
=	**tarifliche Einkommensteuer** (Jahressteuer)
	ggf. Steuer nach § 32d EStG
-	Steuerermäßigung nach § 35 EStG
-	Parteispenden
-	Tätigkeiten nach § 35a EStG und § 35c EStG
+	Kindergeld, falls Freibeträge nach § 32 Abs. 6 EStG günstiger
=	**festzusetzende Einkommensteuer**
-	einbehaltene Lohnsteuer gem. Lohnsteuerbescheinigung
-	geleistete ESt-Vorauszahlungen
=	**ESt-Schuld bzw. ESt-Guthaben**

Bemessungsgrundlage für die **Kirchensteuer** ist gem. § 51a Abs. 2 EStG die festzusetzende Einkommensteuer (ohne Steuerermäßigung nach § 35 EStG) unter Berücksichtigung der Jahreskinderfreibeträge und Jahresbetreuungsfreibeträge. Die Kirchensteuerschuld bzw. -erstattung errechnet sich nach folgendem Schema:

	Bemessungsgrundlage • 9 % (ggf. 8 %) ergibt
=	**festzusetzende Kirchensteuer**
-	einbehaltene Kirchensteuer gem. Lohnsteuerbescheinigung
-	Kirchensteuer-Vorauszahlungen
=	**Kirchensteuerschuld bzw. -erstattung**

15.2 Progressionsvorbehalt

Durch die Anwendung des **Progressionsvorbehalts** sollen Steuerpflichtige, die bestimmte **steuerfreie Einnahmen** erzielen, nicht besser gestellt werden als diejenigen, die nur steuerpflichtige Einnahmen beziehen (BVerfG v. 03.05.1995, BStBl 1995 II S. 758).

Deshalb wird auf das zu versteuernde Einkommen ein **besonderer Steuersatz** angewendet. Der besondere Steuersatz ist der Steuersatz, der sich ergibt, wenn bei der Berechnung der Einkommensteuer nach Maßgabe des **§ 32b Abs. 1 EStG** z. B. **einbezogen** werden:

1. **Arbeitslosengeld, Arbeitslosenhilfe, Kurzarbeitergeld, Winterausfallgeld, Übergangsgeld, Insolvenzgeld** nach Abzug des Arbeitnehmer-Pauschbetrages, soweit er nicht bei der Ermittlung der Einkünfte aus nichtselbstständiger Arbeit abziehbar ist;
2. **Krankengeld, Mutterschaftsgeld, Zuschuss zum Mutterschaftsgeld, Übergangsgeld.**

Nicht einbezogen werden z. B. folgende Leistungen:

- Krankengeld einer privaten Krankenversicherung (R 32b Abs. 1 Satz 3 EStR)
- Zusatzentgelt für **„Ein-Euro-Jobs“**
- **Existenzgründerzuschuss**
- **Bürgergeld**
- **Wohngeld**.

Berechnungsschema:

1.	Zu versteuerndes Einkommen	....
2.	Lohnersatzleistungen abzgl. des AN-PB von 1.230 €, soweit er bei den Einkünften gem. § 19 EStG noch nicht berücksichtigt worden ist.	....
3.	Summe	....
4.	Auf den Eingangsbetrag der betreffenden Tabellenstufe abgerundete Summe	....
5.	Steuer, die dem Eingangsbetrag der entsprechenden Tabellenstufe entspricht	....
6.	Berechnung des besonderen Steuersatzes in % (4 Stellen hinter dem Komma)	....
7.	Anwendung des besonderen Steuersatzes auf das zu versteuernde Einkommen gem. Punkt 1	....
8.	Tarifliche Einkommensteuer	....

Beispiele

Beispiel 1:
Ein lediger Steuerpflichtiger erzielte im VZ 2023 ein zu versteuerndes Einkommen von 13.000 €. Der Arbeitnehmer-Pauschbetrag ist bereits berücksichtigt. Außerdem bezog er ein Arbeitslosengeld i. H. v. 5.000 €. Die tarifliche Einkommensteuer ermittelt sich wie folgt:

► Zu versteuerndes Einkommen	13.000,00 €
► Lohnersatzleistungen	5.000,00 €
► Summe	18.000,00 €
► Auf den Eingangsbetrag der betreffenden Tabellenstufe abgerundete Summe	17.997,00 €
► Steuer, die dem Eingangsbetrag der entsprechenden Tabellenstufe entspricht	1.453,00 €
► Berechnung des besonderen Steuersatzes in % (4 Stellen hinter dem Komma)	8,0736 %
► Anwendung des besonderen Steuersatzes auf das zu versteuernde Einkommen	13.000,00 €
► Tarifliche Einkommensteuer	1.049,00 €

Beispiel 2:
Eine verheiratete Steuerpflichtige erzielte im VZ 2023 ein zu versteuerndes Einkommen von 35.000 €, das nur aus Gewinneinkünften besteht. Außerdem bezog sie Mutterschaftsgeld i. H. v. 2.110 €. Die tarifliche Einkommensteuer ermittelt sich wie folgt:

► Zu versteuerndes Einkommen	35.000,00 €
► Lohnersatzleistungen abzgl. des AN-PB von 1.230 €, soweit er bei den Einkünften gem. § 19 EStG noch nicht berücksichtigt worden ist.	880,00 €
► Summe	35.880,00 €
► Auf den Eingangsbetrag der betreffenden Tabellenstufe abgerundete Summe	35.880,00 €
► Steuer, die dem Eingangsbetrag der entsprechenden Tabellenstufe entspricht	2.878,00 €
► Berechnung des besonderen Steuersatzes in % (3 Stellen hinter dem Komma)	8,0211 %
► Anwendung des besonderen Steuersatzes auf das zu versteuernde Einkommen	35.000,00 €
► Tarifliche Einkommensteuer	2.807,00 €

15.3 Steuerermäßigung bei Einkünften aus Gewerbebetrieb

§ 35 EStG erlaubt eine **typisierende Anrechnung von Gewerbesteuer** auf die Einkommensteuer, um so eine **Doppelbelastung** durch Einkommensteuer und Gewerbesteuer auf Einkünfte aus Gewerbebetrieb **zu verhindern**.

Zu den **begünstigten Unternehmern** gehören nach § 35 Abs. 1 EStG:

- **Einzelunternehmer**
- **Mitunternehmer** (z. B. OHG, KG)

MERKE

Die Ermäßigung der Einkommensteuer beträgt das **4,0-Fache** des gesondert festgestellten (anteiligen) **Gewerbesteuer-Messbetrages.** Der Abzug des Steuerermäßigungsbetrags ist auf die tatsächlich zu zahlende Gewerbesteuer beschränkt.

§ 35 EStG bewirkt eine **Ermäßigung der tariflichen Einkommensteuer**. Deshalb wird auch die **Bemessungsgrundlage** für den festzusetzenden **Solidaritätszuschlag** gemindert. Allerdings greift die Ermäßigung nicht auf die festzusetzende **Kirchensteuer** durch (§ 51a Abs. 2 Satz 3 EStG).

Bei **Mitunternehmern** ermäßigt sich die tarifliche Einkommensteuer um das 4,0-Fache des festgesetzten „**anteiligen**" Gewerbesteuer-Messbetrages.

Der Gewerbesteuer-Messbetrag und der auf den einzelnen Mitunternehmer entfallende Anteil wird für Zwecke des § 35 EStG gesondert festgestellt.

Aufteilungsmaßstab bei Mitunternehmerschaften ist der **allgemeine Gewinnverteilungsschlüssel**.

Beispiele

1. Das zu versteuernde Einkommen eines ledigen Steuerpflichtigen, das ausschließlich aus Einkünften aus Gewerbebetrieb besteht, beträgt für den VZ 2023 insgesamt 100.000 €. Der für Zwecke des § 35 EStG gesondert festgestellte Gewerbesteuer-Messbetrag beträgt 6.000 €.

   Die festzusetzende Einkommensteuer ermittelt sich für den VZ 2023 wie folgt:

Einkommensteuer lt. Grundtabelle	32.027,00 €	
- Steuerermäßigung nach § 35 EStG	24.000,00 €	(6.000 € • 4,0)
= festzusetzende Einkommensteuer	8.027,00 €	

2. Ein verheirateter Steuerpflichtiger ist mit seinem Bruder zu gleichen Anteilen Gesellschafter an einer OHG. Weitere Einkünfte erzielt der Steuerpflichtige nicht. Das zu versteuernde Einkommen der Eheleute beträgt für den VZ 2023 insgesamt 150.000 €. Der Gewerbesteuer-Messbetrag der OHG beträgt 5.700 €.

   Die festzusetzende Einkommensteuer ermittelt sich für den VZ 2023 wie folgt:

Einkommensteuer lt. Splittingtabelle	43.054,00 €	
- Steuerermäßigung nach § 35 EStG	11.400,00 €	(5.700 € • 50 % • 4,0)
= festzusetzende Einkommensteuer	31.654,00 €	

3. Die Peter Holz KG, eine Holzgroßhandlung in Leverkusen (Gewerbesteuerhebesatz: 250 %), besteht aus dem Komplementär Peter Holz und dem Kommanditisten Werner Bunte. Beide Gesellschafter sind zu je 50 % an der KG beteiligt.

   Für den Erhebungszeitraum 2023 beträgt der Gewerbesteuer-Messbetrag 4.893 €. Peter Holz möchte von Ihnen wissen, welche Auswirkungen die von der KG gezahlte Gewerbesteuer auf die von ihm zu zahlende Einkommensteuer für den VZ 2023 hat, wenn der Gewinn der KG gleichmäßig auf die beiden Gesellschafter verteilt wird.

   Gemäß § 35 Abs. 1 Satz 1 Nr. 2 EStG ermäßigt sich die tarifliche ESt des Peter Holz grundsätzlich um das 4,0-Fache des anteiligen Steuermessbetrages: 4.893 € • 50 % • 4,0 = 9.786 €. Nach § 35 Abs. 1 Satz 5 EStG ist der Ermäßigungsbetrag auf die tatsächlich zu zahlende Gewerbesteuer beschränkt: 4.893 € • 250 % • 50 % = 6.116,25 €.

Die tarifliche Einkommensteuer des Peter Holz ermäßigt sich demnach um 6.116,25 €.

15.4 Steuerermäßigung bei haushaltsnahen Tätigkeiten

Um einen Anreiz für **Beschäftigungsverhältnisse im Privathaushalt** zu schaffen und die Schwarzarbeit in diesem Bereich zu bekämpfen, ist durch **§ 35a EStG** eine steuerliche Förderung in Form einer **Steuerermäßigung** eingeführt worden.

Diese Steuerermäßigung kann jedoch nur in Anspruch genommen werden, wenn das **Beschäftigungsverhältnis** bzw. die Dienstleistung oder die Handwerkerleistung in der Europäischen Union oder dem Europäischen Wirtschaftsraum ausgeübt bzw. erbracht wird (§ 35a Abs. 4 EStG).

Im Einzelnen sieht § 35a EStG folgende **Förderungstatbestände** vor:

Tatbestand	Umfang der Förderung
Haushaltsnahe geringfügige Beschäftigungsverhältnisse	**20 % der Aufwendungen, höchstens 510 €/Jahr**, keine Zwölftelung (§ 35a Abs. 1 EStG)
Haushaltsnahe sozialversicherungspflichtige Beschäftigungsverhältnisse **Haushaltsnahe Dienstleistungen, die keine Handwerkerleistungen sind** **Inanspruchnahme von Pflege- und Betreuungsleistungen sowie für Heimunterbringung oder zur dauernden Pflege**	**20 % der Aufwendungen, höchstens 4.000 €/Jahr**, keine Zwölftelung (§ 35a Abs. 2 EStG)
Inanspruchnahme von Handwerkerleistungen (auch von Kleinunternehmen) mit **Ausnahme** von **öffentlich** geförderten Maßnahmen	**20 % der Aufwendungen, höchstens 1.200 €/Jahr** (§ 35a Abs. 3 EStG)

MERKE

Da die **beiden Ermäßigungstatbestände des § 35a Abs. 2 und 3 EStG** durch einen Haushalt **nebeneinander beansprucht** werden können, beträgt die **maximale Steuerermäßigung pro Jahr** (4.000 € + 1.200 € =) **5.200 €**. Beschäftigt dieser Haushalt **zusätzlich eine geringfügig beschäftigte Person**, steigt der maximale Abzugsbetrag um weitere 510 € auf **5.710 €**.

Gemeinsame Regelungen für die Inanspruchnahme der Steuerermäßigungen:

- Die Steuerermäßigung kann nur für solche Aufwendungen geltend gemacht werden, die **weder Betriebsausgaben noch Werbungskosten darstellen oder unter § 10 Abs. 1 Nr. 5 EStG fallen**, und soweit sie **nicht bereits als außergewöhnliche Belastungen berücksichtigt** worden sind (§ 35a Abs. 5 Satz 1 EStG).

  So ist z. B. die Inanspruchnahme der Steuerermäßigung nach **§ 35a Abs. 2 EStG** für Pflegeaufwendungen insoweit **ausgeschlossen**, als die pflegebedürftige Person den **erhöhten Behinderten-Pauschbetrag** nach § 33b Abs. 3 Satz 3 EStG in Anspruch nimmt. Das gilt nicht, wenn der einem Kind zustehende Behinderten-Pauschbetrag nach § 33b Abs. 5 EStG auf den Steuerpflichtigen übertragen wird und dieser für Pflege- und Betreuungsaufwendungen des Kindes aufkommt (BMF vom 06.11.2017 – Tz. 33).

- Es sind **nur** die **Arbeitskosten** steuerlich begünstigt (§ 35a Abs. 5 Satz 2 EStG). **Materialkosten** oder sonstige gelieferte Waren bleiben **außer Ansatz**. Zu den **begünstigten Arbeitskosten** gehören allerdings **auch** die in Rechnung gestellten **Maschinen- oder Fahrtkosten**.

- Der Steuerpflichtige muss für die Aufwendungen eine **Rechnung** erhalten haben, und die **Zahlung muss auf das Konto des Erbringers erfolgt sein** (§ 35a Abs. 5 Satz 3 EStG). **Barzahlungen schließen die Steuerermäßigung aus**, auch wenn die Zahlungen vom Leistungserbringer oder Steuerberater bestätigt werden. Auf Verlangen des Finanzamtes müssen die entsprechenden Nachweise erbracht werden.

- Die Abzugsbeträge werden nur **pro Haushalt** gewährt; eine **Verdoppelung für Ehegatten** ist **nicht möglich**. Bei einer getrennten Veranlagung steht die Steuerermäßigung jedem Ehegatten zur Hälfte zu; eine andere Aufteilung kann aber durch einen gemeinsamen Antrag der Ehegatten erreicht werden (§ 26a Abs. 2 Satz 4 EStG). Leben zwei Alleinstehende in einem Haushalt, können sie die Höchstbeträge insgesamt nur einmal in Anspruch nehmen (§ 35a Abs. 5 Satz 4 EStG).

Haushaltsnahe Tätigkeiten sind z. B.:

- die Reinigung der Wohnung des Steuerpflichtigen
- die Zubereitung von Mahlzeiten im Haushalt
- die Pflege, Versorgung und Betreuung von Kranken, alten Menschen und pflegebedürftigen Personen
- Gartenpflege.

Die Erteilung von Unterricht (z. B. Sprachunterricht), die Vermittlung besonderer Fähigkeiten, sportliche und andere Freizeitbetätigungen fallen nicht darunter.

Beispiel

Die Eheleute haben eine gemeinsame Tochter (15 Jahre). Während der Ehemann berufstätig ist, kümmert sich die Ehefrau um den Haushalt.

Für die Kinderbetreuung beschäftigen die Eheleute seit dem 01.05.2023 eine Haushaltshilfe. Sie verursacht Aufwendungen i. H. v. 350 € monatlich, die – zutreffend –

über das sog. Haushaltsscheckverfahren abgerechnet werden. Die Aufwendungen für dieses Verfahren sind in den Kosten bereits enthalten. Die Haushaltshilfe wird während ihrer Arbeitszeit wie folgt tätig:

- zu 20 % als Vokabeltrainerin der Tochter, weil die Eheleute begeisterte Spanienurlauber sind
- zu 80 % betreut sie die Tochter.

Ferner beschäftigen die Eheleute eine Haushaltshilfe für Reinigungsarbeiten in der Wohnung. Hierfür wenden sie seit dem 01.05.2023 monatlich 350 € auf. Die Abrechnung erfolgte ebenfalls zutreffend über das Haushaltsscheckverfahren.

Sowohl die Beschäftigung für die Kinderbetreuung als auch die Beschäftigung für die Reinigungsarbeiten stellen grundsätzlich haushaltsnahe Beschäftigungsverhältnisse dar, die in einem inländischen Haushalt des Steuerpflichtigen ausgeübt werden.

Beide Verhältnisse erfüllen die Voraussetzungen des § 35a Abs. 1 EStG, da es sich um geringfügige Beschäftigungsverhältnisse i. S. des § 8a SGB IV handelt. Insbesondere können die Eheleute keine Sonderausgaben nach § 10 Abs. 1 Nr. 5 EStG geltend machen, da die Tochter das 14. Lebensjahr bereits vollendet hat.

Berücksichtigung als Kinderbetreuungskosten
Eine Berücksichtigung ist nur zu 80 % möglich, soweit die Tochter betreut wird. Der Lohnanteil für die Tätigkeit als Vokabeltrainerin ist nicht zu berücksichtigen, da es sich dabei um eine nicht zu berücksichtigende unterrichtende Tätigkeit handelt. Zu berücksichtigen sind (350 € • 80 % • 8 Monate = 2.240 € • 20 % =) 448 €.

Berücksichtigung als Reinigungskraft
Da der Höchstbetrag des § 35a Abs. 1 EStG i. H. v. 510 € noch nicht voll ausgeschöpft ist, können die Aufwendungen für die Reinigungskraft ebenfalls bis zum Höchstbetrag berücksichtigt werden. Zu berücksichtigen sind demnach noch (510 € - 448 € =) 62 €.

Haushaltsnahe Dienstleistungen sind z. B.:

- Tätigkeit eines selbstständigen Fensterputzers, Gärtners oder Pflegedienstes
- Inanspruchnahme haushaltsnaher Tätigkeiten über eine Dienstleistungsagentur
- Durchgeführte Umzüge für Privatpersonen von Umzugsspeditionen

Dienstleistungen, bei denen die Lieferung von Waren im Vordergrund steht (z. B. Partyservice anlässlich einer Feier), sind nicht begünstigt.

Die Inanspruchnahme von **Handwerkerleistungen** gilt für **alle handwerklichen Tätigkeiten**, unabhängig davon, ob es sich um regelmäßig vorzunehmende Renovierungsarbeiten oder um Erhaltungs- und Modernisierungsmaßnahmen handelt. Begünstigt sind handwerkliche Tätigkeiten, die von Mietern und Eigentümern für die zu eigenen Wohnzwecken genutzte Wohnung in Auftrag gegeben werden.

Dazu gehören z. B.

- das Streichen und Tapezieren von Innenwänden
- die Beseitigung kleinerer Schäden
- die Erneuerung eines Bodenbelags (Teppichboden, Parkett oder Fliesen)
- die Modernisierung des Badezimmers oder der Austausch von Fenstern
- Aufwendungen für Renovierungs-, Erhaltungs- und Modernisierungsarbeiten auf dem Grundstück, z. B. Garten- und Wegebauarbeiten
- Kontrollaufwendungen (z. B. Schornsteinfeger).

Beispiel

Der in hauswirtschaftlichen Fähigkeiten eher unterentwickelte Steuerpflichtige lässt seit Jahren durch die Reinigungsfirma Blitz & Blank GmbH einmal monatlich die Fenster seiner privaten Wohnung putzen. Im VZ 2023 sind monatlich 300 € zzgl. 19 % Umsatzsteuer an Aufwendungen entstanden.

Im Frühjahr 2023 ließ er durch die Firma Rolle GmbH in der Küche seiner Wohnung die bisherige Tapete entfernen (Lohnaufwendungen 350 €) und eine neue Küchentapete anbringen (Lohnaufwendungen 450 €). Die Tapete verursachte Materialkosten i. H. v. 400 €. Sämtliche Aufwendungen verstehen sich inkl. der gesetzlichen Umsatzsteuer.

Gleichzeitig ließ er sein Badezimmerfenster austauschen (Aufwendungen 2.500 €, inkl. 1.000 € Lohnanteil).

Gemäß § 35a Abs. 2 EStG sind die Aufwendungen des Steuerpflichtigen für die Inanspruchnahme von haushaltsnahen Dienstleistungen (Fensterputzen) zu berücksichtigen.

Abzugsfähig sind: 357 € • 12 = 4.284 € • 20 % = 857 €

Die handwerklichen Tätigkeiten sind über § 35a Abs. 3 EStG zu berücksichtigen. Dabei sind folgende Leistungen einzubeziehen, wobei die Materialaufwendungen nicht zu berücksichtigen sind:

Tapezieren sowie Entfernung der Tapeten	800,00 €	
Austausch Badezimmerfenster	1.000,00 €	
	1.800,00 €	• 20 % = 360,00 €

15.5 Steuerermäßigung für energetische Sanierungsmaßnahmen bei zu eigenen Wohnzwecken genutzten Gebäuden

Energetische Sanierungsmaßnahmen an selbstgenutztem Wohneigentum werden **seit dem VZ 2020** nach **§ 35c EStG** für einen befristeten Zeitraum von zehn Jahren durch einen prozentualen Abzug der Aufwendungen von der Steuerschuld gefördert.

Förderfähig sind Einzelmaßnahmen, die auch von der KfW als förderfähig eingestuft sind, wie z. B.

- Wärmedämmung von Wänden, Dachflächen oder Geschossdecken,
- Erneuerung der Fenster oder Außentüren,
- Erneuerung bzw. der Einbau einer Lüftungsanlage,
- Erneuerung einer Heizungsanlage,
- Einbau von digitalen Systemen zur energetischen Betriebs- und Verbrauchsoptimierung und
- die Optimierung bestehender Heizungsanlagen, sofern diese älter als zwei Jahre sind

Je Objekt beträgt die Steuerermäßigung **20 % der Aufwendungen, maximal 40.000,00 €**. Die **Steuerermäßigung** wird über einen Zeitraum von **drei Jahren** wie folgt gewährt:

- im Jahr des Abschlusses der Maßnahme und im folgenden Kalenderjahr: **7 % der Aufwendungen, maximal jeweils 14.000,00 €**,
- im zweiten folgenden Kalenderjahr: **6 % der Aufwendungen, maximal 12.000,00** €.

Die Steuerermäßigung kann nur in Anspruch genommen werden, wenn folgende **Voraussetzungen** erfüllt sind:

- Der Steuerpflichtige muss das Gebäude im jeweiligen VZ ausschließlich zu **eigenen Wohnzwecken** nutzen oder anderen Personen unentgeltlich zu Wohnzwecken überlassen haben (§ 35c Abs. 2 EStG)
- Die Aufwendungen dürfen **keine Betriebsausgaben, Werbungskosten, Sonderausgaben oder außergewöhnliche Belastungen** darstellen (§ 35c Abs. 3 Satz 1 EStG)
- Für die Aufwendungen darf **keine Steuerermäßigung** nach § 10f EStG oder eine Steuerermäßigung **nach § 35a EStG (Handwerkerleistung)** in Anspruch genommen werden, wenn es sich um eine öffentlich geförderte Maßnahme handelt, für die zinsverbilligte Darlehen oder steuerfreie Zuschüsse in Anspruch genommen werden (§ 35c Abs. 3 Satz 2 EStG)
- Der Steuerpflichtige muss für die Aufwendungen eine in deutscher Sprache ausgefertigte **Rechnung** erhalten haben, die die förderungsfähigen energetischen Maßnahmen, die Arbeitsleistung des Fachunternehmens und die Adresse des begünstigten Objektes ausweisen (§ 35c Abs. 4 Nr. 1 EStG)
- Die **Zahlung** muss **auf das Konto des Erbringers** erfolgt sein (§ 35c Abs. 4 Nr. 2 EStG).

15.6 Themenübergreifende Übungsfälle

Fall 1: Einkommensteuer 1

A. Sachverhalt

1. Persönliche Verhältnisse

Werner Braun (geb. am 16.04.1975) ist seit dem 11.04.2016 verheiratet mit Ulrike Braun (geb. am 13.05.1984) und lebt zusammen mit ihr und dem gemeinsamen Sohn Marc (geb. am 20.09.2019) in ihrem gemeinsamen Einfamilienhaus in Münster. Beide Ehegatten sind römisch/katholisch.

Für den Sohn haben die Eheleute in 2023 das Kindergeld i. H. v. 3.000 € erhalten.

Marc besucht seit dem 01.04.2023 den städtischen Kindergarten in Münster. Der monatliche Beitrag beträgt 100 €. Während des ganzen Jahres 2023 wurde er nachmittags an drei Tagen in der Woche von einer Tagesmutter betreut. Hierfür zahlten die Eheleute monatlich 150 €.

Die Einkommensteuer-Veranlagung 2022 führte zu einer Nachzahlung von 1.090 € (ESt 1.000 €, Kirchensteuer 90 €) und wurde bei Fälligkeit am 01.10.2023 bezahlt.

Für 2023 haben die Eheleute **vierteljährliche** Vorauszahlungen geleistet:

▸ Einkommensteuer	800,00 €
▸ Kirchensteuer	72,00 €

Sonstige Aufwendungen wurden im VZ 2023 von den Eheleuten Braun in folgendem Umfang bezahlt:

▸ private Krankenversicherung Werner Braun, **monatlich** (Anteil der Komfortleistungen: 20 %) In 2023 erfolgte für das Jahr 2022 eine Beitragsrückerstattung i. H. v. 700 €; davon entfallen 500 € auf Basisversicherungsbeiträge.	430,00 €
▸ private Pflegeversicherung Werner Braun, monatlich	25,00 €
▸ private Krankentagegeldversicherung Werner Braun, **monatlich**	56,00 €
▸ private Hausratversicherung, **jährlich**	120,00 €
▸ private Haftpflichtversicherung, **jährlich**	190,00 €
▸ Aufwendungen für die sozialversicherungspflichtig angestellte Köchin im Privathaushalt der Eheleute Braun	6.000,00 €
▸ Aufwendungen für die Beseitigung eines Wasserrohrbruchs im privaten Einfamilienhaus der Eheleute Braun: Materialkosten (netto) 1.400 € sowie Lohn- und Fahrtkosten i. H. v. insgesamt netto 600 €.	

Seit dem Wintersemester 2022/2023 studiert Ulrike Braun an der Fernuniversität Hagen Deutsch und Mathematik (Erststudium) mit dem Ziel, Lehrerin zu werden.

In Zusammenhang mit dem Studium entstanden bei ihr folgende Aufwendungen:

► Semesterbeitrag **pro Semester**	350,00 €
► Fahrtkosten: 10 Tage nach Hagen (einfache Entfernung 55 km)	
► Fachbücher	432,00 €

2. Angaben zu den Einkünften des Werner Braun

Werner Braun ist als Ingenieur nichtselbstständig tätig. Die elektronische Lohnsteuerbescheinigung 2023 enthält u. a. folgende Angaben:

► Bruttoarbeitslohn	97.017,00 €
► Lohnsteuer	21.164,00 €
► Kirchensteuer	1.669,86 €
► Arbeitgeberanteil Rentenversicherung	8.147,00 €
► Arbeitnehmeranteil Rentenversicherung	8.147,00 €
► steuerfreie Arbeitgeberzuschüsse zur Krankenversicherung	2.160,00 €
► Arbeitnehmeranteil Arbeitslosenversicherung	1.139,00 €

Auf Wunsch seines Arbeitgebers besuchte Werner Braun in der Zeit vom 01. Juni - 30. September 2023 einen Computerlehrgang. Dafür fuhr er an 34 Tagen nachmittags von 15:00 Uhr - 20:00 Uhr zur Volkshochschule in Münster (einfache Entfernung: 15 km) und an zehn Samstagen von 08:00 Uhr - 18:00 Uhr. Die Lehrgangsgebühr von 500 € hat sein Arbeitgeber übernommen.

Vor dem Lehrgang, am 01. April 2023, erwarb Werner Braun ausschließlich für berufliche Zwecke einen Laptop für 1.290 € (einschl. USt) sowie ein Faxgerät für 278 € (einschl. USt).

Als Ingenieur ist Werner Braun Mitglied des VDI (Verein Deutscher Ingenieure) und zahlte am 15. Februar 2023 den Jahresbeitrag i. H. v. 120 €.

Die Kontoführungsgebühren werden pauschal mit 16 € geltend gemacht.

3. Angaben zu den Einkünften der Ulrike Braun

a) Ulrike Braun ist durch eine Erbschaft Teilhaberin des Modehauses Braun und Peters OHG in Dortmund. Die einheitlich und gesondert festgestellten anteiligen Einkünfte betrugen in 2023 insgesamt **- 3.300 €**. Der anteilige Gewerbesteuermessbetrag beträgt 0 €.

b) An drei Tagen in der Woche, jeweils fünf Stunden nachmittags, arbeitet Ulrike Braun als ausgebildete Rechtsanwaltsfachangestellte bei einem Rechtsanwalt in Münster. Folgende Daten stehen auf der elektronischen Lohnsteuerbescheinigung 2023:

▸ Bruttoarbeitslohn 01.01. - 31.12.2023	12.000,00 €
▸ Lohnsteuer	1.368,00 €
▸ Kirchensteuer	123,12 €
▸ Arbeitgeberanteil Rentenversicherung	1.116,00 €
▸ Arbeitnehmeranteil Rentenversicherung	1.116,00 €
▸ Arbeitnehmeranteil Arbeitslosenversicherung	156,00 €
▸ Arbeitnehmeranteil Krankenversicherung	972,00 €
▸ Arbeitnehmeranteil Pflegeversicherung	183,00 €

Die Kontoführungsgebühren werden pauschal mit 16 € geltend gemacht.

c) Ebenfalls durch die Erbschaft ist Ulrike Braun Eigentümerin an einem vermieteten Zweifamilienhaus in Dortmund geworden, welches der Erblasser in 1965 bei Bezugsfertigkeit erworben hatte. Ulrike Braun legt Ihnen das Mietkonto vor, aus dem folgende Angaben ersichtlich sind:

▸ Kaltmieten	12.000,00 €
▸ Umlagen	6.000,00 €
▸ an die Mieter erstattete Umlage aus der Nebenkostenabrechnung 2022	800,00 €
▸ Grundbesitzabgaben	1.800,00 €
▸ Gebäudeversicherung	600,00 €
▸ Heizung, Strom, Wasser	2.600,00 €
▸ Schornsteinfeger	95,00 €
▸ Hausmeister	240,00 €
▸ Rechnung über den Anbau eines Balkons, Fertigstellung 01.07.2023, einschl. 19 % Umsatzsteuer	15.000,00 €
▸ Heizungsreparatur	800,00 €

4. Angaben zu den Einkünften des Sohnes Marc Braun
Aus einem Lottogewinn im Januar 2023 i. H. v. 150.000 € hat er zum 31.12.2023 insgesamt 4.812 € Zinsen erhalten. Nach Abzug von 1.203 € Zinsabschlagsteuer und 66,17 € Solidaritätszuschlag wurden 3.542,83 € auf seinem Sparbuch gutgeschrieben.

Eine Steuerbescheinigung der Sparkasse Münster liegt vor.

B. Aufgaben

a) Ermitteln Sie für das Kalenderjahr 2023 in einer übersichtlichen Darstellung für die Eheleute Braun

1. das zu versteuernde Einkommen und
2. die Höhe der zu erwartenden Einkommensteuererstattung bzw. Nachzahlung. Gehen Sie dabei von einem Einkommensteuer-Satz von 20,72 % aus. Auf die Kirchensteuer ist dabei aus Vereinfachungsgründen nicht einzugehen.

b) Erklären und begründen Sie, was die Eheleute Braun in Zusammenhang mit den Einkünften ihres Sohnes Marc Braun veranlassen sollten

1. für den VZ 2023 und
2. für den VZ 2024.

Ermitteln Sie das zu versteuernde Einkommen für den VZ 2023 des Sohnes Marc Braun und die Höhe der zu erwartenden Steuererstattung bzw. Nachzahlung (inkl. Solidaritätszuschlag).

C. Bearbeitungshinweise

1. Nichtansätze sind mit „0“ zu kennzeichnen und kurz zu begründen.
2. Sämtliche Anträge gelten als gestellt und die dazu erforderlichen Nachweise als erbracht. Der Höchstbetrag zur knappschaftlichen Rentenversicherung beträgt 53.056,00 €.
3. Gehen Sie bei Ihrer Berechnung davon aus, dass der Kinderfreibetrag günstiger ist als das gezahlte Kindergeld.

Fall 2: Einkommensteuer 2

A. Sachverhalt

1. Persönliche Verhältnisse

Marc Wester (geb. am 12.02.1967) lebt in München und ist seit dem 29.05.2021 rechtskräftig geschieden. Er gehört keiner Konfession an.

Seit der Scheidung leistet er monatlich folgende Zahlungen:

- gesetzlicher Unterhalt an seine geschiedene Ehefrau Claudia von Januar 2023 bis einschließlich Oktober 2023 — 2.000 €
- Unterhalt an die gemeinsame Tochter Karin von Januar 2023 bis einschließlich Dezember 2023 — 500 €

Die geschiedene Ehefrau Claudia hat die „Anlage U“ unterschrieben.

Die gemeinsame Tochter Karin (geb. am 17.11.1999) war zunächst mit Nebenwohnsitz im Haushalt ihrer Mutter gemeldet. Karin absolvierte nach dem Abitur eine Ausbildung als Steuerfachangestellte, die sie erfolgreich abschloss. Seit dem Wintersemester 2021/2022 studiert sie an der Universität München Rechtswissenschaften und war dort im ganzen VZ 2023 in einem Studentenwohnheim mit Hauptwohnsitz gemeldet und untergebracht. Aus einer nebenbei ausgeübten geringfügigen Beschäftigung verdiente sie im VZ 2023 insgesamt 5.400 €.

Zum 01.11.2023 verlegte die geschiedene Ehefrau Claudia ihren Wohnsitz von Stuttgart endgültig nach Fuerteventura (Spanien) und lebt dort mit ihrem spanischen Lebensgefährten zusammen. Am gleichen Tag zog die Tochter Karin mit ihrem Nebenwohnsitz zu ihrem Vater, die Ummeldung erfolgte zeitgleich.

In dem Haushalt des Vaters leben ansonsten keine weiteren Personen.

2. Angaben zu den Einkünften des Marc Wester

a) Marc Wester ist im Ordnungsamt der Stadt München als Beamter beschäftigt. Sein Bruttoarbeitslohn beträgt für den VZ 2023 insgesamt 48.110 €. Werbungskosten werden nicht geltend gemacht.

b) Marc Wester ist Eigentümer eines in München gelegenen Mehrfamilienhauses (Baujahr 1922). Er hat das Mehrfamilienhaus in 2015 für 260.000 € erworben; hiervon entfallen 60.000 € auf den Grund und Boden. Das Haus besteht aus sechs gleich großen Wohnungen. Eine Wohnung im Erdgeschoss wird von Marc Wester selbst genutzt; die anderen Wohnungen sind zu ortsüblichen Bedingungen vermietet.

   Für den VZ 2023 macht Marc Wester folgende Angaben:

   Einnahmen

   - Mieteinnahmen 45.000 €
   - Einnahmen aus Mietumlage für Heizung und Nebenkosten 9.000 €

   Ausgaben

   - Annuität für ein für das Gebäude verwendetes Darlehen (Zinsanteil: 7.000 €) 10.000 €
   - Dachreparatur 25.000 €
     Hiervon wurde eine Abschlagzahlung von 15.000 € am 15.11.2023 von Marc Wester überwiesen. Der Restbetrag wurde am 02.01.2024 in bar dem Dachdecker übergeben.
   - Zahlungen in 2023 für Heizung und Nebenkosten 7.200 €
   - Versicherungen 2023:
     Gebäudeversicherung, bezahlt am 30.12.2022 2.400 €
     Gebäudehaftpflichtversicherung, bezahlt am 01.02.2023 600 €

- Der Mieter der Wohnung im Dachgeschoss hat seit August 2023 keine Mietzahlungen mehr geleistet. Marc Wester hat deshalb einen Rechtsanwalt gebeten, die Zwangsräumung der Wohnung zu betreiben. Der Rechtsanwalt hat von Marc Wester in 2023 eine Abschlagszahlung in folgender Höhe erhalten: 1.300 €

3. Sonstige Ausgaben des Marc Wester für den VZ 2023

Marc Wester entrichtete im VZ 2023 folgende Versicherungsbeiträge:

- Beiträge an eine private Krankenversicherung i. H. v. 6.000 €. Von den Beiträgen entfallen 20 % auf Komfortleistungen. In 2023 erhielt er für das Jahr 2022 eine Beitragsrückerstattung von seiner Krankenkasse i. H. v. 700 €; davon entfallen 500 € auf Basisversicherungsbeiträge.
- Beiträge zur privaten Pflegeversicherung: 480 €
- Beiträge für eine am 15.03.2009 abgeschlossene Leibrentenversicherung i. S. des § 10 Abs. 1 Nr. 2b) EStG („Rürup-Rente") 5.400 €
- Haftpflichtversicherungsbeiträge, insgesamt 1.000 €

B. Aufgaben

1. Prüfen und begründen Sie unter Angabe der gesetzlichen Grundlagen, ob es sich bei der Tochter Karin im VZ 2023 um ein steuerlich zu berücksichtigendes Kind handelt.
2. Ermitteln Sie für den VZ 2023 in einer übersichtlichen Darstellung für Marc Wester das zu versteuernde Einkommen, das so niedrig wie möglich sein soll.

C. Bearbeitungshinweise

- Gehen Sie bei der Lösung davon aus, dass die Berücksichtigung von Freibeträgen i. S. des § 32 Abs. 6 EStG günstiger ist als die Gewährung von Kindergeld. Eine Günstigerberechnung i. S. des § 31 EStG ist deshalb nicht erforderlich.
- Der Höchstbetrag zur knappschaftlichen Rentenversicherung beträgt für den VZ 2023 insgesamt 26.528 €.
- Der Beitragssatz zur gesetzlichen Rentenversicherung ist für den VZ 2023 mit 18,6 % anzusetzen.

Fall 3: Einkommensteuer 3

Sachverhalt 1

Die Eheleute Daniel (geb. 15.02.1969) und Manuela Braun (geb. 21.03.1982) sind seit sieben Jahren verheiratet und wohnen in Köln-Nippes. Bei der Erstellung der ESt-Erklärung 2023 sind die folgenden Sachverhalte zu prüfen und ggf. zu berücksichtigen:

1. Die Eheleute haben gem. §§ 26, 26b EStG die Zusammenveranlagung gewählt.
2. Die Eheleute sind konfessionslos.
3. Zum gemeinsamen Haushalt gehören drei leibliche Kinder, für die das gesetzliche Kindergeld ausbezahlt wurde:
   - Sebastian (geb. 15.10.1997) stammt aus erster Ehe des Daniel Braun mit der im Jahre 2010 verstorbenen Ehefrau Ursula Braun. Sebastian hat nach dem Abitur den Freiwilligendienst von zehn Monaten abgeleistet und war wegen seines Medizinstudiums an der Universität München während des gesamten VZ 2023 auswärtig untergebracht. Von seinem Vater erhielt er monatliche Unterhaltszahlungen i. H. v. 550 €. Sebastian hatte in 2023 keine eigenen Einkünfte und Bezüge.
   - Uwe (geb. 29.01.2015) besuchte im ganzen VZ 2023 die „Freie Waldorfschule Köln e. V." (nach Landesrecht anerkannte allgemeinbildende Ergänzungsschule). Die Eheleute zahlten zur Deckung der Schulbetriebskosten monatlich 140 € an die Schule.
   - Karin (geb. 06.12.2016) besuchte die Grundschule in Köln-Nippes.
4. Daniel Braun ist seit drei Jahren zu 70 % erwerbsgemindert; darüber hinaus liegt eine Geh- und Stehbehinderung vor.
5. Die elektronische Lohnsteuerbescheinigung des Ehemannes für den VZ 2023 enthält u. a. folgende Eintragungen:

► Bruttoarbeitslohn	49.313 €
► Lohnsteuer	4.750 €
► Pauschalbesteuerte Arbeitgeberleistungen für Wege zwischen Wohnung und Arbeitsstätte	1.350 €
► Arbeitnehmeranteil zur gesetzl. RV	4.586 €
► Arbeitgeberanteil zur gesetzl. RV	4.586 €
► Arbeitnehmeranteil zur gesetzl. KV	3.995 €
► Arbeitnehmeranteil zur gesetzl. PV	752 €
► Arbeitnehmeranteil zur gesetzl. AV	641 €

Daniel Braun ist im VZ 2023 an 210 Tagen mit seinem Pkw von der Wohnung zu seiner Arbeitsstätte gefahren. Die einfache Entfernung beträgt 55 km. Die tatsächlichen Aufwendungen (Nachweise liegen vor) im VZ 2023 für den Pkw betrugen 0,32 € je gefahrenen Kilometer. Darüber hinaus sind Werbungskosten (einschl. anteilige Kontoführungsgebühren) i. H. v. insgesamt 595 € angefallen.

6. Manuela Braun hatte am 01.06.2023 ein Miethaus (Privatvermögen) gegen Zahlung einer lebenslänglichen Rente verkauft. Im VZ 2023 sind Einnahmen i. H. v. 60.000 € aus dieser Rente zugeflossen.
7. Die Eheleute zahlten im VZ 2023 folgende Versicherungsbeiträge:
   - private Krankenversicherung 5.865 € (Basisanteil)
   - Pkw-Haftpflicht 325 €
8. Manuela Braun spendete im VZ 2023 an die gemeinnützige Organisation „Greenpeace“ einen Betrag von 3.000 € (ordnungsgemäße Zuwendungsbescheinigung liegt vor).
9. Daniel Braun ist Mitglied einer politischen Partei i. S. des § 2 Parteiengesetzes. Er hat im VZ 2023 an diese Partei einen Mitgliedsbeitrag von 270 € geleistet.

Aufgaben
Ermitteln Sie in einer systematischen Darstellung unter Verwendung der steuerlichen Fachbegriffe für den VZ 2023 das niedrigst mögliche zu versteuernde Einkommen und die Höhe der Einkommensteuerabschlusszahlung bzw. -erstattung.

Bearbeitungshinweise

- Es ist davon auszugehen, dass das Existenzminimum der Kinder durch das gezahlte Kindergeld von der Steuer freigestellt ist. Eine Günstigerberechnung ist deshalb nicht erforderlich.
- Die Eheleute Müller haben für den VZ 2023 keine Vorauszahlungen geleistet.
- Gehen Sie aus Vereinfachungsgründen bei der Ermittlung der tariflichen Einkommensteuer von einem Steuersatz von 10,55 % aus.

Sachverhalt 2
Der ledige und kinderlose Jürgen Mörtel (geb. am 07.12.1992) aus Krefeld gab im März 2023 wegen einer schweren Erkrankung seine bisherige Tätigkeit als angestellter und ausgebildeter Maurermeister auf.

Seine elektronische Lohnsteuerbescheinigung weist für den VZ 2023 u. a. folgende Beträge aus:

- Bruttoarbeitslohn 9.000,00 €
- einbehaltene Lohnsteuer 1.356,99 €
- einbehaltene Kirchensteuer 122,00 €

Von Januar 2023 bis März 2023 ist Jürgen Mörtel an insgesamt 62 Tagen mit seinem Pkw zur Arbeit gefahren. Die kürzeste Straßenverbindung beträgt genau 42,4 km. Tatsächlich benutzte Jürgen Mörtel aber eine landschaftlich schönere Straßenverbindung (Länge 47,3 km). Die Fahrt auf dieser Strecke dauerte nur wenige Minuten länger.

Kontoführungsgebühren macht Jürgen Mörtel in pauschaler Höhe geltend.

Von April 2023 bis Dezember 2023 bezog Jürgen Mörtel von seiner gesetzlichen Krankenkasse ein Krankengeld i. H. v. insgesamt 18.900 €.

Zum Sommersemester 2023 begann Jürgen Mörtel in Aachen ein Studium als Bauingenieur (Erststudium).

Im Zusammenhang mit dem Studium entstanden ihm im VZ 2023 folgende Aufwendungen:

► Semesterbeiträge für zwei Semester, insgesamt	476 €
► Fahrtkosten 46x nach Aachen (einfache Entfernung: 90 km)	
► Fachbücher	221 €

Die Einkommensteuer-Veranlagung 2022 führte zu einer Erstattung i. H. v. 2.180 € (Einkommensteuer 2.000 €, Kirchensteuer 180 €) und wurde vom Finanzamt am 10.04.2023 auf das Girokonto des Jürgen Mörtel überwiesen.

Die abzugsfähigen Vorsorgeaufwendungen betragen für den VZ 2023 insgesamt 1.478 €.

Aufgaben

1. Wie sind die Aufwendungen für das Erststudium einkommensteuerrechtlich zu behandeln?

   Begründen Sie Ihre Entscheidung und nennen Sie die gesetzliche Grundlage.

   (Eine Berechnung ist **nicht** erforderlich.)
2. Wie ist das bezogene Krankengeld einkommensteuerrechtlich zu behandeln?

   Nennen Sie dazu auch die genaue(n) gesetzliche(n) Grundlage(n).
3. Ermitteln Sie in einer übersichtlichen Darstellung unter Nennung der Einkunftsart(en) für Jürgen Mörtel das zu versteuernde Einkommen für den VZ 2023.

Fall 4: Einkommensteuer 4

Sachverhalt 1

1. Persönliche Verhältnisse
Eloisa Brome (geb. am 23.10.1958) lebt in Leverkusen. Am 21.07.2022 verstarb ihr Ehemann durch einen Herzinfarkt beim Joggen. Sie hatte sich von ihm am 17.04.2022 getrennt, die Scheidung war für Mai 2023 geplant. Zum Haushalt der Eloisa Brome gehören folgende gemeinsame Kinder, für die sie im VZ 2023 das Kindergeld in Höhe von insgesamt 5.750 € erhalten hat:

- Markus (geb. 01.12.1998) studiert nach seinem Schulabschluss seit 2019 in Freiburg Rechtswissenschaften und wohnt auch dort zur Miete. In Leverkusen ist er mit Nebenwohnsitz gemeldet. Die Miete i. H. v. monatlich 700 € für das möblierte Zimmer zahlt Eloisa. Seit dem 01.07.2023 arbeitet Markus zusätzlich als wissenschaftliche Hilfskraft an der Uni Freiburg. Seiner elektronischen Lohnsteuerbescheinigung 2023 können für den Zeitraum 01.07.2023 - 31.12.2023 u. a. folgende Eintragungen entnommen werden:

Bruttoarbeitslohn	3.480,00 €
Lohnsteuer	0,00 €
Arbeitnehmeranteil zur gesetzl. RV	323,64 €
Arbeitgeberanteil zur gesetzl. RV	323,64 €
Arbeitnehmeranteil zur gesetzl. KV	281,88 €
Arbeitnehmeranteil zur gesetzl. PV	65,25 €
Arbeitnehmeranteil zur gesetzl. AV	45,24 €

- Sven (geb. 17.05.2018) wurde von Eloisa gemeinsam mit ihrem verstorbenen Ehemann in 2018 adoptiert, weil die leiblichen Eltern kurz nach seiner Geburt tödlich verunglückt sind. Sven wurde im VZ 2023 das ganze Jahr über von einer Kinderfrau beaufsichtigt. Die monatlichen Aufwendungen betrugen 448 € (inkl. der Aufwendungen für Krankenversicherung etc. i. S. von § 8a SGB IV). Den Lohn erhielt die Kinderfrau bar ausgezahlt.

2. Einkommensverhältnisse

a) Eloisa betreibt ein Immobilienbüro. Das Wirtschaftsjahr beginnt jeweils am 01.07. und endet am 30.06. Im Wirtschaftsjahr 2022/2023 betrug der Gewinn 67.807 € und im Wirtschaftsjahr 2023/2024 insgesamt 51.235 €.

b) Eloisa ist außerdem Eigentümerin einer vermieteten Eigentumswohnung (Baujahr 1987). Sie erwarb die Wohnung am 01.10.2018 (Übergang von Besitz, Nutzungen und Lasten). Die Anschaffungskosten der Wohnung betrugen einschließlich eines Anteils von 25.000 € für den Grund und Boden insgesamt 250.000 €. Die Wohnung wurde mit notariellem Vertrag vom 31.08.2023 (Übergang von Besitz, Nutzungen und Lasten am gleichen Tag) für 280.000 € wieder veräußert. Die Wohnung war bis zum Zeitpunkt des Verkaufs vermietet. Die monatlichen Mieteinnahmen betrugen 550 € zuzüglich 125 € Nebenkosten. Bis zur Veräußerung fielen noch die folgenden Aufwendungen an:

► Grundsteuer/Straßenreinigung	120 €
► Hausversicherung	240 €
► Verwaltungsgebühr	400 €
► Einzahlung in die Instandhaltungsrücklage	300 €

Die AfA wurde seit dem Jahr 2018 in der zulässigen Höhe vorgenommen.

c) Eloisa Brome hatte im März 2022 Aktien der Bayer AG i. H. v. 10.000 € gekauft. Diese Aktien veräußerte sie wieder im Oktober 2023 für 12.500 €. Eine Dividendenausschüttung erfolgte im VZ 2023 nicht.

Aufgabe
Ermitteln Sie für Eloisa Brome die Höhe des **zu versteuernden Einkommens** und die Höhe der **ESt-Abschlusszahlung bzw. -erstattung** für den VZ 2023. Gehen Sie dabei aus Vereinfachungsgründen von einem **Steuersatz** von **31,07 %** aus.

Bearbeitungshinweise

- Die Lösung ist in einer übersichtlichen Darstellung unter Nennung der steuerlichen Fachbegriffe vorzunehmen. Hierbei ist entsprechend der gesetzlichen Reihenfolge vorzugehen.
- Nichtansätze sind kurz zu begründen.
- Die abzugsfähigen Vorsorgeaufwendungen betragen 6.285 €.
- Gehen Sie davon aus, dass die Freibeträge nach § 32 Abs. 6 EStG günstiger sind als das erhaltene Kindergeld.
- Eloisa Brome hat für den VZ 2023 ESt-Vorauszahlungen i. H. v. 33.000 € geleistet.
- Alle notwendigen Belege und Nachweise liegen vor.
- Cent-Beträge können auf volle Euro-Beträge abgerundet werden.

Sachverhalt 2

Der selbstständige Rechtsanwalt Marc Wille (geb. 21.08.1984) und seine Ehefrau Sandra (geb. 19.04.1986) sind seit 2017 verheiratet. Sie leben in Leverkusen und werden zur Einkommensteuer zusammen veranlagt. In Vorbereitung der ESt-Erklärung 2023 wurde zutreffend ein Gesamtbetrag der Einkünfte i. H. v. 70.000 € ermittelt. Die Eheleute machen für den VZ 2023 nachfolgende Aufwendungen geltend, die steuerlich noch berücksichtigt werden sollen. Alle notwendigen Belege und Nachweise liegen vor.

Marc Wille leistete im VZ 2023 Beiträge an:

- die berufsständische Versorgungseinrichtung der Rechtsanwälte: 17.075 €
- Beiträge an eine private Krankenversicherung i. H. v. 6.000 €. Von den Beiträgen entfallen 20 % auf Komfortleistungen. In 2023 erhielt er für das Jahr 2022 eine Beitragsrückerstattung von seiner Krankenkasse i. H. v. 700 €; davon entfallen 500 € auf Basisversicherungsbeiträge.
- Beiträge zur privaten Pflegeversicherung: 480 €.
- seine geschiedene Ehefrau aus erster Ehe i. H. v. insgesamt 18.600 €. In diesen Unterhaltsleistungen sind Beträge für eine Basis-Krankenversicherung und gesetzliche Pflegeversicherung (ohne Anspruch auf Krankengeld) i. H. v. 3.000 € enthalten. Die „Anlage U“ wurde von beiden Personen unterschrieben.

- seine vermögenslose Mutter vom 01.01. - 31.12.2023 i. H. v. 6.000 €. Die Mutter ist 80 Jahre alt und bezieht eine kleine Altersrente (Besteuerungsanteil: 56 %) wie folgt:

Rentenbetrag 01.01. - 30.06.2023	3.060 €
Rentenbetrag 01.07. - 31.12.2023	3.150 €
Festgeschriebener Rentenfreibetrag	3.030 €

Sandra Wille leistete im VZ 2023 Beiträge an:

- die gesetzliche Sozialversicherung i. H. v. insgesamt 797 € (davon zur RV= 398 €, KV= 297 €, PV= 46 € und AV= 56 €)

Aufgabe
Ermitteln Sie in einer übersichtlichen Darstellung für den VZ 2023 das **Einkommen** i. S. des § 2 Abs. 4 EStG. Der Höchstbetrag zur knappschaftlichen Rentenversicherung beträgt für den VZ 2023 insgesamt 26.528 € und verdoppelt sich bei der Zusammenveranlagung.

Fall 5: Einkommensteuer 5

A. Sachverhalt

1. Persönliche Verhältnisse
Der ledige Markus Fröhlich (F.), geb. am 12.04.1972, wohnt in Köln in einem eigenen Einfamilienhaus. Er hat keine Kinder, arbeitet als beamteter Sachgebietsleiter beim Finanzamt Köln-Mitte und gehört keiner Konfession an.

2. Angaben zu den Einkünften des Markus Fröhlich
a) F. ist Kommanditist an der Ernst und Fröhlich KG. Der einheitlich und gesondert festgestellte Gewinn der KG für 2023 beträgt 100.000 €. F. ist zu 60 % am Gewinn der KG beteiligt. Aus dem Feststellungsbescheid gehen weitere Angaben hervor:

► Sonderbetriebsausgaben des F.:	4.000 €
► anteilig auf F. entfallender Gewerbesteuermessbetrag:	2.500 €

b) Aus dem Betrieb einer Fotovoltaikanlage (vgl. d) erzielt F. Einkünfte aus Gewerbebetrieb. In dem Fragebogen zur Gewerbeanmeldung gab F. dem Finanzamt an, dass er seinen Gewinn gem. § 4 Abs. 3 EStG durch eine Einnahmenüberschussrechnung ermitteln will. Die Voraussetzungen des § 3 Nr. 72 EStG und § 12 Abs. 3 UStG liegen nicht vor.

c) Aus seiner Tätigkeit als Beamter beim Finanzamt Köln-Mitte erzielte F. im VZ 2023 einen Bruttoarbeitslohn i. H. v. 50.000 €. An 210 Tagen fuhr er mit seinem privaten Pkw 19 km (einfache Strecke) zum Finanzamt. Als Mitglied des Beamtenbundes zahlte er einen Jahresbeitrag von 300 €. Für seine Fortbildung hat er eine Fachzeitschrift abonniert und zahlte hierfür insgesamt 256 €.

d) Seit 2009 ist F. Eigentümer eines gemischt genutzten Gebäudes in Köln und hat gem. § 9 UStG optiert. Die AfA-Bemessungsgrundlage beträgt 350.000 €, der AfA-Satz 2 %.

F. erzielte im VZ 2023 folgende Mieteinnahmen:

- **Erdgeschoss:** Im EG befindet sich ein Lebensmittelgeschäft mit 100 qm. Der Mieter zahlt monatlich 2.000 € zzgl. 19 % USt plus 500 € Nebenkosten, ebenfalls zzgl. 19 % USt. Die Nebenkostennachzahlung des Mieters i. H. v. brutto 595 € wurde am 10.11.2023 geleistet.
- **1. bis 3. Etage:** Von 6 Wohnungsmietern erhielt F. in 2023 für insgesamt 300 qm Kaltmieten i. H. v. 40.000 € plus Nebenkosten von 12.000 €. Für 2022 zahlte F. am 02.02.2023 insgesamt 1.200 € Nebenkosten an die Mieter zurück.

In Zusammenhang mit einer Dachsanierung hat F. auf der Dachfläche eine Fotovoltaikanlage (selbstständig nutzbares Wirtschaftsgut) anbringen lassen. Die Anschaffungskosten betrugen 20.000 € zzgl. USt. Die Anlage wurde zum 01.11.2023 in Betrieb genommen. Die Nutzungsdauer beträgt 20 Jahre (lineare AfA). Für die Einspeisung ins örtliche Stromnetz erhält F. eine monatliche Vergütung i. H. v. 600 € zzgl. USt, die jeweils am 3. des Folgemonats nachschüssig gezahlt wird.

Im VZ 2023 sind folgende Kosten angefallen und überwiesen worden:

► Zinsen Darlehen (Hauskauf)	5.000 €
► Zinsen Fotovoltaikanlage	500 €
► Grundbesitzabgaben	3.000 €
► Reparatur Ladenlokal	2.000 € zzgl. USt
► Reparatur Wohnungen	3.000 € zzgl. USt
► Reparatur Dachsanierung	10.000 € zzgl. USt
► Gebäudeversicherung	1.500 €

In 2023 leistete F. vierteljährliche USt-Vorauszahlungen i. H. v. jeweils 1.425 € für die ersten drei Quartale. Die Umsatzsteuer für das 4. Quartal 2023 zahlte er fristgerecht bei Abgabe der Voranmeldung am 09.02.2023 (Dauerfristverlängerung) i. H. v. 1.653 €. Für das 4. Quartal 2022 zahlte er am 10.02.2023 1.425 €. Aus der USt-Erklärung 2022 erhielt er am 10.08.2023 eine Erstattung i. H. v. 300 €.

e) Für seine selbstständige Tätigkeit als Übungsleiter in örtlichen Sportvereinen erhielt F. Aufwandsentschädigungen i. H. v. 2.200 €. In diesem Zusammenhang sind ihm Fahrtkosten i. H. v. 200 € entstanden.

3. Sonstige Ausgaben des Markus Fröhlich für den VZ 2023

- Beiträge an eine private Krankenversicherung i. H. v. 5.200 €. Von den Beiträgen entfallen 18 % auf Komfortleistungen. In 2023 erfolgte für das Jahr 2022 eine Beitragsrückerstattung i. H. v. 1.524 €; davon entfallen 1.252 € auf Basisversicherungsbeiträge.

- Beiträge zur privaten Pflegeversicherung: 280 €.
- Für die Erledigung der im Haushalt anfallenden Arbeiten hat F. seit zwei Jahren eine Nachbarin eingestellt, die gesetzlich krankenversichert ist. Er bezahlte ihr monatlich 200 € und nimmt hierfür am Haushaltsscheckverfahren teil. Hierfür zahlt F. zusätzlich 13,7 % Steuern und Versicherung.
- Für Erd- und Pflanzenarbeiten im Garten stellte ihm die Firma Heim und Garten 600 € plus 20 € Fahrtkostenpauschale zzgl. 19 % USt in Rechnung, die F. am 30.11.2023 von seinem Konto überwiesen hat.

B. Aufgaben

1. Ermitteln Sie für den VZ 2023 in einer übersichtlichen Darstellung für Markus Fröhlich das zu **versteuernde Einkommen**, das so niedrig wie möglich sein soll. Nichtansätze sind mit „0" zu kennzeichnen und kurz zu begründen.
2. Berechnen Sie die **festzusetzende Einkommensteuer** 2023 und gehen Sie dabei von einem Steuersatz von **34,94 %** aus. Der Solidaritätszuschlag ist nicht zu berechnen.

C. Bearbeitungshinweis

- Alle erforderlichen Nachweise gelten als erbracht und notwendige Anträge gelten als gestellt.

Fall 6: Einkommensteuer 6

Sachverhalt 1

Peter Schmitz ist Eigentümer eines zu seinem Privatvermögen gehörenden Mehrfamilienhauses in Köln. Das Mehrfamilienhaus hatte Peter Schmitz im Jahr 2015 für insgesamt 800.000 € angeschafft. Von den Anschaffungskosten entfielen 20 % auf den Grund und Boden und 80 % auf das im Jahr 2006 errichtete Gebäude.

Das Mehrfamilienhaus wurde im VZ 2023 ganzjährig wie folgt genutzt:

- Das Erdgeschoss (100 qm) wurde für monatlich 6.800 € zzgl. 19 % USt an Uwe Hübner vermietet, der darin eine Bäckerei betreibt.
- Das 1. Obergeschoss (100 qm) wurde für monatlich 6.000 € an Dr. med. Schmerz vermietet, der darin seine Zahnarztpraxis betreibt.
- Im 2. Obergeschoss (100 qm) wohnte der Vater von Peter Schmitz, der 40 % der ortsüblichen Miete bezahlt hat. Der Vater zahlte monatlich 1.000 €.

Peter Schmitz hat, soweit dies zulässig ist, gem. § 9 Abs. 1 UStG auf die Steuerbefreiung der Vermietungsumsätze verzichtet. Die Mieten wurden von Peter Schmitz per Lastschrift zum 3. des Monats von den Bankkonten der jeweiligen Mieter eingezogen.

Im VZ 2023 hat Peter Schmitz folgende Aufwendungen laut ordnungsgemäßer Belege per Banküberweisung getätigt:

► Grundbesitzabgaben	3.954 €
► Wohngebäudeversicherung	1.536 €
► Gebäudehaftpflichtversicherung	900 €
► Schornsteinfegergebühren (inkl. 19 % USt)	468 €
► Hausstrom (inkl. 19 % USt)	552 €
► Wasser (inkl. 7 % USt)	4.476 €
► Heizöl (inkl. 19 % USt)	6.114 €
► div. Reparaturen am gesamten Haus (inkl. 19 % USt)	42.000 €
► Erneuerung des Fußbodens in der Bäckerei (inkl. 19 % USt)	23.800 €

Folgende Umsatzsteuervorauszahlungen wurden ebenfalls per Banküberweisung bezahlt:

► IV/2022 am 06.01.2023	3.800 €
► I/2023 am 14.04.2023	3.800 €
► II/2023 am 13.07.2023	3.800 €
► III/2023 am 12.10.2023	3.800 €
► IV/2023 am 12.01.2024	3.800 €

Aus der USt-Erklärung 2022 ergab sich ein Guthaben i. H. v. 3.000 €, das das Finanzamt am 16.08.2023 erstattet hat. Von seinem Steuerberater erhielt Peter Schmitz im Juni 2023 die nachfolgende ordnungsgemäße Rechnung, die Peter Schmitz sofort bezahlt hat.

Auszug aus der Rechnung:

	Einkommensteuererklärung 2022 ohne Ermittlung der einzelnen Einkünfte	800,00 €
	Ermittlung des Überschusses der Einnahmen über die Werbungskosten bei den Einkünften aus Vermietung und Verpachtung 2022	900,00 €
	Umsatzsteuererklärung 2022	500,00 €
	Summe	2.200,00 €
+	19 % Umsatzsteuer	418,00 €
	Rechnungsbetrag	2.618,00 €

Aufgaben
Ermitteln Sie in einer übersichtlichen Darstellung für den VZ 2023 die **Einkünfte aus Vermietung und Verpachtung**, Cent-Betrage können zugunsten des Mandanten gerundet werden.

Sachverhalt 2

1. Persönliche Verhältnisse

Die Eheleute Ben Kramer (geb. 30.03.1959) und Monika Kramer (geb. 17.11.1973) wohnen in Leverkusen und beantragen für den VZ 2023 die Zusammenveranlagung.

Die Eheleute haben zwei gemeinsame Kinder:

- **Sabine** (geb. 12.01.2013) ist von Geburt an blind (Pflegegrad 4). Ihr Schwerbehindertenausweis trägt die Merkmale „B“ (blind) und „H“ (hilflos). Sie besucht die 4. Klasse einer Förderschule in Leverkusen und wohnt bei ihren Eltern. Sabine hat weder Einkünfte noch Vermögen.
- **Volker** (geb. 21.05.2002) hat im Mai 2023 sein Abitur abgelegt. Er wohnte bisher bei seinen Eltern. Seit Oktober 2023 studiert er Rechtswissenschaften in München, wo er in einem Studentenwohnheim wohnt. In Leverkusen ist er weiterhin mit Nebenwohnsitz gemeldet.

2. Angaben zu den Einkünften der Eheleute Kramer

a) Ben Kramer war im VZ 2023 bis zum 31.10.2023 als kaufmännischer Angestellter bei der Hänsel & Gretel KG in Köln tätig. Seit dem 01.11.2023 bezieht er betriebliche Versorgungsbezüge. Der elektronischen Lohnsteuerbescheinigung können für den VZ 2023 folgende Eintragungen entnommen werden:

► Bruttoarbeitslohn	38.948,00 €
darin enthaltene Versorgungsbezüge	4.000,00 €
► Lohnsteuer	3.838,00 €
► Kirchensteuer	19,80 €
► Pauschalbesteuerte Arbeitgeberleistungen für Wege zwischen Wohnung und Arbeitsstätte	540,00 €
► Arbeitnehmeranteil zur gesetzl. RV	3.622,00 €
► Arbeitgeberanteil zur gesetzl. RV	3.622,00 €
► Arbeitnehmeranteil zur gesetzl. KV	3.155,00 €
► Arbeitnehmeranteil zur gesetzl. PV	594,00 €
► Arbeitnehmeranteil zur gesetzl. AV	506,00 €
► Bemessungsgrundlage für den Versorgungsfreibetrag	24.000,00 €

Ben Kramer fuhr an 180 Arbeitstagen von seinem Wohnort Leverkusen ins Büro nach Köln (einfache Entfernung: 20 km). Als weitere Werbungskosten möchte er noch Kontoführungsgebühren in pauschaler Höhe von 75 € geltend machen.

b) Monika Kramer ist Hausfrau und bei ihrem Ehemann familienversichert.

3. Weitere Angaben der Eheleute Kramer

a) An eine politische Partei spendeten die Eheleute Kramer im VZ 2023 insgesamt 300 €.

b) Im Mai 2023 verstarb die vermögenslose Mutter von Ben Kramer. Ben Kramer bezahlte die Beerdigungskosten i. H. v. 5.000 €. Leistungen aus einer Sterbegeldversicherung bestehen nicht.

c) Monika Kramer erlitt im Mai einen Nervenzusammenbruch. Für die medizinische Therapie bezahlte sie Gesamtkosten i. H. v. 3.000 €. Die Krankenkasse erstattete nur die Hälfte der Gesamtkosten.

Aufgabe

Ermitteln Sie in einer übersichtlichen Darstellung für die Eheleute Kramer das **Einkommen** i. S. des § 2 Abs. 4 EStG für den VZ 2023.

Bearbeitungshinweise

- Alle notwendigen Anträge zur Erlangung des höchstmöglichen steuerlichen Vorteils gelten als gestellt und die dazu erforderlichen Nachweise als erbracht. Behinderungsbedingte Fahrtkosten sind nicht angefallen.
- Nichtansätze sind kurz zu begründen.

Fall 7: Einkommensteuer 7

1. Persönliche Verhältnisse

Der alleinstehende Rafael Klaus (geb. am 13.06.1956), konfessionslos, wohnt im VZ 2023 in Oberhausen. Er unterstützte im gesamten VZ 2023 seinen in Duisburg wohnenden vermögenslosen Sohn Michael (geb. am 21.07.1993) finanziell mit monatlichen Zahlungen i. H. v. 500 €. Außerdem überwies er die Beträge seines Sohnes zur privaten Krankenversicherung (Basisanteil) i. H. v. jährlich 778 € und zur gesetzlichen Pflegeversicherung i. H. v. jährlich 147 €.

Michael ist seit Januar 2023 im Rahmen eines geringfügigen Beschäftigungsverhältnisses in einem Bistro als Kellner beschäftigt. Er erhält eine monatliche Vergütung i. H. v. 450 €. Aus einer künstlerischen Tätigkeit erzielte Michael im VZ 2023 Einkünfte i. H. v. 780 €.

2. Weitere Angaben

a) Rafael Klaus ist zu 30 % an der Schneider GmbH beteiligt. Er hält die Beteiligung in seinem Privatvermögen. Nach Abzug von 25 % Kapitalertragsteuer und 5,5 % Solidaritätszuschlag wurde ihm im Mai 2023 ein Gewinnanteil i. H. v. 18.406,25 € auf seinem Privatkonto gutgeschrieben. Eine ordnungsgemäße Steuerbescheinigung liegt vor. Im Zusammenhang mit dem Gewinnanteil kann Rafael Klaus entstandene Aufwendungen i. H. v. insgesamt 250 € nachweisen.

b) Im August 2023 gewährte Rafael Klaus seinem Nachbarn ein verzinsliches Privatdarlehen über 30.000 €. Anfang Dezember 2023 erhielt er von dem Nachbarn die vertraglich vereinbarten Zinsen i. H. v. 1.500 € auf sein Privatkonto überwiesen. Tatsächliche Aufwendungen sind nicht angefallen.

c) Rafael Klaus bezieht seit dem 01.07.2021 eine Rente aus der gesetzlichen Rentenversicherung. Aus den bisher ergangenen Rentenbescheiden ergeben sich folgende **monatliche** Bruttowerte:

► ab 01.07.2021	1.800,00 €
► ab 01.07.2022	1.804,50 €
► ab 01.07.2023	1.834,64 €

d) Am 01.12.2023 hat Rafael Klaus sein Einfamilienhaus für 500.000 € veräußert. Dieses hat er am 01.07.2016 für 350.000 € Anschaffungskosten erworben und bis zum 31.12.2019 vermietet. In diesem Zeitraum machte er insgesamt 19.600 € an Abschreibungen im Rahmen der Einkünfte aus Vermietung und Verpachtung geltend. Seit dem 01.01.2020 hat er dieses Haus für eigene Wohnzwecke genutzt. Im August 2023 ließ Rafael Klaus das Dach des Einfamilienhauses neu eindecken. Für diese Reparaturarbeiten entstanden folgende Aufwendungen:

Materialkosten	16.750,00 €
Arbeitslohn	5.000,00 €
Fahrtkosten	250,00 €
	22.000,00 €
+ 19 % USt	4.180,00 €
	26.180,00 €

Alle Zahlungen sind durch ordnungsgemäße Belege nachgewiesen und erfolgten im September 2023 durch Überweisung vom Bankkonto des Rafael Klaus.

Aufgaben

Ermitteln Sie für den VZ 2023 in einer übersichtlichen Darstellung für Rafael Klaus

1. das **zu versteuernde Einkommen**,
2. die **festzusetzende Einkommensteuer** bei einem **ESt-Satz** von **12,09 %** und
3. die Höhe der zu erwartenden **Einkommensteuererstattung** bzw. **-nachzahlung**.

Bearbeitungshinweise

- Alle notwendigen Anträge zur Erlangung des höchstmöglichen steuerlichen Vorteils gelten als gestellt und die dazu erforderlichen Nachweise als erbracht.
- Eine Günstigerprüfung nach § 32d Abs. 6 EStG ist nicht durchzuführen.
- Nichtansätze sind mit „0“ zu kennzeichnen und kurz zu begründen.
- Die abzugsfähigen Sonderausgaben betragen 2.000 €.
- Für den VZ 2023 hat Rafael Klaus keine ESt-Vorauszahlungen geleistet.

Fall 8: Einkommensteuer 8

A. Sachverhalt

Karl Sommer (geb. am 31.12.1957) und seine Ehefrau Beate (geb. am 10.12.1947) beide konfessions- und kinderlos, leben zusammen in einem eigenen Einfamilienhaus in Köln und werden zusammen zur Einkommensteuer veranlagt.

Karl Sommer ist selbstständiger Allgemeinmediziner und erzielte im VZ 2023 Einnahmen aus kurzfristigen Praxisvertretungen bei verschiedenen Kollegen i. H. v. 50.000 €. Außerdem erstellt er Gutachten für die Ärztekammer und erzielt hieraus Einnahmen i. H. v. 6.000 €.

Im VZ 2023 sind Karl Sommer nachweislich folgende Aufwendungen entstanden:

- Ärztekammerbeitrag i. H. v. 600 €
- Berufshaftpflichtversicherung i. H. v. 900 €
- Für die Fahrten zu den Praxen der Kollegen und der Ärztekammer ist er insgesamt 2.000 km mit seinem privaten Pkw gefahren.
- Fachzeitschriften 120 €

Aus einer betrieblichen Altersversorgung erhält Karl Sommer seit dem 01.01.2021 eine Rente i. H. v. 22.946 € (Hinweis auf § 22 Nr. 5 Satz 2 Buchst. a) EStG).

Beate Sommer erhält seit dem 01.01.2012 eine Rente von der Deutschen Rentenversicherung Bund. Im VZ 2023 betrug die Bruttorente 3.598 €. Der Rentenanpassungsbetrag beträgt 298 €.

Karl und Beate Sommer sind jeweils als Kommanditisten zu gleichen Teilen an der Solar-Technik KG in Bonn beteiligt.

Laut Feststellungsbescheid sind folgende Besteuerungsgrundlagen für den VZ 2023 festgestellt worden:

- anteiliger Gewinn je 24.000 €
- anteiliger Gewerbesteuermessbetrag je 650 €
- tatsächliche Gewerbesteuer 2023 anteilig je 2.900 €

Zum 01.07.2023 hat das Ehepaar die Bank gewechselt und auch das vorhandene Sparguthaben zur neuen Bank transferiert. Sie haben aber vergessen, den Freistellungsauftrag zu übertragen. Folgende Steuerbescheinigungen liegen für die gemeinsamen Konten vor:

1. 01.01. - 30.06.2023

Zinsen	400,00 €
Höhe des in Anspruch genommenen Freistellungsauftrages	400,00 €
Kapitalertragsteuer	0,00 €
Solidaritätszuschlag	0,00 €

2. 01.07. - 31.12.2023

Zinsen	450,00 €
Höhe des in Anspruch genommenen Freistellungsauftrages	0,00 €
Kapitalertragsteuer	112,50 €
Solidaritätszuschlag	6,18 €

B. Weitere Angaben

Die abzugsfähigen Vorsorgeaufwendungen betragen 4.500 €.

Die übrigen Sonderausgaben sind wie folgt angefallen:

- Beitrag zu einer politischen Partei 100 €
- Spende an die Deutsche Krebshilfe 100 €

Für Karl Sommer ist seit 2018 dauerhaft ein Grad der Behinderung von 60 % festgestellt worden.

Für Zahnersatz hat Beate Sommer einen Eigenanteil i. H. v. 6.000 € getragen.

Für die Renovierung des Badezimmers liegt eine Rechnung der Firma Bad und WC i. H. v. 8.500 € einschließlich 19 % USt vor, die vom gemeinsamen Bankkonto überwiesen wurde. Auf der Rechnung ist unter anderem vermerkt, dass der Lohnanteil 4.000 € zzgl. 19 % USt beträgt.

Das Ehepaar hat seit vier Jahren eine Haushaltshilfe auf der Basis eines geringfügigen Beschäftigungsverhältnisses beschäftigt. Die im VZ 2023 entstandenen Aufwendungen betragen nachweislich 3.290 €.

Die Eheleute Sommer haben in 2023 vierteljährliche Einkommensteuer-Vorauszahlungen i. H. v. je 4.000 € geleistet.

C. Aufgaben

a) Ermitteln Sie in einer übersichtlichen Darstellung und unter Verwendung der Fachbegriffe die **tarifliche Einkommensteuer** der Eheleute Sommer für den VZ 2023. Nichtansätze sind mit 0 € zu kennzeichnen und zu begründen. Durchschnittlicher Steuersatz: **22,68 %**

b) Ermitteln Sie die festzusetzende Einkommensteuer.

c) Ermitteln Sie die Einkommensteuer-Nachzahlung bzw. -Erstattung unter Überprüfung des Steuereinbehalts gem. § 32d Abs. 4 EStG. Alle Anträge gelten als gestellt.

Fall 9: Einkommensteuer 9

Sachverhalt 1

1. Persönliche Verhältnisse
Bernd Kraft (geb. am 07.07.1970) ist konfessionslos und wohnt mit seiner Freundin in einem eigenen Einfamilienhaus in Leverkusen.

Er ist seit Juli 2021 rechtskräftig geschieden und seitdem verpflichtet, an seine geschiedene Ehefrau Ingrid Kraft Unterhalt zu zahlen. Im VZ 2023 zahlte er einen Unterhalt i. H. v. insgesamt 16.800 €. In diesen Unterhaltsleistungen sind Beträge für eine Basis-Krankenversicherung und gesetzliche Pflegeversicherung (ohne Anspruch auf Krankengeld) i. H. v. 2.400 € enthalten. Die „Anlage U" wurde von beiden Personen unterschrieben.

Aus der Ehe von Bernd Kraft und Ingrid Kraft ist der gemeinsame Sohn Rolf (geb. am 23.07.1998) hervorgegangen. Rolf studierte im ganzen VZ 2023 im sechsten Semester Rechtswissenschaften an der Universität München und war dort in einem Studentenwohnheim untergebracht. Bei seinem Vater ist er in Leverkusen mit Nebenwohnsitz gemeldet.

Bernd unterstützte seinen Sohn im ganzen VZ 2023 mit monatlich 800 €. Außerdem übernahm er dessen Beiträge zur studentischen Basiskrankenversicherung von monatlich 150 € und zur gesetzlichen Pflegeversicherung von monatlich 50 € und überwies die Beiträge an die Krankenversicherung.

Rolf verfügt weder über eigene Einkünfte noch über Vermögen. Seit August 2023 erhält Rolf ein Stipendium von einer privaten Stiftung von monatlich 100 € zur Förderung seiner wissenschaftlichen Arbeit.

Da Ingrid Kraft keinen Unterhalt an den gemeinsamen Sohn Rolf zahlen kann, haben die Eltern beantragt, mögliche steuerliche Vergünstigungen nur bei Bernd Kraft zu berücksichtigen.

2. Einkünfte des Bernd Kraft im VZ 2023
Bernd Kraft ist als Steuerberater in seiner eigenen Praxis in Leverkusen tätig. Die Einnahmenüberschussrechnung weist für den VZ 2023 einen Gewinn i. H. v. 150.000 € aus.

3. Sonstige Ausgaben im VZ 2023
Bernd Kraft hat im VZ 2023 noch folgende monatlichen Versicherungsbeiträge geleistet:

► private Basiskrankenversicherung	500 €
► private Pflegeversicherung	100 €
► Versorgungswerk der Steuerberater im Land NRW (berufsständische Versorgungseinrichtung)	1.000 €

- private Haftpflichtversicherung 100 €
- Unfallversicherung 50 €

Aufgabe
Ermitteln Sie in einer übersichtlichen Darstellung unter Nennung der Fachbegriffe für Bernd Kraft für den VZ 2023 das **zu versteuernde Einkommen**.

Bearbeitungshinweise

- Alle notwendigen Anträge zur Erlangung des höchstmöglichen steuerlichen Vorteils gelten als gestellt und die dazu erforderlichen Nachweise als erbracht.
- Gehen Sie bei der Lösung davon aus, dass die Berücksichtigung von Freibeträgen i. S. des § 32 Abs. 6 EStG günstiger ist als die Gewährung von Kindergeld. Eine Günstigerberechnung i. S. des § 31 EStG ist deshalb **nicht** erforderlich.
- Der Höchstbetrag zur knappschaftlichen Rentenversicherung beträgt für den VZ 2023 insgesamt 26.528 €.
- Nichtansätze sind kurz zu begründen.

Sachverhalt 2

Die geschiedene Ingrid Kraft (s. Sachverhalt 1) (geb. am 03.05.1969) ist konfessionslos und wohnt seit der Scheidung alleine in einer Eigentumswohnung in Bergisch Gladbach.

Neben den erhaltenen Unterhaltszahlungen hat sie noch Einnahmen aus einer typischen (echten) stillen Beteiligung an der Pansen GmbH in Köln, an der sie zu 20 % beteiligt ist. Aus dieser Beteiligung wurde ihrem privaten Bankkonto am 11.04.2023 unter Berücksichtigung von 25 % Kapitalertragsteuer und 5,5 % Solidaritätszuschlag ein Gewinnanteil i. H. v. 13.252,50 € gutgeschrieben. Eine ordnungsgemäße Steuerbescheinigung liegt vor.

Ingrid Kraft interessiert sich bereits seit Jahren für japanische Miniaturvasen. Am 05.12.2022 konnte sie günstig eine Sammlung für 1.550 € erwerben. Diese hat sie aber bereits wieder am 31.08.2023 für 2.180 € veräußert. Ingrid Kraft musste 30 € für eine Anzeige in einem Sammlermagazin bezahlen.

Aufgabe
Ermitteln Sie in einer übersichtlichen Darstellung unter Nennung der Fachbegriffe für Ingrid Kraft für den VZ 2023 das **zu versteuernde Einkommen**.

Bearbeitungshinweis

- Nichtansätze sind kurz zu begründen.

16. Lohnsteuer-Ermäßigungsverfahren

Nach Maßgabe des **§ 39a EStG** kann der Arbeitnehmer im **Lohnsteuer-Ermäßigungsverfahren** beim Finanzamt nach einem **amtlich vorgeschriebenen Vordruck** einen **Freibetrag** beantragen.

Dieses Verfahren stellt – vereinfacht ausgedrückt – eine **vorweggenommene Einkommensteuerveranlagung** dar.

Das Finanzamt berechnet den Freibetrag, speichert den Freibetrag gem. § 39 Abs. 4 Nr. 3 EStG als **elektronische Lohnsteuerabzugsmerkmale** (sog. **ELStAM**) und stellt ihn dem Arbeitgeber in einem **elektronischen Abrufverfahren** bereit.

Der Arbeitgeber hat dann die monatlichen Lohnsteuerabzüge unter Beachtung dieses Freibetrages zu ermitteln.

Der eingetragene Freibetrag mindert insoweit die einzubehaltende Lohnsteuer, da der Arbeitgeber den Freibetrag vom Arbeitslohn abziehen muss, und die Lohnsteuer nur noch vom verbleibenden Teil des Arbeitslohns berechnet und einbehalten wird.

Auf diese Weise kann der Arbeitnehmer also seine **monatlichen Nettobezüge erhöhen**.

Der insgesamt abzuziehende Freibetrag gilt grundsätzlich für die **Dauer eines Kalenderjahres** und wird **längstens** für einen **Zeitraum von zwei Kalenderjahren** ab Beginn des Kalenderjahres, für das der Freibetrag erstmals gilt, berücksichtigt (§ 39a Abs. 1 Sätze 2 und 3 EStG).

Der Arbeitnehmer kann eine **Änderung des Freibetrages** innerhalb dieses Zeitraums beantragen, wenn sich die Verhältnisse zu seinen Gunsten ändern (§ 39a Abs. 1 Satz 4 EStG). Ändern sich die Verhältnisse zu seinen Ungunsten, ist er verpflichtet, dies dem Finanzamt umgehend anzuzeigen (§ 39a Abs. 1 Satz 5 EStG).

16.1 Verfahrensfragen

16.1.1 Zuständigkeit

Für die Ermittlung des Freibetrages sowie seine Änderung ist das FA örtlich zuständig, in dessen Bezirk der Arbeitnehmer im Zeitpunkt der Antragstellung seinen **Wohnsitz bzw. gewöhnlichen Aufenthalt** hat (§ 19 AO).

16.1.2 Rechtsnatur des Freibetrages

Die Ermittlung des Freibetrages ist eine **gesonderte Feststellung** einer Besteuerungsgrundlage i. S. des § 179 Abs. 1 AO, die unter dem **Vorbehalt der Nachprüfung** steht (§ 39 Abs. 1 Satz 4 EStG).

Eine Rechtsbehelfsbelehrung wird dem Arbeitnehmer nur dann zur Verfügung gestellt, wenn dem Antrag des Arbeitnehmers nicht in vollem Umfang entsprochen wird (§ 39 Abs. 1 Sätze 7 und 8 EStG).

16.1.3 Zeitgrenze

Der Antrag auf Lohnsteuer-Ermäßigung ist nach **amtlich vorgeschriebenem Vordruck** zu stellen und vom Arbeitnehmer **eigenhändig zu unterschreiben**.

Die Frist für die Antragstellung **beginnt am 01. Oktober des Vorjahres**, für das der Freibetrag gelten soll. Sie endet am **30. November des Kalenderjahres, in dem der Freibetrag gilt** (§ 39a Abs. 2 Sätze 1 bis 3 EStG).

16.1.4 Belegaustausch im Wiederholungsfall

Das Finanzamt kann auf **nähere Angaben** des Arbeitnehmers **verzichten**, wenn er höchstens den **Freibetrag** beantragt, der für das **vorangegangene Kalenderjahr** ermittelt wurde, und **versichert**, dass sich die **maßgebenden Verhältnisse nicht wesentlich geändert** haben (§ 39a Abs. 2 Satz 5 EStG).

16.2 Ermäßigungsgründe

16.2.1 Allgemeines und Verhältnis zur ESt-Veranlagung

Die einzelnen Ermäßigungsgründe, die abschließend (!) in § 39a Abs. 1 EStG aufgeführt sind, lassen sich in zwei Gruppen einteilen:

- Unbeschränkt abzugsfähige Gründe (§ 39a Abs. 1 Nr. 4 - 7 EStG)
- Beschränkt abzugsfähige Gründe (§ 39a Abs. 1 Nr. 1 - 3 sowie 4a - 8 EStG)

Der Unterschied der beiden Gruppen besteht darin, dass bei den **beschränkt abzugsfähigen Gründen** – und nur bei diesen (!) – die Aufwendungen insgesamt **600 € übersteigen** müssen (§ 39a Abs. 2 Satz 4 EStG).

Der Arbeitnehmer muss **zwingend** nach § 46 Abs. 2 Nr. 4 EStG eine **ESt-Erklärung abgeben**, wenn er einen Freibetrag auf Lohnsteuer-Ermäßigung beantragt hat.

16.2.2 Unbeschränkt abzugsfähige Gründe

Zu den unbeschränkt eintragungsfähigen Gründen gehören nach § 39a Abs. 1 EStG, z. B.

- **Pauschbeträge für Menschen mit Behinderungen und Hinterbliebene** (Nr. 4), soweit diese nicht bereits elektronisch abgespeichert worden sind.
- **Negative Einkünfte** aus allen übrigen Einkunftsarten (Nr. 5b). Dabei sind die Einkünfte vertikal zu verrechnen und nur die sich hieraus ergebende negative Summe ist als Freibetrag einzutragen.
- das **Vierfache** der Steuerermäßigung für **haushaltsnahe Tätigkeiten** i. S. des § 35a EStG und für **energetische Maßnahmen** i. S. des § 35c EStG (Nr. 5c).
- Die **Freibeträge** nach § 32 Abs. 6 für jedes Kind i. S. des § 32 Abs. 1 bis 4, für das kein Anspruch auf Kindergeld besteht (Nr. 6). Soweit für diese Kinder Kinderfreibeträge nach § 38b Abs. 2 EStG berücksichtigt worden sind, ist die eingetragene Zahl der Kin-

derfreibeträge entsprechend zu vermindern. Der Arbeitnehmer ist verpflichtet, den nach Satz 1 ermittelten Freibetrag ändern zu lassen, wenn für das Kind ein Kinderfreibetrag nach § 38b Abs. 2 EStG berücksichtigt wird

- **Hinzurechnungsbetrag** für **zweites oder weiteres Dienstverhältnis** (Nr. 7)

16.2.3 Beschränkt abzugsfähige Gründe

Zu den beschränkt eintragungsfähigen Gründen gehören nach § 39a Abs. 1 EStG:

- **Werbungskosten**, die bei den Einkünften aus nichtselbstständiger Arbeit anfallen, soweit sie den Arbeitnehmer-Pauschbetrag von 1.230 € bzw. den Pauschbetrag von 102 € übersteigen (Nr. 1)
- **Sonderausgaben, die keine Vorsorgeaufwendungen sind**, soweit sie den Pauschbetrag von 36 € bzw. 72 € übersteigen (Nr. 2)
- **Außergewöhnliche Belastungen** nach §§ 33, 33a und 33b Abs. 6 EStG (Nr. 3)
- **Entlastungsbetrag für Alleinerziehende** nach § 24b EStG (Nr. 4a und 8).

Die Summe dieser Aufwendungen muss die Grenze von **600 € übersteigen**.

16.2.4 Die 600 €-Grenze

Die Antragsgrenze von 600 € nach **§ 39a Abs. 2 Satz 4 EStG** ist streng zu unterscheiden von der Frage, in welcher Höhe ein Freibetrag zu gewähren ist.

Es sind daher **zwei Ebenen** zu unterscheiden:

1. Ebene: Zulässigkeit des Antrags
Zunächst ist zu klären, ob der Ermäßigungsantrag zulässig ist. Das ist dann der Fall, wenn die Antragsgrenze von 600 € überschritten ist.

Für die Feststellung, ob die Antragsgrenze überschritten ist, gelten folgende Grundsätze:

- Die Summe der **Werbungskosten** muss den Pauschbetrag von **1.230 € bzw. 102 € übersteigen**.
- **Sonderausgaben** sind **ohne Berücksichtigung des Pauschbetrages** anzusetzen. Mitgliedsbeiträge und Spenden an Parteien sind ohne Berücksichtigung des § 34g EStG anzusetzen. Für Sonderausgaben i. S. des § 10 Abs. 1a Nr. 1, 4, 5, 7 und 9 EStG sind jedoch höchstens die Höchstbeträge anzusetzen.
- **Außergewöhnliche Belastungen allgemeiner Art** sind **ohne Kürzung um die zumutbare Belastung** anzusetzen.
- Bei **außergewöhnlichen Belastungen in besonderen Fällen** sind nicht die Aufwendungen, sondern die wegen dieser Aufwendungen **abziehbaren Beträge** anzusetzen.

Ist die Grenze von 600 € nicht überschritten, ist der Antrag unzulässig; die Frage nach der Höhe des Freibetrages stellt sich dann nicht.

2. Ebene: Höhe des Freibetrags
Wenn die Grenze von 600 € dagegen überschritten ist, ist zu prüfen (und erst dann!), in welcher Höhe der Freibetrag zu gewähren ist. Es gilt dann Folgendes:

- Die **Werbungskosten** sind um **1.230 € bzw. 102 € zu kürzen**.
- Die **Sonderausgaben** sind um den **Pauschbetrag zu kürzen**. Mitgliedsbeiträge und **Parteispenden sind ohne Berücksichtigung des § 34g EStG anzusetzen**.
- Die **außergewöhnlichen Belastungen allgemeiner Art** sind um die **zumutbare Belastung** zu kürzen.

Beispiel

Ein lediger Arbeitnehmer macht in seinem Antrag auf Lohnsteuer-Ermäßigung für das Kalenderjahr 2023 folgende, nicht zu beanstandende Aufwendungen geltend:

- Fahrten zwischen Wohnung und erster Tätigkeitsstätte mit dem eigenen Pkw an 230 Arbeitstagen. Die einfache Entfernung zwischen Wohnung und erster Tätigkeitsstätte beträgt 26 km.
- Gewerkschaftsbeiträge: 120 €
- Kirchensteuer: 130 €
- Arbeitnehmeranteil zur gesetzlichen Sozialversicherung: 3.900 €.

1. Ebene: Zulässigkeit des Antrags
Zunächst ist zu klären, ob der Ermäßigungsantrag zulässig ist. Das ist dann der Fall, wenn die Antragsgrenze von 600 € überschritten ist.

Die Versicherungsbeiträge sind nicht eintragungsfähig.

► Werbungskosten		
Fahrtkosten: 230 Tage • (20 km • 0,30 € + 6 km • 0,38 €) =	1.905,00 €	
Gewerkschaftsbeiträge	120,00 €	
	2.025,00 €	
abzgl. Arbeitnehmer-Pauschbetrag	1.230,00 €	
	795,00 €	795,00 €
► Kirchensteuer		130,00 €
		925,00 €

Der Ermäßigungsantrag ist zulässig, da die Antragsgrenze von 600 € überschritten ist.

2. Ebene: Höhe des Freibetrags

► Werbungskosten (wie oben)		795,00 €
► Kirchensteuer	130,00 €	
abzgl. Sonderausgaben-Pauschbetrag	36,00 €	
	94,00 €	94,00 €
		889,00 €

16.3 Monatsfreibeträge

Nach § 39a Abs. 2 Satz 6 EStG hat das FA den Jahresfreibetrag durch Aufteilung in Monatsfreibeträge jeweils **auf die der Antragstellung folgenden Monate gleichmäßig zu verteilen**. Der sich hiernach ergebende Monatsbetrag ist auf den nächsten **vollen Euro-Betrag aufzurunden** (R 39a Abs. 9 Satz 3 LStR).

Erfolgt die **Antragstellung im Januar** eines VZ, so wird aus Vereinfachungsgründen der **volle Jahresfreibetrag** gewährt (§ 39a Abs. 2 Satz 7 EStG).

Beispiel

Wie oben, jedoch wird der Ermäßigungsantrag am 05. September 2023 gestellt. Der Jahresfreibetrag i. H. v. 889 € ist gleichmäßig auf die verbleibenden Monate ab Oktober zu verteilen. Der Monatsfreibetrag beträgt daher (889 € : 3 =) 297 €.

16.4 Besonderheiten bei Ehegatten

Bei Ehegatten, die die Voraussetzungen der Ehegattenbesteuerung nach § 26 Abs. 1 Satz 1 EStG erfüllen, gelten nach **§ 39a Abs. 3 EStG** folgende Grundsätze:

- Für die Feststellung, ob die **nicht zu verdoppelnde Grenze von 600 €** überschritten ist, sind grundsätzlich die Aufwendungen maßgeblich, wobei **unerheblich ist, wer von beiden Ehegatten** welche Aufwendungen getragen hat. Bei den Werbungskosten müssen die Aufwendungen jeweils (!) den Arbeitnehmer-Pauschbetrag übersteigen.
- Ist die 600 €-Grenze überschritten, so sind die **Werbungskosten** für jeden Ehegatten **getrennt** zu ermitteln. Der **Restbetrag** ist **grundsätzlich je zur Hälfte** auf die Ehegatten zu verteilen, wenn für jeden Ehegatten Lohnsteuerabzugsmerkmale gebildet werden sollen, und die Ehegatten **keine andere Aufteilung beantragt** haben.

16.5 Fälle zur Sicherung des Lernerfolgs

Fall 1:

Prüfen Sie in den folgenden Fällen a) bis c) mit einer kurzen, aber erschöpfenden Begründung, ob nach einem entsprechenden Antrag beim FA ein Freibetrag auf Lohnsteuer-Ermäßigung gewährt werden kann, und ermitteln Sie ggf. die Höhe des **monatlichen** Freibetrages.

1. Der Steuerpflichtige weist in seinem Antrag vom 01. Dezember 2023 für den VZ 2023 Werbungskosten i. H. v. 3.900 € nach.
2. In seinem Antrag vom 14. Juli 2023 für den VZ 2023 weist der Steuerpflichtige Werbungskosten i. H. v. 1.470 € nach.
3. Der ledige Arbeitnehmer Heinz Leinweber aus Leverkusen macht in seinem Antrag auf Lohnsteuer-Ermäßigung vom 01. März 2023 für den VZ 2023 folgende Angaben:

- Fahrten zwischen Wohnung und erster Tätigkeitsstätte mit einem geleasten Pkw an 245 Tagen. Die einfache Entfernung zwischen Wohnung und Arbeitsstätte beträgt 39 km.
- Gewerkschaftsbeiträge: monatlich 28 €
- Aufwendungen für Fachliteratur: 560 €
- Gesetzliche Sozialversicherung: 3.600 €
- Lebensversicherung: monatlich 37 €
- Bausparbeiträge: 750 €
- gezahlte Kirchensteuer: 325 €.

Fall 2:

Der Bankangestellte Klaus Thaler, geb. 03. März 1987 (Steuerklasse III/1), stellt am 08. Mai 2023 beim FA einen Antrag auf Lohnsteuer-Ermäßigung. Er weist nach, dass ihm in 2023 voraussichtlich folgende Aufwendungen entstehen werden:

- Werbungskosten bei den Einkünften gem. § 19 EStG: 1.150 €
- Kirchensteuer: 536 €
- Die Ehefrau (Hausfrau ohne Ausbildung) studiert nebenbei Kunstgeschichte an der Uni (Erststudium). Die Semestergebühren, Kosten für Bücher und die Fahrtkosten betragen 750 €.
- Beschäftigung einer Haushaltshilfe im Rahmen eines geringfügigen Beschäftigungsverhältnisses. Die Aufwendungen für den Zeitraum 01.06. - 31.12.2023 betragen 1.960 €.
- Beschäftigung eines selbstständigen Gärtners für 1.500 €. Ordnungsmäßige Rechnungen und Zahlungsbelege werden vorliegen.

Fall 3:

Das kinderlose Ehepaar Jakob und Adele, beide Arbeitnehmer, beantragte am 21. April 2023 beim zuständigen FA eine Lohnsteuer-Ermäßigung. Hinsichtlich der Aufteilung des Freibetrages stellten sie keinen besonderen Antrag. Der voraussichtliche Gesamtbetrag der Einkünfte für den VZ 2023 wird 50.000 betragen. Im VZ 2023 werden voraussichtlich folgende Aufwendungen anfallen:

- Werbungskosten: Ehemann = 5.080 €; Ehefrau = 3.480 €
- Kirchensteuer: Ehemann = 740 €; Ehefrau = 360 €
- Spende an das DRK: 250 €
- Krankheitskosten: 600 €
- Verlust aus Vermietung und Verpachtung: 5.000 €.

17. Veranlagung von Arbeitnehmern

17.1 Veranlagung auf Antrag

Grundsätzlich braucht ein Arbeitnehmer, der lediglich Einkünfte aus nichtselbstständiger Arbeit (§ 19 EStG) bezieht, keine ESt-Erklärung abzugeben. Seine steuerlichen Pflichten sind gem. **§ 46 Abs. 4 EStG** insoweit mit dem vom Arbeitgeber vorgenommenen Lohnsteuerabzug abgegolten (sog. **Abgeltungsprinzip)**.

Dem Arbeitnehmer ist es jedoch nach **§ 46 Abs. 2 Nr. 8 EStG** freigestellt, einen Antrag auf Durchführung der ESt-Veranlagung zu stellen (sog. **Antragsveranlagung**). Der Antrag ist **innerhalb der vierjährigen Festsetzungsfrist**, die mit Ablauf des Kalenderjahres beginnt, für das der Antrag auf ESt-Veranlagung gestellt wird, fristgerecht beim Finanzamt **einzureichen**. Die **Anlaufhemmung** von **drei Jahren** nach § 170 Abs. 2 Satz 1 Nr. 1 AO kann **nicht gewährt** werden (BFH v. 14.04.2011, BStBl 2011 II S. 746).

Beispiel

Die ESt-Erklärung für 2023 kann bis zum 31.12.2027 beim Finanzamt eingereicht werden. Die maßgebende Festsetzungsfrist beginnt mit dem 31.12.2023 zzgl. vierjähriger Festsetzungsfrist = 31.12.2027.

17.2 Veranlagung von Amts wegen

Besteht das Einkommen ganz oder teilweise aus Einkünften aus nichtselbstständiger Arbeit, von denen ein Steuerabzug vorgenommen worden ist, so ist zwingend eine ESt-**Veranlagung von Amts wegen** durchzuführen, wenn einer der Fälle des **§ 46 Abs. 2 Nr. 1 - 7 EStG** vorliegt.

Eine Veranlagung von Amts wegen wird z. B. durchgeführt,

- wenn die positive Summe der **Nebeneinkünfte** (= Einkünfte, die nicht dem Steuerabzug vom Arbeitslohn zu unterwerfen waren) vermindert um die darauf entfallenden Beträge nach § 13 Abs. 3 und § 24a EStG, oder die positive Summe der Einkünfte und Leistungen, die dem Progressionsvorbehalt unterliegen, jeweils **mehr als 410 €** beträgt (Nr. 1),
- wenn der Steuerpflichtige nebeneinander von **mehreren Arbeitgebern Arbeitslohn** bezogen hat; das gilt nicht, soweit nach § 38 Abs. 3a Satz 7 EStG Arbeitslohn von mehreren Arbeitgebern für den Lohnsteuerabzug zusammengerechnet worden ist (Nr. 2),
- wenn von zusammen veranlagten Ehegatten beide Arbeitslohn bezogen haben und einer für den VZ oder einen Teil des VZ nach der **Steuerklasse V oder VI** besteuert oder bei Steuerklasse IV der Faktor eingetragen worden ist (Nr. 3a),

- wenn ein **Freibetrag** i. S. des § 39a Abs. 1 Nr. 1 - 3, 5 oder 6 EStG beantragt worden ist und der im VZ erzielte Arbeitslohn höher ist als die Summe aus dem Grundfreibetrag (§ 32a Absatz 1 Satz 2 Nummer 1), dem Arbeitnehmer-Pauschbetrag (§ 9a Satz 1 Nummer 1 Buchstabe a) und dem Sonderausgaben-Pauschbetrag (§ 10c Satz 1) oder bei Ehegatten, die die Voraussetzungen des § 26 Absatz 1 erfüllen, höher ist als die Summe aus dem doppelten Grundfreibetrag, dem Arbeitnehmer-Pauschbetrag und dem doppelten Sonderausgaben-Pauschbetrag (Nr. 4).

17.3 Härteausgleich

Bei der Ermittlung des zu versteuernden Einkommens ist unter bestimmten Voraussetzungen **nach dem Einkommen** ein sog. **Härteausgleich** abzuziehen.

17.3.1 Härteausgleich nach § 46 Abs. 3 EStG

Ist nach § 46 Abs. 2 EStG eine **Veranlagung von Amts wegen** zur Einkommensteuer durchzuführen, und betragen die **Nebeneinkünfte nicht mehr als 410 €**, so wird vom Einkommen ein Härteausgleich in Höhe der Nebeneinkünfte abgezogen (§ 46 Abs. 3 Satz 1 EStG).

Beispiel

Ein lediger Arbeitnehmer (35), dem ein Freibetrag nach § 39a EStG gewährt worden ist, hat im VZ 2023 neben seinen Einkünften aus nichtselbstständiger Arbeit noch Einkünfte aus Vermietung und Verpachtung i. H. v. 300 € bezogen. Bei seiner Veranlagung ist ein Härteausgleich nach § 46 Abs. 3 EStG i. H. v. 300 € vom Einkommen abzuziehen, sodass diese Einkünfte im Ergebnis nicht versteuert werden müssen.

17.3.2 Härteausgleich nach § 46 Abs. 5 EStG i. V. mit § 70 EStDV

Betragen die Nebeneinkünfte **mehr als 410 €**, so führt dies zwingend zu einer Veranlagung von Amts wegen nach § 46 Abs. 2 Nr. 1 EStG.

Dem Grunde nach müssten die Nebeneinkünfte dann voll der Besteuerung unterworfen werden. Damit bei einem nur geringfügigen Überschreiten der 410 €-Grenze nicht direkt eine volle Besteuerung der Nebeneinkünfte erfolgen muss, kann die Besteuerung so abgemildert werden, dass auf die volle Besteuerung durch Gewährung eines Härteausgleichs **stufenweise** übergeleitet wird (§ 46 Abs. 5 EStG).

Der Härteausgleich kommt für **Nebeneinkünfte zwischen 411 € und 819 €** in Betracht. Der Härteausgleich ist in Höhe des Betrages zu gewähren, um den die Nebeneinkünfte niedriger als 820 € sind (§ 70 EStDV).

Härteausgleich = 820 € - Nebeneinkünfte

Beispiel

Ein lediger Arbeitnehmer (35) hat im VZ 2023 neben seinen Einkünften aus nichtselbstständiger Arbeit noch Einkünfte aus Gewerbebetrieb i. H. v. 650 € bezogen. Bei seiner Veranlagung ist ein Härteausgleich nach § 46 Abs. 5 EStG i. V. mit § 70 EStDV i. H. v. (820 € - 650 € =) 170 € vom Einkommen abzuziehen, sodass die Nebeneinkünfte im Ergebnis mit 480 € versteuert werden.

17.4 Fälle zur Sicherung des Lernerfolgs

Fall 1:

Das Einkommen der Eheleute E (Steuerklasse: IV/IV) entwickelt sich für den VZ 2023 wie folgt:

	Einkünfte aus nichtselbstständiger Arbeit	32.500,00 €
+	Einkünfte aus selbstständiger Arbeit	250,00 €
=	Summe und Gesamtbetrag der Einkünfte	32.750,00 €
-	Sonderausgaben	3.500,00 €
=	Einkommen	29.250,00 €

Prüfen und begründen Sie, ob die Ehegatten für den VZ 2023 eine ESt-Erklärung abzugeben haben!

Fall 2:

Der verheiratete Arbeitnehmer A (Steuerklasse: IV/IV) bezog im VZ 2023 ein Bruttogehalt von 20.000 €. Außerdem erzielten die Eheleute in 2023 Einkünfte aus Vermietung und Verpachtung 98 €. Die Werbungskosten des Ehemannes übersteigen den Arbeitnehmer-Pauschbetrag. Er will diese Werbungskosten steuerlich geltend machen.

Wie ist die Rechtslage? Begründen Sie Ihre Antwort!

Fall 3:

Die ledige Lehrerin Karin Brockmann (58) arbeitet mit halber Stundenzahl an einem Leverkusener Gymnasium. Sie ist Beamtin auf Lebenszeit. Für die ESt-Erklärung 2023 macht sie folgende Angaben:

- Bruttoarbeitslohn 15.510 €
- Einkünfte aus selbstständiger Tätigkeit 500 €

- Beiträge zur
  - Kranken- und Pflegeversicherung 2.600 € (Komfortanteil: 20 %)
  - Haftpflichtversicherung 495 €
  - Hausratversicherung 175 €

Berechnen Sie systematisch das zu versteuernde Einkommen von Frau Brockmann für den VZ 2023, und prüfen Sie, ob Frau Brockmann für den VZ 2023 zur Einkommensteuer zu veranlagen ist.

C. Körperschaftsteuer

Lernfeld 9

1. Allgemeines

1.1 Wesen der Körperschaftsteuer im Steuersystem

Die Körperschaftsteuer als die **„Einkommensteuer der juristischen Personen"** hat in der Praxis inzwischen eine große Bedeutung erlangt, da vor allem im **mittelständischen Bereich** die Rechtsform der GmbH besonders beliebt ist.

Durch die Körperschaftsteuer soll das **Einkommen von nichtnatürlichen Personen** belastet werden. Der Name deutet schon darauf hin, dass sie vornehmlich auf Körperschaften (z. B. **AG, GmbH**) bezogen ist.

Beispiele

1. Dieter Ram betreibt als Einzelunternehmer in Leverkusen einen Computerhandel. Der Gewinn beträgt 70.000 €. Der Gewinn unterliegt nicht der Körperschaftsteuer, weil der Gewinn nicht von einer juristischen Person erzielt worden ist. Der Gewinn unterliegt der Einkommensteuer.
2. Dieter Ram ist an der „Ram OHG" aus Leverkusen beteiligt. Die OHG hat einen Gewinn von 70.000 € erwirtschaftet. Der Gewinnanteil des Dieter Ram beträgt 35.000 €. Der Gewinn der OHG unterliegt nicht der Körperschaftsteuer, weil er nicht von einer juristischen Person erzielt worden ist. Die OHG ist eine Personengesellschaft, die weder einkommen- noch körperschaftsteuerpflichtig ist. Der Gewinnanteil des Dieter Ram i. H. v. 35.000 € unterliegt der Einkommensteuer.
3. Dieter Ram ist Aufsichtsratsmitglied der „Ram AG" aus Leverkusen. Die AG hat einen Gewinn von 3 Mio. € erzielt. Dieter Ram erhält als Aufsichtsratsmitglied der AG eine Aufsichtsratsvergütung i. H. v. 9.000 €. Der Gewinn der AG unterliegt der Körperschaftsteuer, weil die AG eine juristische Person ist. Die Aufsichtsratsvergütung des Dieter Ram unterliegt hingegen nicht der Körperschaftsteuer, sondern als Einkünfte aus selbstständiger Arbeit der Einkommensteuer (§ 18 Abs. 1 Nr. 3 EStG).

Die Körperschaftsteuer ist eine

- **Personensteuer** und daher nicht als Betriebsausgabe abzugsfähig.
- **Besitzsteuer**, da das Einkommen der juristischen Person besteuert wird.
- **Direkte Steuer**, da Steuerschuldner und Steuerträger nicht personenverschieden sind.
- **Gemeinschaftsteuer**, da am Aufkommen der Bund und die Länder beteiligt sind.

1.2 Rechtsgrundlagen

Die rechtlichen Grundlagen der Körperschaften ergeben sich aus:

- dem **Körperschaftsteuergesetz** (KStG)
- der **Körperschaftsteuer-Durchführungsverordnung** (KStDV)
- dem **Einkommensteuergesetz** (EStG)
- der **Abgabenordnung** (AO).

Wie bei allen anderen Steuerarten stellen die von der Finanzverwaltung erlassenen **Körperschaftsteuer-Richtlinien** (KStR) **keine Rechtsgrundlagen** dar. Diese behandeln vielmehr **Zweifels- und Auslegungsfragen** von allgemeiner Bedeutung, die lediglich die Finanzbehörden mit dem Zweck binden, eine einheitliche Anwendung des Körperschaftsteuerrechts zu gewährleisten.

1.3 Zuständigkeiten

Örtlich zuständig ist nach § 20 Abs. 1 AO das Finanzamt, in dessen Bezirk sich die Geschäftsleitung befindet (**Geschäftsleitungsfinanzamt**).

Geschäftsleitung ist nach § 10 AO der Mittelpunkt der geschäftlichen Oberleitung, also dort, wo der für die Geschäftsführung maßgebende Wille gebildet wird. Die Geschäftsleitung einer Gesellschaft befindet sich regelmäßig an dem Ort, an dem die zur Vertretung der Gesellschaft befugte Person die ihr obliegende geschäftsführende Tätigkeit entfaltet. Das ist bei einer **GmbH** im Allgemeinen der Ort, wo sich das **Büro ihres Geschäftsführers** befindet.

Beispiele

1. Der Steuerpflichtige S., der seinen Wohnsitz in Düsseldorf hat, ist Geschäftsführer der Y-GmbH, die ihre Geschäftsleitung in Leverkusen hat. Für die Körperschaftsteuer der GmbH ist das Geschäftsleitungsfinanzamt Leverkusen örtlich zuständig, da die GmbH im Bezirk des FA Leverkusen ihre Geschäftsleitung hat.
2. Die Unternehmer A und B betreiben in Köln eine Maschinenbau-GmbH, an der beide beteiligt sind. Im November wird die Geschäftsleitung der GmbH nach Bergisch Gladbach verlegt, während die Produktionsstätte in Köln verbleibt. Örtlich zuständig ist für die Körperschaftsteuer das Geschäftsleitungsfinanzamt in Bergisch Gladbach, § 20 Abs. 1 AO.

Befindet sich die Geschäftsleitung nicht im Inland oder lässt sich der Ort der Geschäftsleitung nicht feststellen, so ist das Finanzamt örtlich zuständig, in dessen Bezirk die Körperschaft ihren **Sitz** hat (§ 20 Abs. 2 AO), also gem. § 11 AO an dem Ort, der durch Gesetz, Gesellschaftsvertrag, Satzung, Stiftungsgeschäft oder dergleichen bestimmt ist.

2. Steuerpflicht

2.1 Grundsätzliches

Ähnlich wie bei der Einkommensteuer wird zwischen der

- **unbeschränkten** Steuerpflicht und der
- **beschränkten** Steuerpflicht

unterschieden.

2.2 Unbeschränkte Steuerpflicht

Der unbeschränkten Steuerpflicht unterliegen alle **Körperschaften**, die

- in **§ 1 KStG aufgeführt** sind **und**
- ihre **Geschäftsleitung** bzw. **Sitz** im **Inland** haben.

Liegt danach die unbeschränkte Steuerpflicht vor, so umfasst diese – wie bei der Einkommensteuer – gem. § 1 Abs. 2 KStG sämtliche Einkünfte (sog. **Welteinkommen**). Eine Ausnahme gilt lediglich dann, wenn bezüglich ausländischer Einkünfte Sonderregelungen eines **Doppelbesteuerungsabkommens** zu beachten sind.

Nach der **abschließenden Aufzählung** des **§ 1 KStG** sind unbeschränkt körperschaftsteuerpflichtig:

- **Kapitalgesellschaften** (Europäische Gesellschaften, AG, KGaA, GmbH)
- Erwerbs- und Wirtschaftsgenossenschaften (z. B. Volksbanken)
- Versicherungsvereine auf Gegenseitigkeit
- sonstige juristische Personen des privaten Rechts (z. B. **rechtsfähige Vereine**)
- nichtrechtsfähige Vereine (z. B. Gewerkschaften, Arbeitgeberverbände), Anstalten, Stiftungen und andere Zweckvermögen des privaten Rechts (z. B. Immobilien- oder Investmentfonds)
- Betriebe gewerblicher Art von juristischen Personen des öffentlichen Rechts (z. B. Wasserwerke von Gemeinden, städtische Verkehrsbetriebe).

Aufgrund der strengen Bindungen an die vom Zivilrecht vorgegebenen Rechtsformen ist also eine **Einmann-GmbH** oder eine **Familien-GmbH körperschaftsteuerpflichtig**, während eine **GmbH & Co. KG** ebenso wie jede andere **Personengesellschaft** grundsätzlich **nicht** der **Körperschaftsteuer** unterliegt.

Beispiele

1. Eine GmbH, die ihre Geschäftsleitung und ihren Sitz in Köln hat, erzielt sowohl inländische als auch ausländische Einkünfte. Die GmbH ist unbeschränkt körperschaftsteuerpflichtig, da sie ihre Geschäftsleitung in Köln, mithin im Inland hat (§ 1 Abs. 1 Nr. 1 KStG). Sie unterliegt mit ihrem Welteinkommen, also den in- und ausländischen Einkünften, der Körperschaftsteuer (§ 1 Abs. 2 KStG).
2. wie 1. mit dem Unterschied, dass die GmbH lediglich ihre Geschäftsleitung in Köln hat. Der Sitz der Gesellschaft befindet sich in Amsterdam. Die GmbH ist unbeschränkt körperschaftsteuerpflichtig, da es dafür ausreicht, wenn sich lediglich die Geschäftsleitung (oder auch lediglich der Sitz) der Gesellschaft im Inland befindet.

Nach **§ 1a Abs. 1 KStG** können jedoch für Zwecke der Körperschaftsteuer eine **Personenhandels- oder Partnerschaftsgesellschaft** auf unwiderruflichen Antrag **wie eine Kapitalgesellschaft (optierende Gesellschaft)** und ihre Gesellschafter wie die nicht persönlich haftenden Gesellschafter einer Kapitalgesellschaft behandelt werden.

Einzelunternehmen, Gesellschaften des bürgerlichen Rechts, Erbengemeinschaften und reine Innengesellschaften (wie die atypisch stille Gesellschaft) fallen nicht in den Anwendungsbereich des § 1a KStG.

Der Antrag auf Option zur Körperschaftsbesteuerung ist **unwiderruflich**. Eines erneuten Antrags für die folgenden Wirtschaftsjahre bedarf es nicht, wenn die Voraussetzungen für die Option ununterbrochen vorliegen.

Der **Antrag** ist von der Personenhandels- oder Partnerschaftsgesellschaft nach **amtlich vorgeschriebenem Datensatz durch Datenfernübertragung** bei dem für die gesonderte und einheitliche Feststellung der Einkünfte nach § 180 AO zuständigen Finanzamt **spätestens einen Monat vor Beginn des Wirtschaftsjahres** zu stellen, ab dem die Besteuerung wie eine Kapitalgesellschaft gelten soll.

Für die Option zur Körperschaftsbesteuerung ist grundsätzlich die **Zustimmung aller Gesellschafter** erforderlich. Diese muss im Zeitpunkt der Antragstellung vorliegen.

Eine **notarielle Beurkundung** der Beschlussfassung ist **nicht erforderlich**.

Aufgrund der Option gilt die Beteiligung an einer optierenden Gesellschaft für Zwecke der Besteuerung nach dem Einkommen als **Beteiligung eines nicht persönlich haftenden Gesellschafters an einer Kapitalgesellschaft**.

Bei dem **Gesellschafter** führen daher nach **§ 1a Abs. 3 KStG** insbesondere

- **Gewinnanteile** zu den **Einkünften aus Kapitalvermögen**.
- **Tätigkeitsvergütungen** zu den **Einkünften aus nichtselbstständiger Arbeit**.
- **Darlehenszinsen** zu den **Einkünften aus Kapitalvermögen**.

- Einnahmen aus der **Überlassung von Wirtschaftsgütern** zu den **Einkünften aus Vermietung und Verpachtung** oder zu den **sonstigen Einkünften**.

Eine Gesellschaft, die zur Körperschaftsbesteuerung optiert hat, kann nach **§ 1a Abs. 4 KStG beantragen**, dass sie nicht mehr wie eine Kapitalgesellschaft und ihre Gesellschafter nicht mehr wie die nicht persönlich haftenden Gesellschafter einer Kapitalgesellschaft behandelt werden (sog. **Rückoption**).

Der Antrag ist nach amtlich vorgeschriebenem Datensatz durch Datenfernübertragung bei dem für die Körperschaftsbesteuerung zuständigen Finanzamt spätestens einen Monat vor Beginn des Wirtschaftsjahres zu stellen, ab dem die Rückoption gelten soll.

2.3 Beschränkte Steuerpflicht

Beschränkt steuerpflichtig sind nach § 2 Nr. 1 KStG juristische Personen, die im Inland weder ihre Geschäftsleitung noch ihren Sitz haben, jedoch **inländische Einkünfte** erzielen.

Die beschränkte Steuerpflicht hat zur Folge, dass **nur die inländischen Einkünfte der Körperschaftsteuer** unterliegen.

Beispiel

Eine GmbH mit Geschäftsleitung und Sitz in Rom erzielt Einkünfte aus Vermietung und Verpachtung aus einem in Düsseldorf gelegenen Mietwohngrundstück i. H. v. 20.000 €. Die GmbH ist beschränkt körperschaftsteuerpflichtig mit ihren inländischen Einkünften i. H. v. 20.000 € (§ 2 Nr. 1 KStG).

2.4 Beginn und Ende der Steuerpflicht

2.4.1 Beginn

Da der Beginn der Steuerpflicht einer Kapitalgesellschaft (z. B. **GmbH**) im KStG nicht geregelt ist, richtet sich dieser nach dem **zivilrechtlichen Zeitpunkt** der Entstehung der Gesellschaft.

Hiernach entsteht eine GmbH erst mit ihrer **Eintragung in das Handelsregister**.

Bei Kapitalgesellschaften geht dem zivilrechtlichen Entstehungszeitpunkt eine **Gründungsphase** voraus, die in mehreren Stufen verläuft. Dabei wird unterschieden zwischen

- der sog. **Vorgründungsgesellschaft** und
- der sog. **Vorgesellschaft**.

Die **Vorgründungsgesellschaft**, die sich auf die Zeit vor Abschluss des notariellen Gesellschaftsvertrages bezieht, entsteht durch Vereinbarung der künftigen Gesellschafter, eine Kapitalgesellschaft gründen zu wollen. Der Zweck der Vorgründungsgesellschaft besteht demnach in der gemeinsamen Errichtung einer Kapitalgesellschaft (z. B. eine GmbH). Sie ist weder identisch mit der Vorgesellschaft noch mit der später entstehenden Kapitalgesellschaft und unterliegt infolgedessen auch **nicht** der **Körperschaftsteuerpflicht**. Es handelt sich bei der Vorgründungsgesellschaft daher um eine **GbR** bzw. **OHG**. Wurden von der Vorgründungsgesellschaft bereits Einkünfte erzielt, so sind diese unmittelbar bei den **einzelnen Gründungsgesellschaftern** zu versteuern.

Als **Vorgesellschaft** bezeichnet man die errichtete, aber noch nicht in das Handelsregister eingetragene Kapitalgesellschaft, d. h. die Kapitalgesellschaft im Gründungsstadium. Die Vorgesellschaft setzt den **Abschluss des notariellen Gesellschaftsvertrages** voraus. Zivilrechtlich gelten Vorgesellschaft und die nach Eintragung entstandene GmbH als identische Person. Daraus folgt, dass die Vorgesellschaft **bereits körperschaftsteuerpflichtig** ist.

Beispiel

Peter Müller und Josef Schmitz beschlossen am 03. April 2023 einen Botendienst per Fahrrad in der Rechtsform einer GmbH zu gründen. Zur Bekräftigung ihres Willens wurde am gleichen Tage ein formgerechter Vorvertrag abgeschlossen, in dem sich beide Kaufleute zum Abschluss eines entsprechenden Gesellschaftsvertrages verpflichtet haben. Um das Frühjahrsgeschäft auszunutzen, begannen sie sogleich mit den ersten Vorbereitungshandlungen (u. a. Einzahlung der Einlagen, Anschaffung von Fahrrädern). Die Geschäftstätigkeit wurde am 03. April 2023 aufgenommen. Aufgrund der großen Anfangsbelastung kamen die beiden Kaufleute erst am 04. Dezember 2023 dazu, einen den Formvorschriften entsprechenden – notariell beurkundeten – Gesellschaftsvertrag abzuschließen und die Eintragung der GmbH in das Handelsregister anzumelden. Die Eintragung erfolgte schließlich im Januar 2024.

Die im Januar 2024 zivilrechtlich entstandene GmbH mit ihrer am 04. Dezember 2023 errichteten Vorgesellschaft ist ab dem 04. Dezember 2023 unbeschränkt körperschaftsteuerpflichtig nach § 1 Abs. 1 Nr. 1 KStG. Vor dem 04. Dezember 2023 lag lediglich eine Vorgründungsgesellschaft vor, die noch keine Körperschaftsteuerpflicht auslöst. Dies hatte zur Folge, dass die beiden Gesellschafter als Mitunternehmer i. S. des § 15 Abs. 1 Nr. 2 EStG anzusehen waren, und deshalb eine einheitliche und gesonderte Gewinnfeststellung durchgeführt werden muss. Die beiden GmbH-Gründer erzielten mithin selbst Einkünfte aus Gewerbebetrieb.

Die Behandlung der Vorgesellschaft als Kapitalgesellschaft setzt allerdings voraus, dass die Eintragung ins Handelsregister später tatsächlich auch erfolgt. Kommt es nicht zur Eintragung der Vorgesellschaft in das Register, so ist zivilrechtlich keine rechtsfähige Körperschaft (z. B. keine GmbH) entstanden (**„verunglückte" Gründung**). Die in diesem Stadium steckengebliebene Gesellschaft kann deshalb auch nicht als rechtsfähige Körperschaft behandelt werden. In diesem Fall ist die „Vorgesellschaft" – wie schon die Vorgründungsgesellschaft – regelmäßig als **GbR oder OHG** zu behandeln. Erzielte Einkünfte sind ggf. einheitlich und gesondert festzustellen und den Gründungsgesellschaftern nach **§ 15 Abs. 1 Nr. 2 EStG** zuzurechnen.

2.4.2 Ende

Eine juristische Person besteht zivilrechtlich bis zu dem Zeitpunkt, zu dem sie in dem maßgebenden Register gelöscht wird.

Ihre wirtschaftliche Existenz und ihre persönliche Körperschaftsteuerpflicht enden aber erst, wenn die **geschäftliche Betätigung tatsächlich eingestellt und das gesamte vorhandene Vermögen an die Gesellschafter verteilt ist**.

Die **Löschung im Handelsregister** hat daher nur **deklaratorische**, nicht jedoch konstitutive **Wirkung**.

Für Zwecke der Besteuerung wird eine Kapitalgesellschaft als **fortbestehend** angesehen, solange sie noch **steuerliche Pflichten zu erfüllen** hat und gegen sie ergangene Steuerbescheide angreift.

Die unbeschränkte Steuerpflicht wird ebenfalls beendet durch **Umwandlung** in eine Personengesellschaft oder durch **Verlegung der Geschäftsleitung und/oder des Sitzes in das Ausland**.

3. Steuerbefreiungen

In **§ 5 KStG** sind bestimmte juristische Personen aufgeführt, die aus sozial- und volkswirtschaftlichen Gründen von der Körperschaftsteuer befreit sind.

Dazu gehören z. B.:

- **Politische Parteien**, die nicht von der staatlichen Teilfinanzierung ausgeschlossen sind.
- die **Deutsche Bundesbank**
- gemeinnützige Körperschaften i. S. des § 5 Abs. 1 Nr. 9 Satz 1 KStG.

Wird bei **gemeinnützigen Körperschaften** ein **wirtschaftlicher Geschäftsbetrieb** unterhalten, ist die **Steuerbefreiung** insoweit **ausgeschlossen** (§ 5 Abs. 1 Nr. 9 Satz 2 KStG).

Übersteigen die Einnahmen einschl. Umsatzsteuer aus wirtschaftlichen Geschäftsbetrieben insgesamt nicht **45.000 €**, so unterliegen die diesen Geschäftsbetrieben zuzuordnenden Besteuerungsgrundlagen **nicht** der **Körperschaftsteuer** (§ 64 Abs. 3 AO).

Beispiel

Der gemeinnützige Fußballverein Kick e. V. aus Düsseldorf hat im VZ 2023 folgende Einnahmen erzielt:

► Mitgliederbeiträge	40.000 €
► Einnahmen aus dem Verkauf von Speisen und Getränken	20.000 €
► Einnahmen aus Bandenwerbung	25.000 €

Die vereinnahmten Mitgliederbeiträge sind nach § 5 Abs. 1 Nr. 9 Satz 1 KStG von der Körperschaftsteuer befreit. Die aus dem wirtschaftlichen Geschäftsbetrieb erzielten Einnahmen i. H. v. insgesamt 45.000 € sind grundsätzlich nicht von der Körperschaftsteuer befreit (§ 5 Abs. 1 Nr. 9 Satz 2 KStG). Körperschaftsteuer fällt jedoch nicht an, weil die Einnahmen den Betrag von 45.000 € nicht übersteigen (§ 64 Abs. 3 AO).

4. Einkommensermittlung

4.1 Grundlagen

Bemessungsgrundlage für die Körperschaftsteuer ist gem. § 7 Abs. 1 KStG das **zu versteuernde Einkommen**.

Das zu versteuernde Einkommen ergibt sich aus dem **Einkommen**, das sich nach den **Vorschriften des EStG unter Beachtung des KStG** ergibt (§ 7 Abs. 2 KStG i. V. mit § 8 Abs. 1 KStG).

Das Einkommen wird nach § 7 Abs. 4 Satz 1 KStG nach dem **Wirtschaftsjahr** ermittelt, für das regelmäßig ein Abschluss zu machen ist.

Dieses Wirtschaftsjahr – das in der Regel einen Zeitraum von 12 Monaten umfasst – kann mit dem Kalenderjahr übereinstimmen.

Es kann aber auch vom Kalenderjahr abweichen. Bei einem solchen **abweichenden Wirtschaftsjahr** gilt der Gewinn aus Gewerbebetrieb gem. § 7 Abs. 4 Satz 2 KStG als in dem Kalenderjahr bezogen, in dem das Wirtschaftsjahr endet.

Gemäß § 8 Abs. 2 KStG sind **alle Einkünfte als Einkünfte aus Gewerbebetrieb** zu behandeln.

Ferner sind Kapitalgesellschaften Kaufleute und deshalb gem. § 238 HGB zur Buchführung verpflichtet. Sie müssen deshalb ihren Gewinn nach dem besonderen **Betriebsvermögensvergleich gem. § 5 Abs. 1 EStG** ermitteln.

Die Anwendung der Gewinnermittlung des § 5 Abs. 1 EStG, die auf § 4 Abs. 1 EStG basiert, bereitet für Kapitalgesellschaften Schwierigkeiten, weil diese **keine private Sphäre** haben. Deshalb können bei Kapitalgesellschaften auch solche Aufwendungen Betriebsausgaben sein, die bei natürlichen Personen als Kosten der Lebensführung nicht abzugsfähig sind. Ferner erhöhen steuerfreie Erträge den handelsrechtlichen Gewinn, während sie bei natürlichen Personen steuerfrei gestellt sind.

Für die Ermittlung des zu versteuernden Einkommens von Kapitalgesellschaften ist deshalb vom Handelsbilanzgewinn bzw., sofern er abweicht, vom Steuerbilanzgewinn auszugehen. Am einfachsten nimmt man den **Jahresüberschuss aus der Gewinn- und Verlustrechnung**. Diesem sind die **nichtabzugsfähigen Aufwendungen** sowie zunächst **sämtliche Spenden hinzuzurechnen**, sofern sie den Gewinn gemindert haben, und die **steuerfreien Erträge abzuziehen**, sofern sie das Ergebnis erhöht haben.

Schematisch stellt sich die **Ermittlung des zu versteuernden Einkommens** unter Berücksichtigung der gebräuchlichsten Modifikationen vereinfacht wie folgt dar:

	Jahresüberschuss/-fehlbetrag lt. Gewinn- und Verlustrechnung
+	nicht abziehbare Aufwendungen nach EStG und KStG
+	sämtliche Spenden
+	verdeckte Gewinnausschüttungen
-	Erstattungen nicht abziehbarer Aufwendungen
-	steuerfreie Erträge i. S. der §§ 3 und 3b EStG
-	steuerfreie Investitionszulage, § 13 InvZulG
-	ausländische Einkünfte, die nach DBA steuerfrei sind
=	**Summe der Einkünfte**
-	Spenden und Beträge, soweit nach § 9 KStG abziehbar
=	**Gesamtbetrag der Einkünfte**
-	Verlustabzug i. S. des § 10d EStG
=	**zu versteuerndes Einkommen**

4.2 Nichtabziehbare Aufwendungen

Bei der Ermittlung des zu versteuernden Einkommens einer Kapitalgesellschaft sind die sog. **nichtabzugsfähigen Aufwendungen**, die in den §§ 9 und 10 KStG aufgeführt sind, in Form einer **Hinzurechnung** zu berücksichtigen.

Neben diesen körperschaftsteuerlichen Vorschriften sind jedoch ebenfalls die nichtabziehbaren Betriebsausgaben gem. **§ 4 Abs. 5, 5b EStG** hinzuzurechnen.

Dazu gehören u. a.:

- **Werbegeschenke über 35 €**
- **unangemessene Bewirtungsaufwendungen**
- **30 % der angemessenen Bewirtungsaufwendungen**
- festgesetzte **Geldbußen, Ordnungs- und Verwarnungsgelder**
- Zinsen auf hinterzogene Steuern
- **Gewerbesteuer** und die darauf entfallenden Nebenleistungen.

Zu den wichtigsten **nichtabziehbaren Aufwendungen des Körperschaftsteuerrechts** gehören:

- **Spenden**
- gem. § 10 Nr. 2 KStG Steuern vom Einkommen und sonstige Personensteuern (z. B. **Körperschaftsteuer, Solidaritätszuschlag**) sowie die **Umsatzsteuer** für Umsätze, die **Entnahmen** oder verdeckte Gewinnausschüttungen sind, und die **Vorsteuerbeträge** auf Aufwendungen, für die das Abzugsverbot des § 4 Abs. 5 Satz 1 Nr. 1 - 4 und 7 oder Abs. 7 EStG gilt
- Nebenleistungen (z. B. **Säumnis- und Verspätungszuschläge**) auf nichtabziehbare Steuern
- in einem Strafverfahren festgesetzte Geldstrafen (§ 10 Nr. 3 KStG)

  Die mit den Rechtsnachteilen zusammenhängenden Verfahrenskosten, insbesondere **Gerichts- und Anwaltskosten**, und Finanzierungskosten unterliegen ebenfalls dem Abzugsverbot (R 10.2 Satz 5 KStR)
- die **Hälfte der Vergütungen**, die z. B. an **Mitglieder eines Aufsichtsrates**, **Beirates**, **Verwaltungsrates** gewährt werden. Vergütungen für die Überwachung der Geschäftsführung (Aufsichtsratsvergütungen) sind alle Leistungen, die als Entgelt für die Tätigkeit gewährt werden. Hierzu gehören auch Tagegelder, Sitzungsgelder, Reisegelder und sonstige Aufwandsentschädigungen. Unter das hälftige Abzugsverbot des § 10 Nr. 4 KStG fällt jedoch **nicht** der dem einzelnen Aufsichtsratsmitglied aus der Wahrnehmung seiner Tätigkeit erwachsene Aufwand, soweit ihm dieser **Aufwand gesondert erstattet** worden ist (R 10.3 Abs. 1 Satz 3 KStR).

Beispiele

Beispiel 1:
Die XY-GmbH hat als Kontrollorgan einen Aufsichtsrat. Die gesamten Aufsichtsratsvergütungen für den VZ 2023 betragen 5.000 € und wurden in voller Höhe als Aufwand verbucht. In diesem Betrag enthalten sind nachgewiesene und gesondert erstattete Reisekosten an einzelne Aufsichtsratsmitglieder i. H. v. 1.000 €.

Hinzuzurechnen sind nach § 10 Nr. 4 KStG 50 % der gezahlten Aufsichtsratsvergütungen, jedoch nicht die erstatteten Reisekosten (R 50 Abs. 1 Satz 3 KStR).

Die Hinzurechnung beträgt demnach (5.000 € - 1.000 € =) 4.000 € • 50 % = 2.000 €.

Beispiel 2:
Eine GmbH weist für den VZ 2023 (Wirtschaftsjahr = Kalenderjahr) einen handelsrechtlichen Gewinn von 242.160 € aus. Folgende Erträge und Aufwendungen haben das Ergebnis beeinflusst:

► erhaltene Investitionszulage nach dem InvZulG	25.000 €
► Körperschaftsteuervorauszahlungen	35.000 €
► Körperschaftsteuererstattung	500 €
► gezahlter Solidaritätszuschlag	1.925 €
► Gewerbesteuer	7.500 €
► gezahlte Aufsichtsratsvergütungen	13.000 €
► angemessene Bewirtungsaufwendungen (netto)	5.000 €

Der gesondert aus dem VZ 2022 festgestellte Verlust beträgt 20.000 €.

Das zu versteuernde Einkommen ermittelt sich für den VZ 2023 wie folgt:

	Gewinn lt. Gewinn- und Verlustrechnung	242.160,00 €
+	nichtabziehbare Aufwendungen	
	► 30 % der Bewirtungsaufwendungen	1.500,00 €
	► Körperschaftsteuervorauszahlungen	35.000,00 €
	► Gewerbesteuer	7.500,00 €
	► gezahlter Solidaritätszuschlag	1.925,00 €
	► 50 % der Aufsichtsratsvergütungen	6.500,00 €
-	Körperschaftsteuererstattung	500,00 €
-	steuerfreie Investitionszulage	25.000,00 €
=	**Summe der Einkünfte**	269.085,00 €
=	**Gesamtbetrag der Einkünfte**	269.085,00 €
-	Verlustabzug aus 2022	20.000,00 €
=	**zu versteuerndes Einkommen 2023**	249.085,00 €

4.3 Steuerbefreiung von Beteiligungserträgen

Nach **§ 8b Abs. 1 KStG** sind z. B. **Gewinnausschüttungen (Dividendenerträge) steuerfrei** und bleiben deshalb bei der Ermittlung des Einkommens außer Ansatz.

Von den Gewinnausschüttungen (Dividendenerträge), die bei der Ermittlung des Einkommens außer Ansatz bleiben, **gelten 5 % als Ausgaben**, die **nicht** als **Betriebsausgaben** abgezogen werden können **(§ 8b Abs. 5 KStG)**.

MERKE

Die Gewinnausschüttungen sind jedoch zu **100 % steuerpflichtig**, wenn die Beteiligung zu Beginn des Kalenderjahres **weniger als 10 %** betragen hat (**§ 8b Abs. 4 Satz 1 KStG**). Die **5 %-Regelung** findet dann **keine Anwendung** (**§ 8b Abs. 4 Satz 7 KStG**).

Beispiel

Die „Hänsel & Gretel GmbH" (GmbH) aus Leverkusen weist in ihrer Schlussbilanz zum 31.12.2023 einen Bilanzgewinn i. H. v. 70.000 € aus.

Folgende beiden Sachverhalte sind noch bei der Ermittlung des zu versteuernden Einkommens zu berücksichtigen:

1. Im Mai 2023 erhielt die GmbH für 2022 eine Bruttodividende aus einer 20 %-igen Beteiligung an der Messe AG mit Sitz in Köln i. H. v. 10.000 €. Eine ordnungsgemäße Steuerbescheinigung liegt vor. Die GmbH buchte wie folgt:

Bank	7.362,50 €	
Kapitalertragsteuer (25 %)	2.500,00 €	
Solidaritätszuschlag (5,5 %)	137,50 €	
an Erträge aus Beteiligungen		10.000,00 €

2. Die GmbH ist ferner zu 5 % an der Mustermann AG in Düsseldorf beteiligt. Die von der Mustermann AG im Mai 2023 für 2022 gezahlte Dividende wurde nach Abzug von 3.750,00 € Kapitalertragsteuer und 206,25 € Solidaritätszuschlag Höhe von 11.043,75 € dem Bankkonto der GmbH gutgeschrieben. Nur die Nettodividende wurde in der Gewinn- und Verlustrechnung ausgewiesen. Eine ordnungsgemäße Steuerbescheinigung liegt vor. Weitere Buchungen erfolgten nicht.

Das zu versteuernde Einkommen ermittelt sich wie folgt:

	Bilanzgewinn	70.000,00 €
	Messe AG:	
-	Beteiligungserträge, § 8b Abs. 1 KStG	10.000,00 €
+	5 % nicht abz. BA, § 8b Abs. 5 KStG	500,00 €
+	einbehaltene Kapitalertragsteuer, § 10 Nr. 2 KStG	2.500,00 €
+	einbehaltener Solidaritätszuschlag, § 10 Nr. 2 KStG	137,50 €
	Mustermann AG: Der Beteiligungsertrag ist in Höhe der Bruttodividende in voller Höhe steuerpflichtig, weil die GmbH zu weniger als 10 % an der AG beteiligt ist, § 8b Abs. 4 Satz 1 KStG. Die Vorschrift des § 8b Abs. 5 KStG findet keine Anwendung, weil die Dividende in voller Höhe steuerpflichtig ist, § 8b Abs. 4 Satz 7 KStG. Eine Gewinnkorrektur ist nicht erforderlich, weil die Kapitalertragsteuer und der Solidaritätszuschlag erfolgsneutral sind. (Buchung: Steueraufwand an Beteiligungserträge)	
+	einbehaltene Kapitalertragsteuer, § 10 Nr. 2 KStG	3.750,00 €
+	einbehaltener Solidaritätszuschlag, § 10 Nr. 2 KStG	206,25 €
=	**zu versteuerndes Einkommen**	**67.093,75 €**

4.4 Spenden

Korrespondierend zu § 10b EStG enthält **§ 9 Abs. 1 Nr. 2 KStG** eine Sonderregelung für den Abzug von Spenden.

Spenden zur Förderung steuerbegünstigter Zwecke i. S. der §§ 52 bis 54 AO können nur bis zur Höhe von

- **20 % des Einkommens** oder
- 4 v. T. der Summe aus Umsätzen, Löhnen und Gehältern

abgezogen werden.

Bemessungsgrundlage für die Höchstbetragsberechnung der abziehbaren Spenden ist gem. § 9 Abs. 2 Satz 1 KStG die **Summe der Einkünfte**, also das Einkommen vor Abzug sämtlicher Spenden und vor Berücksichtigung des Verlustabzugs.

Diese Berechnungsweise hat in der Praxis dazu geführt, **zunächst alle Spenden**, die als Aufwand erfasst worden sind, **dem Gewinn hinzuzurechnen**. Nach Ermittlung der Summe der Einkünfte werden die unter Berücksichtigung der Höchstbeträge **abziehbaren Spenden** wieder **zur Ermittlung des Gesamtbetrags der Einkünfte abgezogen** (vgl. Berechnungsschema unter 4.1). Diese Vorgehensweise hat letztlich den Vorteil, dass sich die Bemessungsgrundlage für die Höchstbeträge entsprechend erhöht.

Spenden an politische Parteien sind mangels Erwähnung in § 9 KStG **nicht abzugsfähig**.

Beispiel

Eine GmbH weist für den VZ 2023 (Wirtschaftsjahr = Kalenderjahr) einen handelsrechtlichen Gewinn von 200.000 € aus. Folgende Erträge und Aufwendungen haben das Ergebnis beeinflusst:

► erhaltene Investitionszulage nach dem InvZulG	15.000 €
► Körperschaftsteuervorauszahlungen	35.000 €
► gezahlter Solidaritätszuschlag	1.925 €
► gezahlte Aufsichtsratsvergütungen	10.000 €
► Werbegeschenke über 35 € (netto)	3.000 €
► Parteispende	10.000 €
► Spende für religiöse Zwecke	40.000 €

Das zu versteuernde Einkommen ermittelt sich für den VZ 2023 wie folgt:

Gewinn lt. Gewinn- und Verlustrechnung	200.000 €
- nicht abziehbare Vorsteuer (Werbegeschenke), § 15 Abs. 1a Nr. 1 UStG Buchung: „Aufwand an Vorsteuer“	570 €
+ nichtabziehbare Aufwendungen	
► Werbegeschenke über 35 €	3.000,00 €
► nicht abziehbare Vorsteuer (19 % v. 3.000 €)	570,00 €
► Körperschaftsteuervorauszahlungen	35.000,00 €
► gezahlter Solidaritätszuschlag	1.925,00 €
► 50 % der Aufsichtsratsvergütungen	5.000,00 €
+ Parteispende, Spende für religiöse Zwecke	50.000,00 €
- steuerfreie Investitionszulage	15.000,00 €
= Summe der Einkünfte	279.925,00 €
- Die religiöse Spende ist bis zu einem Betrag von (20 % v. 279.925 € =) 55.985 € abzugsfähig, max.	40.000,00 €
= Gesamtbetrag der Einkünfte	239.925,00 €
= zu versteuerndes Einkommen 2023	239.925,00 €

4.5 Verdeckte Gewinnausschüttungen

Verdeckte Gewinnausschüttungen (vGA) dürfen das Einkommen nicht mindern (§ 8 Abs. 3 Satz 2 KStG); sie sind also dem **Gewinn hinzuzurechnen** (vgl. Berechnungsschema unter 4.1).

Eine vGA ist eine Vermögensmehrung, die durch das Gesellschaftsverhältnis veranlasst ist, sich auf die Höhe des Einkommens auswirkt und nicht auf einem den gesellschaftsrechtlichen Vorschriften entsprechenden Gewinnverteilungsbeschluss beruht. Eine vGA liegt danach insbesondere dann vor, **wenn eine Kapitalgesellschaft ihren Gesellschaftern geldwerte Vorteile gewährt, die eine gesellschaftsfremde Person von der Gesellschaft nicht oder nicht in gleicher Höhe bekommen würde**.

Beispiel

Die PROFUS GmbH aus Solingen gewährt einem Gesellschafter ein zinsloses Darlehen über 100.000 €. Marktüblich wäre eine Verzinsung von 11,5 %. Die PROFUS GmbH verzichtet auf Zinserträge von jährlich (11,5 % v. 100.000 € =) 11.500 €. Das Einkommen ist um diesen Betrag zu niedrig. Die gewählte Vertragsgestaltung ist durch das Gesellschaftsverhältnis veranlasst. Der Zinsverzicht stellt eine verdeckte Gewinnausschüttung dar. Bei der Ermittlung des Einkommens ist demnach ein Hinzurechnungsbetrag von 11.500 € zu berücksichtigen.

Als weitere **typische Fälle** verdeckter Gewinnausschüttungen kommen z. B. in Betracht:

- Ein Gesellschafter führt Vorstandsgeschäfte und erhält dafür ein unangemessen hohes Gehalt
- eine Gesellschaft zahlt an einen Gesellschafter besondere Umsatzvergütungen neben einem angemessenen Gehalt
- ein Gesellschafter erhält von der Gesellschaft ein Darlehen zu einem außergewöhnlich geringen Zinssatz
- ein Gesellschafter liefert an die Gesellschaft Waren zu ungewöhnlich hohen Preisen oder erwirbt von der Gesellschaft Waren und sonstige Wirtschaftsgüter zu ungewöhnlich niedrigen Preisen oder erhält ungewöhnliche Preisnachlässe und Rabatte.

Verdeckte Gewinnausschüttungen stellen bei dem **Gesellschafter** Einkünfte dar, und zwar **Einkünfte aus Kapitalvermögen**, falls die Gesellschaftsanteile zum Privatvermögen gehören (§ 20 Abs. 1 Nr. 1 Satz 2 EStG), oder **Einkünfte aus Gewerbebetrieb**, falls die Gesellschaftsanteile zum Betriebsvermögen gehören (§ 20 Abs. 8 EStG).

Soweit gegenüber einer **Körperschaft** ein **Steuerbescheid** hinsichtlich der Berücksichtigung einer **verdeckten Gewinnausschüttung erlassen**, **aufgehoben** oder **geändert** wird, kann ein **Steuerbescheid** oder ein Feststellungsbescheid **gegenüber** dem **Gesellschafter**, dem die verdeckte Gewinnausschüttung zuzurechnen ist, **aufgehoben** oder **geändert** werden (§ 32a Abs. 1 KStG).

4.6 Verdeckte Einlagen

Nach R 8.9 Abs. 1 KStR liegt eine **verdeckte Einlage** vor, wenn

- ein Gesellschafter oder eine ihm nahestehende Person
- der Kapitalgesellschaft
- einen **einlagefähigen Vermögensvorteil**
- **ohne Gegenleistung** zuwendet
- und diese Zuwendung ihre Ursache im Gesellschaftsverhältnis hat (H 40 [Gesellschaftsrechtliche Veranlassung] KStH).

Einlagefähig sind nur **Wirtschaftsgüter**, die bei der empfangenen Kapitalgesellschaft **bilanzierungsfähig** sind (H 8.9 [Einlagefähiger Vermögensvorteil] KStH).

Das bedeutet, dass die verdeckte Einlage das bilanzielle Vermögen der Körperschaft durch den **Ansatz oder die Erhöhung eines Aktivpostens oder durch Wegfall bzw. Minderung eines Passivpostens** erhöhen muss.

Die Gesellschaft kann vom Gesellschafter z. B. Folgendes erhalten:

- Bargeld
- Sachwerte (z. B. Grundstücke oder Forderungen)
- **Befreiung von einer Verbindlichkeit**.

Die verdeckte Einlage darf das zu versteuernde Einkommen nicht erhöhen (§ 8 Abs. 3 Satz 3 KStG). Soweit verdeckte Einlagen den Steuerbilanzgewinn erhöht haben, sind sie **außerbilanziell bei der Ermittlung des zu versteuernden Einkommens abzuziehen**.

Beispiel

Die Pille GmbH produziert und vertreibt chemische Produkte. Alleiniger Gesellschafter und Geschäftsführer ist Herbert Pille. Hanna Pille, die Mutter von Herbert Pille, hatte der GmbH im VZ 2019 ein Fälligkeitsdarlehen über 25.000 € gewährt. Der vereinbarte Zinssatz beträgt 5 % und ist angemessen. Am 07.12.2023 sprach sie einen Verzicht auf die werthaltige Darlehensforderung aus. Daraufhin wurde das Darlehen bei der GmbH gewinnerhöhend ausgebucht.

Der Darlehensverzicht stellt eine verdeckte Einlage dar, die das Einkommen nach § 8 Abs. 3 Satz 3 KStG nicht erhöhen darf. Hanna Pille als nahestehende Person des Gesellschafters wendet der GmbH einen einlagefähigen Vermögensvorteil zu. Der einlagefähige Vermögensvorteil besteht in der Verringerung von Schulden. Bei der Ermittlung des zu versteuernden Einkommens sind demnach 25.000 € abzuziehen.

ACHTUNG

Die **unentgeltliche Gewährung** von Nutzungsvorteilen (z. B. zinslose Darlehensgewährung) kann **nicht** Gegenstand einer **verdeckten Einlage** sein.

Beispiele

1. Gesellschafter A gewährt der A-GmbH ein zinsloses Darlehen.

   Es liegt keine verdeckte Einlage vor. Es handelt sich nicht um einen einlagefähigen Vermögensvorteil.
2. Gesellschafter A überlässt der A-GmbH ein privates Grundstück zur Nutzung als Lagerplatz.

   Es liegt keine verdeckte Einlage vor.

5. Körperschaftsteuertarif

Die **Körperschaftsteuer** beträgt einheitlich **15 % des zu versteuernden Einkommens** (§ 23 Abs. 1 KStG).

MERKE

Der Steuersatz von **15 %** gilt für alle Körperschaften und zwar **unabhängig** davon, **ob** der **Gewinn ausgeschüttet oder einbehalten** (thesauriert) werden soll.

Die Höhe der Körperschaftsteuer stellt die **Tarifbelastung** dar.

Der **Solidaritätszuschlag** beträgt **5,5 % der festgesetzten Körperschaftsteuer**.

Beispiel

Für den VZ 2023 beträgt das zu versteuernde Einkommen einer GmbH 100.000 €. Der gesamte Gewinn soll

a) nicht ausgeschüttet, also thesauriert werden,

b) in voller Höhe an ihre Gesellschafter ausgeschüttet werden.

Wie hoch ist für den VZ 2023 jeweils die Körperschaftsteuer (Tarifbelastung) und der Solidaritätszuschlag?

Die Körperschaftsteuer beträgt einheitlich 15 % des zu versteuernden Einkommens, und zwar unabhängig davon, ob der Gewinn ausgeschüttet oder thesauriert werden soll. In beiden Fällen beträgt die Körperschaftsteuer daher (15 % von 100.000 € =) 15.000 €. Der festzusetzende Solidaritätszuschlag beträgt (5,5 % von 15.000 € =) 825 €.

6. Steuerliche Auswirkung beim empfangenden Anteilseigner

Bei der Ausschüttung des Gewinns ergeben sich unterschiedliche Auswirkungen, je nachdem an wen die Dividende ausgeschüttet wurde und ob die Anteile im Privat- oder Betriebsvermögen gehalten werden.

6.1 Gewinnausschüttungen an natürliche Personen im Privatvermögen

Dividenden an natürliche Personen im Privatvermögen zählen gem. § 20 Abs. 1 Nr. 1 EStG zu den **Einkünften aus Kapitalvermögen**.

Bei der Ausschüttung der Dividende ist eine **Kapitalertragsteuer von 25 %** und ein **Solidaritätszuschlag von 5,5 %** von der Kapitalertragsteuer einzubehalten und an das Finanzamt abzuführen.

MERKE

Der Steuerabzug hat grundsätzlich **abgeltende Wirkung** (§ 43 Abs. 5 EStG), sodass bei der Ermittlung des zu versteuernden Einkommens die Einkünfte aus Kapitalvermögen grundsätzlich mit **„0 €"** anzusetzen sind, sofern nicht nach § 32d Abs. 6 EStG ein Antrag auf eine Günstigerprüfung gestellt wird.

Beispiel

Der ledige konfessionslose Steuerpflichtige ist zu 30 % an einer GmbH beteiligt, für die das zu versteuernde Einkommen für den VZ 2023 insgesamt 50.000 € beträgt.

Der Steuerpflichtige hält die Beteiligung in seinem Privatvermögen.

Die GmbH kann insgesamt folgende **Bruttodividende** (ausschüttungsfähige Dividende) ausschütten:

	zu versteuerndes Einkommen	50.000,00 €
-	15 % Körperschaftssteuer	7.500,00 €
-	5,5 % SolZ (5,5 % von 7.500 €)	412,50 €
=	Bruttodividende	42.087,50 €

Von dieser Bruttodividende erhält der Steuerpflichtige **folgende auszuzahlende Nettodividende** auf seinem Bankkonto gutschrieben:

	Bruttodividende • 30 %	12.626,25 €
-	25 % Kapitalertragsteuer	3.156,56 €
-	5,5 % SolZ (5,5 % von 3.156,56 €)	173,61 €
=	Nettodividende = Bankgutschrift	9.296,08 €

Die einbehaltene Kapitalertragsteuer und der Solidaritätszuschlag haben nach § 43 Abs. 5 EStG abgeltende Wirkung, sodass die Einkünfte aus Kapitalvermögen bei der Berechnung des zu versteuernden Einkommens mit „0 €" anzusetzen sind.

MERKE

Unter den Voraussetzungen des **§ 32d Abs. 2 Nr. 3 EStG** (Beteiligung von mindestens 25 % oder zu mindestens 1 % und beruflicher Betätigung für die Kapitalgesellschaft) können die Kapitalerträge in die Veranlagung mit einbezogen werden. Es findet dann das **Teileinkünfteverfahren** Anwendung; ein **Abzug des Sparer-Pauschbetrages** ist jedoch **ausgeschlossen** (§ 32d Abs. 2 Nr. 3 Satz 2 EStG). Die **einbehaltenen Steuerbeträge** haben dann **keine abgeltende Wirkung**, sondern werden auf die **festzusetzende Einkommensteuer angerechnet**.

Beispiel

Wie oben jedoch stellt der Steuerpflichtige einen Antrag nach § 32d Abs. 2 Nr. 3 EStG.

Der Steuerpflichtige hat steuerpflichtige Einkünfte aus Kapitalvermögen i. H. v. (12.626,25 € • 60 % Teileinkünfteverfahren =) 7.575,75 € in seine ESt-Veranlagung mit einzubeziehen; der Ansatz des Sparer-Pauschbetrages ist ausgeschlossen. Die einbehaltene Kapitalertragsteuer (3.156,56 €) und der Solidaritätszuschlag (173,61 €) haben keine abgeltende Wirkung und werden deshalb in voller Höhe auf die festzusetzende Einkommensteuer angerechnet.

6.2 Gewinnausschüttungen an natürliche Personen im Betriebsvermögen

Dividenden an natürliche Personen im Betriebsvermögen zählen gem. § 20 Abs. 8 EStG i. V. mit § 15 Abs. 1 Nr. 1 EStG zu den **Einkünften aus Gewerbebetrieb**.

Diese betrieblichen Kapitalerträge (Dividenden) sind nach § 3 Nr. 40 EStG zu 40 % steuerfrei (**Teileinkünfteverfahren**).

Bei der Auszahlung werden 25 % Kapitalertragsteuer von der Bruttodividende und 5,5 % Solidaritätszuschlag einbehalten.

Der Steuerabzug hat keine abgeltende Wirkung und wird daher in voller Höhe auf die festzusetzende Einkommensteuer angerechnet.

Da nur 60 % der Ausschüttung besteuert werden, sind **Betriebsausgaben**, die mit diesen Einkünften im Zusammenhang stehen, auch nur **zu 60 % abzugsfähig** (§ 3c Abs. 2 EStG).

7. Fälle zur Sicherung des Lernerfolgs

Fall 1:

Prüfen Sie unter Angabe der gesetzlichen Vorschriften, ob folgende Rechtsgebilde unbeschränkt körperschaftsteuerpflichtig sind!

1. Wirtschaftsakademie Küster, Gesellschaft für Erwachsenenbildung mbH, Solingen
2. Willi Wutz GmbH & Co. KG, Leverkusen
3. Henkel KGaA, Düsseldorf
4. Wasserwerk der Stadt Leverkusen
5. Kölner Versicherungsverein a.G.
6. Volksbank eG, Bensberg
7. Sportverein Mettmann e. V., Mettmann
8. Spedition Speedy Gonzales KG, Köln

Fall 2:

Eine GmbH mit Sitz in Leverkusen unterhält weitere Betriebsstätten in München, Paris, Tokio und in New York. In allen Betriebsstätten werden gewerbliche Einkünfte erzielt.

a) Prüfen und begründen Sie unter Angabe der gesetzlichen Vorschrift(en), ob die GmbH unbeschränkt körperschaftsteuerpflichtig ist!

b) In welchem Umfang werden die von der GmbH erzielten Einkünfte zur Besteuerung herangezogen? Begründen Sie Ihre Ansicht unter Angabe der gesetzlichen Vorschrift(en)!

Fall 3:

Eine GmbH verlegte Ende Dezember 2022 ihre Produktionsstätte und den Vertrieb von Bergisch Gladbach nach Fuerteventura (Kanarische Inseln). Die Geschäfte wurden aber zunächst weiterhin von dem Leverkusener Büro abgewickelt. Zum 31.12.2023 wurde auch das Leverkusener Büro geschlossen und nach Fuerteventura verlegt. Für den Vertrieb in Deutschland richtete die GmbH am 02.05.2024 ein Lager in Düsseldorf ein.

Beurteilen Sie unter Angabe der gesetzlichen Vorschriften die Körperschaftsteuerpflicht der GmbH für die VZ 2022 - 2024!

Fall 4:

Zwei Studenten wollen einen Computerhandel in der Rechtsform einer GmbH eröffnen. Am 23. Oktober 2022 wurden Geschäftsräume angemietet. Im November 2022 wurden Einrichtungsgegenstände und Waren angeschafft. Am 12. Januar 2023 wurde das Geschäft eröffnet. Am 13. März 2023 erschien folgende Anzeige in der örtlichen Tagespresse:

HRB 03. März 2023: Neueintragung Computerhandel GmbH, Leverkusen
Die Satzung wurde am 04. Januar 2023 notariell beurkundet.

Prüfen und begründen Sie, ab welchem Zeitpunkt die Körperschaftsteuerpflicht beginnt!

Fall 5:

Die PROFUS GmbH ist ein in Amsterdam ansässiges Unternehmen für den Vertrieb von Soft- und Hardware. Ihr einziger Gesellschafter ist der ebenfalls in Amsterdam wohnende Jupp van Manco. Der Geschäftsführer der GmbH, Bernd Brecht, lebt seit jeher in Bergisch Gladbach. Von dort trifft er auch alle Unternehmensentscheidungen. Die Verwaltungsarbeiten werden allerdings über das Büro in Rotterdam abgewickelt. Mit der Ausweitung der Geschäftstätigkeit wurde im VZ 2021 ein weiterer Geschäftsführer eingestellt, der die technische Leitung des Unternehmens – vor Ort – übernimmt. Bernd Brecht ist insoweit nur noch für den kaufmännischen Bereich zuständig. Im VZ 2023 wird der Anstellungsvertrag von Bernd Brecht dahingehend geändert, dass dieser in Zukunft bei bedeutsamen Fragen stets die Entscheidung des Allein-Gesellschafters einholen muss. Diese Entscheidungen trifft Jupp van Manco im Amsterdamer Bürogebäude.

Nehmen Sie für die VZ 2021 - 2023 zu der Körperschaftsteuerpflicht der PROFUS GmbH Stellung!

Fall 6:

Die Kaufleute Meurer und Neudorf fassten am 04.01.2023 den gemeinsamen Entschluss wegen der gestiegenen Nachfrage nach Sportartikeln eine Sportartikel-GmbH zu gründen.

Am 16.01.2023 verpflichteten sie sich durch formgerechten Vorvertrag zum Abschluss eines Gesellschaftsvertrages. Ab diesem Zeitpunkt bereiteten sie auch die Eröffnung eines gemieteten Ladenlokals vor. Um bereits das Frühjahrsgeschäft in 2023 auszunutzen, eröffneten sie das Ladenlokal bereits am 27.02.2023. Wegen der äußerst positiven Geschäftsentwicklung fanden Meurer und Neudorf erst am 07.11.2023 die Zeit, den eigentlichen notariellen Gesellschaftsvertrag abzuschließen. Anschließend meldeten sie die GmbH zur Eintragung in das Handelsregister an. Die Eintragung erfolgte am 03.01.2024.

a) Beurteilen Sie den Beginn der Körperschaftsteuerpflicht und begründen Sie Ihre Entscheidungen!

b) Welche steuerlichen Konsequenzen würden sich ergeben, wenn die Eintragung der GmbH in das Handelsregister unterblieben wäre, weil die gemeinsame Betätigung der beiden Kaufleute aufgrund von persönlichen Differenzen zum 01.01.2024 beendet wurde?

Fall 7:

Ein als gemeinnützig anerkannter Schachverein e. V. erhob im VZ 2023 aufgrund der Satzung insgesamt 15.000 € Mitgliedsbeiträge. In der selbst bewirtschafteten Vereinsgaststätte wurden 37.900 € Betriebseinnahmen (netto) und 8.700 € Betriebsausgaben erzielt.

Prüfen und begründen Sie, in welchem Umfang der Verein körperschaftsteuerpflichtig ist! Geben Sie auch die entsprechenden gesetzlichen Vorschriften mit an!

Fall 8:

Eine GmbH aus Düsseldorf hat für den VZ 2023 einen vorläufigen Jahresüberschuss von 59.796 € ausgewiesen, der nicht ausgeschüttet, sondern einer freiwilligen Rücklage zugeführt werden soll. Dabei sind die folgenden Beträge als Aufwand bzw. als Ertrag gebucht worden:

► KSt-Vorauszahlung	10.000 €
► SolZ-Vorauszahlung	550 €
► Aufsichtsratsvergütung	6.150 €
► vereinnahmte Investitionszulage	21.500 €
► Bewirtungskosten zu 100 % (netto)	3.000 €
► Verspätungszuschlag wegen verspäteter Abgabe der Lohnsteueranmeldung	1.200 €
► Spenden für politische Parteien	7.500 €
► Spenden für wissenschaftliche Zwecke	10.000 €

- Der Geschäftsführer hat der GmbH aus privaten Mitteln am 04.01.2023 ein Darlehen i. H. v. 30.000 € gewährt, das mit 15 % verzinst wird. Der übliche Zins beträgt 8 %.
- Der Geschäftsführer erhält für seine Tätigkeit ein Bruttomonatsgehalt von 10.000 €. Das branchenübliche Bruttomonatsgehalt beträgt 6.500 €.

Ermitteln Sie für den VZ 2023 in einer übersichtlichen Darstellung unter Nennung der Fachbegriffe

a) das zu versteuernde Einkommen.

b) die Steuerrückstellungen (Körperschaftsteuer und Solidaritätszuschlag).

c) den endgültigen Jahresüberschuss.

Fall 9:

An der Pannemann GmbH mit Sitz in Köln sind als Gesellschafter beteiligt:

- Fritz Pannemann zu 60 %
- Holger Pannemann zu 30 %
- Peter Pannemann zu 10 %.

Die GmbH weist in ihrer Schlussbilanz zum 31.12.2023 einen **vorläufigen handelsrechtlichen Bilanzgewinn** i. H. v. 169.362,50 € aus. Darin sind enthalten:

1. ein Gewinnvortrag aus dem Vorjahr: 17.600 €
2. eine Bruttodividende aus einer 20 %-igen Beteiligung an der Messe AG, Köln: 10.000 €
   Die GmbH buchte wie folgt (ordnungsgemäße Steuerbescheinigung liegt vor):

Bank	7.362,50 €	
Kapitalertragsteuer	2.500,00 €	
Solidaritätszuschlag	137,50 €	
an Erträge aus Beteiligungen		10.000,00 €

3. eine erhaltene Investitionszulage: 5.000 €

Als Aufwendungen sind u. a. folgende Beträge gewinnmindernd gebucht worden:

4. Beiratsvergütungen: 18.000 €
   Die GmbH hat als Kontrollorgan einen Beirat, dem auch der Gesellschafter Fritz Pannemann angehört. Die gesamten Beiratsvergütungen für 2023 betragen 18.000 €, davon entfallen auf Fritz Pannemann insgesamt 6.000 €.
5. Spenden:
   - politische Partei, Landesverband NRW: 6.000 €
   - gemeinnützige Zwecke: 12.500 €

   Zuwendungsbestätigungen liegen vor
6. Geschenke an Geschäftsfreunde (ordnungsgemäß gebucht):
   - Anschaffungskosten kleiner als 35 €: 1.200 €
   - Anschaffungskosten größer als 35 €: 800 €
7. Gewerbesteuer-Vorauszahlungen 2023: 25.500 €
8. Säumniszuschläge zur GewSt 2022: 1.000 €
9. KSt-Vorauszahlungen 2023: 20.000 €
10. SolZ-Vorauszahlungen 2023: 1.100 €
11. An den Gesellschafter Fritz Pannemann wurden als Geschäftsführergehalt vom 01.01. bis 31.10.2023 monatlich 4.000 € gezahlt. Ab 01.11.2023 wurde dieses rückwirkend zum 01.01.2023 um monatlich 1.000 € erhöht. Das Gehalt ist der Höhe nach angemessen.
12. Fritz Pannemann hat der GmbH vom 01.01.2023 - 31.12.2023 die Doppelgarage in seinem privaten Wohnhaus für monatlich 500 € umsatzsteuerfrei vermietet. Für

die Monate Januar bis November wurden die Mieten – wie vereinbart – jeweils zum Monatsende überwiesen. Lediglich die Dezembermiete wurde verspätet erst am 09.01.2023 an Fritz Pannemann überwiesen. Alle Mieten wurden in der Buchführung der GmbH zutreffend als Aufwand gebucht. Die ortsübliche Marktmiete für diese Garage beträgt monatlich 120 €.

RECHTSGRUNDLAGEN

Auszug aus den Körperschaftsteuer-Richtlinien (KStR)

R 8.5

(1) Eine verdeckte Gewinnausschüttung ist eine Vermögensminderung oder verhinderte Vermögensmehrung, die durch das Gesellschaftsverhältnis veranlasst ist, sich auf die Höhe des Einkommens auswirkt und nicht auf einem den gesellschaftsrechtlichen Vorschriften entsprechenden Gewinnverteilungsbeschluss beruht.

(2) Im Verhältnis zwischen Gesellschaft und dem beherrschenden Gesellschafter ist eine Veranlassung durch das Gesellschaftsverhältnis auch dann anzunehmen, wenn es an einer zivilrechtlich wirksamen, klaren und im Voraus abgeschlossenen Vereinbarung darüber fehlt, ob und in welcher Höhe ein Entgelt für eine Leistung des Gesellschafters zu zahlen ist ...

Aufgaben

1. Ermitteln Sie in einer **übersichtlichen Darstellung** für den VZ 2023 für die Pannemann GmbH
   a) das zu **versteuernde Einkommen**.
   b) die **Steuerrückstellungen** (Körperschaftsteuer, Solidaritätszuschlag und Gewerbesteuer).
   Bei der Berechnung der Gewerbesteuerrückstellung ist ein Saldo aus Hinzurechnungen und Kürzungen von insgesamt + 60.000 € zu berücksichtigen und von einem Hebesatz von 475 % auszugehen.
   c) den endgültigen **handelsrechtlichen Jahresüberschuss**.
   Nichtansätze sind mit „0“ zu kennzeichnen und **kurz zu begründen.**
2. Wie hoch ist für den VZ 2023 die **maximale Auszahlung** (Nettodividende) an den **ledigen, konfessionslosen** Gesellschafter Fritz Pannemann (rechnerische Darstellung erforderlich)?
3. Ermitteln Sie in einer **übersichtlichen Darstellung** für den VZ 2023 für den Gesellschafter Fritz Pannemann unter **Angabe der jeweiligen Einkunftsart** die **Summe der Einkünfte**.
   Gehen Sie bei Ihrer Lösung davon aus, dass alle erforderlichen Anträge gestellt sind.

Fall 10:

Die Erkrather Elektrogroßhandlung GmbH hat ihre Geschäftsleitung und ihren Sitz in Erkrath, Bergstr. 9. Geschäftsführer der Erkrather Elektrogroßhandlung ist Uwe Müller. In der vorläufigen Steuerbilanz weist die GmbH vor Körperschaftsteuerrückstellung, aber nach Gewerbesteuerrückstellung folgende Werte aus (vereinfachte Darstellung):

AKTIVA	Bilanz zum 31.12.2023		PASSIVA
	Euro		Euro
Verschiedene Aktiva	927.500,00	Gezeichnetes Kapital	25.000,00
		Kapitalrücklagen	50.000,00
		Gewinnrücklagen	240.000,00
		Jahresüberschuss	276.297,00
		Steuerückstellungen	62.500,00
		Verbindlichkeiten	273.703,00
	927.500,00	Gesamtkapital	927.500,00

Folgende Geschäftsvorfälle sind erfolgswirksam gebucht worden:

- angemessene und ordnungsgemäß nachgewiesene Bewirtungskosten von 1.200 € sind zu 100 % gewinnmindernd netto erfasst worden. Die Umsatzsteuer von 228 € ist auf dem Konto Vorsteuer gebucht worden.
- zwei wertvolle Kugelschreiber zu je 250 € (netto), die an wichtige Kunden verschenkt worden sind; ferner ist die Umsatzsteuer von 95 € als Aufwand gebucht.
- 250 € spanische Grundsteuer für eine Finca auf Fuerteventura, die Lieferanten und Kunden zur Verfügung gestellt wird.
- 21.000 € KSt-Nachzahlung 2021
- 1.155 € Nachzahlung Solidaritätszuschlag 2021
- 22.500 € Vorauszahlungen Körperschaftsteuer 2023
- 1.237 € Vorauszahlungen Solidaritätszuschlag 2023
- 700 € Säumniszuschlag zur Umsatzsteuer
- 3.000 € Aussetzungszinsen für eine strittige Körperschaftsteuernachzahlung
- 5.000 € Geldstrafe, da ein nahe liegender See durch austretendes Öl verunreinigt worden ist
- 5.000 € Sitzungsgelder an Mitglieder des Aufsichtsrates
- 5.000 € Investitionszulage für die unselbstständige Zweigstelle der Gesellschaft in Leipzig
- 19.500 € Spende an das Deutsche Rote Kreuz
- 1.500 € Spende an eine politische Partei

Mit Bescheid vom 17.05.2023 setzte das FA Düsseldorf-Mettmann den vortragsfähigen Verlust zum 31.12.2022 gem. § 10d EStG auf 17.394 € fest.

Aufgaben

a) Ermitteln Sie in einer übersichtlichen Darstellung für den VZ 2023
   1. das zu versteuernde Einkommen
   2. die Steuerrückstellungen (Körperschaftsteuer und Solidaritätszuschlag)
   3. den endgültigen Jahresüberschuss!

   Sofern Nichtansätze in Betracht kommen, sind diese mit „0“ zu kennzeichnen und kurz zu begründen.

b) Erstellen Sie die endgültige Bilanz zum 31.12.2023.

Fall 11:

Die X-GmbH hat ihre Geschäftsleitung und ihren Sitz in Leverkusen. Das gezeichnete Kapital zum 31.12.2023 beträgt 50.000 €. Die Anteile werden von dem Geschäftsführer Max Meier zu 85 % und von seiner Ehefrau zu 15 % gehalten.

Die Gewinn- und Verlustrechnung der X-GmbH weist für den VZ 2023 folgende Zahlen aus:

Gewinn- und Verlustrechnung 2023	Soll/€	Haben/€
Umsatzerlöse		717.260,00
Ausländische Erträge (steuerfrei)		3.000,00
Sonstige betriebliche Erträge		3.235,00
Wareneingang	429.735,00	
Personalkosten	121.448,00	
Abschreibungen	21.300,00	
Spenden (wissenschaftlich)	3.000,00	
Spenden (politische Partei)	6.000,00	
Bewirtungsaufwendungen (netto, 100 %)	8.600,00	
Verwaltungsratsvergütung	12.000,00	
KSt-Vorauszahlungen 2023	40.000,00	
SolZ-Vorauszahlungen 2023	2.200,00	
Jahresüberschuss	79.212,00	
	723.495,00	723.495,00

Aus dem Gespräch mit dem Buchhalter stellen Sie u. a. Folgendes fest:

1. Max Meier hat der GmbH am 04.01.2023 ein Darlehen von 120.000 € gegeben (Fälligkeitsdarlehen, Tilgung am 31.12.2023 in einer Summe). Herrn Meier wurden monatlich (angemessene) Zinsen i. H. v. 500 € überwiesen. Der laut Satzung erforderliche schriftliche Darlehensvertrag ist mit Datum vom 01.09.2023 abgeschlossen worden.

2. Max Meier prüfte im November 2023 die Ergebnisse der ersten drei Quartale. Dabei stellte er fest, dass das Geschäftsjahr 2023 bis dahin außerordentlich gut verlaufen ist. Er beschloss, sich eine Tantieme von 15.000 € auszubezahlen. Dieser Betrag wurde noch im November an ihn überwiesen. Nach den bisherigen Vereinbarungen stehen ihm für 2023 Tantiemezahlungen von 6.000 € zu.

Aufgaben

a) Beurteilen Sie die Tz. 1 und 2 aus körperschaftsteuerlicher Sicht und begründen Sie Ihre Entscheidungen mithilfe des nachfolgenden Auszugs aus den Körperschaftsteuer-Richtlinien!

RECHTSGRUNDLAGEN

Auszug aus den Körperschaftsteuer-Richtlinien (KStR):

R 8.5

(1) Eine verdeckte Gewinnausschüttung ist eine Vermögensminderung oder verhinderte Vermögensmehrung, die durch das Gesellschaftsverhältnis veranlasst ist, sich auf die Höhe des Einkommens auswirkt und nicht auf einem den gesellschaftsrechtlichen Vorschriften entsprechenden Gewinnverteilungsbeschluss beruht.

(2) Im Verhältnis zwischen Gesellschaft und dem beherrschenden Gesellschafter ist eine Veranlassung durch das Gesellschaftsverhältnis auch dann anzunehmen, wenn es an einer zivilrechtlich wirksamen, klaren und im Voraus abgeschlossenen Vereinbarung darüber fehlt, ob und in welcher Höhe ein Entgelt für eine Leistung des Gesellschafters zu zahlen ist. [...]

b) Ermitteln Sie in einer übersichtlichen Darstellung das zu versteuernde Einkommen für den VZ 2023!

Fall 12:

Die Gold & Silber GmbH betreibt seit 2010 in Münster in der Bahnhofstr. 5 einen Großhandel mit Münzen und Edelmetallen. Gesellschafter der GmbH sind die drei Geschwister:

- Josef Kniepich zu 60 %,
- Heinrich Kniepich zu 30 % und
- Hannah Kniepich zu 10 %.

Während Heinrich Kniepich seine Beteiligung im Betriebsvermögen hält, halten Josef und Hannah Kniepich ihre Anteile im Privatvermögen.

Die Gesellschafterin Hannah Kniepich ist Alleineigentümerin des Grundstücks „Münster, Bahnhofstr. 5“. Sie vermietet diesen Grundbesitz, der zu ihrem Privatvermögen gehört, gegen eine angemessene Pacht i. H. v. 8.000 € monatlich zzgl. gesetzlicher Umsatzsteuer an die Gold & Silber GmbH, die diesen Grundbesitz ausschließlich für betriebliche Zwecke der GmbH nutzt. Ansonsten ist Hannah Kniepich für die GmbH nicht beruflich tätig.

Sachverhalt 1:
Die GmbH weist in ihrer nach handelsrechtlichen Vorschriften ermittelten Gewinn- und Verlustrechnung für das Wirtschaftsjahr (= Kalenderjahr) 2023 folgende Positionen aus:

Gewinn- und Verlustrechnung 2023	Aufwendungen	Erträge
Umsatzerlöse		2.250.00,00 €
Sonstige betriebliche Erträge		2.800,00 €
Wareneinsatz/Materialaufwand	895.000,00 €	
Personalaufwand	214.500,00 €	
Geschäftsführergehalt Josef Kniepich	66.000,00 €	
Miet- und Pachtaufwendungen an Hannah Kniepich	96.000,00 €	
Abschreibungen auf Sachanlagen	52.500,00 €	
Geschenke über 35 € an Nichtarbeitnehmer	1.000,00 €	
nicht abziehbare Vorsteuer hierauf	190,00 €	
Bewirtungsaufwendungen (100 %)	3.000,00 €	
Geldstrafe (Verstoß gegen Umweltschutzauflagen)	500,00 €	
Sonstige betriebliche Aufwendungen	392.710,00 €	
Gewerbesteueraufwand für Vorauszahlungen und Rückstellung	20.750,00 €	
KSt-/SolZ-Vorauszahlungen	105.500,00 €	
Jahresüberschuss 2023	405.150,00 €	
	2.252.800,00 €	2.252.800,00 €

Ermitteln Sie in einer übersichtlichen Darstellung das zu versteuernde Einkommen der Gold & Silber GmbH für den VZ 2023.

Auf gewerbesteuerliche Auswirkungen ist nicht einzugehen.

Sachverhalt 2:
Für 2022 wurde am 29.11.2023 eine Brutto-Ausschüttung i. H. v. 210.000 € vorgenommen. Die entsprechenden Beträge wurden den Gesellschaftern am 30.11.2023 auf ihren Bankkonten gutgeschrieben.

Nennen Sie die Einkunftsart(en) und die Höhe der steuerpflichtigen Einkünfte, die die drei Geschwister in ihrer Steuererklärung angeben müssen.

Nehmen Sie bei der Lösung Bezug auf den gesamten Sachverhalt der Gold & Silber GmbH (Sachverhalt 1) und gehen Sie davon aus, dass sämtliche notwendigen und erforderlichen Anträge gestellt worden sind. Ein Antrag nach § 32d Abs. 6 EStG (Günstigerprüfung) wurde jedoch nicht gestellt.

D. Gewerbesteuer

Lernfeld 9

1. Allgemeines

1.1 Wesen der Gewerbesteuer im Steuersystem

Wesen	► **Besitzsteuer**	Besteuerungsgrundlage: Gewerbeertrag
	► **Realsteuer (Objekt- oder Sachsteuer)**	Persönliche Verhältnisse des Inhabers bleiben unberücksichtigt (z. B.: Familienstand) Steuergegenstand ist der Gewerbebetrieb
	► **Inlandsteuer**	Nur inländische Gewerbebetriebe sind steuerpflichtig
	► **Betriebsteuer (Kostensteuer)**	nicht abzugsfähige Betriebsausgabe (§ 4 Abs. 5b EStG)
	► **Direkte Steuer**	Steuerzahler und Steuerträger sind identisch
	► **Gemeindesteuer**	Wird von den Gemeinden verwaltet (unter Beteiligung der FÄ) Aufkommen steht den Gemeinden zu
Bedeutung	► **Steueraufkommen**	Wichtigste Einnahmequelle der Gemeinden

1.2 Rechtsgrundlagen

Rechtsgrundlagen sind:

- das **Gewerbesteuergesetz** (GewStG)
- die **Gewerbesteuer-Durchführungsverordnung** (GewStDV)
- das **Einkommensteuergesetz** (EStG)
- die **Abgabenordnung** (AO).

Keine Rechtsgrundlagen stellen die aufgrund der Ermächtigung in Art. 108 Abs. 4 GG erlassenen **Gewerbesteuer-Richtlinien** (GewStR) dar, da sie als allgemeine Verwaltungsanweisungen nur die Finanzbehörde binden.

1.3 Zuständigkeiten

Bei der Ermittlung der Gewerbesteuer sind sowohl das **Finanzamt** als auch die **Gemeinden** beteiligt.

Die entscheidenden Funktionen, nämlich die **Ermittlung der Besteuerungsgrundlagen und die Festsetzung des Steuermessbetrages durch einen Gewerbesteuermessbescheid** (= Grundlagenbescheid), sind dem **Finanzamt** und nicht der Gemeinde übertragen.

Örtlich zuständig für die Festsetzung des Steuermessbetrages ist nach § 22 Abs. 1 AO das **Betriebs-FA**. Das ist nach § 18 Abs. 1 Nr. 2 AO das FA, in dessen Bezirk sich die Geschäftsleitung – also nach § 10 AO der Mittelpunkt der geschäftlichen Oberleitung – befindet.

Das **Betriebs-FA**

- **teilt** dann gem. § 184 Abs. 3 AO den **Inhalt des Steuermessbescheides der Gemeinde mit**, der die Festsetzung der Gewerbesteuer obliegt und
- gibt den **Inhalt des Steuermessbescheides** nach Maßgabe des § 122 AO **an den Stpfl. bekannt**.

Der **hebeberechtigten Betriebsstättengemeinde** als örtlich zuständige Behörde obliegt die **Festsetzung der Gewerbesteuer**, indem sie den Hebesatz auf den vom FA mitgeteilten Steuermessbetrag anwendet. Der **Mindesthebesatz** beträgt **200 %** (§ 16 Abs. 4 GewStG).

Über die Festsetzung der Gewerbesteuer ergeht dann ein **Gewerbesteuer-Bescheid**, der dem Stpfl. bekannt gegeben wird. Der **Stpfl.** erhält also **zwei Bescheide**, nämlich

- den **Gewerbesteuermessbescheid** und
- den **Gewerbesteuerbescheid**.

1.4 Gläubiger und Schuldner der Gewerbesteuer

Steuergläubiger ist nach § 4 Abs. 1 GewStG die **hebeberechtigte Betriebsstättengemeinde**.

Das ist die Gemeinde, in deren Bezirk der Unternehmer eine Betriebsstätte unterhält. **Steuerschuldner** ist nach § 5 Abs. 1 Satz 1 GewStG der **Unternehmer**. Als Unternehmer gilt der, für dessen Rechnung das Gewerbe betrieben wird (§ 5 Abs. 1 Satz 2 GewStG).

Wird der Gewerbebetrieb von einer **Personengesellschaft** geführt, so ist Steuerschuldner nach § 5 Abs. 1 Satz 3 GewStG die **Gesellschaft** und nicht die einzelnen Mitunternehmer der Gesellschaft. Diese **haften** jedoch als **Gesamtschuldner**.

Wird das Gewerbe von einer **Kapitalgesellschaft** (z. B. AG, GmbH) betrieben, ist diese auch Steuerschuldner.

Beispiel

Wer ist

a) Steuergläubiger und
b) Steuerschuldner, wenn es sich um die
c) Firma Willi Wutz
d) Firma Willi Wutz OHG oder
e) Firma Willi Wutz GmbH

handelt, die ihre Betriebsstätte in Leverkusen unterhält?

Steuergläubiger ist die hebeberechtigte Betriebsstättengemeinde in Leverkusen. Steuerschuldner sind Willi Wutz, die OHG bzw. die GmbH.

Im Falle eines **Unternehmerwechsels** ist der bisherige Unternehmer bis zum Zeitpunkt des Übergangs des Betriebs der Steuerschuldner; ab diesem Zeitpunkt ist der neue Unternehmer der Steuerschuldner (§ 5 Abs. 2 GewStG).

2. Besteuerungsgegenstand

2.1 Überblick

Der Gewerbesteuer unterliegt nach § 2 Abs. 1 GewStG jeder **stehende Gewerbebetrieb**, soweit er im Inland betrieben wird. Darunter ist gem. § 1 GewStDV jeder Gewerbebetrieb zu verstehen, soweit er kein Reisegewerbebetrieb i. S. des § 35a Abs. 2 GewStG ist.

Ein Gewerbebetrieb wird im **Inland** betrieben, soweit für ihn im Inland eine Betriebsstätte i. S. des § 12 AO unterhalten wird (§ 2 Abs. 1 Satz 3 GewStG). Soweit ein Gewerbebetrieb sowohl inländische als auch ausländische Betriebsstätten unterhält, unterliegen der Gewerbesteuer nur die inländischen Betriebsstätten.

Liegen die Betriebsstätten in mehreren Gemeinden oder erstreckt sich eine Betriebsstätte über mehrere Gemeinden, so wird die Gewerbesteuer in jeder Gemeinde nach dem Teil des Steuermessbetrages erhoben, der auf sie entfällt (§ 4 Abs. 1 Satz 2 GewStG). Dies geschieht durch eine Zerlegung des Steuermessbetrages nach Maßgabe der §§ 28 ff. GewStG.

Bei den **stehenden Gewerbebetrieben** unterscheidet das GewStG folgende Formen:

- Gewerbebetrieb kraft gewerblicher Betätigung
- Gewerbebetrieb kraft Rechtsform
- Gewerbebetrieb kraft wirtschaftlichen Geschäftsbetriebs.

2.2 Gewerbebetrieb kraft gewerblicher Betätigung

Ein Gewerbebetrieb kraft gewerblicher Betätigung liegt immer dann vor, wenn ein gewerbliches Unternehmen i. S. des EStG betrieben wird (§ 2 Abs. 1 Satz 2 GewStG). Es gilt also die Vorschrift des **§ 15 Abs. 2 EStG** zur Bestimmung des Begriffs des Gewerbebetriebes also auch für die Gewerbesteuer.

Danach setzt die Annahme eines Gewerbebetriebes voraus:

- Selbstständigkeit
- Nachhaltigkeit
- Gewinnerzielungsabsicht
- Beteiligung am allgemeinen wirtschaftlichen Verkehr
- Keine Land- und Forstwirtschaft
- Keine freie Berufstätigkeit und keine andere selbstständige Arbeit.

Beispiel

Welche der folgenden Tätigkeiten sind gewerbesteuerpflichtig?

a) Blumeneinzelhändler

b) Rechtsanwalt

c) Handelsvertreter

d) Grundstücksgemeinschaft

e) Gärtnerei mit geringem Umsatz an Fremderzeugnissen

f) Exporteur von Maschinen

g) Kioskbesitzer, der nicht in das Handelsregister eingetragen ist

h) Die vermögende und von ihren Zinseinkünften lebende Steuerpflichtige betreibt eine Galerie, mit der sie seit Jahren Verluste erwirtschaftet. Mit Gewinnen ist künftig nicht zu rechnen.

Gewerbesteuerpflichtig sind lediglich der Blumeneinzelhändler, der Handelsvertreter, der Exporteur und der Kioskbesitzer.

In vollem Umfang gilt nach § 15 Abs. 3 Nr. 1 EStG auch die Tätigkeit einer **Personengesellschaft** (z. B. GbR, OHG, KG) als Gewerbebetrieb kraft gewerblicher Betätigung, wenn die Gesellschaft ein gewerbliches Unternehmen betreibt.

Beispiele

1. Eine Spirituosenhandlung wird in der Rechtsform einer OHG betrieben. Die OHG erzielt Einkünfte aus Gewerbebetrieb. Sie betreibt daher in vollem Umfang einen Gewerbebetrieb kraft gewerblicher Betätigung und ist daher gewerbesteuerpflichtig.
2. Die Steuerberater A und B schließen sich zwecks gemeinsamer Berufsausübung zu einer Sozietät in der Rechtsform einer Gesellschaft des bürgerlichen Rechts zusammen. Die Steuerberater erzielen keine Einkünfte aus Gewerbebetrieb i. S. des § 15 EStG, sondern aus freiberuflicher Tätigkeit (Katalogberuf). Die Personengesellschaft (= Gesellschaft des bürgerlichen Rechts) ist daher kein Gewerbebetrieb kraft gewerblicher Betätigung und deshalb auch nicht gewerbesteuerpflichtig.

Von diesem Grundsatz ist lediglich bei der **GmbH & Co. KG** eine Ausnahme zu machen. Nach § 15 Abs. 3 Nr. 2 EStG wird angenommen, dass bei einer Personengesellschaft **ohne Rücksicht auf die Art der Tätigkeit** der Gesellschaft ein **Gewerbebetrieb** angenommen wird, wenn eine GmbH als alleinige Komplementärin an der Gesellschaft beteiligt ist und der Personengesellschaft daher das Gepräge gibt.

Beispiel

Eine GmbH & Co. KG betreibt einen land- und forstwirtschaftlichen Betrieb.

Die GmbH & Co. KG ist in vollem Umfange gewerbesteuerpflichtig, da ihr die GmbH das Gepräge gibt. Auf die Art der ausgeübten Tätigkeit (hier: Land- und Forstwirtschaft) kommt es daher nicht mehr an.

2.3 Gewerbebetrieb kraft Rechtsform

Das Gewerbesteuergesetz hat den Kreis der gewerbesteuerpflichtigen Tätigkeiten über den eigentlichen Gewerbebetrieb hinaus erweitert. Nach § 2 Abs. 2 GewStG gilt nämlich die Tätigkeit einer **Kapitalgesellschaft** (z. B. GmbH, AG) **stets und in vollem Umfang als Gewerbebetrieb**.

Die Gewerbesteuerpflicht ist also bei diesen Unternehmen nur an die Rechtsform geknüpft mit der Folge, dass nicht nur eine gewerbliche Tätigkeit, sondern **jegliche Tätigkeit** die Gewerbesteuerpflicht auslöst.

So ist z. B. eine Steuerberatungsgesellschaft, die ihrer Natur nach freiberufliche Leistungen erbringt, wenn sie in der Rechtsform einer GmbH geführt wird, gewerbesteuerpflichtig. Ebenso gewerbesteuerpflichtig ist etwa eine Kapitalgesellschaft, die Land- und Forstwirtschaft betreibt oder sich mit reiner Vermögensverwaltung beschäftigt.

Eine **optierende Gesellschaft i. S. d. § 1a KStG** ist wie eine Kapitalgesellschaft und ihre Gesellschafter wie die nicht persönlich haftenden Gesellschafter zu behandeln (**§ 2 Abs. 8 GewStG**).

2.4 Gewerbebetrieb kraft wirtschaftlichen Geschäftsbetriebs

Nach § 2 Abs. 3 GewStG gilt als Gewerbebetrieb auch die Tätigkeit der **sonstigen juristischen Personen des privaten Rechts** und der **nichtrechtsfähigen Vereine**, soweit sie einen **wirtschaftlichen Geschäftsbetrieb** (ausgenommen Land- und Forstwirtschaft) unterhalten.

Danach genügt für die Feststellung der Gewerbesteuerpflicht das Vorliegen eines wirtschaftlichen Geschäftsbetriebes, d. h. eine **selbstständige und nachhaltige Tätigkeit**, durch die Einnahmen oder andere wirtschaftliche Vorteile erzielt werden, und die über den Rahmen der Vermögensverwaltung hinausgeht; die Absicht, Gewinn zu erzielen, ist nicht erforderlich (§ 14 AO).

Die folgenden Betätigungen gehen z. B. über den Rahmen der Vermögensverwaltung hinaus:

- der Betrieb einer Kantine, einer Volksküche oder eines Kasinos,
- der Betrieb einer Druckerei oder Herausgabe einer Zeitschrift,
- die Erhebung von Eintrittsgeld bei Veranstaltung einer Festlichkeit,
- der Betrieb eines Kreditinstituts oder eines Versicherungsunternehmens.

Bei den in § 2 Abs. 3 GewStG bezeichneten Gebilden bezieht sich die Gewerbesteuerpflicht nicht auf die gesamte Tätigkeit, sondern nur auf den wirtschaftlichen Geschäftsbetrieb.

Beispiel

Ein gemeinnütziger Turn- und Sportverein unterhält ein Vereinshaus mit Gaststätte. Der Gewinn aus dieser Tätigkeit beträgt 23.000 €. An Mitgliedsbeiträgen erhält der Verein 75.000 €. Hinsichtlich der Gaststätte ist der Verein mit diesem wirtschaftlichen Geschäftsbetrieb gewerbesteuerpflichtig, weil er insoweit im Wettbewerb mit einer gewerblichen Tätigkeit gleichen Inhalts steht. Die Mitgliedsbeiträge dienen der Erfüllung satzungsmäßiger Zwecke und sind daher insoweit nicht gewerbesteuerpflichtig.

3. Beginn und Ende der Steuerpflicht

3.1 Beginn

Der Beginn der Gewerbesteuerpflicht ist von der Form des Gewerbebetriebes abhängig:

- Bei **Einzelgewerbetreibenden** (Gewerbebetriebe kraft gewerblicher Betätigung) und **Personengesellschaften** (z. B. OHG, KG) beginnt die Gewerbesteuerpflicht in dem Zeitpunkt, in dem erstmals alle Voraussetzungen erfüllt sind, die zur Annahme eines Gewerbebetriebes erforderlich sind. Demgemäß beginnt die Steuerpflicht erst, wenn der **Gewerbebetrieb in Gang gesetzt** worden ist. Bloße **Vorbereitungshandlungen** (z. B. Anmietung eines Geschäftslokals, Einkauf von Waren, Einstellen von Personal) begründen noch **keine Gewerbesteuerpflicht**. Die **Handelsregistereintragung** ist für den Beginn der Gewerbesteuerpflicht **ohne Bedeutung**.

Beispiel

Der Bäckermeister B, der bisher nichtselbstständig tätig war, will einen eigenen Betrieb eröffnen. Er erwarb am 01. Februar ein unbebautes Grundstück und beauftragte am 01. März einen Architekten, eine Bäckerei mit Geschäftslokal und mehreren Wohnungen zu errichten. Da sich der Einbau des Backofens und die Lieferung verschiedener Maschinen für die Backstube verzögern, eröffnete B. am 01. April sein Ladengeschäft. In diesem verkauft er Brot und Backwaren von anderen Bäckereibetrieben im eigenen Namen und für eigene Rechnung. Am 01. November kann B. auch seine Backstube in Betrieb nehmen, nachdem er drei Bäckergesellen und zwei Auszubildende angestellt hat.

Bis zum 31. März sind nur Vorbereitungshandlungen gegeben, die eine Gewerbesteuerpflicht nicht begründen. Ab dem 01. April liegt eine gewerbliche Tätigkeit vor, weil der B. nachhaltig und selbstständig mit Gewinnerzielungsabsicht unter Beteiligung am allgemeinen wirtschaftlichen Verkehr tätig wird. Die Abhängigkeit von anderen Gewerbetreibenden bzgl. des Wareneinkaufs ist nicht entscheidungserheblich. Ebenso kommt es nicht auf das subjektive Moment an, dass B. letztlich einen Bäckereibetrieb errichten will, der in sich organisatorisch abgeschlossen und unabhängig sein soll, und dass diese Voraussetzungen erst ab dem 01. November gegeben sind.

- Bei **Kapitalgesellschaften** beginnt die Gewerbesteuerpflicht **spätestens** mit der **Eintragung in das Handelsregister**. Sie kann aber auch **schon vor diesem Zeitpunkt** durch die Aufnahme einer geschäftlichen Tätigkeit, die nach außen in Erscheinung tritt (z. B. Wareneinkauf), ausgelöst werden. Es können also **Vorbereitungshandlungen** genügen, um die Gewerbesteuerpflicht auszulösen.
- Bei den Aktivitäten der sonstigen juristischen Personen des privaten Rechts und der nichtrechtsfähigen Vereine beginnt die Gewerbesteuerpflicht mit der Aufnahme eines wirtschaftlichen Geschäftsbetriebes.

3.2 Ende

Das Ende der Gewerbesteuerpflicht ist von der Form des Gewerbebetriebes abhängig:

- Bei **Einzelgewerbetreibenden** (Gewerbebetriebe kraft gewerblicher Betätigung) und **Personengesellschaften** (z. B. OHG, KG) erlischt die Gewerbesteuerpflicht mit der **tatsächlichen Einstellung des Betriebes**. Die tatsächliche Einstellung ist anzunehmen mit der **völligen Aufgabe jeder werbenden Tätigkeit**.

  Die Einstellung darf aber nicht von vornherein als nur vorübergehend gedacht sein. Es ist dabei zu beachten, dass bei den sog. **Saisonbetrieben** (z. B. Eisdiele, Skilifte, Eisstadien, Bauhandwerk, Kurortbetriebe) während der „toten Zeit" nicht eine Einstellung in dem gerade beschriebenen Sinne, sondern nur eine **vorübergehende Unterbrechung (Ruhen)** des Gewerbebetriebes vorliegt, durch die die Gewerbesteuerpflicht nicht berührt wird (§ 2 Abs. 4 GewStG).

  Beispiel

  Das Bauunternehmen des B. betreibt zehn größere Bauprojekte. Am 28. November tritt ein schwerer Frost ein, der bis zum 31. März des folgenden Jahres anhält. Das Personal wird soweit wie möglich entlassen. Am 01. April wird die Bautätigkeit wieder aufgenommen. Hier liegt keine Einstellung des Gewerbebetriebes, sondern nur ein Ruhen i. S. des § 2 Abs. 4 GewStG vor.

- Bei **Kapitalgesellschaften** erlischt die Gewerbesteuerpflicht – anders als bei Einzelgewerbetreibenden und Personengesellschaften – nicht schon mit dem Aufhören der gewerblichen Betätigung, sondern mit dem **Aufhören jeglicher Tätigkeit** überhaupt. Das ist grundsätzlich der **Zeitpunkt, in dem das Vermögen an die Gesellschafter verteilt** worden ist.
- Bei den Aktivitäten der sonstigen juristischen Personen des privaten Rechts und der nichtrechtsfähigen Vereine endet die Gewerbesteuerpflicht mit der tatsächlichen Einstellung des wirtschaftlichen Geschäftsbetriebes.

3.3 Zusammenfassung

Formen (§ 2 GewStG)

Gewerbebetrieb kraft

gewerblicher Betätigung/Prägung		**Rechtsform**	**wirtschaftl. Geschäftsbetrieb**
Einzelunternehmung	**Personengesellschaft**	**Kapitalgesellschaft**	**Sonstige jur. Pers. des priv. Rechts u. a.**
Merkmale: ► Selbstständigkeit ► Nachhaltigkeit ► Gewinnabsicht ► Beteiligung am allgem. wirtschaftl. Verkehr ► keine Land- und Forstwirtschaft ► keine selbstständige Arbeit	Nur wenn PG ► **gewerbliche** Tätigkeit ausübt, z. B. **Gewerbliche** OHG, KG, GbR **oder** ► gewerblich **geprägt** ist (z. B. nur KapG ist pers. haftender Gesellschafter)	► AG, GmbH, KGaA ► Erwerbs- und Wirtschaftsgenossenschaft ► Versicherungsverein a. G.	Z. B. Vereine (rechtsfähig und nicht rechtsfähig) **soweit** sie einen **wirtschaftlichen Geschäftsbetrieb** unterhalten (z. B. Kantine, Druckerei, Kasino)

Beginn/Ende der GewSt-Pflicht

Einzelunternehmung / Personengesellschaft	Kapitalgesellschaft	Sonstige jur. Pers.
Beginn: ► Mit Aufnahme der gewerbl. Tätigkeit (Vorbereitungshandlung oder Eintragung ins Handelsregister genügt nicht!) **Ende:** ► Mit tatsächlicher Einstellung des Betriebs (= Einstellung jeder **werbenden** Tätigkeit)	**Beginn:** ► Mit Eintragung ins Handels-, Genossenschaftsregister, u. U. **vorher** bei nach außen in Erscheinung tretender Geschäftstätigkeit **Ende:** ► Mit Aufhören jegl. Tätigkeit (i. d. R. **nach** Verteilung des Vermögens an die Gesellschafter)	**Beginn:** ► Mit Aufnahme des wirtschaftlichen Geschäftsbetriebs **Ende:** ► Mit tatsächlicher Einstellung des wirtschaftlichen Betriebs

4. Steuerbefreiungen im Überblick

Nach näherer Maßgabe des **§ 3 GewStG** sind von der Gewerbesteuer z. B. befreit:

- Das Bundeseisenbahnvermögen, die staatlichen Lotterieunternehmen, die zugelassenen öffentlichen Spielbanken mit ihren der Spielbankabgabe unterliegenden Tätigkeiten, § 3 Nr. 1 GewStG;
- bestimmte Banken (Deutsche Bundesbank, Kreditanstalt für Wiederaufbau, Deutsche Ausgleichsbank, Landwirtschaftliche Rentenbank u. a.), § 3 Nr. 2 GewStG;
- die Bundesanstalt für vereinigungsbedingte Sonderaufgaben, § 3 Nr. 3 GewStG;
- kleinere Hochsee- und Küstenfischereien, § 3 Nr. 7 GewStG;
- rechtsfähige Pensions-, Sterbe-, Kranken- und Unterstützungskassen i. S. des § 5 Abs. 1 Nr. 3 KStG, wenn sie die für eine Befreiung von der Körperschaftsteuer erforderlichen Voraussetzungen erfüllen, § 3 Nr. 9 GewStG;
- private Schulen und andere allgemein bildende oder berufsbildende Einrichtungen, soweit ihre Leistungen nach § 4 Nr. 21 UStG von der Umsatzsteuer befreit sind, § 3 Nr. 13 GewStG;
- Krankenhäuser, Altenheime, Altenwohnheime, Pflegeheime, Einrichtungen zur vorübergehenden Aufnahme pflegebedürftiger Personen und Einrichtungen zur ambulanten Pflege kranker und pflegebedürftiger Personen, wenn gewisse Voraussetzungen erfüllt sind, § 3 Nr. 20 GewStG;
- die Arbeitsgemeinschaften Medizinischer Dienst der Krankenversicherung i. S. des § 278 SGB V und der Medizinische Dienst der Spitzenverbände der Krankenkassen i. S. des § 282 SGB V, soweit sie von der Körperschaftsteuer befreit sind, § 3 Nr. 28 GewStG;
- die Sozialkassen der Tarifvertragsparteien, § 3 Nr. 29 GewStG.

5. Gewerbeertrag als Besteuerungsgrundlage

Besteuerungsgrundlage für die Gewerbesteuer ist der Gewerbeertrag (§ 6 Satz 1 GewStG). Das GewStG gibt aber keine ausdrückliche Bestimmung des Begriffs des Gewerbeertrags. Ganz pragmatisch wird vielmehr in § 7 GewStG nur der Weg zur Ermittlung dieser Größe beschrieben:

- Ausgangspunkt ist der Gewinn oder Verlust aus dem Gewerbebetrieb, wie er sich nach den Vorschriften des EStG/KStG ergibt, vermehrt um die in § 8 GewStG beschriebenen Hinzurechnungen und vermindert um die in § 9 GewStG beschriebenen Kürzungen.

Was sich auf diese Weise dann ergibt, ist der Gewerbeertrag.

5.1 Ermittlung des Gewerbeertrags (Überblick)

Ausgangswert	**Gewinn oder Verlust laut EStG oder KStG**	
+ Hinzurechnungen (§ 8 GewStG) – Auswahl –	**Arten**	**Voraussetzungen**
	► **100 %** der **Entgelte** für **Schulden**	**Zinsen für langfristige und kurzfristige Schulden**. Dazu gehören auch gewährte **Skonti**, sofern sie nicht dem allgemeinen Geschäftsverkehr entsprechen.
	► **100 %** der **Gewinnanteile** des **typischen stillen Gesellschafters**	Eine Hinzurechnung erfolgt **auch dann**, wenn die Gewinnanteile beim stillen Gesellschafter ebenfalls der Gewerbesteuer unterliegen, d. h. wenn die stille Beteiligung zu seinem **Betriebsvermögen** gehört.
	► **20 %** der **Mieten**, **Pachten**, **Leasingraten** für die Nutzung **beweglicher Wirtschaftsgüter** des **Anlagevermögens**, die im Eigentum eines anderen stehen. Für **Elektrofahrzeuge, extern aufladbare Hybridelektrofahrzeuge** und **Elektrofahrräder** wird bis zum 31.12.2030 eine Hinzurechnung von nur 10 % vorgenommen, wenn der Vertrag nach dem 31.12.2021 abgeschlossen worden ist.	**Unerheblich** ist, ob der **Vermieter** selber **gewerbesteuerpflichtig** ist.
	► **50 %** der **Mieten**, **Pachten**, **Leasingraten** für die Nutzung **unbeweglicher Wirtschaftsgüter** des Anlagevermögens, die im Eigentum eines anderen stehen	
	► **25 %** der Aufwendungen für zeitlich befristete Lizenzen und Konzessionen	Sofern es sich **nicht** um **reine „Vertriebslizenzen“** handelt, die lediglich zum **Weiterverkauf** berechtigen. **Keine Hinzurechung** von **Honoraren** an **Künstler** und **Publizisten**.
Beachte:	Eine Hinzurechnung erfolgt **nur**, wenn die **Summe** dieser Hinzurechnungstatbestände den Freibetrag von **200.000 € übersteigt** und zwar dann zu **25 % des übersteigenden Betrages**. **Berechnungsbeispiel:** Summe der Hinzurechnungen: 250.000,00 € - Freibetrag 200.000,00 € = übersteigender Betrag 50.000,00 € davon 25 % = Hinzurechnung 12.500,00 €	

Ausgangswert	**Gewinn oder Verlust laut EStG oder KStG**	
	▸ **Verlustanteil an Personengesellschaft**	sofern Gesellschafter **Mitunternehmer** ist
	▸ **Spenden** (ohne Parteispenden)	sofern Gewerbebetrieb körperschaftsteuerpflichtig ist
- Kürzungen (§ 9 GewStG) – Auswahl –	▸ **1,2 %** vom **maßgeblichen Einheitswert** des z. Z. 140 % des Einheitswertes vom 01.01.1964 (§ 121a BewG)	**betrieblichen Grundbesitzes**
	▸ **Gewinnanteil an Personengesellschaft**	**sofern** Gesellschafter Mitunternehmer ist
	▸ **Spenden** (ohne Parteispenden)	▸ **bis zu 20 %** des **Gewinns aus Gewerbebetrieb** oder ▸ **bis zu 4 ‰** v. der Summe der Umsätze u. der im Wj aufgewendeten Löhne und Gehälter
Minderung des Gewerbeertrags (§ 10a GewStG)	um vortragsfähige **Gewerbeverluste** vorangegangener Erhebungszeiträume (= Verlustvortrag). Die Höhe des Verlustvortrags ist **gesondert** festzustellen.	
Abrundung	des Gewerbeertrags auf volle **100 €** nach unten	
Freibetrag	**24.500 €** bei natürl. **Personen** u. **Personengesellschaften** (nicht: Kapitalgesellschaften!)	
Steuermesszahl	**3,5 %**	

5.2 Hinzurechnungen

5.2.1 Allgemeines

Die meisten Hinzurechnungstatbestände des **§ 8 GewStG** sind in dem Objektsteuercharakter der Gewerbesteuer begründet.

Hinzurechnungen kommen dabei aber nur für solche **Beträge** in Betracht, **die bei der Ermittlung des Gewinns/Verlusts abgezogen worden sind** (Einleitungssatz des § 8 GewStG) und deren Abzug für die Ermittlung des Gewerbeertrags wieder rückgängig gemacht werden soll, weil dies im Interesse eines objektiven Gewerbeertrags geboten erscheint.

5.2.2 Entgelte für Schulden

Nach **§ 8 Nr. 1a GewStG** sind **100 % der Entgelte für langfristige** und **kurzfristige** Schulden dem Gewinn aus Gewerbebetrieb hinzuzurechnen.

Zu den **Entgelten** gehören:

- **Zinsen** für Hypotheken- und Darlehensschulden. Bei Bankkrediten gehören neben den Zinsen auch die vereinbarten Sondervergütungen (Provisionen) zu den Zinsen.

Nicht zu den Zinsen gehören z. B. die Bereitstellungs- und Zusageprovisionen, Geldbeschaffungskosten, laufende Verwaltungskosten und Depotgebühren.

- **Disagio (Damnum)**, da es eine Zinskorrekturfunktion hat
- Zinsen für betriebliche Steuerschulden nach § 233a AO
- Kontokorrentzinsen in der tatsächlich gezahlten Höhe.

Beispiel

1. Am 01. Februar 2023 hat der Großhändler G ein Darlehen i. H. v. 100.000 € zu nachfolgenden Bedingungen aufgenommen:
   - Zinssatz: 9 % p. a.
   - Auszahlung: 94 %
   - Laufzeit: 01. Februar 2023 bis 31. Januar 2028
   - Tilgung: 31. Januar 2028 in einer Summe

   Hinzuzurechnen sind gem. § 8 Nr. 1a GewStG:

   a) Darlehenszinsen

   9 % v. 100.000 € • $^{11}/_{12}$ = 8.250 €

   b) zeitanteiliges Disagio

   6 % von 100.000 € = 6.000 € : 5 Jahre = 1.200 € • $^{11}/_{12}$ = 1.100 €
2. Darlehen der Commerzbank AG, Darlehensstand zum 01. Januar 2023: 15.000 €. Dieser Betrag wurde am 30. Juni 2023 einschließlich 11 % Zinsen getilgt.

   Hinzuzurechnen sind gem. § 8 Nr. 1a GewStG: 15.000 • 11 % • $^{6}/_{12}$ = 825 €.

- Zinsen für **kurzfristige Schulden** (Verbindlichkeiten des laufenden Geschäftsverkehrs). Dazu gehören **auch gewährte Skonti**, sofern sie nicht dem allgemeinen Geschäftsverkehr entsprechen (z. B. bei einem **unverhältnismäßig langen Zahlungsziel**).

Beispiele

Beispiel 1:
Der Steuerpflichtige geriet im Jahr 2023 kurzfristig in Zahlungsschwierigkeiten. Folge war, dass er eine Warenlieferung i. H. v. 30.000 € nicht fristgemäß bezahlen konnte. Der Lieferant bot daher an, die Schuld zwei Monate zu einem Zinssatz von 4 % p. a. zu stunden. Von diesem Angebot machte der Steuerpflichtige Gebrauch und zahlte nach Ablauf der zwei Monate die 30.000 € zzgl. der vereinbarten Zinsen.

Entgelte für Schulden sind in die Bemessungsgrundlage für die Hinzurechnung nach § 8 Nr. 1 GewStG in voller Höhe einzubeziehen. Dabei kommt es nicht auf die Qualifizierung der Schuld als langfristige Schuld an, sodass die für den kurzfristigen Warenkredit gezahlten Zinsen i. H. v. (30.000 € • 4 % • $^{2}/_{12}$ =) 200 € zu berücksichtigen sind.

Beispiel 2:
Der Großhändler G unterhält bei der Kreissparkasse Düsseldorf ein laufendes Konto, das einen ständig wechselnden Schuldsaldo auswies.

Die Kreissparkasse Düsseldorf berechnete 11 % Zinsen und belastete das Konto in 2023 mit 8.100 € Zinsen.

Da es für die Qualifizierung der Schuld als langfristige Schuld nicht ankommt, sondern die Entgelte für **jegliche** Schulden der Hinzurechnung unterliegen, sind die tatsächlich in 2023 geleisteten Zinsen i. H. v. 8.100 € gem. § 8 Nr. 1a GewStG hinzuzurechnen.

5.2.3 Gewinnanteile des stillen Gesellschafters

Nach **§ 8 Nr. 1c GewStG** sind die Gewinnanteile des **echten (typischen) stillen Gesellschafters in voller Höhe hinzuzurechnen**.

Die Hinzurechnung wird **unabhängig von der steuerlichen Behandlung beim echten (typischen) stillen Gesellschafter** vorgenommen.

Eine Hinzurechnung erfolgt also auch dann, wenn die Gewinnanteile beim empfangenden stillen Gesellschafter ebenfalls der Gewerbesteuer unterliegen, d. h. wenn die stille Beteiligung zu seinem **Betriebsvermögen** gehört.

ACHTUNG

Der Gewinnanteil eines **unechten (atypischen) stillen Gesellschafters** fällt nicht unter die Hinzurechnungsvorschrift des **§ 8 Nr. 1c GewStG.** Dies ist darin begründet, dass ein unechter (atypisch) stiller Gesellschafter einkommensteuerrechtlich als **Mitunternehmer i. S. des § 15 Abs. 1 Nr. 2 EStG** behandelt wird und seine Gewinnbeteiligung im Gewerbeertrag der atypisch stillen Gesellschaft bereits enthalten ist. Ausgangsgröße für die Ermittlung des Gewerbeertrages ist der für die Mitunternehmerschaft ermittelte und einheitlich und gesondert festgestellte Gewinn. Der Gewinnanteil des atypisch stillen Gesellschafters ist deshalb von vornherein Teil des gewerblichen Gewinns der Mitunternehmerschaft.

Beispiel

Rudi Rüpel betreibt in Erkrath eine Tischdeckenfabrik. An dieser Unternehmung sind beteiligt:

a) ein kaufmännischer Angestellter als echter (typischer) stiller Gesellschafter,

b) ein Tischlereibetrieb als echter (typischer) stiller Gesellschafter und

c) ein Rentner als unechter (atypisch) stiller Gesellschafter.

Die Gewinnanteile betragen jeweils 7.000 €.

Die Gewinnanteile des kaufmännischen Angestellten und des Tischlereibetriebs sind nach § 8 Nr. 1c GewStG hinzuzurechnen. Unerheblich ist, dass der Tischlereibetrieb seine stille Beteiligung im Betriebsvermögen hält und der Gewinnanteil deshalb dort ebenfalls der Gewerbesteuer unterliegt.

Der Gewinnanteil des Rentners wird nicht nach § 8 Nr. 1c GewStG hinzugerechnet, da er insoweit als Mitunternehmer i. S. des § 15 Abs. 1 Nr. 2 EStG anzusehen ist und seine Gewinnbeteiligung deshalb im Gewerbeertrag der atypisch stillen Gesellschaft bereits enthalten ist.

5.2.4 Miet- und Pachtzinsen

Nach **§ 8 Nr. 1d GewStG** werden **20 %** der **Mieten**, **Pachten** und **Leasingraten** für die Benutzung von **fremden beweglichen Wirtschaftsgütern des Anlagevermögens** hinzugerechnet, die im Eigentum eines anderen stehen.

MERKE

Unerheblich ist, ob der **Vermieter** selbst **gewerbesteuerpflichtig** ist oder aber im Inland ansässig ist.

Für Verträge, die nach dem 31.12.2019 abgeschlossen wurden, wird bis zum 31.12.2030 eine Hinzurechnung nur zu **10 %** vorgenommen bei

- Fahrzeugen mit Antrieb ausschließlich durch Elektromotoren, die ganz oder überwiegend aus mechanischen oder elektrochemischen Energiespeichern oder aus emissionsfrei betriebenen Energiewandlern gespeist werden (**Elektrofahrzeuge**),
- **extern aufladbaren Hybridelektrofahrzeugen**, für die sich aus der Übereinstimmungsbescheinigung ergibt, dass das Fahrzeug eine Kohlendioxidemission von höchstens 50 Gramm je gefahrenen Kilometer hat oder die Reichweite des Fahrzeugs unter ausschließlicher Nutzung der elektrischen Antriebsmaschine mindestens 80 Kilometer beträgt (bei Verträgen, die vor dem 01.01.2025 abgeschlossen werden, ist eine Reichweite von 60 Kilometern – statt 80 Kilometer – ausreichend) und
- **Elektrofahrrädern**.

Werden **unbewegliche Wirtschaftsgüter** angemietet, erfolgt nach **§ 8 Nr. 1e GewStG** eine Hinzurechnung i. H. v. **50 %** der gezahlten Mieten, Pachten oder Leasingraten.

Beispiele

Der Transportunternehmer Speedy hat in 2023

a) an einen Rentner Mietzinsen i. H. v. 800 € für die Anmietung eines Kompressors zum Lackieren von Betriebsfahrzeugen gezahlt. Die Mietzinsen sind nach § 8 Nr. 1d GewStG zu 20 % hinzuzurechnen, also (20 % von 800 € =) 160 €.

b) Leasingraten i. H. v. 3.600 € für einen Omnibus an die Leasing-GmbH mit Sitz in Bergisch Gladbach gezahlt. Die geleisteten Leasingraten sind nach § 8 Nr. 1d GewStG zu 20 % hinzuzurechnen, also (20 % von 3.600 € =) 720 €.

c) an einen Land- und Forstwirt Mietzinsen i. H. v. 6.000 € für die Anmietung eines unbebauten Grundstücks gezahlt, um es als Kundenparkplatz nutzen zu können. Die Mietzinsen sind nach § 8 Nr. 1e GewStG zu 50 % hinzuzurechnen, also (50 % von 6.000 € =) 3.000 €.

5.2.5 Lizenzen und Konzessionen

Nach **§ 8 Nr. 1f GewStG** sind **25 %** der Aufwendungen für die zeitlich befristete Überlassung von Rechten hinzuzurechnen.

Dazu gehören insbesondere **Lizenzen und Konzessionen**, mit **Ausnahme** von **reinen „Vertriebslizenzen“**, die ausschließlich dazu berechtigen, daraus abgeleitete Rechte Dritten zu überlassen, z. B. wenn sich aus einer Lizenzvereinbarung ausschließlich das Recht auf eine **Weiterveräußerung** ableiten lässt.

In diesem Fall ist der Lizenznehmer wirtschaftlich vergleichbar mit einem Handelsvertreter, wie z. B. Veräußerung von Sprachwerken oder Computerprogrammen, bei denen die Rechte nicht mitveräußert werden können (§ 23 UrhG).

Ausgenommen von der Hinzurechnung sind **Honorare an Künstler und Publizisten**, die diesen z. B. unmittelbar von Verlagen als Auftraggeber für die Nutzung ihrer Werke zufließen (§ 8 Nr. 1f Satz 2 GewStG).

Beispiel

Zusammenfassendes Beispiel zur Hinzurechnung nach § 8 Nr. 1 GewStG

Sachverhalt:
Ein Gewerbetreibender weist in seiner Gewinn- und Verlustrechnung einen Zinsaufwand für langfristige Verbindlichkeiten von 80.000 € und einen für kurzfristige Verbindlichkeiten von 40.000 € aus.

An Leasingraten sind für Pkw, Lkw und Betriebs- und Geschäftsausstattung insgesamt 180.000 € gezahlt worden.

Für das Betriebsgrundstück ist eine Jahrespacht von 150.000 € gezahlt worden.

Wie hoch ist der Hinzurechnungsbetrag nach § 8 Nr. 1 GewStG?

Lösung:

	100 % Zinsaufwand für langfristige Verbindlichkeiten	80.000,00 €
+	100 % Zinsaufwand für kurzfristige Verbindlichkeiten	40.000,00 €
+	20 % Leasingzahlungen für bewegliche Wirtschaftsgüter	36.000,00 €
+	50 % Jahrespacht Betriebsgrundstück	75.000,00 €
=	Summe der Hinzurechnungen	231.000,00 €
-	Freibetrag	200.000,00 €
=	verbleibender Betrag	31.000,00 €
=	davon 25 % als Hinzurechnung	7.750,00 €

5.2.6 Verlustanteil an einer Personengesellschaft

Nach **§ 8 Nr. 8 GewStG** sind die **Verlustanteile an einer OHG, KG, GbR** dem Gewinn aus Gewerbebetrieb hinzuzurechnen, soweit der Gewerbetreibende bei der Gesellschaft als Mitunternehmer anzusehen ist.

Verlustanteile an einer **stillen Gesellschaft** sind **nicht** hinzuzurechnen.

Beispiel

Der Gewerbetreibende G. hält in seinem Betriebsvermögen eine Beteiligung von 25 % an einer KG, die in 2023 einen Verlust von 100.000 € erzielt hat.

Dem Gewinn aus Gewerbebetrieb muss G. nach § 8 Nr. 8 GewStG (25 % v. 100.000 € =) 25.000 € hinzurechnen, weil dieser Verlustanteil seinen Gewinn aus Gewerbebetrieb gemindert hat.

5.2.7 Spenden bei Kapitalgesellschaften

Bei den Kapitalgesellschaften (z. B. **AG, GmbH, optierende Gesellschaft i. S. d. § 1a KStG**) sind die Ausgaben zur Förderung steuerbegünstigter Zwecke i. S. der §§ 52 bis 54 AO im Rahmen der in § 9 Abs. 1 Nr. 2 KStG beschriebenen Höchstbeträge nach **§ 8 Nr. 9 GewStG** dem Gewinn aus Gewerbebetrieb wieder hinzuzurechnen.

Parteispenden werden mangels Erwähnung in § 9 Abs. 1 Nr. 2 KStG **nicht** hinzugerechnet.

5.3 Kürzungen

5.3.1 Allgemeines

Während die überwiegende Zahl der Hinzurechnungsvorschriften in dem Objektsteuercharakter der Gewerbesteuer begründet sind, haben die **Kürzungstatbestände des § 9 GewStG** weitgehend einen anderen Charakter: Es soll erreicht werden, dass bestimmte Teile des Gewerbebetriebes überhaupt nicht oder nicht doppelt der Gewerbesteuer unterliegen.

5.3.2 Einheitswerte der Betriebsgrundstücke

Nach **§ 9 Nr. 1 Satz 1 GewStG** ist die Summe des Gewinns und der Hinzurechnungen um **1,2 % des Einheitswertes** (ab VZ 2025: 0,11 % des Grundsteuerwerts) **des dem Unternehmer gehörenden Betriebsgrundstücks** zu kürzen, sofern das Grundstück nicht von der Grundsteuer befreit ist.

Maßgebend für die Kürzung ist der Einheitswert, der auf den **letzten Feststellungszeitpunkt** (Hauptfeststellungs-, Fortschreibungs- oder Nachfeststellungszeitpunkt) **vor dem Ende des Erhebungszeitraums** lautet (§ 9 Nr. 1 Satz 1 GewStG).

Als Bemessungsgrundlage sind **140 % des auf den Wertverhältnissen vom 01. Januar 1964 beruhenden Einheitswerts** anzusetzen (§ 121a BewG).

Beispiel

Zum Betriebsvermögen des Gewerbetreibenden gehört ein Betriebsgrundstück, dessen Einheitswert zuletzt nach den Wertverhältnissen vom 01. Januar 1964 auf 130.000 € festgestellt worden ist.

Die Kürzung nach § 9 Nr. 1 Satz 1 GewStG beträgt 1,2 % von (140 % • 130.000 € =) 182.000 €. Das sind 2.184 €.

Die Frage, ob der Grundbesitz zum Betriebsvermögen des Unternehmers gehört, ist nach Maßgabe des Einkommensteuerrechts zu entscheiden (§ 20 Abs. 1 Satz 1 GewStDV). Maßgebend ist dabei nach § 20 Abs. 1 Satz 2 GewStDV der **Stand zu Beginn des Kalenderjahres** (= 01. Januar eines Jahres).

Beginnt die Steuerpflicht eines Gewerbetreibenden im Laufe eines Erhebungszeitraums, so ist für diesen Erhebungszeitraum daher noch keine Kürzung vorzunehmen, da zu Beginn des Erhebungszeitraums am 01. Januar noch kein Betriebsgrundstück vorhanden war.

Beispiel

Der Gewerbetreibende hat am 04. Januar 2023 ein zusätzliches Betriebsgrundstück erworben. Der Einheitswert ist zum 01. Januar 2023 auf 130.000 € (Wertverhältnisse 01. Januar 1964) festgestellt worden.

Für den Erhebungszeitraum 2023 kommt eine Grundbesitzkürzung noch nicht in Betracht, weil das Grundstück zum 01. Januar 2023 noch nicht zum Betriebsvermögen gehört hat. Eine Kürzung i. H. v. 2.184 € (s. o.) ist erst für den Erhebungszeitraum 2024 vorzunehmen.

Gehört der Grundbesitz nur **zum Teil** zum Betriebsvermögen, so ist für die Berechnung der Kürzung auch nur von dem **Teil des Einheitswerts** (ab VZ 2025: Grundsteuerwerts) auszugehen, der auf den dem gewerblichen Betrieb dienenden Teil des Grundstücks entfällt (§ 20 Abs. 2 GewStDV).

Gehört das Grundstück bürgerlich-rechtlich dem **Gewerbetreibenden und seiner Ehefrau je zur ideellen Hälfte**, kann die Kürzung nur von dem auf seinen Anteil entfallenden Einheitswert vorgenommen werden, auch wenn der Ehemann das Grundstück und das Gebäude in vollem Umfang in seiner Bilanz aktiviert hat.

Beispiel

Der Einheitswert des Betriebsgrundstücks beträgt 350.000 € (= 140 %). Das Grundstück, das je zur Hälfte im Eigentum des Gewerbetreibenden und seiner Ehefrau steht, war zum 01. Januar 2022 zu 75 % Betriebsvermögen; ab dem 01. Juli 2023 wurden auch noch die restlichen 25 % als gewillkürtes Betriebsvermögen behandelt.

Auf dem Grundstück ruht eine zum Zwecke des Gebäudewiederaufbaus im Jahr 2015 aufgenommene und mit 7,5 % zu verzinsende Hypothek von 65.000 €. Da die Hypothek unter dem Nennbetrag ausbezahlt wurde, aktivierte der Gewerbetreibende den Differenzbetrag als Damnum, das entsprechend der Laufzeit der Hypothek mit 400 € pro Wirtschaftsjahr abgeschrieben wird. Welche gewerbesteuerlichen Auswirkungen ergeben sich für den Erhebungszeitraum 2023?

1. Hinzurechnungen:
Die **Hypothekenzinsen** sind nach § 8 Nr. 1a GewStG hinzuzurechnen. Unter Berücksichtigung des ideellen Hälfteanteils war die Hypothek vom 01. Januar bis zum 30. Juni 2023 zu 37,5 % betrieblich veranlasst, sodass auch nur 37,5 % der Zinsen von (7,5 % v. 65.000 € =) 4.875 den Gewinn gemindert haben; ab 01. Juli 2023 war die Hypothek zu 50 % betrieblich veranlasst. Der Hinzurechnungsbetrag beträgt demnach:

37,5 % v. 4.875 € • $\frac{6}{12}$ =	914,00 €
50,0 % v. 4.875 € • $\frac{6}{12}$ =	1.218,00 €
	2.132,00 €

Das **Damnum** ist ebenfalls nach § 8 Nr. 1a GewStG entsprechend der Zugehörigkeit zum Betriebsvermögen in folgender Höhe hinzuzurechnen:

37,5 % v. 400 € • 6/12 =	75,00 €
50,0 % v. 400 € • 6/12 =	100,00 €
	175,00 €

2. Kürzungen:
Nach § 9 Nr. 1 Satz 1 GewStG erfolgt eine Kürzung um 1,2 % des erhöhten Einheitswerts. Die Frage, inwieweit der Grundbesitz zum Betriebsvermögen gehört, ist dabei nach dem Stand vom 01. Januar 2023 zu entscheiden, sodass der Nutzungsänderung ab dem 01. Juli 2023 keine Bedeutung beizumessen ist. Unter Berücksichtigung des ideellen Hälfteanteils der Ehefrau war das Grundstück zum 01. Januar 2023 zu 37,5 % Betriebsvermögen. Die Kürzung beträgt daher (1,2 % v. 350.000 € • 37,5 % =) 1.575 €.

5.3.3 Gewinnanteil an einer Personengesellschaft

Nach **§ 9 Nr. 2 GewStG** sind die **Gewinnanteile an einer OHG, KG, GbR** von dem Gewinn aus Gewerbebetrieb abzuziehen, soweit der Gewerbetreibende bei der Gesellschaft als Mitunternehmer anzusehen ist.

Gewinnanteile an einer **stillen Gesellschaft** sind **nicht** zu kürzen.

Beispiel

Der Gewerbetreibende G. hält in seinem Betriebsvermögen eine Beteiligung von 25 % an einer KG, die in 2023 einen Gewinn von 100.000 € erzielt hat.

Von dem Gewinn aus Gewerbebetrieb muss G. nach § 9 Nr. 2 GewStG (25 % v. 100.000 € =) 25.000 € abziehen, weil dieser Gewinnanteil seinen Gewinn aus Gewerbebetrieb erhöht hat.

§ 8 Nr. 8 GewStG ist die Parallelvorschrift für die Hinzurechnung des entsprechenden Verlustanteils.

5.3.4 Spenden

Die Summe des Gewinns und der Hinzurechnungen ist bei **allen Gewerbetreibenden** um die Spenden i. S. des § 10b Abs. 1 EStG oder des § 9 Abs. 1 Nr. 2 KStG (das sind alle Spenden mit **Ausnahme der Parteispenden**) im Rahmen der gesetzlich festgelegten Höchstbeträge zu kürzen, soweit sie aus **Mitteln des Gewerbebetriebes** geleistet worden sind (**§ 9 Nr. 5 GewStG**).

Beispiel

Die aus betrieblichen Mitteln geleisteten Spenden betragen für 2023

- Deutsches Rotes Kreuz 950 €
- Politische Parteien 615 €
- Universität Bonn 2.600 €

Die Spenden hat aus betrieblichen Mitteln geleistet

a) ein Einzelunternehmer bzw. eine Personengesellschaft

b) eine Kapitalgesellschaft

Wie ist die Rechtslage?

a) Nach § 9 Nr. 5 GewStG werden sämtliche geleisteten Spenden – mit Ausnahme der Parteispenden i. H. v. 615 € – vom Gewinn zur Ermittlung des Gewerbeertrages abgezogen. Der Kürzungsbetrag beträgt daher dem Grunde nach (950 € + 2.600 € =) 3.550 €.

b) Nach § 8 Nr. 9 werden die Spenden i. H. v. 3.550 € dem Gewinn aus Gewerbebetrieb hinzugerechnet und nach § 9 Nr. 5 GewStG wieder abgezogen.

5.4 Behandlung des Gewerbeverlustes

Der nach den Hinzurechnungen gem. § 8 GewStG und Kürzungen gem. § 9 GewStG errechnete maßgebende Gewerbeertrag wird bei Gewerbetreibenden ggf. um die Fehlbeträge (**Gewerbeverluste gem. § 10a GewStG** bis zu einem Betrag i. H. v. 1 Mio. €) gekürzt, die sich bei der Ermittlung des Gewerbeertrags für vorangegangene Erhebungszeiträume ergeben haben.

Der 1 Mio. € übersteigende maßgebende Gewerbeertrag ist bis zu **60 %** zu kürzen.

Das GewStG kennt nur den Gewerbeverlust**vortrag**. Ein **Verlustrücktrag** (wie z. B. bei der Einkommen- und Körperschaftsteuer) ist also **nicht möglich**.

Hinsichtlich des Verlustvortrages ist Folgendes zu beachten:

- Der **Gewerbeverlust** ist in den **vorangegangenen Erhebungszeiträumen entstanden**.
- Der Gewerbeverlust darf **noch nicht in den Vorjahren** bei der Ermittlung des Gewerbeertrags **ausgeglichen** worden sein.
- Die Kürzung um den Gewerbeverlust ist nur möglich, wenn in den maßgebenden Zeiträumen **dasselbe Unternehmen bei demselben Unternehmer** bestanden hat.
- Die **Höhe** des vortragsfähigen Fehlbetrages wurde durch einen Feststellungsbescheid **gesondert festgestellt**.

Beispiele

Beispiel 1:
Ein Gewerbetreibender ermittelte für 2021 folgende Besteuerungsgrundlagen

► Verlust lt. Gewinn- und Verlustrechnung	125.400 €
► Hinzurechnungen nach § 8 GewStG	84.200 €
► Kürzungen nach § 9 GewStG	19.900 €

Der vorläufige Gewerbeertrag für 2022 beträgt 5.000 €; für das Kalenderjahr 2023 ergibt sich ein vorläufiger Gewerbeertrag i. H. v. 60.000 €. Berechnen Sie den Gewerbeertrag für 2021, 2022 und 2023.

Erhebungszeitraum 2021:

	Verlust lt. Gewinn- und Verlustrechnung	125.400,00 €
+	Hinzurechnungen nach § 8 GewStG	84.200,00 €
-	Kürzungen nach § 9 GewStG	19.900,00 €
=	Gewerbeverlust	61.100,00 €

Der Gewerbeverlust von 61.100 € kann zeitlich unbegrenzt auf die folgenden Erhebungszeiträume vorgetragen werden, wenn er durch einen Feststellungsbescheid gesondert festgestellt worden ist (§ 10a Satz 2 GewStG); ein Rücktrag auf vorangegangene Erhebungszeiträume ist nicht möglich.

Erhebungszeitraum 2022:

	Vorläufiger Gewerbeertrag	5.000,00 €
-	**Gewerbeverlust aus 2021**	5.000,00 €
=	Gewerbeertrag 2022	0,00 €

Erhebungszeitraum 2023:

	Vorläufiger Gewerbeertrag	60.000,00 €
-	**Gewerbeverlust aus 2021 (61.100 € - 5.000 € =)**	56.100,00 €
=	Gewerbeertrag 2023	3.900,00 €

Beispiel 2:
Der vorläufige Gewerbeertrag i. S. des § 7 GewStG beträgt für den Erhebungszeitraum 2023 insgesamt 2.094.520 €.

Aus dem Vorjahr besteht noch ein verrechenbarer Gewerbeverlust gem. § 10a GewStG i. H. v. 1.895.000 €.

Der Gewerbeertrag berechnet sich für den Erhebungszeitraum 2023 wie folgt:

	vorläufiger Gewerbeertrag	2.094.520,00 €
-	Verlustabzug gem. § 10a Satz 1 GewStG	1.000.000,00 €
=	verbleibender positiver maßgebender Gewerbeertrag	1.094.520,00 €
-	Verlustabzug gem. § 10a Satz 2 GewStG Restverlust 895.000 €, max. 60 % von 1.094.520 €	656.712,00 €
=	Gewerbeertrag	437.808,00 €

5.5 Steuermesszahl und Steuermessbetrag

Bei der Berechnung der Gewerbesteuer ist von einem **Steuermessbetrag** auszugehen. Dieser ist durch Anwendung eines Prozentsatzes (**Steuermesszahl**) auf den Gewerbeertrag zu ermitteln (§ 11 Abs. 1 Sätze 1 und 2 GewStG).

Zuvor ist der ermittelte Gewerbeertrag **auf volle 100 € abzurunden** (§ 11 Abs. 1 Satz 3 GewStG).

Bei **natürlichen Personen** und bei **Personengesellschaften** (also nicht bei Kapitalgesellschaften und optierenden Gesellschaften i. S. d. § 1a KStG!) wird der abgerundete Gewerbeertrag um einen **Freibetrag** i. H. v. **24.500 €**, höchstens jedoch in Höhe des abgerundeten Gewerbeertrages gekürzt. Auch in den Fällen der Betriebseröffnung oder Betriebseinstellung während des Erhebungszeitraums kommt der Freibetrag in voller Höhe zum Abzug.

Die **Steuermesszahl** beträgt **einheitlich** für sämtliche **Unternehmensformen 3,5 %**.

Beispiel

Die Steuerpflicht eines Gewerbetreibenden (Wirtschaftsjahr = Kalenderjahr) beginnt am 18. Juli 2023. Der in der Zeit des Rumpfwirtschaftsjahres (18. Juli 2023 bis 31. Dezember 2023) erzielte Gewerbeertrag beträgt 66.667 €. Wie hoch ist der Steuermessbetrag, wenn es sich bei dem Gewerbetreibenden um eine

a) OHG

b) GmbH handelt?

zu a) Der abgerundete Gewerbeertrag i. H. v. 66.600 € ist um einen Freibetrag von 24.500 € zu kürzen. Es verbleiben demnach (66.600 € - 24.500 € =) 42.100 €. Der Steuermessbetrag beträgt dann: 3,5 % von 42.100 € = 1.473,50 €.

zu b) Der abgerundete Gewerbeertrag von 66.600 € ist nicht um einen Freibetrag zu kürzen, da es sich bei der GmbH um eine Kapitalgesellschaft handelt. Der Steuermessbetrag beträgt 3,5 % des Gewerbeertrages, mithin (3,5 % von 66.600 € =) 2.331 €.

5.6 Ermittlung des Gewerbeertrags bei Personengesellschaften

Ausgangspunkt für die Ermittlung des Gewerbeertrags einer Personengesellschaft ist nicht der Gewinn der Gesellschaft, wie er sich nach der Gesellschafterbilanz ergibt, sondern das Ergebnis – aus Gesellschafterbilanz und Sonderbilanzen der Gesellschafter zusammengefassten – **Gesamtbilanz**, denn § 7 GewStG enthält keine Einschränkung des Inhalts, dass bei einer Personengesellschaft der Gewerbeertrag nicht aus dem Gewinn der Gesellschafter, sondern aus dem Gewinn der Gesellschaft zu errechnen sei.

Das bedeutet:

- Alle **Sonderbetriebsausgaben** eines Gesellschafters mindern den Gewerbeertrag.
- Alle **Sonderbetriebseinnahmen** eines Gesellschafters erhöhen den Gewerbeertrag der Gesellschaft.
- Die von der Gesellschaft an die Gesellschafter gezahlten **Tätigkeitsvergütungen** sind dem Gewinn der Gesellschaft hinzuzurechnen. **Arbeitgeberanteile zur Sozialversicherung** eines Kommanditisten, der sozialversicherungsrechtlich als Arbeitnehmer der KG angesehen wird, gehören ebenfalls zu den Vergütungen, die der Kommanditist von der Gesellschaft für seine Tätigkeit im Dienste der Gesellschaft bezogen hat.

Der Anwendung der Hinzurechnungsvorschrift des § 8 Nr. 1 GewStG für die von der Gesellschaft an die Gesellschafter gezahlten Schuld-, Miet- und Pachtzinsen bedarf es daher nicht mehr.

Beispiel

Der handelsrechtliche Gewinn einer steuerlich anzuerkennenden Familien-KG beträgt für den Erhebungszeitraum 2023 insgesamt 9.150 €.

- Der Ehemann erhält als Komplementär für seine Geschäftsführertätigkeit eine Jahresvergütung von 43.000 €. Er ist zugleich Eigentümer eines Gebäudes, in dem sich die Geschäftsräume der KG befinden. Für die Überlassung des Gebäudes zahlt ihm die KG eine jährliche Geschäftsraummiete von 50.400 € zzgl. Umsatzsteuer.
- Die Ehefrau erhält als teilzeitbeschäftigte Aushilfskraft ein monatliches Gehalt von 450 €.
- Der Sohn S ist Kommanditist und erhält aufgrund eines Ausbildungsvertrages mit der Gesellschaft ein Jahresgehalt von 29.500 €. Die Arbeitgeberanteile zur Sozialversicherung betrugen jährlich 5.000 €.
- Die in 2023 gezahlten Hypothekenzinsen betragen 12.600 €.

Alle vorgenannten Beträge sind in der Buchführung der Gesellschaft als Betriebsausgaben behandelt worden.

Wie hoch ist für den Erhebungszeitraum 2023 der Steuermessbetrag?

Lösung:

	Gewinn lt. Handelsbilanz		9.150,00 €
+	Komplementär-Ehemann		
	Tätigkeitsvergütungen		43.000,00 €
	Gebäudevermietung		50.400,00 €
-	Ehefrau als Aushilfskraft Das gezahlte Gehalt stellt gem. § 4 Abs. 4 EStG eine Betriebsausgabe dar. Hier erfolgt jedoch kein Abzug vom handelsrechtlichen Gewinn, da die Beträge in der Buchführung bereits zutreffend als Betriebsausgabe gebucht worden sind		
+	Kommanditistengehalt des Sohnes inkl. AG-Anteile		34.500,00 €
=	**Steuerlicher Gewinn aus Gewerbebetrieb**		**137.050,00 €**
+	Zinsen	12.600 €	
-	Freibetrag	**12.600 €**	0,00 €
			137.050,00 €
	abgerundet auf volle 100 €		137.000,00 €
-	Freibetrag		24.500,00 €
=	Gewerbeertrag		112.500,00 €
	Steuermessbetrag = 3,5 % vom Gewerbeertrag =		**3.937,00 €**

6. Verfahrensfragen im Überblick

Steuerschuldner	▸ **Unternehmer** ▸ **bei gewerblichen Personengesellschaften → Gesellschaft**	
Entstehung der GewSt-Schuld	▸ **Vorauszahlungen** →	mit **Beginn** des Kalendervierteljahres, in dem die Vorauszahlungen zu entrichten sind
	▸ **Gewerbesteuer** →	mit **Ablauf** des Erhebungszeitraums, für den die Festsetzung vorgenommen wird
GewSt-Erklärung § 25 GewStDV	▸ elektronische Übermittlung durch Datenfernübertragung ▸ Eine GewSt-Erklärung haben insbesondere abzugeben: - alle gewstpfl. Unternehmen, sofern Gewerbertrag > 24.500 € - Kapitalgesellschaften, wenn sie nicht von der GewSt befreit sind ▸ Die Abgabe hat spätestens an dem von den obersten Finanzbehörden der Länder bestimmten Zeitpunkt zu erfolgen	

Festsetzung	▸ **Vorauszahlungen** →	durch letzten Gewerbesteuerbescheid oder → durch besonderen Vorauszahlungsbescheid (z. B. bei Gründung, Anpassung der Vorauszahlung)
	▸ **Gewerbesteuer** = Zweistufiges Festsetzungsverfahren →	❶ **Bemessungsgrundlage:** einheitlicher **Steuermessbescheid** durch **Betriebsfinanzamt** (§ 184 Abs. 1 AO) ❷ **Gewerbesteuer: Gewerbesteuerbescheid** durch **hebeberechtigte Gemeinde** (§ 16 GewStG)
Fälligkeit	▸ **Vorauszahlungen** (§ 19 GewStG) →	vierteljährlich: 15.02., 15.05., 15.08., 15.11. i. H. v. ¼ der zuletzt festgesetzten Jahressteuerschuld
	▸ **Gewerbesteuer-abschlusszahlung** →	binnen eines Monats nach **Bekanntgabe** des Gewerbesteuerbescheids
Rechtsbehelfe gegen	▸ **Gewerbesteuermessbescheid**: Einspruch beim FA ▸ **GewSt-Bescheid**: Widerspruch bei der Gemeinde (Widerspruchsfrist → 1 Monat)	

7. Zerlegungsverfahren

7.1 Anwendungsbereich

Unterhält ein Gewerbebetrieb in **mehreren Gemeinden Betriebsstätten**, so muss eine Aufteilung der Gewerbesteuer auf die hebeberechtigten Gemeinden erfolgen, damit jede Gemeinde den ihr zustehenden Anteil an der Gewerbesteuer bekommt.

Dies wird durch eine **Zerlegung des Steuermessbetrages** auf alle Gemeinden, in denen Betriebsstätten unterhalten werden, erreicht (§ 28 Abs. 1 Satz 1 GewStG).

Nach § 28 Abs. 1 Satz 2 GewStG findet eine Zerlegung auch in den Fällen statt, in denen

- eine Betriebsstätte sich **über mehrere Gemeinden erstreckt** oder
- eine Betriebsstätte innerhalb eines Erhebungszeitraums von einer Gemeinde **in eine andere Gemeinde verlegt** wird.

Über das Ergebnis der Zerlegung ergeht dann ein schriftlicher oder elektronischer Bescheid, der sog. **Zerlegungsbescheid**, der dem Steuerpflichtigen und der hebeberechtigten Gemeinde bekanntzugeben ist. Die Bekanntgabe an die Gemeinden erfolgt durch Bereitstellung zum Abruf nach § 122a AO ; eine Einwilligung der Gemeinde ist nicht erforderlich (§ 188 Abs. 1 AO).

Die festzusetzende Gewerbesteuer ergibt sich dann durch Anwendung des Hebesatzes auf den jeweiligen Zerlegungsanteil.

Festgesetzte Gewerbesteuer = Zerlegungsanteil • Hebesatz

7.2 Kleinbetragsregelungen

Im Rahmen des Zerlegungsverfahrens sind nach näherer Maßgabe des **§ 34 GewStG** folgende **Kleinbetragsregelungen** zu beachten:

- Übersteigt der **Steuermessbetrag** nicht den Betrag von **10 €**, so ist er in voller Höhe der Gemeinde zuzuweisen, in der sich die Geschäftsleitung i. S. des § 10 AO befindet (§ 34 Abs. 1 Satz 1 GewStG).
- Übersteigt der Steuermessbetrag zwar den Betrag von 10 €, würde aber einer Gemeinde ein **Zerlegungsanteil** von nicht mehr als **10 €** zuzuweisen sein, so ist dieser Anteil der Gemeinde zuzuweisen, in der sich die Geschäftsleitung i. S. des § 10 AO befindet (§ 34 Abs. 2 Satz 1 GewStG).
- Wird der **Zerlegungsbescheid geändert oder berichtigt**, würde sich dabei der Zerlegungsanteil einer Gemeinde um nicht mehr als **10 €** erhöhen oder ermäßigen, so ist der Betrag der Erhöhung oder Ermäßigung bei dem Zerlegungsanteil der Gemeinde zu berücksichtigen, in der sich die Geschäftsleitung i. S. des § 10 AO befindet.

7.3 Zerlegungsmaßstab

Zerlegungsmaßstab ist nach **§ 29 Abs. 1 GewStG** das **Verhältnis,** in dem die Summe der Arbeitslöhne, die an die bei allen Betriebsstätten beschäftigten Arbeitnehmer gezahlt worden sind, zu den Arbeitslöhnen steht, die an die bei den Betriebsstätten der einzelnen Gemeinden beschäftigten Arbeitnehmer gezahlt worden sind.

Der **Arbeitslohn** i. S. des § 29 Abs. 1 GewStG ermittelt sich nach **§ 31 GewStG** wie folgt:

	Lohnsteuerpflichtige Vergütungen i. S. des § 19 Abs. 1 Nr. 1 EStG
+	Zuschläge für Mehrarbeit und für Sonntags-, Feiertags- und Nachtarbeit
-	Vergütungen an Auszubildende und Praktikanten
-	Tantiemen, Gratifikationen
+	fiktiver Unternehmerlohn von 25.000 € (nicht bei Kapitalgesellschaften)
=	Arbeitslohn (abrunden auf volle 1.000 €), § 29 Abs. 3 GewStG

Wenn der Unternehmer in mehreren Betriebsstätten geschäftsleitend tätig geworden ist, erfolgt eine **Aufteilung des Unternehmerlohns** auf die einzelnen Gemeinden.

Sind in dem Betrieb mehrere Unternehmer (Mitunternehmer) tätig, wird der Betrag von **25.000 € insgesamt nur einmal** angesetzt; er wird also nicht entsprechend der Zahl der Unternehmer vervielfältigt.

Beispiel

Willi Wutz ist Gewerbetreibender. Der Hauptbetrieb der Firma liegt in der zentralen Lage von A-Dorf; außerdem besitzt er einen Filialbetrieb in B-Dorf und C-Dorf. Für den Erhebungszeitraum 2023 ergeben sich aus seinen Unterlagen ein Steuermessbetrag i. H. v. 1.605 €.

1. | Gemeinde | Hebesatz | Löhne und Gehälter |
   |---|---|---|
   | A-Dorf | 390 % | 239.942 € |
   | B-Dorf | 400 % | 160.725 € |
   | C-Dorf | 410 % | 137.274 € |

2. Willi Wutz ist in A-Dorf zu 75 % und in B-Dorf zu 25 % geschäftsleitend tätig geworden. Die Geschäftsleitung für die Filiale in C-Dorf hat er einem angestellten Prokuristen übertragen. Dieser erhält neben seinem Monatsgehalt eine gewinnabhängige Tantieme, die in 2023 zusammen 16.415 € betrug und bereits in der Summe der Löhne und Gehälter enthalten ist.
3. Im Hauptbetrieb in A-Dorf sind zwei Auszubildende aufgrund von schriftlich abgeschlossenen Ausbildungsverträgen tätig. Ihre monatlichen Vergütungen von je 675 € sind in den Arbeitslöhnen bereits enthalten.
4. In der Rechtsabteilung in B-Dorf absolvierte ein Student der Rechtswissenschaften seine praktische Studienzeit. Wegen hervorragender Leistungen erhielt er Bezüge i. H. v. insgesamt 5.000 €, die in den Löhnen und Gehältern enthalten sind.

Wie hoch ist die jeweilige Gewerbesteuerschuld, die auf die einzelnen Gemeinden entfallen?

Die **maßgebenden Arbeitslöhne** ermitteln sich wie folgt:

A-Dorf:		239.942,00 €	(Löhne und Gehälter)
	-	16.200,00 €	(Auszubildende: 675 € • 2 • 12 Monate)
	+	18.750,00 €	(Unternehmerlohn zu 75 %)
	=	242.492,00 €	
		242.000,00 €	(abgerundet)
B-Dorf:		160.725,00 €	(Löhne und Gehälter)
	-	5.000,00 €	(Praktikant)
	+	6.250,00 €	(Unternehmerlohn zu 25 %)
	=	161.975,00 €	
		161.000,00 €	(abgerundet)

C-Dorf:	137.274,00 €	(Löhne und Gehälter)
	- 16.415,00 €	(Tantieme des Prokuristen)
	= 120.859,00 €	
	120.000,00 €	(abgerundet)

Die **Summe der Arbeitslöhne** beträgt demnach:

A-Dorf:	242.000,00 €
B-Dorf:	161.000,00 €
C-Dorf:	120.000,00 €
	523.000,00 €

Die **Gewerbesteuerschuld** der einzelnen Gemeinden beträgt demnach:

A-Dorf:	1.605 € • 242/523 • 390 % = 2.896 €
B-Dorf:	1.605 € • 161/523 • 400 % = 1.976 €
C-Dorf:	1.605 € • 120/523 • 410 % = 1.509 €

8. Gewerbesteuerrückstellung

Die **Gewerbesteuer** ist gem. **§ 4 Abs. 5b EStG keine Betriebsausgabe**.

- **Auswirkungen auf die Handelsbilanz**
  Da die Vorschrift des § 4 Abs. 5b EStG lediglich für das Steuerrecht zur Anwendung kommt, ist nach dem Grundsatz der periodengerechten Gewinnermittlung in der Handelsbilanz **zwingend** eine Gewerbesteuerrückstellung zu **passivieren**, da es sich insofern um eine **ungewisse Verbindlichkeit** handelt (§ 249 Abs. 1 Satz 1 HGB).

- **Auswirkungen auf die Steuerbilanz**
  Problematisch ist, ob nach dem eindeutigen Wortlaut des § 4 Abs. 5b EStG in der Steuerbilanz noch eine GewSt-Rückstellung zu passivieren ist und die entsprechenden gewerbesteuerlichen Aufwendungen nur außerhalb der Steuerbilanz – analog zu § 4 Abs. 5 EStG – für steuerliche Zwecke zu korrigieren sind oder ob eine solche Gewerbesteuer-Rückstellung in der Steuerbilanz unzulässig ist.

  Nach Auffassung der Finanzverwaltung (R 5.7 Abs. 1 Satz 2 EStR) handelt es sich bei der Gewerbesteuer dem Grunde nach weiterhin um eine **Betriebsausgabe**, die den ermittelten Gewinn mindert, aber zur Ermittlung des steuerlichen Gewinns **außerbilanziell** – wie eine nichtabzugsfähige Betriebsausgabe – wieder **hinzuzurechnen** ist. Nach Auffassung der Finanzverwaltung ist deshalb **auch in der Steuerbilanz** eine **Gewerbesteuerrückstellung** zu bilden.

Die **Berechnung** der **Gewerbesteuerrückstellung** erfolgt nach folgendem Schema:

	Gewinn/Verlust aus Gewerbebetrieb
+	Hinzurechnungen nach § 8 GewStG
-	Kürzungen nach § 9 GewStG
-	Gewerbeverlust nach § 10a GewStG
=	vorläufiger Gewerbeertrag
	Abrundung auf volle 100 €
-	Freibetrag von 24.500 € (nicht bei Kapitalgesellschaften)
=	verbleibender Betrag
•	3,5 % Steuermesszahl = Steuermessbetrag
•	Hebesatz = Gewerbesteuer
-	geleistete Vorauszahlungen
=	Gewerbesteuerrückstellung

Beispiel

Zu berechnen ist die Gewerbesteuerrückstellung eines Einzelunternehmers für den Erhebungszeitraum 2023 bei folgenden Angaben:

► Gewinn lt. GuV	70.000 €
► als Aufwand gebuchte Gewerbesteuer-Vorauszahlungen	5.000 €
► Hinzurechnungen (§ 8 GewStG)	6.500 €
► Kürzungen (§ 9 GewStG)	1.800 €
► Hebesatz:	460 %

Die Gewerbesteuerrückstellung berechnet sich wie folgt:

	Gewinn lt. GuV	70.000,00 €
+	Gewerbesteuer-Vorauszahlungen	5.000,00 €
+	Hinzurechnungen	6.500,00 €
-	Kürzungen	1.800,00 €
=	Gewerbeertrag	79.700,00 €
-	Freibetrag	24.500,00 €
=	verbleibender Betrag	55.200,00 €
•	3,5 % = Steuermessbetrag	1.932,00 €
•	460 % = Gewerbesteuer	8.887,00 €
-	Vorauszahlungen	5.000,00 €
=	Gewerbesteuerrückstellung	3.887,00 €

9. Fälle zur Sicherung des Lernerfolgs

Fall 1:

Ermitteln Sie mit einer kurzen Begründung in einer übersichtlichen Darstellung die Gewerbesteuerschuld für den Erhebungszeitraum 2023! Die Hugo Egon Balder GmbH hat am 01. März 2023 in der City von A-Dorf die Diskothek „Tutti Frutti“ eröffnet.

Aus den Büchern und Unterlagen ergibt sich für das Wirtschaftsjahr (= Kalenderjahr) Folgendes:

1. Der Gewinn aus Gewerbebetrieb beträgt 59.150 €.
2. Der Einheitswert des Betriebsgrundstücks, das zu 100 % eigenen betrieblichen Zwecken dient, ist nach den Wertverhältnissen vom 01. Januar 1964 mit 130.000 € anzusetzen.
3. Auf dem Betriebsgrundstück lastet eine am 01. März 2023 aufgenommene Hypothek von 125.000 € mit einer Laufzeit von 20 Jahren. In 2023 wurden hierfür 2.918 € Zinsen gezahlt.
4. Zum Betriebsvermögen der GmbH gehört eine Beteiligung an der Willi Wutz KG in Köln, die einen Teilwert von 32.500 € hat. Der auf die GmbH entfallende Verlustanteil beträgt für 2023 insgesamt 2.165 €.
5. Der Hebesatz der Stadt A-Dorf beträgt 460 %.

Fall 2:

Ermitteln Sie begründend anhand des nachfolgenden Sachverhalts in einer übersichtlichen Darstellung für die Handelsvertretung des Max Meier den Steuermessbetrag für den Erhebungszeitraum 2023. Max Meier betreibt in Düsseldorf eine größere Handelsvertretung. Er ermittelt seinen Gewinn nach § 238 Abs. 1 HGB i. V. mit § 5 Abs. 1 EStG. Das Wirtschaftsjahr entspricht dem Kalenderjahr. Der bisherige Gewinn 2023 beträgt lt. Gewinn- und Verlustrechnung 137.662 €.

Bis zum 31. Dezember 2022 führte Max Meier die Handelsvertretung zusammen mit Tim Teufel als Gesellschaft bürgerlichen Rechts. Beide Gesellschafter waren zu je 50 % am Ergebnis beteiligt. Der zum 31. Dezember 2022 zutreffend gesondert festgestellte Verlust für die Gesellschaft beträgt 30.000 €. Die nachstehenden Einzelsachverhalte, die sich bei der Ermittlung des bisherigen Gewinns 2023 **gewinnmindernd** ausgewirkt haben, sind noch zu beurteilen:

1. Aus betrieblichen Mitteln wurden 2023 folgende Spenden gezahlt und dem Konto „Sonstige Aufwendungen“ belastet:
   - für religiöse Zwecke: 10.000 €
   - für wissenschaftliche Zwecke: 2.000 €
   - an eine politische Partei: 500 €

2. Am 01. August 2023 hat M. Meier bei der Deutschen Bank ein Darlehen i. H. v. 50.000 € aufgenommen mit einer Laufzeit bis zum 31. Juli 2027. Für dieses Darlehen wurden 2023 folgende Beträge gezahlt und auf dem Konto „Zinsaufwendungen" verbucht:
   - Schuldzinsen: 19.675 €
   - 5 % Disagio: 2.500 €
3. Für ein bei derselben Bank bestehendes Kontokorrentkonto zahlte M. Meier 2023 Kontokorrentzinsen i. H. v. 2.250 €.
4. Für ein betriebliches Hypothekendarlehen zahlte M. Meier Zinsen i. H. v. 8.965 €. Das Hypothekendarlehen i. H. v. 175.000 € wurde am 01. März 2022 aufgenommen. Bis zum 01. Januar 2023 erfolgten vereinbarungsgemäß keine Tilgungen.
5. In 2023 wurden von M. Meier folgende Mieten gezahlt:
   - 120.000 € für einen Parkplatz, den er ab 01. Januar 2023 von einem Privatmann gemietet hat
   - 48.000 € für eine Telefonanlage der X-GmbH (seit Januar 2023)
6. An der Handelsvertretung ist seit 2021 ein typischer stiller Gesellschafter mit 50.000 € beteiligt. Sein Gewinnanteil für 2023 beträgt 5.250 €.
7. Der Einheitswert des Betriebsgrundstücks beträgt 35.000 €. In der Bilanz wurde lediglich der eigenbetrieblich genutzte Grundstücksteil von 70 % ausgewiesen.

Fall 3:

Die Peter Holz KG, eine Holzgroßhandlung in Monheim am Rhein (Gewerbesteuerhebesatz: 260 %), besteht aus dem Komplementär Peter Holz und dem Kommanditisten Werner Bunte.

Für den Erhebungszeitraum 2023 (Wirtschaftsjahr = Kalenderjahr) beträgt der vorläufig ermittelte **Handelsbilanzgewinn** 110.350 €.

Die folgenden Sachverhalte haben sich in 2023 **gewinnmindernd** ausgewirkt:

1. Die vierteljährlichen Gewerbesteuervorauszahlungen betrugen jeweils 3.000 €.
2. Die Tätigkeitsvergütung i. H. v. monatlich 4.000 € wurde an den Komplementär Peter Holz ausgezahlt.
3. Eine Spende für kirchliche Zwecke i. H. v. 2.000 € wurde überwiesen.
4. Im Juni 2023 erwarb die KG ein unbebautes Grundstück, um es als Kundenparkplatz nutzen zu können. Der Einheitswert des Grundstücks beträgt 20.000 € (Wertverhältnisse: 01.01.1964). Der Kaufpreis von 300.000 € wurde folgendermaßen finanziert:
   - Aufnahme eines Bankdarlehens i. H. v. 200.000 € (100 % Auszahlung). Die gezahlten Zinsen für 2023 betrugen 10.000 €.
   - Darlehen des Kommanditisten Werner Bunte an die KG i. H. v. 100.000 €. Die gezahlten Zinsen für 2023 betrugen 4.000 €.

5. Die Anschaffungskosten für den Warenbestand an Holzvorräten hat die KG bei der Hausbank des Herstellers zwischenfinanziert. In 2023 wurden Zinsen i. H. v. 45.000 € für dieses Darlehen gezahlt.
6. Die Lagerräume und die Büroräume wurden angemietet. Die Mieten betrugen insgesamt 120.000 €. Für die Büroeinrichtung sind zusätzlich noch insgesamt 36.000 € Mietaufwand angefallen.
7. Die KG hat im Erhebungszeitraum 2023 zwei Lkw von einer deutschen Leasinggesellschaft für insgesamt 96.000 € (Jahresbetrag) geleast.

Zum 31.12.2022 wurde für die Peter Holz KG ein vortragsfähiger Gewerbeverlust i. H. v. 10.000 € bestandskräftig festgestellt.

Aufgaben

1. Ermitteln Sie in einer übersichtlichen Darstellung für den Erhebungszeitraum 2023 die Gewerbesteuerrückstellung bzw. den Gewerbesteuererstattungsbetrag. Nichtansätze sind mit „0" zu kennzeichnen und kurz zu begründen. Der Steuermessbetrag und die Gewerbesteuer sind dabei ggf. auf volle Euro nach unten abzurunden.
2. Peter Holz möchte von Ihnen wissen, welche Auswirkungen die von der KG gezahlte Gewerbesteuer auf die von ihm zu zahlende Einkommensteuer für den VZ 2023 hat.

   Ermitteln Sie aufgrund Ihres Ergebnisses aus der Aufgabe 1 dabei auch den sich ergebenden Eurobetrag und nennen Sie die gesetzliche(n) Grundlage(n).

   Gehen Sie bei der Lösung davon aus, dass der Gewinn der KG gleichmäßig auf die beiden Gesellschafter verteilt wird.

Fall 4:

Ermitteln Sie in einer übersichtlichen Darstellung für den Erhebungszeitraum 2023 die Gewerbesteuer für die Städte A-Dorf und B-Dorf. Soweit Hinzurechnungen oder Kürzungen nicht in Betracht kommen, sind diese mit 0 € zu kennzeichnen und kurz, aber erschöpfend zu begründen!

Die Ram & Rom OHG betreibt in A-Dorf einen Computergroßhandel mit einer weiteren Niederlassung in B-Dorf. Die OHG führt den Betrieb in A-Dorf in eigenen Gebäuden, während sie in B-Dorf Räume angemietet hat.

Für den Erhebungszeitraum 2023 beträgt der ermittelte Gewinn 261.831 €. Es sind ggf. noch folgende Angaben zu verwerten:

1. Die private Nutzung der ausschließlich betrieblich genutzten Fahrzeuge (Listenpreis im Zeitpunkt der Erstzulassung jeweils 65.000 €) durch die Gesellschafter Ram und Rom wurde versehentlich bislang noch nicht berücksichtigt.

2. Als Betriebsausgaben wurden unter anderem verbucht:
   a) Geschäftsführergehälter für die Gesellschafter Ram und Rom von jeweils 72.000 €.
   b) Zinsen für ein Darlehen von 60.000 € des Gesellschafters Ram an die OHG zur Finanzierung einer Erweiterungsinvestition; als Zinsaufwand wurden 7.800 € gebucht.
   c) Ein Kugelschreiber mit eingraviertem Firmenemblem zum 25-jährigen Geschäftsjubiläum des Kunden Müller, Preis 450 € (netto).
   d) Aufwendungen zur Bewirtung von Geschäftsfreunden zu 100 % netto. Die der Höhe nach angemessenen Aufwendungen betrugen 1.500 € netto.
3. Darlehen der Commerzbank AG, Darlehensstand zum 01.01.2023: 15.000 €. Dieser Betrag wurde am 30. Juni 2023 einschl. 11 % Zinsen p. a. getilgt.
4. Darlehen bei der Stadtsparkasse A-Dorf vom 01. August 2023 i. H. v. 40.000 €, Auszahlung zu 100 % bei 12 % Zinsen p. a. Eine Tilgung erfolgte bislang noch nicht.
5. Für die von einer GmbH in B-Dorf seit Januar 2023 gemieteten Räume mussten monatlich 15.000 € Miete bezahlt werden.
6. Vom 01. Januar 2023 an konnten ehemalige Geschäftsräume einschließlich Geschäfts- und Büroeinrichtung angepachtet werden, deren Eigentümer aus Altersgründen seinen Betrieb aufgelöst hatte. Die Pacht für 2023 betrug 60.000 €, der Anteil der Geschäfts- und Büroeinrichtung daran 25.000 €.
7. Von einer Computerfirma wird seit Januar 2023 eine EDV-Anlage für monatlich 4.000 € angemietet.
8. Aus der Beteiligung von 30.000 € an einer KG musste 2023 ein Verlust von 5.000 € übernommen werden.
9. Der Einheitswert des Betriebsgrundstücks in A-Dorf beträgt per 01.01.1964 insgesamt 140.000 €. Es ist mit dem eigenbetrieblichen Zwecken dienenden Anteil von 55 % in der Bilanz erfasst, der Rest wird zu eigenen Wohnzwecken genutzt. Seit dem 01. April 2023 wird das Grundstück zu 70 % eigenbetrieblichen Zwecken genutzt.
10. Für wissenschaftliche Zwecke wurden 2.500 € gespendet und vom Geschäftskonto abgebucht.
11. Der Hebesatz von A-Dorf beträgt 420 %, derjenige von B-Dorf 450 %.
12. Die Summe der Löhne und Gehälter belief sich in A-Dorf auf 576.600 € einschl. 24.000 € Ausbildungsvergütung. In B-Dorf wurden 167.000 € einschl. 7.200 € Ausbildungsvergütung gezahlt. Der Gesellschafter Ram ist ausschließlich in A-Dorf tätig. Der Gesellschafter Rom arbeitet jeweils zur Hälfte in A-Dorf und B-Dorf.

Fall 5:

Die Claudia Schliffer KG betreibt in A-Dorf (Hebesatz: 460 %) eine Großhandlung für Lacke und Farben. Das Wirtschaftsjahr entspricht dem Kalenderjahr. Die vorläufige Gewinn- und Verlustrechnung für das Wirtschaftsjahr 2023 liegt in vereinfacht wiedergegebener Darstellung mit Erläuterungen wie folgt vor:

Gewinn- und Verlustrechnung 2023	Aufwendungen/€	Erträge/€
Umsatzerlöse		5.466.275,00
Sonstige betriebliche Erträge		157.525,00
Zinserträge		12.790,00
Wareneinsatz	3.533.500,00	
Löhne/Gehälter	1.075.150,00	
Soziale Aufwendungen	193.400,00	
Abschreibungen auf Sachanlagen	182.700,00	
Mieten	30.000,00	
GewSt-Vorauszahlungen 2023	50.000,00	
Zinsen	35.000,00	
Spenden	7.000,00	
Sonstige betriebliche Aufwendungen	234.840,00	
Vorläufiger Gewinn	295.000,00	
	5.636.590,00	5.636.590,00

Erläuterungen zu den einzelnen Posten der Gewinn- und Verlustrechnung:

1. Die **„Mieten“** bzw. die **„Sonstigen betrieblichen Aufwendungen“** enthalten:
   - für eine von einem Steuerberater seit dem 01. Januar 2023 gemietete EDV-Anlage: 24.000 €
   - für einen von einem Nichtunternehmer ab 04. Januar 2023 gemieteten Pkw: 6.000 €
   - für diesen Pkw wurde außerdem die Prämie für eine Vollkasko-Versicherung gebucht, um das nach dem BGB gegebene Mieterrisiko im eigenen Interesse abzudecken: 700 €
   - für einen von einem Landwirt seit März 2023 gemieteten Traktor mit Mähwerk zur Pflege der Außenanlagen: 1.200 €
2. Die **„Zinsen“** enthalten u. a.:
   - für einen von der Komplementärin Schliffer ab dem 01. Februar 2023 gewährten Kredit mit einer Laufzeit von drei Jahren: 9.150 €
   - 6 % Zinsen für einen Bankkredit i. H. v. 150.000 €, Laufzeit fünf Jahre, welchen die KG per 01. August 2023 für den Bau einer Lagerhalle aufnahm:
   - anteiliges Disagio für den Bankkredit (zeitanteilig abgegrenzt): 1.000 €

3. Die aus betrieblichen Mitteln geleisteten **„Spenden“** sind Beträge:
   - an eine zugelassene politische Partei 4.000 €
   - für wissenschaftliche Zwecke 3.000 €
4. **Betriebsgrundstücke:**
   - Grundstück 1: Der Einheitswert lt. Bescheid auf den 01. Januar 2018 (nach den Wertverhältnissen vom 01. Januar 1964) 90.000 €. Das Grundstück wird zu 70 % eigenbetrieblich genutzt.
   - Grundstück 2: Der Einheitswert lt. Bescheid beträgt auf den 01. Januar 2020 (nach den Wertverhältnissen vom 01. Januar 1964) 370.800 €. Das ausschließlich eigenbetrieblich genutzte Grundstück wurde am 16. März 2022 veräußert.

Ermitteln Sie mit einer kurzen, aber erschöpfenden Begründung die Gewerbesteuerrückstellung für den Erhebungszeitraum 2023.

Sollten Nichtansätze in Betracht kommen, sind diese mit „0“ zu kennzeichnen und ebenfalls kurz zu begründen!

Fall 6:

Don R. Balken betreibt einen Groß- und Einzelhandel mit Sanitärartikeln. Bis zum 31.03.2023 war er mit seiner Unternehmung in München (Hebesatz 490 %) ansässig. Seit dem 01.04.2023 ist er mit seinem Unternehmen nach Weeze (Hebesatz 415 %) umgezogen.

Für den Erhebungszeitraum (EZ) 2023 ergibt sich ausweislich der Gewinn- und Verlustrechnung ein Gewinn i. H. v. 168.975 €. Hierbei sind Gewerbesteuervorauszahlungen für 2023 i. H. v. insgesamt 20.000 € gewinnmindernd berücksichtigt worden.

Aus den Unterlagen ergibt sich außerdem Folgendes:

a) Am 12.09.2023 erfolgte die Zuteilung eines betrieblichen Darlehens durch die Stadtsparkasse München. Die gezahlten Zinsen für den EZ 2023 i. H. v. 16.000 € wurden als Aufwand gebucht.

b) Das Geschäftsgebäude in München gehört seit 2019 zum Betriebsvermögen des Don R. Balken. Der Einheitswert (Wertverhältnisse: 01.01.1964) beträgt 120.000 €. Bis zum Umzug nach Weeze wurde das Gebäude seit dem Erwerb in 2019 zu 80 % betrieblich und zu 20 % privat genutzt.

c) Seit dem 01.04.2023 wird ein unbebautes Grundstück angemietet, das von Don R. Balken als Kundenparkplatz genutzt wird. Die im EZ 2023 gezahlte Miete betrug 63.000 €. Der Vorgang wurde zutreffend gebucht.

d) Von einem benachbarten Unternehmen wurde ab dem 01.04.2023 ein Geschäftsgebäude gepachtet. Die im EZ 2023 gezahlte Pacht i. H. v. 180.000 € entfällt zu 40 % auf bewegliche Einrichtungsgegenstände. Der Vorgang wurde ordnungsgemäß gebucht.

e) Die gezahlten Lohn- und Gehaltsaufwendungen betrugen für den EZ 2023 insgesamt 175.000 €.

   Hiervon entfällt auf Weeze ein Anteil i. H. v. 131.250 €.

Aufgaben

1. Ermitteln Sie in einer übersichtlichen Darstellung den Gewerbesteuermessbetrag für den EZ 2023.
2. Führen Sie in einer übersichtlichen Darstellung die Zerlegung des Gewerbesteuermessbetrages für den EZ 2023 durch.
3. Ermitteln Sie in einer übersichtlichen Darstellung die Gewerbesteuerentlastung 2023, die sich aufgrund der Betriebssitzverlegung von München nach Weeze ergibt. Cent-Beträge sind auf volle Euro-Beträge abzurunden.

Fall 7:

Der Einzelunternehmer Jan Sänger mit Sitz in Köln betreibt mehrere Kioskhallen in der Kölner Innenstadt. Jan Sänger leitet die Filiale am Neumarkt.

Im Jahr 2023 beschloss er, sein Unternehmen auch auf Düsseldorf auszudehnen. Aus diesem Grund eröffnete er im September 2023 einen weiteren Kiosk in Düsseldorf direkt gegenüber dem Hauptbahnhof.

Im Erhebungszeitraum (EZ) 2023 entstanden folgende Lohn- und Gehaltsaufwendungen:

Köln	
Filiale Hohe Straße	60.000,00 €
Filiale Breite Straße	54.500,00 €
Filiale Neumarkt	55.000,00 €
Filiale Kölnarena	49.000,00 €
Filiale Hauptbahnhof	42.500,00 €
	261.000,00 €
Düsseldorf	
Filiale Hauptbahnhof	2.000,00 €

In den Lohn- und Gehaltsaufwendungen der **Kölner** Filialen sind Ausbildungsvergütungen i. H. v. 11.000 € enthalten.

Der Gewerbesteuermessbetrag liegt bei 1.000 €.

Die Hebesätze der betreffenden Gemeinden betragen:

Köln	450 %
Düsseldorf	455 %

Aufgabe
Ermitteln Sie in einer übersichtlichen Darstellung die für den EZ 2023 insgesamt entstehende Gewerbesteuer.

Fall 8:

Die Ramba & Zamba GmbH mit Sitz in Leverkusen verfügt über ein Stammkapital i. H. v. 50.000 €.

Das Wirtschaftsjahr entspricht dem Kalenderjahr.

Im Rahmen der Jahresabschlussarbeiten für das Wirtschaftsjahr 2023 ist bereits (in verkürzter Form) die vorläufige Handelsbilanz zum 31.12.2023 und die vorläufige Gewinn- und Verlustrechnung vom 01.01. - 31.12.2023 erstellt (vgl. **Anlage**).

Die Steuerrückstellungen sind darin noch nicht ausgewiesen.

Folgende Angaben und Sachverhalte sind noch zu berücksichtigen:

- Der GewSt-Hebesatz beträgt 475 %.
- Der Einheitswert des Betriebsgrundstücks beträgt 70.000 € (Wertverhältnisse vom 01.01.1964). Das Grundstück wird zu 100 % eigenbetrieblich genutzt.
- Die gebuchten Darlehenszinsen beziehen sich auf ein Darlehen, das im Wirtschaftsjahr 2023 zur Verstärkung des Betriebskapitals aufgenommen worden ist.
- Der stille Gesellschafter hält seine Beteiligung im Privatvermögen. Die Bewirtungsaufwendungen sind nachgewiesen und angemessen. In der Gewinn- und Verlustrechnung sind sie zu 100 % ausgewiesen. Die Umsatzsteuer i. H. v. 1.197 € wurde bei der Erstellung der Umsatzsteuer-Voranmeldung als Vorsteuer abgezogen und über das Konto „abzugsfähige Vorsteuer“ gebucht.

Aufgaben

1. Ermitteln Sie in einer **übersichtlichen Darstellung** die Rückstellungen zum 31.12.2023
   a) zur Körperschaftsteuer,
   b) zum Solidaritätszuschlag sowie
   c) zur Gewerbesteuer.
2. Ermitteln Sie den endgültigen **handelsrechtlichen** Jahresüberschuss der Ramba & Zamba GmbH für das Wirtschaftsjahr 2023.

AKTIVA		**Vorläufige Handelsbilanz zum 31.12.2023 Ramba & Zamba GmbH, Leverkusen**	PASSIVA
	Euro		Euro
Verschiedene Aktiva	470.988,00	Gezeichnetes Kapital	50.000,00
		Gewinnvortrag	50.115,00
		Jahresüberschuss	79.523,00
		Verschiedene Passiva	291.350,00
	470.988,00		470.988,00

Gewinn- und Verlustrechnung 2023	**Aufwendungen**	**Erträge**
Umsatzerlöse		1.141.289,00 €
Wareneinsatz	376.500,00 €	
Personalaufwendungen	402.610,00 €	
Abschreibungen	185.000,00 €	
Darlehenszinsen	**5.000,00 €**	
Gewinnanteil typisch stiller Gesellschafter	**15.000,00 €**	
Bewirtungsaufwendungen	**6.300,00 €**	
Sonst. betriebl. Aufwendungen	31.756,00 €	
KSt-Vorauszahlungen 2023	20.000,00 €	
SolZ-Vorauszahlungen 2023	1.100,00 €	
GewSt-Vorauszahlung 2023	18.500,00 €	
vorläufiger Jahresüberschuss	**79.523,00 €**	
	1.141.289,00 €	1.141.289,00 €

E. Umsatzsteuer

Lernfelder 3 + 6

1. Allgemeines

1.1 Wesen der Umsatzsteuer im Steuersystem

Aus der Umsatzsteuer werden neben der Einkommensteuer die größten Steuereinnahmen erzielt.

Die Umsatzsteuer ist eine

- **Gemeinschaftsteuer**, weil das Aufkommen dem Bund und den Ländern gemeinschaftlich zusteht.
- **Verkehrsteuer**, weil sie Rechtsgeschäfte des täglichen Lebens, nämlich Umsätze, erfasst.
- **Indirekte Steuer**, weil Steuerschuldner und Steuerträger nicht identisch sind. Der Unternehmer zahlt zwar die Umsatzsteuer an das Finanzamt, wirtschaftlich getragen wird sie jedoch vom Endverbraucher durch Zahlung des Bruttokaufpreises.
- **Objektsteuer**, da Anknüpfungspunkt für die Besteuerung der einzelne Umsatz ist und zwar ohne Rücksicht auf die persönliche Leistungskraft des Unternehmers.
- **Veranlagungssteuer**, weil sie nach Ablauf des Kalenderjahres im Wege der Veranlagung (Steuerfestsetzung) erhoben wird. Der Unternehmer hat dabei die Umsatzsteuer selbst zu berechnen (Prinzip der Selbstveranlagung).

1.2 Rechtsgrundlagen

Die rechtlichen Grundlagen der Umsatzsteuer ergeben sich in erster Linie aus

- dem **Umsatzsteuergesetz** (UStG),
- der **Umsatzsteuer-Durchführungsverordnung** (UStDV) und
- der **Abgabenordnung** (AO).

Wie bei allen anderen Steuerarten stellt der von der Finanzverwaltung erlassene **Umsatzsteuer-Anwendungserlass** (UStAE) **keine Rechtsgrundlage** dar. Dieser behandelt vielmehr **Zweifels- und Auslegungsfragen** von allgemeiner Bedeutung, die lediglich die Finanzbehörden mit dem Zweck binden, eine einheitliche Anwendung des Umsatzsteuerrechts zu gewährleisten.

1.3 System der Umsatzbesteuerung

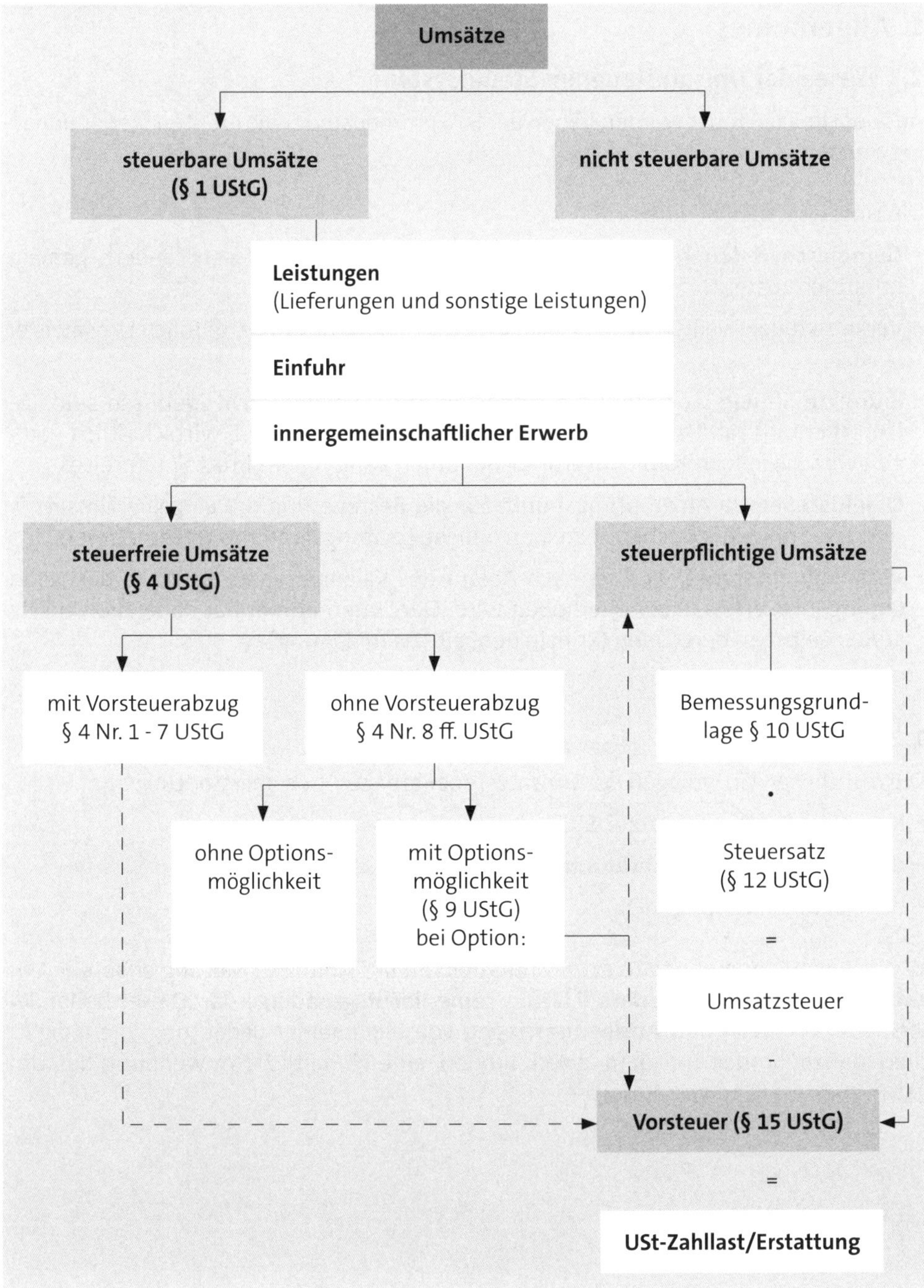

Die Umsatzsteuer wird dabei auf **allen Wirtschaftsstufen** (Urerzeugung, Weiterverarbeitung, Großhandel, Einzelhandel, Endverbraucher) mit dem Nettoumsatz erhoben. Deshalb wird sie auch als **Allphasen-Netto-Umsatzsteuer mit Vorsteuerabzug** bezeichnet, da der empfangende Unternehmer die ihm in Rechnung gestellte Umsatzsteuer als Vorsteuer wieder abziehen kann. Auf diese Weise wird nur der **private Endverbraucher** mit der Umsatzsteuer **belastet**, da er als Nichtunternehmer insoweit nicht zum Vorsteuerabzug berechtigt ist.

Beispiel

Der Urerzeuger A liefert Rohstoffe an das Industrieunternehmen B für 2.000 € zzgl. 19 % USt. A hat keine Vorlieferanten und deshalb auch keine Vorsteuer. Das Industrieunternehmen B erstellt aus den Rohstoffen Fertigerzeugnisse und liefert diese an den Großhändler C für 3.000 € zzgl. 19 % USt. Der Großhändler C veräußert diese Waren an den Einzelhändler D für 4.000 € zzgl. 19 % USt. Der Einzelhändler D veräußert diese Ware an den privaten Endverbraucher E für 5.000 € zzgl. 19 % USt.

Die **Zahllast** der **einzelnen Stufen** berechnet sich wie folgt:

▸ **Unternehmer A:**	2.000 € • 19 %		**380,00 €**
▸ **Unternehmer B:**	3.000 € • 19 % =	570,00 €	
	- Vorsteuer A	380,00 €	
		190,00 €	**190,00 €**
▸ **Unternehmer C:**	4.000 € • 19 % =	760,00 €	
	- Vorsteuer B	570,00 €	
		190,00 €	**190,00 €**
▸ **Unternehmer D:**	5.000 € • 19 % =	**950,00 €**	
	- Vorsteuer C	760,00 €	
		190,00 €	**190,00 €**

Die **Summe der USt auf allen Stufen** beträgt: **950,00 €**

Sie stimmt mit der USt überein, die im Verkaufspreis auf der letzten Stufe enthalten ist, da der private Endverbraucher insoweit nicht zum Vorsteuerabzug berechtigt ist.

2. Unternehmer

Der **Unternehmer** ist nach § 13a Abs. 1 Nr. 1 UStG grundsätzlich auch der **Schuldner** der Umsatzsteuer.

2.1 Begriff

Unternehmer i. S. des UStG ist, wer eine **gewerbliche oder berufliche Tätigkeit selbstständig** ausübt, unabhängig davon, ob er nach anderen Vorschriften rechtsfähig ist.

Unternehmer können daher auch nicht rechtsfähige Personengemeinschaften, wie z. B. **Bruchteilsgemeinschaften** sein (§ 2 Abs. 1 Satz 1 UStG).

Dabei kommt es weder auf die Rechtsform noch auf die Rechtsfähigkeit des Leistenden an, sodass **jedes selbstständig tätige Wirtschaftsgebilde** Unternehmer sein kann.

Unternehmerfähig können daher dem Grunde nach z. B. sein:

- **natürliche Personen** (z. B. Einzelunternehmer)
- **Personenzusammenschlüsse** (z. B. GbR, OHG, KG)
- **juristische Personen** (z. B. GmbH, AG).

Die **Tatbestandsmerkmale** im Einzelnen:

(1) Eine **selbstständige Tätigkeit** liegt vor, wenn sie auf eigene Rechnung und auf eigene Verantwortung ausgeübt wird. Das ist nach § 2 Abs. 2 Nr. 1 UStG nicht der Fall, soweit natürliche Personen, einzeln oder zusammengeschlossen, einem Unternehmen so eingegliedert sind, dass sie den Weisungen des Unternehmers zu folgen verpflichtet sind.

TIPP

Lohnsteuerpflicht schließt Umsatzsteuerpflicht für **dieselbe** Leistung aus!

Folgende **Abgrenzungsmerkmale** können z. B. in die **Gesamtbeurteilung** einbezogen werden:

Unselbstständig: Arbeitskraft wird geschuldet; Bezugnahme auf Tarifvertrag; Stellung von Arbeitsmitteln; Fortzahlung oder Vergütung im Krankheitsfall; Entrichtung von Beiträgen zur Sozialversicherung; Urlaubsanspruch;

Selbstständig: Tätigwerden unter eigener Verantwortung bei freier Zeit- und Arbeitseinteilung; Möglichkeit für verschiedene Auftraggeber zu arbeiten; keine Verpflichtung zur persönlichen Arbeitsleistung; Geschäftsrisiko.

Übt eine natürliche Person **mehrere Tätigkeiten** aus, kann sie **zum Teil selbstständig, zum Teil unselbstständig** sein.

Beispiel

Der Berufschullehrer B. hat in seiner Freizeit ein Klausurenbuch für angehende Steuerfachangestellte geschrieben, für das er regelmäßig ein Honorar bezieht. Der B. übt mehrere Tätigkeiten aus. Hinsichtlich seiner Lehrtätigkeit ist er nichtselbstständig tätig. Bezüglich seiner schriftstellerischen Leistung ist er Unternehmer i. S. des UStG, da er insoweit eine berufliche Tätigkeit selbstständig ausübt.

(2) **Gewerblich oder beruflich** ist jede nachhaltige Tätigkeit zur **Erzielung von Einnahmen**; eine **Gewinnerzielungsabsicht** ist **nicht erforderlich** (§ 2 Abs. 1 Satz 3 UStG).

Die gewerbliche oder berufliche Tätigkeit wird **nachhaltig** ausgeübt, wenn sie **auf Dauer zur Erzielung von Einnahmen ausgelegt ist**.

Als Kriterien, die für die Nachhaltigkeit sprechen, kommen insbesondere in Betracht:

- mehrjährige Tätigkeit
- planmäßiges Handeln
- auf Wiederholung angelegte Tätigkeit
- die Ausführung mehr als nur eines Umsatzes
- Vornahme mehrerer gleichartiger Handlungen unter Ausnutzung derselben Gelegenheit oder desselben dauernden Verhältnisses
- Intensität des Tätigwerdens
- Beteiligung am Markt, Auftreten wie ein Händler
- Unterhalten eines Geschäftslokals
- Auftreten nach außen, z. B. gegenüber Behörden.

Beispiel

Nachhaltigkeit – ja oder nein?

- Werksangehöriger eines Automobilherstellers veräußert nach mehr als einem Jahr den zu einem Vorzugspreis erworbenen Pkw an Werksfremde weiter – **nein**
- Kfz-Schlosser richtet die aus der Serienproduktion stammenden Pkw ausschließlich für seine private Rennfahrerei technisch her und veräußert sie danach weiter – **nein**
- Tätigkeit einer Prostituierten – **ja**
- Münz- und Briefmarkensammler, die aus privaten Neigungen sammeln – **nein**
- Übernahme eines Amtes als Testamentsvollstrecker gegen Vergütung – **ja**.

Die Tätigkeit muss der **Erzielung von Einnahmen dienen**, wobei eine Einnahme jeden geldwerten Vorteil darstellen kann. Eine **Gewinnerzielungsabsicht** ist nicht erforderlich.

Beispiel

Der Beamte Rolf Leidi kauft jährlich direkt bei verschiedenen Winzern an Rhein und Mosel Flaschenweine ein. Um den Wein günstig zu erwerben, kauft er jeweils größere Mengen ein, die er dann an Kollegen und Bekannte ohne Aufschlag weitergibt.

Der Beamte ist Unternehmer i. S. des UStG, da er nachhaltig mit Wiederholungsabsicht (jährlich) eine gewerbliche oder berufliche Tätigkeit mit der Absicht, Einnahmen (Selbstkosten) zu erzielen, ausübt. Die fehlende Gewinnerzielungsabsicht steht der Unternehmereigenschaft insoweit nicht entgegen.

2.2 Unternehmen, Umfang und Rahmen

Das Unternehmen umfasst die **gesamte gewerbliche oder berufliche Tätigkeit** des Unternehmers (§ 2 Abs. 1 Satz 2 UStG). Daraus folgt, dass ein Unternehmer **immer nur ein Unternehmen** haben kann.

Mehrere Betriebe, selbst wenn der Gegenstand dieser Betriebe ein ganz unterschiedlicher ist, bilden immer (nur) **ein Unternehmen**.

Daraus folgt:

- Für das gesamte Unternehmen ist **nur eine Steuererklärung** (Voranmeldung, Jahreserklärung) unter einer Steuernummer abzugeben.
- Umsätze zwischen den einzelnen Betrieben sind sog. **Innenumsätze**. Diese sind **nicht steuerbar**.

Beispiel

Metzgermeister Fritz Hack betreibt in Leverkusen in verschiedenen Geschäftsräumen eine Metzgerei und ein Restaurant. Die Buchführung der Betriebe ist getrennt, sodass Hack über die Belieferung des Restaurants eine monatliche Abrechnung erstellt. Die Abrechnungen werden durch Überweisungen auf das Postbankkonto der Metzgerei ausgeglichen.

Die zwei Betriebe „Metzgerei" und „Restaurant" bilden umsatzsteuerrechtlich nur ein Unternehmen, sodass die Warenbewegungen zwischen diesen Betrieben als sog. Innenumsätze nicht steuerbar sind. Ob die Buchführung der beiden Betriebe getrennt geführt wird oder nicht, ist in diesem Zusammenhang ohne Bedeutung.

In den **Rahmen des Unternehmens** fallen nicht nur die **Grundgeschäfte**, die den eigentlichen Gegenstand der geschäftlichen Betätigung bilden, sondern auch Hilfsgeschäfte.

Zu den **Hilfsgeschäften** gehören die Tätigkeiten, die die Haupttätigkeit mit sich bringen. Damit wird insbesondere der **Verkauf von Gegenständen des Anlagevermögens** erfasst. Auf die Nachhaltigkeit der Hilfsgeschäfte kommt es nicht an, sodass ein Verkauf von Gegenständen in den Rahmen des Unternehmens fällt, wenn der Gegenstand zum unternehmerischen Bereich des Veräußerers gehört hat.

Nebengeschäfte, d. h. Geschäfte, die mit der Haupttätigkeit in einem sachlich engen Zusammenhang stehen, gehören ebenfalls in den Rahmen des Unternehmens (z. B. **Vortragstätigkeiten, ehrenamtliche Tätigkeiten**).

Nicht zum Rahmen des Unternehmens gehört der unternehmensfremde Bereich, also die **Privatsphäre** des Unternehmers (= **nichtunternehmerischer Bereich**).

Beispiele

1. Der Lebensmittelhändler Birne veräußert seinen alten Fotoapparat für 150 €. Der Verkauf ist nicht steuerbar, da er nicht in den Rahmen des Unternehmens fällt.
2. Walter Schindler ist Inhaber einer Schreinerei in Düren und eines Möbeleinzelhandelsgeschäfts in Köln. Weiterhin ist er Eigentümer eines gemischt genutzten Grundstücks in Bonn, dessen Wohn- und Geschäftsräume vermietet sind, sowie eines Einfamilienhauses in Leverkusen, das er mit seiner Familie bewohnt. In den Rahmen des Unternehmens fallen die Schreinerei, das Möbeleinzelhandelsgeschäft und das gemischt genutzte Grundstück. Diese drei Betriebe bilden ein Unternehmen, für das eine USt-Erklärung abzugeben ist. Nicht in den Rahmen des Unternehmens fällt das selbstgenutzte Einfamilienhaus.

2.3 Beginn und Ende

Die Unternehmereigenschaft **beginnt** mit dem **ersten nach außen erkennbaren, auf eine Unternehmertätigkeit gerichteten Tätigwerden**, wenn die spätere Ausführung entgeltlicher Leistungen ernsthaft beabsichtigt ist und die Ernsthaftigkeit dieser Absicht durch objektive Merkmale nachgewiesen oder glaubhaft gemacht werden.

Solche **Vorbereitungshandlungen** können nach dem Gesamtbild der Verhältnisse im Einzelfall insbesondere sein:

- der Erwerb umfangreichen Inventars, z. B. Maschinen oder Fuhrpark
- der Wareneinkauf vor Betriebseröffnung
- die Anmietung oder die Errichtung von Büro- oder Lagerräumen
- der Erwerb eines Grundstücks
- die Anforderung einer Rentabilitätsstudie
- die Beauftragung eines Architekten
- die Durchführung einer größeren Anzeigenaktion.

In diesem Fall entfällt die Unternehmereigenschaft – außer in den Fällen von Betrug oder Missbrauch – nicht rückwirkend, wenn es später nicht oder nicht nachhaltig zur Ausführung entgeltlicher Leistungen kommt (sog. **erfolgloser Unternehmer**).

Die Unternehmereigenschaft **endet** mit dem **letzten Tätigwerden**, also dann, wenn der letzte Gegenstand des Unternehmensvermögens veräußert und ausstehende Entgelte vereinnahmt wurden. Hierunter kann auch der letzte Eingang einer Rechnung fallen, die den Vorsteuerabzug begründen könnte. Der Zeitpunkt der Einstellung oder Abmeldung eines Gewerbebetriebs ist unbeachtlich.

Eine Einstellung der gewerblichen oder beruflichen Tätigkeit liegt jedoch dann nicht vor, wenn den Umständen nach zu entnehmen ist, dass der Unternehmer die Absicht hat, das Unternehmen weiterzuführen oder in absehbarer Zeit wiederaufleben zu lassen (z. B. bei **Saisonbetrieben**). Es liegt dann lediglich ein **Ruhen der Unternehmereigenschaft** vor. Es ist insoweit nicht erforderlich, dass laufend Umsätze bewirkt werden.

2.4 Zusammenfassung

Begriff	**Unternehmer** ist		
	wer	eine **gewerbliche** oder **berufliche Tätigkeit**	**selbstständig** ausübt
Tatbestandsmerkmale	**Unternehmerfähigkeit:** Jedes selbstständig tätige Wirtschaftsgebilde	**Gewerbliche oder berufliche Tätigkeit:** Jede **nachhaltige** Tätigkeit zur Erzielung von **Einnahmen**	**Selbstständigkeit:** Tätigkeit auf eigene Rechnung und eigene Verantwortung
Erläuterungen	► **natürliche Personen** (z. B. Einzelunternehmer) ► **juristische Personen** (z. B. AG, GmbH) ► **Personenzusammenschlüsse** (z. B. GbR, OHG, KG, GmbH & Co. KG) trotz fehlender Rechtsfähigkeit	► **jede Beteiligung** am **Wirtschaftsleben** (z. B. Vermietung und Verpachtung) ► **Nachhaltigkeit** - tatsächliche **Wiederholung** mehrerer gleichartiger Handlungen oder - einmalige Handlung mit Wiederholungsabsicht oder zur Schaffung eines auf Erzielung von Einnahmen gerichteten **Dauer**zustandes ► **Einnahmen**- (nicht Gewinn-)erzielungsabsicht!	► **Tätigkeit** - unter **eigener Verantwortung** - in **eigener Arbeits- und Zeiteinteilung** - auf **eigenes Risiko** ► **keine Selbstständigkeit** - **natürlicher Personen**: bei Eingliederung in ein Unternehmen, d. h. Bindung an die Weisungen des Arbeitgebers hinsichtlich Zeit, Ort, Art und Weise der Tätigkeit - **juristischer Personen**: bei Vorliegen einer **Organschaft**

Beginn → Erstes nach außen erkennbares Tätigwerden zur Erzielung von Einnahmen

Ende der Unternehmertätigkeit → Letztes Tätigwerden, z. B. Veräußerung von Gegenständen des Betriebsvermögens, letzte Vereinnahmung von Entgelten

Umfang (§ 2 Abs. 1 Satz 2 UStG)	Das Unternehmen umfasst die gesamte gewerbliche oder berufliche Tätigkeit des Unternehmens ↓ **Unternehmenseinheit** Sämtliche Betriebe (Betriebsstätten, Zweigniederlassungen) oder beruflichen Tätigkeiten desselben Unternehmens bilden ein Unternehmen (= Unternehmenseinheit) **Auswirkungen**: ▸ Zusammenrechnung aller Umsätze ▸ Umsätze zwischen den Betrieben sind Innenumsätze (nicht steuerbar!) ▸ eine USt-Voranmeldung, eine USt-Erklärung, eine Steuernummer

Leistungen im Rahmen des Unternehmens		
→	❶ **Haupt-(Grund-)Geschäfte** →	bilden den Hauptzweck des Unternehmens (z. B. Verkauf von Fertigerzeugnissen bei Industriebetrieb)
→	❷ **Hilfsgeschäfte** →	ergeben sich im Gefolge des Hauptgeschäfts (insbesondere Verkauf gebrauchter Gegenstände des **Anlage**vermögens)
→	❸ **Nebengeschäfte** →	nicht notwendig, sich aus der Haupttätigkeit ergebend, aber mit ihr in engem wirtschaftlichen Zusammenhang stehend (z. B. ehrenamtliche Tätigkeit eines Handwerkers in der Kreishandwerkerschaft. StB übernimmt Testamentsvollstreckung für einen verstorbenen Mandanten)

2.5 Fälle zur Sicherung des Lernerfolgs

Fall 1:

Entscheiden und begründen Sie, ob in den folgenden Fällen die beteiligten Personen als Unternehmer i. S. des UStG anzusehen sind!

1. Briefmarkensammler Müller aus Erkrath veräußert seine gesamte Briefmarkensammlung für 23.000 €, um damit zum Kauf eines Ferienbungalows auf Fuerteventura beizutragen.

2. Dietmar Brenner lässt sich in Leverkusen als Architekt nieder. Sein erster Auftrag besteht darin, die Pläne für ein Einfamilienhaus zu entwerfen. Noch während der Arbeiten an diesem Projekt erhält er das Angebot, Angestellter beim Bauplanungsamt der Stadt Leverkusen zu werden. Er nimmt das Angebot an und gibt seine freie Berufstätigkeit wieder auf. Für die fertig gestellte Planung des Einfamilienhauses erhält er ein Honorar von 8.000 €.
3. Rudolf Schraube ist bei einem Vertragshändler der BMW-AG in Hilden als Kfz-Mechaniker angestellt. Nach Dienstschluss führt er privat Reparaturen für einen kleinen Kundenkreis aus. Dies geschieht auf eigene Rechnung. Herr Schraube ist der Ansicht, seine „Freizeitbeschäftigung" habe mit der Umsatzsteuer nichts zu tun, da er nicht Unternehmer, sondern lediglich Arbeitnehmer sei.
4. Der Steuerfachangestellte vermietet jährlich seinen Bungalow auf der Ferieninsel Fuerteventura an seinen Berufsschullehrer.

Fall 2:

Bernd Welle betreibt gleichzeitig

1. eine Surfschule in Baumberg,
2. einen Surfshop in Monheim und
3. ein Surfhotel in Hilden.

Die Surfschule wird regelmäßig von dem Surfshop mit neuestem Surfmaterial beliefert. Über diese Lieferungen werden stets ordnungsmäßige Rechnungen ausgestellt, die von der Surfschule durch Überweisungen auf das Postbankkonto des Surfshops ausgeglichen werden.

Gegenüber seinem Steuerberater vertritt Welle folgende Ansichten:

a) Er betreibe im umsatzsteuerlichen Sinne drei Unternehmen (Surfschule, Surfshop und Surfhotel).

b) Sämtliche Umsätze, die zwischen seinen Unternehmen getätigt werden, müssten der Umsatzbesteuerung unterworfen werden bzw. führten zum Vorsteuerabzug.

c) Schließlich müssten für die drei Unternehmen jeweils gesonderte USt-Erklärungen bzw. USt-Voranmeldungen abgegeben werden.

Nehmen Sie zu den von Welle geäußerten Meinungen begründet Stellung!

Fall 3:

Nehmen Sie unter genauem Hinweis auf die gesetzlichen Bestimmungen zur Unternehmereigenschaft der im folgenden Sachverhalt namentlich erwähnten Personen begründet Stellung, und bestimmen Sie den Umfang des jeweiligen Unternehmens! Geben Sie ferner an, wer für den VZ 2023 USt-Erklärungen abzugeben hat!

Anton Huber (Toni) betreibt seit vielen Jahren in Obermaiselstein im Allgäu (Deutschland), Am Herrenberg, eine Skischule. Zusammen mit drei von ihm angestellten Skilehrern unterrichtet er Anfänger und Fortgeschrittene in der hohen Kunst des Skifahrens.

Schon zu Beginn seiner alpinen Unternehmungen hat er sich mit seinem älteren Bruder Erni zusammengetan und die Firma Huber Skilift GmbH zum Bau und Betrieb zweier Skilifte gegründet. Obwohl die Lifte von November bis April in Betrieb sind, werden aufgrund der hohen Investitionen auf absehbare Zeit keine Gewinne erwirtschaftet.

Um sich von seinen schneebedingten Aktivitäten unabhängig zu machen, kaufte Toni Anfang des Jahres 2022 zusammen mit seiner Ehefrau Trudi, Am Goldbach 2, in Obermaiselstein einen Bauplatz, auf dem sie im selben Jahr gemeinsam ein Wohn- und Geschäftshaus errichten ließen. Das Gebäude wird seit der Fertigstellung am 01. Januar 2023 wie folgt genutzt:

Erdgeschoss: Sportgeschäft
Obergeschoss: Eigengenutzte Wohnung der Eheleute
Dachgeschoss: Ferienwohnung

Inserat aus der „Allgäuer Zeitung" vom 12.12.2022:

Endlich!
Ab 01. Januar 2023 für Sie in Obermaiselstein
SPORT HUBER
Günstige Eröffnungsangebote an
Ski- und Wanderausrüstungen erwarten Sie.
Auf Ihren Besuch freut sich
Inhaber: Toni Huber, Am Goldbach 2.

Für die Ferienwohnung wird wie folgt geworben:

Unsere Ferienwohnung finden Sie in zentraler, ruhiger Lage unseres beliebten Urlaubsortes. Sie besteht aus 2 Schlafzimmern, einer Küche und einem Bad mit WC. Alle Räumlichkeiten sind gemütlich eingerichtet, TV ist auf Wunsch möglich.
Auf Ihren Besuch in herzlicher Atmosphäre freuen sich
Trudi und Toni Huber, Am Goldbach 2.

Fall 4:

Der Steuerberater Manni Lustlos aus Düsseldorf erzielte im VZ 2023 Umsätze i. H. v. 250.000 €. Außerdem veräußerte er seine veraltete EDV-Anlage an einen Mitarbeiter für 500 € zzgl. 19 % USt. Manni Lustlos ist als ehrenamtliches Mitglied folgender Institutionen tätig: er gehört als Vorsitzender einem Prüfungsausschuss der Steuerberaterkammer Düsseldorf an und ist 1. Vorsitzender des Tennisclubs Rot-Weiß in Erkrath-Hochdahl. Für seine im VZ 2023 geleisteten ehrenamtlichen Tätigkeiten erhielt er von der Steuerberaterkammer Düsseldorf eine Überweisung i. H. v. 500 €, vom Tennisclub i. H. v. 250 €.

Stellen Sie fest, welche Leistungen der Steuerberater im Rahmen seines Unternehmens bzw. außerhalb seines Unternehmens tätigt.

3. Leistungen

3.1 Allgemeines

Der USt unterliegen primär **Leistungen**, nämlich

- **Lieferungen** und **sonstige Leistungen**,
- die ein Unternehmer im Rahmen seines Unternehmens
- im Inland
- gegen Entgelt

ausführt (§ 1 Abs. 1 Nr. 1 UStG).

Fehlt eines dieser Tatbestandsmerkmale, dann ist die Leistung **nicht steuerbar** i. S. des § 1 Abs. 1 **Nr. 1** UStG.

Beispiel

Eine Lieferung wird in Amsterdam erbracht. Die Lieferung ist nicht steuerbar i. S. des § 1 Abs. 1 Nr. 1 UStG, da sie nicht im „Inland" erbracht worden ist.

Der USt unterliegen jedoch nur **Leistungen im wirtschaftlichen Sinne**. Die bloße **Entgeltsentrichtung**, insbesondere die Geldzahlung oder Überweisung ist **keine Leistung** im wirtschaftlichen Sinne.

3.2 Entgeltliche Lieferungen

3.2.1 Begriff

Lieferungen eines Unternehmers sind nach **§ 3 Abs. 1 UStG** Leistungen, durch die der Unternehmer oder in seinem Auftrag ein Dritter dem Abnehmer oder in dessen Auftrag einem Dritten die **Verfügungsmacht an einem Gegenstand verschafft**.

3.2.1.1 Gegenstände

Gegenstände können sein

- **körperliche Sachen** i. S. des § 90 BGB,
- **Tiere** gem. § 90a BGB,
- **Sachgesamtheiten** (z. B. Warenlager, Sammlungen) und
- Wirtschaftsgüter, die im Wirtschaftsverkehr **wie Sachen behandelt** werden (z. B. elektrischer Strom und Wärme) sowie
- **immaterielle Werte** (z. B. Geschäfts-, Praxiswert, und Kundenstamm).

Rechte (z. B. Verlagsrechte) sind dagegen keine Gegenstände, die im Rahmen einer Lieferung übertragen werden können; die Übertragung von Rechten stellt vielmehr eine sonstige Leistung dar.

Beispiel

Ein kinderloses Ehepaar adoptiert ein Kind und zahlt dafür 10.000 € an das Vermittlungsinstitut. Das Vermittlungsinstitut erbringt keine Lieferung nach § 3 Abs. 1 UStG, da das Kind keine Sache ist.

3.2.1.2 Verschaffung der Verfügungsmacht

Die **Verschaffung der Verfügungsmacht** ist ein Vorgang vorwiegend **tatsächlicher Natur**.

Anknüpfungspunkt für die Umsatzsteuer ist daher nicht der schuldrechtliche Vertrag (Verpflichtungsgeschäft), sondern das **Erfüllungsgeschäft**.

Beispiel

Der Unternehmer U aus Leverkusen ist ein Spezialist auf dem Gebiet der Herstellung von Blumenständern, die von Kunden bereits häufiger in Auftrag gegeben worden sind. Im Februar hat er einen derartigen Blumenständer angefertigt, den der Kaufmann K aus Basel für 350 € in Auftrag gegeben hatte. Bevor U am 25. Februar zur Silberhochzeit seiner ebenfalls in Basel lebenden Schwester fahren wollte, hörte er, dass sich K in Zahlungsschwierigkeiten befindet. Er nahm den Blumenständer deshalb für seine Schwester mit und schenkte ihn ihr in Basel.

U beabsichtigte eine (Werk-)Lieferung an K auszuführen, zu der es aber nicht kam, weil er am 25. Februar schon vor Beginn der Fahrt nach Basel nicht mehr an den K (wegen dessen Zahlungsschwierigkeiten) liefern wollte. Ein steuerbarer Umsatz (= Verkauf) liegt daher mangels Lieferung nicht vor.

Der Abnehmer muss faktisch in der Lage sein, mit dem Gegenstand nach Belieben zu verfahren, insbesondere ihn **wie ein Eigentümer zu nutzen und veräußern zu können**.

Das Erlangen der Verfügungsmacht setzt die **rechtliche Verfügungsmöglichkeit** voraus. Die rein tatsächliche Nutzungsmöglichkeit reicht insoweit nicht aus.

Beispiel

A vermietet an den B einen USt-Kommentar und übergibt ihm die Mietsache. Eine Lieferung i. S. des § 3 Abs. 1 UStG hat nicht stattgefunden, da B aufgrund des Mietvertrages nicht das Recht hat, den USt-Kommentar weiterzuveräußern. B ist vielmehr verpflichtet, die Mietsache nach Beendigung des Mietverhältnisses an A zurückzugeben. Mit der Überlassung des USt-Kommentars erbrachte A vielmehr eine sonstige Leistung i. S. des § 3 Abs. 9 UStG.

Bei der **Verschaffung der Verfügungsmacht** sind **zwei Fälle** zu unterscheiden:

- Verschaffung der Verfügungsmacht **mit** Eigentumsübertragung
- Verschaffung der Verfügungsmacht **ohne** Eigentumsübertragung

a) **Verschaffung der Verfügungsmacht mit Eigentumsübertragung**

Die Verfügungsmacht wird im Regelfall verschafft bei

- **beweglichen Sachen** durch **Einigung und Übergabe** (§ 929 Satz 1 BGB).
- **Grundstücken** mit **Übergang der Nutzungen und Lasten**, spätestens aber mit Auflassung und Eintragung im Grundbuch (§§ 873, 925 BGB). Dieser Zeitpunkt wird im Kaufvertrag festgelegt.

Beispiel

Ein Kunde bestellt am 15. September bei dem Reifenhändler R vier Winterreifen. Am 20. Oktober fährt er zu R und lässt sich die Reifen auf seinem Fahrzeug montieren.

Hier erfolgten am 20. Oktober vier Übereignungen nach § 929 Satz 1 BGB. R hat daher durch Eigentumsübertragung dem Kunden die Verfügungsmacht an den vier Winterreifen verschafft und daher eine Lieferung i. S. des UStG ausgeführt.

Die **Übergabe** kann bei beweglichen Sachen durch folgende **Übergabesurrogate** ersetzt werden:

- **Übergabe durch bloße Einigung**, § 929 Satz 2 BGB. Die körperliche Übergabe ist entbehrlich, wenn der Erwerber bereits im Besitz der Sache ist. Hier genügt zur Übereignung die Einigung über den Eigentumsübergang.

- **Vereinbarung eines Besitzkonstituts**, § 930 BGB. Der Erwerber erlangt mittelbaren Besitz, während der bisherige Eigentümer im Besitz der Sache ist und vorerst auch bleibt.
- **Abtretung des Herausgabeanspruchs**, § 931 BGB. Ist weder der Veräußerer noch der Erwerber, sondern ein Dritter im Besitz der Sache, so kann die Übergabe dadurch ersetzt werden, dass der Eigentümer dem Erwerber den Anspruch auf Herausgabe der Sache abtritt.
- **Übergabe eines Traditionspapieres** (Ladeschein, Lagerschein oder Konnossement), § 363 HGB. Keine Traditionspapiere sind Lieferscheine und Frachtbriefe!

Beispiele

1. Der Vermieter einer Maschine veräußert diese an den Mieter. Hier kann die Übergabe nach § 929 Satz 1 BGB entfallen, da der Mieter bereits im unmittelbaren Besitz der Sache ist. Die Verschaffung der Verfügungsmacht geschieht zu dem Zeitpunkt, zu dem sich Vermieter und Mieter einig sind, dass das Eigentum an der Maschine übergehen soll, § 929 Satz 2 BGB.
2. A verkauft dem B am 15. September ein Buch. Da A dieses noch für Ausstellungszwecke bis zum 20. September benötigt, holt es B erst am 20. September bei A ab. A lieferte am 15. September. Mit Einigung und Abschluss eines Besitzkonstituts (§ 930 BGB) in Form eines Leihvertrages verschafft A dem B die Verfügungsmacht an dem Buch.
3. A vermietet an B ein Buch bis zum 20. November. Bereits am 15. November verkauft A dieses Buch an C, der auch in den Mietvertrag mit B eintritt. Am 20. November holt C das Buch bei B ab. A lieferte am 15. November (und nicht erst am 20. November). Die Übergabe des Buches wurde durch die Abtretung des Herausgabeanspruchs (§ 931 BGB) ersetzt, den A aufgrund des Mietvertrages gegenüber dem B hat.
4. Der Importeur I hat in England 200 t Äpfel gekauft und lässt diese mit dem Schiff nach Bremen zu seinem Lagerhaus transportieren. Das Schiff wird am 01. März dort eintreffen. I verkauft die Äpfel bereits am 04. Februar an den B und übergibt ihm das vom Reeder ausgestellte Konnossement. I lieferte am 04. Februar, da er dem B zu diesem Zeitpunkt die Verfügungsmacht an den Äpfeln verschafft hat. Die Übergabe ist durch die Aushändigung des Konnossements (§ 363 HGB) ersetzt worden.

b) **Verschaffung der Verfügungsmacht ohne Eigentumsübertragung**

Bei einer Lieferung unter **Eigentumsvorbehalt** (§ 449 BGB) liegt eine Verschaffung der Verfügungsmacht vor, weil der Erwerber wirtschaftlich befähigt ist, im eigenen Namen über den Gegenstand zu verfügen.

Beispiel

Der Buchhändler B liefert an A am 17. August einen USt-Kommentar unter Eigentumsvorbehalt. Den Kaufpreis bezahlt A am 31. August.

Auch wenn A das Eigentum erst mit Zahlung des Kaufpreises am 31. August erwarb, hat B dem A die Verfügungsmacht an dem USt-Kommentar bereits am 17. August verschafft, da er insoweit wirtschaftlich befähigt war, zu diesem Zeitpunkt im eigenen Namen über den Gegenstand zu verfügen. Auf den Zahlungszeitpunkt kommt es insoweit nicht an.

Bei der **Veräußerung von Diebesgut** verschafft der Dieb dem Erwerber die Verfügungsmacht, da der Dieb insoweit eine eigentumsähnliche Stellung innehatte. Der meist „gutgläubige" Erwerber erwirbt aber trotzdem bürgerlich-rechtlich kein Eigentum, da dem bisherigen Eigentümer die Sache gestohlen worden ist (§ 935 BGB).

Beispiel

Ein Dieb brach am 14. Oktober unerkannt in das Geschäft des Juweliers J ein und ließ kostenbaren Schmuck im Gesamtwert von 25.000 € „mitgehen". Diesen veräußerte er für 40.000 € am 16. Oktober an den gutgläubigen A weiter.

Der Dieb hat gegenüber dem A eine steuerbare Lieferung ausgeführt, da er ihm die Verfügungsmacht an der Hehlerware verschafft hat. Unerheblich ist in diesem Zusammenhang, dass der A wegen § 935 BGB kein Eigentum erwerben konnte, denn maßgeblich ist allein die wirtschaftliche Betrachtungsweise.

c) **Eigentumsübertragung ohne Verschaffung der Verfügungsmacht**

An einem zur **Sicherheit übereigneten Gegenstand** wird durch die Übertragung des bürgerlich-rechtlichen Eigentums noch **keine Verfügungsmacht verschafft**, da der Gläubiger (Sicherungsnehmer, z. B. eine Bank) und der Schuldner (Sicherungsgeber) lediglich eine Forderung zusätzlich absichern wollen. Die Sicherungsübereignung stellt daher **lediglich** die **Übertragung eines Pfandrechts** dar.

Die **Verschaffung der Verfügungsmacht** liegt erst dann vor, wenn der Gläubiger von seinem Verwertungsrecht Gebrauch macht.

3.2.1.3 Zusammenfassung

Begriff der Lieferung

Leistung, durch die ein Unternehmer dem Abnehmer die **Verfügungsmacht über einen Gegenstand verschafft** (= Vorgang tatsächlicher Natur, durch den der Abnehmer in die Lage versetzt wird, wie ein „wirtschaftlicher" – nicht unbedingt auch rechtlicher – Eigentümer die umfassende Herrschaft über den Gegenstand auszuüben).

Gegenstand der Lieferung

Nur Gegenstände

→ **Körperliche Gegenstände = Sachen**
- **Bewegliche** z. B. Waren, Kfz., Sachgesamtheiten
- **Unbewegliche** z. B. Grund und Boden, Gebäude

→ Wirtschaftsgüter, die **wie** Sachen behandelt werden (z. B. Elektrizität, Wasserkraft, Dampfkraft, Wärme, Firmenwert), nicht Rechte!

Wirtschaftliche Durchführung der Lieferung

Grundsatz → **Verschaffung** der **tatsächlichen Verfügungsmacht i. d. R.** (nicht notwendigerweise) durch **Eigentumsübertragung:** bei

beweglichen Wirtschaftsgütern
- durch **Einigung** und **Übergabe** (§ 929 Satz 1 BGB)
- Übergabe ersetzbar durch
  - bloße Einigung (§ 929 Satz 2 BGB)
  - Besitzkonstitut (§ 930 BGB)
  - Abtretung des Herausgabeanspruchs (§ 931 BGB)
  - Übergabe von Traditionspapieren (Konnossement, Lagerschein u. a. vgl. § 424 HGB).

Grundstücken

durch Auflassung (Einigung) und **Eintragung** ins **Grundbuch** (§ 873 BGB)

Ausnahme → **Verschaffung** der Verfügungsmacht **ohne Eigentumsübertragung**, z. B. bei
- Lieferung unter Eigentumsvorbehalt
- Lieferung von Diebesgut
- Lieferung von Kommissionsware (§ 3 Abs. 3 UStG).

Keine Lieferung = keine Verschaffung der Verfügungmacht **trotz Eigentumsübertragung**, z. B. bei **Sicherungsübereignung**, da dem „Abnehmer" der tatsächliche Herrschaftswille fehlt

Ausführungsarten (§ 3 Abs. 1)

Verfügungsmacht kann verschafft werden:
- dem Abnehmer durch den Unternehmer selbst
- dem Abnehmer durch einen vom Unternehmer beauftragten Dritten
- einem Dritten im Auftrag des Abnehmers.

3.2.2 Fiktive Lieferung in das EU-Ausland

Sogenannte **grenzüberschreitende Innenumsätze** gelten nach **§ 3 Abs. 1a UStG** als **fiktive Lieferungen**, sofern diese zwischen Betriebsstätten innerhalb von Mitgliedstaaten der EU stattfinden. Dabei gilt ein solcher Innenumsatz auch **ohne Entgelt** als Lieferung.

Diese fiktive Lieferung in das EU-Ausland ist grundsätzlich steuerbar, aber nach § 6a Abs. 2 UStG als **innergemeinschaftliche Lieferung steuerbefreit**.

Der Unternehmer, der den Gegenstand (z. B. des Anlagevermögens) von einer Betriebsstätte vom Inland ins EU-Ausland verbringt, gilt dabei als Lieferer. Es ist unerheblich, ob der Unternehmer den Gegenstand selbst befördert oder ob er die Beförderung durch einen selbstständigen Beauftragten ausführen oder besorgen lässt.

Fälle **vorübergehender Verwendung** sind **ausgeschlossen**. Wird etwa ein Gegenstand von einem Unternehmensteil im Inland in einen Unternehmensteil im EU-Ausland zur Reparatur verbracht, liegt keine steuerbare fiktive Lieferung vor.

Entscheidend ist nicht die Absicht der nur vorübergehenden Verwendung, sondern die tatsächliche Verwendung von grundsätzlich **mehr als 24 Monaten**.

Beispiel

Die Willi Wutz GmbH mit Sitz in Bergisch Gladbach handelt mit gebrauchten und neuen Kraftfahrzeugen. Seit zwei Jahren unterhält die GmbH außerdem eine Betriebsstätte in Amsterdam. Im April sind drei Vorführwagen per Spedition nach Amsterdam gebracht worden, um sie dort zu verkaufen.

Es handelt sich um eine steuerbare fiktive Lieferung i. S. des § 3 Abs. 1a UStG, die allerdings nach § 6a Abs. 2 UStG als innergemeinschaftliche Lieferung steuerbefreit ist.

3.2.3 Zeit und Ort der Lieferung

3.2.3.1 Inland, Ausland, Gemeinschaftsgebiet, Drittlandsgebiet

Steuerbar sind nach § 1 Abs. 1 Nr. 1 UStG nur Lieferungen im **Inland**.

Der Begriff des Inlands ist in **§ 1 Abs. 2 UStG** wie folgt definiert:

Bundesrepublik Deutschland
- Gemeinde Büsingen am Hochrhein
- deutsche Schiffe und deutsche Luftfahrzeuge in Gebieten, die keinem Zollgebiet gehören
- Insel Helgoland
- Freihäfen (nicht: See- und Passagierhäfen!)
- Gewässer und Watten zwischen der Hoheitsgrenze und der jeweiligen Strandlinie

= Inland

Botschaften, Gesandtschaften und Konsulate anderer Staaten gehören selbst bei bestehender Exterritorialität zum Inland.

Wird ein Umsatz im Inland ausgeführt, so ist es **unerheblich**, ob der **Unternehmer deutscher Staatsangehöriger** ist, seinen Wohnsitz oder Sitz im Inland hat, im Inland eine Betriebsstätte unterhält, die Rechnung erteilt oder die Zahlung empfängt (§ 1 Abs. 2 Satz 3 UStG).

Das **Ausland** ist das Gebiet, das nicht Inland ist (§ 1 Abs. 2 Satz 2 UStG), wobei zwischen dem Ausland als Gemeinschaftsgebiet und dem Ausland als Drittlandsgebiet weiter zu unterscheiden ist.

Gemeinschaftsgebiet ist gem. § 1 Abs. 2a Satz 1 UStG dasjenige Ausland, das sich zusammensetzt aus der **Summe der Inlandsgebiete** und der **übrigen EU-Mitgliedstaaten**. Das **Fürstentum Monaco** gilt gem. § 1 Abs. 2a Satz 2 UStG als Gebiet der französischen Republik, die **Insel Man** als Gebiet des Vereinigten Königreichs Großbritannien und Nordirland. Mit dem Beitritt der Republik Österreich zur EU gehört das österreichische Hoheitsgebiet (einschließlich der **Gemeinden Mittelberg und Jungholz**) zum Gemeinschaftsgebiet.

Drittlandsgebiet ist dasjenige Ausland, das nicht Gemeinschaftsgebiet ist (§ 1 Abs. 2a Satz 3 UStG). Dazu gehören auch Andorra, Gibraltar, der **Vatikan** und die **Kanarischen Inseln**.

3.2.3.2 Lieferzeitpunkt

Der Lieferzeitpunkt ist wichtig, um die **Entstehung der Umsatzsteuer** nach § 13 Abs. 1 Nr. 1 Buchst. a) UStG bestimmen zu können.

Ein Lieferzeitpunkt ist im Gesetz nicht festgelegt; der Zeitpunkt der Lieferung richtet sich daher nach **zivilrechtlichen Grundsätzen**.

Maßgebend ist danach der **Gefahrübergang** (§§ 446, 447 BGB), also die **Übergabe der verkauften Sache an den Käufer** bzw. **Übergabe an den Spediteur, dem Frachtführer oder der sonst zur Ausführung der Versendung bestimmten Person**.

3.2.3.3 Bewegte Lieferung

Eine **bewegte Lieferung** ist eine Lieferung, bei der der **Gegenstand befördert oder versendet** wird.

Dabei ist es für die Begriffsbestimmung der Beförderungs- oder Versendungslieferung **gleichgültig**, ob die **Beförderung oder Versendung vom Lieferer, vom Abnehmer oder einem beauftragten Dritten erfolgt**. Es kommt nur noch auf die Warenbewegung als solche an.

Wird der Gegenstand der Lieferung durch den Lieferer, den Abnehmer oder einem vom Lieferer oder vom Abnehmer beauftragten Dritten befördert oder versendet, gilt die Lieferung **dort** als ausgeführt, **wo die Beförderung oder Versendung an den Abnehmer beginnt** (§ 3 Abs. 6 Satz 1 UStG). **Befördern** ist jede Fortbewegung eines Gegenstandes (§ 3 Abs. 6 Satz 2 UStG).

Ein **Versenden** liegt gem. § 3 Abs. 6 Satz 3 UStG vor, wenn jemand die Beförderung durch einen selbstständigen Beauftragten (z. B. Frachtführer, Verfrachter, Spediteur) ausführen oder besorgen lässt (**Versenden = Befördern lassen**). Die Versendung beginnt **mit der Übergabe des Gegenstands an den Beauftragten** (§ 3 Abs. 6 Satz 4 UStG).

Beispiele

1. A aus Leverkusen kauft am 31. Mai im Blumenladen des B in Bergisch Gladbach einen Blumenstrauß, bezahlt 25 € in bar und nimmt die Blumen mit. Es handelt sich um eine **bewegte Lieferung**. Der **Abnehmer befördert** den Liefergegenstand, damit gilt die Lieferung am 31. Mai in Bergisch Gladbach als ausgeführt, da dort die Beförderung beginnt (§ 3 Abs. 6 Satz 1 UStG).
2. Der Computerhändler A aus Köln transportiert am 30. November mit eigenem Lkw einen Computer zu seinem Kunden B nach Würzburg. Aufgrund schlechter Verkehrsverhältnisse kommt A erst am 02. Dezember bei B in Würzburg an, wo er diesem den bestellten Computer vereinbarungsgemäß übergibt. A versteuert seine Umsätze nach vereinbarten Entgelten und gibt monatliche USt-Voranmeldungen ab.

Es handelt sich um eine **bewegte Lieferung**. Der **Unternehmer befördert** den Liefergegenstand, damit gilt die Lieferung in Köln als ausgeführt, da dort die Beförderung beginnt (§ 3 Abs. 6 Satz 1 UStG). Die zivilrechtliche Eigentumsübertragung findet jedoch erst am 02. Dezember mit der Übergabe des Computers gem. § 929 Satz 1 BGB an B statt und ist daher auch erst in der Voranmeldung für den Monat Dezember zu erfassen (§ 13 Abs. 1 Nr. 1a) UStG).

3. B aus Hilden bestellt am 30. November bei dem Computerhändler C aus Düsseldorf einen Computer. C beauftragt die Spedition S mit dem Transport. Nach den Geschäftsbedingungen des C erfolgt die Lieferung auf Kosten und Gefahr des B. C übergibt der S am 30. November den Computer in seinem Ladenlokal. S fährt nach Hilden zu B und händigt ihm den Computer am 02. Dezember aus.

   Es handelt sich um eine **bewegte Lieferung**. Es handelt sich um eine **Versendung**, denn B beauftragt einen selbstständigen Beauftragten mit dem Transport. Die Versendungslieferung gilt damit in Düsseldorf als ausgeführt, da dort der Gegenstand an die Spedition übergeben worden ist (§ 3 Abs. 6 Satz 4 UStG). Die zivilrechtliche Eigentumsübertragung fand am 30. Nov. statt, und ist daher in der Voranmeldung für den Monat Nov. zu erfassen, da mit der Übergabe an S das Risiko auf B übergegangen ist (§ 447 BGB).

3.2.3.4 Unbewegte Lieferung

Eine **unbewegte Lieferung** liegt dann vor, wenn der **Gegenstand nicht befördert oder versendet** wird.

Der Lieferort liegt gem. § 3 Abs. 7 Satz 1 UStG **dort**, **wo sich der Gegenstand zur Zeit der Verschaffung der Verfügungsmacht befindet**.

Ruhende Lieferungen sind z. B.:

- **Werklieferungen**
- Grundstücksübertragungen
- Lieferungen per **Lagerschein, Ladeschein oder Konnossement**
- Lieferungen des **Verkaufskommittenten an den Kommissionär**
- die Vereinbarung eines **Besitzkonstituts** (§ 930 BGB)
- der **Abtretung des Herausgabeanspruchs** (§ 931 BGB)
- Übergabe **eines** handelsrechtlichen Traditionspapiers.

Beispiele

1. L aus Leverkusen erwirbt von A aus Amsterdam ein Grundstück auf der Ferieninsel Fuerteventura. Besitz, Nutzungen und Lasten gehen vereinbarungsgemäß am 17. April auf L über. Es handelt sich um eine **unbewegte Lieferung**. A liefert gem. § 3

Abs. 7 Satz 1 UStG am 17. April das Grundstück an L., denn L. wird zu diesem Zeitpunkt wirtschaftlicher Eigentümer. Der Lieferort liegt in Fuerteventura, da sich dort das Grundstück befindet, § 3 Abs. 7 Satz 1 UStG.

2. Der Computerhändler aus Köln vermietet im Mai eine EDV-Anlage an einen Unternehmer aus Bergisch Gladbach, der die Anlage in seinem Büro aufstellt. Im September wird die EDV-Anlage an einen anderen Unternehmer aus Düsseldorf verkauft. Der Kaufvertrag wird in Köln geschlossen. Der im Mai abgeschlossene Mietvertrag wird fortgesetzt, der Herausgabeanspruch an den Käufer abgetreten. Es handelt sich um eine **unbewegte Lieferung** im September. Ort der Lieferung ist Bergisch Gladbach, weil sich der Gegenstand der Lieferung zum Zeitpunkt der Verschaffung der Verfügungsmacht (Abtretung des Herausgabeanspruchs gem. § 931 BGB) dort befand, § 3 Abs. 7 Satz 1 UStG.
3. J hat in Costa Rica eine Schiffsladung Rohkaffee erworben. Während dort der Kaffee auf das Schiff verladen wird, veräußert J den Kaffee an den K. Er übergibt dem K das indossierte Konnossement am 01. Juni in seinem Kontor in Hamburg. Es handelt sich um eine unbewegte Lieferung. Ort der Lieferung ist Costa Rica, weil sich der Gegenstand der Lieferung zum Zeitpunkt der Verschaffung der Verfügungsmacht (Übergabe des Traditionspapiers) dort am 01. Juni befand, § 3 Abs. 7 Satz 1 UStG.

3.2.3.5 Ortsverlagerung nach § 3 Abs. 8 UStG

Nach § 3 Abs. 8 UStG erfolgt – abweichend von § 3 Abs. 6 UStG – **eine Ortsverlagerung in das Inland**, wenn folgende **drei Voraussetzungen** erfüllt sind:

- Beförderung oder Versendung eines Gegenstandes
- aus dem Drittlandsgebiet in das Inland
- Lieferer oder sein Beauftragter ist Schuldner der EUSt (Einfuhrumsatzsteuer).

Die Ortsverlagerung tritt unabhängig davon ein, ob der Lieferer oder der Abnehmer den Gegenstand der Lieferung befördern oder versenden lässt. Entscheidend ist allein, dass der Lieferer oder sein Beauftragter Schuldner der EUSt ist.

Nicht ausreichend ist dagegen, wenn – unabhängig von der Person des Beförderers oder Versenders – der Leistungsempfänger die EUSt schuldet. In diesem Fall greift die Ortsverlagerung gem. § 3 Abs. 8 UStG nicht ein.

Maßgeblich ist, wer nach den zollrechtlichen Vorschriften Schuldner der EUSt ist.

Das ist grundsätzlich derjenige, der den Auftrag auf Abfertigung zum freien Verkehr stellt und damit Zollbeteiligter ist. Im Regelfall verläuft die Abfertigung für den Lieferer nach § 3 Abs. 8 UStG, wenn die Lieferkondition **„verzollt und versteuert“** oder eine entsprechende Kondition vereinbart worden ist.

Beispiele

1. Der Schweizer Unternehmer S hat Waren für netto 3.000 € an den Unternehmer K aus Köln verkauft. Er befördert die Ware mit seinem Lkw nach Mettmann. S lässt die Gegenstände zum freien Verkehr abfertigen und entrichtet die deutsche EUSt, d. h. er liefert „verzollt und versteuert“. Es handelt sich um eine bewegte Lieferung. Nach § 3 Abs. 8 UStG wird der Ort dieser bewegten Lieferung nach Köln verlagert. Die Lieferung ist deshalb nach § 1 Abs. 1 Nr. 1 UStG steuerbar und steuerpflichtig. S kann die entrichtete Einfuhrumsatzsteuer als Vorsteuer abziehen.
2. Wie 1., jedoch ist K Schuldner der EUSt. K lässt die Gegenstände zum freien Verkehr abfertigen und entrichtet die EUSt, d. h. der S. liefert „unverzollt und unversteuert“. Es handelt sich um eine bewegte Lieferung. Der Ort bestimmt sich nach § 3 Abs. 6 Satz 1 UStG und liegt dementsprechend in der Schweiz, da dort die Beförderung beginnt. § 3 Abs. 8 UStG greift nicht ein, da der Lieferer nicht Schuldner der EUSt ist. Die Lieferung des S ist daher nicht steuerbar nach § 1 Abs. 1 Nr. 1 UStG.

   Aus der Sicht des K liegt eine nach § 1 Abs. 1 Nr. 4 UStG steuerbare und steuerpflichtige Einfuhr vor. K kann die entrichtete EUSt als Vorsteuer abziehen, weil die Gegenstände für sein Unternehmen eingeführt worden sind.

3.2.3.6 Ort der Lieferung beim Fernverkauf nach § 3c UStG

Eine Lieferung gilt im Normalfall an dem Ort als ausgeführt, an dem die Beförderung oder Versendung an den Abnehmer beginnt.

Mit der **Fernverkaufsregelung** des **§ 3c UStG** wird erreicht, dass die Umsatzsteuer in dem EU-Land erhoben wird, in dem die Ware auch verbraucht wird, sog. **Bestimmungslandprinzip**.

Es sind **zwei Fälle** zu unterscheiden:

- innergemeinschaftliche Fernverkäufe (§ 3c Abs. 1 UStG)
- Fernverkäufe aus Drittlandsgebieten (§ 3c Abs. 2 und 3 UStG)

3.2.3.6.1 Innergemeinschaftliche Fernverkäufe

Nach **§ 3c Abs. 1 Satz 1 UStG** gelten **innergemeinschaftliche Fernverkäufe** dort als erbracht, wo sich der **Gegenstand bei Beendigung des Transports** befindet, sofern der Lieferer die **Lieferschwelle** von **10.000 € pro Jahr überschritten** hat oder wenn er auf deren Anwendung verzichtet (§ 3c Abs. 4 UStG).

Die Verzichtserklärung bindet den Unternehmer mindestens für zwei Kalenderjahre.

Ein **Verzicht** auf die Lieferschwelle kann immer dann **empfehlenswert** sein, wenn der Steuersatz des Mitgliedstaats, in den geliefert wird, niedriger ist als der des Ursprungslands.

MERKE

Der Schwellenwert von 10.000 € gilt für die gesamte EU und ist nicht beschränkt auf Lieferungen in einen bestimmten Mitgliedstaat.

Wird die **Lieferschwelle unterschritten**, kommt die **Fernverkaufsregelung nicht** zur Anwendung.

Damit die Fernabsatzregelung greift, müssen folgende **Voraussetzungen** erfüllt sein:

(a) **Lieferung eines Gegenstandes durch Befördern oder Versenden in einen anderen Mitgliedstaat**

Es reicht aus, dass der liefernde Unternehmer an der Lieferung direkt oder indirekt beteiligt ist.

Eine **indirekte Beteiligung** betrifft die Fälle, in denen ein anderer Unternehmer im Namen des eigentlich Liefernden befördert oder versendet, z. B. wenn der Betreiber einer Internet-Plattform, über die der liefernde Unternehmer seine Ware vertreibt, den Versand der Ware an den Privatkunden organisiert.

(b) Als **Abnehmer** kommen nach **§ 3c Abs. 1 Satz 3 UStG** in Betracht:

- **Privatpersonen** (in § 3a Abs. 5 Satz 1 UStG genannte Empfänger)

  Es ist unerheblich, ob es sich bei den gelieferten Gegenständen und verbrauchssteuerpflichtige Waren handelt oder nicht. Ferner fallen darunter Unternehmer, die den Gegenstand nicht für ihr Unternehmen erwerben.

- **Schwellenerwerber** (in § 1a Abs. 3 Nr. 1 UStG genannte Personen)

  Das sind z. B. Unternehmer, die nach dem Recht des Bestimmungslandes nur zum Vorsteuerabzug ausschließende Umsätze ausführen (z. B. **Ärzte, Versicherungsvertreter**) oder **Kleinunternehmer** sind.

  Voraussetzung ist dabei, dass der Schwellenerwerber die **Erwerbsschwelle weder unterschreitet noch auf diese verzichtet** hat; im Fall der Beendigung der Beförderung oder Versendung im Gebiet eines anderen Mitgliedstaates ist die von diesem Mitgliedstaat festgesetzte Erwerbsschwelle maßgebend. In **Deutschland** gilt eine Erwerbsschwelle in Höhe von **12.500 €**.

Beispiele

1. Ein Unternehmer liefert einen Gegenstand von Kiel nach Paris. Der Abnehmer ist eine französische Privatperson. Die Lieferschwelle ist überschritten.

Die Fernabsatzregelung des § 3c UStG kommt zur Anwendung, denn der Unternehmer hat einen Gegenstand aus einem Mitgliedstaat (Deutschland) in einen anderen Mitgliedstaat (Frankreich) befördert und Abnehmer ist eine Privatperson. Die Folge ist, dass der Unternehmer die Lieferung in Frankreich der dortigen Umsatzsteuer zu unterwerfen hat.

2. Ein Unternehmer liefert einen Gegenstand von Rom nach Köln. Der Abnehmer ist eine deutsche Privatperson. Die Lieferschwelle in Höhe von 10.000 € ist überschritten.

   Die Fernverkaufsregelung des § 3c UStG kommt zur Anwendung, denn der Unternehmer hat einen Gegenstand aus einem Mitgliedstaat (Italien) in einen anderen Mitgliedstaat (Deutschland) befördert und der Abnehmer ist eine Privatperson

3. Ein Unternehmer liefert in einem Kalenderjahr an französische private Abnehmer Waren von 8.500 € und befördert diese nach Frankreich.

   Der Unternehmer hat die Lieferung an den französischen privaten Abnehmer normal in seiner deutschen Umsatzsteuervoranmeldung zu deklarieren, da die Lieferschwelle nicht überschritten ist. (Hinweis: Es liegt keine steuerfreie innergemeinschaftliche Lieferung vor, da der Abnehmer kein Unternehmer ist.)

4. Ein Unternehmer in Rom (Italien) liefert an deutsche private Abnehmer im Kalenderjahr Waren für 6.000 € und befördert diese von Rom nach Deutschland. Er hat die Lieferschwelle nicht überschritten.

   Der Unternehmer hat seine Lieferung in Italien zu deklarieren und unterliegt somit der italienischen Umsatzbesteuerung.

3.2.3.6.2 Fernverkäufe aus Drittlandsgebieten

§ 3c Abs. 2 und 3 UStG regeln den Ort der Lieferung für solche Fernverkäufe, bei denen der Gegenstand durch den Lieferer oder für dessen Rechnung **aus dem Drittlandsgebiet an einen Erwerber in einem Mitgliedstaat der EU** befördert oder versandt wird.

Nach **§ 3c Abs. 2 UStG** ist der Lieferort des Fernverkaufs der Ort, an dem sich die Gegenstände bei Beendigung der Versendung oder Beförderung an den Erwerber befinden, auch wenn die Gegenstände in einen anderen Mitgliedstaat eingeführt werden als den, in dem die Versendung oder Beförderung endet.

Beim Fernverkauf eines Gegenstands, der aus dem Drittlandsgebiet in den Mitgliedstaat eingeführt wird, in dem die Beförderung oder Versendung der Gegenstände an den Erwerber endet, gilt der Ort der Lieferung nach **§ 3c Abs. 3 Satz 1 UStG** als in diesem Mitgliedstaat gelegen. Um das Entstehen von Besteuerungslücken auszuschließen, soll dies jedoch nur gelten, sofern die Steuer auf diesen Gegenstand gemäß dem besonderen Besteuerungsverfahren nach § 18k UStG zu erklären ist.

3.2.3.6.3 Ausnahmen

Nach **§ 3c Abs. 5 UStG** kommt es zu **keiner Verlagerung des Orts der Lieferung an den Bestimmungsort**, wenn

- ein **neues Fahrzeug** geliefert wird. Denn hier hat der private Abnehmer das neue Fahrzeug als innergemeinschaftlichen Erwerb in dem entsprechenden Mitgliedstaat zu versteuern.
- für die Lieferung eines Gegenstands die **Differenzbesteuerung** nach § 25a Abs. 1 oder 2 UStG angewendet wird (z. B. Lieferung von Gebrauchtgegenständen und -fahrzeugen, Kunstgegenständen, Sammlungsstücken und Antiquitäten).
- wenn verbrauchsteuerpflichtige Waren an eine in § 1a Abs. 3 Nr. 1 UStG genannte Person (**Schwellenerwerber**) geliefert werden. Das bedeutet, dass verbrauchssteuerpflichtige Waren – auch bei kleinen Mengen – im jeweiligen Bestimmungsland vom Lieferer zu versteuern sind. Dies gilt nur dann nicht, wenn ein sogenannter Schwellenerwerber die verbrauchsteuerpflichtige Ware erwirbt. In diesem Fall muss dieser die Ware als innergemeinschaftlichen Erwerb im entsprechenden Mitgliedstaat versteuern. Für den Lieferer ist dann eine steuerfreie Lieferung gegeben.

Beispiel

Ein Unternehmer liefert eine Kiste mit Wein an einen Privatmann in Spanien, indem er sie nach Spanien befördert.

Der Unternehmer hat die Weinlieferung der Besteuerung in Spanien zu unterwerfen. Hierzu hat er gegebenenfalls einen Fiskalvertreter zu bestellen.

3.2.3.7 Zusammenfassung

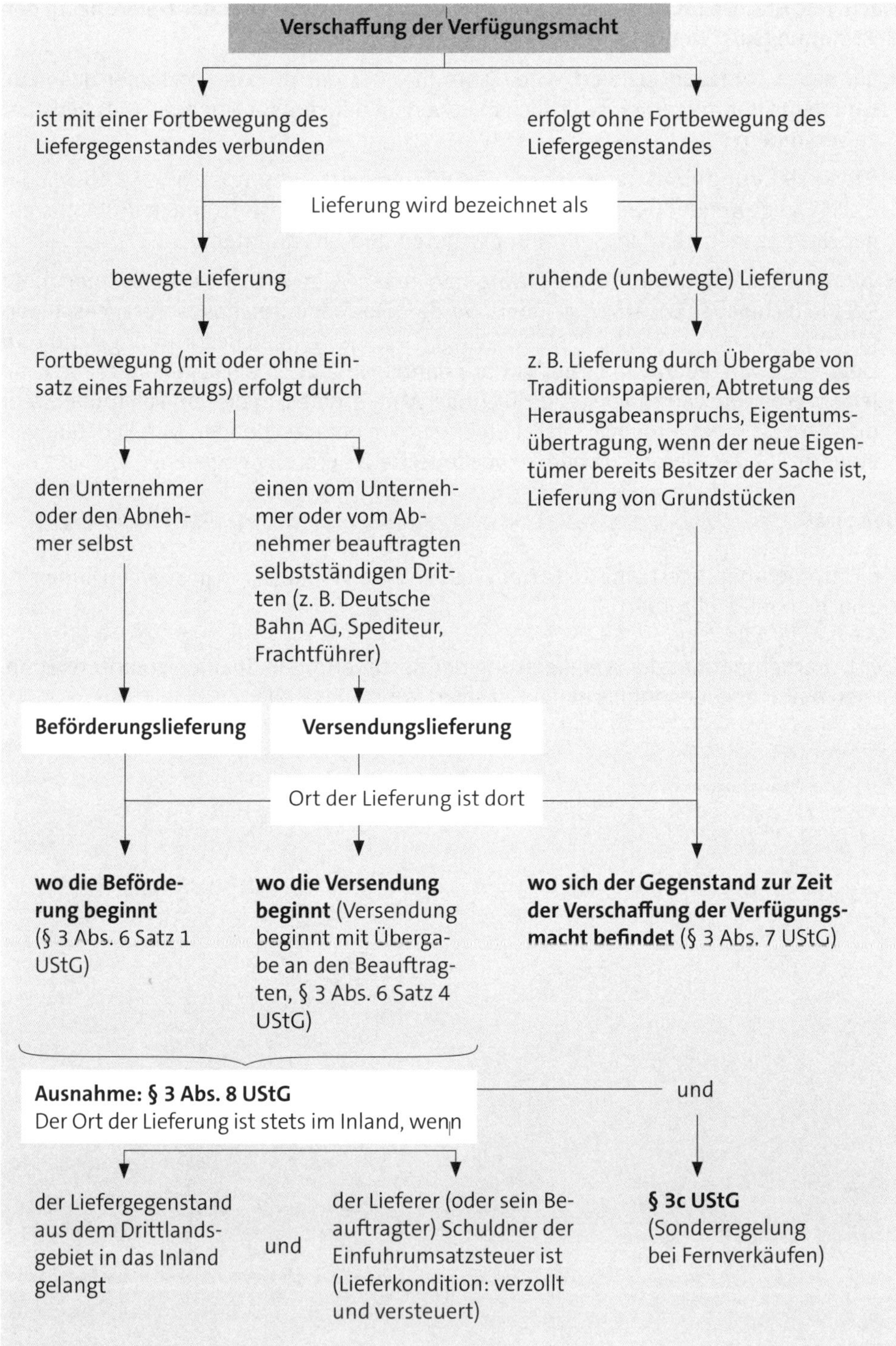

3.2.4 Einzelfragen

3.2.4.1 Reihengeschäfte

Wesen

Ein Reihengeschäft liegt vor, wenn nebeneinander folgende Voraussetzungen erfülllt sind (§ 3 Abs. 6a Satz 1 UStG)

- mehrere Unternehmer (U)
- schließen Umsatzgeschäfte über denselben Gegenstand ab
- der Gegenstand gelangt bei der Beförderung/Versendung unmittelbar vom 1. Unternehmer (U 1) an den letzten Abnehmer (A)

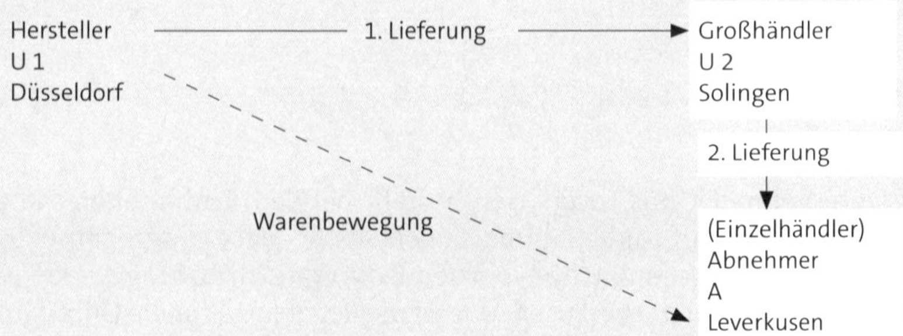

Folgen

- Es liegen so viele Lieferungen wie Umsatzgeschäfte in der Reihe vor.
- Es findet nur eine Warenbewegung statt.
- Es gibt mehrere Orte der Lieferung, und zwar
  - einen Ort der bewegten Lieferung
  - mindestens einen Ort der ruhenden (unbewegten) Lieferung

Orte der Lieferung

Maßgebend für die Bestimmung der Orte der Lieferung ist die Zuordnung der bewegten Lieferung.

Erfolgt die Beförderung/Versendung durch

den ersten Unternehmer in der Reihe	den letzten Unternehmer in der Reihe	einen Unternehmer in der Reihe, der gleichzeitig Abnehmer und Lieferant ist (sog. Zwischenhändler)	
erfolgt die Zurechnung der bewegten Lieferung			
der Lieferung des ersten Unternehmers (§ 3 Abs. 6a Satz 2 UStG)	der Lieferung des letzten Lieferers (§ 3 Abs. 6a Satz 3 UStG)	grds. der Lieferung des vorangehenden Unternehmers an ihn (§ 3 Abs. 6a Satz 4 UStG)	ausnahmsweise – bei Nachweis (z. B. durch Kaufvertrag) des Unternehmers, dass er als Lieferer aufgetreten ist – der eigenen Lieferung (§ 3 Abs. 6a Satz 4 UStG)

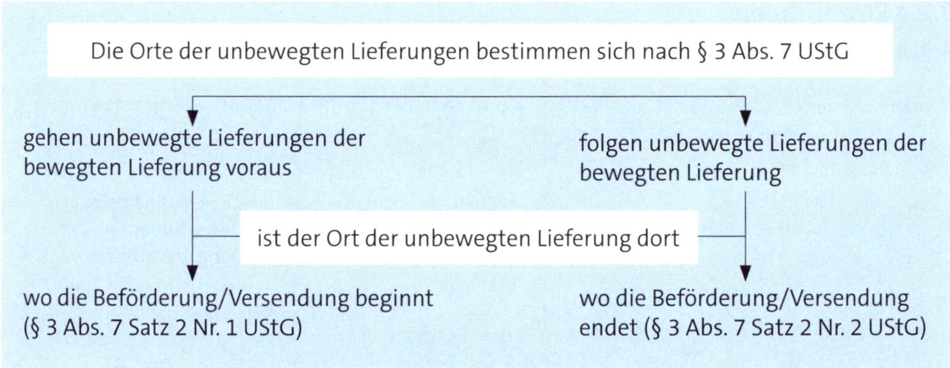

Beispiele

Beispiel 1:
Der Unternehmer L aus Leverkusen bestellt bei dem Unternehmer K. aus Köln eine Ware, die K nicht auf Lager hat und seinerseits bei dem Unternehmer B aus Bonn bestellt. Vereinbarungsgemäß transportiert B die Ware im Auftrag des K mit eigenem Lkw unmittelbar zu L nach Leverkusen. Wie ist die Rechtslage für die Unternehmer B und K?

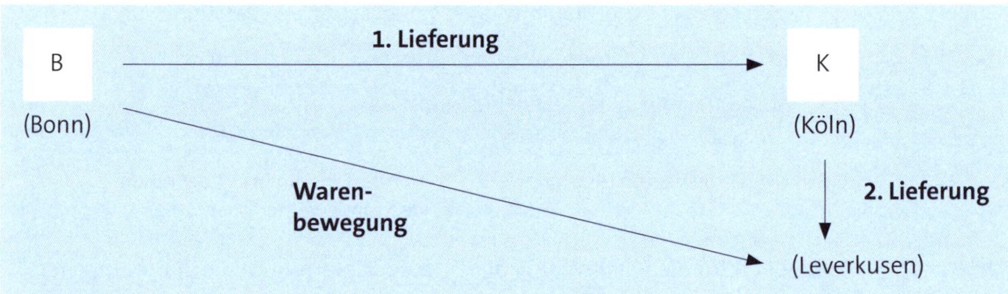

Es liegen zwei Lieferungen vor (B an K; K an L). Da mehrere Unternehmer über denselben Gegenstand Umsatzgeschäfte abschließen und der Gegenstand bei der Beförderung oder Versendung unmittelbar vom ersten Unternehmer an den letzten Abnehmer gelangt, ist die Beförderung oder Versendung des Gegenstandes nur einer der Lieferungen zuzuordnen (§ 3 Abs. 6a Satz 1 UStG). Das ist hier die bewegte Liefe rung des B an den K (§ 3 Abs. 6a Satz 2 UStG). Diese Lieferung gilt gem. § 3 Abs. 6 Satz 1 UStG am Beginn der Beförderung in Bonn als ausgeführt.

Für die Lieferung des K an den L handelt es sich um eine unbewegte Lieferung, sodass sich der Ort nach § 3 Abs. 7 Satz 2 Nr. 2 UStG bestimmt. Danach handelt es sich um eine unbewegte Lieferung, die der bewegten Lieferung (hier: B an K) folgt, sodass die Verfügungsmacht dort als verschafft gilt (gesetzliche Fiktion), wo die Beförderung endet. Die Beförderung des Gegenstandes von K an L endet bei L, sodass der Ort der Lieferung von K an L bei L in Leverkusen ist. Beide Lieferungen sind daher steuerbar und steuerpflichtig.

Beispiel 2:
Wie Beispiel 1, jedoch holt L die Ware mit eigenem Lkw bei B in Bonn ab.

Die Beförderung ist nur einer Lieferung zuzuordnen, und zwar der bewegten Lieferung des K an den L (§ 3 Abs. 6a Satz 3 UStG). Diese Lieferung gilt gem. § 3 Abs. 6 Satz 1 UStG dort als ausgeführt, wo die Beförderung beginnt; dies ist hier in Bonn.

Da die Lieferung des B an den K der Beförderungslieferung vorangeht, gilt die Verfügungsmacht gem. § 3 Abs. 7 Satz 2 Nr. 1 UStG dort als verschafft, wo die Beförderung beginnt; dies ist ebenfalls in Bonn.

Beide Lieferungen sind daher steuerbar und steuerpflichtig.

Bei den Drittlands-Reihengeschäften erfolgt die **Warenbewegung vom Inland- ins Drittlandsgebiet oder auch umgekehrt**.

Beispiele

Beispiel 1:
Der Unternehmer C aus der Schweiz bestellt bei dem Unternehmer B aus Köln eine Maschine. Da B diese nicht vorrätig hat, bestellt er sie bei dem Unternehmer A aus Leverkusen mit der Bitte, diese unmittelbar an C auszuliefern. Wie ist die Rechtslage für die Unternehmer A und B?

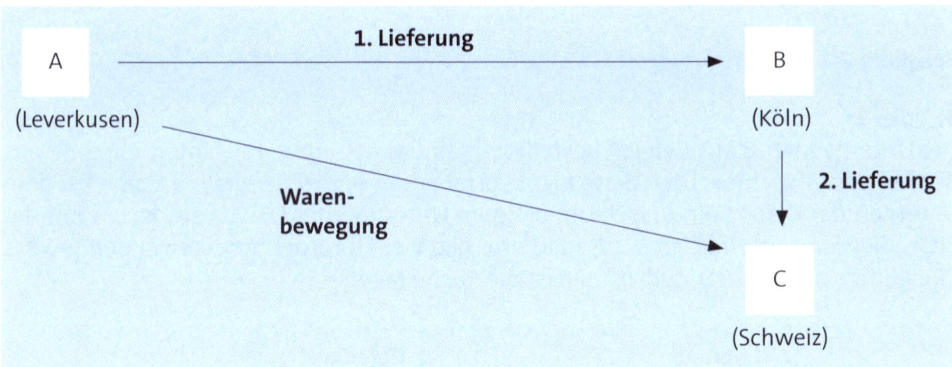

In diesem Fall stellt die bewegte Lieferung die Lieferung von A an B dar (§ 3 Abs. 6a Satz 2 UStG), sodass der Ort für diese Lieferung gem. § 3 Abs. 6 Satz 1 UStG dort ist, wo der A mit der Versendung beginnt. Dieser Ort liegt in Leverkusen, sodass die Lieferung von A an B steuerbar und bei Führung der entsprechenden Beleg- und Buchnachweise als Ausfuhrlieferung steuerfrei ist.

Für die unbewegte Lieferung des B an den C erfolgt die Ortsbestimmung nach § 3 Abs. 7 UStG. Die Lieferung gilt demzufolge dort als ausgeführt, wo sich der Gegenstand zurzeit der Verfügungsmacht, also am Ende der Warenbewegung, befindet. Es handelt sich um einen Fall des § 3 Abs. 7 Satz 2 Nr. 2 UStG, da eine Lieferung vorliegt, die der bewegten Lieferung i. S. des § 3 Abs. 6 UStG folgt. Der Ort der Lieferung von B an den C liegt demnach in der Schweiz, da hier die Versendung endet. Die Lieferung von B an C ist daher nach deutschem Umsatzsteuerrecht nicht steuerbar.

Beispiel 2:
Wie Beispiel 1, jedoch holt C die Maschine mit eigenem Lkw bei A ab.

In diesem Fall ist gem. § 3 Abs. 6a Satz 3 UStG die Lieferung von B an C als bewegte Lieferung anzusehen. Dies führt dazu, dass über § 3 Abs. 6 Satz 1 UStG der Ort der Lieferung von B an C dort ist, wo die Beförderung an den Abnehmer beginnt, also bei A in Leverkusen. Daher ist die Lieferung von B an C steuerbar und als Ausfuhrlieferung steuerfrei, da es sich bei dem C um einen ausländischen Abnehmer i. S. des § 6 Abs. 2 UStG handelt.

Der Ort der unbewegten Lieferung von A an den B bestimmt sich nach § 3 Abs. 7 Satz 2 Nr. 1 UStG, da es sich um eine Lieferung handelt, die einer bewegten Lieferung vorangeht. Der Lieferort ist demnach dort, wo die Beförderung des Gegenstandes beginnt, also bei A in Leverkusen. Somit ist die Lieferung steuerbar und auch steuerpflichtig, da B als Abnehmer den Gegenstand nicht in das Drittlandsgebiet befördert, sondern der C. Zudem ist B auch kein ausländischer Abnehmer i. S. des § 6 Abs. 2 UStG.

Bei den innergemeinschaftlichen Reihengeschäften erfolgt die **Warenbewegung zwischen zwei Mitgliedstaaten**.

Beispiele

Beispiel 1:
Der Unternehmer B aus Belgien bestellt bei seinem befreundeten Unternehmer P aus Belgien eine Maschine. Da P diese nicht vorrätig hat, bestellt er die Maschine bei dem Unternehmer K aus Köln und dieser bei dem Unternehmer D aus Leverkusen mit der Bitte, diese unmittelbar an B auszuliefern. Alle vier Unternehmer verwenden jeweils ihre gültige nationale USt-IdNr. Wie ist die Rechtslage?

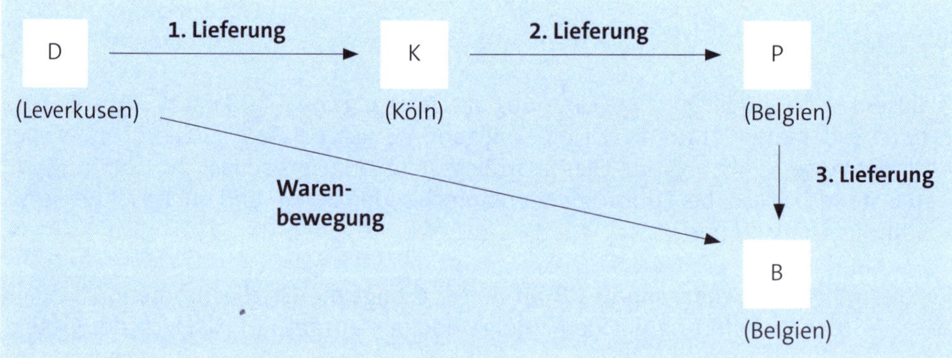

Es liegt ein Reihengeschäft vor, auf das die Vorschriften des § 3 Abs. 6 und 7 UStG anzuwenden sind. Da eine Beförderung durch den ersten Unternehmer vorliegt, ist dem Unternehmer D die bewegte Lieferung über § 3 Abs. 6a Satz 2 UStG zuzurechnen. Die Lieferung von D an K ist gem. § 3 Abs. 6 Satz 1 UStG in Leverkusen ausgeführt worden und daher steuerbar, jedoch als innergemeinschaftliche Lieferung steuerfrei. Die unbewegte Lieferung von K an P sowie die unbewegte Lieferung von P an B ist gem. § 3 Abs. 7 Satz 2 Nr. 2 UStG bei B in Belgien steuerbar und auch steuerpflichtig.

Beispiel 2:
Wie Beispiel 5, jedoch holt B die Maschine mit eigenem Lkw bei D ab.

Gemäß § 3 Abs. 6a Satz 3 UStG ist die bewegte Lieferung die Lieferung von P an B. Der Ort dieser Lieferung liegt bei D in Leverkusen, da dort der B die Maschine abholt. P erbringt also in Deutschland eine steuerbare und steuerfreie innergemeinschaftliche Lieferung, da die Voraussetzungen des § 6a Abs. 1 UStG erfüllt sind und der B einen Erwerb in Belgien versteuern muss. Die vorangehenden Lieferungen von D an K und von K an P sind gem. § 3 Abs. 7 Satz 2 Nr. 1 UStG bei D in Leverkusen steuerbar. Die Lieferung von D an K ist steuerpflichtig, was auch für die Lieferung von K an P gilt, da der Erwerb erst durch B – und nicht P – stattfindet.

§ 25b UStG enthält eine **Vereinfachungsregelung** für die Besteuerung von innergemeinschaftlichen Dreiecksgeschäften mit **drei beteiligten Unternehmern**. Die Vereinfachung besteht darin, dass eine **steuerliche Registrierung des mittleren Unternehmers im Bestimmungsland vermieden** wird.

INFO

Im Fall des innergemeinschaftlichen Dreiecksgeschäfts wird die Steuerschuld zwingend (ohne Wahlrecht!) auf den letzten Abnehmer übertragen.

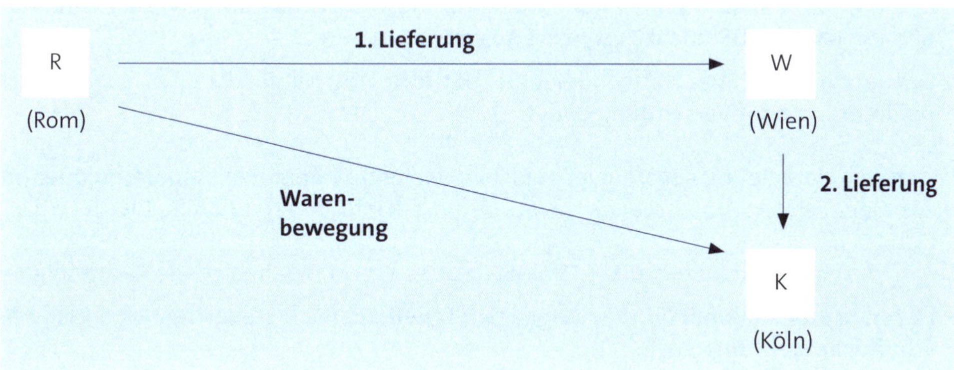

Ein **innergemeinschaftliches Dreiecksgeschäft** liegt gem. **§ 25b Abs. 1 UStG** vor, wenn die folgenden **vier Voraussetzungen** sämtlich erfüllt sind (kumulative Voraussetzungen):

- **Drei Unternehmer** (und nicht mehr oder weniger!) schließen über **denselben Gegenstand** Umsatzgeschäfte ab, und dieser Gegenstand gelangt **unmittelbar vom ersten Lieferer an den letzten Abnehmer**.
- Die Unternehmer sind **in jeweils verschiedenen Mitgliedstaaten** für Zwecke der Umsatzsteuer **erfasst**. Dies wird im Regelfall durch Verwendung einer USt-IdNr. des jeweiligen Mitgliedstaates deutlich. Sind mehrere der beteiligten Unternehmer in demselben Mitgliedstaat registriert, liegt kein innergemeinschaftliches Dreiecksgeschäft vor.
- Der Gegenstand der Lieferung gelangt **aus dem Gebiet eines Mitgliedstaates in das Gebiet eines anderen Mitgliedstaates**. Gelangt der Gegenstand aus dem Drittlandsgebiet unmittelbar in den Mitgliedstaat des letzten Abnehmers, liegt kein innergemeinschaftliches Dreiecksgeschäft vor.
- Der Gegenstand der Lieferungen wird durch den **ersten Lieferer** oder den ersten Abnehmer **befördert oder versendet**.

Unter den folgenden **Voraussetzungen des § 25b Abs. 2 UStG** wird die **Steuerschuld** auf den **letzten Abnehmer** übertragen:

- Der Lieferung ist ein **innergemeinschaftlicher Erwerb beim ersten Abnehmer vorausgegangen**.
- Der **erste Abnehmer ist in dem Mitgliedstaat, in dem die Beförderung oder Versendung endet, nicht ansässig**.
- Der erste Abnehmer verwendet gegenüber dem ersten Lieferer und dem letzten Abnehmer dieselbe USt-IdNr., die ihm von einem anderen Mitgliedstaat erteilt worden ist als dem, in dem die Beförderung oder Versendung beginnt oder endet. Die **USt-IdNr. darf** folglich **weder von dem Abgangsmitgliedstaat noch von dem Ankunftsmitgliedstaat erteilt werden**.
- Der **erste Abnehmer erteilt dem letzten Abnehmer eine Rechnung** i. S. des § 14a Abs. 7, in dem auf das **Vorliegen eines innergemeinschaftlichen Dreiecksgeschäfts** und die **Steuerschuld seines Abnehmers für diese Lieferung hingewiesen** wird. Außerdem darf die **USt nicht gesondert ausgewiesen** sein.
- Der **letzte Abnehmer** verwendet **eine USt-IdNr.** des Mitgliedstaates, in dem die **Beförderung oder Versendung endet**.

Durch die Übertragung der Steuerschuld wird der **letzte Abnehmer Steuerschuldner** für die von dem ersten Abnehmer an ihn ausgeführte Lieferung (§ 13a Abs. 1 Nr. 5 UStG).

Liegen die Voraussetzungen des § 25b UStG vor, so ergeben sich folgende **Rechtsfolgen**:

- Der **erste Unternehmer** führt im **Abgangsmitgliedstaat** eine **steuerfreie innergemeinschaftliche Lieferung** aus.
- Der **Zwischenhändler** bewirkt im Ankunftsmitgliedstaat einen **innergemeinschaftlichen Erwerb**. Dieser Erwerb **gilt als besteuert** (§ 25b Abs. 3 UStG).

- Der Zwischenhändler führt im Ankunftsmitgliedstaat eine Lieferung an den letzten Abnehmer aus. Der **Schuldner der Umsatzsteuer**, die auf die Lieferung im Ankunftsmitgliedstaat entfällt, ist **nicht der Lieferer (Zwischenhändler)**, **sondern der Abnehmer** (§ 25b Abs. 2 UStG).
- Der **letzte Abnehmer** kann die von ihm **geschuldete Umsatzsteuer** unter den weiteren Voraussetzungen als **Vorsteuer abziehen** (§ 25b Abs. 5 UStG).

Beispiele

Beispiel 1:
Die Maschinenbaufirma F mit Sitz in Frankreich bestellt eine Walze bei dem belgischen Großhändler B. Dieser hat die Walze nicht vorrätig und bittet den deutschen Produzenten D, den Gegenstand unmittelbar an F zu liefern, was auch geschieht. Alle drei Unternehmer sind nur in dem jeweiligen EU-Mitgliedstaat erfasst. Sie geben jeweils die entsprechende USt-IdNr. ihres Landes an.

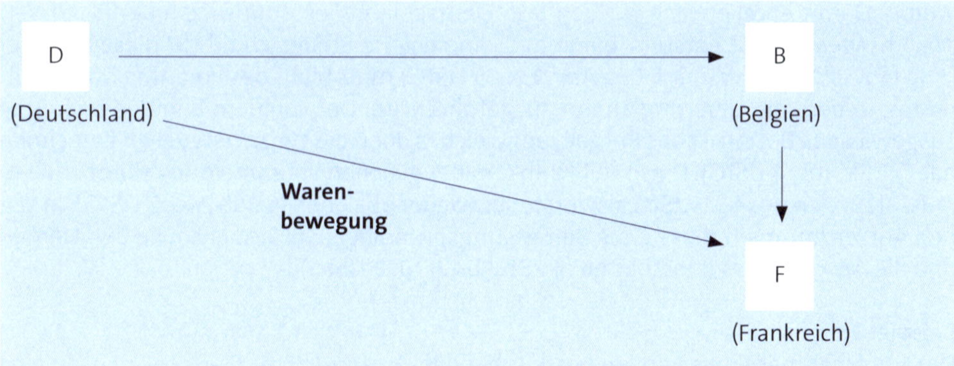

Es liegt ein innergemeinschaftliches Dreiecksgeschäft mit zwei Lieferungen (D an B und B an F) vor, da die Unternehmer in drei verschiedenen EU-Mitgliedstaaten ansässig sind, sie entsprechende USt-IdNr. angegeben haben, die gelieferte Walze von einem in einen anderen EU-Mitgliedstaat versendet wird und die Versendung durch den D als ersten Lieferer erfolgt (§ 25b Abs. 1 UStG). Der Ort der Lieferung des D an den B liegt am Beginn der Versendung also in Deutschland (§ 3 Abs. 6a Satz 2 UStG). Sie ist als innergemeinschaftliche Lieferung steuerfrei. D hat den Umsatz in seiner USt-Voranmeldung zu erklären. In seiner Zusammenfassenden Meldung hat D die USt-IdNr. des B sowie das Entgelt für die Lieferung anzugeben.

Beispiel 2:
Der Unternehmer C aus Leverkusen bestellt bei dem Unternehmer B aus Belgien Ware, die dieser nicht vorrätig hat. B bestellt die Ware bei A in Frankreich mit der Bitte, diese unmittelbar an C auszuliefern. Alle beteiligten Unternehmer verwenden ihre gültige nationale USt-IdNr. Wie ist die Rechtslage für den Unternehmer C?

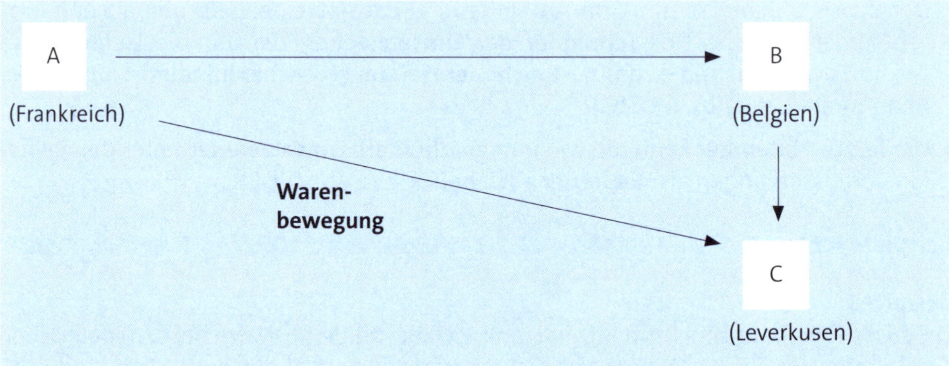

Der Unternehmer C erkennt aus dem Hinweis in der Rechnung seines Vorlieferers B, dass er letzter Abnehmer in einem innergemeinschaftlichen Dreiecksgeschäft i. S. des § 25b Abs. 1 UStG ist, und die Steuerschuld für die letzte Lieferung auf ihn übertragen wurde. Damit ergeben sich für den B in Deutschland keine umsatzsteuerlichen Verpflichtungen. Damit entsteht bei dem C eine eigene Steuerschuld für diese Vorlieferung (§ 25b Abs. 2 i. V. mit § 13a Abs. 1 Nr. 5 UStG) mit Ablauf des Voranmeldungszeitraums, in dem die Lieferung an ihn ausgeführt wird. Der von dem B in der Rechnung ausgewiesene Betrag ist das Entgelt, auf welches der C die Umsatzsteuer zu berechnen hat (§ 25b Abs. 4 UStG). Diese USt kann C in der gleichen Voranmeldung unter den Voraussetzungen des § 15 UStG als Vorsteuer wieder abziehen (§ 25b Abs. 5 UStG). In seinen Aufzeichnungen muss C die Bemessungsgrundlage, die Steuer sowie den Namen und die Anschrift des B festhalten (§ 25b Abs. 6 Nr. 2 UStG).

Beispiel 3:
Der Unternehmer C aus Belgien bestellt bei dem Unternehmer B aus Leverkusen eine bestimmte Ware, die dieser nicht vorrätig hat. B bestellt sie daraufhin bei dem Unternehmer A aus Frankreich mit der Bitte, die Ware unmittelbar an C auszuliefern. Alle beteiligten Unternehmer verwenden ihre gültige nationale USt-IdNr. Wie ist die Rechtslage für den Unternehmer B?

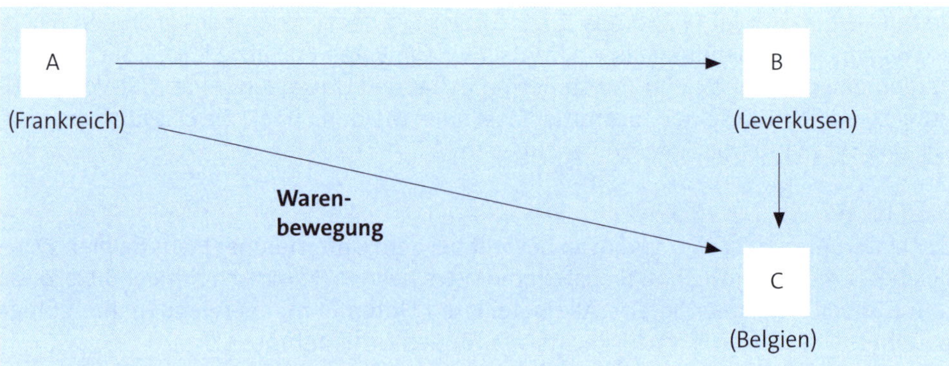

Damit die Steuerschuld des B für die zweite Lieferung auf den C nach Belgien übertragen wird und der innergemeinschaftliche Erwerb (sowohl in Belgien als auch in Deutschland, § 3d Satz 2 UStG) als besteuert gilt, muss der B

- seine Rechnung an C auf Nettobasis ohne gesonderten Steuerausweis ausstellen (§ 25b Abs. 2 Nr. 3 UStG),
- in dieser Rechnung auf das Vorliegen eines innergemeinschaftlichen Dreiecksgeschäftes hinweisen (§ 14a Abs. 7 UStG),
- in der Rechnung ferner die eigene USt-IdNr. und die USt-IdNr. des C angeben (§ 14a Abs. 7 UStG),
- die Lieferung des C in der ZM angeben (§ 18a Abs. 4 Nr. 3 UStG),
- Entgelt, Name und Anschrift des C aufzeichnen (§ 25b Abs. 6 Nr. 1 UStG) und
- die Lieferung an C zusammen mit den übrigen Lieferungen i. S. des § 25b Abs. 2 UStG in seiner Voranmeldung und USt-Jahreserklärung gesondert angeben (§ 18b Satz 1 UStG).

In Belgien hat der B dann keinerlei Erklärungs- oder Meldepflichten zu erfüllen.

3.2.4.2 Kommissionsgeschäfte

Kommissionär ist nach § 383 HGB, wer es gewerbsmäßig übernimmt, Waren oder Wertpapiere **für Rechnung eines anderen** (des **Kommittenten**) **im eigenen Namen**

- zu kaufen (Einkaufskommission)
- zu verkaufen (Verkaufskommission).

Bei der **Einkaufskommission** wird der Kommissionär zu dem Zeitpunkt Eigentümer der Ware, zu dem ihm der **Dritte** (= Verkäufer) die Verfügungsmacht an dem Gegenstand nach **§ 3 Abs. 1 UStG** verschafft. Zum selben Zeitpunkt wird dann auch der Kommittent Eigentümer der Ware, da es sich aufgrund des Kommissionsvertrages um ein vorweggenommenes (antizipiertes) Besitzkonstitut handelt. Die spätere **Lieferung des Kommissionärs an den Kommittenten** (= Abnehmer) erfolgt nach **§ 3 Abs. 3 UStG**.

Im Falle der **Verkaufskommission** bestimmt **§ 3 Abs. 3 UStG**, dass eine **Lieferung zwischen dem Kommittent und dem Kommissionär** vorliegt und der Verkaufskommissionär als Abnehmer gilt. Eine Aussage darüber, wann diese Rechtsfolge eintritt, also über den Zeitpunkt der Lieferung, enthält diese Vorschrift nicht. Die Übergabe des Kommissionsguts an den Verkaufskommissionär stellt noch keine Lieferung i. S. des § 3 Abs. 1 UStG dar; eine Lieferung des Kommittenten an den Kommissionär liegt vielmehr erst dann vor, wenn der **Verkaufskommissionär dem Dritten die Verfügungsmacht gem. § 3 Abs. 1 UStG an dem Gegenstand verschafft** hat.

Beispiel

Der Gartenmöbelhersteller Ergo AG überlässt der Gartencenter GmbH in Gelsenkirchen Gartenmöbel der Serie „Capri" im Gesamtwert von netto 40.000 €. Die Möbel sollen vom Gartencenter im eigenen Namen und für Rechnung der Ergo AG verkauft werden. Für abgewickelte Verkäufe erhält die Gartencenter GmbH, die auch die Abrechnung zu erstellen hat, eine Provision von 20 %. Bis zum 31. Juli verkaufte die Gartencenter GmbH aus dem überlassenen Bestand Gartenmöbel im Gesamtwert von 30.000 € zuzüglich 19 % USt = 5.700 €.

Der Ergo AG wurde folgende Gutschrift erteilt:

Verkauf von Gartenmöbeln Serie „Capri"

lt. gesonderter Aufstellung	30.000,00 €
- 20 % Provision	6.000,00 €
	24.000,00 €
+ 19 % USt	4.560,00 €
insgesamt	28.560,00 €

Es liegt ein Verkaufskommissionsgeschäft vor. Der Möbelhersteller (Ergo AG) tritt als Kommittent, die Gartencenter GmbH als Kommissionär auf. Bei dem Kommissionsgeschäft liegt zwischen dem Kommittenten und dem Kommissionär eine Lieferung i. S. des § 3 Abs. 3 UStG vor, folglich handelt es sich bei den Umsätzen des Kommissionärs an seine Kunden um Lieferungen i. S. des § 3 Abs. 1 UStG. Die von der GmbH aus den Möbelverkäufen geschuldete Umsatzsteuer beträgt 5.700 €; die abziehbare Vorsteuer beträgt 4.560 €, sodass sich für die GmbH (Kommissionär) eine Zahllast von (5.700 € - 4.560 € =) 1.140 € ergibt. Dies entspricht dem USt-Betrag aus der erzielten Provision (19 % v. 6.000 € = 1.140 €).

3.2.5 Fälle zur Sicherung des Lernerfolgs

Fall 1:

Welche Gebiete zählen zum **Inland, Gemeinschaftsgebiet oder Drittlandsgebiet**? Kreuzen Sie die **richtige(n) Lösung(en)** an!

	Inland	**Gemeinschaftsgebiet**	**Drittlandsgebiet**
Düsseldorf			
Malente			
Brilon			
Vatikan			
Insel Helgoland			

	Inland	Gemeinschaftsgebiet	Drittlandsgebiet
Insel Sylt			
Freihafen Duisburg			
Cuxhaven			
Mittelberg (Kleines Walsertal)			
Büsingen am Hochrhein			
Monaco			
Insel Fuerteventura			
Insel Man			
Jungholz (Tirol)			
Palma de Mallorca			

Fall 2:

Prüfen und begründen Sie, inwieweit in den folgenden Fällen Lieferungen i. S. des UStG vorliegen, und bestimmen Sie den Zeitpunkt – und unter Angabe der gesetzlichen Bestimmung – den Ort der Lieferung!

1. Ein Kfz-Händler aus Düsseldorf veräußert an einen Kunden aus Leverkusen einen BMW. Der Kaufvertrag wird am 01. März abgeschlossen. Das Fahrzeug wird am 20. April vom Hersteller an den Händler ausgeliefert. Am 29. April werden dem Kunden die Kfz-Papiere und die Schlüssel des Wagens übergeben. Der Kunde holt sein Fahrzeug jedoch erst am 03. Mai vom Parkplatz des Kfz-Händlers ab.
2. Ein Kfz-Händler aus Köln vermietet einem Kunden aus Bergisch Gladbach ein Wohnmobil für dessen Ferienreise. Nach seiner Rückkehr aus dem Urlaub beschließt der Kunde, das Wohnmobil zu kaufen. Er setzt sich mit dem Händler am 01. August in Verbindung. Man einigt sich auf einen Kaufpreis. Die Bezahlung soll am 15. September durch Überweisung nach Rechnungserteilung erfolgen. Der Kunde kann den Wagen sofort behalten.
3. Ein Kfz-Händler aus Würzburg verkauft am 20. April an einen Kunden aus Nürnberg einen Vorführwagen. Es wird zwischen den Vertragsparteien vereinbart, dass der Kfz-Händler den Wagen für Ausstellungszwecke noch bis zum 15. Mai leihweise behalten darf.
4. Ein Kfz-Händler aus München verkauft am 06. Oktober an einen Kunden aus Erlangen ein Wohnmobil, das zu diesem Zeitpunkt noch bis Ende Oktober an einen Kunden aus Coburg vermietet ist. Der Kfz-Händler räumt dem Käufer schriftlich das Recht ein, das Wohnmobil unmittelbar bei dem Mieter abzuholen.
5. Der Bananendampfer „Rio Grande" befindet sich, beladen mit Bananen, auf der Fahrt von Lagos (Nigeria) in Richtung Europa. Der Hamburger Importeur schließt am 20. Mai mit der Kaufhof AG in Leverkusen über eine Teilladung Bananen einen Kaufvertrag ab. Der Kaufhof AG wird das Konnossement über die sich noch auf hoher See befindliche Ware am 25. Mai in Leverkusen übergeben.

6. Der Rechtsanwalt Dr. Juris veräußert ein in Solingen gelegenes Geschäftsgrundstück an einen Immobilienmakler aus Wuppertal. Der Kaufvertrag wird am 09. Februar notariell abgeschlossen und als Tag des wirtschaftlichen Übergangs von Besitz, Nutzungen und Lasten der 01. März vereinbart. Die Eintragung im Grundbuch erfolgte am 15. März.
7. Ein Studiendirektor erwirbt am 18. Juni bei einem Computerhändler in Köln einen Computer für 1.800 € unter Eigentumsvorbehalt. Der Kaufpreis wurde am 26. Juni bezahlt.
8. Zur Sicherung eines Kredits bei der Stadtsparkasse Leverkusen hat der Bauunternehmer Pechstein das Eigentum an zwei Lieferwagen der Stadtsparkasse Leverkusen übertragen. Der Bauunternehmer darf nach den vertraglichen Vereinbarungen die beiden Lieferwagen weiterhin betrieblich verwenden.

Fall 3:

Prüfen und begründen Sie, ob ein Fall der Fernverkaufsregelung des § 3c UStG vorliegt und bestimmen Sie den Ort der Lieferung!

1. Der Händler D in Köln liefert einen Fotoapparat zum Preis von 1.000 € an eine in Paris wohnende Privatperson. D versendet die Kamera mit der Post nach Frankreich. Mit seinen Lieferungen nach Frankreich überschreitet er die Lieferschwelle.
2. Sachverhalt wie zu 1), jedoch überschreitet D die Lieferschwelle nicht und hat auch nicht zur Verkaufsregelung optiert.
3. Sachverhalt wie zu 1), jedoch holt die Privatperson den Fotoapparat selbst ab und befördert ihn nach Frankreich.
4. Der Händler D in Köln liefert eine Kiste Wein zum Preis von 200 € an

   a) eine Privatperson in Brüssel

   b) die Stadtverwaltung Brüssel für ihren Hoheitsbereich

   c) einen Getränkehändler in Brüssel.

   Die Ware wird von einem selbstständigen Dritten, der von D beauftragt worden ist, nach Brüssel gebracht. Mit seinen Lieferungen nach Belgien überschreitet D nicht die Lieferschwelle und hat auch nicht zur Fernverkaufsregelung optiert.

Fall 4:

Bestimmen Sie – ohne weitergehende Begründung unter genauem Hinweis auf die gesetzliche(n) Vorschrift(en) – den Ort der Lieferung!

1. Der Unternehmer B mit Sitz in Bern liefert an den deutschen Unternehmer C mit Sitz in Karlsruhe Papier, das C für sein Unternehmen benötigt. B befördert das Papier mit eigenem Lkw an C. B lässt die Ware zum freien Verkehr abfertigen und entrichtet an der Grenze die deutsche Einfuhrumsatzsteuer (Lieferkondition: verzollt und versteuert).
2. Der Unternehmer S mit Sitz in Zürich liefert Ware an den deutschen Unternehmer T mit Sitz in Dortmund. S befördert die Ware mit eigenem Lkw an T nach Dort-

mund. Zwischen S und T ist vereinbart, dass die Ware „unverzollt und unversteuert" geliefert wird.

3. Der dänische Unternehmer D aus Kopenhagen stellt Mäntel her. Die Privatperson P mit Wohnsitz in Aachen bestellt bei D zwei Mäntel für 1.000 €. D verschickt die Mäntel per Bahn an P nach Aachen. D hat im VZ 2022 für insgesamt 125.000 € Ware nach Deutschland geliefert. Im VZ 2023 rechnet er mit Lieferungen nach Deutschland für insgesamt 75.000 € (Abnehmer sind ausschließlich Privatpersonen).
4. Die Privatperson A mit Wohnsitz in Münster fährt mit eigenem Pkw nach Rom und erwirbt dort von dem italienischen Unternehmer I ein 24-teiliges Ess-Service. I liefert im VZ 2023 voraussichtlich für über 1 Mio. € Ware nach Deutschland; zum überwiegenden Teil direkt an private Abnehmer. A befördert das Service mit eigenem Pkw zurück nach Münster.
5. Die Privatperson K aus Köln reist nach Belgien, um dort einen fabrikneuen Pkw bei einem Händler in Brüssel zu erwerben. K findet ein passendes Fahrzeug und schließt mit dem belgischen Händler B, der im VZ 2023 Pkws im Gesamtwert von über 1 Mio. € nach Deutschland liefern wird, am 04. Mai 2023 einen Kaufvertrag ab. Der Händler B verschickt den Pkw per Bahn am 06. Juni 2023 an den K nach Köln.
6. D betreibt in München einen Handel mit fabrikneuen Pkws. Am 01. März bestellte die Privatperson P mit Wohnsitz in Wien bei D einen solchen fabrikneuen Pkw für 40.000 €. Vereinbarungsgemäß transportierte D den Pkw am 21. März – anlässlich einer Urlaubsreise – zu P nach Wien.
7. L betreibt in Lemgo ein Blumeneinzelhandelsgeschäft. Jeden Samstag fährt er mit seinem Lieferwagen auf den Markt nach Bünde und verkauft dort Schnittblumen an die Marktbesucher.
8. N ist selbstständiger Werkzeugmaschinenhersteller mit Hauptsitz in Bochum und Nebenstellen in Recklinghausen und in Nancy. Mit Kaufvertrag vom 10. März veräußerte N dem deutschen Unternehmer D mit Sitz in Dortmund eine Maschine; der Vertrag wurde in Bochum unterschrieben. Da sich eine derartige Maschine in der Nebenstelle in Nancy befand, vereinbarten N und D, dass D die Maschine in Nancy mit eigenem Lkw abholt. D holte die Maschine in Nancy ab und transportierte sie noch am selben Tag nach Dortmund.

Fall 5:

Nehmen Sie in den nachfolgenden Fällen Stellung

- zur Art der Lieferung
- zum Ort der Lieferung
- zur Steuerbarkeit.

Begründen Sie Ihre jeweiligen Entscheidungen und geben Sie die gesetzliche Grundlage mit an!

1. Der Liefergegenstand wird durch einen vom Lieferer beauftragten Frachtführer von Zürich nach Essen befördert und dem Unternehmer A übergeben. Die durch den Frachtführer im Namen des A entrichtete EUSt wurde dem A weiter berechnet.
2. Der Lieferer D aus Duisburg – der auch das Risiko des Warentransports zu tragen hat – beauftragt den Spediteur Schnell mit der Beförderung des Gegenstandes von Zürich zum Abnehmer A in Aachen. Die Lieferkonditionen lauten „verzollt und versteuert".
3. Ein bestellter Pkw wird mit eigener Kraft im Auftrag des Lieferers Lux aus Essen von Essen an den Abnehmer H auf Helgoland fortbewegt.
4. Der Abnehmer A aus Oslo beauftragt den Spediteur S mit der Beförderung des Liefergegenstandes vom Lieferanten B aus Bochum nach Oslo.
5. Möbelproduzent M aus Minden liefert an Z aus Zürich. Die Lieferkondition lautet „verzollt und versteuert".
6. Ein Autovermieter in Essen vermietet einen neuen Pkw an den Kunden Klug. Während der Mietzeit fährt Klug mit dem Pkw nach Paris. Telefonisch einigen sich M und K, dass das Eigentum auf K übergehen soll.
7. Der Produzent P (Kommitent) befördert das Kommissionsgut am 10. Oktober mit eigenem Lkw zum Handelsvertreter H (Kommissionär) nach Bern. Am 11. November veräußert H die Ware an einen Kunden in Zürich.

Fall 6:

Der Unternehmer L aus Leverkusen bestellt für sein Unternehmen bei dem niederländischen Computerhändler A aus Amsterdam einen Spezialcomputer. A hat diesen nicht vorrätig und bestellt diesen seinerseits bei dem Hersteller K in Köln.

1. Wo liegt der jeweilige Ort der Lieferungen, wenn
   a) K im Auftrag des A den Computer mit eigenem Lkw unmittelbar zu L nach Leverkusen
   b) L den Computer – in Absprache mit dem A – durch einen Angestellten bei dem K in Köln abholen lässt?
2. Ist die Lieferung des K in den oben genannten Fällen möglicherweise steuerfrei?

Fall 7:

Die Maschinenbaufirma V in Venlo bestellt am 06. August eine Maschine bei einem französischen Großhändler P in Paris. P hat die Maschine nicht vorrätig und bittet den deutschen Produzenten L in Leverkusen die Maschine unmittelbar an V zu liefern. L versendet den Gegenstand am 10. August an V nach Venlo.

Alle drei Unternehmer benutzen jeweils ihre gültige nationale USt-IdNr.

a) Liegt ein innergemeinschaftliches Dreiecksgeschäft vor?

b) Wo liegt der Ort der Lieferung des L an P?

c) Ist die Lieferung des L steuerbar?

d) Wo liegt der Ort der Lieferung des P an V?

e) Wer schuldet die Umsatzsteuer für die Lieferung des P an V?

3.3 Unentgeltliche Lieferungen

3.3.1 Entnahme von Gegenständen

Nach **§ 3 Abs. 1b Nr. 1 UStG** wird einer Lieferung gegen Entgelt gleichgestellt:

- die **Entnahme eines Gegenstandes** durch einen Unternehmer aus seinem Unternehmen für Zwecke, die außerhalb des Unternehmens liegen.

Voraussetzung ist jedoch, dass der Gegenstand oder seine Bestandteile zum **vollen oder teilweisen Vorsteuerabzug berechtigt** haben (§ 3 Abs. 1b Satz 2 UStG). Sind diese Voraussetzungen nicht erfüllt (z. B. bei Einlage aus dem Privatvermögen in das Unternehmensvermögen, oder bei Kauf eines Pkw von Privat oder bei Kauf eines Pkw durch einen Unernehmer mit ausschließlich steuerfreien Umsätzen nach § 4 Nr. 8 bis 27 UStG), unterliegt die spätere Entnahme nicht der Umsatzsteuer.

Beispiele

1. Der Buchhändler B schenkt seiner Tochter einen USt-Kommentar. Dieser Vorgang ist nach § 3 Abs. 1b Nr. 1 UStG einer Lieferung gegen Entgelt gleichgestellt und damit steuerbar nach § 1 Abs. 1 Nr. 1 UStG.
2. Der Unternehmer U entnimmt seinem Unternehmen ein Bücherregal für private Zwecke. Er hatte das Bücherregal zwei Jahre zuvor von einer Privatperson für sein Unternehmen erworben. Die Entnahme des Bücherregals unterliegt nicht der Umsatzsteuer (nicht steuerbar), weil beim Einkauf des Regals kein Vorsteuerabzug möglich war.

Falls an einem Gegenstand (z. B. Pkw), der ohne Berechtigung zum Vorsteuerabzug erworben wurde, nach seiner Anschaffung Arbeiten ausgeführt worden sind, die zum **Einbau** von **Bestandteilen** geführt haben und für die der Unternehmer zum Vorsteuerabzug berechtigt war, unterliegen bei einer Entnahme des Gegenstandes nur diese Bestandteile der Umsatzbesteuerung (Abschn. 3.3 Abs. 2 Satz 2 UStAE).

Bestandteile eines Gegenstandes sind diejenigen gelieferten Wirtschaftsgüter, die aufgrund ihres Einbaus ihre körperliche und wirtschaftliche Eigenart endgültig verloren haben und die ferner zu einer dauerhaften, im Zeitpunkt der Entnahme nicht vollständig verbrauchten Werterhöhung des Gegenstandes geführt haben (z. B. eine nachträglich in ein Kfz eingebaute Klimaanlage). Dienstleistungen (sonstige Leistungen) einschließlich derjenigen, für die zusätzlich kleinere Lieferungen von Gegenständen erforderlich sind (z. B. Karosserie- und Lackierarbeiten an einem Pkw), führen nicht zu Bestandteilen des Gegenstandes (Abschn. 3.3 Abs. 2 Satz 3 und 4 UStAE).

Aus Vereinfachungsgründen wird keine dauerhafte Werterhöhung des Wirtschaftsguts angenommen, wenn die vorsteuerentlasteten Aufwendungen für den Einbau von Bestandteilen 20 % der Anschaffungskosten des Wirtschaftsguts oder einen Betrag von 1.000 € nicht übersteigen (Abschn. 3.3 Abs. 4 UStAE).

In diesen Fällen kann auf eine Besteuerung der Bestandteile nach § 3 Abs. 1b Satz 1 Nr. 1 i. V. mit Satz 2 UStG bei der Entnahme eines dem Unternehmen zugeordneten Wirtschaftsguts, das der Unternehmer ohne Berechtigung zum Vorsteuerabzug erworben hat, verzichtet werden.

Werden an einem Wirtschaftsgut mehrere Bestandteile in einem zeitlichen oder sachlichen Zusammenhang eingebaut, handelt es sich nicht um eine Maßnahme, auf die in der Summe die Bagatellregelung angewendet wird. Es ist vielmehr für jede einzelne Maßnahme die Vereinfachungsregelung zu prüfen.

Im Falle einer nach § 3 Abs. 1b Satz 1 Nr. 1 i. V. mit Satz 2 UStG steuerpflichtigen Entnahme eines Wirtschaftsguts, das der Unternehmer ohne Berechtigung zum Vorsteuerabzug erworben hat und an dem Arbeiten ausgeführt worden sind, die zum Vorsteuerabzug berechtigen und zum Einbau von Bestandteilen geführt haben, ist Bemessungsgrundlage gem. § 10 Abs. 4 Satz 1 Nr. 1 UStG der „Einkaufspreis“ (Restwert) der Bestandteile im Zeitpunkt der Entnahme.

Ob ein nachträglich z. B. in einen Pkw eingebauter Bestandteil im Zeitpunkt der Entnahme des Pkw (noch) einen Restwert hat, lässt sich im Allgemeinen unter Heranziehung anerkannter Marktübersichten für den Wert gebrauchter Pkw (z. B. sog. „Schwacke-Liste“ oder vergleichbare Übersichten von Automobilclubs) beurteilen. Wenn insoweit kein „Aufschlag“ auf den – im Wesentlichen nach Alter und Laufleistung bestimmten – durchschnittlichen Marktwert des Pkw im Zeitpunkt der Entnahme üblich ist, scheidet der Ansatz eines „Restwertes“ aus.

Beispiel

Ein Unternehmer erwarb am 01.07.2019 aus privater Hand einen gebrauchten Pkw für 10.000 € und ordnete ihn zulässigerweise seinem Unternehmen zu. Am 01.03.2020 hat er eine Klimaanlage nachträglich einbauen lassen (Entgelt: 2.500 €). Am 01.08.2020 wurde die Windschutzscheibe an seinem Pkw erneuert (Entgelt: 500 €). Am 01.05.2023 entnimmt der Unternehmer den Pkw in sein Privatvermögen (Aufschlag gem. „Schwacke-Liste" auf den Marktwert des Pkw im Zeitpunkt der Entnahme für die Klimaanlage: 1.500 €, für die Windschutzscheibe: 50 €).

Das aufgewendete Entgelt für den nachträglichen Einbau der Windschutzscheibe beträgt 500 €, also weniger als 20 % der ursprünglichen Anschaffungskosten des Pkw und übersteigt auch nicht einen Betrag von 1.000 €. Aus Vereinfachungsgründen wird für den Einbau der Windschutzscheibe keine dauerhafte Werterhöhung des Wirtschaftsguts angenommen.

Das aufgewendete Entgelt für den nachträglichen Einbau der Klimaanlage beträgt 2.500 €, also mehr als 20 % der ursprünglichen Anschaffungskosten des Pkw. Mit dem Einbau der Klimaanlage in den Pkw hat diese ihre körperliche und wirtschaftliche Eigenart endgültig verloren und zu einer dauerhaften, im Zeitpunkt der Entnahme nicht vollständig verbrauchten Werterhöhung des Wirtschaftsguts geführt. Die Entnahme des Pkw unterliegt daher gem. § 3 Abs. 1b Satz 1 Nr. 1 i. V. mit Satz 2 UStG mit einer Bemessungsgrundlage gem. § 10 Abs. 4 Satz 1 Nr. 1 UStG i. H. v. 1.500 € der Umsatzsteuer.

Weitere Beispiele:

- **Warenentnahme** für den Privathaushalt bzw. als Geschenk für Angehörige, wenn bei dem Erwerb der Waren ein entsprechender Vorsteuerabzug möglich war.
- **Entnahme eines betrieblich genutzten Pkw**, wenn der Pkw mit Vorsteuerabzug erworben wurde.
- Totalschaden eines Pkw infolge **Unfalls auf einer Privatfahrt** ist keine Entnahme, da das Schadenereignis in die nicht unternehmerische Sphäre fällt. Es liegt hinsichtlich der Privatfahrt ggf. eine unentgeltliche sonstige Leistung vor (vgl. § 3 Abs. 9a Nr. 1 UStG).
- Bei einem **Rohbauunternehmer**, der für eigene Wohnzwecke ein schlüsselfertiges Haus mit Mitteln des Unternehmens errichtet, ist Gegenstand der Entnahme das schlüsselfertige Haus und nicht lediglich der Rohbau, denn entscheidend ist nicht, was der Unternehmer in der Regel im Rahmen seines Unternehmens herstellt, sondern was im konkreten Fall Gegenstand der Wertabgabe ist.
- **Beköstigung** des Stpfl. und seiner Familienangehörigen ist keine Entnahme, wenn die Bewirtung (der Geschäftsfreunde) für Zwecke des Unternehmens erfolgt.
- **Unentgeltliche Übertragung eines Betriebsgrundstücks auf die Tochter** ist eine Lieferung i. S. des § 3 Abs. 1b Nr. 1 UStG.

3.3.2 Sachzuwendungen an das Personal

Nach **§ 3 Abs. 1b Nr. 2 UStG** wird einer **Lieferung gegen Entgelt gleichgestellt:**

- die **unentgeltliche Zuwendung** eines Gegenstandes durch einen Unternehmer an sein **Personal für dessen privaten Bedarf**, sofern **keine Aufmerksamkeiten** vorliegen.

Die unentgeltlichen Sachzuwendungen an das Personal für dessen privaten Bedarf werden nur dann besteuert, wenn die Anschaffungs- oder Herstellungskosten des abgegebenen Gegenstandes oder seine Bestandteile zum **vollen oder teilweisen Vorsteuerabzug** berechtigt haben (§ 3 Abs. 1b Satz 2 UStG).

Da die Zuwendung von Aufmerksamkeiten nicht steuerbar ist, ist wie folgt zu unterscheiden:

- Leistungen an das Personal (Arbeitnehmer) **gegen Entgelt** sind steuerbar nach § 1 Abs. 1 Nr. 1 UStG. Die Gegenleistung kann dabei auch in der (anteiligen) Arbeitsleistung zu sehen sein.
- **Unentgeltliche Sachzuwendungen** an Arbeitnehmer für deren privaten Bedarf sind steuerbar, soweit keine Aufmerksamkeiten vorliegen (§ 3 Abs. 1b Nr. 2 UStG).
- Die Gewährung von **Aufmerksamkeiten** ist **nicht steuerbar**. Darunter fallen z. B. Geschenke anlässlich besonderer Anlässe (wie z. B. Blumen zum Geburtstag) und die Nichtaufgriffsgrenze von 60 € brutto.

Beispiel

Der Musikhändler M schenkt seiner Arbeitnehmerin Musik-CDs im Wert von netto 70 €. M hat die CDs seinem Warenbestand entnommen; beim Einkauf der CDs war ein Vorsteuerabzug möglich. Dieser Vorgang ist einer Lieferung gegen Entgelt gleichgestellt (§ 3 Abs. 1b Nr. 2 UStG) und damit steuerbar nach § 1 Abs. 1 Nr. 1 UStG.

Unentgeltliche Zuwendungen, die auch die Privatsphäre der Arbeitnehmer berühren, sind **nicht steuerbar**, wenn die Zuwendung **vorrangig einem betrieblichen Zweck dient**. Hierzu gehören insbesondere:

- **Leistungen zur Verbesserung der Arbeitsbedingungen** (Bereitstellung von Aufenthalts- und Erholungsräumen, Dusch-, Bade- und Sportanlagen, die grundsätzlich von allen Betriebsangehörigen in Anspruch genommen werden können)
- Maßnahmen zur **Gesundheitsvorsorge** und der betriebsärztlichen Betreuung
- **betriebliche Fort- und Weiterbildungsleistungen**
- **Überlassung von Arbeitsmitteln**, Arbeits(schutz)kleidung, deren private Nutzung so gut wie ausgeschlossen ist

- **Zurverfügungstellen von Parkplätzen** auf dem Betriebsgelände
- Zuwendungen im Rahmen von **Betriebsveranstaltungen**
- Zurverfügungstellen von **Betriebskindergärten**
- Zurverfügungstellen von **Übernachtungsmöglichkeiten in gemieteten Zimmern**, wenn der Arbeitnehmer an weit von seinem Heimatort entfernten Tätigkeitsstellen eingesetzt wird.

3.3.3 Andere unentgeltliche Zuwendungen

Nach **§ 3 Abs. 1b Nr. 3 UStG** wird einer **Lieferung gegen Entgelt gleichgestellt:**

- **jede andere unentgeltliche Zuwendung eines Gegenstandes, ausgenommen Geschenke von geringem Wert** und Warenmuster für Zwecke des Unternehmens.

Diese Vorschrift erfasst die Zuwendung von Gegenständen, die aus unternehmerischen Gründen (z. B. zu Werbezwecken, zur Verkaufsförderung) nicht aber gegen Entgelt erfolgt.

Unter diese Regelung fallen insbesondere:

- **höherwertige Geschenke an Geschäftsfreunde**
- **Sachspenden an Vereine**
- Warenabgaben anlässlich von **Preisausschreiben**
- Verlosungen usw. zu **Werbezwecken**.

Voraussetzung ist, dass der Gegenstand oder seine Bestandteile zum **vollen oder teilweisen Vorsteuerabzug** berechtigt haben.

Ausgenommen von der Besteuerung werden lediglich **Geschenke von geringem Wert** oder die Abgabe von Warenmustern. Bei Geschenken von geringem Wert handelt es sich um die Abgabe von Waren, deren **Nettowert (ohne Umsatzsteuer) unter 35 €** liegt (§ 4 Abs. 5 Nr. 1 EStG). Dies kann bei geringwertigen Werbeträgern (z. B. Kugelschreiber, Feuerzeuge, Kalender usw.) unterstellt werden. Werden Gegenstände **über 35 €** netto direkt als Geschenke eingekauft, ist der **Vorsteuerabzug** nach § 15 Abs. 1a Nr. 1 UStG **ausgeschlossen**, sodass eine zusätzliche Besteuerung dieser Abgabe dieses Gegenstandes entfällt.

MERKE

Der Anwendungsbereich des § 3 Abs. 1b Nr. 3 UStG ist nur begrenzt, denn es sind nur solche Zuwendungen betroffen, die nicht unter § 4 Abs. 5 Nr. 1 EStG fallen.

Beispiele

1. Ein Unternehmer schenkt einem gemeinnützigen Verein Waren im Nettowert von 100 €, die er dem Warenbestand seines Unternehmens entnommen hat. Beim Einkauf der Waren war ein Vorsteuerabzug möglich. Dieser Vorgang ist nach § 3 Abs. 1b Nr. 3 UStG einer Lieferung gegen Entgelt gleichgestellt und damit steuerbar nach § 1 Abs. 1 Nr. 1 UStG.
2. Zuwendung eines Pkw an einen Kunden im Rahmen einer Werbeaktion des Unternehmens mit Preisausschreiben. Die Zuwendung wird nicht von § 4 Abs. 5 Nr. 1 EStG erfasst, weil Preise anlässlich eines Preisausschreibens keine Geschenke sind. Der Vorsteuerabzug aus der Beschaffung des Fahrzeugs bleibt daher unangetastet. Statt dessen ist die Zuwendung einer Lieferung gegen Entgelt gleichgestellt (§ 3 Abs. 1b Nr. 3 UStG) und folglich steuerbar nach § 1 Abs. 1 Nr. 1 UStG.
3. Der Unternehmer gewährt einem Kunden unentgeltlich einen Hotelaufenthalt, der im Rahmen einer Werbeaktion ausgelobt war. Die Zuwendung wird nicht von § 4 Abs. 5 Nr. 1 EStG erfasst, sodass der Vorsteuerabzug nicht ausgeschlossen ist. Die Zuwendung wird auch nicht von § 3 Abs. 1b UStG erfasst, weil in dieser Vorschrift Dienstleistungen nicht genannt sind. Der Letztverbrauch wird somit nicht besteuert.

3.3.4 Ort der unentgeltlichen Lieferungen

Für unentgeltliche Lieferungen i. S. des § 3 Abs. 1b UStG gelten die **allgemeinen Ortsbestimmungsregelungen**.

Danach ist zu unterscheiden:

a) Lieferung von Gegenständen mit Beförderung: Wird der Gegenstand vom Lieferer, vom Erwerber oder von einer dritten Person versandt oder befördert, gilt als Ort der Lieferung der Ort, an dem sich der Gegenstand zum Zeitpunkt des Beginns der Versendung oder Beförderung an den Erwerber befindet (§ 3 Abs. 6 UStG).

b) Lieferung von Gegenständen ohne Beförderung: Wird der Gegenstand nicht versandt oder befördert, gilt als Ort der Lieferung der Ort, an dem sich der Gegenstand zum Zeitpunkt der Lieferung befindet (§ 3 Abs. 7 UStG).

Beispiele

1. Bauunternehmer B aus Bergisch Gladbach ist Eigentümer eines bisher vermieteten Einfamilienhauses in Venlo. Anlässlich der bestandenen Steuerfachangestelltenprüfung seines Sohnes schenkt er ihm dieses Einfamilienhaus. Der Sohn zieht sofort in das Haus ein. Es liegt eine Lieferung gegen Entgelt vor (§ 3 Abs. 1b Nr. 1 UStG). Der Ort der Lieferung liegt in Venlo (§ 3 Abs. 7 Satz 1 UStG). Die sonstige Leistung ist daher nicht steuerbar nach § 1 Abs. 1 Nr. 1 UStG.
2. Seinem Angestellten aus Düsseldorf schenkt der Arbeitgeber A aus Duisburg aus Anlass von dessen 30-jähriger Betriebszugehörigkeit eine wertvolle Standuhr, die

in dem Unternehmen hergestellt wird. Es liegt eine Lieferung gegen Entgelt vor (§ 3 Abs. 1b Nr. 2 UStG), die in Duisburg ausgeführt wird (§ 3 Abs. 6 UStG). Die Lieferung ist daher steuerbar nach § 1 Abs. 1 Nr. 1 UStG.

3. Uhrenfabrikant U aus Leverkusen schenkt auf einer Geschäftsreise in den Niederlanden einem Geschäftsfreund aus seiner Musterkollektion eine Uhr, die er im Inland hergestellt hat. Das Geschenk hatte den ausschließlichen Zweck, den Großhändler zur Abnahme eines größeren Warenpostens zu bewegen. Es handelt sich um eine unentgeltliche Zuwendung i. S. des § 3 Abs. 1b Nr. 3 UStG. Der Ort der Zuwendung ist nach § 3 Abs. 6 UStG in den Niederlanden. Der Umsatz ist daher nicht steuerbar nach § 1 Abs. 1 Nr. 1 UStG.

3.4 Sonstige Leistungen

3.4.1 Begriff

Sonstige Leistungen sind nach § 3 Abs. 9 Satz 1 UStG **Leistungen, die keine Lieferungen sind**.

Sie können auch in einem

- **Tun** (z. B. Dienst-, Werk-, Vermittlungs-, Beförderungs- und Speditionsleistungen),
- **Dulden** (z. B. Vermietung und Verpachtung) oder
- **Unterlassen** (z. B. Verzicht auf Verkaufstätigkeit in bestimmten Gebieten)

eines Zustandes bestehen (§ 3 Abs. 9 Satz 2 UStG).

Einzelfälle
Lieferungen sind z. B.:

- Verkauf eines Lotterieloses
- Überlassung von Offsetfilmen, die – unmittelbar zum Druck von Reklamematerial im Offsetverfahren verwendet werden.

Sonstige Leistungen sind z. B.:

- Veräußerung von Berechtigungsscheinen (z. B. **Fahrkarte, Theaterkarte**)
- Herstellung von Fotokopien. Werden jedoch aus den Kopien neue Gegenstände (Bücher, Broschüren) hergestellt, ist die Leistung als Werklieferung zu beurteilen
- Übermittlung von Nachrichten zur Veröffentlichung
- Überlassung von **Konstruktionszeichnungen und Plänen**
- Veräußerung von **Modellskizzen**
- Überlassung von Fotographien zur Veröffentlichung durch Zeitungs- oder Zeitschriftenverlage
- Überlassung von Lichtbildern zu Werbezwecken.

Bei der **Abgabe von Speisen sind sonstige Leistungen** anzunehmen, wenn der Unternehmer sich nicht auf einen Umsatz von Nahrungsmitteln „zum Mitnehmen“ beschränkt, sondern auch im sog. **Darreichungsbereich** Dienstleistungen ausführt, die den bestimmungsgemäßen sofortigen Verzehr der Speisen fördern.

Besondere Vorrichtungen für den Verzehr an Ort und Stelle sind dabei ein typisierendes Merkmal dafür, dass Dienstleistungen im Darreichungsbereich vorhanden sind. Einrichtungen und Vorrichtungen, die in erster Linie dem Verkauf von Waren dienen, wie z. B. Verkaufstheken und -tr∑esen sowie Ablagebretter an Kiosken, Verkaufsständen, Würstchenbuden usw., sind unabhängig von ihrer Form und Größe keine besonderen Vorrichtungen für den Verzehr an Ort und Stelle. Besondere Vorrichtungen liegen dagegen vor, sobald der Unternehmer seinen Kunden zusätzliches Mobiliar wie Tische mit Sitzgelegenheiten zur Verfügung stellt. **Verzehrvorrichtungen Dritter** – wie z. B. Tische und Bänke eines Standnachbarn – sind **nicht zu berücksichtigen**, auch wenn diese im Interesse des leistenden Unternehmers zur Verfügung gestellt wurden.

Beispiele

1. Ein Catering-Unternehmer verabreicht in einer Schule aufgrund eines mit dem Schulträger geschlossenen Vertrags verzehrfähig angeliefertes Mittagessen. Das Essen wird von den Schülern in einem Mehrzweckraum, der über Tische und Stühle verfügt, eingenommen. Der Unternehmer übernimmt mit eigenem Personal die Ausgabe des Essens, die Reinigung der Räume sowie der Tische, des Geschirrs und des Bestecks.

   Es liegen sonstige Leistungen vor. Dass die beim Verzehr benutzten Tische und Stühle nicht vom leistenden Unternehmer bereitgestellt wurden, ist wegen der weiteren Dienstleistungen im Darreichungsbereich unerheblich.

2. Der Betreiber eines Party-Service liefert verzehrfähige Speisen für eine Gartenparty eines privaten Auftraggebers in dessen Privathaus an. Er stellt dem Auftraggeber Tische, Stühle, Geschirr und Besteck zur Verfügung.

   Es liegen sonstige Leistungen UStG vor, weil der leistende Unternehmer besondere Vorrichtungen für den Verzehr an Ort und Stelle bereitstellt.

3. Ein Unternehmer beliefert ein Krankenhaus mit Mittag- und Abendessen für die Patienten. Er bereitet die nur teilweise verzehrfähig angelieferten Speisen bzw. Nahrungsmittel in der Küche des auftraggebenden Krankenhauses fertig zu und portioniert sie. Den Transport auf die Stationen, die Ausgabe der Speisen an die Patienten und die anschließende Reinigung des Geschirrs und Bestecks übernimmt das Krankenhauspersonal.

   Es liegen Lieferungen vor, weil der leistende Unternehmer vor Ort keine Serviceleistungen gegenüber den Patienten erbringt.

4. Sachverhalt wie in Beispiel 3. Außerdem ist der Unternehmer verpflichtet, das Geschirr und Besteck in der Küche des Krankenhauses bzw. der eigenen Küche zu reinigen.

   Es liegen sonstige Leistungen vor, da die Reinigung des Geschirrs eine Leistung im Darreichungsbereich darstellt.

3.4.2 Ort der sonstigen Leistung

3.4.2.1 Grundsätze

Bei der Bestimmung des Ortes für sonstige Leistungen ist grundsätzlich zu unterscheiden,

- ob ein Unternehmer an einen anderen Unternehmer leistet (business to business, sog. **B2B-Umsätze**) oder
- ob der Leistungsempfänger kein Unternehmer ist (business to consumer, sog. **B2C-Umsätze**).

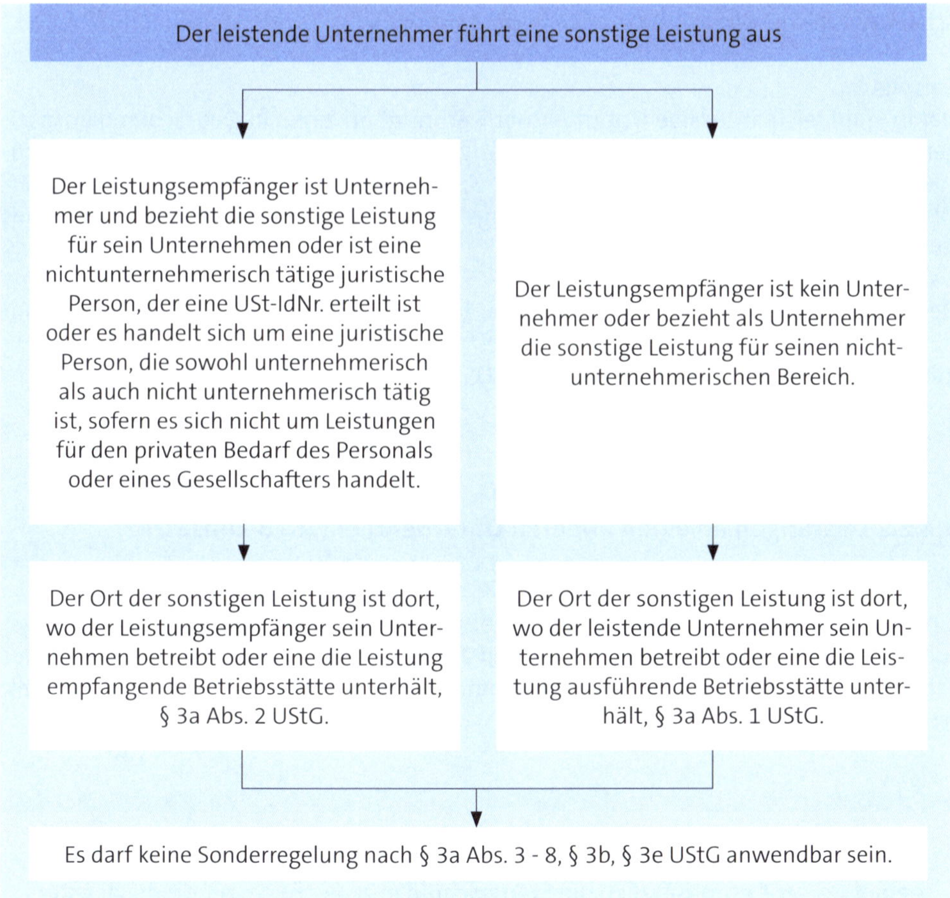

Beispiele

Beispiel 1:
Der in Frankreich ansässige Unternehmer F erbringt an eine deutsche Stadt S für deren hoheitlichen Bereich eine städtebauliche Beratungsleistung. S hat neben dem hoheitlichen Bereich noch einen Betrieb gewerblicher Art, der für umsatzsteuerliche Zwecke erfasst ist. S ist für ihre hoheitliche Tätigkeit eine gesonderte USt-IdNr. für Zwecke der Besteuerung innergemeinschaftlicher Erwerbe erteilt worden.

Der Leistungsort für die Leistung des F an S richtet sich nach § 3a Abs. 2 Satz 1 UStG und liegt in Deutschland. S hat die ihr für Zwecke der Besteuerung innergemeinschaftlicher Erwerbe erteilte USt-IdNr. zu verwenden.

Beispiel 2:
Der in Frankreich ansässige Unternehmer F erbringt an einen in Deutschland ansässigen Verein V, der neben seiner ideellen Tätigkeit einen wirtschaftlichen Geschäftsbetrieb unterhält, der für umsatzsteuerliche Zwecke erfasst ist und für den eine USt-IdNr. erteilt wurde, eine juristische Beratungsleistung, die persönlichen Zwecken eines Angestellten des V dient.

Der Leistungsort des F liegt nach § 3a Abs. 1 UStG in Frankreich. V hat weder die ihm für den unternehmerischen Bereich noch eine ihm für Zwecke der Umsatzbesteuerung innergemeinschaftlicher Erwerbe erteilte USt-IdNr. zu verwenden.

3.4.2.2 Leistungen an einen anderen Unternehmer („B2B-Umsätze")

3.4.2.2.1 Empfängersitzprinzip

Eine sonstige Leistung, die an einen Unternehmer für dessen Unternehmen ausgeführt wird, wird nach **§ 3a Abs. 2 Satz 1 und 2 UStG** an dem Ort ausgeführt, an dem der **Leistungsempfänger sein Unternehmen betreibt** bzw. seine Betriebsstätte unterhält, wenn die sonstige Leistung an die Betriebsstätte ausgeführt wird.

TIPP

Ist der **Leistungsempfänger** ein Unternehmer aus dem **übrigen Gemeinschaftsgebiet**, so geht grundsätzlich die **Steuerschuld** entsprechend der deutschen Regelung des § 13b UStG auf den **Leistungsempfänger** über. Insoweit darf in der Rechnung **kein Steuerausweis** erfolgen und es ist ein **Hinweis auf den Übergang der Steuerschuldnerschaft** anzubringen (§ 14a Abs. 5 UStG).

Zu den sonstigen Leistungen, die unter die Ortsbestimmung nach § 3a Abs. 2 UStG fallen, sind insbesondere zu nennen:

- Arbeiten an beweglichen körperlichen Gegenständen und die Begutachtung dieser Gegenstände,
- alle Vermittlungsleistungen, soweit diese nicht unter § 3a Abs. 3 Nr. 1 UStG fallen,
- Katalogleistungen, die in § 3a Abs. 4 Satz 2 UStG genannt sind,
- Güterbeförderungen, einschließlich innergemeinschaftliche Güterbeförderungen sowie der Vor- und Nachläufe zu innergemeinschaftlichen Güterbeförderungen,
- das Beladen, Entladen, Umschlagen und ähnliche mit einer Güterbeförderung im Zusammenhang stehenden selbstständigen Leistungen.

Beispiele

1. Der in Deutschland ansässige Spediteur S befördert Messegut für den in Japan ansässigen Automobilhersteller A von Leverkusen nach Frankfurt.

   Der Leistungsort befindet sich nach § 3a Abs. 2 UStG in Japan; die Leistung ist in Deutschland deshalb nicht steuerbar.
2. Ein Rechtsanwalt aus Düsseldorf erbringt an ein französisches Unternehmen eine Rechtsberatungsleistung im Zusammenhang mit einer Garantieverpflichtung.

   Der Ort der Dienstleistung liegt gem. § 3a Abs. 2 UStG in Frankreich; die Leistung ist in Deutschland nicht steuerbar.

3.4.2.2.2 Unternehmereigenschaft des Leistungsempfängers

Der Stellung des Leistungsempfängers als Unternehmer oder Nichtunternehmer kommt damit entscheidende Bedeutung zu.

TIPP

Soweit ein Unternehmer sonstige Leistungen für **seinen außerunternehmerischen Bereich** bezieht, ist er wie ein **Nichtunternehmer** zu beurteilen.

3.4.2.2.2.1 Nachweis der Unternehmereigenschaft im Europäischen Binnenmarkt

Ob der Empfänger einer sonstigen Leistung ein Unternehmer ist, der die Leistung für sein Unternehmen bezieht, kann bei Leistungsempfängern mit Ansässigkeit im übrigen Gemeinschaftsgebiet grundsätzlich mit der Verwendung einer **gültigen USt-IdNr.** dokumentiert werden.

Nimmt ein Leistungsempfänger aus einem anderen Mitgliedstaat eine sonstige Leistung in Anspruch und verwendet er eine USt-IdNr. aus einem anderen Mitgliedstaat, so muss dadurch nicht zwingend nachgewiesen sein, dass der Leistungsempfänger die Leistung tatsächlich als Unternehmer für sein Unternehmen in Anspruch nimmt. Die Finanzverwaltung gewährt hier aber einen eingeschränkten **Vertrauensschutz**: Hat der leistende Unternehmer sich die USt-IdNr. des Leistungsempfängers beim **Bundeszentralamt für Steuern** bestätigen lassen (**qualifizierte Bestätigung nach § 18e UStG**), so richtet sich der Ort der sonstigen Leistung auch dann nach § 3a Abs. 2 UStG, wenn sich später herausstellt, dass die Leistung vom Leistungsempfänger nicht für sein Unternehmen bezogen worden ist.

Beispiel

Der in Leverkusen ansässige Übersetzer Ü übersetzt für einen österreichischen Auftraggeber ein Dokument. Der Auftraggeber verwendet gegenüber dem Ü seine zutreffende österreichische USt-IdNr.

Die sonstige Leistung des Ü ist nach § 3a Abs. 2 UStG in Österreich ausgeführt und damit in Deutschland nicht steuerbar. Selbst wenn sich später z. B. bei einer Außenprüfung herausstellen sollte, dass die Übersetzung für private Zwecke des Auftraggebers erfolgt ist, verbleibt es beim Ort der sonstigen Leistung in Österreich. Der Leistungsempfänger muss dann aber den Regelungen folgend in Österreich die USt als Steuerschuldner anmelden und abführen. Nach den nationalen österreichischen Rechtsvorschriften wird er keinen Vorsteuerabzug haben, da er die Leistung nicht für sein Unternehmen bezieht.

3.4.2.2.2.2 Nachweis der Unternehmereigenschaft im Drittlandsverkehr

Bei einem im Drittlandsgebiet ansässigen Leistungsempfänger kann der Nachweis der Unternehmereigenschaft nicht über eine USt-IdNr. geführt werden.

Nach Auffassung der Finanzverwaltung sollte sich der Unternehmer in diesen Fällen vom Leistungsempfänger regelmäßig eine **Unternehmerbescheinigung** seines Heimatlandes oder einen **Handelsregisterauszug** als Nachweis für seine Unternehmereigenschaft vorlegen lassen.

Der **Nachweis der Unternehmereigenschaft** bei einem aus dem Drittlandsgebiet stammenden Leistungsempfänger **braucht** aber dann **aus Vereinfachungsgründen nicht geführt zu werden**, wenn sich der **Ort der sonstigen** Leistung auch gegenüber einem **nichtunternehmerisch tätigen Leistungsempfänger** im **Drittlandsgebiet** befinden würde.

Das betrifft insbesondere die folgenden Leistungen:

- Die in **§ 3a Abs. 4 Satz 2 UStG** abschließend aufgeführten **Katalogleistungen**. In diesen Fällen ist bei einem nichtunternehmerischen Leistungsempfänger, der seinen Sitz oder Wohnsitz im Drittlandsgebiet hat, der Ort der sonstigen Leistung ebenfalls am Sitz bzw. Wohnsitz des Leistungsempfängers. **Ausgenommen** von dieser Vereinfachungsregelung sind Leistungen i. S. des § 3a Abs. 4 Satz 2 Nr. 11 und 12 UStG (**Telekommunikationsleistungen und Rundfunk- und Fernsehdienstleistungen**), bei denen die Nutzung oder Auswertung im Inland erfolgt, sodass der Leistungsort nach § 3a Abs. 6 UStG im Inland liegen würde, wenn der Leistungsempfänger kein Unternehmer wäre.
- **Vermittlungsleistungen** gegenüber einem im Drittlandsgebiet ansässigen Auftraggeber, wenn sich der Ort des vermittelten Umsatzes im Drittlandsgebiet befindet. In diesen Fällen ist der Vermittlungsumsatz nach § 3a Abs. 3 Nr. 4 UStG bei der Leistungserbringung gegenüber einer nichtunternehmerisch tätigen Person dort, wo der vermittelte Umsatz ausgeführt ist.

Beispiele

1. Ein in Deutschland ansässiger Grundstücksmakler vermittelt für einen Schweizer den Verkauf eines in der Schweiz belegenen Grundstücks.
2. Ein in Deutschland ansässiger Agent vermittelt für einen in Deutschland ansässigen Unternehmer eine Warenlieferung von New York nach Los Angeles.

3.4.2.3 Leistungen an einen Nichtunternehmer („B2C-Umsätze“)

Eine sonstige Leistung an einen Nichtunternehmer oder an einen Unternehmer für seinen außerunternehmerischen Bereich wird grundsätzlich nach dem **Unternehmersitzprinzip** an dem Ort ausgeführt, von dem aus der **leistende Unternehmer sein Unternehmen betreibt (§ 3a Abs. 1 Satz 1 UStG)**.

Wird die sonstige Leistung von einer Betriebsstätte erbracht, gilt die Betriebsstätte als Ort der sonstigen Leistung (§ 3a Abs. 1 Satz 2 UStG).

3.4.2.4 Sonderregelungen für die Bestimmung des Ortes der sonstigen Leistung

Neben den beiden Grundregelungen (§ 3a Abs. 1 und Abs. 2 UStG) können sich in diversen Fällen auch abweichende Orte der sonstigen Leistung durch die Sonderregelungen nach § 3a Abs. 3 - 7, § 3b, § 3e UStG ergeben.

Diese Sonderfälle gehen systematisch den beiden Grundregelungen vor und sind damit immer vorab zu prüfen.

3.4.2.4.1 Sonstige Leistungen im Zusammenhang mit einem Grundstück

Führt der Unternehmer eine sonstige Leistung im Zusammenhang mit einem Grundstück aus, so ist der Ort dieser Leistung immer dort, wo sich das **Grundstück befindet** (**§ 3a Abs. 3 Nr. 1 UStG).**

Unerheblich ist dabei, ob der **Leistungsempfänger** ein **Unternehmer** oder ein **Nichtunternehmer** ist und ob sich das Grundstück im Inland oder im Ausland befindet.

Beispiel

Der Leverkusener Unternehmer P. Leite vermittelt während einer Geschäftsreise auf der Insel Helgoland an den Züricher Ernst Habfränkli ein in Malente liegendes Grundstück, das der in London wohnhafte James Bondy veräußern will.

Der Ort der sonstigen Leistung richtet sich nach § 3a Abs. 3 Nr. 1 UStG nach dem Belegenheitsort des Grundstücks. Das ist hier Malente, also im Inland.

Ein Zusammenhang mit einem Grundstück ist gegeben, wenn sich die sonstige Leistung nach den tatsächlichen Umständen überwiegend auf die **Bebauung, Verwertung, Nutzung oder Unterhaltung des Grundstücks selbst bezieht**.

Das ist bei folgenden Leistungen z. B. **nicht** der Fall:

- die Veröffentlichung von Immobilienanzeigen (z. B. durch Zeitungen)
- die Finanzierung und Finanzierungsberatung im Zusammenhang mit dem Erwerb eines Grundstücks und dessen Bebauung
- die **Rechts- und Steuerberatung in Grundstückssachen.**

Beispiele für den **Belegenheitsort:**

- sonstige Leistung der in **§ 4 Nr. 12 UStG** bezeichneten Art (z. B. **Vermietung und Verpachtung**)
- sonstige Leistungen im Zusammenhang mit der **Veräußerung oder dem Erwerb von Grundstücken** (z. B. Leistungen der Grundstücksmakler und -sachverständigen, Notare bei der Beurkundung von Grundstückskaufverträgen)
- sonstige Leistungen, die der **Erschließung von Grundstücken** oder der **Vorbereitung bzw. Ausführung von Bauleistungen** dienen (z. B. Begutachtung von Grundstücken, Leistungen der Architekten, Bauingenieure, Vermessungsingenieure, Bauträgergesellschaften, Sanierungsträger sowie der Unternehmer, der Abbruch- und Erdarbeiten ausführt).

3.4.2.4.2 Kurzfristige Vermietung von Beförderungsmitteln

Führt ein Unternehmer eine **kurzfristige Vermietung eines Beförderungsmittels** durch, so ist der Ort der sonstigen Leistung dort, wo das **Beförderungsmittel** dem Nutzer tatsächlich zur Verfügung gestellt wird (**§ 3a Abs. 3 Nr. 2 UStG)**. Das ist der **Ort der tatsächlichen Übergabe**.

MERKE

Es kommt nicht darauf an, ob der Leistungsempfänger ein Unternehmer ist oder nicht, eine USt-IdNr. verwendet oder wo er ansässig ist!

Beispiel

Der Fahrzeugvermieter F aus Köln vermietet dem in Hamburg ansässigen Kunden K zu dessen Urlaubszwecken für eine Woche einen Pkw, der in Spanien zur Übergabe bereit steht. F übersendet K die Fahrzeugschlüssel per Post.

Der Ort der kurzfristigen Vermietung liegt nach § 3a Abs. 3 Nr. 2 UStG in Spanien (= tatsächliche Übergabe), sodass die Leistung hier in Deutschland nicht steuerbar ist.

Die kurzfristige Vermietung eines Beförderungsmittels liegt dann vor, wenn die Vermietung über einen **ununterbrochenen Zeitraum von nicht mehr als 30 Tagen** und bei Wasserfahrzeugen von nicht mehr als 90 Tagen erfolgt (§ 3a Abs. 3 Nr. 2 Satz 2 UStG). Die Prüfung der Dauer der Überlassung erfolgt nicht nur nach den vertraglichen Regelungen, sondern nach den **tatsächlichen Verhältnissen**. So ist eine **mehrfache Vermietung**, die unmittelbar hintereinander erfolgt, als langfristige Vermietung anzusehen, wenn die Gesamtdauer der Überlassung über den Grenzwerten liegt.

Beispiel

Der Fahrzeugvermieter F vermietet einen Pkw für

a) 30 Tage, der tatsächlich erst nach 40 Tagen zurückgegeben wird.

   Es liegt keine kurzfristige Vermietung vor.

b) 20 Tage, der nach Ablauf dieser Zeit erneut für weitere 30 Tage gemietet wird.

   Es liegt keine kurzfristige Vermietung vor.

c) 40 Tage, der jedoch bereits nach 20 Tagen zurückgegeben wird.

   Es liegt eine kurzfristige Vermietung vor.

ACHTUNG

Der Ort für **langfristige Vermietungen von Beförderungsmitteln** wird einheitlich am **Ort des Leistungsempfängers** besteuert. Ist der Leistungsempfänger ein Unternehmer, folgt dies aus § 3a Abs. 2 UStG; ist der Leistungsempfänger ein Nichtunternehmer, ergibt sich diese Rechtsfolge aus § 3a Abs. 3 Nr. 2 Satz 3 UStG. Jedoch gilt als Ort der **Vermietung eines Sportboots an einen Nichtunternehmer** (außer die Vermietung über einen längeren Zeitraum) der Ort, an dem das **Sportboot** dem Leistungsempfänger **tatsächlich zur Verfügung gestellt wird**, sofern sich auch der Sitz, die Geschäftsleitung oder die Betriebsstätte des Unternehmers, von wo aus diese Leistung tatsächlich erbracht wird, an diesem Ort befindet (§ 3a Abs. 3 Nr. 2 Satz 4 UStG).

Als Beförderungsmittel sind Gegenstände anzusehen, deren Hauptzweck auf die Beförderung von Personen und Gütern zu Lande, zu Wasser oder in der Luft gerichtet ist.

Beispiele

Für Beförderungsmittel:
Auflieger, Sattelanhänger, Fahrzeuganhänger, Elektro-Caddywagen, Transportbetonmischer, Segelboote, Segeljachten, Motorboote, Sportflugzeuge, Segelflugzeuge, Wohnmobile, Wohnwagen.

Keine Beförderungsmittel:
Bagger, Planierraupen, Bergungskräne, Schwertransportkräne, Baustellenlastaufzüge, Transportbänder, Gabelstapler, Elektrokarren, Rohrleitungen, Ladekräne, Schwimmkräne, Schwimmrammen, Container, militärische Kampffahrzeuge, die keine Versorgungsfahrzeuge sind, Kampfflugzeuge, Panzer.

Beispiele

Beispiel 1:
Die in Deutschland wohnende Privatperson P mietet bei einem in Italien ansässigen Autovermieter I einen Pkw für die Zeit vom 01.01. - 31.03.2023.

Da die Vermietungsdauer mehr als 30 Tage beträgt, liegt der Leistungsort am Wohnsitz von P. Die Leistung ist damit in Deutschland steuerbar und steuerpflichtig. I muss sich in Deutschland für Umsatzsteuerzwecke registrieren lassen.

Beispiel 2:
Ein österreichischer Staatsbürger mit Wohnsitz in Salzburg tritt eine private Deutschlandreise in München an und mietet einen Pkw bei einem Unternehmer mit Sitz in München für zwei Monate. Das Fahrzeug soll ausschließlich in Deutschland genutzt werden.

Es handelt sich um eine langfristige Vermietung. Der Leistungsort ist deshalb nach § 3a Abs. 3 Nr. 2 Satz 3 UStG zu bestimmen. Die Vermietung des Pkw ist durch den inländischen Unternehmer in Deutschland nicht steuerbar, sondern in Österreich am Wohnort des Leistungsempfängers steuerbar, auch wenn das vermietete Beförderungsmittel während der Vermietung nicht in Österreich, sondern ausschließlich in Deutschland genutzt wird.

Beispiel 3:
Die in Deutschland wohnende Privatperson P mietet bei einem in Deutschland ansässigen Vermieter von Yachten V eine Yacht, die in Portugal vor Anker liegt. P übernimmt dort die Yacht. Der Mietvertrag ist für die Zeit vom 01.03. - 01.10.2023 abgeschlossen (mehr als 90 Tage). V hat in Portugal keine Betriebsstätte.

Da V am Übergabeort der Yacht keine Betriebsstätte hat, ist seine langfristige Vermietung eines Sportboots am Wohnsitz von P, also in Deutschland steuerbar. Hätte V in Portugal eine Betriebsstätte, von der aus die Vermietungsleistung erbracht wird, läge der Leistungsort dort und V müsste sich in Portugal für Umsatzsteuerzwecke registrieren lassen.

Beispiel 4:
Das Bootsvermietungsunternehmen B mit Sitz in Düsseldorf vermietet an den Nichtunternehmer N mit Wohnsitz in Köln eine Yacht für vier Monate. Die Übergabe der Yacht erfolgt an der Betriebsstätte des B in einem italienischen Adriahafen.

Der Leistungsort für die Vermietungsleistung des B an den N ist in Italien, dem Ort, an dem das vermietete Boot tatsächlich von B an N übergeben wird, da sich an dem Übergabeort auch eine Betriebsstätte des B befindet.

3.4.2.4.3 Veranstaltungsleistungen

Führt der leistende Unternehmer **kulturelle, künstlerische, wissenschaftliche, unterrichtende, sportliche, unterhaltende oder ähnliche Leistungen**, wie Leistungen im Zusammenhang mit **Messen und Ausstellungen** aus, so ist der Ort der sonstigen Leistung dort, wo die Leistung tatsächlich erbracht wird (**§ 3a Abs. 3 Nr. 3 Buchst. a) UStG – Tätigkeitsort**).

ACHTUNG

Der **Tätigkeitsort** gilt nur bei entsprechenden Leistungen an **Nichtunternehmer**. Bei Auftritts- und Veranstaltungsleistungen, die **an Unternehmer erbracht** werden, bestimmt sich der Ort nach der Grundregel des **§ 3a Abs. 2 UStG**, d. h. nach dem **Sitz oder der Betriebsstätte des Leistungsempfängers**, wenn die Leistung tatsächlich an diesen erbracht wird.

Beispiele

1. Der Ort der Leistung eines Künstlers, der für eine private Feier engagiert wird, richtet sich nach § 3a Abs. 3 Nr. 3 Buchst. a) UStG und befindet sich am Tätigkeitsort.
2. Eine Privatperson besucht einen Fachvortrag für Ärzte in Leverkusen. Die Dienstleistung wird an einen Nichtunternehmer erbracht, sodass der Ort gem. § 3a Abs. 3 Nr. 3 Buchst. a) UStG in Leverkusen liegt.

Eine Besonderheit im Rahmen von Auftritts- und Veranstaltungsleistungen gilt nach **§ 3a Abs. 3 Nr. 5 UStG** für Umsätze, die sich auf die **Einräumung von Eintrittsberechtigungen** zu den in § 3a Abs. 3 Nr. 3 Buchst. a) UStG genannten Veranstaltungen beziehen.

Zu den **Eintrittsberechtigungen** gehören nach **Abschn. 3a.7a UStAE** insbesondere

- das Recht auf Zugang zu Darbietungen, **Theateraufführungen**, **Zirkusvorstellungen**, **Freizeitparks**, **Konzerten** oder **Ausstellungen**, auch wenn das Entgelt in Form eines Abonnements oder eines Jahresbeitrags entrichtet wird;
- das Recht auf Zugang zu **Sportveranstaltungen** wie Spiele und Wettkämpfe;
- das Recht auf Zugang zu Veranstaltungen auf dem Gebiet des Unterrichts und der Wissenschaft, wie beispielsweise **Konferenzen und Seminare**. Dies gilt unabhängig davon, ob der Unternehmer selbst oder ein Arbeitnehmer an der Veranstaltung teilnimmt und das Entgelt vom Unternehmer (Arbeitgeber) entrichtet wird.

Der umsatzsteuerliche Ort von Leistungen, die auf die Gewährung von Einrittsberechtigungen gerichtet sind, bestimmt sich nach dem **Veranstaltungsort** (§ 3a Abs. 3 Nr. 5 UStG).

ACHTUNG

Der **Veranstaltungsort** gilt **nur** für Leistungen an einen **Unternehmer** für dessen unternehmerischen Bereich. Wird die sonstige Leistung an einen **Nichtunternehmer** erbracht, richtet sich der Leistungsort nach **§ 3a Abs. 3 Nr. 3 Buchst. a) UStG**.

Beispiele

1. Der Seminarveranstalter S mit Sitz in Salzburg (Österreich) veranstaltet ein Seminar zum aktuellen Umsatzsteuerrecht in der Europäischen Union in Düsseldorf. Das Seminar wird europaweit beworben. Teilnahmebeschränkungen gibt es nicht. An dem Seminar nehmen Unternehmer mit Sitz in Österreich, Belgien, Deutschland und Frankreich teil.

   Der Ort der Leistung ist nach § 3a Abs. 3 Nr. 5 UStG am Veranstaltungsort in Düsseldorf.

2. Der spanische Sänger S gibt aufgrund eines Vertrages mit der Konzertagentur K ein Konzert in Leverkusen. Aufgrund eines anderen Vertrages mit dem Sänger zeichnet die Schallplattengesellschaft F aus Frankreich das Konzert auf.

   Es sind zwei getrennte Leistungen zu beurteilen:

   a) Mit der Aufzeichnung des Konzerts für eine Schallplattenproduktion überträgt der Sänger Nutzungsrechte an seinem Urheberrecht i. S. des § 3a Abs. 4 Satz 2 Nr. 1 UStG. Für den Ort dieser Leistung ist § 3a Abs. 2 UStG maßgebend. Da der Leistungsempfänger sein Unternehmen in Frankreich betreibt, unterliegt die Leistung in Frankreich der Besteuerung.

   b) Es handelt sich um einen Umsatz, der grundsätzlich unter die Eintrittsberechtigung des § 3a Abs. 3 Nr. 5 UStG fällt. Es besteht jedoch keine Notwendigkeit, etwa an Tages- oder Abendkassen im Zug des „Vor-Ort-Verkaufs“ zwischen Unternehmern und Nichtunternehmern als Leistungsempfänger unterscheiden zu müssen. Denn in beiden Fällen richtet sich der Leistungsort entweder nach § 3a Abs. 3 Nr. 3 Buchst. a) UStG (Tätigkeitsort) oder aber gem. § 3a Abs. 3 Nr. 5 UStG nach dem Veranstaltungsort. In beiden Fällen liegt dieser Ort in Leverkusen.

3.4.2.4.4 Abgabe von Speisen und Getränken zum Verzehr

Als Ort der Restaurant- und Verpflegungsdienstleistungen gilt der **Tätigkeitsort**. Das ist der Ort, an dem diese Leistungen **tatsächlich erbracht werden** (**§ 3a Abs. 3 Nr. 3 Buchst. b) UStG)**, also der **Ort der Bewirtung**.

Diese Regelung umfasst auch **Catering-Unternehmen** und gilt für **Restaurantleistungen**, sofern sie als Dienstleistungen und nicht als Lieferungen zu beurteilen sind.

Beispiel

Ein in Leverkusen ansässiger Catering-Service arrangiert ein Festbankett in Frankreich. Neben der Zubereitung der Speisen sind auch die Gestellung von Besteck, Tischdekoration und die Bedienung in der vereinbarten Leistung eingeschlossen.

Es handelt sich bei der Abgabe von Speisen und Getränken zum Verzehr an Ort und Stelle um eine sonstige Leistung, weil Dienstleistungselemente erbracht werden, die hier weit über eine Vermarktung der Speisen hinausgehen.

Der Ort der sonstigen Leistung liegt nach § 3a Abs. 3 Nr. 3 b) UStG dort, wo der Unternehmer die Leistung tatsächlich erbringt, damit in Frankreich. In Deutschland ist die sonstige Leistung deshalb nicht steuerbar.

3.4.2.4.5 Arbeiten an beweglichen körperlichen Gegenständen

Führt der leistende Unternehmer Arbeiten an beweglichen körperlichen Gegenständen (z. B. **Reparaturleistungen oder Wartungsarbeiten an beweglichen körperlichen Gegenständen**) aus oder **begutachtet** er solche Gegenstände, so ist die sonstige Leistung dort ausgeführt, wo der leistende Unternehmer die Leistung tatsächlich erbringt (**§ 3a Abs. 3 Nr. 3 Buchst. c) UStG – Tätigkeitsort**).

ACHTUNG

Wird eine solche Leistung an einen **Unternehmer für dessen Unternehmen** oder an eine juristische Person ausgeführt, die nicht Unternehmer ist, aber mit einer USt-IdNr. auftritt, so ist die sonstige Leistung nach der Grundregelung des **§ 3a Abs. 2 UStG** dort ausgeführt, wo der **Leistungsempfänger sein Unternehmen** betreibt oder seine die Leistung empfangende Betriebsstätte unterhält.

Beispiele

1. Ein deutscher Unternehmer bekommt den Auftrag von einem französischen Unternehmer einen unternehmerischen Gegenstand zu begutachten. Die Begutachtung findet in Deutschland statt und der Leistungsempfänger hat seine französische USt-IdNr. verwendet. Der begutachtete Gegenstand verbleibt in Frankreich.

   § 3a Abs. 3 Nr. 3c UStG findet keine Anwendung, da der Leistungsempfänger ein Unternehmer ist und die Leistung für sein Unternehmen ausgeführt wird.

   Der Leistungsort bestimmt sich nach § 3a Abs. 2 UStG und ist dort, wo der Empfänger sein Unternehmen betreibt, also in Frankreich. Die Leistung ist in Deutschland nicht steuerbar.

2. Ein vereidigter Sachverständiger begutachtet in Leverkusen einen Baukran und ein Grundstück. Die beiden Gutachterobjekte gehören einer englischen Privatfamilie.

   Der Ort der sonstigen Leistungen liegt in beiden Fällen in Leverkusen. Für die Begutachtung des Baukrans folgt dies aus § 3a Abs. 3 Nr. 3c) UStG, und für das Grundstück aus § 3a Abs. 3 Nr. 1 UStG, da es sich insoweit um eine sonstige Leistung im Zusammenhang mit einem Grundstück handelt.

3.4.2.4.6 Vermittlung von Umsätzen

Vermittelt der Unternehmer einen Umsatz, so ist der Vermittlungsumsatz dort ausgeführt, wo der **vermittelte Umsatz als ausgeführt gilt** (**§ 3a Abs. 3 Nr. 4 UStG**).

ACHTUNG

Wird eine Vermittlungsleistung an einen **Unternehmer für dessen Unternehmen** oder an eine juristische Person ausgeführt, die nicht Unternehmer ist, aber mit einer USt-IdNr. auftritt, so ist die sonstige Leistung nach der Grundregelung des **§ 3a Abs. 2 UStG** dort ausgeführt, wo der **Leistungsempfänger sein Unternehmen** betreibt oder seine die Leistung empfangende Betriebsstätte unterhält.

Vermittlungsleistungen im **Zusammenhang mit Grundstücken** (Vermittlung von Grundstücksverkäufen, von Vermietungen von Grundstücken, Wohnungen, Ferienhäusern und Hotelzimmern) werden jedoch immer, unabhängig vom Status des Leistungsempfängers, am **Belegenheitsort des Grundstücks** erbracht.

Beispiele

1. Ein in Deutschland ansässiges Reisebüro vermittelt einem in Deutschland ansässigen Unternehmer für eine Geschäftsreise eine Hotelübernachtung in London.

   Die Vermittlungsleistung wird nach § 3a Abs. 3 Nr. 1 UStG in London erbracht und ist in Deutschland nicht steuerbar.
2. Ein in den USA ansässiger Unternehmer vermittelt für einen in Deutschland ansässigen Unternehmer den Kauf eines Bürogebäudes in München.

   Die Vermittlungsleistung wird nach § 3a Abs. 3 Nr. 1 UStG in München erbracht und ist in Deutschland steuerbar und steuerpflichtig.
3. Zwischen dem deutschen Handelsvertreter D und einem niederländischen Hersteller N in den Niederlanden besteht ein Handelsvertretervertrag. Die Ware wird an die gewerblichen Kunden in Deutschland aus einem Auslieferungslager des N in Frankreich versendet.

   Die Vermittlungsleistung wird nach § 3a Abs. 2 UStG in den Niederlanden erbracht, da N dort als Leistungsempfänger sein Unternehmen betreibt.

3.4.2.4.7 Katalogleistungen an Nichtunternehmer im Drittlandsgebiet

Bei den in **§ 3a Abs. 4 Satz 2 UStG** aufgeführten **Katalogleistungen**, die ein Unternehmer **an einen Nichtunternehmer, Unternehmer für dessen nichtunternehmerischen Bereich** oder eine nichtunternehmerisch tätige juristische Person ohne USt-IdNr. mit Sitz oder Wohnsitz im **Drittlandsgebiet** ausführt, ist der Ort der sonstigen Leistung dort, wo der **Leistungsempfänger seinen Wohnsitz oder Sitz** hat (§ 3a Abs. 4 Satz 1 UStG).

ACHTUNG

Der Ort für Katalogleistungen an andere **Unternehmer** bestimmt sich nach **§ 3a Abs. 2 UStG** nach dem Sitz des Leistungsempfängers und Katalogleistungen an **Nichtunternehmer im Gemeinschaftsgebiet** nach **§ 3a Abs. 1 UStG**, also am Sitz des leistenden Unternehmers.

Es kommen nur die in § 3a Abs. 4 Satz 2 UStG **abschließend** (!) aufgeführten sonstigen Leistungen in Betracht. Dazu gehören z. B.:

- die Einräumung, Übertragung und Wahrnehmung von Patenten, Urheberrechten, Markenrechten und ähnlichen Rechten
- Leistungen, die der Werbung oder der Öffentlichkeitsarbeit dienen, einschl. der Leistungen der Werbungsmittler und der Werbeagenturen
- Sonstige Leistungen aus der Tätigkeit als **Rechtsanwalt**, Patentanwalt, **Steuerberater**, Wirtschaftsprüfer, Sachverständige, Ingenieur, Aufsichtsratsmitglied, Dolmetscher und Übersetzer sowie die rechtliche, wirtschaftliche und technische Beratung
- **Gestellung von Personal**
- **Vermietung beweglicher körperlicher Gegenstände, ausgenommen Beförderungsmittel.**

Beispiele

1. Rechtsanwalt B aus Brüssel berät den deutschen Autor A aus Aachen in Brüssel bei Verhandlungen mit dem belgischen Verleger V über eine Veröffentlichung seiner Bücher.

   Der Leistungsort bestimmt sich nach der B2B-Grundregel mit dem Unternehmenssitz des Leistungsempfängers A in Aachen, § 3a Abs. 2 UStG. Der Umsatz ist in Deutschland steuerbar. Die Ausnahmeregelung des § 3a Abs. 4 Nr. 3 UStG findet keine Anwendung, da es sich bei A um einen Unternehmer handelt.

2. wie 1.). B berät den A nach dem Tod seines in Belgien ansässigen Vaters im Rahmen der Erbauseinandersetzung.

   Der Leistungsort bestimmt sich nach der B2C-Grundregel mit dem Unternehmenssitz des leistenden Unternehmers B in Brüssel (§ 3a Abs. 1 UStG).

   Die Ausnahmeregelung des § 3a Abs. 4 Nr. 3 UStG kommt nicht zum Tragen, da A seinen Wohnsitz bzw. Sitz nicht im Drittlandsgebiet hat.

3. Ein Steuerberater mit Sitz in Leverkusen erstellt für einen Unternehmer mit Sitz und Wohnort in der Schweiz den Jahresabschluss und fertigt auch dessen private ESt-Erklärung.

   Für die Erstellung des Jahresabschlusses liegt der Ort der sonstigen Leistung in der Schweiz, da der Leistungsempfänger dort sein Unternehmen betreibt (§ 3a Abs. 2 UStG). Für die Erstellung der ESt-Erklärung liegt der Ort der sonstigen Leistung gem. § 3a Abs. 4 Satz 1 UStG ebenfalls in der Schweiz, da die Leistung nicht für das Unternehmen bezogen worden ist, und der Leistungsempfänger seinen Sitz im Drittlandsgebiet hat.

4. Ein Unternehmer mit Sitz in den Niederlanden vermietet an den deutschen Unternehmer mit Sitz in Wuppertal für 40 Tage

   a) einen Wohnwagen

   b) einen Spezialkran.

   Bei dem Wohnwagen handelt es sich um ein Beförderungsmittel, sodass ein Fall des § 3a Abs. 4 Nr. 10 UStG nicht vorliegt. § 3a Abs. 3 Nr. 2b) UStG greift ebenfalls nicht, weil es sich nicht um eine kurzfristige, sondern um eine langfristige Vermietung handelt (mehr als 30 Tage). Der Ort bestimmt sich deshalb nach der Grundregel des § 3a Abs. 2 UStG und liegt folglich in Wuppertal.

   Bei dem Spezialkran handelt es sich nicht um ein Beförderungsmittel, sodass ein Fall des § 3a Abs. 4 Nr. 10 UStG vorliegt. Der Ort kann jedoch nicht nach § 3a Abs. 4 Satz 1 UStG bestimmt werden, da es sich bei dem Leistungsempfänger um einen Unternehmer handelt. Der Ort bestimmt sich deshalb nach § 3a Abs. 2 UStG und liegt in Wuppertal, da dort der Leistungsempfänger sein Unternehmen betreibt.

3.4.2.4.8 Elektronische Dienstleistungen an Nichtunternehmer

Telekommunikations-, Rundfunk-, Fernseh- und auf elektronischem Weg erbrachte Dienstleistungen (z. B. **Musik, E-Books, Apps und Filme zum Download im Internet**) an private Kunden innerhalb der Europäischen Union werden in dem **Land des Verbrauchers** besteuert.

Bei der Bestimmung des Leistungsorts für die in **§ 3a Abs. 5 Satz 2 UStG** bezeichneten Leistungen (Telekommunikations-, Rundfunk- und Fernsehdienstleistungen und auf elektronischem Weg erbrachte sonstige Leistungen) sind folgende Fälle zu unterscheiden:

- Ist der Empfänger der sonstigen Leistung ein **Nichtunternehmer**, wird die sonstige Leistung dort ausgeführt, wo der Empfänger **seinen Wohnsitz**, gewöhnlichen Aufenthaltsort oder Sitz hat **(§ 3a Abs. 5 Satz 1 UStG)**. Der Ort bestimmt sich jedoch nach § 3a Abs. 1 UStG (**Ort, von dem aus der Unternehmer sein Unternehmen betreibt**), wenn der leistende Unternehmer seinen Sitz, seine Geschäftsleitung, eine Betriebsstätte oder in Ermangelung eines Sitzes, einer Geschäftsleitung oder einer Betriebsstätte seinen Wohnsitz oder gewöhnlichen Aufenthalt in nur einem Mitgliedstaat hat und der **Gesamtbetrag der Entgelte** der bezeichneten sonstigen Leistungen sowie der innergemeinschaftlichen Fernverkäufe nach § 3c UStG insgesamt **10.000 €** im vorangegangenen Kalenderjahr **nicht überschritten** hat und im laufenden Kalenderjahr nicht überschreitet (§ 3a Abs. 5 Satz 3 UStG). Der leistende Unternehmer kann auf die Anwendung dieser Umsatzschwelle verzichten mit der Folge, dass sich der Leistungsort der bezeichneten Leistungen stets an dem Ort befindet, an dem der Leistungsempfänger seinen Wohnsitz, seinen gewöhnlichen Aufenthaltsort oder seinen Sitz hat (§ 3a Abs. 5 Satz 3 UStG). Die Verzichtserklärung bindet den Unternehmer mindestens für zwei Kalenderjahre (§ 3a Abs. 5 Satz 3 UStG).

- Ist der Empfänger der sonstigen Leistung ein Leistungsempfänger im Sinne des § 3a Abs. 2 UStG, wird die sonstige Leistung dort ausgeführt, wo der **Empfänger sein Unternehmen** betreibt bzw. die juristische Person ihren Sitz hat **(§ 3a Abs. 2 UStG)**.

3.4.2.4.9 Verlagerung des Orts in Ausnahmefällen des Drittlandsverkehrs

Nach **§ 3a Abs. 6 UStG** wird der Ort der sonstigen Leistung bei bestimmten, abschließend aufgeführten Leistungen **aus dem Drittlandsgebiet in das Inland verlagert**, wenn der **leistende Unternehmer im Drittlandsgebiet ansässig** ist oder dort eine leistungserbringende Betriebsstätte hat. Weitere Voraussetzung ist, dass die **Leistung im Inland genutzt** oder ausgewertet wird.

Diese Regelung betrifft insbesondere die folgenden Leistungen:

- eine **kurzfristige oder langfristige Vermietung von Beförderungsmitteln** wird ausgeführt, oder
- eine in § 3a Abs. 4 Satz 2 Nr. 1 - 10 UStG aufgeführte Leistung wird an eine juristische Person des öffentlichen Rechts ausgeführt.

Beispiel

Der in den USA ansässige Autovermieter A vermietet für

a) 40 Tage

b) 20 Tage

einen Pkw an den in Frankreich ansässigen Unternehmer U, der den Wagen während der ganzen Zeit in Deutschland nutzt. Die Übergabe des Wagens erfolgt in den USA.

Im Fall a) handelt es sich um eine langfristige Vermietung, die nach § 3a Abs. 2 UStG in Frankreich als ausgeführt gilt. § 3a Abs. 6 Nr. 1 UStG greift demnach nicht, da der Ort nicht im Drittlandsgebiet liegt.

Im Fall b) handelt es sich um eine kurzfristige Vermietung, die grundsätzlich nach § 3a Abs. 3 Nr. 2 UStG in den USA ausgeführt wird. Hier erfolgt jedoch nach § 3a Abs. 6 Nr. 1 UStG eine Ortsverlagerung vom Drittland (USA) nach Deutschland, da der Pkw hier genutzt wird.

Nach **§ 3a Abs. 7 UStG** wird der Ort der **kurzfristigen Vermietung bestimmter Fahrzeuge** (Schienenfahrzeuge, Kraftomnibusse oder ausschließlich zur Beförderung von Gegenständen bestimmte Straßenfahrzeuge) **an einen im Drittlandsgebiet ansässigen**

Unternehmer für dessen Unternehmen **in das Drittlandsgebiet verlagert, wenn das Fahrzeug im Drittlandsgebiet genutzt** wird.

Beispiel

Der im Inland ansässige Unternehmer U vermietet an einen in der Schweiz ansässigen Spediteur S einen Lkw für drei Wochen. Der Lkw wird von S bei U abgeholt. Der Lkw wird ausschließlich in der Schweiz genutzt.

Der Ort der Leistung bei der kurzfristigen Vermietung des Beförderungsmittels richtet sich grundsätzlich nach der Übergabe in Deutschland (§ 3a Abs. 3 Nr. 2 UStG). Da der Lkw aber nicht im Inland, sondern in der Schweiz genutzt wird, ist die Leistung nach § 3a Abs. 7 UStG als in der Schweiz ausgeführt zu behandeln und somit in Deutschland nicht steuerbar.

Erbringt ein Unternehmer eine

- **Güterbeförderungsleistung** i. S. von § 3b Abs. 1 und 2 UStG und damit im Zusammenhang stehende Leistungen (z. B. Be- und Entladen, Umschlagen) oder eine **Reisevorleistung** i. S. von § 25 Abs. 1 Satz 5 UStG,
- **Veranstaltungsleistung im Zusammenhang mit Messen und Ausstellungen** oder
- **Arbeit an oder eine Begutachtung von beweglichen körperlichen Gegenständen** i. S. des § 3a Abs. 3 Nr. 3 Buchst. c) UStG

an einen Unternehmer, richtet sich der Leistungsort **nicht** nach der Grundregel des **§ 3a Abs. 2 UStG**. Die Leistung gilt in diesen Fällen vielmehr als im **Drittlandsgebiet** erbracht, wenn sie tatsächlich im Drittlandsgebiet genutzt oder ausgewertet wird (**§ 3a Abs. 8 Satz 1 UStG**).

Die Leistungen werden regelmäßig im Drittlandsgebiet genutzt oder ausgewertet, wenn sie tatsächlich ausschließlich dort in Anspruch genommen werden können (Abschn. 3a.14 Abs. 5 UStAE).

Beispiel

Ein deutscher Unternehmer wird von einem norwegischen Unternehmer beauftragt, eine Installationsleistung an einer Maschinenanlage in Norwegen auszuführen. Mangels eigener Kapazitäten beauftragt der deutsche Unternehmer einen deutschen Subunternehmer mit der Ausführung der Leistung.

Nach norwegischem Recht werden in Norwegen ausgeführte Dienstleistungen u. U. der norwegischen USt unterworfen, sodass die Leistung des deutschen Subunternehmers mit norwegischer USt abzurechnen ist. Nach § 3a Abs. 2 UStG wäre die Leistung aber auch mit deutscher USt zu fakturieren, da der Empfänger der Leistungen des Subunternehmers ein Unternehmer mit Sitz in Deutschland ist.

Um diese Doppelbesteuerung zu vermeiden, ist die Leistung nach § 3a Abs. 8 Satz 1 UStG im Drittlandsgebiet erbracht und damit in Deutschland nicht steuerbar.

3.4.2.4.10 Beförderungsleistungen

3.4.2.4.10.1 Personenbeförderungsleistungen

Als Ort einer **Personenbeförderungsleistung** gilt der Ort, an dem die **Beförderung tatsächlich bewirkt** wird (**§ 3b Abs. 1 Satz 1 UStG**).

Es erfolgt demnach eine Besteuerung nach der zurückgelegten Strecke (sog. **Streckenprinzip**) und zwar **unabhängig vom Status des Leistungsempfängers**.

Erstreckt sich die Beförderung **nicht nur** auf das **Inland**, so ist die Leistung in einen steuerbaren Inlandsteil und einen nicht steuerbaren Auslandsteil **aufzuteilen** (**§ 3b Abs. 1 Satz 2 UStG**).

MERKE

Jeder im Inland gefahrene km führt zu einer steuerbaren und auch steuerpflichtigen Leistung, jeder im Ausland gefahrene km ist im Inland nicht steuerbar!

Für bestimmte kurze Beförderungsstrecken im Inland oder im Ausland sowie kurze Anschlussstrecken ergeben sich nach § 2 bis § 7 UStDV Vereinfachungsregelungen.

Beispiel

Der Autovermieter A aus Leverkusen befördert einen Kegelclub von Leverkusen nach Paris. Die Gesamtstrecke beträgt 3.000 km, davon entfallen 2.500 km auf Frankreich.

Ort der Beförderung ist nach § 3b Abs. 1 Satz 2 UStG nur der Teil, der auf das Inland entfällt, und zwar die Strecke von Leverkusen bis zur Grenze (500 km). Die ausländische Strecke von 2.500 km ist nicht steuerbar. Der steuerbare Anteil von 500 km ist daher steuerbar und steuerpflichtig. Eine Steuerbefreiung nach § 4 Nr. 3a) UStG kommt nicht in Betracht, da sich diese nur auf die grenzüberschreitende Beförderung von Gegenständen bezieht.

3.4.2.4.10.2 Güterbeförderungsleistungen

Der Ort einer Güterbeförderungsleistung (**Beförderung von Sachen oder Tieren**) hängt entscheidend davon ab, wem gegenüber die Beförderungsleistung ausgeführt wird.

3.4.2.4.10.2.1 Leistungen gegenüber Unternehmern

Wird die Güterbeförderungsleistung gegenüber einem **Unternehmer für dessen Unternehmen** ausgeführt, ist die Beförderungsleistung immer dort ausgeführt, wo der **Leistungsempfänger** sein Unternehmen betreibt oder die die Leistung empfangende Betriebsstätte unterhält (**§ 3a Abs. 2 UStG**).

MERKE

Es kommt dabei nicht darauf an, wo die Beförderung tatsächlich erfolgt.

Beispiele

1. Der deutsche Frachtführer F transportiert für einen italienischen Unternehmer Güter für dessen Unternehmen von München nach Rom.

   Die Beförderungsleistung wird an einen Unternehmer für dessen Unternehmen ausgeführt. Der Ort der Beförderungsleistung bestimmt sich deshalb nach § 3a Abs. 2 UStG und ist dort, wo der Empfänger sein Unternehmen betreibt. Das ist in Italien, sodass die Beförderungsleistung in Deutschland nicht steuerbar ist.

2. Der in München ansässige Unternehmer U beauftragt den in der Schweiz ansässigen Frachtführer F, einen Gegenstand von Basel (CH) nach Zürich (CH) zu transportieren.

   Die Beförderungsleistung wird an einen Unternehmer für dessen Unternehmen ausgeführt, der Ort der Beförderungsleistung ist in München (§ 3a Abs. 2 UStG). Die Beförderungsleistung des Frachtführers F ist in Deutschland steuerbar und steuerpflichtig.

3.4.2.4.10.2.2 Leistungen gegenüber Nichtunternehmern

Bei einer Güterbeförderung gegenüber einem **Nichtunternehmer** bestimmt sich der Ort der Güterbeförderungsleistung nach der **jeweiligen Beförderungsstrecke**, wenn es sich um

- eine **inländische Beförderung**,
- eine **Beförderung im Drittlandsgebiet** oder
- **zwischen Inland und Drittlandsgebiet**

handelt (**§ 3b Abs. 1 Satz 1 UStG).**

Bei **grenzüberschreitenden Güterbeförderungen** ist, wie bei Personenbeförderungen, in einen **steuerbaren Inlandsanteil** und einen **nicht steuerbaren Auslandsanteil** aufzuteilen (**§ 3b Abs. 1 Satz 2 UStG**).

Beispiel

Die Spedition S aus Düsseldorf befördert Hausrat des Berufsschullehrers B aus Monheim von Monheim nach Bern.

Ort der Beförderung ist nach § 3b Abs. 1 Satz 2 UStG nur der Teil, der auf das Inland entfällt, und zwar die Strecke von Monheim bis zur Grenze. Der ausländische Streckenanteil ist nicht steuerbar. Der steuerbare Inlandsanteil ist nach § 4 Nr. 3a) UStG steuerfrei.

Für **innergemeinschaftliche Güterbeförderungen** an **Nichtunternehmer** richtet sich der Ort nach den besonderen Regelungen des **§ 3b Abs. 3 UStG**. Danach wird die Güterbeförderung immer an dem Ort ausgeführt, **wo die Beförderung beginnt**.

Unter einer **innergemeinschaftlichen Güterbeförderung** versteht man jede Beförderung von Gegenständen, bei der der Ort, an dem die Beförderung beginnt (= **Abgangsort**), und der Ort, an dem die Beförderung (tatsächlich!) endet (= **Ankunftsort**), in **zwei verschiedenen EU-Mitgliedstaaten** liegen (§ 3b Abs. 3 UStG).

Unerheblich ist, ob der Transport **ein Drittland durchquert** oder nicht!

Beispiel

Der deutsche Frachtführer F transportiert für eine deutsche Privatperson Güter von Hamburg nach Wien.

Die innergemeinschaftliche Güterbeförderung wird gem. § 3b Abs. 3 Satz 1 UStG dort ausgeführt, wo der Transport beginnt, also in Hamburg.

3.4.2.5 Prüfungsschema

❶ Sondervorschriften für alle Leistungsempfänger

- Personenbeförderung → Ort der Beförderung
- Grundstücksbezogene Dienstleistungen → Ort des Grundstücks
- Veranstaltungsleistungen → Ort der Tätigkeit
- Restauration/Verpflegung → Ort der Bewirtung (bzw. Abgangsort der Beförderung in speziellen Fällen)
- Kurzfristige Vermietung von Beförderungsmitteln → Ort der tatsächlichen Übergabe

Wenn ❶ unzutreffend

↓

❷ Ist der Leistungsempfänger Unternehmer oder einem Unternehmer gleichgestellt (§ 3a Abs. 2 Satz 3 UStG)?

Nein ↓ (weiter mit ❸)

Ja → Ort der Leistung: Ansässigkeitsort des Leistungsempfängers

❸ Sondervorschriften für alle Nichtunternehmer

- Innergemeinschaftliche Güterbeförderung → Abgangsort der Beförderung
- Sonstige Güterbeförderung → Ort der Beförderung
- Arbeiten an beweglichen körperlichen Gegenständen → Ort der Tätigkeit
- Vermittlungsleistungen → Ort des vermittelten Umsatzes
- Katalogleistungen an Leistungsempfänger im Drittlandsgebiet → Ansässigkeitsort des Leistungsempfängers

Wenn ❸ unzutreffend

↓

❹ Ort der Leistung: Ansässigkeitsort des Leistungserbringers

↓

❺ Achtung: Sogenanntes Kriterium der tatsächlichen Nutzung und Auswertung bei der Vermietung von Beförderungsmitteln und bei Katalogleistungen beachten (§ 3a Abs. 6 - 8 UStG)!

3.4.3 Fälle zur Sicherung des Lernerfolgs

Fall 1:

Prüfen Sie, ob in den nachfolgenden Fällen eine sonstige Leistung i. S. des § 3 Abs. 9 UStG vorliegt.

1. Eine Modeschöpferin veräußert den Entwurf eines Modellkleides.
2. Der Gewerbetreibende G nimmt bei der Hausbank ein Darlehen auf.
3. Der Gewerbetreibende (Fall 2) verwendet das Darlehen zur Finanzierung einer Maschine.
4. Ein Kunde erwirbt eine Theaterkarte und besucht damit eine Vorführung.
5. Der Unternehmer A verzichtet gegenüber dem Unternehmer B auf die weitere Herstellung einer Spezialmaschine.
6. Der Unternehmer veräußert ein Betriebsgrundstück an einen privaten Investor.
7. Die Witwe eines verstorbenen Schriftstellers verkauft das Copyright der nachgelassenen Werke ihres Mannes an einen Verlag.

Fall 2:

Bestimmen Sie in den nachfolgenden Fällen den Ort der sonstigen Leistung und nennen Sie die gesetzliche Grundlage.

1. Ein Leverkusener Autovermieter vermietet an einen Unternehmer aus Solingen ein Kfz für eine zweitägige unternehmerische Fahrt von Leverkusen nach Paris und zurück. Die Übergabe des Kfz erfolgt in Leverkusen.
2. Ein Architekt mit Sitz in Bonn erstellt Pläne im Auftrag eines deutschen Bauunternehmers für den Ausbau des Flughafengebäudes auf Fuerteventura.
3. Ein Busunternehmer aus Düsseldorf fährt einen Kegelclub nach Basel und zurück. 75 % der gefahrenen Strecke entfallen lt. Fahrtenbuch auf das Inland.
4. Der norwegische Bauunternehmer E mit Sitz in Oslo vermietet einen Turmdrehkran an den Bauunternehmer B mit Sitz in Bonn zur Verwendung auf einer Baustelle in Düren (keine Betriebsstätte).
5. Rechtsanwalt R mit Kanzleisitz in Leverkusen hat auf einer Fachveranstaltung in Madrid einen Vortrag über internationales Steuerrecht gehalten. R hat diesen Vortrag während seines Urlaubs auf Fuerteventura ausgearbeitet.
6. Ein Bausachverständiger mit Sitz in Düsseldorf ermittelt für einen Kunden aus Münster, der ein Ferienhaus in Venlo erwerben möchte, den Gebäudewert.
7. Handelsvertreter H aus Hannover vermittelt für den Maschinenhersteller M aus Münster den Verkauf einer Maschine. M liefert die Maschine mit eigenem Lkw vom Lager in Münster an den Kunden K in Köln aus.
8. Der Unternehmer U mit Sitz in Duisburg erleidet während einer

   a) betrieblichen Fahrt

   b) privaten Urlaubsreise

in Österreich einen Verkehrsunfall. Im daraus resultierenden Rechtsstreit beauftragt U eine Rechtsanwaltskanzlei in Salzburg.

9. Der Sänger S aus Köln gibt aufgrund eines Vertrages mit einer Konzertagentur ein Konzert auf Gran Canaria.
10. Der Spediteur S aus Düsseldorf transportiert im Auftrag eines Wuppertaler Maschinenfabrikanten eine Produktionsmaschine von Karlsruhe nach Herne.
11. Der Notar N aus Münster hat einen Grundstückskaufvertrag für ein unbebautes Grundstück in Bielefeld beurkundet.
12. Bauunternehmer B aus Berlin überlässt einen Teil seiner Arbeitnehmer gegen Erstattung der Lohnkosten an den befreundeten Unternehmer U aus Hannover. Die Arbeitnehmer werden ausschließlich auf einer Großbaustelle in Hamburg eingesetzt.
13. Der Kfz-Meister M aus Essen übernimmt die Reparatur eines Lkw des Spediteurs D aus Duisburg. Aufgrund eines Unfalls kann der Lkw nicht mehr in die Werkstatt des M transportiert werden, sodass M den Lkw hinter der deutsch-französischen Grenze repariert. Sämtliche Materialien werden dem M von dem Spediteur zur Verfügung gestellt.
14. Der Unternehmer U mit Sitz in Köln betreibt eine kleine Autovermietung. Er hat ein Kfz wie folgt vermietet:

    a) an eine Schweizer Privatperson aus Zürich für 35 Tage,

    b) an einen Schweizer Unternehmer aus Bern für 20 Tage und

    c) an einen österreichischen Unternehmer aus Wien für 40 Tage.

    Die Übergabe des Kfz erfolgte jeweils in Köln.
15. Der deutsche Unternehmer bekommt den Auftrag von einem französischen Unternehmer, einen unternehmerischen Gegenstand zu begutachten. Die Begutachtung findet in Frankreich statt und der Leistungsempfänger hat seine französische Umsatzsteuer-Identifikationsnummer verwendet. Der begutachtete Gegenstand verbleibt in Frankreich.
16. Der deutsche Unternehmer vermittelt für einen Schweizer Unternehmer eine Warenlieferung vom deutschen Lager des Schweizer Unternehmers an einen deutschen Unternehmer in München. Der Schweizer hat keine Umsatzsteuer-Identifikationsnummer.
17. Der deutsche Frachtführer transportiert für einen Schweizer Unternehmer einen unternehmerischen Gegenstand von Münster nach Zürich.
18. Der deutsche Frachtführer transportiert für eine deutsche Privatperson Güter von Leverkusen nach Rom.
19. Der deutsche Frachtführer transportiert für einen italienischen Unternehmer Güter für dessen Unternehmen von Münster nach Rom. Der italienische Unternehmer hat seine italienische Umsatzsteuer-Identifikationsnummer verwendet.

3.5 Unentgeltliche sonstige Leistungen

3.5.1 Verwendung von Gegenständen des Unternehmens

Nach **§ 3 Abs. 9a Nr. 1 UStG** wird einer **sonstigen Leistung gegen Entgelt** gleichgestellt:

- die **Verwendung** eines dem Unternehmen zugeordneten **Gegenstandes**, der zum vollen oder teilweisen Vorsteuerabzug berechtigt hat, **durch einen Unternehmer** für Zwecke, die **außerhalb des Unternehmens** liegen, **oder** für den **privaten Bedarf seines Personals**, sofern **keine Aufmerksamkeiten** vorliegen; dies gilt nicht, wenn der Vorsteuerabzug nach § 15 Abs. 1b UStG ausgeschlossen oder wenn eine Vorsteuerberichtigung nach § 15a Abs. 6a UStG durchzuführen ist.

Die Verwendung eines dem Unternehmen zugeordneten Gegenstandes für außerunternehmerische Zwecke wird nach § 3 Abs. 9a Nr. 1 UStG einer sonstigen Leistung gegen Entgelt gleichgestellt. Entsprechendes gilt für die unentgeltliche Überlassung eines Gegenstandes zur Nutzung durch Arbeitnehmer für deren privaten Bedarf.

Voraussetzung ist, dass der Unternehmer hinsichtlich des verwendeten Gegenstandes zum **vollen oder teilweisen Vorsteuerabzug** berechtigt war.

Beispiele

1. Unternehmer U verwendet den seinem Unternehmen zugeordneten PC auch zur Erledigung seines privaten Schriftverkehrs. Bei der Anschaffung hat U die Vorsteuer abgezogen. Die außerunternehmerische Verwendung ist steuerbar nach § 3 Abs. 9a Nr. 1 UStG.
2. Unternehmer U benutzt die betriebliche Telefonanlage auch für private Zwecke. Bei der Anschaffung der Telefonanlage wurde der entsprechende Vorsteuerabzug vorgenommen. Die außerunternehmerische Verwendung ist steuerbar nach § 3 Abs. 9a Nr. 1 UStG. Bemessungsgrundlage ist die AfA der Telefonanlage. Nicht zur Bemessungsgrundlage gehören die Grund- und Gesprächsgebühren. Die auf diese Gebühren entfallenden Vorsteuern sind in einen abziehbaren und einen nicht abziehbaren Anteil aufzuteilen.
3. Unternehmer U gestattet seinem Arbeitnehmer A, einen Radlader des Unternehmens außerhalb der Arbeitszeit bei der Errichtung eines Hauses zu verwenden. Die auf diese Nutzung entfallenden Kosten betragen 300 €. Die Verwendung des Werkzeugs durch den Arbeitnehmer ist steuerbar nach § 3 Abs. 9a Nr. 1 UStG. Eine Aufmerksamkeit liegt nicht vor.
4. Unternehmer U erwarb im Mai von einem Autohändler einen Pkw, den er zu 80 % für unternehmerische und 20 % für außerunternehmerische Zwecke verwendet. Die private Pkw-Nutzung ist steuerbar nach § 3 Abs. 9a Nr. 1 UStG.
5. Unternehmer U erwarb im Mai von einem Nichtunternehmer einen Pkw, den er zu 70 % für unternehmerische und 30 % für außerunternehmerische Zwecke verwendet. Mangels Vorsteuerabzugs aufgrund des Erwerbs ist eine Besteuerung der außerunternehmerischen Nutzung bereits nach § 3 Abs. 9a Nr. 1 UStG ausgeschlossen.

Die **Verwendung von Räumen in einem dem Unternehmen zugeordneten Gebäude für Zwecke außerhalb des Unternehmens** kann eine steuerbare oder nicht steuerbare Wertabgabe sein.

Diese Nutzung ist nur dann **steuerbar**, wenn die **unternehmerische Nutzung anderer Räume zum vollen oder teilweisen Vorsteuerabzug berechtigt** hat. Dies gilt auch dann, wenn die Nutzung für Zwecke außerhalb des Unternehmens in der unentgeltlichen Überlassung an Dritte besteht (Abschn. 3.4.c Abs. 7 UStAE).

Soweit die Verwendung eines dem Unternehmen zugeordneten Grundstücks/Gebäudes für nichtunternehmerische Zwecke steuerbar ist, ist diese auch **steuerpflichtig**, da diese **nicht** einer **steuerfreien** Grundstücksvermietung i. S. des § 4 Nr. 12a) UStG gleichgestellt werden kann.

Beispiele

1. U hat ein Zweifamilienhaus, in dem er eine Wohnung steuerfrei vermietet und die andere Wohnung für eigene Wohnzwecke nutzt, zulässigerweise insgesamt seinem Unternehmen zugeordnet.

   U steht hinsichtlich der steuerfrei vermieteten Wohnung kein Vorsteuerabzug zu. Die private Nutzung ist demnach keine steuerbare unentgeltliche Wertabgabe i. S. des § 3 Abs. 9a Nr. 1 UStG, da der dem Unternehmen zugeordnete Gegenstand nicht zum vollen oder teilweisen Vorsteuerabzug berechtigt hat.
2. U ist Arzt und nutzt in seinem Einfamilienhaus, das er zulässigerweise insgesamt seinem Unternehmen zugeordnet hat, das Erdgeschoss für seine unternehmerische Tätigkeit und das Obergeschoss für eigene Wohnzwecke. Er erzielt nur steuerfreie Umsätze, die den Vorsteuerabzug ausschließen.

   U steht kein Vorsteuerabzug zu. Die private Nutzung des Obergeschosses ist keine steuerbare unentgeltliche Wertabgabe i. S. des § 3 Abs. 9a Nr. 1 UStG, da das dem Unternehmen zugeordnete Gebäude hinsichtlich des unternehmerisch genutzten Gebäudeteils nicht zum Vorsteuerabzug berechtigt hat.
3. U hat ein Haus, in dem er Büroräume im Erdgeschoss steuerpflichtig vermietet und die Wohnung im Obergeschoss unentgeltlich an die Tochter überlässt, insgesamt seinem Unternehmen zugeordnet.

   U steht hinsichtlich des gesamten Gebäudes der Vorsteuerabzug zu. Die Überlassung an die Tochter ist eine steuerbare unentgeltliche Wertabgabe i. S. des § 3 Abs. 9a Nr. 1 UStG, weil das dem Unternehmen zugeordnete Gebäude hinsichtlich des unternehmerisch genutzten Gebäudeteils zum Vorsteuerabzug berechtigt hat. Die unentgeltliche Wertabgabe ist steuerpflichtig.

3.5.2 Dienstleistungen für außerunternehmerische Zwecke

Nach **§ 3 Abs. 9a Nr. 2 UStG** wird einer **sonstigen Leistung gegen Entgelt gleichgestellt**:

- die **unentgeltliche Erbringung einer anderen sonstigen Leistung** durch den Unternehmer für Zwecke, die **außerhalb des Unternehmens** liegen **oder** für den **privaten Bedarf seines Personals**, sofern **keine Aufmerksamkeiten** vorliegen.

Nach dieser Regelung unterliegen alle anderen – nicht bereits unter § 3 Abs. 9a Nr. 1 UStG fallenden – unentgeltlichen Dienstleistungen für nichtunternehmerische Zwecke oder für den privaten Bedarf des Personals, ausgenommen Aufmerksamkeiten, der Umsatzsteuer.

Zu den sonstigen Leistungen für nichtunternehmerische Zwecke gehören einerseits die **Erbringungen reiner Dienstleistungen**. Dazu gehört grundsätzlich der Einsatz von Betriebspersonal im privaten Bereich des Unternehmers (z. B. in seinem Haushalt, seinem Garten oder beim Bau eines Eigenheims).

Andererseits gehört dazu auch die **Verwendung unternehmerischer Gegenstände für nichtunternehmerische Zwecke, wenn hierbei ein nicht unwesentlicher Dienstleistungsanteil hinzukommt**, z. B. wenn ein Betriebsgärtner mit dem betrieblichen Rasenmäher im Privatgarten des Unternehmens den Rasen mäht oder wenn ein betrieblicher Bagger nebst Baggerfahrer beim Bau eines Eigenheims eingesetzt wird oder die Überlassung eines unternehmerischen Kraftfahrzeugs nebst Fahrer an das Personal für dessen Privatfahrten.

Anders als bei der Verwendung von Gegenständen ist es **unbeachtlich**, ob der Inanspruchnahme ein **Vorsteuerabzug vorausgegangen** ist.

3.5.3 Ort der unentgeltlichen sonstigen Leistungen

Für unentgeltliche sonstige Leistungen i. S. des § 3 Abs. 9a UStG gelten die **allgemeinen Ortsbestimmungsregelungen**.

Beispiele

1. Der Steuerberater S aus Leverkusen benutzt den am 06. April von einem Autohändler erworbenen Pkw lt. ordnungsgemäßem Fahrtenbuch zu 30 % für Privatfahrten. Es liegt eine sonstige Leistung gegen Entgelt vor (§ 3 Abs. 9a Nr. 1 UStG). Der Ort der sonstigen Leistung liegt in Leverkusen (§ 3a Abs. 1 Satz 1 UStG). Die sonstige Leistung ist daher steuerbar nach § 1 Abs. 1 Nr. 1 UStG.
2. Der Installationsunternehmer I betreibt in Düsseldorf eine Reparaturwerkstatt. Durch einen Arbeitnehmer seiner Unternehmung lässt er ein defektes Gerät in seiner Privatwohnung in Erkrath-Hochdahl reparieren. Es liegt eine sonstige Leistung gegen Entgelt vor (§ 3 Abs. 9a Nr. 2 UStG). Der Ort der sonstigen Leistung liegt in Düsseldorf (§ 3a Abs. 3 Nr. 1 UStG). Die sonstige Leistung ist daher steuerbar nach § 1 Abs. 1 Nr. 1 UStG.

3.5.4 Fälle zur Sicherung des Lernerfolgs

Prüfen Sie, ob eine unentgeltliche Wertabgabe i. S. des UStG vorliegt und bestimmen Sie den Ort der entsprechenden Leistung! Geben Sie die entsprechende gesetzliche Vorschrift an!

a) Der Steuerberater S aus Düsseldorf benutzt den betrieblichen Pkw lt. ordnungsgemäßem Fahrtenbuch zu 30 % für Privatfahrten. Die Privatnutzung erfolgt überwiegend im Ausland. Den Pkw hat er im August 2023 von einem Kfz-Händler erworben.

b) Der Gastwirt G aus Köln isst regelmäßig in seiner Gaststätte zu Mittag.

c) Der Steuerberater S aus Erkrath fertigt in seinem Büro während der Geschäftszeit seine eigene ESt-Erklärung an.

d) Der Unternehmer U betreibt in München eine Möbelfabrik. Er hat in Basel ein Auslieferungslager. Anlässlich einer Geschäftsreise entnimmt er dort einen Fernsehsessel und schenkt ihn seiner in Basel lebenden Tochter.

e) Bauunternehmer B aus Hilden ist Eigentümer eines bisher vermieteten Einfamilienhauses auf der Ferieninsel Fuerteventura. Anlässlich der bestandenen Steuerfachangestelltenprüfung seines Sohnes schenkt er ihm dieses Einfamilienhaus.

f) Der Installationsmeister I betreibt in Leverkusen eine Reparaturwerkstatt. Durch einen Arbeitnehmer seines Betriebes lässt er ein defektes Gerät in seiner Privatwohnung reparieren.

g) Unternehmer U ist Eigentümer eines in Düsseldorf gelegenen gemischt genutzten Grundstücks, das er insgesamt seinem Unternehmen zugeordnet hat. Die Wohnung im 2. Obergeschoss bewohnt er selbst. Im Erdgeschoss betreibt er einen Elektrogroßhandel.

h) Der Malermeister M der in Leverkusen sein Unternehmen betreibt, stellt zwei seiner Arbeitnehmer während der betrieblichen Arbeitszeit kostenlos zur Renovierung des Wohnzimmers seines Prokuristen ab.

i) Die Steuerberaterin S, die in Düsseldorf ihre Kanzlei betreibt, überlässt ihrer Arbeitnehmerin kostenlos den betrieblichen Pkw für eine Kurzreise nach Hamburg. S hat den Pkw im Mai 2023 von einem Unternehmer erworben.

j) Unternehmer U mit Sitz in Solingen gehört eine Segelyacht mit Heimathafen Genua. Die Yacht kann einschließlich Personal und Bordversorgung gechartert werden. Überwiegend wird die Yacht von zahlenden Gästen gechartert. Gelegentlich nehmen an den Segeltörns auch Arbeitnehmer teil. (Hinweis: Zur Lösung ist davon auszugehen, dass die Arbeitsleistung nicht als Gegenleistung in Betracht kommt!)

3.6 Grundsatz der Einheitlichkeit der Leistung

Ein **einheitlicher Vorgang**, der wirtschaftlich zusammengehört und als unteilbares Ganzes anzusehen ist, darf umsatzsteuerlich **nicht in mehrere Leistungen aufgeteilt** werden.

Das hat insbesondere Bedeutung für die

- Bestimmung des Orts und des Zeitpunkts der Leistung
- Anwendung von Befreiungsvorschriften Bemessungsgrundlage und des Steuersatzes.

Liegen mehrere Leistungen vor, **teilen die Nebenleistungen das umsatzsteuerliche Schicksal der Hauptleistung**. Das gilt auch dann, wenn für die Nebenleistung ein besonderes Entgelt verlangt oder entrichtet wird.

Daraus folgt:

- Ist die **Hauptleistung** eine **Lieferung** und die **Nebenleistung** eine **sonstige Leistung**, richtet sich der Ort der einheitlichen Leistung nach den Regeln der **Lieferung**.
- Ist die **Hauptleistung** eine **sonstige Leistung** und die **Nebenleistung** eine **Lieferung**, richtet sich der Ort der einheitlichen Leistung nach den Regeln der **sonstigen Leistung**.
- Fällt die Hauptleistung unter eine **Steuerbefreiungsvorschrift**, so umfasst die Steuerbefreiungsvorschrift die gesamte einheitliche Leistung. Das gilt auch dann, wenn die Nebenleistung – für sich allein betrachtet – nicht steuerbefreit ist.
- Unterliegt die Hauptleistung dem **ermäßigten Steuersatz**, so umfasst der ermäßigte Steuersatz die gesamte einheitliche Leistung. Das gilt auch dann, wenn die Nebenleistung – für sich allein betrachtet – dem Regelsteuersatz unterliegt.

Ein Verhältnis von Haupt- und Nebenleistung setzt voraus, dass eine Leistung im Vergleich zur anderen nebensächlich ist, mit ihr eng zusammenhängt und in ihrem Gefolge üblicherweise vorkommt. Nebensächlich ist eine Leistung, wenn sie die andere lediglich dergestalt ergänzt, dass sie sie erst ermöglicht, abrundet oder verbessert.

Beispiele

- **Beförderungs-, Verpackungs- oder Montagekosten** sind Nebenleistungen zur Lieferung.
- **Mitgeliefertes Papier** ist eine Nebenleistung zum fertigen Produkt (z. B. Manuskript, Gutachten o. Ä.). Hauptleistung ist in diesem Fall die gedankliche Leistung.

3.7 Leistungsaustausch

3.7.1 Voraussetzungen

Die Steuerbarkeit einer Lieferung oder sonstigen Leistung setzt voraus, dass sie **gegen Entgelt** ausgeführt, d. h. im Leistungsaustausch erfolgt sein muss.

Die **Voraussetzungen** eines Leistungsaustausches sind:

(1) **Mindestens zwei verschiedene (!) Personen**, und zwar den Unternehmer als Leistenden und einen Leistungsempfänger, der kein Unternehmer zu sein braucht.

Innenumsätze vollziehen sich daher nicht im Leistungsaustausch. Kein nicht steuerbarer Innenumsatz, sondern eine steuerbare **fiktive Lieferung** nach § 3 Abs. 1a UStG liegt bei EU-grenzüberschreitenden Warenbewegungen innerhalb verschiedener Unternehmensteile vor.

(2) **Leistung und Gegenleistung**, die sich aber nicht unbedingt gleichwertig gegenüberzustehen brauchen.

Ein **Tausch** liegt nach § 3 Abs. 12 Satz 1 UStG vor, wenn das Entgelt für eine Lieferung in einer Lieferung besteht.

Beispiel

Ein Elektrogroßhändler veräußert an den Leistungsempfänger L einen Videorecorder und erhält dafür als Gegenleistung einen alten Fernsehapparat.

Es liegt ein nach § 1 Abs. 1 Nr. 1 UStG steuerbarer Tausch vor (§ 3 Abs. 12 Satz 1 UStG).

Beim **Tausch mit Baraufgabe** wird die empfangene Leistung zum Teil mit einer Lieferung, der Rest mit Bargeld beglichen.

Beispiel

Ein Kfz-Händler veräußert an den Leistungsempfänger L einen neuen Pkw und nimmt dessen gebrauchten Pkw zum Teil in Zahlung. Der Restbetrag wird durch L mit einem Bankscheck ausgeglichen. Es liegt ein nach § 1 Abs. 1 Nr. 1 UStG steuerbarer Tausch mit Baraufgabe vor (§ 3 Abs. 12 Satz 1 UStG).

Ein **tauschähnlicher Umsatz** liegt vor, wenn das Entgelt für eine sonstige Leistung in einer Lieferung oder sonstigen Leistung besteht (§ 3 Abs. 12 Satz 2 UStG).

Beispiel

Der Installateur Tropf repariert beim Steuerberater Kluge in Leverkusen die Heizung. Kluge berät Tropf dafür bei der Erstellung der ESt-Erklärung. Es liegt ein nach § 1 Abs. 1 Nr. 1 UStG steuerbarer tauschähnlicher Umsatz vor (§ 3 Abs. 12 Satz 2 UStG).

Beim **tauschähnlichen Umsatz mit Baraufgabe** wird die empfangene sonstige Leistung zum Teil mit einer Lieferung bzw. sonstigen Leistung, der Rest mit Bargeld beglichen.

Beispiel

Ein Rechtsanwalt vertritt einen Steuerberater in einem Ehescheidungsverfahren. Der Steuerberater erstellt dem Rechtsanwalt dafür die Einnahmenüberschussrechnung und gleicht den Restbetrag durch Verrechnungsscheck aus. Es liegt ein nach § 1 Abs. 1 Nr. 1 UStG steuerbarer tauschähnlicher Umsatz mit Baraufgabe vor (§ 3 Abs. 12 Satz 2 UStG).

(3) **Wirtschaftlicher Zusammenhang** zwischen Leistung und Gegenleistung.

Der BFH beurteilt diesen Kausalzusammenhang seit seiner Grundsatzentscheidung vom 07. Mai 1982 (BStBl 1981 II S. 495) aus der **Sicht des leistenden Unternehmers**.

Auf seiner Seite ist ein zweckgerichtetes Verhalten erforderlich, das auf den Erhalt einer Gegenleistung im Austausch gegen die erbrachte Leistung abzielt oder geeignet ist, eine Vergütung für die erbrachte Leistung auszulösen. Der Unternehmer muss also in der erkennbaren Erwartung auf eine Gegenleistung handeln.

An einer **Erwartungshandlung fehlt** es, wenn der Unternehmer die Entgegennahme einer **Gegenleistung** dem Leistungsempfänger **erkennbar ausgeschlossen** hat. Leistet der Empfänger dann aber trotzdem (z. B. bei einem Geschenk, das ein Gegengeschenk auslöst), fehlt es an einem Leistungsaustausch. Zu prüfen ist in diesem Fall dann eine **unentgeltliche Wertabgabe**.

Liegt der erforderliche Kausalzusammenhang vor, dann ist es **unerheblich**, ob der Unternehmer auch **persönliche Motive** verfolgt haben könnte (z. B. Freundschaft), denn die Umstände, die einen Leistungswillen auslösen, sind für die Steuerbarkeit grundsätzlich unerheblich.

3.7.2 Einzelfälle

3.7.2.1 Schenkung

Bei einer Schenkung liegt **mangels Gegenleistung kein Leistungsaustausch** vor.

Beispiel

Ein Uhrenfabrikant schenkt seiner Ehefrau zum Hochzeitstag eine kostbare Armbanduhr, die er seinem Unternehmen entnommen hat.

Es liegt eine Schenkung vor. Zwar tätigt der Uhrenfabrikant eine Lieferung, die jedoch mangels Entgelt nicht steuerbar ist. Da die Schenkung aus privaten Gründen erfolgt ist, liegt eine steuerbare unentgeltliche Lieferung i. S. des § 3 Abs. 1b Nr. 1 UStG vor.

3.7.2.2 Schadensersatz

Beim **echten Schadensersatz** liegt **kein Leistungsaustausch** vor, denn der Schadensersatz wird nicht geleistet, weil der Leistende eine Lieferung oder sonstige Leistung erhalten hat, sondern weil er nach dem Gesetz oder Vertrag für den Schaden und seine Folgen einzustehen hat.

Beispiel

Dem Rechtsanwalt Dr. Juris ist vor dem Landgericht sein betrieblicher Pkw gestohlen worden. Seine Versicherung überweist ihm nach einiger Zeit die Versicherungsleistung von 10.000 €.

Es liegt mangels Leistungsaustausches keine steuerbare Leistung i. S. des UStG vor. Es handelt sich um einen nichtsteuerbaren Schadensersatz.

Echter (nichtsteuerbarer) Schadensersatz:

- Schadensersatzleistungen aufgrund von Verkehrsunfällen
- Verzugs-, Fälligkeits- und Prozesszinsen
- Kosten des gerichtlichen Mahnverfahrens, Mahngebühren
- Vertragsstrafen, die wegen Nichterfüllung oder wegen nichtgehöriger Erfüllung geleistet werden.

Besteht jedoch zwischen der Entschädigung und der Leistung eine wirtschaftliche Verknüpfung i. S. eines Leistungsaustausches, ist dieser **unechte Schadensersatz** Leistungsentgelt und damit steuerbar.

Beispiel

Unechter (steuerbarer) Schadensersatz:

- Ausgleichszahlungen an den Handelsvertreter nach § 89b HGB.
- Entschädigungsleistungen für vorzeitige Räumung der Geschäftsräume und die Aufgabe des noch laufenden Mietvertrages.
- Gebäude-Abbruchentschädigung für steuerfrei vermietete Grundstücke. Diese Entschädigungen teilen allerdings das Schicksal der steuerfreien Vermietung.

Ein **echter Schadensersatz** liegt auch vor, wenn die **Schadensbeseitigung**

- durch den Schädiger selbst oder durch einen von ihm beauftragten selbstständigen Erfüllungsgehilfen,
- durch den Geschädigten oder in dessen Auftrag durch einen Dritten ohne einen Auftrag des Ersatzverpflichteten

erfolgt (Abschn. 1.3 Abs. 1 UStAE).

Beseitigt der **Geschädigte** dagegen **im Auftrag des Schädigers** einen ihm zugefügten Schaden selbst, so ist die Schadensbeseitigung als Entgelt im Rahmen eines **Leistungsaustausches** anzusehen.

Beispiel

Im September wurde der betriebliche Lkw des Unternehmers bei einem Unfall leicht beschädigt. Den Lkw ließ der Unternehmer im Auftrag des Unfallgegners von seinen eigenen Arbeitnehmern reparieren. Vom Unfallgegner erhielt er dafür 500 €. Es liegt eine steuerbare sonstige Leistung im Rahmen eines Leistungsaustausches vor, da es sich hier um einen unechten Schadensersatz handelt.

3.7.2.3 Mitgliederbeiträge

Soweit ein Verein zur Erfüllung der satzungsmäßigen Gemeinschaftszwecke tätig wird und dafür **echte Mitgliederbeiträge** erhebt, die dazu bestimmt sind, dem Verein die Erfüllung dieser Aufgaben zu ermöglichen, **fehlt** es an einem **Leistungsaustausch** mit dem einzelnen Mitglied, da der Verein insoweit nicht unternehmerisch tätig wird.

Beispiel

Ein Tennisverein erhebt von seinen Mitgliedern einen Jahresbeitrag von 250 €. Dafür können sie die Anlagen und Einrichtungen des Vereins nutzen. Daneben überlässt der Verein auch Nichtmitgliedern gegen Zahlung von 15 €/Stunde die Nutzung von Tennisplätzen.

Hinsichtlich des Jahresbeitrags von 250 € handelt es sich um einen echten Mitgliederbeitrag. Ein Leistungsaustausch liegt nicht vor, da der Verein insoweit lediglich satzungsmäßige Gemeinschaftszwecke erfüllt. Gegenüber den Nichtmitgliedern liegt ein Leistungsaustausch vor. Die sonstige Leistung ist dementsprechend steuerbar i. S. des § 1 Abs. 1 Nr. 1 UStG.

Erbringt ein Verein dagegen Leistungen, die den **Sonderbelangen** der einzelnen Mitglieder dienen, und erhebt er dafür Beiträge entsprechend der tatsächlichen oder vermuteten Inanspruchnahme, so liegt ein **Leistungsaustausch** vor (sog. **unechte Mitgliederbeiträge**).

Beispiel

Ein Sportverein erhebt neben den echten Mitgliedsbeiträgen eine spezielle Nutzungsgebühr für die Benutzung der Tennishalle.

Es liegt ein Leistungsaustausch vor, weil es sich um ein spezielles Sonderentgelt (unechter Mitgliederbeitrag) für eine gegenüber dem einzelnen Mitglied erbrachte Leistung handelt.

3.7.2.4 Entschädigungen aufgrund gesetzlicher oder behördlicher Anordnung

Gemäß **§ 1 Abs. 1 Nr. 1 Satz 2 UStG** wird in den Fällen, in denen aufgrund gesetzlicher oder behördlicher Anordnung eine Leistung erbracht wird und hierfür eine Entschädigung zu zahlen ist, ein **Leistungsaustausch fingiert**. Die gesetzliche oder behördliche **Anordnung ersetzt also den Vertrag**.

Wird demzufolge eine behördliche Anordnung erfüllt und für die Erfüllung dieser Anordnung ein Ausgleich bezahlt, ist dies genauso zu behandeln, wie wenn ein entsprechender Vertrag erfüllt würde.

Beispiel

Computerhändler C in Leverkusen hat seine Geschäftsräume in einem Gebäude der Stadt Leverkusen. Er hat mit der Stadt Leverkusen einen Mietvertrag bis zum Ende des Jahres 2024 abgeschlossen. Wegen einer Straßenerweiterung möchte die Stadt das Gebäude abreißen. Da C die Geschäftsräume nicht freiwillig aufgibt, wird er aufgrund eines Enteignungsverfahrens durch behördliche Anordnung gezwungen, das Gebäude bis Ende 2023 zu räumen. Für die vorzeitige Räumung erhält er von der Stadt Leverkusen eine Entschädigung i. H. v. 50.000 €.

Die Entschädigung ist Entgelt für eine Leistung des C an die Stadt Leverkusen. C erbringt eine Verzichtsleistung (sonstige Leistung) nach § 3 Abs. 9 UStG. Der fehlende Leistungswille wird gem. § 1 Abs. 1 Nr. 1 Satz 2 UStG durch rechtmäßigen Zwang der Stadt Leverkusen ersetzt (Enteignung nach dem BauGB). Die Räumung des L ist ein Hilfsgeschäft im Rahmen seines Unternehmens und daher nach § 1 Abs. 1 Nr. 1 UStG steuerbar.

3.7.3 Zusammenfassung

Bedeutung	Leistungen (L + sL) sind nur steuerbar bei gleichzeitigem Vorliegen eines **Leistungsaustausches** (LAT)			
Wesen	Die Leistung muss sich auf den Erhalt einer **gewollten** Gegenleistung richten, sodass schließlich die wechselseitig erbrachten Leistungen miteinander innerlich verbunden sind.			
Drei Voraussetzungen	**Leistung** Lieferung/ Sonstige Leistung ←→	**Gegenleistung** Entgelt	mindestens **zwei Personen** Leistender + Leistungsempfänger	innere **wirtschaftliche Verknüpfung** von Leistung und Gegenleistung (i. d. R. durch Vertrag)
Kein LAT	**keine** Gegenleistung z. B. bei ► Erbschaft ► **echter** Schenkung ► **echtem** Schadensersatz		**keine** zwei Personen bei Innenumsatz z. B. in einer Unternehmenseinheit	**keine** innere Verknüpfung u. a. bei ► **echtem** Mitgliedsbeitrag ► **echtem** Schadensersatz

3.7.4 Fälle zur Sicherung des Lernerfolgs

Prüfen und begründen Sie, ob in den folgenden Fällen ein Leistungsaustausch vorliegt.

1. Ein Bäckermeister führt in Leverkusen in verschiedenen Geschäftsräumen eine Bäckerei und eine Gastwirtschaft. Über die Belieferung der Gastwirtschaft mit Backwaren aus seiner Bäckerei erstellt der Bäckermeister monatlich Abrechnungen mit offen ausgewiesener Umsatzsteuer, weil die Buchführung für die beiden Betriebe getrennt geführt wird. Die Abrechnungen werden durch Überweisung auf das Bankkonto der Bäckerei bezahlt.
2. Ein Möbelfabrikant aus Düsseldorf befördert mit eigenem Lkw von seiner Betriebsstätte eine Maschine zu seiner weiteren Betriebsstätte nach Venlo, wo sie fest installiert wird.
3. Dem Einkaufsleiter eines Warenhauskonzerns schenkt der Inhaber wegen der Verschaffung eines größeren Lieferauftrags ein wertvolles Gemälde. Das Bild war dem Einkaufsleiter für den Fall „einer erfolgreichen Vermittlung des Lieferauftrags“ zugesagt worden.

4. Seinem Angestellten schenkt der Arbeitgeber aus Anlass von dessen 30-jähriger Betriebszugehörigkeit eine wertvolle Standuhr, die in dem Unternehmen hergestellt wird.
5. Müller ist Inhaber einer Kfz-Reparaturwerkstatt in Bergisch Gladbach. Während einer Betriebsfahrt wird sein Lkw bei einem Verkehrsunfall schuldhaft durch Schmitz beschädigt. Schmitz beauftragt Müller, den Lkw selbst in eigener Werkstatt zu reparieren und ihm die Reparaturkosten in Rechnung zu stellen. Anschließend überweist Schmitz den Rechnungsbetrag von 5.000 € zzgl. 19 % USt an Müller.
6. Ein Dieb brach am 02. Oktober unerkannt in die Lagerräume des Unternehmers U ein und ließ Materialien im Werte von ca. 1.500 € „mitgehen". Einige Wochen später überbrachte der Postbote einen Brief, der zehn Hunderteuroscheine enthielt und einen Zettel mit dem Vermerk:

   „Die Sachen hab' ich nicht mehr, anbei aber Geld, ich hoffe, es reicht aus. Ein reuiger Dieb!"

   Die von dem U benachrichtigte Polizei stellte bald darauf ihre Ermittlungen in dieser Sache erfolglos ein. Auch der U ließ die Sache darum auf sich beruhen.
7. Die Straße, in der sich das Geschäftsgebäude des U befindet, musste im Zuge der Verkehrsplanung verbreitert werden. Die Stadt Leverkusen hatte den U bereits vor Jahren aufgefordert, einen Grundstücksstreifen gegen ein angemessenes Entgelt an sie abzutreten. U hatte sich stets geweigert. Im August erklärte ihm sein Anwalt, dass die Stadt nunmehr die Enteignung betreiben wolle. Daraufhin einigte sich U in notarieller Form mit der Stadt, dass der umstrittene Grundstücksstreifen ab dem 01. Oktober zum Preis von 100.000 € auf die Stadt übergehen solle. Zum gleichen Zeitpunkt erfolgten auch die Besitzverschaffung und die Umschreibung im Grundbuch.
8. U hatte am 05. Februar bei der Polizei eine Anzeige erstattet, in der er angab, er sei am späten Abend des 03. Februar in seinem Teppichlager in Leverkusen von einem Einbrecher überrascht worden. Dieser habe ihn unter Bedrohung mit einer Pistole gezwungen, einen Teppich im Wert von 3.000 € herauszugeben. Der Einbrecher habe nach dem Preis gefragt, statt der von dem U genannten 3.000 € drei Hunderteuroscheine hingeblättert, den Teppich genommen und mit dem Teppich das Lager verlassen. Er, U, habe um sein Leben gefürchtet und sich deshalb dem Einbrecher nicht widersetzt.

3.8 Werklieferung, Werkleistung

3.8.1 Abgrenzungen

Die Abgrenzung zwischen Werklieferung und Werkleistung hat u. a. **Bedeutung für den Ort** der Leistung:

- Bei **Werkleistungen** gelten die Regeln der **sonstigen Leistung**. Maßgebend ist daher für **bewegliche Sachen** die Vorschrift des § 3a Abs. 3 Nr. 3c) UStG (**Tätigkeitsort**) bzw. § 3a Abs. 2 UStG (**Empfängersitzprinzip**); für **unbewegliche Sachen** gilt § 3a Abs. 3 Nr. 1 UStG (**Belegenheitsort**).

- **Werklieferungen** werden wie **Lieferungen** behandelt. Es ist daher maßgebend, wo sich der **Gegenstand zurzeit der Verschaffung der Verfügungsmacht** (= Abnahme bzw. Vollendung des Werkes, §§ 640, 646 BGB) **befindet** (§ 3 Abs. 7 Satz 1 UStG).

Eine **Werklieferung** liegt nach § 3 Abs. 4 UStG vor, wenn der Unternehmer die **Be- oder Verarbeitung eines Gegenstandes** übernommen hat und dabei **Hauptstoffe** verwendet, die er selbst beschafft hat.

Folgende **Fälle** sind zu unterscheiden:

- Der **Werkunternehmer beschafft** im eigenen Namen und für eigene Rechnung bzw. fremde Rechnung
  - **den Hauptstoff** → **Werklieferung**
  - **den Nebenstoff** → **Werkleistung**
  - **einen Teil des Hauptstoffs** → **Werklieferung**
- Der **Besteller beschafft** den
  - **Hauptstoff** → **Werkleistung**
  - **Nebenstoff** → **Werklieferung**
  - **einen Teil des Hauptstoffs** → **Werklieferung**

Haupt- oder Nebenstoffe sind Werkstoffe, die gegenständlich im Werk enthalten sein müssen. **Elektrischer Strom**, der bei der Herstellung eines Werkes verwendet wird, ist **kein Werkstoff**.

Für die Frage, ob es sich um Haupt- oder Nebenstoffe handelt, kommt es nicht auf das Verhältnis des Wertes der Arbeit oder des Arbeitserfolges zum Wert der vom Unternehmen beschafften Stoffe an, sondern darauf, ob diese Stoffe ihrer Art sowie nach dem **Willen der Beteiligten** als Haupt- oder Nebenstoffe anzusehen sind. In Zweifelsfällen entscheidet hierüber die **Verkehrsauffassung**. Die Unentbehrlichkeit eines Gegenstandes allein macht diesen noch nicht zu einem Hauptstoff.

Beispiele

- Kleine technische Hilfsmittel (z. B. Nägel, Schrauben, Splinte) sind im Regelfall Nebensachen
- Kurbelwelle eines Kfz ist Hauptsache.

In diesem Zusammenhang kommt den Begriffen

- **Materialgestellung** und
- **Materialbeistellung**

besondere Bedeutung zu.

Eine **Materialgestellung** liegt vor, wenn der Auftraggeber (Empfänger) sämtliche Hauptstoffe stellt. In diesem Fall liegt eine Werkleistung (sonstige Leistung i. S. des § 3 Abs. 9 UStG) vor. Die Materialgestellung nimmt nicht am Leistungsaustausch teil.

Eine **Materialbeistellung** liegt vor, wenn der Auftraggeber (Empfänger) nur einen Teil der Hauptstoffe bzw. nur Nebenstoffe stellt. In diesem Fall liegt eine Werklieferung vor.

In der Regel wird die Beschaffung des Materials dem Leistenden als Fachmann überlassen.

In diesen Fällen der **Materialbeschaffung** ist zu unterscheiden:

- Die Materialbeschaffung durch den Leistenden erfolgt im eigenen Namen und für eigene Rechnung. Es liegt eine Werklieferung vor, sofern es sich um Hauptstoffe handelt (nicht nur Knöpfe, Schrauben und Nägel, Klebstoff und Farbe usw.).
- Die Materialbeschaffung durch den Leistenden erfolgt im Namen des Auftraggebers (Empfängers). Es handelt sich um eine Materialgestellung, d. h. es liegt stets eine Werkleistung vor.

3.8.2 Fälle zur Sicherung des Lernerfolgs

Prüfen und begründen Sie, ob es sich in den nachfolgenden Fällen um eine Werklieferung oder um eine Werkleistung handelt!

1. Kunde K kauft im Kaufhaus H einen Anzug von der Stange.
2. Kunde K bestellt einen Anzug beim Schneider S. Er sucht sich aus den Stoffen des S den Anzugstoff aus.
3. B bestellt beim Schneider S einen Anzug. Den Stoff hat er selbst bei einem Stoffhändler erworben. Knöpfe, Nähgarn und Futter nimmt S aus seinen eigenen Beständen.
4. Der Inhaber der Kfz-Werkstatt W baut in das Kfz des Kunden K einen Austauschmotor ein. Den Austauschmotor entnimmt W aus einem Ersatzteillager.
5. W repariert in seiner Werkstatt den defekten Motor im Kfz des K. Er verwendet dabei Schrauben und Splinte aus seinem Ersatzteillager.
6. W repariert in seiner Werkstatt den verbeulten Kotflügel am Pkw des K, indem er ihn ausbeult und neu lackiert.
7. Kunde K übergibt der Druckerei D Papier mit dem Auftrag, es zu bedrucken.
8. Bauunternehmer B errichtet auf dem Grundstück des G in dessen Auftrag einen Rohbau. Das Baumaterial entnimmt B seinem Materiallager.
9. Die Malerarbeiten im Gebäude des G werden vom Malermeister M durchgeführt. M entnimmt die Farbe aus seinen eigenen Beständen. Die Kosten hierfür betragen 20 % des insgesamt dem G berechneten Preises.
10. M führt im Gebäude des G die Tapezierarbeiten durch. Die Tapetenrollen hat M im Namen und für Rechnung des G bestellt.

4. Einfuhr

Eine steuerbare **Einfuhr** i. S. des **§ 1 Abs. 1 Nr. 4 UStG** liegt vor, wenn die folgenden **Voraussetzungen** erfüllt sind:

- **Einfuhr** von **Gegenständen**
- im **Inland** oder in den **österreichischen Gebieten = Jungholz und Mittelberg**.

Für den **Unternehmer** ist die entstandene **Einfuhrumsatzsteuer** als **Vorsteuer** abziehbar.

Der Tatbestand der Einfuhr kann **auch** von einem **Nichtunternehmer** verwirklicht werden, da § 1 Abs. 1 Nr. 4 UStG nur auf die Einfuhr von Gegenständen abstellt. Allerdings kann der Nichtunternehmer die bei der Einfuhr entstandene **Einfuhrumsatzsteuer nicht als Vorsteuer abziehen**.

Steuerschuldner der **Einfuhrumsatzsteuer** kann der **Lieferer** oder aber auch der **Leistungsempfänger** sein.

Dementsprechend sind **zwei Fälle** zu unterscheiden:

- Wird der Gegenstand **„verzollt und versteuert“** eingeführt, schuldet der **Lieferer** die Einfuhrumsatzsteuer. In diesem Fall liegt **keine Einfuhr**, sondern eine normale Lieferung nach § 1 Abs. 1 Nr. 1 UStG vor, die für den liefernden Unternehmer im Inland steuerbar ist.
- Wird der Gegenstand **„unverzollt und unversteuert“** eingeführt, schuldet der Leistungsempfänger die Einfuhrumsatzsteuer. In diesem Fall liegt eine steuerbare **Einfuhr** nach § 1 Abs. 1 Nr. 4 UStG vor. Der Unternehmer ist verpflichtet, die Einfuhrumsatzsteuer an das Zollamt abzuführen. Die entstandene Einfuhrumsatzsteuer kann er dann nach Maßgabe des § 15 Abs. 1 Nr. 2 UStG als Vorsteuer gegenüber dem Finanzamt geltend machen.

Beispiele

1. Der Gemüsehändler G aus Düsseldorf kauft in Zürich Frischgemüse ein und befördert es mit seinem eigenen Lkw von Zürich nach Düsseldorf. Der Lieferer in der Schweiz verkauft „unverzollt und unversteuert“. Es liegt eine steuerbare Einfuhr i. S. des § 1 Abs. 1 Nr. 4 UStG vor, weil alle Tatbestandsmerkmale erfüllt sind.
2. Ein Privatmann aus Leverkusen will sich einen Pkw kaufen. Da er den Wagen in Bern billiger erwerben kann als in Leverkusen, kauft er ihn in Bern und bringt ihn selbst nach Deutschland. Es liegt eine steuerbare Einfuhr i. S. des § 1 Abs. 1 Nr. 4 UStG vor, weil alle Tatbestandsmerkmale erfüllt sind. Für den Privatmann stellt die bei der Einfuhr entstandene Einfuhrumsatzsteuer Anschaffungsaufwand dar, da er insoweit als Nichtunternehmer nicht zum Vorsteuerabzug berechtigt ist.

5. Innergemeinschaftlicher Erwerb

Der **Tatbestand des innergemeinschaftlichen Erwerbs** (i. g. Erwerbs) wird in **§ 1 Abs. 1 Nr. 5 UStG** geregelt, die tatbestandsmäßigen **Voraussetzungen** regeln **die §§ 1a und 1b UStG**.

5.1 Innergemeinschaftlicher Erwerb von Gegenständen

Bei einem i. g. Erwerb von Gegenständen hat grundsätzlich der Erwerber die Besteuerung vorzunehmen, wenn die folgenden **Voraussetzungen** des **§ 1a Abs. 1 UStG** erfüllt sind:

(a) **Der Gegenstand der Lieferung muss von dem EU-Ausland in das Inland bzw. in die in § 1 Abs. 3 UStG genannten Gebiete gelangt sein.**

Kein i. g. Erwerb liegt dagegen vor, wenn die Ware aus dem Drittland im Wege der Durchfuhr durch das EU-Ausland in das Inland gelangt und hier einfuhrumsatzsteuerlich abgefertigt wird.

(b) **Der Erwerber ist ein Unternehmer, der den Gegenstand für sein Unternehmen erworben hat.**

Verwendet der inländische Erwerber beim Einkauf eine USt-IdNr., so bringt er damit zum Ausdruck, dass er Unternehmer ist und den Gegenstand für sein Unternehmen erwirbt.

(c) **Der Lieferer muss Unternehmer sein, der im Rahmen seines Unternehmens gegen Entgelt tätig geworden ist.**

Der Erwerber kann davon ausgehen, dass der Lieferer diese Voraussetzung erfüllt, wenn in der Rechnung des Lieferers die USt-Identifikationsnummer (USt-IdNr.) des Lieferers angegeben und unter Hinweis auf die Steuerbefreiung für die i. g. Lieferung keine ausländische USt in Rechnung gestellt wird.

Beispiele

1. Der belgische Lieferer B versendet mit der Bahn Ware an den Unternehmer U aus Düsseldorf, der die Ware für sein Unternehmen verwendet. Beide Unternehmer benutzen ihre jeweils gültige nationale USt-IdNr. Für den U aus Düsseldorf liegt ein i. g. Erwerb i. S. des § 1 Abs. 1 Nr. 5 UStG vor, weil alle Voraussetzungen des § 1a Abs. 1 UStG erfüllt sind. Der U hat die Erwerbssteuer an das FA abzuführen und erhält in gleicher Höhe einen Vorsteuerabzug (§ 15 Abs. 1 Nr. 3 UStG).
2. Der norwegische Lieferer N liefert an den Unternehmer U aus Bergisch Gladbach Ware, die Dänemark im Wege der Durchfuhr berührt. Die Ware wird in Dänemark nicht zum zoll- und umsatzsteuerrechtlich freien Verkehr abgefertigt, sondern weiter nach Deutschland gebracht. Ein i. g. Erwerb liegt nicht vor, weil die Ware nicht aus dem übrigen Gemeinschaftsgebiet in das Inland gelangt. Somit handelt es sich um eine Einfuhr aus einem Drittlandsgebiet. Ein i. g. Erwerb hätte aber dann vorgelegen, wenn die Ware in Dänemark zoll- und umsatzsteuerrechtlich zum freien Verkehr abgefertigt worden und von dort nach Deutschland gelangt wäre, da sie dann vom übrigen Gemeinschaftsgebiet in das Inland gelangt wäre.

5.2 Grenzüberschreitende Innenumsätze

Sogenannte grenzüberschreitende **Innenumsätze** unterliegen nach § 1a Abs. 2 UStG der Erwerbsbesteuerung, sofern diese zwischen Betriebsstätten innerhalb von Mitgliedstaaten der EU stattfinden.

Der Unternehmer, der den Gegenstand (z. B. des Anlagevermögens) zu einer Betriebsstätte in das Inland verbringt, gilt dabei als Erwerber. Es ist unerheblich, ob der Unternehmer den Gegenstand selbst befördert oder ob er die Beförderung durch einen selbstständigen Beauftragten ausführen oder besorgen lässt.

Fälle **vorübergehender Verwendung** sind **ausgeschlossen**. Wird etwa ein Gegenstand von einem Unternehmensteil im EU-Ausland in einen Unternehmensteil im Inland zur Reparatur verbracht, unterliegt diese vorübergehende Verbringung nicht der Erwerbsbesteuerung.

Entscheidend ist nicht die Absicht der nur vorübergehenden Verwendung, sondern die tatsächliche Verwendung von grundsätzlich **mehr als 24 Monaten**. War zunächst eine vorübergehende Verwendung beabsichtigt, und stellt sich nachträglich heraus, dass die Verwendung doch dauerhaft sein wird, so ist die Besteuerung von diesem Zeitpunkt an – d. h. also nicht rückwirkend – vorzunehmen.

Beispiele

1. Der belgische Unternehmer B verbringt eine Maschine von seinem Betriebssitz in Brüssel zu seinem Auslieferungslager nach Leverkusen, um sie von dort aus zu verkaufen. Es liegt ein steuerbarer i. g. Erwerb vor, weil alle Tatbestandsmerkmale des § 1 Abs. 1 Nr. 5 i. V. mit § 1a Abs. 2 UStG erfüllt sind.
2. Der niederländische Unternehmer U aus Venlo setzt auf seiner Baustelle in Köln einen Bagger ein, den er zu diesem Zweck von Venlo nach Köln verbringt. Der Bagger wird auf der Baustelle für sieben Monate eingesetzt und abschließend wieder nach Venlo gebracht. Ein i. g. Erwerb liegt nicht vor, da es sich nur um eine vorübergehende Verwendung handelt.

5.3 Ausschluss des innergemeinschaftlichen Erwerbs und Option

Ein i. g. Erwerb liegt nach **§ 1a Abs. 3 UStG** nicht vor, wenn

(a) **der Erwerber dem Personenkreis des § 1a Abs. 3 Nr. 1 UStG angehört**;

Das sind z. B.:

- Unternehmer, die nur steuerfreie Ausschlussumsätze ausführen (§ 4 Nr. 8 bis 28 UStG). Hierzu gehören z. B. **Ärzte, Versicherungsvertreter und Bausparkassenvertreter, Wohnungsvermieter**.

- **Kleinunternehmer** i. S. des § 19 Abs. 1 UStG, die nicht zur Regelbesteuerung optiert haben.

und

(b) **im vorangegangenen Kalenderjahr die Erwerbsschwelle 12.500 € nicht überstiegen hat und im laufenden Jahr voraussichtlich nicht übersteigen wird (§ 1a Abs. 3 Nr. 2 UStG).**

Maßgebend ist der Gesamtbetrag der Entgelte für i. g. Erwerbsvorgänge aus allen(!) Mitgliedstaaten. Für die Prüfung des voraussichtlichen Überschreitens der Schwelle sind die Verhältnisse zu Beginn des Kalenderjahres und die Erwartungshaltung des Unternehmers maßgebend. Ein Überschreiten der maßgebenden Erwerbsschwelle im laufenden Jahr ist danach unerheblich, wenn die Prognose nicht unrealistisch gewesen ist. Im ersten Kalenderjahr, für das der Unternehmer die Frage der Erwerbsschwelle beantworten muss, kann es mangels Vorjahres nur auf die Vorausschau des laufenden Jahres ankommen.

Beispiele

1. Ein Versicherungsvertreter aus Düsseldorf kauft in den Niederlanden Büroeinrichtungsgegenstände für 8.500 €. Der Gesamtbetrag der Entgelte für i. g. Erwerbe aus allen EU-Mitgliedstaaten wird im VZ 2023 voraussichtlich unter 12.500 € liegen. Im VZ 2022 wurden keine Einkäufe aus EU-Mitgliedstaaten getätigt. Ein i. g. Erwerb liegt nicht vor, da die Erwerbsschwelle von 12.500 € nicht überschritten ist.
2. Ein HNO-Arzt aus Leverkusen erwarb zu Beginn des VZ 2023 in Belgien von einem Unternehmer ein medizinisches Gerät für 7.000 €. Weitere Einkäufe aus EU-Mitgliedstaaten sind für den VZ 2023 nicht vorgesehen. Entgegen seiner ursprünglichen Planung erwirbt der Arzt ein weiteres medizinisches Gerät für 10.000 € von einem Unternehmer aus den Niederlanden. Ein i. g. Erwerb liegt nicht vor, weil der Arzt zu Beginn des VZ 2023 davon ausgegangen ist, dass er die Erwerbsschwelle nicht übersteigen wird. Kauft er im VZ 2024 Gegenstände aus einem EU-Mitgliedstaat ein, liegt ein steuerbarer i. g. Erwerb vor, weil die Erwerbsschwelle des Vorjahres (2023) höher als 12.500 € gewesen ist.

Der **Ausschluss** des i. g. Erwerbs gilt jedoch gem. § 1a Abs. 5 Satz 1 UStG **nicht** für den **Erwerb neuer Fahrzeuge und verbrauchsteuerpflichtiger Waren**. Das sind nach der abschließenden (!) Aufzählung des § 1a Abs. 5 Satz 2 UStG **nur Mineralöle, Alkohol und alkoholische Getränke sowie Tabakwaren**.

Ferner hat der Erwerber nach **§ 1a Abs. 4 Satz 1 UStG** die Möglichkeit, zur Erwerbsbesteuerung zu **optieren**. Als Verzicht gilt die **Verwendung** einer dem Erwerber erteilten **USt-IdNr.** gegenüber dem Lieferer. Der Verzicht bindet den Erwerber mindestens für zwei Kalenderjahre (§ 1a Abs. 4 Satz 2 UStG).

Beispiel

Der in Freiburg ansässige Arzt A, der nur steuerfreie Heilbehandlungsleistungen ausführt und bisher nicht auf die Anwendung der Erwerbsschwelle verzichtet hat, lässt sich im Juni 2022 vom BZSt eine USt-IdNr. erteilen.

Am 01.03.2023 bezieht A für sein Unternehmen von einem in Italien ansässigen Unternehmen I eine Büroeinrichtung im Wert von 5.500 €.

A tritt bei der Bestellung gegenüber dem Unternehmen I mit seiner USt-IdNr. auf.

Infolge der Verwendung der USt-IdNr. muss A den (umsatzsteuerfreien) Kauf der Büroeinrichtung als innergemeinschaftlichen Erwerb versteuern, weil die Verwendung der USt-IdNr. als Verzichtserklärung gilt.

Die Bindungsfrist beginnt mit der erstmaligen Verwendung der USt-IdNr. am 01.03.2023 und endet mit Ablauf des 29.02.2024. Bis zu diesem Zeitpunkt muss A einen innergemeinschaftlichen Warenbezug für sein Unternehmen auch dann der Erwerbsbesteuerung zuführen, wenn er für diesen Warenbezug nicht mit seiner USt-IdNr. aufgetreten ist (was zu vermeiden ist, weil dann die Lieferung des ausländischen Unternehmers steuerpflichtig wäre und gleichwohl die deutsche Erwerbsteuer anfiele).

Die zweijährige Bindungsfrist richtet sich ausschließlich nach der erstmaligen Verwendung der USt-IdNr. Würde A am 01.05.2023 erneut für einen innergemeinschaftlichen Warenbezug mit seiner USt-IdNr. auftreten, würde die zweijährige Bindungsfrist nicht mit diesem Zeitpunkt neu beginnen. Erst wenn die zweijährige Bindungsfrist seit der erstmaligen Verwendung der USt-IdNr. abgelaufen ist und der Unternehmer danach wiederum mit seiner USt-IdNr. auftritt, beginnt eine erneute zweijährige Bindungsfrist.

5.4 Erwerb und Lieferung neuer Fahrzeuge

Nach **§ 1b Abs. 1 UStG** wird auch der i. g. Erwerb eines **neuen Fahrzeugs** durch Personen, die nicht zu den in § 1a Abs. 1 Nr. 2 UStG genannten Personen gehören (z. B. **Privatleute**), in die Erwerbsbesteuerung einbezogen.

5.4.1 Fahrzeugbegriff

Gemäß § 1b Abs. 2 Nr. 1 UStG muss es sich um ein motorbetriebenes Landfahrzeug mit einem Hubraum vom mehr als 48 cm^3 oder einer Leistung von mehr als 7,2 Kilowatt handeln.

Es muss sich dabei um Fahrzeuge handeln, die zur Personen- oder Güterbeförderung bestimmt sind.

Zu den Landfahrzeugen gehören insbesondere **Pkw**, Lkw, Motorräder, Motorroller, Mopeds und **motorbetriebene** Wohnmobile, wenn sie die in § 1b Abs. 2 Nr. 1 UStG genannten technischen Merkmale aufweisen. Die **straßenverkehrsrechtliche Zulassung ist nicht erforderlich**.

Keine Landfahrzeuge i. S. des § 1b Abs. 2 Nr. 1 UStG sind dagegen:

- Wohnwagen, Packwagen und andere Anhänger ohne eigenen Motor, die nur von Kfz mitgeführt werden können, und
- selbstfahrende Arbeitsmaschinen und land- und forstwirtschaftliche Zugmaschinen, die nach ihrer Bauart oder ihren besonderen, mit dem Fahrzeug fest verbundenen Einrichtungen nicht zur Beförderung von Personen oder Gütern bestimmt oder geeignet sind.

Für diese Fahrzeuge gelten die allgemeinen Grundsätze für den innergemeinschaftlichen Erwerb von Gegenständen; sie sind von der Sonderregelung des § 1b UStG ausgenommen.

5.4.2 Begriff des Neufahrzeugs

Das Fahrzeug gilt als neu i. S. des § 1b UStG, wenn das **Landfahrzeug nicht mehr als 6.000 km zurückgelegt** hat **oder** wenn seine erste **Inbetriebnahme im Zeitpunkt des Erwerbs nicht mehr als sechs Monate zurückliegt** (§ 1b Abs. 3 Nr. 1 UStG).

5.4.3 Behandlung beim Erwerber

Der Erwerber eines neuen Fahrzeugs hat im Bestimmungsland der Lieferung die Steuer auf den i. g. Erwerb zu entrichten, wenn die folgenden **Voraussetzungen** des § 1b Abs. 1 UStG erfüllt sind:

(a) **Das neue Fahrzeug gelangt von einem Mitgliedstaat der EU durch eine Lieferung gegen Entgelt in das Inland.**
Schenkungen eines Neufahrzeugs erfolgen nicht gegen Entgelt und scheiden daher ebenso aus, wie im EU-Ausland gemietete oder geleaste Fahrzeuge, die begrifflich nicht im Rahmen einer Lieferung erworben wurden.

(b) **Der Erwerber gehört nicht zu den in § 1a Abs. 1 Nr. 2 UStG genannten Personen.**
Das sind:
- **Privatpersonen** (Nichtunternehmer)
- Unternehmer, die den Gegenstand **nicht für ihr Unternehmen**, sondern für ihren privaten Bereich erwerben.

Auf **Unternehmer**, die ein neues Fahrzeug für Zwecke ihres Unternehmens erwerben, findet § 1b UStG keine Anwendung. Für diesen Abnehmerkreis ist der Erwerb eines neuen Fahrzeugs ebenso zu behandeln wie der i. g. Erwerb jeder anderen Ware. Die Erwerbsbesteuerung richtet sich nach **§ 1a UStG** und wird im Rahmen der üblichen USt-Voranmeldung vorgenommen. Das gilt auch für die in § 1a Abs. 3 Nr. 1 UStG aufgeführten Erwerber, weil die Erwerbsschwelle von 12.500 € (§ 1a Abs. 3 Nr. 2 UStG) für den Erwerb neuer Fahrzeuge unerheblich ist (§ 1a Abs. 5 Satz 1 UStG).

Die **Erwerbsteuer entsteht** gem. § 13 Abs. 1 Nr. 7 UStG am **Tag des Erwerbs**.

Steuerschuldner ist der **Erwerber** (§ 13a Abs. 1 Nr. 2 UStG), der innerhalb von zehn Tagen ab dem Tag der Entstehung der Steuer eine Steueranmeldung (**Vordruck USt 1 B – Fahrzeugeinzelbesteuerung**) abzugeben hat, in der er die zu entrichtende Erwerbsteuer selbst zu berechnen hat (§ 18 Abs. 5a Satz 1 UStG).

Örtlich zuständig ist gem. § 21 Abs. 2 AO das **Wohnsitz-Finanzamt**.

Beispiel

Der Berufsschullehrer B aus Köln erwarb am 14. Mai von dem niederländischen Autohändler N einen vier Monate alten Pkw für 13.000 €. Der Pkw hat bereits einen km-Stand von 16.000 km.

Der B hat einen i. g. Erwerb eines neuen Fahrzeugs zu versteuern, da die Voraussetzungen des § 1b UStG erfüllt sind. Insbesondere handelt es sich um ein neues Fahrzeug. Zwar hat der Pkw bereits mehr als 6.000 km zurückgelegt; jedoch liegt seine erste Inbetriebnahme im Zeitpunkt des Erwerbs nicht mehr als sechs Monate zurück. Die Erwerbssteuer entstand am Tag des Erwerbs, also am 14. Mai.

5.4.4 Behandlung beim Lieferer

Privatleute (Nichtunternehmer) werden **wie Unternehmer behandelt**, wenn sie gelegentlich **neue Fahrzeuge an einen in einem anderen EU-Land ansässigen Abnehmer liefern** (§ 2a UStG).

Die Einbeziehung eines Nichtunternehmers in das USt-System greift ein, wenn jemand – ohne Unternehmer i. S. des § 2 UStG zu sein – im Inland ein neues Fahrzeug liefert und dieses **Fahrzeug im Rahmen der Lieferung in das EU-Ausland gelangt**. Dies betrifft in erster Linie die Lieferung durch Privatleute. Allerdings fallen auch Unternehmer, die außerhalb ihres Unternehmens gelegentlich ein neues Fahrzeug in das EU-Ausland liefern, unter § 2a UStG.

Die Lieferung des neuen Fahrzeugs stellt immer eine nach § 4 Nr. 1b i. V. mit § 6a UStG **steuerbefreite i. g. Lieferung** dar.

Um eine Doppelbesteuerung zu vermeiden, erhält der Lieferer, auch wenn er eigentlich Privatmann ist, unter den Voraussetzungen des § 15 Abs. 4a UStG einen **Vorsteuerabzug**. Das Recht des Vorsteuerabzugs entsteht jedoch erst beim Verkauf an einen Abnehmer im Rahmen des i. g. Erwerbs (§ 15 Abs. 4a Nr. 3 UStG).

5.5 Ort des innergemeinschaftlichen Erwerbs

Innergemeinschaftliche Erwerbe sind nur dann **steuerbar**, wenn sie im **Inland** bewirkt werden (§ 1 Abs. 1 Nr. 5 UStG).

Der Ort des i. g. Erwerbs liegt nach § 3d Satz 1 UStG grundsätzlich im **Bestimmungsland**. Das ist dort, wo sich der **Gegenstand am Ende der Beförderung oder Versendung befindet**.

Bei der Verwendung einer **USt-IdNr**. gilt eine **Fiktion** (§ 3d Satz 2 UStG): Verwendet der **Erwerber** eine **USt-IdNr., die ihm nicht der Mitgliedstaat erteilt hat, in dem die Beförderung endet**, so gilt als **Erwerbsort das Land, aus dem die USt-IdNr. stammt**. Die Besteuerung in diesem Land wird allerdings dann wieder rückgängig gemacht, wenn der Erwerber die Besteuerung im Bestimmungsland nachweist (§ 17 Abs. 2 Nr. 4 UStG) oder der Erwerb nach § 25b Abs. 3 UStG als besteuert gilt, sofern der erste Abnehmer seiner Erklärungspflicht nach § 18a Abs. 7 Satz 1 Nr. 4 UStG nachgekommen ist. Hierdurch soll eine Doppelbesteuerung vermieden werden.

Beispiele

1. Der belgische Unternehmer B aus Brüssel befördert mit eigenem Lkw Büromaterial für netto 12.000 € an den Unternehmer D aus Düsseldorf, der die Ware für sein Unternehmen verwendet. Beide Unternehmer benutzen ihre gültige nationale USt-IdNr. Ort des i. g. Erwerbs ist für den D nach § 3d **Satz 1** UStG Düsseldorf, da dort die Beförderung endet.
2. Der belgische Unternehmer B aus Brüssel befördert mit eigenem Lkw Büromaterial für netto 12.000 € an den deutschen Unternehmer D nach Venlo, der die Ware für sein Unternehmen verwendet. D, der in Venlo und in Düsseldorf eine Betriebsstätte hat, verwendet seine deutsche USt-IdNr. Ort des i. g. Erwerbs ist für den D nach § 3d **Satz 2** UStG Düsseldorf, weil er seine deutsche USt-IdNr. angegeben hat. Der i. g. Erwerb ist für D im Inland steuerbar, bis er nachweist, dass der Erwerb in den Niederlanden besteuert worden ist.

5.6 Entstehung der Steuer

Der Entstehungszeitpunkt der USt für den i. g. Erwerb ist nach § 13 Abs. 1 Nr. 6 UStG grundsätzlich der **Zeitpunkt der Rechnungsstellung**; er liegt jedoch **spätestens am Ende des auf den Erwerb folgenden Monats, wenn die Rechnung später oder gar nicht ausgestellt ist**. Der Zeitpunkt der **Rechnungsbegleichung** ist **unerheblich**.

Beispiel

Ein in Aachen ansässiger Unternehmer erwirbt am 10. April von einem spanischen Lieferanten Gegenstände für 40.000 €. Die Rechnungsausstellung durch den spanischen Unternehmer erfolgt am 20. Juni. Die Bezahlung nimmt der deutsche Unternehmer am 08. Juli vor.

Die Umsatzsteuer auf den i. g. Erwerb i. H. v. (40.000 € • 19 % =) 7.600 € entsteht gem. § 13 Abs. 1 Nr. 6 UStG spätestens am Ende des auf den Erwerb folgenden Monats, also am 31. Mai. Auf den Zeitpunkt der Rechnungsbegleichung kommt es insoweit nicht an.

5.7 Zusammenfassung

Voraussetzungen

- Ein Gegenstand gelangt bei einer Lieferung an den Abnehmer (Erwerber) aus dem Gebiet eines EU-Mitgliedstaates
  → in das **Inland** oder ein **deutsches Zollfreigebiet** nach § 1 Abs. 3 UStG
- **Abnehmer** (Erwerber ist):
  (a) ein **VSt-Abzugsberechtigter** (= regelbesteuerter) Unternehmer oder
  (b) ein **nicht VSt-Abzugsberechtigter** „Schwellenerwerber" (z. B. Kleinunternehmer nach § 19 Abs. 1 UStG), dessen Gesamtbetrag der Entgelte für den innergemeinschaftlichen Erwerb → **12.500 €** im **vorangegangenen** Kalenderjahr wird (= sog. **Erwerbsschwelle**) **oder**
  (c) ein nicht VSt-Abzugsberechtigter „Schwellenerwerber", der die Erwerbsschwelle nicht überschritten hat, aber für die Erwerbsbesteuerung optiert (§ 1a Abs. 4 UStG)
- der Gegenstand wird vom Abnehmer für sein Unternehmen erworben
- **die Lieferung** wird an den Erwerber ausgeführt
  (a) durch einen Unternehmer (nicht Kleinunternehmer i. S. von § 19 Abs. 1 UStG)
  (b) im Rahmen seines Unternehmens
  (c) gegen Entgelt

Als innergemeinschaftlicher Erwerb gilt auch das (rechtsgeschäftslose) Verbringen eines Gegenstandes des Unternehmens aus einem EU-Mitgliedstaat ins Inland, wenn das Verbringen nicht nur vorübergehend ist (mehr als 24 Monate)

Ort des i. g. Erwerbs

Grundsatz § 3d Abs. 1 UStG

↓

dort, wo die Beförderung bzw. Versendung endet

↓

Ausnahme
Verwendet Erwerber (gegenüber Lieferer) die USt-IdNr. eines anderen Mitgliedstaates als demjenigen, in dem die Beförderung/Versendung endet:

↓

i. g. Erwerb gilt als in dem **Mitgliedstaat bewirkt, der USt-IdNr. erteilt** hat

5.8 Fälle zur Sicherung des Lernerfolgs

Fall 1:

Liegt in den folgenden Fällen ein i. g. Erwerb vor? Nennen Sie ggf. den Ort des i. g. Erwerbs und begründen Sie Ihre Entscheidungen unter Hinweis auf die gesetzlichen Vorschriften!

1. Der in Brüssel ansässige Unternehmer B liefert dem Feinkosthändler D in Köln Brüsseler Trauben. Die Ware wird

   a) von B

   b) von D

   im eigenen Lkw von Brüssel nach Köln befördert.
2. Der in der Schweiz ansässige Unternehmer S liefert dem Feinkosthändler D in Köln Gänsestopfleber. D holt die Ware mit dem eigenen Lkw in der Schweiz ab und befördert sie nach Köln.
3. Ein in Düsseldorf ansässiger Unternehmer erwirbt von einem französischen Lieferanten eine Maschine. Der deutsche Abnehmer befördert die Maschine mit eigenem Lkw nach Düsseldorf.
4. wie Fall 3), jedoch holt der deutsche Unternehmer die Maschine in der norwegischen Betriebsstätte des französischen Lieferanten ab.
5. Der in Köln wohnende Privatmann D ersteigert bei einer Auktion in Paris eine alte chinesische Porzellanvase zum Preis von 20.000 €, die er in seinem Handgepäck von Paris nach Köln befördert.

6. Der in Köln wohnende Privatmann D ist ein Sammler von chinesischem Porzellan und ersteigert bei einer Auktion von Sotheby's in New York eine chinesische Porzellanschale für 50.000 €. Er befördert sie in seinem Handgepäck von New York nach Köln.
7. Der in den Niederlanden ansässige Gemüsehändler N befördert mit seinem eigenen Lkw 1.000 Kisten Tomaten von Amsterdam an seinen Kunden, den Lebensmittelgroßhändler D, in Düsseldorf. 400 weitere Kisten Tomaten sind zum Verkauf (an Privatpersonen) auf dem Wochenmarkt in Düsseldorf bestimmt, auf dem er zweimal wöchentlich einen Marktstand hat.
8. Der in Paris ansässige Unternehmer F liefert Elektrogeräte an den Unternehmer D in Köln. Die Ware wird von F mit dem Lkw von Paris nach Köln befördert. D hat die Ware bei F unter Verwendung seiner ihm von dem Mitgliedstaat Belgien erteilten USt-IdNr. bestellt.
9. Der in Paris ansässige Unternehmer F liefert Elektrogeräte an das in Amsterdam gelegene Auslieferungslager des in Köln ansässigen Unternehmers D. F versendet die Ware nach Amsterdam. D hat die Ware bei F unter Verwendung der ihm im Inland erteilten USt-IdNr. bestellt.
10. Die Technische Hochschule (TH) Aachen kauft im Februar zur Beheizung eines Hörsaalgebäudes Heizöl von einem in Belgien ansässigen Unternehmer B1 zum Preis von umgerechnet 10.000 €. B1 befördert das Heizöl mit dem eigenen Tanklastzug von Belgien nach Aachen. Die TH hat in den Vorjahren keine innergemeinschaftlichen Erwerbe getätigt. Die TH beabsichtigt nicht, im laufenden Jahr über den Erwerb des Heizöls hinaus Erwerbe im übrigen Gemeinschaftsgebiet zu tätigen.
11. Die TH Aachen beauftragt im Juli den in Belgien ansässigen Unternehmer B2 mit dem Druck von Vorlesungsverzeichnissen. B2 versendet die Vorlesungsverzeichnisse im August an die TH Aachen und erteilt eine Rechnung über netto 10.000 €.
    a) B2 hat das zum Druck der Vorlesungsverzeichnisse erforderliche Papier selbst beschafft.
    b) Die TH Aachen stellt das Papier.
12. Ein Unternehmer aus Duisburg lässt die in seiner niederländischen Produktionsstätte hergestellten Gegenstände in sein Lager nach Oberhausen transportieren.

Fall 2:

Der französische Unternehmer U versendet im Februar 2023 an den HNO-Arzt Dr. Lunge aus Wuppertal ein Bestrahlungsgerät zum Preis von 15.000 €. Voraussichtlich wird dies der einzige Erwerb des Dr. Lunge aus einem EU-Mitgliedstaat im laufenden Kalenderjahr 2023 sein. Im VZ 2022 hatte der Arzt lediglich ein Bestrahlungsgerät zum Preis von 5.000 € von einem Hersteller in Rom erworben.

a) Erläutern Sie die umsatzsteuerliche Behandlung des Erwerbs in 2023 bei Dr. Lunge!

b) Schildern Sie die Umsatzbesteuerung in 2023 unter der Voraussetzung, dass das in 2023 erworbene Gerät nur 8.500 € gekostet hätte!

c) Schildern Sie die umsatzsteuerlichen Konsequenzen, wenn Dr. Lunge gem. § 1a Abs. 4 UStG auf die Anwendung des § 1a Abs. 3 UStG verzichtet hätte.

Fall 3:

Ein Versicherungsvertreter aus Erkrath-Hochdahl, der im Übrigen keine weiteren Einkäufe in einem EU-Mitgliedstaat tätigt, erwarb im Mai 2023 Büromöbel zum Preis von netto 10.000 € von einem dänischen Lieferanten. Die dänische Umsatzsteuer beträgt 25 %.

a) Prüfen und begründen Sie, wie die Umsatzbesteuerung der Möbellieferung grundsätzlich durchzuführen ist.

b) Stellen Sie anhand entsprechender Berechnungen dar, ob es für den Versicherungsvertreter zweckmäßig ist, für die Erwerbsbesteuerung zu optieren.

Fall 4:

Pierre Leblanc ist Werkleiter bei der Automobilfabrik Renault in Paris. Er hat am 16. Januar 2023 von seinem Arbeitgeber einen Pkw erworben und ihn am 27. Juni 2023 an den Studiendirektor Pfiffig für 12.000 € weiterverkauft. Das Fahrzeug hat zum Zeitpunkt des Verkaufs eine Fahrstrecke von 7.800 km zurückgelegt. Pfiffig holt den Pkw in Paris ab und lässt ihn am 29. Juni 2023 beim Kölner Straßenverkehrsamt zu.

Erläutern Sie die umsatzsteuerliche Behandlung des Erwerbs durch den Studiendirektor!

6. Steuerbefreiungen

6.1 Allgemeines

Ist ein Vorgang steuerbar, löst er nur dann Umsatzsteuer aus, wenn er auch steuerpflichtig ist, d. h. nicht aufgrund einer Befreiungsvorschrift von der Umsatzsteuer ausgenommen ist.

INFO

Die Steuerbarkeit ist daher eine notwendige, aber keine hinreichende Voraussetzung zur Begründung der Steuerpflicht.

Im Hinblick auf die Bedeutung für den Vorsteuerabzug lassen sich die einzelnen Steuerbefreiungen in **zwei Gruppen** einteilen:

- Steuerbefreiungen, die den Vorsteuerabzug nicht ausschließen (sog. **Abzugsumsätze**)
- Steuerbefreiungen, die den Vorsteuerabzug ausschließen (sog. **Ausschlussumsätze**).

6.2 Steuerbefreiungen mit Vorsteuerabzug (Abzugsumsätze)

Die einzelnen **Abzugsumsätze** (= Steuerbefreiungen, bei denen der Vorsteuerabzug nicht ausgeschlossen ist), sind in **§ 4 Nr. 1 bis 7 UStG** enthalten.

6.2.1 Innergemeinschaftliche Lieferungen

Lieferungen, bei denen der Gegenstand der Lieferung in einen anderen Mitgliedstaat der EU gelangt, sind nach **§ 4 Nr. 1b) i. V. mit § 6a UStG** nur steuerfrei, wenn es sich dabei um eine innergemeinschaftliche Lieferung (i. g. Lieferung) handelt.

6.2.1.1 Abgrenzung zu Ausfuhrlieferungen

Eine **Ausfuhrlieferung** kann nur vorliegen, wenn der Liefergegenstand in das **Drittlandsgebiet** verbracht wird **(§ 4 Nr. 1a) i. V. mit § 6 UStG**).

Wird der Gegenstand der Lieferung vom Inland nicht in das Drittlandsgebiet, sondern in das **EU-Ausland** befördert oder versendet, können damit die tatbestandsmäßigen Voraussetzungen für eine **Ausfuhrlieferung nicht erfüllt** werden.

6.2.1.2 Tatbestandsmäßige Voraussetzungen

Der **Tatbestand** der **i. g. Lieferung** ist in **§ 4 Nr. 1b UStG** geregelt, die einzelnen **Voraussetzungen** sind in **§ 6a UStG** beschrieben.

Eine steuerbefreite i. g. Lieferung liegt demnach vor, wenn folgende **Voraussetzungen** sämtlich (!) erfüllt sind:

- Der Gegenstand muss durch **Befördern oder Versenden vom Inland in das übrige Gemeinschaftsgebiet** gelangen. Im Unterschied zur Ausfuhrlieferung wird nicht danach unterschieden, ob der Gegenstand durch den liefernden Unternehmer oder den Abnehmer in das übrige Gemeinschaftsgebiet verbracht wird. Ferner ist unerheblich, ob bei der Warenbewegung vom Inland in das übrige Gemeinschaftsgebiet ein Drittland berührt wird.
- Der Abnehmer muss dem **Personenkreis des** § **6a Abs. 1 Nr. 2 UStG** angehören. Das sind z. B. **in einem anderen Mitgliedstaat für Zwecke der Umsatzsteuer erfasste Unternehmer, die den Gegenstand für ihr Unternehmen erworben haben**, oder bei der Lieferung eines neuen Fahrzeugs auch jeder andere Erwerber. Der Sitz des Abnehmers ist für das Vorliegen einer i. g. Lieferung nicht von Bedeutung, sodass als Abnehmer auch ein inländischer oder drittländischer Abnehmer in Betracht kommen kann. Da der Abnehmer aber in dem anderen Mitgliedstaat für Zwecke der Umsatzsteuer erfasst sein muss, bedeutet das, dass der Erwerber im Zeitpunkt der an ihn bewirkten Lieferung eine ihm von dem anderen Mitgliedstaat erteilte Umsatzsteuer-Identifikationsnummer besitzen muss.

- Der Gegenstand muss beim Abnehmer in einem **anderen Mitgliedstaat** den Vorschriften der **Umsatzbesteuerung** unterliegen.
- Der **Abnehmer** hat gegenüber dem Unternehmer eine ihm von einem anderen Mitgliedstaat erteilte gültige **Umsatzsteuer-Identifikationsnummer verwendet**. Die Verwendung einer ihm erteilten gültigen Umsatzsteuer-Identifikationsnummer durch den Abnehmer ist somit eine zusätzliche materiell-rechtliche Voraussetzung für das Vorliegen einer innergemeinschaftlichen Lieferung.

Gemäß § 6a Abs. 1 Satz 2 UStG ist die **Be- oder Verarbeitung** des Liefergegenstandes durch einen Beauftragten vor seinem Transport in das EU-Ausland unschädlich.

Beispiele

Ein Werkzeugmaschinenhersteller Müller aus Düsseldorf liefert drei Maschinen:

a) Maschine A an den belgischen Unternehmer Van Damme, der in Brüssel eine Reparaturwerkstatt betreibt. Van Damme benutzt seine belgische USt-IdNr.

b) Maschine B an den schweizer Karosseriebauer Egli in Bern.

c) Maschine C an den Unternehmer B in Lüttich. B ist Kleinunternehmer i. S. des § 19 Abs. 1 UStG.

Die Maschinen werden durch einen von Müller beauftragten Spediteur zum jeweiligen Bestimmungsort befördert.

Der Ort der bewegten Lieferung ist in allen drei Fällen gem. § 3 Abs. 6 Satz 1 UStG Düsseldorf. Die Lieferungen sind daher steuerbar nach § 1 Abs. 1 Nr. 1 UStG.

Im **Sachverhalt a)** handelt es sich um eine steuerfreie i. g. Lieferung, da die Voraussetzungen des § 4 Nr. 1b i. V. mit § 6a UStG vorliegen.

Im **Sachverhalt b)** liegt keine i. g. Lieferung vor, da der Gegenstand nicht in einen Mitgliedstaat, sondern in ein Drittland gelangt. Die Lieferung ist daher als Ausfuhrlieferung steuerfrei (§ 4 Nr. 1a i. V. mit § 6 Abs. 1 Nr. 1 UStG).

Im **Sachverhalt c)** ist die Lieferung im Inland steuerpflichtig. Eine steuerbefreite i. g. Lieferung kommt nicht in Betracht, da der Empfänger ein Kleinunternehmer ist. Für Kleinunternehmer findet die Steuerbefreiung für i. g. Lieferungen keine Anwendung (§ 19 Abs. 1 Satz 4 UStG).

6.2.1.3 Fiktive Lieferung

Als i. g. Lieferung gilt nach **§ 6a Abs. 2 UStG** auch das einer Lieferung gleichgestellte Verbringen eines Gegenstandes (§ 3 Abs. 1a UStG), mithin der grenzüberschreitende Innenumsatz, der einer **fiktiven Lieferung** gleichgestellt wird.

6.2.1.4 Buch- und Belegnachweis

Die Voraussetzungen der i. g. Lieferung sind von dem Unternehmer gem. § 6a Abs. 3 UStG i. V. mit §§ 17a - c UStDV **buch- und belegmäßig** nachzuweisen.

6.2.1.5 Vertrauensschutzregelung

Nach **§ 6a Abs. 4 UStG** kann der Unternehmer auch dann eine Lieferung als steuerfrei behandeln, wenn zwar die Voraussetzungen nach § 6a Abs. 1 UStG nicht vorliegen, gleichwohl aber die Inanspruchnahme der Steuerbefreiung seitens des leistenden Unternehmers auf **unrichtigen Angaben des Abnehmers** beruht, und der **Unternehmer die Unrichtigkeit dieser Angaben auch bei Beachtung der Sorgfalt eines ordentlichen Kaufmanns nicht erkennen konnte**.

Der **Sorgfaltspflicht ist dann Genüge getan, wenn sich der Lieferer von der Gültigkeit der USt-IdNr., sowie den Namen und die Anschrift des Abnehmers vergewissert hat**. Dazu ist eine **Anfrage beim Bundesamt für Finanzen erforderlich**.

Kommt die Vertrauensschutzregelung zur Anwendung, **schuldet der Abnehmer die Steuer** im Inland (§ 6a Abs. 4 Satz 2 UStG). Er ist Steuerschuldner gem. § 13a Abs. 1 Nr. 3 UStG und hat die Steuer gem. § 18 Abs. 4b UStG in einer USt-Voranmeldung anzumelden.

Die Steuer entsteht in dem Zeitpunkt, in dem die Lieferung ausgeführt wird (§ 13 Abs. 1 Nr. 8 UStG).

Beispiel

Der niederländische Unternehmer van Manco erwirbt unter seiner niederländischen USt-IdNr. von dem Elektrogroßhändler Birne aus Düsseldorf eine Stereoanlage und ein Fernsehgerät. Birne bekommt auf Anfrage beim Bundesamt für Finanzen die Gültigkeit der angegebenen USt-IdNr. mit dem Namen und der Anschrift bestätigt. Er versendet die Gegenstände an van Manco und belässt die Lieferung als i. g. Lieferung steuerfrei. Anlässlich einer niederländischen Außenprüfung stellt sich später heraus, dass die Gegenstände bereits bei Bestellung für den privaten Gebrauch des van Manco bestimmt waren.

Die Lieferung ist, da sie für private Zwecke des Erwerbs getätigt wurde, keine i. g. Lieferung. Dies ist allerdings für Birne nicht erkennbar gewesen. Aufgrund der niederländischen USt-IdNr. hatte er auch keine Veranlassung gehabt, an dem Bezug der Gegenstände für unternehmerische Zwecke zu zweifeln, zumal er sich durch eine entsprechende Rückfrage beim Bundesamt für Finanzen von der Gültigkeit der USt-IdNr. vergewissert hat. Ein Verstoß gegen die kaufmännische Sorgfaltspflicht ist ihm daher nicht anzulasten, sodass ihm die Steuerfreiheit nach § 6a UStG erhalten bleibt. Allerdings ist van Manco Schuldner der nicht erhobenen Umsatzsteuer.

6.2.1.6 Zusammenfassung

Zweck der Steuerbefreiung

- Im **Ursprungsland**: Entlastung der innergem. Lieferung von inländischer USt durch **Steuerbefreiung (§ 6a)** mit **VSt-Abzug**.
- Im **Bestimmungsland**: Besteuerung als innergemeinschaftlicher Erwerb (= Bestimmungslandprinzip).

Voraussetzungen

Allgemein

Liefergegenstand wird durch Unternehmer (**nicht Kleinunternehmer**) oder Abnehmer in das **übrige Gemeinschaftsgebiet** befördert (versendet)

Erwerber

Erwerberkreis:	**Erwerbsbesteuerung:**
► Unternehmer, der Gegenstand für sein Unternehmen erwirbt, oder ► juristische Person, die nicht Unternehmer ist oder Gegenstand nicht für ihr Unternehmen erwirbt, oder ► bei Lfg. von neuen Nutzfahrzeugen jeder andere (auch **private**) Erwerber	Erwerb des Gegenstandes (auch fiktiver Erwerb), der Umsatzbesteuerung (= Erwerbsbesteuerung) des **anderen Mitgliedstaates** (= Bestimmungslandes!) unterliegt

Nachweise

Nachweis der Zugehörigkeit des Erwerbers zum gesetzlichen **Erwerberkreis**	**Nachweis** der Erwerbsbesteuerung beim **Abnehmer**
durch	**durch**

USt-Identifikationsnummer des Erwerbers

Gibt der Erwerber beim Kauf des Gegenstandes eine von einem anderen Mitgliedstaat erteilte USt-IdNr. an, kann Lieferer regelmäßig darauf **vertrauen**, dass

- der Abnehmer entweder Unternehmer ist oder eine nichtunternehmerische jur. Person bzw. eine jur. Person, die den Gegenstand nicht für ihr Unternehmen erwirbt,
- der Erwerb des Gegenstandes beim Abnehmer in anderem Mitgliedstaat den Vorschriften der USt (= Erwerbsbesteuerung) unterliegt,
- der Gegenstand für das Unternehmen des Abnehmers erworben wurde.

Gutglaubenschutz § 6a Abs. 4

bei unrichtigen Angaben des Erwerbers (hinsichtlich Unternehmerstatus, Erwerbsbesteuerung im anderen Mitgliedstaat):

- Steuerfreiheit beim liefernden Unternehmer bleibt bestehen
- Abnehmer wird Schuldner der entgangenen USt

Besonderheit bei Rg.-erteilung

durch Lieferer: Rechnung muss (außer den üblichen Angaben) enthalten:

- **eigene** USt-IdNr. **und** die des **Abnehmers** sowie
- **Hinweis auf USt-Freiheit der Lieferung**

Nachweis der USt-Freiheit

Buch- und belegmäßiger Nachweis erforderlich, insbesondere: Name, Anschrift, USt-IdNr. des Abnehmers, handelsübliche Bezeichnung des Liefergegenstandes, Zeitpunkt und Entgelt der Lfg., Nachweis der Beförderung/Versendung in das übrige Gemeinschaftsgebiet

6.2.2 Grenzüberschreitende Beförderung von Gegenständen

Die grenzüberschreitende Beförderung von **Gegenständen** (nicht: Personal!), die im Zusammenhang mit einer Ausfuhr, einer Durchfuhr oder einer Einfuhr steht, ist unter den Voraussetzungen des **§ 4 Nr. 3a UStG** steuerfrei.

Eine **grenzüberschreitende Beförderung** liegt vor, wenn sich eine **Güterbeförderung sowohl auf das Inland, als auch auf das Ausland** erstreckt.

Ein Frachtführer, der die Beförderung von Gegenständen übernommen hat, bewirkt auch dann eine Beförderungsleistung, wenn er die Beförderung nicht selbst ausführt, sondern sie von einem anderen Frachtführer ausführen lässt.

Die jeweiligen Voraussetzungen der Steuerbefreiung nach § 4 Nr. 3 UStG müssen vom Unternehmer **buchmäßig nachgewiesen** sein (§ 21 UStDV).

Beispiele

1. Der Autovermieter A aus Leverkusen befördert einen Kegelclub von Leverkusen nach Paris. Die Gesamtstrecke beträgt 3.000 km, davon entfallen 2.500 km auf Frankreich. Der Transport des Kegelclubs ist eine Beförderungsleistung (Personenbeförderung). Ort der Beförderung ist nach § 3b Abs. 1 Satz 2 UStG nur der Teil, der auf das Inland entfällt, und zwar die Strecke von Leverkusen bis zur Grenze (500 km). Die ausländische Strecke von 2.500 km ist nicht steuerbar. Der steuerbare Anteil von 500 km ist daher steuerbar und steuerpflichtig. Eine Steuerbefreiung nach § 4 Nr. 3a) UStG kommt nicht in Betracht, da sich diese nur auf die grenzüberschreitende Beförderung von Gegenständen bezieht.
2. Der Transportunternehmer B aus Bergisch Gladbach befördert eine Maschine von Köln nach Bern. Die Gesamtstrecke beträgt 3.000 km, davon entfallen 400 km auf das Inland. Ort der Beförderung ist nach § 3b Abs. 1 Satz 2 UStG nur der Teil, der auf das Inland entfällt, und zwar die Strecke von Köln bis zur Grenze (400 km). Die ausländische Strecke von 2.600 km ist nicht steuerbar. Der steuerbare Anteil von 400 km ist daher steuerbar, jedoch nach § 4 Nr. 3a) UStG steuerfrei.

Die Steuerbefreiung ist **ausgeschlossen** für die in § 4 Nr. 8, 10 und 11 bezeichneten Umsätze. Dadurch wird bei **Umsätzen des Geld- und Kapitalverkehrs** und bei **Versicherungsumsätzen** eine Steuerbefreiung mit Vorsteuerabzug grundsätzlich vermieden.

Von der Steuerbefreiung sind ferner **Be- oder Verarbeitungen von Gegenständen** einschließlich **Werkleistungen i. S. des § 3 Abs. 10 UStG ausgeschlossen**. Diese Leistungen können jedoch z. B. unter den Voraussetzungen des § 4 Nr. 1a i. V. mit § 7 UStG steuerfrei sein.

6.2.3 Vermittlung von Umsätzen

Die (gelegentliche) Vermittlungsleistung erfordert ein Handeln in fremdem Namen und für fremde Rechnung (z. B. **Handelsvertreter, Handelsmakler**).

Folgende steuerbare Vermittlungsleistungen sind z. B. nach **§ 4 Nr. 5 UStG** steuerbefreit:

- **Ausfuhrlieferungen** (**nicht: i. g. Lieferungen!**), Lohnveredelungen, **grenzüberschreitende Beförderung von Gegenständen**
- Umsätze, die ausschließlich im **Drittlandsgebiet** bewirkt werden
- Lieferungen, die aufgrund der Ortsverlagerung nach **§ 3 Abs. 8 UStG als im Inland ausgeführt** zu behandeln sind

Der **Buchnachweis** mit dem Inhalt des § 22 UStDV ist materiell-rechtliche Voraussetzung für die Steuerbefreiung.

Nicht befreit ist die Vermittlung von Umsätzen durch Reisebüros für Reisende (und nur für diese!), vgl. § 4 Nr. 5 Satz 2 UStG.

Beispiele

Beispiel 1:
Der Handelsvertreter H mit Sitz in Leverkusen vermittelt für den in Solingen ansässigen Maschinenhersteller D mit deutscher USt-IdNr. den Verkauf von Maschinen

a) an den Kunden F in Frankreich, wobei D die Maschinen nach Frankreich befördert.

b) an den Kunden S in der Schweiz, wobei S die Maschinen abholen lässt.

Der Handelsvertreter erbringt jeweils eine sonstige Leistung (Vermittlungsleistung). Der Ort dieser sonstigen Leistungen liegt gem. § 3a Abs. 2 Nr. 4 Satz 1 UStG jeweils in Solingen und ist daher steuerbar nach § 1 Abs. 1 Nr. 1 UStG.

Im **Sachverhalt a)** kommt eine Steuerbefreiung nach § 4 Nr. 5a) UStG nicht in Betracht, da es sich bei dem vermittelten Umsatz um eine i. g. Lieferung handelt. Der Vermittlungsumsatz ist daher steuerpflichtig.

Im **Sachverhalt b)** ist der Vermittlungsumsatz nach § 4 Nr. 5a) UStG steuerfrei, da es sich bei der ausgeführten Lieferung um eine Ausfuhrlieferung handelt.

Beispiel 2:
Der Handelsvertreter H aus Leverkusen vermittelt für einen in Zürich ansässigen Unternehmer den Verkauf von Maschinen. Die Maschinen werden direkt an den Unternehmer U nach Köln versandt. Die Lieferkondition lautet „verzollt und versteuert“.

Der Handelsvertreter erbringt eine sonstige Leistung (Vermittlungsleistung). Der Ort dieser sonstigen Leistungen liegt gem. § 3a Abs. 2 Nr. 4 Satz 1 UStG in Köln und ist daher steuerbar nach § 1 Abs. 1 Nr. 1 UStG. Die Steuerbefreiung des Vermittlungsumsatzes folgt aus § 4 Nr. 5d) UStG, da der Umsatz nach § 3 Abs. 8 UStG als im Inland auszuführt zu behandeln ist.

6.2.4 Fälle zur Sicherung des Lernerfolgs

Sachverhalt 1:
Prüfen und begründen Sie unter Angabe der gesetzlichen Grundlagen, ob in den folgenden Fällen eine innergemeinschaftliche Lieferung vorliegt!

1. Der in Köln ansässige Unternehmer D liefert Eisenteile an den in Belgien ansässigen B. Die Ware wird

   a) von D im eigenen Lkw von Köln nach Belgien befördert.

   b) von B im eigenen Lkw von Köln nach Belgien befördert.

   B gibt gegebenüber D die ihm in Belgien erteilte USt-IdNr. an.
2. Der in Amsterdam wohnende Privatmann N kauft auf einer Urlaubsreise bei dem in Köln ansässigen Unternehmer D ein Gemälde zum Preis von 10.000 €. N befördert das Gemälde im eigenen Pkw von Köln nach Amsterdam.
3. Der in Hamburg ansässige Unternehmer D befördert mit seinem Lkw Obst nach Dänemark und verkauft es zweimal wöchentlich auf dem Wochenmarkt in Kopenhagen an Privatpersonen.
4. Der in Belgien ansässige Landwirt B kauft bei dem in Aachen ansässigen Landmaschinenhändler D eine Melkmaschine zum Preis von 5.000 €. Ein Angestellter des B holt die Melkmaschine in Aachen ab und befördert sie nach Belgien. B verwendet gegenüber D seine belgische USt-IdNr.
5. Ein in Düsseldorf ansässiger Unternehmer verkauft an einen belgischen Unternehmer eine Maschine. Der belgische Unternehmer holt die Maschine mit eigenem Lkw in Düsseldorf ab und befördert sie in die Schweiz.

Sachverhalt 2:
Der Sachverhalt ist für die **Stefan Strom KG** für den VZ 2023 im Hinblick auf die Steuerbarkeit und Steuerpflicht umsatzsteuerrechtlich zu würdigen.

Bei **Fall 2** ist auch zu den vom **Handelsvertreter V** ausgeführten Umsätzen Stellung zu nehmen. Die Firma Stefan Strom KG – nachfolgend kurz KG genannt – hat ihren Sitz in Bergisch Gladbach. Gegenstand des Unternehmens ist die Herstellung, der Vertrieb und die Reparatur von Elektromotoren und Notstromaggregaten.

Fall 1:

Im Dezember 2023 hat die KG durch Vermittlung des für sie tätigen Handelsvertreters Volkmann (V) drei der von ihr hergestellten Elektromotoren an die Kunden A, B und C verkauft. Die Geschäfte wurden unter Verwendung der jeweils gültigen nationalen USt-IdNr. wie folgt abgewickelt:

a) Der Kunde A in Antwerpen (Belgien) holte den Motor am 05. Januar 2023 mit eigenem Lkw in Bergisch Gladbach ab und erhielt eine Rechnung über den Betrag von 2.975 €.

b) Dem Kunden B in Brüssel (Belgien) verkaufte die KG den Motor für 2.500 € zzgl. 300 € Transportkosten, also für insgesamt 2.800 €. Die KG transportierte den Motor am 09. Januar 2023 mit eigenem Lkw nach Brüssel. Die Transportkosten entfallen jeweils zur Hälfte auf das In- bzw. Ausland.

c) Der Kunde C, eine im Freihafen von Emden ansässige Export & Import GmbH, erwarb den Motor für 4.165 €. Der Transport in den Freihafen wurde am 23. Januar 2023 durch einen von der KG beauftragten Spediteur ausgeführt.

Fall 2:

Der für die KG tätige Handelsvertreter V hat die Kaufverträge zwischen der KG und den Kunden A, B und C jeweils am Sitzort der Kunden abgeschlossen. V, der sein Büro an seinem Wohnort Leverkusen unterhält, erhielt im Februar 2023 eine Abrechnung und die Provision für die von ihm vermittelten Geschäfte. Zahlungseingang der Provision am 13. Februar 2023 i. H. v. 952 €.

Fall 3:

Der Pkw des in Leverkusen ansässigen wohnhaften Rentners R war wegen eines Defektes an der Lichtmaschine am 08. Mai 2023 in den Niederlanden liegen geblieben. Ein Fahrzeug der KG schleppte den Pkw bis zu seinem Standort Leverkusen ab. Die Speditionsfirma überwies 238 € für Abschleppkosten. Der von der KG vereinnahmte Betrag wurde nicht der Umsatzsteuer unterworfen, weil der wesentliche Teil der beim Abschleppen zurückgelegten Strecke (75 % = 40 km) auf das Ausland entfiel.

6.3 Steuerbefreiungen ohne Vorsteuerabzug (Ausschlussumsätze)

Die einzelnen **Ausschlussumsätze** (= Steuerbefreiungen, bei denen der Vorsteuerabzug ausgeschlossen ist) sind in **§ 4 Nr. 8 bis 28 UStG** enthalten.

6.3.1 Überblick

Zu den **Ausschlussumsätzen** gehören **z. B.:**

- **Geld-, Kapital- und Kreditumsätze** (§ 4 Nr. 8 UStG)
- Umsätze, die unter das **Grunderwerbsteuergesetz** fallen (§ 4 Nr. 9a) UStG)
- **Versicherungsleistungen** (§ 4 Nr. 10 UStG)
- **Bausparkassen-, Versicherungsvertreter, Versicherungsmakler** (§ 4 Nr. 11 UStG)
- **Vermietung und Verpachtung** (§ 4 Nr. 12 UStG)

- Umsätze aus der Tätigkeit als **Arzt, ausgenommen Tierärzte und die Lieferung oder Wiederherstellung von Zahnprothesen und kieferorthopädischen Apparaten** (z. B. Spangen), **soweit sie der Arzt in seinem Unternehmen herstellt oder wiederherstellt** (§ 4 Nr. 14 UStG)
- Umsätze der **Krankenanstalten und Altersheime** (§ 4 Nr. 16 UStG)
- **Schul- und Bildungszwecke** (§ 4 Nr. 21 UStG)
- **Ehrenamtliche Tätigkeiten** (§ 4 Nr. 26 UStG)
- **Lieferung bestimmter Gegenstände** (§ 4 Nr. 28 UStG).

6.3.2 Umsätze, die unter das Grunderwerbsteuergesetz fallen

Umsätze, die unter das Grunderwerbsteuergesetz fallen, sind nach **§ 4 Nr. 9a UStG** steuerfrei, wobei **unerheblich** ist, ob der Vorgang **grunderwerbsteuerfrei oder grunderwerbsteuerpflichtig** ist.

Beispiele

- **Kaufverträge über bebaute und unbebaute Grundstücke**
- Bestellung und Übertragung von **Erbbaurechten**
- Bei der **Zwangsversteigerung** eines Grundstücks die Lieferung des Grundstücks durch den Grundstückseigentümer unmittelbar an den Ersteher
- Entnahme eines Grundstücks für Zwecke, die außerhalb des Unternehmens liegen.

Bei der Grundstücksveräußerung rechnet die Grunderwerbsteuer nicht zum Entgelt für die Grundstücksveräußerung, wenn die Parteien des Grundstückskaufvertrages vereinbaren, dass der Erwerber die GrESt allein zu tragen hat (Abschn. 10.1. Abs. 7 Satz 6 UStAE).

Beispiel

Der Unternehmer A veräußert an B ein Grundstück für 50.000 €. Die Parteien haben vereinbart, dass der B die Grunderwerbsteuer i. H. v. (6,5 % von 50.000 € =) 3.250 € allein zu tragen hat.

Die Bemessungsgrundlage für die nach § 4 Nr. 9a) UStG steuerfreie Lieferung beträgt:

	Entgelt	50.000,00 €
+	GrESt	0,00 €
		50.000,00 €

6.3.3 Vermietung und Verpachtung von Grundstücken

Steuerfrei ist nach **§ 4 Nr. 12a UStG** die **Vermietung und Verpachtung von Grundstücken** und Grundstücksteilen, z. B. **Wohnungen, einzelne Räume, Garagen**.

Zur **steuerfreien Vermietungs- und Verpachtungsleistung** gehören auch die damit verbundenen **üblichen Nebenleistungen**.

Nebenleistungen sind z. B.:

- Lieferung von Wärme
- (Warm-) Wasserversorgung
- Überlassung von Waschmaschinen
- Flur- und Treppenreinigung
- Treppenhausbeleuchtung
- vom Vermieter übernommene Balkonbepflanzung.

Keine Nebenleistungen sind z. B.:

- Lieferung von elektrischem Strom
- mitvermietete Einrichtungsgegenstände
- Heizgas, Heizöl
- Benutzung der zentralen Fernsprech- und Fernschreibanlage eines Bürohauses.

Auf die sog. **„Verträge besonderer Art"** findet die Steuerbefreiungsvorschrift des **§ 4 Nr. 12a UStG keine Anwendung**, denn bei diesen Verträgen steht nicht die Vermietung eines Grundstücks im Vordergrund, sondern andere Vertragsleistungen.

Beispiel

- **Verträge besonderer Art:** Überlassung von Freiflächen oder Stände in Hallen zur Schaustellung gewerblicher Erzeugnisse
- Vergabe von Teilflächen zur Aufstellung von Verkaufsständen, Schankzelten, Schaubuden, Karussells usw. beim Schützenfest
- Abschluss eines Tankstellen(agentur)vertrags und eines Tankstellenpachtvertrages, wobei die Bestimmungen des Tankstellenvertrages eine beherrschende und die des Mietvertrages nur eine untergeordnete Rolle spielen
- Überlassung der Außenwand- oder Dachflächen eines Gebäudes zu **Reklamezwecken**.

Von der **Steuerbefreiung** sind nach **§ 4 Nr. 12 Satz 2 UStG ausgeschlossen:**

- die Vermietung von Wohn- und Schlafräumen, die ein Unternehmer zur **kurzfristigen Beherbergung** (d. h. **weniger als sechs Monaten**) **von Fremden** bereithält (z. B. kurzfristige Beherbergungen in Hotels, Gaststätten, Pensionen, Zimmervermietung in Kur-, Bade- und Erholungsorten an Urlauber/Gäste)
- die (kurzfristige und langfristige) **Vermietung von Fahrzeug-Abstellplätzen**
- die **kurzfristige Vermietung von Campingplätzen**
- die **Vermietung von Betriebsvorrichtungen**.

6.3.4 Lieferung bestimmter Gegenstände

Nach **§ 4 Nr. 28a UStG** ist die Lieferung von Gegenständen i. S. des § 3 Abs. 1 UStG sowie der Lieferungen i. S. des § 3 Abs. 1b UStG steuerfrei, die der Unternehmer ausschließlich für Tätigkeiten verwendet, die nach § 4 Nr. 8 bis 27 UStG steuerfrei sind. Diese Voraussetzungen müssen während des ganzen Verwendungszeitraums vorgelegen haben.

Beispiel

Ein Arzt veräußert Einrichtungsgegenstände, die ausschließlich einer nach § 4 Nr. 14 UStG steuerfreien ärztlichen Tätigkeit gedient haben.

Die Lieferung ist nach § 4 Nr. 28 UStG steuerfrei, weil der Arzt die Einrichtungsgegenstände während der gesamten Verwendungszeit ausschließlich für eine nach § 4 Nr. 14 UStG steuerfreie Tätigkeit verwendet hat.

Aus **Vereinfachungsgründen** kann die Steuerbefreiung auch dann in Anspruch genommen werden, wenn der Unternehmer die Gegenstände in geringfügigem Umfang (höchstens 5 %) für Tätigkeiten verwendet, die nicht nach § 4 Nr. 8 bis 27 UStG steuerbefreit sind. Voraussetzung dafür ist jedoch, dass der Unternehmer für diese Gegenstände darauf verzichtet, einen anteiligen Vorsteuerabzug vorzunehmen.

Nach § 4 Nr. 28 UStG ist auch die Lieferung von Gegenständen i. S. des § 3 Abs. 1 UStG sowie der Lieferungen i. S. des § 3 Abs. 1b UStG befreit, **für die der Vorsteuerabzug nach § 15 Abs. 1a Nr. 1 UStG ausgeschlossen ist**.

Die Steuerbefreiung kommt hiernach nur in Betracht, wenn im Zeitpunkt der Lieferung die Vorsteuer für die gesamten Anschaffungs- oder Herstellungskosten einschließlich der Nebenkosten und der nachträglichen Anschaffungs- oder Herstellungskosten nicht abgezogen werden konnte.

Eine Steuerbefreiung für **sonstige Leistungen** i. S. des § 3 Abs. 9a Nr. 1 UStG ist nicht erforderlich, weil mangels Vorsteuerabzugs eine Besteuerung ohnehin nicht in Betracht kommt.

Beispiele

1. Ein Unternehmer veräußert Einrichtungen seines Gästehauses. Ein Vorsteuerabzug aus den Anschaffungs- und Herstellungskosten, die auf die Einrichtungen entfallen, ist nach § 15 Abs. 1a UStG ausgeschlossen. Die Lieferung der Einrichtungsgegenstände ist hiernach steuerfrei.
2. Ein Arzt veräußert seinen Pkw, der zu 70 % für die ärztliche Tätigkeit und zu 30 % für private Zwecke genutzt wurde. Die Verwendung des Pkw für außerunternehmerische Zwecke wird nicht gem. § 3 Abs. 9a Nr. 1 UStG einer sonstigen Leistung gegen Entgelt gleichgestellt. Ein steuerbarer Umsatz liegt nicht vor, denn wegen der steuerfreien Ausgangsumsätze ist der Arzt nicht zum Vorsteuerabzug berechtigt. Damit hat der Pkw ausschließlich einem steuerfreien Umsatz gedient, sodass die Veräußerung des Fahrzeugs nach § 4 Nr. 28 UStG steuerfrei ist.

Nicht unter die Steuerbefreiung fallen **Dienstleistungen i. S. des § 3 Abs. 9a Nr. 2 UStG**, die von Unternehmern mit ausschließlich nach § 4 Nr. 27 UStG steuerfreien Umsätzen ausgeführt werden (z. B. beim Einsatz von Praxismitarbeitern im Haushalt eines Arztes).

Beispiel

Zahnarzt Dr. Lunge erzielte Einnahmen aus folgenden Umsätzen:

a) Feststellung zu Behandlung von Zahn-, Mund- und Kieferkrankheiten
b) Erstellung von Versicherungsgutachten über Zahnschäden aufgrund von Unfällen
c) Schriftstellerische Tätigkeit für eine zahnärztliche Fachzeitschrift
d) Veräußerung eines Sessels, der bisher im Wartezimmer aufgestellt war
e) Lieferung von Zahnprothesen (Kronen, Brücken) und Zahnspangen, die er von einem selbstständigen Zahntechniker herstellen ließ.

Die Tätigkeiten zu **a)** und **b)** sind gem. § 4 Nr. 14 UStG steuerbefreit. Die schriftstellerische Tätigkeit zu **c)** ist steuerpflichtig; eine Steuerbefreiung nach § 4 Nr. 14 UStG scheidet aus, auch wenn es sich dabei um das Erstellen von Artikeln für eine ärztliche Fachzeitschrift handelt. Die Veräußerung des Sessels zu **d)** ist steuerfrei nach § 4 Nr. 28a) UStG. Die Lieferung von Zahnprothesen und Zahnspangen zu **e)** sind steuerfrei, da sie von einem selbstständigen Zahntechniker hergestellt worden sind (Umkehrschluss aus § 4 Nr. 14 Satz 4 Buchst. b) UStG).

6.4 Verzicht auf Steuerbefreiungen (Option)

6.4.1 Sinn und Zweck

In bestimmten Fällen kann auf die Steuerbefreiung verzichtet werden, sodass der steuerbare und auch **steuerfreie Ausschlussumsatz steuerpflichtig** wird.

Hat der Unternehmer zur Steuerpflicht optiert, so **schließen diese Umsätze den Vorsteuerabzug nicht mehr aus**.

6.4.2 Voraussetzungen

Bestimmte steuerfreie **Ausschlussumsätze** können nach **§ 9 UStG** unter folgenden **Voraussetzungen** als steuerpflichtig behandelt werden:

(1) **Der Verzichtende muss Unternehmer sein**.

Ausgenommen sind z. B. Kleinunternehmer i. S. des § 19 Abs. 1 UStG.

(2) **Es muss sich um einen Umsatz handeln, der nach § 4 Nr. 8a - g, 9a, 12, 13 oder 19 UStG steuerfrei ist.**

Bei nicht steuerbaren Umsätzen scheidet also eine Optionsmöglichkeit aus.

Es können mithin folgende steuerfreie Umsätze steuerpflichtig behandelt werden:

- Geld- und Kapitalverkehr
- **Grunderwerbsteuergesetz**
- **Vermietung und Verpachtung**
- Wohnungseigentümergemeinschaften
- Blinde und Blindenwerkstätten.

Der Unternehmer hat die Möglichkeit, seine Entscheidung für die Steuerpflicht bei jedem Umsatz einzeln zu treffen (sog. **Teiloption**). Dies wird insbesondere bei gemischt genutzten Gebäuden von Interesse sein.

(3) **Der Umsatz muss an einen anderen Unternehmer (und!) für dessen Unternehmen ausgeführt werden.**

- Der andere Unternehmer kann **auch Kleinunternehmer** sein.
- Eine Option ist ausgeschlossen beim **Innenumsatz**, da kein zweiter Unternehmer vorhanden ist.

(4) Bei der **Vermietung oder Verpachtung** von Grundstücken ist eine Option nur zulässig, soweit der **Leistungsempfänger** das Grundstück ausschließlich für **Umsätze** verwendet oder zu verwenden beabsichtigt, die den **Vorsteuerabzug nicht ausschließen**, § 9 Abs. 2 Satz 1 UStG.

- Bei der Vermietung an einen **Arzt** oder **Versicherungsvertreter** ist eine **Option** daher **ausgeschlossen**, da diese Personen nur Ausschlussumsätze ausführen.
- Der Unternehmer hat die Voraussetzungen für eine Option nachzuweisen (§ 9 Abs. 2 Satz 2 UStG). Der Nachweis ist an keine besondere Form gebunden. Er

kann sich aus einer Bestätigung des Mieters, aus Bestimmungen des Mietvertrages oder aus anderen Unterlagen ergeben.

(5) Aus den **Aufzeichnungen** des Unternehmers muss hervorgehen, dass er auf die Steuerbefreiung verzichtet hat, § 22 Abs. 2 Nr. 1 Satz 4 UStG.

(6) Die **Verzichtserklärung** ist grundsätzlich an **keine besondere Form** gebunden.

Eine konkludente Verzichtserklärung ist insbesondere darin zu sehen, dass der Unternehmer Rechnungen mit gesondertem Steuerausweis erteilt hat und die Umsätze in der USt-Voranmeldung/Jahreserklärung als steuerpflichtig behandelt.

Lediglich für Umsätze, die unter das **Grunderwerbsteuergesetz** fallen (z. B. Lieferung von Grundstücken), ist der Verzicht nur im **Notarvertrag** – und damit nicht nachträglich – zu erklären.

Bis zur Bestandskraft kann der Verzicht auch **widerrufen** werden. Die erteilten Rechnungen oder Gutschriften müssen dann aber **berichtigt** werden.

Eine **Berichtigung** ist erst dann möglich, wenn die **Gefährdung des Steueraufkommens beseitigt** ist, also der **Leistungsempfänger** die bereits geltend gemachte **Vorsteuer** an das FA **zurückzahlt** (§ 14c Abs. 1 Satz 3 UStG).

Beispiel

Der Unternehmer U ist Eigentümer eines **gemischt genutzten Grundstücks** in Leverkusen, das er insgesamt seinem Unternehmen zugeordnet hat. Das Grundstück wird wie folgt genutzt:

- Im **Erdgeschoss** betreibt der U seinen Elektrogroßhandel.
- Das **1. Obergeschoss** ist an einen Friseur für gewerbliche Zwecke vermietet.
- Im **2. Obergeschoss** betreibt ein Arzt seine HNO-Praxis.
- Im **3. Obergeschoss** befinden sich drei Wohnungen. **Wohnung Nr. 1** wird für eigene Wohnzwecke des U genutzt; **Wohnung Nr. 2** ist an einen Beamten vermietet, und **Wohnung Nr. 3** bewohnt ein Arbeitnehmer des Friseurs zu eigenen Wohnzwecken

Der U möchte in größtmöglichem Umfang von seinem Optionsrecht Gebrauch machen.

Für das **Erdgeschoss** kann nicht optiert werden, da es sich um einen nicht steuerbaren Innenumsatz handelt (nicht an einen anderen Unternehmer). Für das **1. Obergeschoss** ist eine Option möglich, da an einen anderen Unternehmer für dessen Unternehmen vermietet wird. Die Vermietung an den Arzt im **2. Obergeschoss** bleibt steuerfrei, da der Arzt gem. § 4 Nr. 14 UStG nur Ausschlussumsätze ausführt, die nicht zum Vorsteuerabzug berechtigen. Für die **Wohnung Nr. 1** braucht nicht optiert werden, da es sich um eine steuerpflichtige unentgeltliche sonstige Leistung i. S. des § 3 Abs. 9a Nr. 1 UStG handelt. Die **Wohnungen Nr. 2 und Nr. 3** bleiben ebenfalls steuerfrei, da sie nicht an einen anderen Unternehmer für dessen Unternehmen vermietet worden sind.

6.5 Fälle zur Sicherung des Lernerfolgs

Fall 1:

Hans Fröhlich ist Hauseigentümer eines viergeschossigen Gebäudes in Leverkusen, das er insgesamt seinem Unternehmen zugeordnet hat. Im VZ 2023 hat er das Gebäude wie folgt vermietet:

a) Erdgeschoss: Lebensmittelhändler
b) 1. OG: Augenarzt Praxis
c) 2. OG: Wohnung eines Steuerberaters
d) 3. OG: Wohnung des Eigentümers Fröhlich

Beurteilen Sie, ob die Umsätze steuerbar, steuerpflichtig oder steuerfrei sind und ob eine Option nach § 9 UStG möglich ist!

Fall 2:

Entscheiden Sie, ob die folgenden steuerbaren Umsätze behandelt werden können als

1. steuerpflichtig
2. steuerfrei mit Vorsteuerabzug
3. steuerfrei ohne Vorsteuerabzug und ohne Optionsmöglichkeit
4. steuerfrei ohne Vorsteuerabzug, jedoch Option möglich ist und wegen des Vorsteuerabzugs beim Leistungsempfänger auch sinnvoll.

a) Der Handelsvertreter A vermittelt den Verkauf von Maschinen, die von einem deutschen Unternehmer hergestellt wurden, an einen Käufer in Saudi-Arabien.
b) Die Stadtsparkasse Gelsenkirchen berechnet einem Privatkunden für die Verwahrung und Verwaltung des Wertpapierdepots Gebühren i. H. v. 250 €.
c) Der freiberuflich tätige Arzt D nutzt einen Pkw zu 60 % für seine ärztliche Tätigkeit und zu 40 % für private Zwecke.
d) Die Y-GmbH vermietet eine nicht mehr benötigte Lagerhalle in Essen an einen Möbelfabrikanten, der dieses Grundstück zur Lagerung seiner Fertigerzeugnisse nutzt.
e) Die Rentnerin F vermietet im Erdgeschoss ihres Mietwohngrundstücks in Bonn Büroräume an einen selbstständigen Versicherungsvertreter G.

Fall 3:

Die Sachverhalte sind für den Unternehmer Josef Müller (J. M.) aus Köln für den VZ 2023 umsatzsteuerrechtlich zu würdigen.

Sachverhalt 1:
J. M. hatte vor einigen Jahren ein in Köln belegenes unbebautes Grundstück als Vorratsgelände erworben. Da die Möglichkeiten einer Ausweitung des Unternehmens begrenzt sind und für die nächste Zeit Bauabsichten nicht bestanden, hat J. M. das Grundstück an einen Möbelmarkt verkauft. Der Vertrag wurde am 12. April 2023 vor dem Notar abgeschlossen. Als Tag des wirtschaftlichen Übergangs wurde der 01. Mai 2023 vereinbart. Die Eintragung im Grundbuch erfolgte am 12. Juni 2023. Der Möbelmarkt zahlte den vereinbarten Kaufpreis von 80.000 € und übernahm auch die aufgrund des Erwerbs entstandene Grunderwerbsteuer von (6,5 % von 80.000 € =) 5.200 € in voller Höhe. Umsatzsteuerlich hat J. M. nichts veranlasst.

Sachverhalt 2:
In der Zeit vom Juli bis November 2023 hat J. M. das zu seinem Betriebsvermögen gehörende Wohn- und Geschäftshaus mit einem Kostenaufwand von 150.000 € zzgl. 28.500 € Umsatzsteuer, insgesamt 178.500 €, renovieren lassen. Die in den Rechnungen gesondert ausgewiesene Umsatzsteuer von 28.500 € hat J. M. als Vorsteuer geltend gemacht. Die Renovierungskosten verteilen sich etwa gleichmäßig auf das ganze Gebäude. Die vier gleich großen Geschosse des Gebäudes werden seit dem 01. Dezember 2023 wie folgt genutzt:

Erdgeschoss:	Arztpraxis	(Monatsmiete 1.500 €; USt 0 €)
I. Obergeschoss:	Büroräume	(Monatsmiete 1.500 €; USt 285 €)
II. Obergeschoss:	Wohnungen	(Monatsmiete 1.000 €; USt 0 €)
III. Obergeschoss:	Wohnungen	(Monatsmiete 1.000 €; USt 190 €)

Die Wohnungen im III. Obergeschoss hat eine Baufirma für ihre Arbeitnehmer angemietet. Auf Verlangen der Baufirma hat J. M. im Mietvertrag außer der Nettomiete die Umsatzsteuer gesondert ausgewiesen.

7. Steuersätze

Steuerbare Umsätze, für die keine Steuerbefreiungen infrage kommen, sind **steuerpflichtig**. Durch **Anwendung des Steuersatzes auf die Bemessungsgrundlage** ergibt sich die **Umsatzsteuer** (Traglast).

Das deutsche Umsatzsteuerrecht enthält im Wesentlichen **zwei Steuersätze**:

- allgemeiner Steuersatz
- ermäßigter Steuersatz.

Der jeweils für die **Hauptleistung** anzuwendende **Steuersatz** gilt **auch für Nebenleistungen**, die das Schicksal der Hauptleistung teilen (z. B. Transportkosten, Verpackung usw.).

7.1 Allgemeiner Steuersatz

Der **allgemeine Steuersatz** (= **Regelsteuersatz**) ist seit dem 01. Januar 2008 mit **19 %** anzusetzen (§ 12 Abs. 1 UStG).

Daraus ergibt sich bei **Bruttobeträgen** ein **Umrechnungsfaktor** (Multiplikator) von **15,97 %**. Für die **exakte Berechnung** lässt sich auch der **Divisor 1,19** benutzen.

Beispiel

Der Unternehmer U liefert an den Endverbraucher E einen Gegenstand zum Preis von 10.000 € (inkl. 19 % USt).

Die Umsatzsteuer beträgt (10.000 € • 15,97 % =) 1.597 €. Nach der exakten Berechnung ergibt sich eine Umsatzsteuer i. H. v. (10.000 € : 1,19 • 0,19 =) 1.596,64 €.

HINWEIS

Nach **§ 12 Absatz 3 UStG** ist auf die Lieferung, die Einfuhr und den innergemeinschaftlichen Erwerb sowie die Installation von **Photovoltaikanlagen** einschließlich der Stromspeicher ab dem VZ 2023 ein **Nullsteuersatz** anzuwenden. Die Voraussetzungen des Nullsteuersatzes sind erfüllt, wenn die installierte Bruttoleistung der Photovoltaikanlage laut Marktstammdatenregister nicht mehr als 30 kW (peak) beträgt oder betragen wird.

7.2 Ermäßigter Steuersatz

Der ermäßigte Steuersatz beträgt gem. § 12 Abs. 2 UStG **7 %**.

Dieser Steuersatz ist anzuwenden auf die in § 12 Abs. 2 UStG **abschließend** aufgeführten Umsätze.

7.2.1 Gegenstände der Anlage zum UStG

Die Umsatzsteuer beträgt gem. **§ 12 Abs. 2 Nr. 1 UStG** für

- die **Lieferungen (nicht sonstige Leistungen),**
- die **Einfuhr** und
- den **innergemeinschaftlichen Erwerb**

für die in der **Anlage 2 zum UStG bezeichneten Gegenstände 7 %**.

Die Gegenstände in der Anlage zum UStG lassen sich im Wesentlichen in folgende **Warengruppen** aufteilen:

- lebende Tiere
- land- und forstwirtschaftliche Erzeugnisse
- Futtermittel, Düngemittel
- **Lebensmittel** (nicht: Getränke, Kaviar, Hummer, Langusten, Austern und Schnecken!)
- **Waren des Buchhandels** und **andere Erzeugnisse des graphischen Gewerbes** sowie **E-Books** und **Datenbanken**
- **Rollstühle, Körperersatzstücke** und **orthopädische Apparate**.

Da die Steuerermäßigung des § 12 Abs. 2 Nr. 1 UStG auf die Lieferungen, die Einfuhr und den innergemeinschaftlichen Erwerb der in der Anlage bezeichneten Gegenstände beschränkt ist, folgt aus der Zuordnung der **Restaurantsumsätze** zu den **sonstigen Leistungen**, dass

- die Abgabe von Speisen und Getränken zum Verzehr an Ort und Stelle an Dritte und
- der Verzehr von Speisen und Getränken durch den Unternehmer selbst als Wertabgaben i. S. des § 3 Abs. 9a Satz 1 Nr. 2 UStG

dem **allgemeinen Steuersatz** unterliegen. Für **nach dem 30.06.2020 und vor dem 01.01.2024 erbrachte Restaurant- und Verpflegungsdienstleistungen, mit Ausnahme der Abgabe von Getränken, gilt (coronabedingt) der ermäßigte Steuersatz** (§ 12 Abs. 2 Nr. 15 UStG).

Beispiele

1. Unternehmer A betreibt eine Gaststätte. In seiner Gaststätte veräußert er Speisen und Getränke. Außerdem verkauft er Speisen und Getränke für private Veranstaltungen; die Kunden holen die Speisen und Getränke bei A ab.

   Hinsichtlich der in seiner Gaststätte veräußerten Speisen und Getränke handelt es sich um sonstige Leistungen i. S. des § 3 Abs. 9 UStG, die steuerbar und steuerpflichtig sind. Der Steuersatz beträgt gem. § 12 Abs. 1 UStG 19 %. Da es sich um eine sonstige Leistung handelt, findet § 12 Abs. 2 Nr. 1 UStG keine Anwendung. Hinsichtlich des Verkaufs für private Veranstaltungen handelt es sich um Lieferungen i. S. des § 3 Abs. 1 UStG, die steuerbar und steuerpflichtig sind. Soweit die Speisen und Getränke in der Anlage 2 zum UStG aufgeführt sind, kommt der ermäßigte Steuersatz von 7 % zur Anwendung (§ 12 Abs. 2 Nr. 1 UStG). Im Übrigen ist der Regelsteuersatz von 19 % anzuwenden (§ 12 Abs. 1 UStG).
2. Unternehmer B betreibt eine Gaststätte. B selbst nimmt in der Gaststätte seine täglichen Mahlzeiten ein. Es handelt sich um eine unentgeltliche Leistung gem. § 3 Abs. 9a Nr. 2 UStG, die steuerbar und steuerpflichtig ist. Der Steuersatz beträgt gem. § 12 Abs. 1 UStG 19 %. Da es sich um eine sonstige Leistung handelt, findet § 12 Abs. 2 Nr. 1 UStG keine Anwendung.

3. Unternehmer C betreibt eine Gaststätte. Er nimmt Speisen aus der Gaststätte zu seiner 10 km entfernt gelegenen Wohnung mit, um sie dort zu verzehren. Es handelt sich um eine unentgeltliche Lieferung gem. § 3 Abs. 1b Nr. 1 UStG, die steuerbar und steuerpflichtig ist. Der Steuersatz beträgt gem. § 12 Abs. 2 Nr. 1 UStG 7 %.
4. Unternehmer D betreibt eine Gaststätte. In seiner Gaststätte beköstigt er auch unentgeltlich seine Arbeitnehmer. Es handelt sich um eine unentgeltliche sonstige Leistung gem. § 3 Abs. 9a Nr. 2 UStG, die steuerbar und steuerpflichtig ist. Der Steuersatz beträgt gem. § 12 Abs. 1 UStG 19 %.

7.2.2 Personenbeförderungsverkehr

Nach **§ 12 Abs. 2 Nr. 10 UStG** unterliegt die **Beförderung von Personen** unter bestimmten Voraussetzungen dem ermäßigten Steuersatz von **7 %**, wenn die Beförderung mit einem begünstigten Beförderungsmittel (z. B. **Taxi, Deutsche Bahn AG**) durchgeführt wird.

Nicht begünstigt ist der Verkehr mit Mietwagen (Abschn. 12.13. Abs. 8 UStAE).

Die Beförderung unterliegt dem ermäßigten Steuersatz, wenn die Beförderung

- entweder **innerhalb einer (politischen) Gemeinde** (ohne Rücksicht auf die Länge der Beförderungsstrecke) durchgeführt wird **oder**
- die Beförderungsstrecke **nicht mehr als 50 km** beträgt.

ACHTUNG

Der Steuersatz für den **Schienenbahnverkehr** beträgt **immer 7 %** und zwar ohne Rücksicht auf die Länge der Beförderungsstrecke.

Zwei getrennte Beförderungsstrecken liegen vor, wenn ein Fahrausweis ausgegeben wird, der zur **Hin- und Rückfahrt** berechtigt (Abschn. 12.14. Abs. 3 Satz 6 UStAE).

Beispiele

1. Der Handelsvertreter H kauft eine Fahrkarte der Deutschen Bahn AG von Düsseldorf nach Bonn und zurück. Die gesamte Fahrstrecke beträgt 86 km. Es liegen zwei getrennte Beförderungsstrecken von jeweils 43 km vor. Da die Personenbeförderung mit dem Schienenbahnverkehr durchgeführt wird, unterliegt sie dem ermäßigten Steuersatz von 7 % und zwar unabhängig von der Länge der Beförderungsstrecke.
2. Ein Taxiunternehmer befördert einen Fahrgast innerhalb der Stadt Düsseldorf. Die gesamte Beförderungsstrecke beträgt 58 km. Die Personenbeförderung wird mit einem begünstigten Beförderungsmittel durchgeführt. Die Beförderungsleistung

unterliegt dem ermäßigten Steuersatz von 7 %, da sie innerhalb einer Gemeinde durchgeführt wird. Auf die zurückgelegte Strecke kommt es insoweit nicht an.

Der **ermäßigte Steuersatz** erstreckt sich auch auf die **Nebenleistungen** zu einer begünstigten Hauptleistung (z. B. Fahrpreiszuschläge für Zuschlag-, Platz- oder Liegekarten, Beförderung des Reisegepäcks).

7.3 Fälle zur Sicherung des Lernerfolgs

Fall 1:

Stellen Sie bei den nachfolgenden steuerpflichtigen Umsätzen fest, ob der Regelsteuersatz oder der ermäßigte Steuersatz Anwendung findet.

Nr.	Sachverhalt	7 %	19 %
1.	Gastwirt veräußert gegrillte Hähnchen in Warmhalteverpackungen über die Straße.		
2.	Ein Verlag liefert Tageszeitungen und Zeitschriften.		
3.	Hummer		
4.	Kaffee		
5.	Ein Automatenaufsteller stellt in der Betriebskantine des B einen Würstchenautomaten auf.		
6.	Das Café C veräußert Eis in Bechern zum Mitnehmen.		
7.	Eine Bäckerei veräußert Brötchen.		
8.	Eine Sektkellerei veräußert Sekt.		
9.	Zigaretten		
10.	Ein Blumengeschäft veräußert Schnittblumen.		
11.	Bier		
12.	Eine Getränkegroßhandlung veräußert Mineralwasser.		
13.	Ein Stehcafé veräußert tassenweise Kaffee, der an Stehtischen getrunken werden kann.		
14.	Ein Großmarkt veräußert Tomaten in Holzkisten.		
15.	Milch		
16.	Taxifahrt innerhalb eines Stadtgebietes (Beförderungsstrecke: 26 km)		
17.	Taxifahrt außerhalb des Stadtgebietes (Beförderungsstrecke: 87 km)		
18.	Taxifahrt innerhalb des Stadtgebietes (Beförderungsstrecke: 62 km)		
19.	Dienstreise mit der Deutschen Bahn A, Fahrtstrecke insgesamt 150 km		

Fall 2:

Prüfen und begründen Sie, welchen steuerbaren Umsatz die Firma T. erbracht hat und berechnen Sie die Höhe der Umsatzsteuer.

A in Leverkusen veranstaltet eine Party. Er bestellt dazu bei der Firma „Tischlein-Deck-Dich-GmbH" (T) in Köln ein komplettes Menü, das ausschließlich aus Gegenständen aus der Anlage 2 zum UStG besteht, sowie Getränke. Die Waren werden vom Personal der Firma T bei A lediglich angeliefert. Die Firma T stellt auch Tischdecken, Gläser und Teller sowie Bestecke zur Verfügung. Serviceleistungen werden jedoch **nicht** erbracht.

A erhält folgende Rechnung:

	Menü für 15 Personen lt. Angebot à 15 € =	225,00 €
+	10 Flaschen Champagner à 20 € =	200,00 €
+	6 Flaschen Orangensaft à 1,50 € =	9,00 €
+	12 Flaschen Mineralwasser à 0,50 € =	6,00 €
+	8 Flaschen Pils à 1,25 € =	10,00 €
+	Tafelausrüstung	50,00 €
+	Personal	100,00 €
+	Fahrt- und Transportkosten	50,00 €
=	Insgesamt (inkl. USt)	650,00 €

8. Bemessungsgrundlage

Um die Umsatzsteuer für steuerpflichtige Umsätze berechnen zu können, bedarf es neben dem Steuersatz eines Wertmaßstabes (= Bemessungsgrundlage), auf den der Steuersatz anzuwenden ist.

Für die verschiedenen Umsatztatbestände des § 1 UStG sind in **§ 10 UStG** differenzierte Regelungen zur Bestimmung der Bemessungsgrundlage getroffen.

8.1 Entgeltliche Leistungen

Für **Lieferungen**, **sonstige Leistungen** und bei dem **innergemeinschaftlichen Erwerb** wird der Umsatz nach dem **Entgelt** bemessen (§ 10 Abs. 1 Satz 1 UStG).

Der Entgeltbegriff bestimmt sich aus der **Sicht des leistenden Unternehmers** und auf den **Wert der Gegenleistung**.

Entgelt ist demnach nach **§ 10 Abs. 1 Satz 2 UStG** alles, was den Wert der Gegenleistung bildet, die der leistende Unternehmer vom Leistungsempfänger oder von einem anderen als dem Leistungsempfänger für die Leistung erhält oder erhalten soll, einschließlich der unmittelbar mit dem Preis dieser Umsätze zusammenhängenden Subventionen, jedoch abzüglich der für diese Leistung gesetzlich geschuldeten Umsatzsteuer.

Zum Entgelt gehört deshalb auch, was ein anderer als der Leistungsempfänger dem leistenden Unternehmer gewährt (sog. **Zuschüsse**). Diese Zuschüsse haben lediglich einen **Preis auffüllenden Charakter**.

MERKE

Die **Bemessungsgrundlage** ist also **stets** ein **Nettobetrag**!

Beispiel

Der Unternehmer U veräußert Ware für 50 € (inkl. 19 % USt).

Die Bemessungsgrundlage beträgt (50 : 1,19 =) 42,02 €; die Umsatzsteuer beträgt (19 % von 42,02 € =) 7,98 €.

Beispiel

Die Arbeitnehmer des Bekleidungsherstellers Hose in Bergisch Gladbach können ihr Mittagessen in der Vertragsgaststätte „Zum Hecht“ einnehmen. Sie zahlen dem Gastwirt für ein Essen 4,75 €. Der Arbeitgeber zahlt an den Gastwirt pro Essen einen Zuschuss von 1,75 €. Der Gastwirt ist der Meinung, dass als Bemessungsgrundlage für ein Essen der von dem Arbeitnehmer gezahlte Anteil von 4,75 € anzusetzen sei.

Entgelt ist nicht nur das, was der Leistungsempfänger aufwendet, um die Leistung zu erhalten, sondern auch das, was ein Dritter dem Leistungsgeber für die Leistung gewährt. Anzusetzen sind daher 6,50 €. Die Leistung des Gastwirtes unterliegt dem allgemeinen Steuersatz von 19 %, da es sich um eine sonstige Leistung handelt und § 12 Abs. 2 Nr. 1 UStG daher keine Anwendung findet. Die Bemessungsgrundlage beträgt (6,50 € : 1,19 =) 5,46 €; die Umsatzsteuer ist dementsprechend mit (5,46 € • 19 % =) 1,04 € anzusetzen.

Bei dem **innergemeinschaftlichen Erwerb** sind (alle) **Verbrauchsteuern**, die vom Erwerber geschuldet oder entrichtet werden, in die Bemessungsgrundlage **einzubeziehen** (§ 10 Abs. 1 Satz 3 UStG).

Beispiel

Der Gastwirt G aus Düsseldorf erwirbt von dem belgischen Unternehmer U zehn Kisten Champagner. Der G verwendet den Champagner ausschließlich in seiner Gaststätte. Das Entgelt (einschl. Frachtkosten) beträgt umgerechnet 2.500 €. Außerdem hat er an U 200 € Schaumweinsteuer zu zahlen. Alle beteiligten Unternehmer verwenden ihre nationale gültige USt-IdNr.

Die Bemessungsgrundlage für den innergemeinschaftlichen Erwerb beträgt 2.700 €.

Die Beträge, die ein Unternehmer im Namen und für Rechnung eines anderen vereinnahmt und verausgabt (sog. **durchlaufende Posten**) gehören nach § 10 Abs. 1 Satz 5 UStG **nicht zum Entgelt**.

Durchlaufende Posten liegen vor, wenn der Unternehmer, der die Beträge vereinnahmt und verausgabt, im Zahlungsverkehr lediglich die Funktion einer **Mittelsperson** ausübt, ohne selbst einen Anspruch auf den Betrag gegen den Leistenden zu haben und auch nicht zur Zahlung an den Empfänger verpflichtet zu sein.

Beispiele

Beispiel 1:
Durchlaufende Posten – ja oder nein?

- Gerichtskosten, die Rechtsanwälte und Notare für ihre Mandanten bei Gericht auslegen – **ja**
- Auslagen eines Bestattungsunternehmers – **ja**
- Auslagen eines Händlers für den Kfz-Brief – **nein**
- Auslagen des Händlers für Zulassungskosten – **ja**
- Steuern, öffentliche Gebühren und Abgaben (z. B. die **Maut-Gebühr**), die von dem Unternehmer geschuldet werden – **nein**
- Die von einer Fahrschule verauslagten und dem Fahrschüler in Rechnung gestellten TÜV-Gebühren für die Fahrprüfung – **ja**

Beispiel 2:
Ein Rechtsanwalt beabsichtigt, seinem Mandanten folgende Rechnung zu schicken:

Beratungskosten	250,00 €
Verauslagte Gerichtskosten	50,00 €
Rechnungsbetrag netto	300,00 €
+ 19 % USt	57,00 €
Rechnungsbetrag brutto	357,00 €

Die verauslagten Gerichtskosten gehören als durchlaufender Posten nicht zur Bemessungsgrundlage. Der Rechtsanwalt hat seine Rechnung daher wie folgt zu berichtigen:

Beratungskosten	250,00 €
+ 19 % USt	47,50 €
Rechnungsbetrag brutto	297,50 €
Verauslagte Gerichtskosten	50,00 €
Zahlbetrag	347,50 €

8.2 Tausch, tauschähnlicher Umsatz

Beim Tausch und beim tauschähnlichen Umsatz ist der **gemeine Wert der Gegenleistung** anzusetzen; die **Umsatzsteuer** gehört **nicht zum Entgelt** (§ 10 Abs. 2 Sätze 2 und 3 UStG). Es handelt sich um **zwei selbstständig zu beurteilende Umsätze**; der Wert jedes Umsatzes gilt dabei als Entgelt für den anderen Umsatz.

Beispiele

Beispiel 1:
Der Fotohändler Sonde aus Wuppertal verkauft eine Spiegelreflexkamera an einen Kunden für 1.071 € (inkl. 19 % USt) und nimmt neben einem Barscheck von 833 € dessen gebrauchte Kamera für 238 € in Zahlung.

Die Bemessungsgrundlage für den Fotohändler für den steuerbaren und steuerpflichtigen Tausch mit Baraufgabe beträgt in dem Wert der Gegenleistung abzgl. USt. Der Wert der Gegenleistung besteht in der Hingabe der gebrauchten Kamera (238 €) und in der Baraufgabe (833 €), insgesamt also 1.071 €. Das Entgelt beträgt (1.071 € : 1,19 =) 900 €; die Umsatzsteuer (900 € • 19 % =) 171 €.

Beispiel 2:
A veräußert an B Zucker für 6.000 € zzgl. 420 € USt (7 %) und erhält als Gegenleistung einen Gabelstapler zum gemeinen Wert von 5.000 € (inkl. 19 % USt) und Bargeld von 1.420 €.

Wie hoch ist die Bemessungsgrundlage für A und B?

A: 5.000 € (Stapler) + 1.420 € (Barausgleich) = 6.420 € : 1,07 = 6.000 €

B: 6.420 € (Zucker) - 1.420 € (Barausgleich) = 5.000 € : 1,19 = 4.201,68 €.

Beispiel 3:
Ein Spediteur gibt beim Kauf eines neuen Lkw sein gebrauchtes Fahrzeug beim Händler in Zahlung. Für das neue Fahrzeug wird der Listenpreis i. H. v. 137.500 € zzgl. 19 % USt und abzüglich 3 % Barzahlungsnachlass vereinbart. Nach Anrechnung des Entgelts für die Inzahlunggabe des gebrauchten Fahrzeugs übergibt der Spediteur dem Händler einen Scheck i. H. v. 140.866,25 €.

Wie hoch ist die Bemessungsgrundlage für das gebrauchte Fahrzeug?

Die Bemessungsgrundlage errechnet sich wie folgt:

	Neuwagen	137.500,00 €
-	3 % Nachlass	4.125,00 €
		133.375,00 €
+	19 % USt	25.341,25 €
		158.761,25 €
-	Scheckzahlung	140.866,25 €
=	Bruttowert	17.850,00 €
=	Bemessungsgrundlage	15.000,00 €

8.3 Unentgeltliche Wertabgaben

8.3.1 Unentgeltliche Lieferungen

Bemessungsgrundlage für die **unentgeltlichen Lieferungen** i. S. des § 3 Abs. 1b UStG ist nach **§ 10 Abs. 4 Nr. 1 UStG** grundsätzlich der **Einkaufspreis** (= Wiederbeschaffungspreis) **zuzüglich Nebenkosten zum Zeitpunkt des Umsatzes**.

Die **Umsatzsteuer** gehört **nicht** zur **Bemessungsgrundlage**.

Beispiel

Werner Kremp betreibt in Wuppertal eine Sportgerätefarbik mit Großhandel. Seiner Tochter schenkt er einen Satz Golfschläger. Der damalige Einkaufspreis beträgt netto 800 €, er ist zum Zeitpunkt der Schenkung um 10 % angestiegen. Der Verkaufspreis beträgt netto 1.000 €.

Die Bemessungsgrundlage für die unentgeltliche Lieferung ist der Einkaufspreis im Zeitpunkt des Umsatzes. Dieser beträgt unter Berücksichtigung der eingetretenen Preissteigerung (800 € • 110 % =) 880 €. Die Umsatzsteuer beträgt (880 € • 19 % =) 167,20 €.

Kann der **Einkaufspreis nicht ermittelt** werden, so sind nach **§ 10 Abs. 4 Nr. 1 UStG** die **Selbstkosten** anzusetzen.

Diese umfassen alle durch den betrieblichen Leistungsprozess bis zum Zeitpunkt der Entnahme oder Zuwendung entstandenen Kosten.

Beispiel

Einer langjährigen Angestellten schenkt der Unternehmer das Geburtstagsessen, das in der Küche des Unternehmers zubereitet und in das Clubhaus eines Golfvereins geliefert wird, dem die Angestellte angehört. Die Kosten des Essens betragen 2.000 €; einem Kunden hätte der Unternehmer 3.100 € berechnet. Die Bemessungsgrundlage für die unentgeltliche Lieferung beträgt 2.000 € (§ 10 Abs. 4 Nr. 1 UStG).

8.3.2 Unentgeltliche sonstige Leistungen

Bemessungsgrundlage für die steuerbaren unentgeltlichen **sonstigen Leistungen i. S. des § 3 Abs. 9a Nr. 1 UStG** sind die bei Ausführung dieser Umsätze **entstandenen Ausgaben**. Dies gilt allerdings nur, wenn die Ausgaben dem Unternehmer zum vollen oder zumindest teilweisen Vorsteuerabzug berechtigt haben (§ 10 Abs. 4 Nr. 2 UStG).

Zu diesen Ausgaben gehören **auch** die **Anschaffungs- oder Herstellungskosten** eines Wirtschaftsguts, soweit das Wirtschaftsgut dem Unternehmen zugeordnet ist und für die Erbringung der sonstigen Leistung verwendet wird.

Betragen die Anschaffungs- oder Herstellungskosten **mindestens 500 €**, sind sie **gleichmäßig** auf einen Zeitraum zu **verteilen**, der dem für das Wirtschaftsgut maßgeblichen Berichtigungszeitraum nach § 15a UStG entspricht (**5 bzw. 10 Jahre**).

Nach Ablauf des jeweils nach § 15a UStG maßgeblichen Berichtigungszeitraums sind die auf das Wirtschaftsgut entfallenden Ausgaben vollständig in die Bemessungsgrundlage eingeflossen und in den Folgejahren nicht mehr als Bemessungsgrundlage zu berücksichtigen.

Betragen bei einem Wirtschaftsgut die Anschaffungs- oder Herstellungskosten **nicht mehr als 500 €**, sind diese **nicht** auf mehrere Jahre zu **verteilen**, sondern im Jahr der Anschaffung oder Herstellung **komplett zu berücksichtigen**.

Bei **sonstigen Leistungen i. S. des § 3 Abs. 9a Nr. 2 UStG** werden **sämtliche** bei der Ausführung dieser Umsätze **entstandenen Ausgaben** angesetzt (§ 10 Abs. 4 Nr. 3 UStG). Einzubeziehen sind daher auch solche Aufwendungen, die nicht mit Umsatzsteuer belastet waren.

ACHTUNG

Im Gegensatz zu den sonstigen Leistungen nach § 3 Abs. 9a Nr. 1 UStG gehören **sämtliche bei der Ausführung dieser Umsätze entstandenen Ausgaben zur Bemessungsgrundlage** (§ 10 Abs. 4 Nr. 3 UStG), **auch wenn diese Ausgaben nicht mit Umsatzsteuer belastet waren** (z. B. die anteiligen Personalkosten, die auf den Einsatz betrieblicher Arbeitskräfte im Haushalt des Unternehmers entfallen).

Beispiel

Ein selbstständiger Installateur baut ein Eigenheim und verwendet hierfür Material von seinem Lager für netto 2.500 €. Auf den Einsatz seiner Gesellen an dieser Baustelle entfallen Arbeitslöhne und Lohnnebenkosten von 5.000 €. Sonstige für das private Bauvorhaben entstandene betriebliche Aufwendungen (anteilige Büro- und Energiekosten) werden mit 125 € geschätzt.

Obwohl im Zusammenhang mit den Personalkosten Vorsteuer nicht angefallen ist, sind diese Aufwendungen in die Bemessungsgrundlage für den Umsatz, der nach § 3 Abs. 9a Nr. 2 UStG einer sonstigen Leistung gegen Entgelt gleichgestellt ist, einzubeziehen. Die Bemessungsgrundlage ermittelt sich nach Maßgabe des § 10 Abs. 4 Nr. 3 UStG wie folgt:

Materialkosten netto	2.500,00 €
Arbeitslöhne und Lohnnebenkosten	5.000,00 €
Anteilige Büro- und Energiekosten	125,00 €
Bemessungsgrundlage	7.625,00 €
Umsatzsteuer (19 % von 7.625 € =)	1.448,75 €

8.4 Pkw-Überlassung an Arbeitnehmer

Überlässt der Arbeitgeber seinem Arbeitnehmer ein **Kfz auch zur privaten Nutzung** (Privatfahrten, Fahrten zwischen Wohnung und Arbeitsstätte), ist dies grundsätzlich als **entgeltliche Leistung i. S. des § 1 Abs. 1 Nr. 1 UStG** anzusehen, wenn dem Arbeitnehmer das Kfz für **mehr als fünf Tage im Monat** für private Zwecke überlassen wird (BMF v. 27.08.2005, BStBl 2005 I S. 864).

Es handelt sich dann um einen **tauschähnlichen Umsatz** i. S. des § 3 Abs. 12 Satz 2 UStG. Der **Leistungsort** dieser Leistung bestimmt sich daher nach **§ 3a Abs. 3 Nr. 2 UStG**.

Die **Bemessungsgrundlage** ist nach § 10 Abs. 2 Satz 2 UStG der **Wert der nicht durch Barlohn abgegoltenen Arbeitsleistung**. Aus **Vereinfachungsgründen** kann dieser Wert wie folgt ermittelt werden:

- **Fahrtenbuchmethode**
- **1 %- bzw. 0,03 %-Regelung** (bzw. Einzelbesteuerung nach der **0,002 %-Regelung** bei Vorliegen von datumsgenauen Aufzeichnungen der Einzelfahrten).

Bei der **1 %-Regelung** ist eine **Kürzung um 20 %** für nicht mit Vorsteuer belastete Kosten **unzulässig**. Aus dem so ermittelten Wert ist die **Umsatzsteuer herauszurechnen**.

Bei der Fahrtenbuchmethode darf ebenso keine Kürzung um die nicht mit Vorsteuer belasteten Kosten vorgenommen werden.

Der so ermittelte Wert ist ein Nettowert, auf den die Umsatzsteuer aufzuschlagen ist.

Beispiele

Beispiel 1: (1 %- bzw. 0,03 %-Regelung)
Brutto-Listenpreis des Pkw: 30.000 €; einfache Entfernung zur Arbeit: 10 km

a) Privatfahrten	
1 % v. 30.000 € • 12 Monate =	3.600,00 €
b) Fahrten zwischen Wohnung und Arbeitsstätte	
0,03 % v. 30.000 € • 10 km • 12 Monate =	1.080,00 €
Bruttowert der sonstigen Leistung an den Arbeitnehmer	4.680,00 €
Bemessungsgrundlage (4.680 € : 1,19 =)	3.932,77 €
Umsatzsteuer (3.932,77 € • 19 % =)	747,23 €

Beispiel 2: (anteilige Kosten lt. Fahrtenbuch)
Ein Firmenwagen mit einer Jahresfahrleistung von 20.000 km wird von dem Arbeitnehmer lt. ordnungsgemäß geführtem Fahrtenbuch an 180 Tagen jährlich für Fahrten zur 10 km entfernten Arbeitsstätte benutzt. Die übrigen Privatfahrten des Arbeitnehmers belaufen sich auf insgesamt 3.400 km. Die gesamten Kfz-Kosten (Nettoaufwendungen inkl. AfA) betragen 9.000 €.

Von den Privatfahrten des Arbeitnehmers entfallen 3.600 km auf Fahrten zwischen Wohnung und Arbeitsstätte (180 Tage • 20 km) und 3.400 km auf sonstige Fahrten. Dies entspricht einer Privatnutzung von insgesamt 35 % (7.000 km von 20.000 km). Für die umsatzsteuerliche Bemessungsgrundlage ist von einem Betrag von 35 % von 9.000 € = 3.150 € auszugehen. Die Umsatzsteuer beträgt (3.150 € • 19 % =) 598,50 €.

8.5 Mindestbemessungsgrundlage

Bei Umsätzen von

- **Einzelunternehmern an ihnen nahestehende Personen** (= Angehörige i. S. des § 15 AO), die nach § 1 Abs. 1 Nr. 1 Satz 1 UStG steuerbar sind,
- Unternehmern an ihr Personal oder deren Angehörige aufgrund des Dienstverhältnisses

ist die **Bemessungsgrundlage nach § 10 Abs. 4 UStG anzusetzen, wenn sie das Entgelt nach § 10 Abs. 1 UStG übersteigt**, sog. **Mindest-Bemessungsgrundlage** (**§ 10 Abs. 5 UStG**).

Der Umsatz ist jedoch **höchstens** nach dem **marktüblichen Entgelt** zu bemessen. Übersteigt das Entgelt nach § 10 Abs. 1 UStG das marktübliche Entgelt, gilt § 10 Abs. 1 UStG.

Auf diese Weise wird erreicht, dass eine **verbilligte Abgabe** mindestens so wie bei einer unentgeltlichen Wertabgabe versteuert wird.

Beispiele

1. Einer langjährigen Angestellten liefert der Unternehmer für 1.000 € das Geburtstagsessen. Die Ausgaben des Essens betragen 2.000 €; einem Kunden hätte der Unternehmer 3.100 € berechnet. Die Bemessungsgrundlage beträgt 2.000 € (§ 10 Abs. 5 Nr. 2 i. V. mit Abs. 4 Nr. 1 UStG).
2. Der Unternehmer überlässt seinem Bruder für 250 € seinen firmeneigenen Pkw. Die anteiligen Ausgaben betragen 250 €. Die Bemessungsgrundlage nach § 10 Abs. 1 UStG beträgt (250 € : 1,19 =) 210,08 € und liegt damit unter dem Wert nach § 10 Abs. 4 Nr. 2 UStG i. H. v. 250 €. Anzusetzen ist daher die Mindestbemessungsgrundlage von 250 € (§ 10 Abs. 5 Nr. 1 i. V. mit Abs. 4 Nr. 2 UStG). Die Umsatzsteuer beträgt (250 € • 19 % =) 47,50 €.

8.6 Änderung der Bemessungsgrundlage

Hat sich die Bemessungsgrundlage nach § 10 Abs. 1 bis 5 UStG für einen **steuerpflichtigen Umsatz nachträglich (!)** geändert, so haben

- der Unternehmer, der diesen Umsatz ausgeführt hat, den dafür geschuldeten **Umsatzsteuerbetrag** und
- der Unternehmer, an den dieser Umsatz ausgeführt worden ist, den dafür in Anspruch genommenen **Vorsteuerbetrag**

zu **berichtigen** (§ 17 Abs. 1 Satz 1 und 2 UStG).

Die **Berichtigungen** sind für den **Besteuerungszeitraum** vorzunehmen, **in dem die Änderung der Bemessungsgrundlage eingetreten ist** (§ 17 Abs. 1 Satz 8 UStG).

Die Bemessungsgrundlage wird **nachträglich geändert**, wenn die Beteiligten das Entgelt für einen steuerpflichtigen Umsatz

- **erhöhen** (z. B. Preiszuschläge, Vertragsstrafen).
- **mindern** (z. B. **Skonti**, **Rabatte**, Jahresboni, Preisnachlässe).

Die Umsatzsteuer bzw. Vorsteuer ist nach § 17 Abs. 2 UStG auch dann zu berichtigen, wenn

- das vereinbarte Entgelt für eine steuerpflichtige Lieferung, sonstige Leistung, i. g. Erwerb **uneinbringlich geworden** ist. Wird das **Entgelt nachträglich vereinnahmt**, sind Steuerbetrag und Vorsteuerabzug **erneut zu berichtigen**.

  Beispiele

  1. **Insolvenzeröffnung, unbeschadet einer möglichen Insolvenzquote** (Abschn. 17.1. Abs. 15 Satz 1 UStAE)

2. Schuldner wird zahlungsunfähig bzw. ist unbekannt verzogen
3. den Forderungen kann die Einrede des Einforderungsverzichts entgegengehalten werden
4. **nicht:** Pauschalwertberichtigungen (Abschn. 17.1. Abs. 5 Satz 7 UStAE).

- für eine vereinbarte **Lieferung oder sonstige Leistung** ein Entgelt (z. B. Anzahlungen) entrichtet ist, die Lieferung bzw. sonstige Leistung jedoch **nicht ausgeführt** worden ist.
- eine steuerpflichtige Lieferung, sonstige Leistung oder i. g. Erwerb **rückgängig** gemacht worden ist (z. B. **Rücktritt beim Kauf oder Ausübung des Eigentumsvorbehalts**).
- der **Erwerber den Nachweis i. S. des § 3d Satz 2 UStG führt**.
- **Aufwendungen i. S. des § 15 Abs. 1a UStG getätigt werden**.

8.7 Fälle zur Sicherung des Lernerfolgs

Fall 1:

Der Einzelhändler Helmut Maller, der in Leverkusen einen Radio- und Fernsehhandel betreibt und der der Regelbesteuerung unterliegt, hat einen Posten Videokameras erworben. Folgende Werte sind bekannt (Euro pro Videokamera):

- Anschaffungskosten: 700 €
- Ladenverkaufspreis (einschl. 19 % USt): 1.190 €
- Wiederbeschaffungskosten lt. Preisliste des Großhändlers: 640 €

Beurteilen Sie die folgenden Sachverhalte unter umsatzsteuerlichen Gesichtspunkten hinsichtlich **Umsatzart**, **Steuerbarkeit** und **Bemessungsgrundlage** (Begriff und Euro):

a) Entnahme einer Videokamera für private Zwecke.

b) Verkauf einer Videokamera im Geschäft gegen Barzahlung.

c) Maller verwendet eine Videokamera für die Installation einer Überwachungsanlage in seinem Geschäftslokal.

d) Bei der Dekoration der Schaufensterauslagen fällt eine Videokamera zu Boden und wird zerstört. Die Versicherung erstattet 700 €.

Fall 2:

Der Baustoffhändler Peter Stein verkaufte seinem Bruder einen Posten Kalksandsteine zu 3.000 € zzgl. 19 % USt. Der ursprüngliche Einkaufspreis der Steine betrug 2.900 €. Inzwischen haben die Lieferanten von Kalksandsteinen ihre Preise um 10 % erhöht.

Um welche Umsatzart handelt es sich? Ermitteln Sie mit einer kurzen Begründung die Bemessungsgrundlage!

Fall 3:

Die „Carl Oldtimer GmbH" betreibt in Oberhausen eine Kraftfahrzeughandlung und -reparaturwerkstatt.

Für das Kalenderjahr 2023 ist die USt-Jahreserklärung zu erstellen. Folgende beiden Vorgänge sind dabei mit einer kurzen Begründung umsatzsteuerlich zu würdigen (Umsatzart, Steuerbarkeit, Steuerpflicht und Bemessungsgrundlage):

Sachverhalt 1:
Die GmbH verkaufte und übergab dem Kunden Eversmann (E) aus Essen am 20. Juli 2023 einen neuen Pkw und erteilte ihm folgende Rechnung (Auszug):

Listenpreis	21.550,00 €
Kraftfahrzeugbriefgebühr	30,00 €
Überführungskosten	420,00 €
Zwischensumme	22.000,00 €
Umsatzsteuer (19 %)	4.180,00 €
Rechnungsbetrag	26.180,00 €
Für Sie verauslagt:	
Zulassungsgebühren	90,00 €
Insgesamt zu zahlen	26.270,00 €

Die Kraftfahrzeugbriefgebühr wurde der GmbH vom Herstellerwerk in Rechnung gestellt. Die Zulassungsgebühr wurde durch die GmbH bei der Zulassungsstelle entrichtet.

Außerdem schloss E durch Vermittlung der GmbH mit einer Versicherungsgesellschaft einen Versicherungsvertrag über das gekaufte Fahrzeug ab. Die erste Versicherungsprämie von 540 € wurde von E an die GmbH gezahlt, die den Betrag an die Versicherungsgesellschaft weiterleitete. Die GmbH erhielt eine Provision von 162 €.

Sachverhalt 2:
Die GmbH verkaufte an den Handelsvertreter Heimann (H) aus Herne einen neuen Pkw für 20.000 € zzgl. 3.800 € Umsatzsteuer, insgesamt 23.800 €. H wollte ursprünglich den bisher von ihm benutzten Pkw als Zweitfahrzeug seiner Ehefrau überlassen. Das Neufahrzeug sollte bar bezahlt werden. Am 27. Juli 2023 fuhr H mit seiner Ehefrau von Herne nach Oberhausen, um das Neufahrzeug zu übernehmen. Auf dieser Fahrt verursachte Frau H, die erst vor kurzem den Führerschein erworben hatte, einen Verkehrsunfall. Dabei wurde der Pkw beschädigt. H verhandelte daraufhin mit dem Geschäftsführer der GmbH, der sich damit einverstanden erklärte, statt der vereinbarten Zahlung von 23.800 € einen Verrechnungsscheck über 18.000 € und den Unfallwagen zum gemeinen Wert von 5.800 € anzunehmen. Über den der GmbH überlassenen Unfallwagen wurde weder eine Rechnung noch eine Gutschrift mit gesondertem Steuerausweis erteilt.

Fall 4:

Ein Unternehmen erwirbt am 01. Januar 2023 von dem Autohändler Becker einen neuen Pkw der ausschließlich beruflich genutzt wird. Die Rechnung lautet wie folgt:

Listenpreis	22.500,00 €
Klimaanlage	2.000,00 €
Radio	1.000,00 €
Schiebedach	1.250,00 €
Sonderlackierung	1.000,00 €
Gesamtkosten	27.750,00 €
- Rabatt	2.750,00 €
Nettowert	25.000,00 €
Umsatzsteuer (19 %)	4.750,00 €
Rechnungsbetrag	29.750,00 €

Die Gesamtkosten für diesen Pkw belaufen sich für den VZ 2023 wie folgt:

► AfA	5.000,00 €
► Wartungs- und Reparaturkosten	2.500,00 €
► Kfz-Steuer	500,00 €
► Kfz-Versicherungen	2.000,00 €
► Benzinkosten	1.250,00 €
	11.250,00 €

Der Pkw wird von einem Arbeitnehmer auch privat genutzt. Außerdem wird er an 175 Tagen für Fahrten zwischen Wohnung und erster Tätigkeitsstätte genutzt. Die einfache Entfernung zwischen Wohnung und erster Tätigkeitsstätte beträgt 6 km. Eine datumsgenaue Aufzeichnung der Einzelfahrten liegt nicht vor.

Laut ordnungsgemäß geführtem Fahrtenbuch ergibt sich für den VZ 2023 folgende Fahrleistung:

► dienstlich bzw. betrieblich	5.400 km
► Fahrten Wohnung und Betrieb	9.100 km
► Privatfahrten	10.500 km
	25.000 km

Welche umsatzsteuerlichen Konsequenzen ergeben sich hinsichtlich der Pkw-Überlassung an den Arbeitnehmer?

Es soll dabei die steuerlich günstigste Regelung gesucht werden!

9. Rechnungen und Steuerausweis

Voraussetzung für den Vorsteuerabzug ist nach § 15 UStG u. a. das Vorliegen einer Rechnung mit gesondertem Steuerausweis.

9.1 Begriff der Rechnung, Berechtigung und Verpflichtung

Rechnung ist nach § 14 Abs. 1 Satz 1 UStG **jedes Dokument**, mit dem über eine Lieferung oder sonstige Leistung abgerechnet wird, **gleichgültig, wie dieses Dokument im Geschäftsverkehr bezeichnet wird**.

Rechnungen sind auf **Papier** oder vorbehaltlich der Zustimmung des Empfängers auf **elektronischem Weg** zu übermitteln (§ 14 Abs. 1 Satz 7 UStG).

Eine **elektronische Rechnung** ist eine Rechnung, die in einem elektronischen Format ausgestellt und empfangen wird (§ 14 Abs. 1 Satz 8 UStG).

Hierunter fallen Rechnungen, die per **E-Mail** (ggf. mit PDF- oder Textdateianhang), per **Computer-Telefax** oder **Fax-Server**, per **Web-Download** oder im Wege des Datenträgeraustauschs (EDI) übermittelt werden.

Eine **digitale Signatur** ist **nicht erforderlich**, kann aber gleichwohl nach Maßgabe des § 14 Abs. 3 UStG verwendet werden; es handelt sich insoweit nur um ein unverbindliches Angebot an den Unternehmer.

Die Übermittlung einer Rechnung von **Standard-Fax zu Standard-Fax** oder von Computer-Telefax/Fax-Server an Standard-Telefax gilt als **Papierrechnung**.

Die **Echtheit der Herkunft** der Rechnung (= Identität des Rechnungsausstellers), die **Unversehrtheit ihres Inhalts** (= keine Änderung der Pflichtangaben einer Rechnung) und ihre **Lesbarkeit** müssen gewährleistet werden (§ 14 Abs. 1 Sätze 2 bis 4 UStG).

Jeder Unternehmer legt selber fest, in welcher Weise die Echtheit der Herkunft, die Unversehrtheit des Inhalts und die Lesbarkeit der Rechnung gewährleistet werden (§ 14 Abs. 1 Satz 5 UStG).

Dies kann durch jegliche **innerbetriebliche Kontrollverfahren** erreicht werden, die einen verlässlichen Prüfpfad zwischen Rechnung und Leistung schaffen können (§ 14 Abs. 1 Satz 6 UStG).

Unter „innerbetriebliche Kontrollverfahren“ sind **Verfahren zu verstehen, die der Unternehmer zum Abgleich der Rechnung mit seinen Zahlungsverpflichtungen einsetzt**.

Der Unternehmer ist frei darin, ein für ihn geeignetes Verfahren zu wählen. Dies kann im Rahmen eines entsprechend eingerichteten Rechnungswesens geschehen, aber z. B. auch durch manuellen Abgleich der Rechnung mit vorhandenen geschäftlichen Unterlagen (z. B. Kopie der Bestellung, Auftrag, Kaufvertrag, Lieferschein).

Beispiele

Rechnungen – ja oder nein?

- Mahnungen, Kontoauszüge – **nein**
- Abrechnungen beim Innenumsatz – **nein**
- Vertrag – **ja**. Ein Mietvertrag, in dem der monatliche Mietzins unter Angabe des darin enthaltenen USt-Betrages vereinbart ist, erfüllt die Voraussetzungen einer Rechnung erst i. V. mit ergänzenden Belegen (Zahlungsbelege u. Ä.), in denen die jeweiligen Leistungsabschnitte (Monate) angegeben sind.

Führt der Unternehmer eine Lieferung oder sonstige Leistung nach § 1 Abs. 1 Nr. 1 UStG aus, gilt nach **§ 14 Abs. 2 UStG** Folgendes:

- Führt der Unternehmer eine **steuerpflichtige Werklieferung** i. S. des § 3 Abs. 4 UStG oder **sonstige Leistung im Zusammenhang** mit einem Grundstück aus, ist er **verpflichtet**, innerhalb von **sechs Monaten** nach Ausführung der Leistung eine **Rechnung auszustellen** (Nr. 1).

Die Verpflichtung, eine Rechnung auszustellen, gilt unabhängig davon, ob es sich bei dem Leistungsempfänger um einen Unternehmer handelt oder nicht. Diese Verpflichtung gilt auch für Kleinunternehmer i. S. des § 19 UStG; allerdings dürfen Kleinunternehmer die Umsatzsteuer nicht gesondert ausweisen (§ 19 Abs. 1 Satz 4 UStG).

Die Nichterteilung und die nicht rechtzeitige Erteilung gelten nach § 26a Abs. 1 Nr. 1 UStG als **Ordnungswidrigkeit**, die nach § 26a Abs. 2 UStG mit einer Geldbuße von bis zu 5.000 € geahndet werden kann. Nicht als Ordnungswidrigkeit gilt die nicht vollständige Erteilung einer Rechnung.

Beispiel

Ein Eigentümer eines selbstbewohnten Einfamilienhauses hat an einen Unternehmer folgende Aufträge erteilt: Die Pflege der Grünflächen, die Hausreinigung und die Wartung der Heizungsanlage.

Es handelt sich in allen Fällen um sonstige Leistungen, bei denen vom leistenden Unternehmer eine Rechnung zu erteilen ist.

- Führt der Unternehmer eine andere als die in Nr. 1 genannte **Leistung** aus, ist er **berechtigt**, eine Rechnung auszustellen. Soweit er einen Umsatz an einen anderen Unternehmer für dessen Unternehmen oder an eine juristische Person ausführt, ist er **verpflichtet**, **innerhalb von sechs Monaten** nach Ausführung der Leistung eine **Rechnung auszustellen (Nr. 2)**. Eine Verpflichtung zur Ausstellung einer Rechnung besteht nicht, wenn der Umsatz nach § 4 Nr. 8 - 28 UStG steuerfrei ist.

Die Nichterteilung und die nicht rechtzeitige Erteilung gelten nach § 26a Abs. 1 Nr. 1 UStG als **Ordnungswidrigkeit**, die nach § 26a Abs. 2 UStG mit einer **Geldbuße** von bis zu **5.000 €** geahndet werden kann. Nicht als Ordnungswidrigkeit gilt die nicht vollständige Erteilung einer Rechnung.

Der Unternehmer hat ein Doppel der ausgestellten **Rechnung zehn Jahre aufzubewahren** (§ 14b Abs. 1 Satz 1 UStG).

Elektronische Rechnungen sind in dem elektronischen Format der Ausstellung bzw. des Empfangs (z. B. digital als E-Mail ggf. mit Anhängen in Bildformaten wie pdf oder tiff, digital als Computer-Telefax, digital als Web-Download oder in EDI-Formaten) auf einem **Datenträger aufzubewahren**, der keine Änderungen mehr zulässt. Hierzu gehören insbesondere nur einmal beschreibbare CDs und DVDs.

Eine Aufbewahrung einer **elektronischen Rechnung als Papierausdruck ist in diesen Fällen nicht zulässig**. Außerdem würde es einen Medienbruch darstellen und zusätzliche Kontrollen notwendig machen.

Rechnungsempfänger, die elektronische Rechnungen nicht aus steuerlichen Gründen aufbewahren müssen, können hingegen selbst entscheiden, wie sie die Rechnung aufbewahren möchten.

Sowohl der Rechnungsaussteller als auch der Rechnungsempfänger müssen während der jeweils für sie geltenden Dauer der Aufbewahrungsfrist nach § 14b UStG die Echtheit der Herkunft der Rechnung, die Unversehrtheit ihres Inhalts und ihre Lesbarkeit gewährleisten (§ 14b Abs. 1 Satz 2 UStG).

Die Aufbewahrungsfrist beginnt mit dem Schluss des Kalenderjahres, in dem die Rechnung ausgestellt worden ist (§ 14b Abs. 1 Satz 3 UStG).

In den Fällen des § 14 Abs. 2 Nr. 1 UStG hat der **nichtunternehmerische Leistungsempfänger** die **Rechnung**, einen Zahlungsbeleg oder andere beweiskräftige Unterlagen **zwei Jahre** so **aufzubewahren**, dass sie für den gesamten Zeitraum lesbar sind. Die Aufbewahrungsfrist beginnt mit dem Schluss des Kalenderjahres, in dem die Rechnung ausgestellt worden ist (§ 14b Abs. 1 Satz 5 UStG).

Der Verstoß des nichtunternehmerischen Leistungsempfängers gegen die Aufbewahrungspflicht wird nach § 26a Abs. 1 Nr. 3 UStG als **Ordnungswidrigkeit** behandelt, die nach § 26a Abs. 2 UStG mit einem **Bußgeld von bis zu 500 €** geahndet werden kann.

INFO

Eine **Rechnung** muss gem. **§ 14 Abs. 4 UStG** folgende **Angaben** enthalten:

- vollständiger **Name und Anschrift des leistenden Unternehmers und des Leistungsempfängers**

- **Steuernummer oder Umsatzsteuer-Identifiktationsnummer** des leistenden Unternehmers
- **Ausstellungsdatum**
- **Rechnungsnummer**, die als fortlaufende Nummer mit ein oder mehreren Zahlenreihen nur einmalig vergeben wird
- **Menge und handelsübliche Bezeichnung des Gegenstandes der Lieferung oder die Art und den Umfang der sonstigen Leistung**
- **Zeitpunkt der Lieferung oder sonstigen Leistung** oder der **Vereinnahmung des Entgelts**
- das nach Steuersätzen und einzelnen Steuerbefreiungen aufgeschlüsselte **Entgelt des Umsatzes**
- die auf das Entgelt entfallende **Umsatzsteuer**, die gesondert auszuweisen ist, oder einen **Hinweis auf die Steuerbefreiung**
- in den Fällen des § 14b Abs. 1 Satz 5 einen **Hinweis auf die Aufbewahrungspflicht des nichtunternehmerischen Leistungsempfängers** (von zwei Jahren)
- in den Fällen der Ausstellung der Rechnung durch den Leistungsempfänger oder durch einen von ihm beauftragten Dritten die **Angabe „Gutschrift"**.

  Die Verwendung anderer Begriffe entspricht nicht § 14 Abs. 4 Satz 1 Nr. 10 UStG.

  Gleichwohl ist der Vorsteuerabzug des Leistungsempfängers nicht allein wegen begrifflicher Unschärfen zu versagen, wenn die gewählte Bezeichnung hinreichend eindeutig ist (z. B. **Eigenfaktura**), die Gutschrift im Übrigen ordnungsgemäß erteilt wurde und keine Zweifel an ihrer inhaltlichen Richtigkeit bestehen.

  Die im allgemeinen Sprachgebrauch bezeichnete Stornierung oder Korrektur der ursprünglichen Rechnung als Gutschrift (sog. **kaufmännische Gutschrift**) ist **keine Gutschrift** im umsatzsteuerrechtlichen Sinne. Wird in einem solchen Dokument der Begriff „Gutschrift" verwendet, obwohl keine Gutschrift im umsatzsteuerrechtlichen Sinne vorliegt, ist dies weiterhin umsatzsteuerrechtlich unbeachtlich. Die Bezeichnung als „Gutschrift" führt allein **nicht** zur Anwendung des **§ 14c UStG**.

  Wird in einem Dokument sowohl über empfangene Leistungen (Gutschrift) als auch über ausgeführte Leistungen (Rechnung) zusammen abgerechnet, muss das Dokument die Rechnungsangabe „Gutschrift" enthalten. Zudem muss aus dem Dokument zweifelsfrei hervorgehen, über welche Leistung als Leistungsempfänger bzw. leistender Unternehmer abgerechnet wird. In dem Dokument sind Saldierung und Verrechnung der gegenseitigen Leistungen unzulässig.

Die Verpflichtung zur Rechnungserteilung mit gesondertem Steuerausweis besteht auch bei Zahlungen vor Ausführung der Leistung (**Anzahlungsbesteuerung**), § 14 Abs. 5 Satz 1 UStG. Aus den Rechnungen über Anzahlungen muss hervorgehen, dass damit Voraus- oder Anzahlungen abgerechnet wird.

Beispiel

Vorauszahlung	5.000,00 €
+ 19 % USt	950,00 €
Anzahlungsbetrag	5.950,00 €

Wird eine **Endrechnung** erteilt, sind in ihr die vor Ausführung der Lieferung oder sonstigen Leistung vereinnahmten Teilentgelte und die auf sie entfallenden Steuerbeträge anzusetzen, wenn über die Teilentgelte Rechnungen mit gesondertem Steuerausweis erteilt worden sind, § 14 Abs. 5 Satz 2 UStG.

Beispiel

Rechnungsbetrag	12.000,00 €
+ 19 % USt	2.280,00 €
Zwischensumme	14.280,00 €
abzüglich Anzahlung (5.000 € + 950 € USt)	5.950,00 €
noch zu zahlen	8.330,00 €

9.2 Kleinbetragsrechnungen und Fahrausweise

Bei Rechnungen, deren **Gesamtbetrag (brutto!) 250 € nicht übersteigt** (sog. **Kleinbetragsrechnung**) sind folgende Angaben – im Gegensatz zur normalen Rechnung – **entbehrlich**:

- Name und Anschrift des Leistungsempfängers
- Zeitpunkt des Umsatzes
- gesonderter Steuerausweis
- Rechnungsnummer
- Steuernummer bzw. USt-IdNr.

Ausreichend ist daher neben der Angabe des **Ausstellungsdatums** die Angabe des **Bruttobetrages und des Steuersatzes** (§ 33 UStDV).

Beispiel

20. April 2023

Schreibwarenhändler Peter Miene, 51373 Leverkusen, Gasse 9

10 Kugelschreiber à 2,75 = **27,50 €**

In dem Rechnungsbetrag ist die Umsatzsteuer mit 19 % enthalten.

Fahrausweise (§ 34 UStDV) sind Urkunden, die einen Anspruch auf Beförderung von Personen gewähren.

Keine Fahrausweise sind Rechnungen über die Benutzung eines **Taxis oder Mietwagens**. Sie können als Rechnungen mithin nur dann anerkannt werden, wenn sie die in § 14 Abs. 4 UStG bezeichneten Angaben enthalten oder die Voraussetzungen der Kleinbetragsrechnung erfüllen. Die Angaben, die bei der Kleinbetragsrechnung entbehrlich sind, sind auch beim Fahrausweis entbehrlich.

Ausreichend ist daher die **Angabe des Steuersatzes**, wenn die Beförderungsleistung nicht dem ermäßigten Steuersatz nach § 12 Abs. 2 Nr. 10 UStG unterliegt.

9.3 Unrichtiger Steuerausweis

Weist der Unternehmer in einer Rechnung die Steuer unrichtig aus, so schuldet er nach § 14c Abs. 1 Satz 1 UStG (nur) den **Mehrbetrag**. Es besteht allerdings eine **Berichtigungsmöglichkeit** nach § 17 UStG (§ 14c Abs. 1 Satz 2 UStG).

Von § 14c Abs. 1 UStG werden z. B. folgende **Fälle** erfasst:

(1) **Höherer Steuerbetrag für eine steuerpflichtige Leistung als nach dem Gesetz geschuldet**

Beispiele

Beispiel 1:

- Kleinbetragsrechnung weist einen zu hohen Steuersatz aus
- Fahrausweis weist einen zu hohen Steuersatz aus oder gibt fälschlich eine Tarifentfernung von mehr als 50 km an
- Nichtabsetzung geleisteter Anzahlungen in der Endabrechnung

Beispiel 2:
Ein Bruttopreis für eine steuerpflichtige Leistung wird abgerechnet mit „40.000 € inkl. 7.000 USt". Nach dem Gesetz schuldet der Unternehmer nur (40.000 €: 1,19 • 0,19 =) 6.386,55 USt. Die Steuer nach § 14c Abs. 1 UStG beträgt daher (7.000 € - 6.386,55 € =) 613,45 €.

Die zu hoch ausgewiesene Steuer wird vom Unternehmer geschuldet, obwohl der Leistungsempfänger diese Steuer nicht als Vorsteuer abziehen kann.

Eine berichtigte Rechnung würde wie folgt aussehen:

Entgelt	33.613,45 €
+ 19 % USt	6.386,55 €
	40.000,00 €

(2) **Rechnungen über steuerfreie bzw. nicht steuerbare Leistungen eines Unternehmers**

Bei einem zu **niedrigen Steuerausweis** schuldet der Unternehmer die gesetzlich vorgeschriebene USt. Der Leistungsempfänger darf nur den zu niedrig ausgewiesenen USt-Betrag als Vorsteuer abziehen, sofern die Rechnung nicht schriftlich vom leistenden Unternehmer richtig gestellt wird.

Beispiel

Taxirechnung für Fahrt über 65 km wird abgerechnet mit „62 € inkl. 7 % USt“. Da die Beförderungsleistung mehr als 50 km betrug, ist die Beförderung mit 19 % steuerpflichtig. Die gesetzlich vorgeschriebene USt beträgt (62 € : 1,19 • 0,19 =) 9,90 €. Der Leistungsempfänger darf jedoch, solange eine Berichtigung nicht erfolgt, nur (62 € : 1,07 • 0,07 =) 4,05 € als Vorsteuer abziehen.

9.4 Unberechtigter Steuerausweis

Die Vorschrift des § 14c Abs. 2 UStG ist unabhängig davon anzuwenden, wie hoch der in der Rechnung ausgewiesene Steuerbetrag ist.

Von § 14c Abs. 2 UStG werden folgende **Fälle** erfasst:

(1) **Kleinunternehmer nach § 19 Abs. 1 UStG weist in der Rechnung einen Steuerbetrag aus**

(2) **Unternehmer erteilt eine Rechnung mit gesondertem Steuerausweis, obwohl die in der Rechnung bezeichnete Leistung tatsächlich nicht erbracht wird.**

Beispiele

- Schein- oder Gefälligkeitsrechnungen
- Echter Schadensersatz
- **Mangelnde Zahlungsfähigkeit des Schuldners**
- Abrechnung bezeichnet eine **nicht existierende Person als Leistungsempfänger**

(3) **Unternehmer erteilt eine Rechnung mit gesondertem Steuerausweis für eine Leistung, die er nicht im Rahmen seines Unternehmens ausführt.**

(4) **Nichtunternehmer (z. B. Privatmann) weist in einer Urkunde die USt gesondert aus.**

Der geschuldete Steuerbetrag kann **berichtigt** werden, soweit die **Gefährdung des Steueraufkommens beseitigt** worden ist. Die Gefährdung des Steueraufkommens ist beseitigt, wenn ein **Vorsteuerabzug beim Empfänger** der Rechnung **nicht durchgeführt** oder die **geltend gemachte Vorsteuer** an das FA **zurückgezahlt** worden ist (§ 14c Abs. 2 Satz 3 und 4 UStG).

Die Berichtigung des geschuldeten Steuerbetrages ist beim FA gesondert **schriftlich** zu **beantragen** und nach dessen Zustimmung in entsprechender Anwendung des § 17 Abs. 1 UStG für den Besteuerungszeitraum vorzunehmen, in dem die Voraussetzungen eingetreten sind (§ 14c Abs. 2 Satz 5 UStG).

9.5 Fälle zur Sicherung des Lernerfolgs

Fall 1:

Der Elektrohändler Birne bezieht von dem Großhändler Flamme Waren für sein Unternehmen. Birne erhält für diese Lieferung eine Rechnung, in der nur der Bruttobetrag von 1.785 € ausgewiesen ist. Da es sich hierbei um eine Lieferung für sein Unternehmen handelt und Birne deshalb den Vorsteuerabzug in Anspruch nehmen will, verlangt er von Flamme die Ausstellung einer korrigierten Rechnung mit gesondertem Steuerausweis. Flamme lehnt dies im Hinblick darauf ab, dass Birne nur ein unbedeutender Kunde sei.

a) Prüfen Sie unter Angabe der genauen gesetzlichen Grundlage, ob Flamme dazu verpflichtet ist, eine ordnungsgemäße Rechnung mit gesondertem Steuerausweis zu erstellen. Entscheiden Sie außerdem, ob eine Rechnungsübermittlung als schlichte E-Mail ohne digitale Signatur ausreichen würde und welche Aufbewahrungspflichten Flamme in diesem Fall zu beachten hätte.

b) Wie könnte Birne ggf. seinen Anspruch auf Rechnung mit gesondertem Steuerausweis durchsetzen?

Fall 2:

Der Unternehmer U erhält eine Rechnung über gelieferte Wareneinkäufe. Die Rechnung enthält den Namen und die Anschrift des Lieferers, Name und Anschrift des Abnehmers, St.-Nr. und Ausstellungsdatum, Menge und Bezeichnung der gelieferten Waren, den Tag der Lieferung sowie den Bruttorechnungsbetrag von 892,50 €.

a) Prüfen Sie, ob die Rechnung alle nach § 14 Abs. 4 UStG geforderten Angaben enthält!

b) Welche zusätzlichen Angaben müsste die Rechnung enthalten, damit der Vorsteuerabzug in Anspruch genommen werden kann? (Angabe der Bezeichnung und Beträge erforderlich!)

c) Was werden Sie als Leistungsempfänger ggf. veranlassen?

Fall 3:

Der Unternehmer Brause aus Leverkusen erhält für bezogene Lieferungen folgende Eingangsrechnungen, die jeweils ein Ausstellungsdatum enthalten:

Firma Johann Bulle, Heinrichstr. 9, 51373 Leverkusen
15 Flaschen Sekt 232,05 €
In obigem Betrag sind 19 % USt enthalten.

Firma Uwe Locher, Saalestr. 57, 51371 Leverkusen
1 Sammelband „Das Personalbüro“ 266,43 €
In obigem Betrag sind 7 % USt enthalten.

a) Welche notwendigen Bestandteile muss eine Kleinbetragsrechnung i. S. des § 33 UStDV enthalten?

b) Handelt es sich bei den beiden Eingangsrechnungen um Kleinbetragsrechnungen i. S. des § 33 UStDV?

c) Welche Schlussfolgerungen ziehen Sie aus b) im Hinblick auf einen Vorsteuerabzug?

Fall 4:

Unter den Buchungsbelegen des Unternehmers U aus Düsseldorf befindet sich eine Rückfahrkarte der Deutschen Bahn AG anlässlich einer Dienstreise. Sie enthält u. a. das Ausstellungsdatum sowie den Preis der Fahrkarte von 124,95 €, jedoch keinen USt-Satz.

a) Prüfen und begründen Sie, ob der Fahrausweis als Rechnung anerkannt werden kann!

b) Wie hoch ist der Vorsteuerabzug?

10. Vorsteuerabzug

10.1 Voraussetzungen

10.1.1 Normalfall

Der Vorsteuerabzug nach **§ 15 Abs. 1 Nr. 1 UStG** hat folgende **Voraussetzungen:**

(1) **Abzugsberechtigt ist der Unternehmer, wobei unerheblich ist, ob er im Inland ansässig ist oder nicht.**

Kleinunternehmer nach § 19 Abs. 1 UStG sind nicht zum Vorsteuerabzug berechtigt (§ 19 Abs. 1 Satz 4 UStG); dies gilt auch dann, wenn sie die USt nach § 14c Abs. 2 UStG schulden.

(2) **Die Steuer muss für eine Lieferung oder sonstige Leistung gesondert in Rechnung gestellt worden sein.**

- Die in einer Rechnung gesondert ausgewiesene Steuer kann nur dann als Vorsteuer abgezogen werden, wenn die ausgewiesene Umsatzsteuer für die ausgeführte Leistung auch „geschuldet“ wird. Ein Vorsteuerabzug ist damit nicht zulässig, soweit der die Rechnung ausstellende Unternehmer die Steuer nach § 14c Abs. 1 und 2 UStG schuldet (Abschn. 15.2. Abs. 1 UStAE). Hat der Rechnungsaussteller die Steuer unzutreffend berechnet, bleibt es dem Rechnungsempfänger überlassen, eine berichtigte Rechnung anzufordern.

- Die Ausübung des Vorsteuerabzugs setzt voraus, dass der Unternehmer eine **ordnungsgemäße Rechnung** nach §§ 14, 14a UStG besitzt. Die **Angabe** der **St.-Nr. oder USt-IdNr.** ist deshalb notwendige Voraussetzung für den Vorsteuerabzug.

(3) **Die Lieferung oder sonstige Leistung muss von einem anderen Unternehmer ausgeführt worden sein.**

- Dieser andere Unternehmer darf kein Kleinunternehmer i. S. des § 19 Abs. 1 UStG sein, da dieser die USt nach § 14c Abs. 2 UStG schuldet.
- Soweit der gesondert ausgewiesene Steuerbetrag auf eine Zahlung vor Ausführung dieser Umsätze entfällt, ist er bereits abziehbar, wenn die **Anzahlungsrechnung** mit gesondertem Steuerausweis vorliegt und die Zahlung geleistet worden ist (§ 15 Abs. 1 Nr. 1 Satz 3 UStG). Sind diese Voraussetzungen nicht gleichzeitig gegeben, kommt der Vorsteuerabzug für den Besteuerungszeitraum in Betracht, in dem erstmals beide Voraussetzungen erfüllt sind.

Beispiel

Der Unternehmer U sendet den zum Vorsteuerabzug berechtigten Unternehmer B im Februar eine Anzahlungsrechnung mit gesondertem Steuerausweis. B bezahlt die Anzahlungsrechnung im März. Die Lieferung erfolgt im April.

B kann die in Rechnung gestellte Umsatzsteuer im März als Vorsteuer abziehen, da erst in diesem Zeitpunkt eine Anzahlungsrechnung vorliegt und die Anzahlung geleistet ist. Unerheblich ist, dass die Lieferung erst im April an den B ausgeführt wird.

(4) **Die Lieferung oder sonstige Leistung muss für sein Unternehmen ausgeführt worden sein.**

- Leistungen, die nicht für das Unternehmen ausgeführt worden sind, berechtigen nicht zum Vorsteuerabzug.

Beispiele

Beispiel 1:
Der Steuerberater erwirbt eine Stereoanlage für sein privat genutztes Einfamilienhaus. Er erhält eine Rechnung mit gesondertem Steuerausweis.

Der Steuerberater kann die in Rechnung gestellte Umsatzsteuer nicht als Vorsteuer abziehen, da die Leistung nicht für das Unternehmen ausgeführt worden ist.

Beispiel 2:
Der Unternehmer U erwirbt 10.000 l Heizöl. Davon sind 7.000 l für sein Unternehmen und 3.000 l für seinen Privathaushalt bestimmt. In der Rechnung des Heizöllieferanten sind insgesamt 500 € Umsatzsteuer gesondert ausgewiesen.

Der Unternehmer kann die Vorsteuer nur insoweit abziehen, als die Lieferung für das Unternehmen bezogen worden ist. Das sind hier (7.000 l : 10.000 l =) 70 %. Dementsprechend kann er einen Betrag von (70 % v. 500 € =) 350 € als Vorsteuer abziehen.

- Nicht als ausgeführt für das Unternehmen gilt die Lieferung eines Gegenstandes, den der Unternehmer zu **weniger als 10 %** für sein Unternehmen nutzt (§ 15 Abs. 1 Satz 2 UStG). Gegenstände, die der Unternehmer zu weniger als 10 % für unternehmerische Zwecke verwendet, gelten als nicht für das Unternehmen erworben. Ein Vorsteuerabzug ist in diesen Fällen unzulässig.

  Die Regelung zielt deshalb auch **primär** auf **Fahrzeuge**, die nur geringfügig unternehmerisch genutzt werden. Die Mindestnutzung von 10 % gilt jedoch nicht nur für Kraftfahrzeuge, sondern für **alle gemischt genutzten Gegenstände** (insbesondere Gebäude, Computer, Telefonanlage, Faxgeräte usw.).

- Dient der Liefergegenstand (z. B. Pkw, Computer) teilweise unternehmerischen Zwecken und teilweise privaten Zwecken (sog. **gemischte Verwendung**), billigt die Finanzverwaltung) dem Unternehmer ein **Wahlrecht** zu: Der Unternehmer kann ein Wirtschaftsgut insgesamt dem Unternehmen zuordnen. In diesem Fall kann er die Vorsteuer (sowohl aus den Anschaffungskosten als auch den laufenden Unterhaltskosten) in voller Höhe abziehen. Die nichtunternehmerische Nutzung wird als unentgeltliche sonstige Leistung nach § 3 Abs. 9a Nr. 1 UStG erfasst. Will der Unternehmer ein Wirtschaftsgut (ausnahmsweise) lediglich hinsichtlich des unternehmerisch genutzten Teils dem Unternehmen zuordnen, so darf er nur die auf diesen Teil entfallende Vorsteuer (sowohl aus den Anschaffungskosten als auch aus den laufenden Unterhaltskosten) abziehen. Eine Besteuerung der unentgeltlichen sonstigen Leistung entfällt dann insoweit.

  Die **Ausübung des Wahlrechts** ist **„zeitnah“**, d. h. bis **spätestens** im Rahmen der **Jahressteuererklärun**g zu dokumentieren. **Keine „zeitnahe“ Dokumentation** der Zuordnungsentscheidung liegt vor, wenn die Zuordnungsentscheidung dem Finanzamt erst **nach Ablauf der gesetzlichen Abgabefrist von Steuererklärungen (31. Mai des Folgejahres) – auch bei gewährter Fristverlängerung –** mitgeteilt wird. Das gilt auch für den in zeitlicher Hinsicht „gestreckten“ Vorgang der Herstellung eines Gebäudes.

Beispiel

Der Unternehmer U erwirbt für sein Unternehmen einen Pkw. In der Eingangsrechnung wird die USt mit 2.000 € gesondert ausgewiesen. Der Pkw wird zu 30 % privat genutzt.

Der Unternehmer kann den Pkw zu 100 % seinem Unternehmen zuordnen. In diesem Fall kann er die Vorsteuer (sowohl aus den Anschaffungskosten als auch den laufenden Unterhaltskosten) in voller Höhe abziehen. Die nichtunternehmerische Nutzung i. H. v. 30 % wird als unentgeltliche sonstige Leistung erfasst. Will der Unternehmer den Pkw lediglich zu 70 % dem Unternehmen zuordnen, so darf er nur die auf diesen Teil entfallende Vorsteuer (sowohl aus den Anschaffungskosten als auch aus den laufenden Unterhaltskosten) abziehen. Eine Besteuerung der unentgeltlichen sonstigen Leistung entfällt dann insoweit.

ACHTUNG

Bei **gemischt genutzten Gebäuden** ist ein **Vorsteuerabzug** aus den Anschaffungs- und Herstellungskosten nur möglich, soweit der Aufwand auf die **unternehmerische Nutzung** entfällt (**§ 15 Abs. 1b UStG**). Im Gegenzug unterliegt die Verwendung des Grundstücks für **private Zwecke nicht** der **unentgeltlichen Wertabgabe** (**§ 3 Abs. 9a Nr. 1 UStG**). Der **volle Vorsteuerabzug** besteht nur für Gegenstände, die umsatzsteuerlich **keine Bestandteile des Gebäudes** sind (z. B. **Fotovoltaikanlage**).

Beispiele

1. Unternehmer U hat ein Einfamilienhaus im Jahr 2023 für 400.000 € zzgl. USt i. H. v. 76.000 € erstellt, das er überwiegend für eigene Wohnzwecke nutzt (70 %). Zwei Räume werden jedoch von U für sein Unternehmen als Büroräume verwendet (30 %). U ordnet das gesamte Einfamilienhaus seinem Unternehmen zu und teilt dies dem FA schriftlich mit.

   Aufgrund der Anwendung von § 15 Abs. 1b UStG kann U lediglich 22.800 € (30 % von 76.000 €) als Vorsteuer geltend machen. Eine Besteuerung als unentgeltliche Wertabgabe erfolgt wegen § 3 Abs. 9a Nr. 1 UStG nicht.

2. Aufbauend auf dem Beispiel 1. lässt der Unternehmer U die gesamte Fassade des Gebäudes im Jahr 2023 erneuern und eine Alarmanlage einbauen. Die dabei entstehenden Aufwendungen betragen 50.000 € zzgl. USt i. H. v. 9.500 €.

   Da die Fassadenerneuerung und der Einbau der Alarmanlage sowohl mit der unternehmerischen als auch der privaten Nutzung wirtschaftlich im Zusammenhang steht, ist eine Vorsteueraufteilung nach § 15 Abs. 4 Satz 4 UStG (30 % : 70 %) vorzunehmen und lediglich eine Vorsteuer i. H. v. 2.850 (30 % von 9.500 €) für den unternehmerisch genutzten Teil des Einfamilienhauses abzugsfähig (§ 15 Abs. 1b UStG).

3. wie Beispiele 1. und 2. Den unternehmerisch genutzten Grundstücksteil nutzt U zu 80 % für steuerpflichtige Ausgangsumsätze und zu 20 % für steuerfreie, den Vorsteuerabzug ausschließende Umsätze.

   Vorsteuerabzug im Zeitpunkt der Anschaffung gem. § 15 Abs. 1b UStG: 22.800 € (s. o.). Da U den unternehmerisch genutzten Teil des Gebäudes zu 20 % für steuerfreie Umsätze nutzt, ergibt sich nach § 15 Abs. 4 UStG ein weiterer Vorsteuerausschluss von 20 %, sodass U insgesamt (22.800 € • 80 % =) 18.240 € als Vorsteuer geltend machen kann.

Für die Erneuerung der Fassade und den Einbau der Alarmanlage, die mit der unternehmerisch/privaten Nutzung bzw. mit der vorsteuerunschädlichen/vorsteuerschädlichen Nutzung in wirtschaftlichem Zusammenhang steht, gilt das Gleiche. Der abzugsfähige Vorsteueranteil beträgt (2.850 € • 80 % =) 2.280 €.

10.1.2 Kleinbetragsrechnungen und Fahrausweise

Aus ordnungsmäßigen Kleinbetragsrechnungen und Fahrausweisen kann der Unternehmer nach § 35 UStDV den Vorsteuerabzug in Anspruch nehmen, wenn er den Rechnungsbetrag in Entgelt und Steuerbetrag aufteilt.

10.2 Vorsteuerabzug aus Reisekosten

Umsatzsteuerlich sind Steuern für Umsätze, die aus Anlass einer Geschäfts- oder Dienstreise im Inland für das Unternehmen ausgeführt werden, grundsätzlich als Vorsteuern abziehbar (§ 15 Abs. 1 Nr. 1 UStG).

Voraussetzung hierfür ist, dass der **Unternehmer als Empfänger** der Leistungen anzusehen ist und die **Rechnung** mit gesondertem Ausweis der USt dementsprechend auf den Namen des Unternehmers – **nicht** jedoch auf den **Namen des Arbeitnehmers** – ausgestellt ist.

Zu den **Reisekosten** gehören:

- tatsächlich entstandene **Verpflegungskosten**
- tatsächlich entstandene **Übernachtungskosten**
- **Fahrtkosten**.

Aus den **Pauschbeträgen für Verpflegungsmehraufwendungen** und **Übernachtungskosten** kann **keine Vorsteuer** herausgerechnet werden.

Beispiel

Einem Unternehmer sind aus Anlass einer Geschäftsreise im Inland folgende Aufwendungen entstanden:

- Fahrtkosten mit der Deutschen Bahn AG (83,30 €).
- Hotelunterkunft: 90 € zzgl. 7 % USt (ohne Frühstücksanteil)
- Verpflegungsmehraufwendungen: 100 € zzgl. 19 % USt.

Ordnungsgemäße Belege und Rechnungen liegen vor.

Die abziehbaren Vorsteuerbeträge ermitteln sich wie folgt:

Fahrtkosten	83,30 € : 1,07 • 0,07 =	5,45 €
Übernachtungskosten	90,00 € • 7 % =	6,30 €
Verpflegungsmehraufwand	100,00 € • 19 % =	19,00 €
		30,75 €

10.3 Nicht abziehbare Vorsteuerbeträge

Nach **§ 15 Abs. 1a UStG** sind Vorsteuerbeträge nicht abziehbar, die auf Aufwendungen, für die das **Abzugsverbot des § 4 Abs. 5 Satz 1 Nr. 1 bis 4, 7, Abs. 7 oder des § 12 Nr. 1 EStG** gilt, entfallen. Dies gilt **nicht** für **Bewirtungsaufwendungen**, soweit § 4 Abs. 5 Nr. 1 EStG einen Abzug angemessener Aufwendungen ausschließt.

Nicht zum Abzug zugelassen ist die Vorsteuer auf bestimmte, ertragsteuerlich nicht abziehbare Betriebsausgaben und die Vorsteuer auf Aufwendungen, die zwar für das Unternehmen ausgeführt werden, aber die Lebensführung berühren.

- Die für den Erwerb eines **Geschenkes über 35 €** (= Nettobetrag ohne Umsatzsteuer) i. S. des § 4 Abs. 5 Satz 1 Nr. 1 EStG anfallende Umsatzsteuer ist vom Vorsteuerabzug ausgeschlossen. Bei der Prüfung des Überschreitens der 35 €-Grenze sind **Geldgeschenke einzubeziehen**. Die Einschränkung des Vorsteuerabzugs betrifft sowohl höherwertige Geschenke an Geschäftsfreunde in der Form von Gegenständen (z. B. eine Kiste Wein) als auch in Form von Dienstleistungen (z. B. Eintrittskarte für Theater, Konzerte, Sportveranstaltungen oder Gutscheine für einen Restaurantbesuch). Bei **Geschenken unter 35 €** kann der Vorsteuerabzug gewährt werden, wenn der Unternehmer die Aufwendungen für Geschenke **gesondert aufzeichnet** (§ 4 Abs. 7 EStG). Die Nichtbeachtung der Verpflichtung zur gesonderten Aufzeichnung nach § 4 Abs. 7 EStG führt stets automatisch zum Ausschluss vom Vorsteuerabzug. Wenn der Unternehmer einem Geschäftsfreund einen Gegenstand aus seinem Warensortiment zuwendet, bleibt der Vorsteuerabzug erhalten. Diese Zuwendung wird jedoch einer Lieferung gegen Entgelt gleichgestellt (§ 3 Abs. 1b Nr. 3 UStG) und unterliegt im Zeitpunkt der Abgabe der Umsatzsteuer.

Beispiele

1. Der Unternehmer U aus Köln erwirbt bei dem Winzer W eine Kiste Wein für 150 € + 28,50 USt, die er einem guten Kunden aus geschäftlichem Anlass schenkt. Die Vorsteuer aus dem Einkauf ist nach § 15 Abs. 1a Nr. 1 UStG nicht abziehbar, weil der Wert des Geschenks über 35 € liegt. Die nicht abziehbare Vorsteuer ist in diesem Fall auch nicht als Betriebsausgabe abzugsfähig.
2. Unternehmer U macht einem guten Kunden ein Sachgeschenk und ein Geldgeschenk von 50 €. Das Sachgeschenk hatte er tags zuvor für 20 € zzgl. 3,80 USt er-

worben. Die Vorsteuer aus dem Einkauf ist nach § 15 Abs. 1a Nr. 1 UStG nicht abziehbar, weil der Wert des Geschenks (einschl. Geldgeschenk) über 35 € liegt.

- Betrieblich veranlasste **angemessene Bewirtungsaufwendungen** berechtigen unter den allgemeinen Voraussetzungen zum vollen Vorsteuerabzug. Die Vorsteuerbeträge, die auf **unangemessene Bewirtungsaufwendungen** entfallen, sind aber **nicht abzugsfähig**.

Beispiel

Der Unternehmer U lädt seinen Kunden K zum Mittagessen ein. Die angemessenen Bewirtungsaufwendungen, die durch einen ordnungsgemäßen Beleg nachgewiesen und getrennt von den übrigen betrieblichen Aufwendungen erfasst werden, betragen 100 € + 19 € USt. Nach § 4 Abs. 5 Satz 1 Nr. 2 EStG sind 70 € als Betriebsausgaben und 30 € nicht abzugsfähig (nicht abziehbare Betriebsausgaben). Die Vorsteuer i. H. v. 19 € ist hingegen in voller Höhe abzugsfähig (§ 15 Abs. 1a Satz 2 UStG).

- **Repräsentationsaufwendungen** i. S. des § 12 Nr. 1 EStG sind ebenfalls vom Vorsteuerabzug ausgeschlossen. Hierunter können z. B. Aufwendungen für Kleidung und Wohnung fallen, aber auch für die Bewirtung von Geschäftsfreunden in der eigenen Wohnung oder entsprechende Kosten anlässlich von Einladungen zu runden Geburtstagen.

Beispiel

Unternehmer U gibt anlässlich seines 60. Geburtstages einen repräsentativen Empfang für Geschäftsfreunde und Familienangehörige. Er wendet dafür 12.500 € zzgl. 2.000 USt auf. Die Aufwendungen sind nach § 12 Nr. 1 EStG der privaten Lebensführung zuzordnen und daher nicht abziehbar. Der Vorsteuerabzug ist nach § 15 Abs. 1a Nr. 1 UStG ausgeschlossen.

- Die Umsatzsteuer für **Fahrten des Unternehmers zwischen Wohnung und Betrieb** und **Kosten des häuslichen Arbeitszimmers** ist **nicht vom Vorsteuerabzug ausgeschlossen**.
- Von erheblicher praktischer Bedeutung für die Anwendung der Beschränkung des Vorsteuerabzugs ist die **Korrekturvorschrift des § 17 Abs. 2 Nr. 5 UStG**. Danach ist § 17 Abs. 1 UStG sinngemäß anzuwenden, wenn Aufwendungen getätigt werden, für die der Vorsteuerabzug ausgeschlossen ist. Die Änderung ist dann in dem Besteuerungszeitraum vorzunehmen, in dem diese Aufwendungen getätigt werden.

Beispiele

1. Der Weinhändler W entnimmt aus seinem Warenbestand eine Kiste Rotwein (Einkaufspreis 300 € zzgl. USt), um sie einem Geschäftsfreund anlässlich dessen Geschäftsjubiläums zu schenken. Beim Einkauf hatte W die in Rechnung gestellte USt als Vorsteuer abgezogen. Die Zuwendung führt zum Abzugsverbot nach § 4

Abs. 5 Nr. 1 EStG. Die Vorsteuer ist im Voranmeldungszeitraum der Zuwendung nach § 17 Abs. 2 Nr. 5 UStG zu berichtigen.

2. Unternehmer U schenkt seinem Geschäftsfreund G im April eine Uhr aus seinem Warenbestand (Einkaufspreis 25 € zzgl. 4,75 € USt). Im Dezember erhält G aus Anlass eines Weihnachtsfestes von U ein Weinpräsent (Einkaufspreis 35 € zzgl. 6,65 € USt).

   Durch das zweite Geschenk werden auch die Aufwendungen für das erste Geschenk nicht abziehbar i. S. des § 4 Abs. 5 EStG. U hat in der USt-Voranmeldung für Dezember eine Vorsteuerberichtigung nach § 17 Abs. 2 Nr. 5 UStG vorzunehmen (Minderung der Vorsteuer um 4,75 €). Die Vorsteuer für das zweite Geschenk ist nach § 15 Abs. 1a Nr. 1 UStG nicht abziehbar.

10.4 Einfuhrumsatzsteuer (Einfuhr in das Inland)

Nach **§ 15 Abs. 1 Nr. 2 UStG** kann der Unternehmer die entstandene EUSt für Gegenstände, die für sein Unternehmen nach § 1 Abs. 1 Nr. 4 UStG eingeführt worden sind, abziehen.

Die **Voraussetzungen** im Einzelnen:

(1) **Abzugsberechtigt ist der Unternehmer**

(2) **Gegenstand für sein Unternehmen**

(3) **Die EUSt muss entstanden sein**.

Nicht erforderlich ist, dass der Unternehmer die EUSt entrichtet haben muss. Er kann sie bereits mit der Entstehung als Vorsteuer abziehen.

Die EUSt entsteht gem. **§ 13 Abs. 2 UStG i. V. mit § 21 Abs. 2 UStG** bei ordnungsgemäßen Verfahren mit der Annahme der Zoll- bzw. Einfuhrumsatzsteuer-Anmeldung (Art. 201 Abs. 2 ZK) zur Überführung der Drittlandsgegenstände in den freien Verkehr. Das ist der Zeitpunkt, der auf der Zollanmeldung beurkundet wird.

Befinden sich Waren in einem besonderen Zollverfahren nach Art. 4 Nr. 16 ZK (Versandverfahren, Zolllagerverfahren, aktive Veredelung, Umwandlungsverfahren, vorübergehende Verwendung), entsteht die EUSt nicht bereits mit dem Verbringen in das Inland, sondern erst, wenn die Waren durch Annahme der Zoll- bzw. Einfuhrumsatzsteuer-Anmeldung in den freien Verkehr überführt werden.

(4) **Einfuhr für das Unternehmen im Inland**

Eingeführt ist für denjenigen, der im Zeitpunkt der Einfuhr die Verfügungsmacht über den Gegenstand besitzt oder für den die Verfügungsmacht als verschafft gilt. Entscheidend ist daher der Lieferort:

- Lieferort liegt im Ausland = Abnehmer darf EUSt abziehen.
- Lieferort liegt im Inland (§ 3 Abs. 8 UStG) = Lieferer darf die EUSt und der abnehmende Unternehmer die Vorsteuer abziehen.

10.5 Innergemeinschaftlicher Erwerb

Die Steuer für den i. g. Erwerb von Gegenständen, die der Unternehmer für sein Unternehmen erworben hat, kann er nach **§ 15 Abs. 1 Nr. 3 UStG** als Vorsteuer wieder abziehen, wenn der i. g. Erwerb nach § 3d Satz 1 UStG in Deutschland bewirkt wird, weil in Deutschland die Beförderung oder Versendung tatsächlich endet.

Weitere Voraussetzungen sind für den Vorsteuerabzug nicht erforderlich, insbesondere nicht das Vorliegen einer Rechnung.

Das Recht zum Vorsteuerabzug der Erwerbssteuer entsteht in demselben Zeitpunkt, in dem auch die Erwerbsteuer entsteht (§ 13 Abs. 1 Nr. 6 UStG). Deshalb kann der Unternehmer den Vorsteuerabzug bereits in derselben USt-Voranmeldung geltend machen, in der er den i. g. Erwerb zu versteuern hat. Im Regelfall entsteht daher für einen vorsteuerabzugsberechtigten Unternehmer durch die Erwerbsteuer effektiv keine Zahllast.

Mithin wirkt sich die Erwerbsbesteuerung nur für Unternehmer aus, die nicht oder nur zum Teil zum Vorsteuerabzug berechtigt sind.

Beispiel

Das deutsche Bauunternehmen D bestellt beim französischen Unternehmer F Schieferplatten, die F zu einer in Belgien belegenen Baustelle, auf der D ein Gebäude errichtet, transportiert. D tritt bei seiner Bestellung gegenüber F mit seiner deutschen USt-IdNr. auf.

D hat in Belgien nach § 3d Satz 1 UStG einen innergemeinschaftlichen Erwerb zu versteuern, da dort die Beförderung der Gegenstände der an ihn bewirkten Lieferung endet.

Da D mit seiner deutschen USt-IdNr. aufgetreten ist, gilt der innergemeinschaftliche Erwerb auch in Deutschland als bewirkt, bis D nachweist, dass der Erwerb in Belgien besteuert worden ist (§ 3d **Satz 2** UStG).

D hat keinen Vorsteuerabzug aus dem in Deutschland als bewirkt geltenden innergemeinschaftlichen Erwerb.

10.6 Zusammenfassung

Zweck des VSt-Abzugs

- **Entlastung** der **Vorumsätze** von der USt (Vermeidung einer Kumulation der USt) Umsatzsteuer kein Kalkulationsbestandteil
- Ermittlung der Umsatzsteuer-Zahllast/Erstattung:

	(Ausgangs-)**Umsatzsteuer**
-	(Eingangs-)VSt, EUSt, „Erwerbsteuer" als VSt
=	**Umsatzsteuer-Zahllast/Erstattung**

Voraussetzungen für den

→ **VSt-Abzug**

nur **Unternehmer** sind **im Rahmen ihrer unternehmerischen Tätigkeit** zum VSt-Abzug berechtigt

Voraussetzungen

Die Steuer muss für eine Leistung (Lieferung/sonstige Leistung) **gesondert** in Rechnung gestellt worden sein (Ausnahme: §§ 35 - 38 UStDV)	**und**	Die Leistung muss **von einem anderen Unternehmer** ausgeführt worden sein	**und**	Die Leistung muss **für das Unternehmen des Leistungsempfängers** ausgeführt worden sein

→ Abzug der **entstandenen Einfuhr-Umsatzsteuer:** Gegenstand muss für das Unternehmen des Unternehmers in das Inland eingeführt worden sein!

→ VSt-Abzug der **Steuer für den i. g. Erwerb:** Steuer auf den **i. g. Erwerb muss entstanden** sein – Voraussetzungen für Erwerbsbesteuerung (§ 1a) müssen vorliegen

Zeitpunkt des Abzugs der

→ **VSt:** mit Ablauf des **Besteuerungszeitraums, in dem**

eine Rechnung oder Gutschrift mit **gesondertem** Steuerausweis vorliegt

und		**und**
die **Leistung** ausgeführt worden ist	oder	die **Zahlung (vor Empfang der Leistung!)** geleistet worden ist
„Normal"fall		**„vorgezogener" VSt-Abzug**

VSt-Abzug erst für den Besteuerungszeitraum, in dem **erstmalig beide** Voraussetzungen **gleichzeitig** erfüllt sind

→ **Einfuhr-USt:** in dem Besteuerungszeitraum, in dem sie entstanden ist (Nachweis durch zollamtlichen Beleg)

→ **Erwerbsteuer** als VSt: für den Besteuerungszeitraum, in dem die Erwerbsteuer entstanden ist (§ 1a UStG)

10.7 Ausschluss des Vorsteuerabzugs und Ausnahmen

Der allgemeine Grundsatz, dass Vorsteuerbeträge abgezogen werden dürfen, erfährt für folgende Fälle eine Einschränkung:

(1) Vorsteuerbeträge zur Verwendung steuerfreier Umsätze (auch: steuerfreie unentgeltliche Wertabgaben!) sind nach § 15 Abs. 2 Nr. 1 UStG vom Abzug **ausgeschlossen**. Dieser Ausschluss gilt jedoch nach § 15 Abs. 3 Nr. 1 UStG **nicht**, wenn die Umsätze

- nach **§§ 4 Nr. 1 - 7, 25 Abs. 2 UStG** oder nach den in § 26 Abs. 5 UStG bezeichneten Vorschriften steuerfrei sind (z. B. **Ausfuhrlieferungen, i. g. Lieferungen**)

oder

- nach **§§ 4 Nr. 8a - g, 10 oder 11 UStG** (**Finanz- und Versicherungsumsätze**) steuerfrei sind und sich unmittelbar auf **Gegenstände beziehen, die in das Drittlandsgebiet gelangen**. Es braucht sich dabei nicht um eine Ausfuhrlieferung zu handeln.

Beispiele

Beispiel 1:
Der Hauseigentümer A vermietet das Erdgeschoss seines Mehrfamilienhauses in Köln an einen HNO-Arzt für berufliche Zwecke.

Die Vermietung ist ohne Optionsmöglichkeit steuerfrei. Die anfallenden Vorsteuerbeträge sind nicht abzugsfähig (§ 15 Abs. 2 Nr. 1 UStG).

Beispiel 2:
Der Unternehmer U aus Düsseldorf liefert eine Maschine zu dem belgischen Unternehmer B nach Brüssel.

Die i. g. Lieferung ist steuerfrei. Die Vorsteuerbeträge sind nach Maßgabe des § 15 Abs. 3 Nr. 1a) UStG abziehbar.

(2) Vorsteuerbeträge zur Verwendung von **Umsätzen im Ausland, die steuerfrei wären, wenn sie im Inland ausgeführt würden**, sind nach § 15 Abs. 2 Nr. 2 UStG vom Abzug **ausgeschlossen**. Der Ausschluss greift jedoch nach § 15 Abs. 3 Nr. 2 UStG **nicht** ein, wenn die Umsätze

- nach **§§ 4 Nr. 1 - 7, 25 Abs. 2 UStG** oder nach den in § 26 Abs. 5 UStG bezeichneten Vorschriften steuerfrei wären

oder

- nach **§§ 4 Nr. 8a - g, 10 oder 11 UStG** steuerfrei wären und der **Leistungsempfänger im Drittlandsgebiet** ansässig ist.

Beispiel

Der Hauseigentümer A vermietet das Erdgeschoss seines Mehrfamilienhauses in Venlo an einen niederländischen Rechtsanwalt für dessen Berufsausübung.

Die Vermietung ist nicht steuerbar, da das Grundstück im Ausland gelegen ist. Die anfallenden Vorsteuerbeträge sind nicht abzugsfähig (§ 15 Abs. 2 Nr. 2 UStG), denn die sonstige Leistung wäre steuerfrei, wenn sie im Inland ausgeführt würde.

10.8 Aufteilung der Vorsteuerbeträge

Für **„gemischt verwendete Leistungsbezüge“**, die zur Ausführung von Umsätzen, die teils zum Ausschluss vom Vorsteuerabzug und teils nicht zum Ausschluss führen, sind die Vorsteuern nach Maßgabe des **§ 15 Abs. 4 Satz 1 UStG** im Wege der **wirtschaftlichen Zuordnung** zu den Abzugs- und Ausschlussumsätzen aufzuteilen.

Die wirtschaftliche Zuordnung kann dabei mithilfe von **Aufteilungsschlüsseln** erfolgen, die sich z. B. aus technischen Maßen (wie qm, cbm) berechnen lassen oder sich aus den Unterlagen der Kostenberechnung ergeben.

Eine Ermittlung des nicht abziehbaren Teils des Vorsteuerbetrags nach dem Verhältnis der Umsätze, die den Vorsteuerabzug ausschließen, zu den Umsätzen, die zum Vorsteuerabzug berechtigen, ist nur zulässig, wenn keine andere wirtschaftliche Zurechnung möglich ist (§ 15 Abs. 4 Satz 3 UStG).

Beispiel

U ist Eigentümer eines gemischt genutzten Grundstücks. Von der Gesamtfläche von 1.000 qm sind 800 qm als Geschäftsräume an andere vorsteuerabzugsberechtigte Unternehmer und 200 qm als Wohnräume an Privatleute vermietet. Anlässlich einer Dachsanierung an dem gemischt genutzten Grundstück sind dem U 6.400 € Vorsteuern in Rechnung gestellt worden.

Die Vorsteuern sind nur i. H. v. (80 % von 6.400 € =) 5.120 € abzugsfähig, da das gemischt genutzte Grundstück nur insoweit zu Abzugsumsätzen genutzt wird.

10.9 Fälle zur Sicherung des Lernerfolgs

Fall 1:

Der Maschinenhändler Brause aus Düsseldorf versteuert seine Umsätze nach vereinbarten Entgelten. Prüfen und begründen Sie, ob sich die folgenden Sachverhalte auf die Umsatzsteuer bzw. auf die Vorsteuer für August 2023 auswirken!

1. Maschinenfabrikant Schmidt lieferte am 27. Juli 2023 eine Maschine an Brause. Die Rechnung über diese Lieferung ging am 15. August 2023 bei Brause ein. Sie lautet auf 10.000 € zzgl. 1.900 € Umsatzsteuer. Brause hat diese Rechnung am 05. September 2023 bezahlt.
2. Brause bezahlte am 28. August 2023 die ihm vorliegende Rechnung des NWB Verlages über 450 € zzgl. 31,50 € Umsatzsteuer für die Lieferung einer Fachzeitschrift für die Monate September 2023 bis Februar 2024.
3. Brause liefert am 02. August 2023 an einen Kunden eine Maschine und stellt ihm folgende Rechnung aus:

Maschine	40.000,00 €
USt (19 %)	7.600,00 €
Frachtkosten	1.200,00 €
Transportversicherung	600,00 €
Verpackung	300,00 €
= Summe	49.700,00 €

Fall 2:

Beurteilen Sie bei den nachfolgenden zwei Sachverhalten, wie hoch die beim Leistenden entstandene Umsatzsteuer bzw. wie hoch der Vorsteuerabzug beim Leistungsempfänger ist, wenn es grundsätzlich **nicht** zu einer Berichtigung der Rechnungen kommt.

1. Der Unternehmer A liefert dem vorsteuerabzugsberechtigten Empfänger B Waren, die dem allgemeinen Steuersatz unterliegen:

50 Flaschen Sekt	475,00 €
zzgl. 7 % USt	33,25 €
insgesamt	508,25 €

2. Der Nichtunternehmer E liefert ein gebrauchtes Fahrzeug an den vorsteuerabzugsberechtigten F.

Pkw „BMW" Baujahr 2004	3.000,00 €
zzgl. 19 % USt	570,00 €
insgesamt	3.570,00 €

Fall 3:

Dem Bürohändler Platte aus Leverkusen wurde im Oktober 2023 von anderen Unternehmen für Leistungen an sein Unternehmen insgesamt 6.500 € Umsatzsteuer gesondert in Rechnung gestellt.

Darin sind die in den folgenden Sachverhalten genannten Beträge nicht enthalten:

1. Beim Kauf eines Pkw wurden vom Autohändler 5.000 € Umsatzsteuer gesondert in Rechnung gestellt. Der Pkw wird zu 80 % betrieblich und zu 20 % privat genutzt.
2. Von dem Privatmann Lang erwarb Platte einen gebrauchten Schreibtisch. Auf Verlangen von Platte wies Lang auf der Rechnung neben dem Nettopreis von 350 € einen Umsatzsteuerbetrag von 66,50 € gesondert aus.
3. Platte erwarb 10 Schreibtischgarnituren, für die ihm der Lieferant 50 € netto je Schreibtischgarnitur (insgesamt 500 €) in Rechnung stellte. Die hierauf entfallende Umsatzsteuer von insgesamt 95 € wurde gesondert ausgewiesen. Platte verschenkte im November 2023 die Garnituren anlässlich des 15-jährigen Bestehens seines Unternehmens an Geschäftsfreunde. Die Absicht des Verschenkens bestand bereits beim Kauf.
4. Platte unternahm eine mehrtägige Geschäftsreise nach Münster. Die Mehraufwendungen für Verpflegung berechnete er zutreffend mit den für ihn anzuwendenden Pauschbeträgen und zwar zusammen mit 92 €. Die Übernachtungskosten betrugen 149,80 €. Hierüber wurde eine ordnungsgemäße Rechnung ausgestellt.
5. Ein Kleinunternehmer reparierte Fenster im Betriebsgebäude des Platte. Der Kleinunternehmer berechnet insgesamt 714 €. Trotz der Nichtberechtigung wies der Kleinunternehmer die Umsatzsteuer i. H. v. 114 € in einer Rechnung gesondert aus.
6. Platte hatte Anfang Oktober bei einem Großhändler Aktenordner im Gesamtwert von 8.000 € bestellt, die er je nach Bedarf in Teilmengen abrufen kann. Er hatte einen besonders günstigen Preis erzielt, da er bei Vertragsschluss einer Anzahlung zugestimmt hatte. Der Großhändler hatte am 10. Oktober 2023 folgendes Fax geschickt: „Wir bitten um Überweisung der vereinbarten Anzahlung i. H. v. 3.000 €“. Platte hatte den Betrag am 12. Oktober 2023 überwiesen.
7. Platte hat im Oktober 2023 für die Bewirtung von vier Geschäftsfreunden in einem Restaurant 420 € zzgl. 19 % USt bezahlt. Diese Aufwendungen gelten als angemessen und werden ordnungsgemäß nachgewiesen.
8. Platte hat im Oktober 2023 für die Bewirtung eines Geschäftsfreundes in einem Restaurant 360 € zzgl. 19 % USt bezahlt, die ordnungsgemäß nachgewiesen werden. Hiervon sind 120 € zzgl. 19 % USt als unangemessen anzusehen.
9. Platte hat im Oktober 2023 einem Geschäftsfreund ein Buch, das er für 32,10 € einschl. 7 % USt gekauft hat und 50 € bar in einem Briefumschlag geschenkt.

Ermitteln Sie mit einer kurzen, aber erschöpfenden Begründung die im Oktober 2023 abzuziehende Vorsteuer des Unternehmers Platte, die so hoch wie möglich sein soll.

Fall 4:

Der zum Vorsteuerabzug berechtigte Unternehmer Braun unternimmt im Oktober 2023 eine Geschäftsreise im Inland. Anlässlich dieser Geschäftsreise sind ihm folgende Aufwendungen entstanden:

1. Fahrtkosten mit der Bundesbahn (333,20 €).
2. Übernachtungskosten im Hotel (345,10 €). In der Hotelrechnung ist die USt nicht gesondert ausgewiesen. Allerdings ist der Steuersatz mit 7 % angegeben.
3. Taxikosten für Fahrten vom und zum Bahnhof (42,80 €). In den Rechnungen der Taxiunternehmer ist die USt nicht gesondert ausgewiesen, sondern nur der Steuersatz von 7 %.
4. Zur Abgeltung der Mehraufwendungen für Verpflegung nimmt Braun die einkommensteuerlich höchstmöglichen Pauschbeträge von (3 • 24 € =) 72 € in Anspruch.

Ermitteln Sie mit einer entsprechenden Begründung die abziehbaren Vorsteuern.

Fall 5:

Oliver Pauly betätigt sich als Versicherungs- und zugleich als Grundstücksmakler. Er hat zum 01. April 2023 einen Pkw für 100.000 € zzgl. 19.000 € USt erworben, mit dem er im VZ 2023 insgesamt 15.000 km zurückgelegt hat. Diese Strecke verteilt sich entsprechend dem ordnungsgemäß geführten Fahrtenbuch wie folgt:

- Tätigkeit als Versicherungsmakler: 6.000 km
- Tätigkeit als Grundstücksmakler: 4.000 km
- Privatfahrten: 5.000 km

Mit dem Pkw erlitt Pauly im Dezember 2023 bei einer Fahrt anlässlich seiner Tätigkeit als Versicherungsmakler einen selbst verschuldeten Unfall. Bei der dadurch erforderlichen Reparatur des Pkw fiel Vorsteuer i. H. v. 1.900 € an.

Wie hoch ist die abziehbare Vorsteuer

a) aus dem Erwerb
b) im Zusammenhang mit der Reparatur

des Pkw?

Fall 6:

Ein Großhändler in Köln hat in seinem Betriebsgebäude auch Wohnungen an eigene Mitarbeiter vermietet. Er macht für den Veranlagungszeitraum 2023 insgesamt 1.900.000 € Vorsteuer geltend. Diese Vorsteuer ist gem. § 15 Abs. 4 UStG zuzurechnen

- den im Inland ausgeführten steuerpflichtigen Lieferungen 1.200.000 €
- den steuerfreien innergemeinschaftlichen Lieferungen 350.000 €
- den steuerfreien Vermietungen 25.000 €

Die restliche Vorsteuer entfällt auf allgemeine Verwaltungskosten und ist nicht den o. a. Umsätzen im Einzelnen zuzuordnen. Aufgrund innerbetrieblicher Abrechnungsunterlagen entfallen auf die Vermietung der Wohnungen an eigene Mitarbeiter 7 % der allgemeinen Verwaltungskosten.

Ermitteln Sie in einer übersichtlichen Darstellung die abzugsfähige Vorsteuer für den VZ 2023!

Fall 7:

Peter Silie (P. S.) betreibt in Leverkusen eine Gastwirtschaft. Der Gaststätte ist ein Kiosk angeschlossen, der lediglich eine Verkaufstheke aufweist. Dieser Kiosk dient in erster Linie dem Verkauf von Currywürsten, Pommes frites und Getränken.

P. S. versteuert seine Umsätze nach vereinbarten Entgelten und ist Monatszahler mit einer vom Finanzamt Leverkusen eingeräumten Dauerfristverlängerung.

Der Bauunternehmer Marco Mörtel erwarb im Juli 2023 im Rahmen einer Geschäftsreise am Kiosk des P. S. eine Currywurst mit Pommes frites zum angebotenen Tagespreis von 2,95 €.

Auf Wunsch des Marco Mörtel stellte P. S. folgende Quittung aus:

Quittung

	Netto	2,48 €	
	19 % USt	0,47 €	
Nr. 198	Gesamt	2,95 €	
Betrag in Worten	Zwei		
von	Bauunternehmer Marco Mörtel, 51429 Bergisch Gladbach, Buddestr. 18 - 20		
für	1 Currywurst mit Pommes frites		
dankend erhalten.			
Ort/Datum	Leverkusen, 18.07.2023		
Buchungsvermerke	Stempel/Unterschrift des Empfängers		

Quittung

Kiosk „Zur Endstation"
Heinrichstr. 29
51373 Leverkusen
Peter Silie

a) Entscheiden Sie, welche Art der Leistung P. S. gegenüber dem Bauunternehmer Mörtel ausgeführt hat. Begründen Sie Ihre Entscheidung.

b) 1. Ermitteln Sie die Bemessungsgrundlage und die Höhe der gesetzlich geschuldeten Umsatzsteuer in Euro für Juli 2023.

   2. Wie hoch ist die von P. S. tatsächlich geschuldete Umsatzsteuer in Euro für Juli 2023?

   3. Begründen Sie Ihre Antwort zu b) unter Angabe der gesetzlichen Grundlage.

c) Enthält die ausgestellte Quittung alle notwendigen Bestandteile?

   Begründen Sie Ihre Entscheidung.

d) Unterstellen Sie, dass eine ordnungsgemäße Rechnung vorliegt:

   In welcher Höhe in Euro kann der Bauunternehmer Mörtel den Vorsteuerabzug geltend machen? Begründen Sie Ihre Entscheidung auch unter Angabe der gesetzlichen Grundlage.

11. Kleinunternehmer

11.1 Nullbesteuerung nach § 19 Abs. 1 UStG

11.1.1 Voraussetzungen, Gesamtumsatz, Umrechnung

Nach § 19 Abs. 1 UStG wird für Lieferungen und sonstige Leistungen keine USt erhoben, wenn der Umsatz

- im **vorangegangenen Kalenderjahr 22.000 € nicht überstiegen** hat **und**
- im **laufenden Kalenderjahr 50.000 € voraussichtlich nicht übersteigen** wird.

Umsatz ist der nach vereinnahmten Entgelten (= brutto!) bemessene Gesamtumsatz, gekürzt um darin enthaltene Umsätze von Wirtschaftsgütern des Anlagevermögens:

	Steuerbare Leistungen (brutto)
-	Steuerfreie Umsätze i. S. der §§ 4 Nr. 8i, 9b, 11 - 29 UStG
-	Steuerfreie Hilfsumsätze i. S. der §§ 4 Nr. 8a - h, 9a, 10 UStG
=	Gesamtumsatz i. S. des § 19 Abs. 3 UStG
-	Umsätze des Anlagevermögens zuzüglich Umsatzsteuer
=	Umsatz i. S. des § 19 Abs. 1 UStG

Die Frage, ob der Umsatz i. S. des § 19 Abs. 1 UStG im laufenden Kalenderjahr voraussichtlich 50.000 € nicht übersteigen wird, ist nach den **Verhältnissen zu Beginn des Kalenderjahres** zu beurteilen. Falls der tatsächliche Gesamtumsatz des laufenden Kalenderjahres im Ergebnis die Grenze von 50.000 € übersteigt, ist die Vergünstigung des § 19 Abs. 1 UStG nachträglich nur dann zu versagen, falls nachgewiesen wird, dass die anfängliche Schätzung bösgläubig oder sonst unberechtigt erfolgte.

Nimmt der Unternehmer seine gewerbliche oder berufliche Tätigkeit im Laufe des Kalenderjahres neu auf, so wird USt für seine Umsätze im Erstjahr nicht erhoben, wenn nach den Verhältnissen zu Beginn der unternehmerischen Betätigung der Umsatz in diesem Zeitraum **voraussichtlich 22.000 € nicht übersteigen** wird. Die Umsatzgrenze von 50.000 € ist in diesem Fall bedeutungslos.

Hat der Unternehmer seine **Tätigkeit nur einen Teil des Kalenderjahres ausgeübt** (Unternehmenseröffnung oder -schließung), so ist nach § 19 Abs. 3 Satz 3 UStG der **voraussichtliche Gesamtumsatz in einen Jahresumsatz umzurechnen**, wobei angefangene Kalendermonate als volle Kalendermonate zu behandeln sind, es sei denn, dass die Umrechnung nach Tagen zu einem niedrigeren Jahresumsatz führt.

Die Umrechnung des tatsächlichen Gesamtumsatzes in einen Jahresumsatz ist auch durchzuführen, wenn die gewerbliche oder berufliche Tätigkeit von vornherein auf einen Teil des VZ begrenzt war.

Die Umsätze aus der **Veräußerung oder Entnahme von Anlagevermögen** sind nicht in einen Jahresumsatz umzurechnen. Sie sind deshalb vor der Umrechnung aus dem tatsächlichen Gesamtumsatz auszuscheiden und nach der Umrechnung des restlichen Umsatzes dem ermittelten Betrag hinzuzurechnen (Abschn. 19.3. Abs. 3 UStAE).

11.1.2 Rechtsfolgen aus § 19 Abs. 1 UStG

Liegen die Voraussetzungen des § 19 Abs. 1 UStG vor, wird der Unternehmer wie ein Privatmann behandelt, d. h. er muss keine USt entrichten, auch wenn er steuerbare und steuerpflichtige Umsätze tätigt (§ 19 Abs. 1 Satz 1 UStG).

Die weiteren Rechtsfolgen sind (§ 19 Abs. 1 Satz 4 UStG):

- Die Vorschriften über die **Steuerbefreiung von i. g. Lieferungen** und über die Angabe der USt-IdNr. in einer Rechnung **scheiden aus**.
- Ein **Verzicht auf die Steuerbefreiung** (§ 9 Abs. 1 UStG) **scheidet aus**.
- Der Unternehmer ist **nicht berechtigt, USt gesondert in Rechnung zu stellen** (§ 14 Abs. 4 UStG). Ein dennoch gesondert ausgewiesener USt-Betrag wird nach § 14c Abs. 2 UStG geschuldet.
- Der Unternehmer darf in der Rechnung **keine USt-IdNr.** angeben.
- Der Unternehmer hat **keinen Vorsteuerabzug** (§ 15 UStG).

11.2 Option nach § 19 Abs. 2 UStG

Um den **Vorsteuerabzug** zu erreichen, kann der Unternehmer dem FA bis zur Unanfechtbarkeit der Steuerfestsetzung erklären, dass er auf die Anwendung des § 19 Abs. 1 UStG verzichtet (§ 19 Abs. 2 Satz 1 UStG). Er unterliegt der **Besteuerung nach den allgemeinen Vorschriften**.

Der Verzicht ist eine einseitige empfangsbedürftige Willenserklärung, die keiner besonderen Form bedarf. Jede konkludente Handlung (z. B. **Abgabe von Voranmeldungen oder Jahresanmeldungen mit Steuerberechnung**) reicht aus.

Nach Eintritt der Unanfechtbarkeit tritt eine **Bindungswirkung** für mindestens **fünf Jahre** ein (§ 19 Abs. 2 Satz 2 UStG). Die Fünf-Jahres-Frist ist vom Beginn des ersten Kalenderjahres an zu berechnen, für das die Erklärung gilt.

Nach Ablauf der fünf Jahre kann die Erklärung mit Wirkung vom Beginn des Kalenderjahres an widerrufen werden, spätestens jedoch bis zur Unanfechtbarkeit der Steuerfestsetzung des Kalenderjahres, für das er gelten soll (§ 19 Abs. 2 Sätze 3 und 4 UStG).

12. Entstehung der Steuer

12.1 Allgemeines

Die Vorschrift des **§ 13 UStG** regelt den **Zeitpunkt der Entstehung der Umsatzsteuer**, nicht die Entstehung der Steuer selbst.

Dafür ist u. a. entscheidend, ob die Besteuerung

- gem. § 16 Abs. 1 UStG nach **vereinbarten Entgelten** (**Soll-Besteuerung**) oder
- gem. § 20 UStG nach **vereinnahmten Entgelten** (**Ist-Besteuerung**)

vorgenommen wird.

Außer dem unterschiedlichen Zeitpunkt für die o. g. Umsätze gibt es **Abweichungen beim Entstehungszeitpunkt der Steuer** beim

- **innergemeinschaftlichen Erwerb** i. S. des § 1a UStG
- **innergemeinschaftlichen Erwerb neuer Fahrzeuge** i. S. des § 1b UStG
- **unrichtigen Steuerausweis** gem. § 14c Abs. 1 UStG
- **unrichtigen und unberechtigten Steuerausweis** gem. § 14c UStG. Hier entsteht die Steuer im Zeitpunkt der Ausgabe der Rechnung (§ 13 Abs. 1 Nr. 3 UStG).

Weitere Einzelheiten ergeben sich aus § 13 UStG.

12.2 Soll-Besteuerung

Bei der Besteuerung nach **vereinbarten Entgelten** (Soll-Besteuerung), die der Regelfall ist (sog. **Regelbesteuerung**), richtet sich die Entstehung der Steuer nach dem **Zeitpunkt der Leistung**.

MERKE

Die Steuer entsteht mit Ablauf des Voranmeldungszeitraumes, in dem die Lieferung oder sonstige Leistung ausgeführt worden ist (§ 13 Abs. 1 Nr. 1a Satz 1 UStG).

Für den Entstehungszeitpunkt der Steuer sind demnach **unerhebliche Zeitpunkte**:

- Zeitpunkt der Rechnungserteilung
- Zeitpunkt des Zahlungseingangs.

Eine **Ausnahme** von diesem Grundsatz enthält **§ 13 Abs. 1 Nr. 1a Satz 4 UStG** für **Anzahlungen**.

Nach dieser Vorschrift entsteht die Steuer, wenn Entgelt oder Teilentgelt bereits vor Ausführung der Leistung oder Teilleistung vereinnahmt wird, bereits mit **Ablauf des Voranmeldungszeitraumes, in dem das Entgelt (Anzahlung) vereinnahmt wurde**, und zwar

- **unabhängig** von der **Höhe** und
- **unabhängig** davon, ob eine **Rechnung mit gesondertem Steuerausweis** erstellt wurde.

Dieses Verfahren wird als **Anzahlungsbesteuerung** bezeichnet.

Beispiel

Malermeister M ist von A beauftragt, das Gebäude des A neu zu verputzen. Nach Anbringung des Baugerüstes im Juni 2023 hat M eine Anzahlung i. H. v. 10.710 € zu beanspruchen, die von dem A am 20. Juni 2023 an den M überwiesen wurde. Die Verputzarbeiten wurden im Juli 2023 abgeschlossen.

Die Leistung des M wird erst im Juli 2023 erbracht. Die Umsatzsteuer entsteht somit grundsätzlich erst mit Ablauf des Voranmeldungszeitraums Juli 2023. Da A jedoch schon im vorangehenden Voranmeldungszeitraum eine Zahlung leistet, entsteht die auf die Anzahlung entfallende Umsatzsteuer i. H. v. (10.710 € : 1,19 • 0,19 =) 1.710 € bereits mit Ablauf des Voranmeldungszeitraums Juni 2023.

Für die Ermittlung der Steuer ist nicht von der vereinbarten, sondern von der **tatsächlich vereinnahmten Abschlagszahlung** auszugehen.

Beispiel

Ein der Soll-Besteuerung unterliegender Bauunternehmer erteilt seinem Auftraggeber eine Anzahlungsrechnung über 50.000 € zzgl. 9.500 € Umsatzsteuer. Der Auftraggeber zahlt nur 25.000 €. Für die Ermittlung der Steuer ist von der tatsächlich vereinnahmten Abschlagszahlung auszugehen. Aus dem Bruttobetrag von 25.000 € ist die Steuer mit (25.000 € : 1,19 • 0,19 =) 3.991,60 € herauszurechnen.

Wird die Anzahlung für eine Leistung vereinnahmt, die voraussichtlich unter eine **Steuerbefreiungsvorschrift des § 4 UStG** fällt, so braucht auch die Anzahlung nicht der Steuer unterworfen zu werden.

12.3 Ist-Besteuerung

Die Besteuerung nach **vereinnahmten Entgelten** (Ist-Besteuerung) ist für Unternehmer auf **Antrag** möglich (§ 20 UStG).

Dieses setzt voraus, dass

- der **Gesamtumsatz im vorangegangenen Kalendejahr nicht mehr als 600.000 €** betragen hat oder
- der Unternehmer von der **Verpflichtung, Bücher zu führen und aufgrund jährlicher Bestandsaufnahmen Abschlüsse zu machen**, nach § 148 AO **befreit ist** oder
- soweit er Umsätze aus einer **Tätigkeit als Angehöriger eines freien Berufs** i. S. des § 18 Abs. 1 Nr. 1 EStG ausführt.

Die Steuer entsteht bei der Ist-Besteuerung gem. § 13 Abs. 1 Nr. 1b UStG mit **Ablauf des Voranmeldungszeitraumes, in dem das Entgelt vereinnahmt wurde**.

12.4 Fälle zur Sicherung des Lernerfolgs

Fall 1:

Thomas Behler betreibt in Iserlohn ein Schiffsbauunternehmen für Segelyachten. Er versteuert seine Umsätze nach vereinbarten Entgelten. Im April 2023 schloss er mit einem Privatmann einen Vertrag über die Lieferung einer Yacht im Gesamtpreis von 180.000 € (einschl. 19 % USt). Der Käufer hat vertragsgemäß Anzahlungen zu leisten, die Behler wie folgt vereinnahmt:

- Mai 2023 — 18.000 €
- Juni 2023 — 11.000 €

Im Juli 2023 wird die Segelyacht fertig gestellt und am 07. Juli 2023 in Iserlohn samt Rechnung an den Käufer übergeben. Behler vereinnahmt die Restzahlung i. H. v. 151.000 € im August 2023.

Entscheiden und begründen Sie, ob ggf. in welcher Höhe aufgrund des o. a. Sachverhalts in den Voranmeldungszeiträumen

1. April 2023
2. Mai 2023
3. Juni 2023
4. Juli 2023
5. August 2023

Umsatzsteuer entsteht!

Fall 2:

Die Holz-GmbH in Düsseldorf, die der Regelbesteuerung unterliegt, verpflichtet sich, in einem Werkvertrag dem Bauherrn Hermann Meyer die Holzarbeiten an dem Neubau eines Mehrfamilienhauses in Düsseldorf auszuführen. In dem Vertrag ist ferner vereinbart, dass sie vom Bauherrn nach schriftlicher Anforderung Abschlagszahlungen entsprechend dem Baufortschritt erhält. Die jeweiligen Zahlungsanforderungen enthalten keinen Umsatzsteuerausweis.

Folgende Beträge wurden angefordert und von der Holz-GmbH vereinnahmt:

1. 17.04.2023 Bankgutschrift 11.05.2023 142.800 €
2. 15.05.2023 Bankgutschrift 05.06.2023 23.800 €
3. 15.06.2023 Bankgutschrift 03.07.2023 11.000 €

Die Endabrechnung vom 16. Juli 2023 lautet über insgesamt 250.000 € zzgl. 19 % USt.

Prüfen und begründen Sie, in welchem Monat (Voranmeldungszeitraum) und in welcher Höhe jeweils Umsatzsteuer entstanden ist.

Fall 3:

Entscheiden Sie für den folgenden Sachverhalt, in welcher Voranmeldung der jeweilige Vorgang zu erklären ist. Geben Sie zusätzlich die Bemessungsgrundlage und die entstandene Umsatzsteuer an. Der Unternehmer gibt monatliche USt-Voranmeldungen ab und versteuert seine Umsätze – alternativ – nach

1. vereinbarten Entgelten
2. vereinnahmten Entgelten.

Der Bauunternehmer Platte mit Sitz in Leverkusen erhielt am 23. Januar 2023 von dem Bauherrn Mörtel in Bergisch Gladbach den Auftrag zur Errichtung eines Gebäudes. Bei Vertragsabschluss waren sich die Parteien darüber einig, dass mit dem Baubeginn eine Vorauszahlung auf den Rechnungsbetrag i. H. v. 20.000 € fällig werden sollte. Platte begann am 17. April 2023 mit den Bauarbeiten. Daraufhin überwies Mörtel am 04. Mai 2023 die vereinbarte Vorauszahlung von 20.000 €.

Nachdem die Bauarbeiten wesentlich vorangeschritten waren, forderte Platte von Mörtel eine Abschlagszahlung von 70.000 € zzgl. 19 % USt schriftlich an. Das Schreiben wurde am 30. Oktober 2023 von Platte zur Post gegeben und ging fünf Tage später bei Mörtel ein. Dieser überwies den geforderten Betrag in drei Raten. Die erste Rate von 40.000 € ging am 22. November 2023, die zweite Rate von 30.000 € am 07. Dezember 2023 bei Platte ein. Die dritte Rate über 13.300 € konnte Mörtel erst am 31. Dezember 2023 überweisen (Eingang bei Platte am 03. Januar 2024).

Am 22. August 2024 war das Gebäude endgültig fertig gestellt. Noch am gleichen Tag nahm Mörtel den Bau ab. Die endgültige, schriftliche Abrechnung durch Platte erfolgte am 06. September 2024 und lautete über einen Gesamtbetrag von 400.000 € zzgl. 19 % USt. Mörtel überwies den hiervon noch ausstehenden Restbetrag am 08. Oktober 2024 (Eingang bei Platte am 10. Oktober 2024).

13. Leistungsempfänger als Steuerschuldner

Unternehmer schulden nach **§ 13b Abs. 5 UStG** als Leistungsempfänger für bestimmte an sie im Inland ausgeführte steuerpflichtige Umsätze die Umsatzsteuer.

Dies gilt sowohl für im Inland als auch für im Ausland ansässige Leistungsempfänger.

Die Steuerschuldnerschaft des Leistungsempfängers ist nach § 13b Abs. 5 Satz 4 UStG **nicht anzuwenden**, wenn der **leistende Unternehmer Kleinunternehmer** ist und bei ihm die Steuer nach § 19 Abs. 1 UStG nicht erhoben wird.

Die **Steuerschuldnerschaft erstreckt sich sowohl auf die Umsätze für den unternehmerischen als auch auf Umsätze für den nichtunternehmerischen Bereich des Leistungsempfängers** (§ 13b Abs. 5 Satz 3 UStG).

Zuständig für die Besteuerung dieser Umsätze ist das Finanzamt, bei dem der Leistungsempfänger als Unternehmer umsatzsteuerlich erfasst ist.

13.1 Anwendungsbereich

Für folgende steuerpflichtige Umsätze schuldet der Leistungsempfänger z. B. die Steuer:

(1) Nach **§ 3a Abs. 2 UStG** im Inland steuerpflichtige sonstige Leistungen eines im **übrigen Gemeinschaftsgebiet** ansässigen Unternehmers (§ 13b Abs. 1 UStG).

(2) **Werklieferungen** (z. B. Baubranche, Montagefirmen und andere Handwerksbetriebe) **im Ausland ansässiger Unternehmer** (§ 13b Abs. 2 Nr. 1 UStG)

Beispiel

Der in Leverkusen ansässige Bauunternehmer U hat den Auftrag erhalten, in Köln ein Geschäftshaus zu errichten. Lieferung und Einbau der Fenster lässt U von seinem niederländischen Subunternehmer N aus Amsterdam ausführen.

Der im Ausland ansässige Unternehmer N erbringt im Inland eine steuerpflichtige Werklieferung an U. Die Umsatzsteuer für diese Werklieferung schuldet U nach § 13b Abs. 5 Satz 1 i. V. mit Abs. 1 UStG.

(3) **Lieferungen sicherungsübereigneter Gegenstände durch den Sicherungsgeber außerhalb des Insolvenzverfahrens (§ 13b Abs. 2 Nr. 2 UStG)**

Beispiel

Für den Unternehmer U in Leverkusen finanziert eine Bank B in Köln die Anschaffung eines Pkw. Bis zur Rückzahlung des Darlehens lässt sich B den Pkw zur Sicherheit übereignen. Da U seinen Zahlungsverpflichtungen nicht nachkommt, verwertet B den Pkw durch Veräußerung an einen privaten Abnehmer A.

Mit der Veräußerung des Pkw durch B liegen eine Lieferung von U (Sicherungsgeber) an B (Sicherungsnehmer) sowie eine Lieferung von B an A vor. Für die Lieferung des U schuldet B als Leistungsempfänger die Umsatzsteuer nach § 13b Abs. 5 Satz 1 i. V. mit Abs. 2 Nr. 2 UStG.

(4) **Umsätze, die unter das Grunderwerbsteuergesetz fallen (§ 13b Abs. 2 Nr. 3 UStG)**

Da derartige Umsätze nach § 4 Nr. 9a UStG steuerfrei sind, ist erforderlich, dass ein wirksamer Verzicht auf die Steuerbefreiung durch den Lieferer vorliegt.

(5) **Bauleistungen, einschließlich Werklieferungen und sonstige Leistungen im Zusammenhang mit Grundstücken, die der Herstellung, Instandsetzung, Instandhaltung, Änderung oder Beseitigung von Bauwerken dienen, mit Ausnahme von Planungs- und Überwachungsleistungen, wenn der Leistungsempfänger selbst entsprechende Leistungen erbringt. Nummer 1 bleibt unberührt (§ 13b Abs. 2 Nr. 4 UStG)**

(6) **Lieferungen von Gas und Elektrizität eines im Ausland ansässigen Unternehmers unter den Bedingungen des § 3g UStG (§ 13b Abs. 2 Nr. 5 UStG)**

(7) **Lieferungen der in der Anlage 3 bezeichneten Gegenstände** (§ 13b Abs. 2 Nr. 7 UStG)

(8) **Reinigen von Gebäuden und Gebäudeteilen** (§ 13b Abs. 2 Nr. 8 UStG)

(9) Lieferung von **Mobilfunkgeräten, Tablet-Computern und Spielekonsolen sowie von integrierten Schaltkreisen** vor Einbau in einen zur Lieferung auf der Einzel-

handelsstufe geeigneten Gegenstand, wenn die Summe der für sie in Rechnung zu stellenden **Entgelte** im Rahmen eines wirtschaftlichen Vorgangs **mindestens 5.000 €** beträgt; nachträgliche Minderungen des Entgelts bleiben dabei unberücksichtigt (§ 13b Abs. 2 Nr. 10 UStG)

(10) **sonstige Leistungen auf dem Gebiet der Telekommunikation** (§ 13b Abs. 2 Nr. 12 UStG)

Der **Leistungsempfänger schuldet** die **Steuer**, wenn er ein **Unternehmer** ist, dessen Haupttätigkeit in Bezug auf den Erwerb dieser Leistungen in deren Erbringung besteht und dessen eigener Verbrauch dieser Leistungen von untergeordneter Bedeutung ist (sog. **Wiederverkäufer**); davon ist auszugehen, wenn ihm das zuständige Finanzamt eine im Zeitpunkt der Ausführung des Umsatzes gültige auf längstens drei Jahre befristete Bescheinigung, die nur mit Wirkung für die Zukunft widerrufen oder zurückgenommen werden kann, darüber erteilt hat, dass er ein Unternehmer ist, der entsprechende Leistungen erbringt.

13.2 Entstehung der Steuer

Die Steuer entsteht für Umsätze

- nach **§ 13b Abs. 1 UStG** mit Ablauf des Voranmeldungszeitraums, in dem die **Leistungen nach § 3a Abs. 2 UStG ausgeführt** worden sind;
- nach **§ 13b Abs. 2 UStG** mit **Ausstellung der Rechnung, spätestens jedoch mit Ablauf des der Ausführung der Leistung folgenden Kalendermonats**.

ACHTUNG

Die Steuer entsteht für **sonstige Leistungen**, die dauerhaft über einen Zeitraum von **mehr als einem Jahr erbracht werden, spätestens mit Ablauf eines jeden Jahres**, in dem sie tatsächlich erbracht werden (**§ 13b Abs. 3 UStG**).

Wird das Entgelt oder ein Teil des Entgelts vereinnahmt, bevor die Leistung oder Teilleistung ausgeführt worden ist, entsteht die Steuer mit Ablauf des Voranmeldungszeitraums, in dem das Entgelt oder Teilentgelt vereinnahmt worden ist (§ 13b Abs. 4 UStG).

Aus **Vereinfachungsgründen** ist es nicht zu beanstanden, wenn der Leistungsempfänger die Steuer auf das Entgelt oder Teilentgelt bereits in dem Voranmeldungszeitraum anmeldet, in dem die Beträge von ihm verausgabt werden.

Beispiel

Der in Belgien ansässige Unternehmer B führt am 18. März in Köln eine Werklieferung (Errichtung und Aufbau eines Messestandes) an seinen deutschen Abnehmer D aus. Die Rechnung über diesen im Inland steuerpflichtigen Umsatz, für den D als Leistungsempfänger nach § 13b Abs. 2 Satz 1 i. V. mit Abs. 5 Satz 1 UStG die Steuer schuldet, erstellt B am 15. April Sie geht D am 17. April zu. D hat monatliche Umsatzsteuer-Voranmeldungen abzugeben.

Die Steuer entsteht mit Ablauf des Monats, in dem die Rechnung ausgestellt worden ist, das ist mit Ablauf des Monats April. D hat den Umsatz in seiner Umsatzsteuer-Voranmeldung April anzumelden. Dies würde auch dann gelten, wenn die Rechnung erst im Mai (Folgemonat) erstellt oder erst in diesem Monat bei D angekommen wäre.

13.3 Bemessungsgrundlage und Berechnung der Steuer

In den Fällen, in denen der Leistungsempfänger die Steuer schuldet, ist Bemessungsgrundlage der in der Rechnung oder Gutschrift **ausgewiesene Betrag (Betrag ohne Umsatzsteuer)**.

Die Umsatzsteuer ist von diesem Betrag vom Leistungsempfänger zu berechnen.

Der Leistungsempfänger hat bei der Steuerberechnung den Steuersatz zugrunde zu legen, der sich für den maßgeblichen Umsatz nach § 12 UStG ergibt.

13.4 Rechnungserteilung

Führt der Unternehmer Umsätze i. S. des § 13b Abs. 1 und 2 UStG aus, für die der Leistungsempfänger nach § 13b Abs. 5 UStG die Steuer schuldet, ist er zur **Ausstellung von Rechnungen verpflichtet** (§ 14a Abs. 5 Satz 1 UStG), in denen die Steuer nicht gesondert ausgewiesen ist (§ 14a Abs. 5 Satz 3 UStG).

Auch eine Gutschrift ist eine Rechnung (§ 14 Abs. 2 Satz 2 UStG).

Neben den übrigen Angaben nach § 14 Abs. 4 UStG ist in den Rechnungen **auf die Steuerschuldnerschaft des Leistungsempfängers hinzuweisen** (§ 14a Abs. 5 Satz 2 UStG).

Fehlt dieser Hinweis in der Rechnung, wird der Leistungsempfänger von der Steuerschuldnerschaft nicht entbunden.

Weist der leistende Unternehmer die Steuer in der Rechnung gesondert aus, wird diese Steuer nach § 14c Abs. 1 UStG geschuldet.

Der leistende Unternehmer und der Leistungsempfänger haben ein Doppel der Rechnung zehn Jahre aufzubewahren. Die Aufbewahrungsfrist beginnt mit dem Schluss des Kalenderjahres, in dem die Rechnung ausgestellt worden ist (§ 14b Abs. 1 UStG).

Für **ausländische Unternehmer** mit Inlandseinsätzen unterliegt die Rechnungsstellung den Vorschriften des Mitgliedstaates, in dem der Unternehmer ansässig ist. Das gilt jedoch nicht, wenn eine Gutschrift i. S. des § 14 Abs. 2 Satz 2 UStG vereinbart worden ist (§ 14 Abs. 7 UStG).

13.5 Vorsteuerabzug des Leistungsempfängers

Der Leistungsempfänger kann die von ihm nach § 13b Abs. 1 und 2 UStG geschuldete Umsatzsteuer als Vorsteuer abziehen, wenn die Leistung für sein Unternehmen ausgeführt worden ist (§ 15 Abs. 1 Satz 1 Nr. 4 UStG).

13.6 Zusammenfassendes Beispiel

Der Unternehmer Gunnar Glücklich (GG) aus Leverkusen ist Eigentümer des von seiner Tante im Jahre 2006 ererbten unbebauten Grundstücks „Elbeweg 5" in Leverkusen, welches seit dem Erbanfall nichtunternehmerisch genutzt wurde.

Im Jahre 2023 ließ GG das Grundstück von dem polnischen Bauunternehmer Betonski (B) aus Lodz (Polen) mit einem Einfamilienhaus zur ausschließlichen Nutzung für eigene Wohnzwecke in Fertigbauweise bebauen.

GG zahlte an B entsprechend dem Baufortschritt am 11. und 20.09.2023 je 40.000 € netto ohne Umsatzsteuer. Die Bauabnahme erfolgte einvernehmlich am 30.10.2023.

Die vereinbarte Schlussrate über 60.000 € netto ohne Umsatzsteuer überwies GG am 04.12.2023 auf ein Konto des B.

Rechnungen über die Errichtung des Einfamilienhauses wurden weder von B noch von GG erteilt.

Beurteilen Sie die umsatzsteuerliche Rechtslage für GG! Auf die Leistung des Bauunternehmers Betonski ist insoweit einzugehen, wie dies für GG umsatzsteuerlich von Bedeutung ist.

Lösung:
Mit der Errichtung des Einfamilienhauses erbringt B am Tag der Bauabnahme (30.10.2023) eine Werklieferung (§ 3 Abs. 4 UStG).

Der Ort der (unbewegten) Lieferung bestimmt sich nach § 3 Abs. 7 Satz 1 UStG und wird demnach am Belegenheitsort des Grundstücks in Leverkusen ausgeführt. Die gegen Entgelt ausgeführte Lieferung ist steuerbar nach § 1 Abs. 1 Nr. 1 UStG und mangels einer Steuerbefreiung nach § 4 UStG auch steuerpflichtig zum Regelsteuersatz (§ 12 Abs. 1 UStG) von 19 %.

GG schuldet die Umsatzsteuer für diese Werklieferung, weil B ein im Ausland ansässiger Unternehmer ist (§ 13b Abs. 7 UStG) und auch GG Unternehmer ist (§ 13b Abs. 2 Nr. 1 i. V. mit Abs. 5 Satz 1 UStG). Unerheblich ist, dass GG diese Werklieferung zur ausschließlichen Nutzung für unternehmensfremde Zwecke bezieht (§ 13b Abs. 5 Satz 6 UStG).

Die Bemessungsgrundlage beträgt 140.000 €, die darauf entfallende Umsatzsteuer 26.600 €. Grundsätzlich entsteht die Steuer mit der Ausstellung der Rechnung über die von B ausgeführte Leistung. Da B das Entgelt für die Werklieferung i. H. v. 80.000 € vor Ausführung der Leistung vereinnahmt, entsteht insoweit die Steuerschuld des GG i. H. v. 15.200 € mit Ablauf des Voranmeldungszeitraums September 2023.

Da B entgegen seiner Verpflichtung nach den §§ 14, 14a Abs. 5 UStG keine Rechnung über die Werklieferung erteilt hat, entsteht die Steuerschuld des GG in Höhe des Restbetrages von 11.400 € spätestens im Folgemonat, also mit Ablauf des Voranmeldungszeitraums November 2023.

GG darf die Umsatzsteuer nicht gem. § 15 Abs. 1 Nr. 4 UStG als Vorsteuer abziehen, weil er die Werklieferung für seinen außerunternehmerischen Bereich bezogen hat.

14. Besteuerungsverfahren

14.1 Allgemeines

Die Umsatzsteuer ist u. a. eine **Veranlagungssteuer**, wie z. B. die Einkommensteuer.

Der Unterschied zu anderen Veranlagungssteuern besteht jedoch darin, dass der **Unternehmer die Steuern selbst zu berechnen und dem Finanzamt anzumelden hat**, § 18 Abs. 3 Satz 1 UStG.

14.2 Umsatzsteuer-Jahreserklärung

Besteuerungszeitraum ist gem. § 16 Abs. 1 Satz 2 UStG das **Kalenderjahr**.

Wurde die unternehmerische Tätigkeit nur in einem Teil des Kalenderjahres ausgeübt, ist der entsprechend kürzere Zeitraum maßgebend.

Der Unternehmer hat gem. § 18 Abs. 3 UStG für jedes Kalenderjahr auf **amtlich vorgeschriebenem Vordruck** eine **Steuererklärung** abzugeben, in der die zu entrichtende **Steuer** oder der Überschuss, der sich zu seinen Gunsten ergibt, **selbst zu berechnen** ist.

Ergibt sich aufgrund der Steuererklärung eine **Abschlusszahlung**, so ist diese **innerhalb eines Monats nach Abgabe der Steuererklärung zu entrichten** und zwar ohne, dass das Finanzamt einen Steuerbescheid erteilt oder separat zur Zahlung auffordert (§ 18 Abs. 4 UStG).

Wurde ein **Überschuss** errechnet, wird dieser vom **Finanzamt erstattet**.

14.3 Umsatzsteuer-Voranmeldungen und Vorauszahlungen

Unabhängig von der USt-Jahreserklärung hat der Unternehmer bereits während des laufenden Kalenderjahres regelmäßig **USt-Voranmeldungen abzugeben und entsprechende Vorauszahlungen zu leisten**.

Die Voranmeldung ist jeweils **bis zum 10. Tag nach Ablauf eines jeden Voranmeldungszeitraums** auf einem amtlichen Vordruck auf **elektronischem Weg** zu übermitteln und dabei ist die Steuer für den betreffenden Voranmeldungszeitraum selbst zu errechnen, § 18 Abs. 1 Satz 1 UStG.

Auf Antrag kann das FA dem Stpfl. zur Vermeidung unbilliger Härten gestatten, die Erklärung weiterhin nach amtlich vorgeschriebenem Vordruck einzureichen.

Regelvoranmeldungszeitraum ist gem. § 18 Abs. 2 UStG das **Kalendervierteljahr**.

Beträgt die Steuer (Zahllast) für das **vorangegangene Kalenderjahr mehr als 7.500 €**, ist gem. § 18 Abs. 2 Satz 2 UStG der **Kalendermonat** Voranmeldungszeitraum. Im Jahr der **Unternehmensgründung** ist für den **laufenden** und **folgenden Veranlagungszeitraum** der **Kalendermonat** der Voranmeldungszeitraum (§ 18 Abs. 2 Satz 4 UStG).

Gemäß § 18 Abs. 2a UStG erhalten Unternehmer, deren Vorsteuer-Überschüsse im vorangegangenen Kalenderjahr mehr als 7.500 € betragen haben, ein **Wahlrecht**, ob sie ihre USt-Voranmeldungen monatlich oder vierteljährlich abgeben.

In diesem Fall hat der Unternehmer bis zum 10. Februar des laufenden Kalenderjahres eine Voranmeldung für den ersten Kalendermonat abzugeben. Die Ausübung dieses Wahlrechts bindet den Unternehmer für dieses Kalenderjahr.

Beträgt die Umsatzsteuerschuld für das vorangegangene Kalenderjahr **nicht mehr als 1.000 €** kann das Finanzamt den Unternehmer von der **Verpflichtung zur Abgabe der Voranmeldung und Entrichtung der Vorauszahlung befreien**.

14.4 Dauerfristverlängerung

Als Erleichterung gewährt das Finanzamt dem Unternehmer für die Übermittlung der USt-Voranmeldungen und die Entrichtung der Vorauszahlungen auf Antrag eine **Dauerfristverlängerung von einem Monat** (§ 18 Abs. 6 UStG i. V. mit §§ 46 - 48 UStDV).

Unternehmern, die **monatliche Voranmeldungen** übermitteln, wird die Dauerfristverlängerung unter der Auflage gewährt, dass bis zum 10. Februar (zuzüglich Schonfrist) eine **Sondervorauszahlung i. H. v. $\frac{1}{11}$ der Summe der Vorauszahlungen für das vorangegangene Kalenderjahr angemeldet und entrichtet wird**.

Die festgesetzte Sondervorauszahlung ist bei der Festsetzung der Vorauszahlung für den letzten Voranmeldungszeitraum des Besteuerungszeitraums zu berücksichtigen, für den die Fristverlängerung gilt. Ein danach verbleibender Erstattungsanspruch ist mit Ansprüchen aus dem Steuerschuldverhältnis aufzurechnen (§ 226 AO), im Übrigen zu erstatten (§ 48 Abs. 4 UStDV).

Beispiel

U übermittelt für den Monat Dezember die USt-Voranmeldung. Hieraus ergibt sich eine Zahllast von 5.000 €. Nach Anrechnung der geleisteten Sondervorauszahlung von 10.000 € ergibt sich ein Erstattungsbetrag von 5.000 €. Dieser Betrag wird an den Unternehmer für den Voranmeldungszeitraum Dezember erstattet.

Anträge auf Dauerfristverlängerung sind nach **amtlich vorgeschriebenem** Datensatz durch Datenfernübertragung zu übermitteln.

Das Finanzamt kann auf Antrag des Steuerpflichtigen zur Vermeidung unbilliger Härten auf eine elektronische Übermittlung verzichten. In diesem Fall hat der Unternehmer dann einen Antrag nach amtlich vorgeschriebenem Vordruck zu stellen.

14.5 Übungsfall zur Sicherung des Lernerfolgs

Sachverhalt

Der Unternehmer Axel Schweiß aus Mainz versteuert seine Umsätze nach vereinbarten Entgelten und gibt die Umsatzsteuervoranmeldungen monatlich ab.

Für den VZ 2023 hat er einen Antrag auf Dauerfristverlängerung gestellt und eine Sondervorauszahlung i. H. v. 800 € geleistet.

Die Zahllast für die Monate Januar 2023 - November 2023 beträgt 6.200 €.

Für den Monat Dezember 2023 hat Axel Schweiß eine vorläufige Zahllast von 750 € ermittelt. In diesem Betrag ist eine Rechnung über 800 € zzgl. 152 € USt für eine erfolgte Lieferung nicht enthalten, die Axel Schweiß am 18.12.2023 an seinen Kunden verschickt hatte.

Der Kunde überwies am 28.12.2023 einen Betrag i. H. v. 714 €; der Restbetrag ging am 16.01.2024 auf dem betrieblichen Bankkonto des Axel Schweiß ein.

Aufgaben

1. Ermitteln Sie in einer übersichtlichen Darstellung die Umsatzsteuerzahllast für den Monat Dezember 2023.
2. Prüfen und begründen Sie, wann die Umsatzsteuervoranmeldung für den Monat Dezember 2023 beim Finanzamt eingereicht sein muss (Angabe des Datums erforderlich!)

3. Ermitteln Sie in einer übersichtlichen Darstellung die – ggf. auf volle Euro abgerundete – Sondervorauszahlung für 2024, damit Axel Schweiß die Dauerfristverlängerung erhält.
4. Prüfen und begründen Sie, bis zu welchem Zeitpunkt die Sondervorauszahlung für 2024 zu entrichten ist (Angabe des Datums erforderlich!)

A

B

E

F

G

M

O

P

R

S

T

U

V

Z